滄海叢刊

三十年來我國人文及社會科學之回顧與展望

賴澤涵主編

1987

東大圖書公司印行

© 三十年來我國人文及社會科學之回顧與展望

主編　賴澤涵

發行人　劉仲文

出版者　東大圖書股份有限公司

總經銷　三民書局股份有限公司

印刷所　東大圖書股份有限公司

地址／臺北市重慶南路一段六十一號二樓

郵撥／〇一〇七一七五—〇號

初版　中華民國七十六年四月

行政院新聞局登記證局版臺業字第〇一九七號

基本定價　捌元

三十年來我國人文社
會科學之回顧與展望

編號　E 50006

作者簡歷

主編:

　　賴澤涵　　美國伊利諾大學歷史學博士

　　　　　　　中央研究院研究員、清華大學兼任教授

編輯小組:

　　劉福增　　美國加州大學哲學博士

　　　　　　　臺灣大學哲學系教授

　　林玉體　　美國愛荷華州立大學教育學博士

　　　　　　　臺灣師範大學教育系教授

　　賴澤涵　　同上

作者:

　　緒　論　楊國樞　　美國伊利諾大學心理學博士

　　　　　　　　　　　臺灣大學心理系教授兼系主任

　　哲　學　韋政通　　中國哲學專家

　　語言學　黃宣範　　美國愛荷華大學語言學博士

　　　　　　　　　　　臺灣大學外文系教授

　　文　學　王建元　　美國加州大學比較文學博士

　　　　　　　　　　　香港中文大學講師（英制）

歷史學	黃俊傑	美國華盛頓大學歷史學博士
		臺灣大學歷史系教授
地理學	施添福	美國印地安那州立大學地理學博士候選人
		臺灣師範大學地理系副教授
心理學	黃榮村	臺灣大學心理系博士
		臺灣大學心理系、所教授
社會學	蕭新煌	美國紐約州立大學社會學博士
		中央研究院民族所研究員
		臺灣大學社會系教授
人類學	黃應貴	英國倫敦政經學院博士候選人
		中央研究院民族學研究所副研究員
經濟學	蔡吉源	美國約翰霍普金斯大學博士候選人
		中央研究院三研所副研究員
法律學	梁宇賢	美國范諾曼大學法學博士
		中興大學法律學系暨研究所教授
教育學	林玉體	美國愛荷華州立大學博士
		臺灣師範大學教育系教授
政治學	呂亞力	美國印地安那州立大學政治學博士
		臺灣大學政治系教授

編 者 序

　　我國近一、二十年來的經濟發展，很受國際人士的重視與推崇，學者在研究第三世界的近代化時，往往引用臺灣的成功為例，這是值得國人驕傲的地方。

　　但是，我國在學術上的發展，在國際上卻未能與經濟發展獲得同等的肯定，相反的，我們的報章雜誌至今還經常不斷的再呼籲提升我國學術的水準，足證我國學術發展還有待努力。

　　然而我國學術發展不能與經濟發展並駕齊驅的原因固然很多，但是，我國過去缺乏學術領導人才，可能是一個重要的因素。以致我國過去的學術研究，尤其人文學科及社會科學的研究往往是各自奮鬥，也缺乏長程目標，尤其更缺乏與外界互通聲息的弊病。這一情況最近已獲相當的改善，但晚近回國學者雖多，也難免犯了一些可議的地方，此即回國學者往往把他（們）在外國所學的理論，未加批判的引介於國內，因而使我國學術也就呈現學術無根的狀態，所幸目前的人文及社會科學界已逐漸的在反省這問題，因此，我們希望我國未來的學術研究除能留意國際學術研究的趨勢外，要使它能具特色。

　　臺灣光復後的最初一、二十年，人文及社會科學的研究風氣不盛，這是公認的事實。其中除少數較為傑出的學者能夠在教學之外，又有學術論文發表，但大部份的學者都是以教學為主，研究為副。而最近一、二十年來，由於回國的年青學者日多，學術界也充滿了朝氣，使我國人文及社會科學的研究邁向另一個里程碑，尤其召開的學術研討會可說相當的頻繁，批評的風氣也逐漸的在展開，這是可喜的現象，

相信經由研究經驗的累積，在不久的未來，必能在國際的學術界佔一席之地。

　　過去我國人文及社會科學界，可供學者們發表論文的地方，除少數較具規模的大學外，可說不多。而《思與言》雜誌，一份人文及社會科學雜誌，可能是一個很重要的園地。該刊自民國五十二年創刊以來，至今已有二十三年以上的歷史，過去這份刊物是臺灣人文及社會科學研究者發表論文的重要園地，它也刊載不少外國學界出版的新書，介紹各科系的最新理論，因此，它幾成我國人文及社會科學對外代表的刊物，當時經常在這刊物發表論文的學者，目前大都已成臺灣學術界的資深學者或者為各科系的領導人。以一個純粹學術刊物，靠社友少許的會費，在讀書風氣不盛的臺灣，居然能夠支撐廿多年，不能說是出版界的一個異數。因此，忝為社員的筆者，在此不能不對那些不計名利的前輩學者們表示敬意。

　　民國七十二年為《思與言》創刊廿週年，社友們為了紀念這一有意義的社慶，乃提議編輯一本具有學術性的書籍，作為永久的紀念。筆者當時恰為第十九屆的執行編輯，乃提議把我國過去人文及社會科學的研究作一評估，是議獲編輯會議通過，並成立一個三人編輯小組（由賴澤涵、劉福增、和林玉體組成），而由筆者擔任主編工作。筆者受命之後，乃先擬定撰寫大綱及撰寫格式等，然後再分請熟悉人文及社會科學研究的各科學者分別撰寫，嗣以部份撰稿人因出任政府要職，職務繁劇，恐無法如期繳稿，不得已下乃再遴選人替補，此所以遷延至今才得以出版的原因，在此不能不對那些如期繳稿的學者致歉。

　　本書的時間大體起自民國三十四年臺灣光復以後，至民國七十年左右，所涵蓋範圍幾及人文及社會科學重要的各科系。緒論部份則請臺大心理系楊國樞教授撰寫，使讀者能對我國過去三十年來的人文及

社會科學有一瞭解，如果要進一步瞭解各科發展的來龍去脈，就得閱讀各科的評估工作專文。本書可提供國人瞭解我國人文及社會發展的情況，也可提供讀者作進一步的研究之用，因此，本書是適合大專學生，研究生和對人文及社會科學有興趣的一般讀者。

　　一本文集的完成，自然不能不歸功於撰稿人的貢獻，但我們也不能不感謝玉成此書的幾位先生小姐：臺大哲學系劉福增教授接洽出版事宜，三民書局發行人劉振強先生的慨允出版，以及三民書局王韻芬小姐的熱心催稿和擔任聯絡工作，筆者在此一併表示謝意。

　　　　　　賴　澤　涵　序於南港中央研究院

　　　　　　　　　民國七十五年十一月十二日

三十年來我國人文及社會科學之回顧與展望

目　次

緒論：人文學及社會科學研究的臺灣經驗

內容大綱

緒論：人文學及社會科學研究的重要性

內容大綱

緒論：人文學及社會科學研究的臺灣經驗

楊 國 樞

二十年以前，著名社會學家陳紹馨教授曾以「中國社會文化研究的實驗室——臺灣」爲題，撰文亟言臺灣是研究中國社會文化的良好實驗室❶。陳氏認爲臺灣雖經日本統治五十年，但基本上還是一個中國社會，仍屬一種中國文化。他強調臺灣有若干特點對社會文化問題的研究十分有利，其中最重要的是地域狹小與歷史短暫，而且有關資料的蒐集與保存頗爲完整。這些有利特點使臺灣成爲研究中國社會文化及其變遷的最佳實驗室，提供了探討中國社會文化在現代化歷程中如何因應與變遷的良好場所及機會。在臺灣這個社會文化的實驗室中，不但可以研究日據時代之迫成性的（殖民地式的）現代化對中國社會文化的影響，而且可以探討光復後之自主性的現代化對中國社會文化的影響。

在陳紹馨的觀念中，就人文學及社會科學的研究而言，臺灣只是探討中國社會文化問題的一種代用實驗室，也就是「在臺灣可以研究

---

❶見陳紹馨，「中國社會文化研究的實驗室——臺灣」，《中央研究院民族學研究所集刊》，民國五十五年，第二十二期，頁一～一四。又早在陳氏之文出現以前，《思與言》雜誌卽曾以「中國國民性之研究」爲題（楊國樞執筆）發表社論，強調臺灣是研究中國國民性的良好處所。

中國」❷。就這一意義而言，臺灣主要是在無法直接研究大陸的中國社會文化以前的「代用品」，透過臺灣研究可以促進與光耀中國研究。這種看法顯然有其侷限性。誠然，臺灣是一個中國社會，所代表的是一種中國文化，但自古至今，臺灣本身也有其特殊的歷史背景、社會組成及文化演變。這些特殊性使臺灣成為一種特殊的中國文化，也就是一種中國文化的「次級文化」(subculture)；換句話說，臺灣社會一方面具有中國文化的共同性，一方面也具有臺灣文化的特殊性。基於此種認識，就人文學及社會科學的研究而言，臺灣不僅是探討有關中國社會文化之共同問題的代用實驗室，而且也是探討有關臺灣次級文化之特殊問題的直接實驗室。簡而言之，在臺灣這一社會文化的實驗室中從事人文學及社會科學的研究工作，應該兼顧其共同性與獨特性。

自光復以來，臺灣脫離了日據時代的迫成性現代化，邁入自主性的現代化。在此三十多年中，現代化的歷程進展快速，從而導致的社會文化變遷甚為顯著，使臺灣從傳統農業社會急遽轉型為現代工商社會。經歷此一亙古未有之變局，作為一種特殊的中國社會文化，臺灣是如何因應現代化的壓力？如何超越社會變遷的衝擊？如何在重重困境中不斷蛻變與進展？最近三十多年，可說是「臺灣實驗」中最為精彩的一段，以上所列的種種社會文化問題，都可在這段實驗中或多或少找到答案。在此社會文化的實驗過程中，此間的人文學者及社會科學者，都是身歷其境的觀察者與研究者，皆曾自不同的角度以不同的方式加以記錄與分析，從而獲得學術研究的成果。臺灣實驗中自主性現代化的階段已經進行了三十多年，此間的人文學者及社會科學者究竟

❷陳紹馨，《中國社會文化研究的實驗室——臺灣》，頁一三。

從實際研究中獲得了什麼學術成果，現在似乎是一個應加全盤彙報與檢討的適當時機，而本書的目的即在從事這樣的系統性彙報與檢討。

為了能有效地報導與檢討三十年來此間人文學及社會科學的研究情形與成果，本書係分就哲學、語言學、文學、歷史學、地理學、心理學、社會學、人類學、經濟學、法律學、教育學及政治學等十二個學科，每科邀請學者一位撰寫專章，加以回顧與展望。這些學科涵蓋了人文學及社會科學中的基本研究範疇與園地。從此分科的報導與檢討，讀者可以具體瞭解此間各方面的有關學者如何探討臺灣實驗過程中的社會文化問題，所獲得的研究成果如何，所遭遇的主要困難又如何。透過此種具體的瞭解，讀者可以從而對三十多年來臺灣的人文學及社會科學研究有一全面性的體認與意會。

本書中代表各個學科撰寫專章的作者，都是學有專長的人文學者或社會科學者，其中大多數春秋正富卽已成為現役研究工作的生力軍，並已具有令人敬佩的學術造詣與成就。各章大作寫成後，個人有緣先睹為快，浸潤於三十多年來的學術盛事，受益匪淺，感慨良多。專誠拜讀之餘，撫稿沉思，回顧前塵往事，不免對多年來此間人文學及社會科學的發展湧現了若干的領會與看法。以下願將這些領會與看法扼要報導，也許有助於讀者對人文學及社會科學在臺灣的發展方向與困境獲得整體性的瞭解。下面將分六方面加以分析與討論，算是在三分之一個世紀的臺灣實驗中，各科學者從事人文學及社會科學研究所遭遇的共同問題及所經過的共同歷程。這六方面的分析與討論，一方面是歸納各章分就各個學科所提供的有關訊息與資料，同時也摻入了個人三十年來所獲得的親身經驗與體認。為了行文方便，除了特別舉例之處，在下列的分析與討論中，將不一一指出有關部份在各章中的出處。

一、還鄉意識的影響與消長

日據時代，臺灣居於殖民地的地位，統治者基於愚民與使民的原則，並不鼓勵中國人從事人文學及社會科學的研究。臺灣人文學及社會科學研究的展開，主要是在國民政府播遷來臺以後。大陸易手，國府遷臺，隨之而來的是衆多的避共學者，其中不少是研究人文學及社會科學。這些專攻人文學及社會科學的大陸學者，來臺以後即先後進入各新舊大學院校、高級中學及研究機構，從事敎學與研究工作，使人文學及社會科學的薪火開始在此點燃。此後，由他們的學生代代傳承，迄今各個學科總算是粗具規模。

大致說來，我們如將當年渡海來臺的人文學者及社會科學者當作第一代，則時至今日，各個學科內師生相傳，大約已經到了第四代，甚至第五代。第一代的人文及社會科學研究者，年齡多在七、八十歲以上，其中大多數已經作古。第二代的年齡約在五、六十歲，第三代大概是四十多歲，第四代大概是三十多歲，第五代大概是二十多歲。第一代的人文學者及社會科學者是因戰亂逃難來臺，他們多將臺灣當作暫時的「避秦之地」，等待政府反攻大陸以後，再重返故鄉故土。他們大都認爲臺灣不過是蕞爾小島，究非久居之地，有生之年必將返回大陸，而且還鄉之日並非遙遠。他們是在這樣一種「還鄉意識」的籠罩之下，在臺灣生活，在臺灣研究。

具體地說，此種還鄉情結對第一代的人文學者及社會科學者，至少產生了兩方面的重要影響。第一，受制於強烈的還鄉意識，他們自然而然地繼續大陸時期所已經從事的研究課題，亦即繼續探討大陸的中國人、中國社會及中國文化，對臺灣本地的人民、社會及文化問題，

則未從學術的觀點給予應有的關注與研究。換而言之，他們雖然身在臺灣，所研究的主要對象却是大陸的社會文化現象。這種重大陸輕臺灣的研究風氣，甚至影響了土生土長的第一代人文學者及社會科學者（爲數頗少）；例如，時至民國五十五年，陳紹馨氏在强調臺灣研究的重要性時，也不能不訴諸「臺灣實驗」的代用功能──在不能直接到大陸從事人文學及社會科學研究之前，可以臺灣的社會文化問題的探討，作爲中國社會文化問題之探討的替代。還鄉意識第二方面的影響，涉及研究的動機與深度。在此種意識的籠罩下，第一代人文學者及社會科學者的研究動機大爲減弱。這是因爲他們方經戰亂，驚魂未定，加以自覺逃難來此，暫時寄居，未來前途，混沌未明。在這種情形下，他們自難安心定志、沉潛致遠，在學術研究上不易有長遠的計劃，以從事深厚的努力。影響所及，自然會減低學術研究的深度與廣度。

　　還鄉意識的影響，主要是限於第一代的學者。第二代的人文學及社會科學的研究者，已能逐漸擺脫此種情結的影響，第三代以後的學者則已不受還鄉意識的影響，甚至已全無此種意識。由於此一轉變，後幾代的人文學者及社會科學者，多數不再奢望以大陸的社會文化作爲自己從事學術研究的課題，而改爲專注於臺灣的社會文化問題的探討。對他們而言，臺灣仍然是一社會文化研究的實驗室，但却是一個探討臺灣自身問題的實驗室，而不再是一個探討大陸問題的代用實驗室。同時，後幾代的有關學者，其原籍不管是本省或外省，都已不再有暫時寄居於此的感受，而能以一種在此安家落戶的心情從事學術研究工作。

❺有關近代化過程的衝突性及其理論，可參看 A Bergesen (Ed.), Studies of the Modern World-system, New York: Academic Press, 1980.

二、邊陲地位的侷限與超越

自第二次世界大戰以後，在國際政治與經濟上，產生了兩極化的現象，明顯地劃分爲極權國家與非極權國家。在偏向自由經濟的非極權國家中，又因政治、經濟及軍事等方面所顯現的國力各有不同，彼此的影響力互有顯著的差異。大體而言，以美、英等國所代表的歐美國家影響力最大，亞非與南美國家的影響力則較小，且其間的差距甚大。在此情形下，非極權國家之間乃逐漸形成了一種國際政治與經濟的秩序或體系。這種現代世界體系所代表的是一種影響力的網絡，其中美英等少數歐美國家位在影響網的核心或中心，其他國家（特別是亞非國家）則位在影響網的邊緣或邊陲。前者可以稱爲核心國家，後者可以稱爲邊陲國家。在此世界體系中，核心與邊陲兩種地位，並非指地理分佈或位置，而是指國家間的影響方向與大小。大體而言，在政治、經濟及軍事上，核心國家對邊陲國家的影響力，遠大於後者對前者的影響力，於是形成一面倒的趨勢。尤有進者，核心國家的學術與文化，也會藉其政治、經濟及軍事的絕對優勢，強而有力地影響邊陲國家的學術與文化，同樣形成一面倒的趨勢。最後的結果是：在政治、經濟、軍事、學術及文化等各方面，歐美國家都是居於核心地位，亞非國家都是居於邊陲地位。在這些方面，歐美國家都是影響者，亞非國家都是受影響者❸。

在過去三十多年來，作爲一個亞非國家或社會，臺灣在世界體系中一直處於邊陲地位。不僅在政治、經濟及軍事等方面，臺灣在不斷接受來自美國等核心國家的有力影響，便是在學術與文化等方面，臺

---

❸有關現代世界秩序或體系的理論與實際，可參閱 A. Bergesen (Ed.), *Studies of the Modern World-System*. New York: Academic Press, 1980.

灣也是不斷接受來自這些國家的有力影響。就學術這一方面來說，不但我們的自然科學（物理科學與生物科學）在一面倒地接受歐美自然科學的影響，便是我們的人文學及社會科學也是一直在一面倒地接受歐美人文學及社會科學的影響，結果便形成一種長期的依賴關係——臺灣的人文學及社會科學一面倒地依賴歐美的有關學科。關於這種依賴的情形，蕭新煌氏在本書第八章中曾有簡明扼要的敍述❹：

> 在教育和研究上，邊陲國家的科學發展，造成依賴的媒介包括知識傳播和資訊教育工具；核心國家的大學往往扮演著提供邊陲國家知識的生產者角色，而後者則是被動的「消費者」。…在某一時期所形成的核心國家的科學範型，往往就會透過上述的媒介，依照世界體系的運作方式，「外銷」到邊陲國家。而因此會支配著邊陲國家科學發展的內容、優先順序及可能的發展方向；邊陲範型的生命歷程會受到核心範型的支助、培養，其間的關係具有結構的約束性；其來源包括種種的制度化安排，如留學、教育援助、研究計劃的經費支助等。

　　過去三十多年來，臺灣人文學及社會科學的發展，就是在這樣一種依賴他國的邊陲地位中進行，好像是孫悟空跳不出如來佛的手掌。除了純粹是傳統漢學的部份（如中國哲學、中國文學、中國語文、中國歷史及中國習俗等），在其他的人文學及社會科學的範疇內，臺灣學者的敎學內容大都是西方學者的研究成果，研究方向幾乎也是亦步

---

❹蕭新煌，「卅年來臺灣的社會學：歷史與結構的探討」，摘自本書第八章，頁三四五～三四六。

亦趨地跟隨西方學者的脚步。他們以介紹、模仿及套用西方學者的理論與方法爲能事，以探討西方學者所已研究過的課題爲得計。甚至在傳統漢學的研究範圍內，也有不少人以生硬地運用西方理論爲樂事。影響所及，多年以來，臺灣的人文學及社會科學已成爲西方人文學及社會科學的附庸，使前者長期難以建立自己的獨立性與自主性，也難以在國際上對有關學術提供獨特而重要的貢獻。

　　臺灣的人文學及社會科學之長期處於依賴性的邊陲地位，後來引起不少有關學者的覺悟與反省，其中反應最具體而強烈的是若干社會及行爲科學者，這是因爲他們過去對西方的社會及行爲科學依賴最深，模仿最切。此間部份社會及行爲科學者，在反覆思考與辯難之後，咸認要在自己的學科中對世界學術提供獨特而有價值的貢獻，就必須擺脫或超越學術的邊陲地位；要超越邊陲地位，就必須建立臺灣學術的獨立性與自主性；要建立獨立性與自主性，就必須使自己的學術研究能眞正中國化。

　　在社會及行爲科學中，認眞反省與思考中國化問題者，始自上文所說的第二代學者。民國六十年代初期，有些第二代的社會及行爲科學研究者（如文崇一、李亦園及楊國樞等），卽已開始非正式地討論社會及行爲科學研究中國化的問題。到了民國六十年代中期，這些學者決定正式在臺港兩地的社會及行爲科學界推動中國化運動。臺港兩地的有關學者，經多次交換意見後，終於在民國六十九年十二月在中央研究院民族學研究所舉辦「社會及行爲科學研究的中國化」研討會。兩年後，將研討會的各篇論文編輯成書，出版《社會及行爲科學研究的中國化》一書❺。民國七十二年三月，復在香港中文大學召開

---

❺楊國樞、文崇一（主編），《社會及行爲科學研究的中國化》，臺北：中央研究院民族學研究所，民國七十一年。

「現代化與中國文化」研討會，以社會科學研究的中國化作爲研討的主題之一❻。社會及行爲科學研究中國化的運動，在社會學與心理學中似乎得到最大的反響。就前者而言，民國七十二年十一月，數位旅美的第三代社會學家曾在美國亞利桑納州立大學 (Arizona State University) 舉行「社會學中國化: 旅美中國社會學家的若干觀點」研討會，就社會學中國化的問題從事進一步的研析❼。第一次有關中國化的研討會以後，心理學界雖未舉行正式的研討會，但在數次討論會與演講會中，不同的心理學者曾以不同的方式提到心理學研究中國化的問題，顯示此一問題顯已引起心理學界的普遍注意。

社會及行爲科學研究的中國化問題，可以說是由第二代學者提出，而獲得第三、四兩代學者的共鳴。此一問題之由第二代社會及行爲科學者提出，是有其原因的; 這個問題一經提出，卽會引起第三代與第四代學者的熱烈共鳴，也是有其原因的。中國化的問題之由第二代學者提出，主要是由於三個因素。首先，第二代社會及行爲科學者所接受的西方學術訓練，較第一代學者更爲完整而廣濶，但同時他們所接受的傳統文化、歷史及學術的薰陶又較第三、四兩代的學者更爲堅實而深厚。他們滙聚中國傳統與西方傳統於一身，在學術思想上自不能免於種種矛盾與衝突。他們在認眞學習與運用西方理論與方法之餘，對中國社會文化的深切體認使他們不免感到這種橫向移植式的運用不

❻見喬健（主編），《現代化與中國文化研討會論文彙編》，香港: 香港中文大學社會科學院及社會研究所，一九八五。此次研討會中臺港兩地學者所宣讀的主要論文，經另行編輯成書，在臺北出版，卽李亦園、楊國樞、文崇一（主編），《現代化與中國化論集》，臺北: 桂冠圖書公司，民國七十四年。
❼有關此次研討的情形，見蕭新煌，「旅美中國社會學家談社會學中國化」，中國時報（美國美洲版），一九八四年一月三～五日。

太對勁，有時甚至覺得是生吞活剝，格格不入。具體地說，到了民國六十年代早期，第二代的學者運用西方式理論與方法從事實徵研究已有十幾年的經驗。一方面他們對社會及行爲科學之西方理論及方法的學習與運用已相當熟悉，另方面他們已在各自的研究領域內累積了可觀的實徵資料與發現。當此之時，他們不但具有反省與批判自己學科內的西方理論及方法的能力與信心，而且也擁有够多的實徵發現足以看出此等理論、方法及研究課題的侷限與缺點，自然易於體認社會及行爲科學研究中國化的必要。

第二個因素多少涉及到一種歷史性的情緒。第二代的社會及行爲科學者多曾親身經歷抗日及以後的戰亂，他們的年齡仍能使他們趕上民族屈辱的時代，從而留下了相當程度的民族主義的情緒。他們的這種歷史性的情操並無第一代學者那樣强烈，而太强的民族主義適足妨碍認眞學習與運用西方理論及方法的意願。第二代學者的民族主義情操已經減低到足以使他們認眞學習與運用西方的理論及方法，但其程度却又不致使他們對西方的理論與方法輕信不疑。有了這樣的心理基礎，才能虛心深入西方的理論與方法，然後再就其用於中國社會文化之研究中的適當性加以反省、批判及修改，並試圖進而創發特別適用於中國社會文化之探討的理論與方法。此外的第三個因素，則涉及到第二代學者的學術動員能力。在民國六十年代中期，第一代的社會及行爲科學家大都已經退休或過世，取而代之的第二代學者則已在各自的學科中居於主導地位，其中有些人並已擔任學術主管。這些結構性的有利因素，自易使已有中國化意念的第二代學者採取具體行動，試圖透過學術動員而使社會及行爲科學研究的中國化蔚爲一種新的學術風氣。

至於第二代學者提出中國化的意念後，第三、四兩代學者的共鳴

何以如此熱烈，也有幾個不同的原因。蕭新煌氏曾針對此一問題提出數項解釋❸，其中比較明顯有關的有以下二者：(1)第三、四兩代學者大多是在臺長大並受教育者，他們對臺灣的認同與前兩代有所不同，因而易於對社會科學與臺灣社會的關係加以反省與批判。(2)近年來美國社會科學中各種學術範型（paradigm）的轉移頗為活絡，此種「範型革命」的目的與精神足以刺激在臺的第三、四代學者，使他們不再相信唯我獨尊的一元範型。第三、四兩代學者都是最近十年在美國完成學位後返國，在他們所接受的最新近的訓練中，即已具有自我懷疑、自我批判的學術革命性。

　　社會及行為科學研究的中國化，實在是一種學術本土化（indigenization）運動。這種運動並非臺灣所獨有，而是在學術邊陲國家（特別是亞非國家）所逐漸萌發的一種共同現象。不過，從有關文章的討論內容看來，臺灣的社會及行為科學研究中國化，其情形比較複雜，似乎同時包含了中國化的層次與臺灣化的層次。前一層次所強調的是所有中國社會（包括臺灣社會）的共同文化特徵與屬性，後一層次所強調的是臺灣社會的特殊文化特徵與屬性。社會及行為科學研究的中國化，是以運用適當理論與方法（修改西方者或從頭創新者）有效研究各中國社會的共同文化現象為能事；社會及行為科學研究的臺灣化，是以運用適當理論與方法有效研究臺灣社會的特殊文化現象為能事。臺灣的社會文化是一種中國的次級社會文化，因而就「中國的」一詞之廣義的意涵（兼含共同者與特殊者）而言，臺灣的必然是中國的，但中國的未必是臺灣的。所以，不管是狹義中國化的層次（只及

---

❸見蕭新煌，「卅年來臺灣的社會學：歷史與結構的探討」，本書第八章，頁三七六～三七七。

共同者）或是臺灣化的層次，都可以兼容並包，統稱爲社會及行爲科學研究的廣義中國化（兼及共同者與特殊者）。一個有趣的問題是：上文提到的第二代學者所說的「中國化」，與第三、四兩代所說的「中國化」，其所強調的層次是否相同？其中有一種可能是：第二代所偏重的是社會及行爲科學研究的狹義中國化，第三、四兩代所偏重的是社會及行爲科學研究的臺灣化。

最後應該指出：到目前爲止，有關社會及行爲科學研究中國化的問題雖已談了很多，但却只有少數學者是有意識地努力在自己的實際研究工作中付諸實現，因而在社會及行爲科學界尚未成爲一種蔚然可觀的研究學風。從今以後，除了值得繼續進一步澄清有關中國化的觀念與做法，好學認眞的年輕社會及行爲科學研究者，應該在中國化的實踐層次多加努力。

三、政治因素的作用與轉變

過去三十多年來，臺灣整體發展的主導因素是政治。基於大陸失敗的經驗，政府遷臺後一直十分強調政治的安全與穩定，政治因素的考慮與作用幾乎無所不在，其影響並不限於政治層面本身，且也進到經濟與社會的範疇，甚而侵入文化與學術的領域，形成了相當強烈的泛政治主義。就學術的領域而言，三十多年來，政治因素對人文學及社會科學的影響斑斑可考，成爲這一方面的學術發展的不利條件。

在泛政治主義的現實環境中，影響臺灣學術發展的因素之一是政治禁忌。三十多年來，政治禁忌對人文學及社會科學的作用同時發生在客觀層次與主觀層次。就客觀層次的影響而言，基於政治立場的考慮，在大學院校與研究機構中有些課程是不可開授的，有些課程是必

須開授的; 有些書籍是不可閱讀的, 有些書籍是必須閱讀的; 有些課題是不可研究的, 有些課題是必須研究的; 有些結論是不可寫出的, 有些結論是必須寫出的。 如果有人觸犯了這些禁忌, 就會為他個人 (甚至家庭) 帶來不利或不便。就主觀層次的影響而言, 基於政治後果的考慮, 人文學及社會科學研究者常心存政治顧忌, 在開課、研究及寫作之時, 會自我檢查、設限及控制, 儘量主動避免直接或間接涉及政治因素的課題或內涵。在客觀與主觀兩方面受政治禁忌影響最大的學科, 是文學、政治學、法律學、歷史學、教育學及社會學等。甚至在有些看來與政治因素難有關聯的學科如人類學, 政治禁忌似乎也曾發生影響。例如, 在本書第九章中, 黃應貴氏曾經指出: 政治活動是所有人類社會活動中所不可或缺的, 但過去臺灣政治人類學的研究却一直未受重視, 造成這種偏執的可能原因之一是外在的政治環境❾。多年以來, 政治禁忌對人文學及社會科學的不利影響, 一直歷久不衰, 直到最近幾年, 情形才逐漸好轉。

另一項頗有影響的政治因素, 關乎政府用人的政策與做法。或為改善政府的形象, 或因實際政務的需要, 政府時常自學術界 (特別是人文學及社會科學界) 選用人才 (特別是具有博士學位者), 充為政府官吏。人文學及社會科學的各個學科中, 人才為數本來就少, 研究有成或受過良好訓練的學者, 一旦為政府所用, 即不再從事學術研究, 自然是有關學科的重大損失。而且, 這些「學而優則仕」的官吏, 為預留退路, 大都以借調或留職停薪的方式保留原來的教職, 而為了保持關係, 他們大都繼續教幾個小時的課。但因公務繁忙, 他們時常遲到、早退、請假或請人代課, 上課時也因無暇好好準備, 不免會東

❾見黃應貴,「光復後臺灣地區人類學研究的發展」, 本書第九章, 頁四三九。

拉西扯，言不及義。這些人又像官吏，又像學者；又不像官吏，又不像學者。不倫不類，官學莫辨，為學生樹立了最壞的榜樣。另一方面，政府又將各個公立大學院校與研究機構視為公署的一部份，將這些機構的主管也視為一種官位，納入整個政府的官僚體系，其職務全由政府派任，而且派任時主要是考慮當事人的政治成份與思想，對其學術上的成就、地位及聲望反不重視。這些人一旦靠政治因素派為學術機構的主管，便儼然當官來作，希望以此為過渡的跳板，將來好更上層樓，爬上政府官僚體系中的更高位階。學者既然可以在校外校內做官，學術界便有不少人惶惶終日，一心以為鴻鵠將至。以上種種用人的情形，不但將學統與政統兩相混淆，而且使學統淪為政統的附庸，這對人文學及社會科學的發展是極為不利的。過去三十多年來，政統侵犯學統的用人方式，早期的影響並不顯著，最近十幾年來則有逐漸嚴重的趨勢。

第三項顯然影響人文學及社會科學發展的政治因素，是政府有關單位對人文學及社會科學的觀念。自政府播遷來臺以後，基於現實政治利害的考慮，政府在推動高等教育與學術研究兩方面，難免表現功利主義的色彩，偏重可直接有利於經濟發展及解決具體問題的實用之學。在此種觀念或心態的影響下，不免形成一種重自然科學與技術而輕人文學及社會科學的做法。這種重科技而輕人文的情形，近年來不但未見緩和，反有變本加厲的趨勢。在此種觀點與做法的影響下，人文學及社會科學的教學與研究單位不但經費缺乏，而且人員短少。後一方面的影響尤其顯著。人文學及社會科學的教學與研究單位，多年來增加員額極為困難，學術工作人手嚴重不足。最明顯的普遍現象是：人文學及社會科學的每一學科內，有適當訓練的學術人才總數不夠，難以滿足與因應研究的與社會的需要。即以人文學及社會科學中

最受重視（因與經濟發展有關）的經濟學爲例，目前此間的經濟研究人才（包括學校與政府的經濟學家）總數也不過三百多人（美國爲三萬多人）。依據蔡吉源氏在本書第十章中的估計，若照人口比例，要做好經濟研究以有效應付政府與工商界的需要，台灣至少需要一千個經濟學家，而現有者還不及其中的三分之一❿。至於人文學及社會科學中的其他學科，其研究人力的缺乏，情形更爲嚴重。

人文學及社會科學的各個學科內，由於學術人員總數不够，進而分爲不同的門類後，每類研究課題或範疇的現役學術人員爲數極少，時常出現同一課題或範疇只有一人的情況，甚至有些課題或範疇至今臺灣尙無人從事研究。研究同一課題的學者太少，研究的成果自難快速而有效的累積，研究的深度與廣度都將不易突破。尤有進者，同一課題或範疇內學者太少，則旣無深入交換意見的同行，也無互相競爭策勵的對象，研究的素質與動機無形中都會受到嚴重的妨害。臺灣的人文學及社會科學，長期陷入此種研究人才不足的困境，因而在學科內旣不易有集體性的重大成就，個別學者也難以脫穎而成大師。

四、科際之間的交流與合作

人文學中有很多學科（如哲學與文學），社會及行爲科學中也有很多學科（如社會學、經濟學及心理學）。臺灣光復以後的初期，人文學及社會科學的學術研究與教學甚不發達，加以當時有關學者所受的訓練多是强調「務本」與「守本」，大都謹守自己學科內的某一專題範疇，旣不與其他學科的學者交流，也少與本學科內其他研究範疇

❿見蔡吉源，「三十年來我國經濟學術的回顧與展望」，本書第十章，頁四九〇。

的學者合作。這種學術上的「獨善其身」，形成了學術界的本位主義，進而甚至演變爲僵硬的學科或派別的門戶之見。在那個年代中，人文學及社會科學的學者，大都有一種「唯我獨尊」的習氣，對自己的研究是如此，對自己的學科也是如此。他們常是覺得自己的研究範疇最重要，自己所做的研究工作也最好，對別人的研究範疇與工作，則多少懷有鄙視的態度或感受；他們常是覺得自己的學科最重要、最基本，對其他的學科則心存歧視，甚至抱有敵意。

幸好後來這種情形逐漸轉變，時至今日，人文學及社會科學各學科間的本位主義與門戶之見，顯有相當程度的突破。情形好轉的原因不少，但其中最重要的因素可能有四：(1)西方學術界之科際整合的意識與理論在民國五十年代初傳入臺灣，在觀念上使此間的社會及行爲科學者逐漸改變；(2)人文學及社會科學界時有有心之人，對過去的學科本位主義與門戶之見深感不滿，積極以實際行動推動科際交流與合作，以直接加以破除；(3)在西方大學接受完整學術訓練的年輕學者陸續返國，將國外學術界科際交流、合作及整合的觀念與做法帶進國內，形成科際溝通與合作的有利趨勢；(4)在社會變遷的過程中，社會各部份的動態性與互動性大幅增強，本位主義與門戶之見漸難維持。

在學科門戶之見逐漸減弱，科際交流合作逐漸加強的歷程中，人文學與社會科學的情形各有不同。大致而言，人文學科的轉變較慢，而社會科學的轉變較快。就前者而言，人文學者在學術研究上「獨善其身」的習性仍強，與其他人文學者交流合作的情形既少，與社會及行爲科學的學者交流合作的可能更小。有些人文學者已經體認到人文學與社會科學之間確有相互助益之處，但却仍有不少人文學者認爲社會科學對人文學毫無益處，甚至覺得兩者全不相干。在臺灣，過去很

少聽說人文學者想找社會及行為科學者共同從事正式的科際合作研究，甚至偶有社會及行為科學者邀請參加科際研究時，也會表現得意興闌珊，了無動機。

在社會及行為科學方面，情形顯然要好得多。早在民國四十年代，心理學者與精神醫學者即已合作研究臺灣山地土著的性格⓫。及至五十年代，世界性的科際整合運動的思想已傳播來臺⓬，西方社會及行為科學界科際合作研究的型態也漸為此間學者所知。部份人文學者及社會科學者開始認真討論科際整合與合作的問題，少數社會及行為科學者並且開始有意識地設計與從事科際合作，其中比較明顯的實例有二：一為法學者、心理學者及社會學者首度從事有關少年犯罪的科際合作研究⓭，一為人類學者與心理學者首度從事有關山地居民與在臺僑生的科際合作研究⓮。更大規模的科際合作與交流是從六十年代初期開始，先是「中國人的性格」科際研討會的舉辦⓯，繼是臺灣

⓫Cheng, F. Y., Chang, G. F., Chen, C. C., & Rin, H.: "Comparative Investigation of Taiwanese and Urbans by Rorschach Test." In *Essays and Papers in Memory of Late President Szu-Nien Fu*, 1952 (December), 257~272.

⓬當時以文字與語言介紹科學整合運動及其概念最力者，並非從事實徵研究的社會及行為科學者，而是殷海光、陳伯莊及徐道鄰幾位學者。殷、陳二氏皆是哲學家，徐氏則涉獵甚廣。這幾位先生的有關著作與譯作，大都發表在出版壽命甚短的《現代學術季刊》。

⓭主持此項科際研究的是韓忠謨（法學者），主要的研究者尚有黃堅厚（心理學者）、徐道鄰（社會學者）等。研究所得的結果，事後曾發表中、英文論文數篇。

⓮有關山地居民（南澳）與在臺僑生的兩次科際研究，皆由李亦園（人類學者）與楊國樞（心理學者）兩位學者共同合作，事後曾發表中、英文論文數篇。

⓯此次科際研討會的論文及參加學者，皆見李亦園、楊國樞（主編），《中國人的性格》，臺北：中央研究院民族學研究所，民國六十一年。

人口與生育行為科際研究的開展❶。在這些科際交流與研究活動中，參與的學者遍及人類學、社會學、心理學、經濟學、教育學及精神醫學等社會及行為科學學科，在「中國人的性格」研討會中甚至還有哲學家的參與。

六十年代中期以後，在臺灣的社會及行為科學中，科際合作與科際交流已成為學術生活方式的一部份。受過較新訓練的社會及行為科學者，大都能體認社會、文化及行為現象的複雜性，不會認為單靠自己的學科就能有效研究與瞭解這些現象。基於這種開闊的信念，比較大型的研究幾乎都是採取科際合作的方式，有關的例子已不勝枚舉。值得一提是：政府推動社會及行為科學的研究，也已重視科際合作的方式。以行政院國家科學委員會人文及社會科學發展處所推動的研究為例，較早如社會變遷中之青少年問題的科際研究、臺灣之人力資源的科際研究、臺灣地區社會變遷之基本調查研究，及目前推動進行的有關中國家庭、中國兒童、中國老人及社會階層等各項科際研究，無一不是由多位社會及行為科學者共同參加，以分工合作的方式進行研究工作。在科際交流方面，六十年代中期以來的社會及行為科學研討會，不管所談的主題為何，幾乎都採兼及多個學科的科際交流方式。

近年以來，社會及行為科學界的科際合作與交流，已逐漸影響到各有關學科的訓練內容與方式。就各大學院校有關科系的訓練課程而言，科際的色彩與成份日益增加，各系往往主動規定或要求學生必修或選修其他相關科系的科目，這種趨勢在研究所階段尤其明顯。就研

---

❶為從事有關人口與生育問題的科際研究，特組成「行為科學研究小組」，其主要成員有吳聰賢（召集人）、吳新英、李亦園、唐美君、孫得雄、楊國樞、蔡宏進等學者，曾先後完成多項有關研究。後以此小組為基礎，成立「國立臺灣大學人口研究中心」，並編著《人口問題與研究》一書。

究人員的自我訓練而言，在理論與方法兩方面跨科自修的情形逐漸普遍，科際間的相互熟悉程度乃日益增強。例如，身為心理學者而研讀人類學、語言學、社會學、政治學、經濟學或精神醫學之文獻者大有人在，身為社會學者而研讀其他社會及行為科學之文獻者也不乏其人。至於在社會及行為科學界普遍運用的統計分析方法與電腦處理程序，幾已成為這些學科的共同技能，各個學科的學生與學者都會加以學習與運用。影響所及，將使未來一代的研究者更易從事科際合作性的探討。

大體而言，臺灣的社會及行為科學界的正式科際合作與交流，主要是始自第二代的學者，而且近年來的科際研究與科際討論也多由他們所推動。但參與這些科際學術活動的主要份子，則大多是第三、四兩代的學者。在科際活動的理念與實踐兩方面，第三、四兩代的學者最能得心應手，他們的努力與表現將為臺灣今後的科際合作與交流奠定堅實的基礎。在學術機構方面，多年來推動社會及行為科學科際活動最力者，是中央研究院民族學研究所、三民主義研究所、歷史及語言研究所、美國文化研究所、經濟學研究所，及中國社會學社、中國心理學會、中國心理衛生協會、中國民族學會等學術團體。

五、學科內部的日益多元化

三十多年來，人文學及社會科學的另一發展趨勢，是各個學科內部分歧化的程度日益增高，形成了研究課題、方法及理論的多元化現象。在前十五年中，因為學者人數稀少，研究活動不多，師承之分嚴格，加以外來資訊有限，每個學科之內在學術觀念與做法上都較單純而狹窄。在那個年代，每一學科大都只有少數幾位學者，各守一隅，

師生相傳，自成派別，多年不變。當時，同一學科內各學者對學科本身的看法大致相近，所研究的課題或範疇也為數不多，至於不同的理論或看法更是寥寥無幾。也就是說，光復後相當長的時期內，此間人文學及社會科學的各個學科中，在研究課題、方法及理論等方面皆有相當的侷限，甚至有長期停滯不前的情形。

但在後十五年中，隨着社會型態的轉變（進入工商社會）、同行學者的漸增、研究活動的加多、師承關係的鬆弛及外來資訊的流通，使人文學及社會科學逐漸步入動態發展的階段。在此晚近的新階段中，每個學科內不僅研究課題及範疇大為增多與擴展，研究的方法及理論也不斷更新與轉換，甚至對自己學科的定義及看法也時有變動與不同。過去此間尚無人問津的新課題，現在已有人開始研究；過去此間尚無人運用的新方法，現在已有人引進與嘗試；過去此間尚無人採納的新理論，現在已有人介紹與利用。影響所及，在課題、理論及方法等方面，每一學科內的分歧化程度都有大幅的增加，結果造成了學科內部各方面的多樣化與多元化。這種情況，對人文學及社會科學在臺灣（甚至整個中國）的進一步發展是有益的。不過，此處必須指出：近年來此間人文學及社會科學各學科內的多元化，主要不是自發性的與本土性的，而是西方人文學及社會科學各學科內的多元化在臺灣的反映或反射❼。

在學科內涵多元化的歷程中，新課題、新方法及新理論的嘗試、學習與運用是十分重要的。在這一方面，比較年輕的學者（第三、四、五各代）當然最為熱衷，但却也因而對第二代的學者產生了相當

❼對於此點，蕭新煌氏在本書第八章中有頗為中肯的討論。見蕭新煌，「卅年來臺灣的社會學：歷史與結構的探討」，本書第八章，頁三四七～三四八。

影響。第三代以後的學者嘗試、學習及運用新課題、新方法、新理論的一項不爲人注意的特殊效果，是可以突破或超越第二代學者的學術餘蔭，建立個人在學術上的自我認定（ego identity）或意象。受到這樣的刺激與壓力，第二代的學者表現出兩類不同的反應，即積極的因應反應與消極的自衞反應。

就有些第二代的學者來說，來自第三、四代學者的刺激，促進了他們的學術鬥志，激發了他們的研究動機，使他們有意無意地以優秀的第三、四代學者作爲學術競爭的對象，暗中與後者較勁。他們並不以老賣老，迷醉於旣有的地位或權威，而是暗中或明裏不斷學習與運用新的方法及理論，甚至進而研究新的課題或範疇。他們將來自年輕學者的刺激與壓力視爲一種挑戰，而不是一種威脅；他們將熱衷求新的年輕學者視爲公平競爭的對手，而不是心懷不軌的敵人。有些第二代的學者能以與年輕學者合作的方式彼此競爭，甚至還能一邊暗中與年輕學者競爭，一邊又明裏眞心誠意地加以提攜。這樣的胸懷與做法，可能是來自愛才之心，也可能基於學科發展的整體考慮。

但是，也有些第二代的學者會採取消極的自衞反應。他們將熱衷求新的年輕學者視爲蓄意前來奪取地位與權威的假想敵人，飽受威脅及驚嚇。在自衞的情緒下，他們不願再去費力嘗試、學習及運用新的課題、方法、理論，只能抱殘守缺，想法維護自己的旣得地位與權威。他們對年輕學者（特別是優秀的年輕學者）易有過份情緒的反應，在代間關係的處理上特別重視或在意象徵性（象徵地位或權威）的形式因素或儀式程序。

大致而言，第二代之積極性的因應反應會有利於學科內部的多元化，消極性的自衞反應則不利於學科內部的多元化。至於那些第二代的學者會採取積極性因應反應，那些會採取消極性自衞反應，則與個

人的經驗、性格及信心有關。

六、理論與方法的逐漸改進

從本書各章的論述可知，三十多年來，臺灣的人文學及社會科學的研究已有相當的建樹。在每一個別的人文學科中，在某些特定的研究範疇內，都曾發展出若干初步的思想與觀念，並已累積了相當的經驗與認識。在每一社會科學的學科中，在某些特定的研究範疇內，也曾發展出若干初步的思想與觀念，並已累積了可觀的實徵資料與發現。但是，不管是人文學或社會科學，到目前為止，尚未見到在任何學科中此間已有學者建構了系統性的正式理論，也未見到在任何學科中此間已有學者發展出獨特性的嶄新方法。大致來說，三十多年來，在理論的建構與方法的發展兩方面，臺灣的人文學與社會科學實在乏善可陳。

但是，這也不是說過去三十多年來臺灣的人文學與社會科學在理論與方法兩方面毫無進步。恰好相反，最近十五年來，無論是理論的理解或方法的運用，都已有了相當的進步，只是這些進步主要限於對西方理論的理解及對西方方法的運用。更清楚地說，近年來臺灣的人文學及社會科學在理論與方法上的進步，並不是自發性的或本土性的，而是反映西方人文學及社會科學在理論與方法上的進步。臺灣是西方人文學及社會科學理論與方法的輸入地，臺灣的人文學者及社會科學者是西方理論與方法的消費者。因此，輸出國製造出較好的理論與方法，輸入地的消費者自然也會有較好的現成理論與方法可資運用。身為輸入地消費者的臺灣人文學者及社會科學者，大都以安於做個能趕上西方理論與方法的時髦的消費者為滿足，甚至還會以此沾沾自喜或

傲視同儕⓲。上焉者，充其量是將西方的某個理論或方法稍加修改或
補充，便已經算是很不錯了。實則，這也只是一種拿外國成品「在
臺加工」的作法。實際上，能做到這一點的本地學者，也已是鳳毛麟
角了。要是臺灣眞能有很多學者有本事好好修改或補充西方人文學及
社會科學的理論與方法，然後再輸出到其他國家或社會（卽使比臺灣
落後也不妨），而能爲人家所接受與採用，使臺灣成爲西方理論與方
法的眞正「加工區」，倒也是對世界學術的一種貢獻。但是，現在我
們却連一點也還做不到。

　　三十多年來，人文學與社會科學在理論與方法兩方面的貢獻何以
難如人意？可能的答案很多，但主要的原因有四。首先，此間的人文
學及社會科學研究者，長久處於位在世界學術邊陲的臺灣，已經慣於
學習、接受、崇拜及套用西方的理論與方法，已經失去了創建新理論
與新方法的動機與信心，甚至已經根本不會想到要去這樣做。臺灣的
人文學與社會科學研究者（特別是年輕者），以亦步亦趨地學習與套用
西方的理論及方法爲能事，並將西方學派間的相互爭論與批判原封搬
來臺灣，各自傳播自以爲是的學術「福音」。以詮釋論 (hermeneutics)
批評實證論 (empiricism)，以衝突論 (conflict theory) 批評結構功
能論 (structural-functional theory)，或以情境論 (situationism)
批評特質論 (trait theory)，固然是「以夷制夷」，以實證論反駁詮
釋論，以結構功能論反駁衝突論，或以特質論反駁情境論，也都是

⓲實際上，在大部份有關學科中，在理論上連趕上最新的時髦也未必能做到。
　例如，黃宣範卽曾在本書中指出：杭士基 (Chomsky) 的「修正擴充的正
　統理論」(revised extended standard theory) 太新，我國語言學家至今
　尙無人追隨，用來處理中國語法，見黃宣範，「語言學三十年」，本書第三
　章，頁八六～八七。

「以外攻外」，說來皆是缺乏自己的理論與思想。這樣繼續不斷地以洋人之矛攻洋人之盾，長此下去，學術的時髦是趕夠了，但却永難建構自己的理論與方法。

三十多年來未能建立「國產」理論與方法的第二個原因，是中國學者本來就不重視理論。過去的有關研究業已發現：中國人基本上是一種十分講究實際的民族，其實用取向甚爲強烈❶。在此種價值偏向下，中國人對理論性的內涵通常持有懷疑的態度，將之視爲空談玄論，不切實際。臺灣的人文學者及社會科學者也是中國人，自然對費事去建構「無用」的理論不會熱衷，而寧願從事一些實際問題的研究工作。卽使勉強去進行理論性的思考活動，一遇到困難也會過早中止，自難有深入的穿透。此外，還有第三個原因，卽有了理論的想法却不肯去有系統地加以驗證與發展。更具體地說，過去有些此間的學者，確曾有過不錯的理論性想法，但却始終停留在構想的階段，而不耐煩親自以實徵的方法與程序，有系統地檢驗理論中的各項命題，以進而據以修改理論的內涵，使其漸趨完善。由於缺乏這種長期發展理論所需的雄心壯志與勞力耐性，有些很好的理論性想法便很快夭折了。最後一個原因是有些學者墨守師承，在想法上不敢有所踰越。中國人向來尊師重道，有的學者一旦學得了老師的理論，就會在先入爲主的習慣下永矢不變，甚至還會以師門的維護者自況，不敢改動原先的理論。在此情形下，自難推陳出新，另創新猷。

三十多年來臺灣的人文學及社會科學在理論與方法上之缺乏重大

---

❶有關中國人的實用取向或現實取向，過去已有實徵性的研究結果。有關此等研究發現的綜合論述，見 Yang, K. S.: Chinese Personality and Its Change. In M. H. Bond (Ed.), *The Psychology of the Chinese People.* Hong Kong: Oxford University Press, 1986.

貢獻，其原因已簡述如上。在此四者中，第一個原因（習於套用西方理論與方法）可能影響最大，第二個原因（輕理論而重實際的價值取向）次之，第三個原因（有理論想法而缺實徵驗證）又次之，第四個原因（固守師承的理論與方法）的影響則可能最小。瞭解了在理論與方法上缺乏重大貢獻的原因之後，進一步的問題是今後應如何加以改進，以期不久的將來此間的人文學及社會科學能在理論與方法上有真正的突破。顯而易見的一個值得努力的方向，是針對上述的四大原因加以改進，以消除這些有礙創造自己的新理論與新方法的不利因素。但除此之外，我們也應同時從更積極的方面有所努力。以下特別提出五種可以嘗試的途徑，特一一加以說明。

第一，新的理論不易平空而生，常是研究者針對同類問題長久研究後，為了整合所累積的大量資料與發現，以使其具有更深更廣的意義，所建構出來的一套概念或邏輯架構。新的方法不易平空而生，常是研究者針對同類問題長久從事研究的歷程中，為了克服研究程序上的種種困難，所設計出來的一套辦法或步驟。過去臺灣的人文學與社會科學未能自創新理論與新方法的原因之一，是缺乏針對同類問題所從事的集中性與累積性的研究工作及成果（可以作為前文所舉四大原因之外的另一原因）[20]。為了易於創造新的理論與方法，此間的人文學者及社會科學者應立志努力從事集中性的研究工作，使研究成果能夠累積，以激發創造新理論與新方法的需要與動機。就此種目的的達成而言，個別研究者的長期累積性研究所產生的功效顯然最大。

---

[20] 黃應貴氏在本書中曾就人類學內缺乏集中性與累積性研究的問題有所討論，見黃應貴，「光復後臺灣地區人類學研究的發展」，本書第九章，頁四三三～四三四。實則，除少數研究範疇外，此間人文學及社會科學的其他學科中，也大都有類似的情形。

第二，我們要想在理論與方法上有重大貢獻，絕不能自外於世界的學術。如能以各國人文學及社會科學的既有理論與方法爲參考或基礎，進而加以超越或大幅修正，是建立自己的新理論與新方法的一個重要途徑。但是，我們要想以國際上既有的理論與方法作爲創造的踏腳石，便必須認眞而深入地學習與理解既有的理論及方法，切不可浮光掠影或淺嚐輒止❹。要達到這樣的境界，捨親讀原著原典別無他途，絕不可代之以閱讀譯本或簡介。只有深入瞭解原著原典及相關著作的討論，才有可能推陳出新，創造新的理論與方法。爲了達到創新的目的，我們不能以被動而無爲的方式來閱讀原著原典，而是以主動而批判的態度來加以研析。

第三，以長期累積性的集中研究，或以他國學者所建立的理論與方法爲參考或基礎，來創造新的理論與方法，也有其不逮之處。另一重要的途徑，是研究臺灣的中國社會與文化中的特有現象。他國學者所建立的理論與方法，主要是針對他國的社會文化背景與現象而完成，自不會考慮到中國社會文化的特有現象與行爲。因此，經由中國社會文化中特有現象的探討，最易發現他國（特別是西方）人文學者及社會科學者之理論與方法的侷限、缺失、盲點及不到之處，自然便於得知如何修改舊理論與舊方法或創造新理論與新方法❷。

---

❹黃應貴氏在本書中曾就人類學內研究者對國外理論理解不够深入的問題有所討論，見黃應貴，「光復後臺灣地區人類學研究的發展」，本書第九章，頁四三四～四三七。實則，此間人文學及社會科學的其他學科中也有類似的情形。

❷社會及行爲科學中已有部份學者開始採用此種策略，他們研究中國人的面子、關係、緣、報及孝等特殊社會文化現象，試圖建立新的理論與方法，已獲得初步的成果。有關此等研究之論文，業已集結成書，見楊國樞（主編），《中國人的心理》，臺北：桂冠圖書公司，民國七十六年。

　　第四，除了以上三者之外，再一個創造新理論與新方法的辦法，是統合既有的有關理論。統合的方法之一，是採用辯證性的思考方式。這種統合方法特別適用於互相矛盾或對立的兩種理論。運用正、反、合的辯證歷程，可以在正、反兩種相互矛盾或對立的理論的較高一個層次，尋求一種可以化除低層矛盾或對立的統合模式，所得的結果便可能是一個嶄新的理論。並非所有的互相矛盾或對立的理論，都可以有效地加以統合，但一旦統合之後，便易於形成一種新的理論❷❸。

　　第五，最後一項可行的途徑是善用歷史的研究觀點與方式。此一途徑特別適用於歷史學以外的人文學及社會科學。臺灣的人文學者及社會科學者要想創造新的理論與方法，必須要有西方學者不易想到的概念或觀點，而此等想法的最豐富的來源是中國社會文化的獨特內涵。研究中國社會文化中的特有現象，是運用此一豐富資源以尋求靈感的方法之一，另一同樣重要而有用的方法是從史的觀點來探討問題，好借重古人的思想或概念，加以發展與更新，以形成自己的新理論。更具體地說，人文學與社會科學的各個學科，應分別重建中國的學科史。其中有些學科已經從事這一方面的努力，並已有了相當的成效，如文學已有中國文學史的探討，哲學已有中國哲學史的探討，教育學已有中國教育學史的探討，法學已有中國法制史的探討，經濟學已有中國經濟史的探討，政治學已有中國政治史的探討。但是，其他的人文學

----

❷❸運用正、反、合的辯證性統整方式，常可獲得更完善的理論。例如，在心理學中，晚近出現的互動論 (interactionism)，實爲情境論與特質論的統合。在文學批評中，詮釋論與形式論兩種理論觀點晚近已逐漸融滙，互補短長，相輔相成，見王建元，「台灣二、三十年文學批評的理論與文法」，本書第四章，頁一五五～一六〇。社會學中的結構功能論與衝突論又何嘗不能加以統合，只是至今尚無社會學者有此魄力與功力而已。

及社會科學的學科，却大都缺乏此種史的研究。時至今日，我們還無中國社會學史、中國心理學史、中國人類學史、中國傳播學史、中國管理學史及中國精神醫學史的系統性研究。尤有進者，只有籠統的學科史還是不够，更重要的是在同一學科內分就不同專題範疇從事史的探討。以心理學爲例，我們不僅需要建立自己的中國心理學史，更有用的是探討中國人格心理學史、中國社會心理學史、中國發展心理學史、中國心理衞生學史等（甚至以更小的範疇爲之）。從事中國人格心理學史的探討，此間的人格心理學者才能借重古人的有關思想與觀念，來建構新的人格理論；從事中國社會心理學史的探討，此間的社會心理學者才能借重古人的有關思想與觀念，來建構新的社會行爲理論；從事中國發展心理學史的探討，此間的發展心理學者才能借重古人的有關思想與觀念，來建構新的個體發展理論；從事中國心理衞生學史的探討，此間的心理衞生學者才能借重古人的有關思想與觀念，來建構新的心理衞生理論。

七、結　　語

到此爲止，已分就六大方面分析討論了三十多年來臺灣的人文學與社會科學的發展趨勢、困境及其因應之道：(1)還鄉意願的影響與消長，(2)邊陲地位的侷限與超越，(3)政治因素的作用與轉變，(4)科際之間的交流與合作，(5)學科內部的日益多元化，(6)理論與方法的逐漸改進。當然，值得重視的發展趨勢與困境尚不只此，他如實用問題之研究的增加等趨勢及其所導致的問題，也都是顯而易見的，但却因爲篇幅有限，無法一一論述。不過，從以上六方面的說明與討論，我們應可瞭解三十多年來人文學及社會科學在臺灣發展進步的主要情況與

問題。

　　這篇緒論所談的各項內涵，都是臺灣人文學者與社會科學者在此研究中國社會文化所獲得的共同經驗。各個學科內之特別的有關經驗，則將在各章中分別作詳細的報導與分析。我們希望這些共同的與特殊的臺灣經驗，不但可供此間各有關學科的學者彼此參考，而且可供其他中國社會的人文學者及社會科學者（特別是大陸學者）研究中國社會文化時作參考。當然，我們也希望將來能獲知其他中國社會的人文學者及社會科學者的研究經驗，以作為自己進一步探討中國社會文化的參考。

　　最後，我們希望此間的人文學者及社會科學者，都能珍視臺灣這一中國社會文化研究的良好實驗室，從過去之共同的與特別的研究經驗中汲取寶貴的教訓，進而認真檢討與改進，以獲得更高更大的學術成就。更希望不久的將來，臺灣的人文學及社會科學的研究水準能普遍晉達國際水準，在各該學科中為世界學術提供重要的貢獻。

兩種心態‧一個目標

——新儒家與自由主義觀念衝突的檢討

內容大綱

兩種心態・一個目標
——新儒家與自由主義觀念衝突的檢討

韋 政 通

一、兩種心態的對立

1949年離開大陸，「我們面臨着急速毀滅的俄頃」[❶]，少數對國家民族有責任感的知識份子，就在這天崩地裂的大變局中，迅速建立起兩個發言臺，希望藉此凝聚知識份子的殘餘力量，並在現實的幻滅中藉文化思想上的努力重燃希望。這兩個發言臺，一個是《自由中國》半月刊，代表自由主義，延續新文化運動的餘暉；一個是《民主評論》半月刊，重揚儒家道德與人文的理想，並在儒學系統化方面獲得進展。這兩個雜誌代表兩個不同形態的思想運動，但對現實政治都同樣發揮了不同程度的抗議精神。兩個雜誌於1960和1966先後關閉，但對臺灣成長的這一代知識份子心靈的塑造已留下極爲深遠的影響：《民主評論》的思想，不但矯正了清代遺留下來的考據學風，也調整了新文化運動所產生的偏向；《自由中國》的思想，一直到目前仍是臺灣推動自由民主運動的主要精神支柱。

參與這兩個思想運動的主角，在學術思想方面都有相當建樹，但

---

❶張丕介，《民主評論》發刊詞，1949年，香港。

對現實政治的影響甚微。其中的原因，除現實政治的壓力之外，這兩個不同形態的思想，在心態上的對立以及由對立而產生的意氣之爭，也有部分的關係。意氣之爭不完全來自個人的因素，有來自歷史傳承者，也有由於思想立場的不同，後面這一因素具有決定性的影響。因新儒家的理論骨架主要係得自德國觀念論，尤其是觀念論中康德與黑格爾的哲學，於是先驗、理想、精神、意識、主體成爲這一派表達思想的主要符號，目的在復興儒家的道德理想，恢復文化的認同，哲學工作着重在形上信念與精神哲學的重建。自由主義者則以英美經驗主義和邏輯分析作爲發展其思想的工具，目的不在建立系統性的哲學，而在思想的再啓蒙。因此對思想自由的要求特別迫切，對傳統形形色色的宗教與形上學皆懷抱敵意。

德國的觀念論本是在十七、八世紀啓蒙運動大破壞之後發展出來的一種新哲學，因此在中國新文化運動的破壞之後，新儒家藉助觀念論哲學以抵抗反傳統潮流，是可以理解的。但由於中國中西衝突的背景所產生的特殊問題，因而在兩種思想形態的對決上也產生了特殊的內容。任何思想運動，如缺乏基本的信念很難前進，新儒家很强烈地抨擊自由派思想爲「科學一層論」或「理智一元論」，其所指者，正是自由派思想上的基本信念：科學主義，所謂科學主義，據郭穎頤（D. W. Y. Kwok）的界定：「一般地說，科學主義是把科學的有限原則，予以普遍應用，使它成爲文化定理的一個信念；嚴格地說，科學主義應界定爲把自然的常則視爲其他社會科學的常則，社會科學的知識，唯有經由科學方法而後得之」❷。所以科學主義不同於科學，

---

❷D. W. Y. Kwok, *Scientism in Chinese Thought* 1900-1950, p. 21, Yale University Press, 1965.

科學是關於自然宇宙的客觀真實的知識系統，科學主義則是一信仰系統。自由派企圖以此打倒並代替傳統的價值系統，於是這方面與新儒家產生很尖銳的衝突。

另外一方面，在自由派的心目中，新儒家無異是傳統儒家泛道德主義的翻版。道德主義的確是新儒家的基本信念，就其認為人類一切文化活動，均統屬於一道德自我，且為其分殊之表現而言❸，也確有泛道德主義的傾向。但從另一個角度來看，這種傾向並非純是傳統泛道德主義的翻版，可能與其思想的基本態度有關。新儒家思想的基本態度是：創新必依據其所本有，也就是肯定必須「返本」然後能「開新」。就開新方面說，新儒家承認中國缺乏科學精神，承認在「正德」與「利用厚生」之間，少了理論科學知識的擴充。中國文化何以有此缺陷？則是因中國思想過分重視道德實踐，順着這個方向發展，個人只能退却為內在的道德修養，因而閉塞了道德主體向外通的門路，使主體自身趨於虛玄與乾枯❹。新儒家這方面的反省相當深刻，表現了自我批判的精神。但由於思想的基本態度，仍認為包括科學在內的一切文化上的開新乃中國文化中道德精神自身完成與升進過程必然的要求❺。這原是儒家傳統的基本信念，由於反傳統潮流的刺激，仍為當代新儒家所堅持。他們擔心文化的開新會威脅到原有的道德精神。這種擔心有什麼真實的意義呢？是否僅是屬於道德主義信念下的一種特殊關切？如果僅是特殊立場的特殊關切，那末關切的重點仍在道德精神，在道德精神與發展科學的精神性聯繫的思考中，不可能賦予認知

---

❸唐君毅，《文化意識與道德理性》，自序㈡，第三頁，1958年，香港。

❹唐君毅，《中華人文與當今世界》，第八九七～八九八頁，1975年，學生書局，臺北。

❺同前註，第九〇〇～九〇四頁。

精神一個眞正獨立的地位，因爲這種思考方式基本上仍未脫出傳統一元論思想模式，要賦予認知精神眞正獨立的地位，我們必須承認並尊重世界多元文化系統的獨立性。如果承認並尊重世界多元文化系統的獨立性，則對中國如何發展認知精神與科學的問題會完全改觀，消極方面會追問：由中國傳統所創造的獨特的道德精神及其所產生的心靈導向與社會構造，可不可能對發展認知精神與科學造成阻礙？積極方面會追問：那些學科的訓練才能有效地培養認知精神，並有助於科學發展？在這裏我們不是要討論這些問題，只是想指出，認知活動一旦獨立出來，問題會有新的出發點，根據新的出發點，認知活動本身有它的一套理則，如果這一套獨立的理則能獲得充分的發展，將來中國文化會建立起一個精神面貌與過去迥異的新傳統。在新傳統形成的過程中，不只是威脅原有的道德精神，而是新傳統促使獨立、自由等新價值觀念的成長，將迫使原有的道德精神及其衍生的價值系統接受新的考驗。儘管道德宗敎在人類文化中居於基本重要的地位，但在科學當令的時代裏，都必須在新的知識基礎上以及認知態度的挑戰中重建。重建的過程不是原有道德精神的完成與升進，而是經由批判達到創造性地轉化，才能滿足現代生活的需要，因爲科技獲得高度的發展之後，整個的社會結構和生活方式都會產生巨大的變化。中國文化在現階段的主要問題是，我們的社會結構和生活方式已經歷巨大的變化，而我們的道德精神和價值系統却未能相應地重建起來，因此出現「文化萎縮」和「生活失調」的現象。

　　自由派思想，由於傳統包袱較輕，而且思想的訓練是來自另一個以經驗主義和邏輯分析爲主的文化系統，從心理的距離感上能建立一個新的立足點來反觀自己的文化。由西方哲學看中國，中國哲學明顯

的特性之一，卽邏輯的、知識論的思考方式未能獲得完全地發展❻，這意含着認知的、抽象的思考的不足。中國哲人的思想比較傾向於透過歷史文化傳統以及具體的人事來表達。因此在史學方面有輝煌的成就，哲學方面因缺乏論證和客觀論述的習慣，使思想不能系統化❼。不論是史學或哲學，主導的理念是道德倫理價值，卽使在歷史判斷中，也混雜着濃厚的道德判斷。自由派學者稱這種文化現象爲規範特徵的肥腫或泛道德主義。在這個傳統影響下的知識份子，多半是價值迷（value fans）和事實盲（fact blinds），他們甚至分不清什麼是價值判斷，什麼是事實的陳述❽。要改變這種情況，必須講求認知的獨立，認知的獨立，並非要棄置價值判斷，而是要隨時提高自覺將二者嚴加區分，並能做適當的使用。自由派以亞里斯多德的名言，作爲認知的設準：「把不是什麼說成是什麼，或把是什麼說成不是什麼，是假的；而把是什麼說成是什麼，把不是什麼說成不是什麼，便是眞的」。如加以簡化，便是：「是什麼就說什麼」❾。受中國傳統思想影響的人，往往把本只是角色的衝突、觀點的歧異，不自覺地就轉化爲道德上的正邪，對這類的人而言，凡懷疑旣成信念和制度的新觀念及意見似乎都是邪惡的。要他們從事客觀的認知，必須先克服自己的思想習慣，調整心靈的秩序，把認知能力從泛道德主義和泛情緒主義的泥淖中解放出來，具體的訓練則應落實在數學、邏輯、知識論、語言

---

❻殷海光，《殷海光先生文集》，第一○二八～一○二九頁，1979年，九思出版公司，臺北。

❼謝幼偉，「抗戰七年來之哲學」，見賀麟，《當代中國哲學》，第一四六頁。

❽同前註❻，第九六三～九六四頁。

❾同前註❻，第九五五～九五六頁。

學等學科的精研上❿。

　　在二十世紀前半期的中國，科學主義是一個很流行的思潮。到臺灣以後，自由派學者認識到文化中的認知特徵對中國文化重建的重要性⓫，由於認知態度的強調，使科學主義的信仰已受到抑制，因而有「我們不能過分沉湎於科學主義之中」的覺悟⓬。現在仍有人以為自由派提倡行為科學，而不知自由派學者中早就有人提出行為科學不能完全解釋人類行為的警告⓭。此外，由於知識專業化逐漸受到重視，也促使科學主義的退潮。依科學主義，凡是不科學的都是不可信的，現在思想謹嚴的學者，連「人文科學」這個名稱都不敢隨俗使用，而改用「人文學科」，可見觀念之轉變。另一方面，新儒家也由「泛道德意識」轉變為「道德理想主義」的肯定。泛道德意識認為人類的一切文化活動，無不統屬於道德自我，終極的關切在心靈境界的不斷超越。道德理想主義，承認道德以外的文化活動，如民主、科學等，有它們的獨特領域和發展的獨特理則，但仍肯定道德理想或道德主體為一切文化創造的根源，道德以外的文化活動必須以道德主體為其超越的依據而後可能。因此對道德理想與民主自由有價值層次的劃分。相對於道德理想，自由民主只是第二義的。如此價值性的劃分，不可避免地又與視自由為第一義的自由派發生爭辯。

　　基於思想形態的不同和心態的對立，兩派之間對自由問題的歧見，早在正面衝突之前就已存在。這場衝突由《自由中國》一篇社論所引

---

❿同前註❻，第九六九～九七二頁。

⓫對這方面問題的探討，為殷海光主要的貢獻之一，其中最重要的一篇論文是「論認知的獨立」（見前註❻之書，第九五五～九七一頁）。

⓬同前註❻，第一〇三一頁。

⓭同前註。

起⓮，該文及稍後的答辯中主要涉及兩個問題：第一是關於「國家自由」與「個人自由」者，自由派主張在政治的學理與事實的範圍，只能講求個人自由，而反對國家自由的說法。理由是民主國家多提倡個人自由；而近代獨裁國家，至少自黑格爾以降，多強調國家自由，以及近數十年中，獨裁的政治機構動輒謂「必先犧牲個人自由方換取國家自由」，結果國家自由未見實現，而個人自由首遭剝奪。因此在痛定思痛之餘，自由派認爲可以「國家獨立」一詞代替「國家自由」，以免有人假國家自由之名以亂個人自由之實⓯。這第一個論題是針對當權派而發的，與我們這裏要討論的兩種心態對立的問題關涉不大，毋須深論。但可以指出，上述言論出現在五〇年代初，快三十個年頭了，現在「國家自由」一詞已不流行，而代之以「國家安全」，強調國家安全抑制個人自由，仍然是官方一貫的主張，三十年前的老問題依舊存在。從學理上解開國家自由與個人自由之間的矛盾並不困難，二者之間所以發生觀念衝突，大部分來自現實的因素，現實的問題不是理論上的爭辯能解決得了的。

在自由意義的歧見中，自由派與新儒家直接發生交涉的是有關政治與道德的第二個論題。問題的核心在如何處理「意志自由」？社論說：「人的行爲無不受因果法則之支配，或受函數關係所決定」。這明顯受到行爲科學中行爲主義的影響，行爲主義是排斥自由意志這類精神資源的，因爲它不受科學方法的控制。這個論點被新儒家學者批評之後，自由派立即做了修正，答辯中說，他們只是在政治層次中不談「意志自由」一類的自由，「不談」並不等於「否定」。雖不否定，但

⓮《自由中國》半月刊，十卷三期，社論：「自由日談自由」。
⓯見殷海光、張佛泉、徐復觀三人有關「自由的討論」(《民主評論》，五卷六期)，又見徐復觀雜文③「記所思」，第一九四～二〇六頁。

主張意志自由和人權清單中所列的諸自由，無論是從概念上或實現上均應加以區分。從概念上看，意志自由是屬道德範疇，而諸人權屬於政治範疇。從實現上看，意志自由實現到極處，人人可做聖賢；諸人權如一一實現，則人人可作自由人。民主政治本格的目標，並非使人人成聖成賢，而係使人人享有諸人權，所以在民主政治層次中可以不談意志自由。至於二者的關係，自由派認為民主政治並不蘊涵反道德，恰恰相反，它可能為道德之實現創造一可能的環境。從「自內而外」言，道德先於民主；但從「自外而內」言，則民主先於道德，二者孰先孰後，全係相對的[16]。

　　經由以上的解說，自由派顯然不能同意把道德理想與自由民主做價值層次上的劃分；基於同樣的理由，也不會贊成自由民主須以道德主體為其超越依據之說。到此可以看出，兩派之間的衝突，主要來自觀念論形上學和經驗主義哲學立場的不同。從經驗主義觀點出發，很自然地把自由民主限制在政治層次，也就是限制在經驗運作的層次，在這個層次上，人的思考講求清晰，因此對自由民主及其相關的概念有釐定澄清的效果。更重要的，在經驗運作層次上，比較容易想到或容易發現到，真正妨礙自由民主實現的障礙是什麼。自由派學者指出，在人類爭自由的過程中，所碰到的問題的核心，不是道德（或自由）意志，不是傳統，也不是其他不利的條件，而是有些人拿鎮制權力來對付或壓制自由的爭取。一部爭自由的歷史，是自由和鎮制遭遇的歷史，人間如沒有鎮制權力的使用，那末壓根兒也就無所謂爭自由的問題[17]，自由派的自由思想發展到這一步，可說已真正進入問題的

----

[16] 以上答辯見殷海光代《自由中國》社答徐復觀的信，出處同前註。

[17] 見殷海光，「自由的對頭」（發表時用「高風」筆名），《時與潮》半月刊，二二九期。

核心。

　　但是，在經驗運作的層次上爭取自由，是否就與道德範疇或形上信念無關呢？是又不然，爭取自由的對頭雖是鎮制權力，但爭取自由的動力卻不能不來自具有自由抉擇能力的個體，承認人對自己行爲有抉擇能力，就必然會肯定人有自由意志的形上信念，自由人所以憎恨極權，重要的理由之一，就是因爲極權主義根本否定人有自由意志。所以把意志自由和人權清單中所列諸自由在概念上加以區分，固有必要，一旦落實到爭自由的實際行爲中，不可能沒有形上信念的支持，但可能是不自覺的。聯合國「世界人權宣言」第一條：「人皆生而自由；在尊嚴及權利上均各平等。人各賦有理性良知，誠應和睦相處，情同手足」。人爲什麼要爭取尊嚴和權利，即基於「人皆生而自由」的形上信念；我們爲什麼要求人類社會應和睦相處，情同手足，因人人都有天賦的理性與良知，肯定形上信念，並不必然蘊涵自由民主；但追求自由民主，卻不可能沒有形上信念。不談，是因爲局限於經驗主義，在這方面，道德的理想主義者的主張，是有其充分的理由的。

　　上面已簡要地展示了兩種心態的對立以及主要觀念的衝突，下面兩節將分別陳述它們在思想不同的路向上各自的表現，及其在當代思想史上代表的意義。

二、啟蒙思想的發揚

　　余英時教授在一篇討論中國文化的重建問題的文章中提到，目前我們一方面應肯定「五四」新文化運動的啟蒙精神，另一方面也要超越「五四」的思想境界，他認爲這就是中國文化重建在歷史現階段所

面臨的基本情勢[18]。所謂基本情勢，就是當前思想的客觀要求，應同時包涵這兩種思想趨勢，超越「五四」是在肯定「五四」啓蒙精神的基礎上發展。很不幸1949年以後，我們的思想界，由於前述心態的對立，竟然在共同的目標下，依然造成思想的分裂，自由派繼續發揚「五四」的啓蒙精神，新儒家却在否定「五四」啓蒙精神的情形下要求超越。

「五四」新文化運動的目標是民主與科學，到目前爲止，這個目標大部分仍停留在理想的階段。這個目標一天不完成，我們的思想仍將在啓蒙和再啓蒙的過程中掙扎奮鬥。余英時在同一文中指出，最近二三十年來中國大陸在文化上一直處於「逆水行舟」狀態[19]。卽使在那樣嚴厲的極權統治下，五〇年代北大學生仍發表了「自由主義者的宣言」，仍發出「五四的精神起來了」的呼聲。尤其在「文化大革命」之後，魏京生要求以民主、自由、人權爲主的第五個現代化，另有一羣青年在北京組織「啓蒙社」，發表強烈主張打倒東方迷信和新偶像崇拜的「啓蒙社宣言」[20]。三十多年來的歷史證明，新文化運動的精神雖不絕如縷，但已成爲中國人爭自由爭民主主要精神力量的來源。

由創辦《新靑年》到「五四」這幾年中興起的思想運動，當時及後來最流行的稱呼是「新文化運動」，也有少數人比之爲西方的「文藝復興」，這當然是不恰當的。就其打倒偶像打倒權威最爲凸出的解放精神而言，最足以比擬的應是西方十八世紀的啓蒙運動。這個運動

---

[18]余英時，《史學與傳統》，第一七八頁，1982年，時報出版公司，臺北。

[19]同前註。

[20]葉洪生編，《中國何處去》，第三〇、五一、一八五、二九八頁，1979年，成文出版社，臺北。

發端於1680年左右的英國，迅速蔓延到北歐，運動的最高潮是在十八世紀的法國，伏爾泰和盧梭成爲這個思想運動的雙璧，有的史家認爲歷史上很少有其他的運動在塑造人類的思想與規範他們行動的方向等方面，曾發生這樣深遠的影響❷。西方的啓蒙運動大抵表現了下列的特色：⑴崇向理性，視理性爲思想唯一正確可靠的南針；⑵科學的或機械式的宇宙觀；⑶革新舊習俗；⑷打破歐洲中心；⑸打倒盲目性和傳統的偏見；⑹叛離權威打倒偶像；⑺懷疑精神。這個運動的基本信念是，認爲經由知識可使僵固的宗教傳統獲得解放；相信只要把人的理解力充分發展，把種種智性的力量加以培養，就可以把人在精神上改變，產生一種新的和更爲幸福的人生；相信自由與開放必將伴隨着啓蒙而來。

從這個背景來了解「五四」時代的思想，確有許多方面是相似的，例如在「科玄論戰」中站在科學一邊所持的就是機械式的宇宙觀，視萬物的運行變遷皆自然而然，根本用不着什麼超自然的主宰或造物者❷。在革新舊習俗這個節目上則爲激烈的反對舊禮敎，把傳統的忠孝視爲對君父盲目性的崇拜，主張叛離聖賢的權威，打倒帝王的偶像。當時思想界的領袖提倡杜威的實驗主義以及藉考據提倡「考而後信」的科學方法，都是敎人一種懷疑的精神。關於打破歐洲中心，是指伏爾泰《論查理曼到路易十三法國國民道德與精神》一書。書中用史家稱之謂「火星人般的客觀態度」，談論中國、印度、波斯各國的風土民情和人民的信仰，使世界變得更大而新奇，使歐洲人發現歐

---

❷Edward McNall Burns 原著，周恃天譯，《西洋文化史》，第七八一頁，1973年，黎明文化事業公司。

❷胡適，《胡適文存》（第二集），第一三六頁，1971年，遠東圖書公司，臺北。

洲不過是另一個大陸的半島❷。類似的工作在十九世紀中葉前後魏源的《海國圖誌》已開始，「五四」時代的新知識份子只是西化甚至全盤西化，很少在理論上反省這個問題。到臺灣的自由派才把「我族中心主義」當作一個重要的論題來討論，他們在邏輯上指出「以自我為中心」的論斷，足以導致思想的謬誤❷。在文化上他們把我族中心主義分為兩種，一種是良性的，它肯定並且愛護自己傳統的生活方式、價值觀念和文化理想，但同時也欣賞並尊重其他的文化傳統。一種是惡性的，它肯定一些絕對的價值，認為這些價值優於其他文化，因此對別的文化特徵都看不順眼，有意或無意存一種鄙夷甚至排斥的態度❷。自由派不斷討論這樣的論題，自然是有所為而發的，因表現惡性的我族中心主義者，不限於那些國粹派，新儒家有時也不能避免。要改正這種根深蒂固的文化偏見，主要要靠文化人類學的知識培養開放的心靈，藉了解不同文化系統中的價值觀念，才能發展出較均衡的價值系統觀。

　　關於理性，「五四」時代像《狂人日記》那樣的言論能風行一時，在一片破壞打倒聲中，這方面的追求是被浪漫激越之情所掩蓋着，卽連提倡科學，也不免出於浪漫的態度，這種偏向到臺灣以後才有顯著的改變。自由派學人對科學理論和科學方法的理解都比啓蒙初期有進步，最明顯的一點卽對「大膽假設，小心求證」這種方法的檢討與批評，首先他們指出，長期以來我們在應用這兩句話時，在暗中摸索的

❷威爾‧杜蘭原著，許大成等譯，《西洋哲學史話》，第二○七頁，1957年，協志工業叢書出版公司。

❷同前註❻，第四六三～四六五頁。

❷殷海光，《中國文化展望》，第一二八～一二九頁，1966年，文星書店，臺北。

時候多，運用得有把握的時候少。因所謂「大膽」和「小心」，都是心理狀態方面的事，於理論構造毫不相干。如果我們要能提出一個合用的假設，不能全憑直覺、猜度、想像，它需要滿足五個「標準」：(1)假設必須與所要說明或預測的相干；(2)假設必須可被證驗；(3)較大的說明力和預測力；(4)簡單性；(5)假設必須與既成的理論相容。求證的工作也很複雜，有些假設可以在技術上得到證驗，有些只能在原則上予以證驗；有些假設可以直接證驗，有些只能間接予以證驗。總結地說，「大膽假設」是向前開闢新界的探求，「小心求證」是約制大膽開闢以便獲致可靠果實的一種程序❷。在臺灣的啓蒙思想家，並不是要否定這種方法，而是從方法學的觀點予以重建。

在臺灣的啓蒙思想家，對早期的啓蒙思想有相當嚴厲的批評，認爲「五四」新文化運動有較大成就的在白話文的推動和文藝以及新詩的創作，學術思想上的成就只比新聞式的介紹高一點點，因此很容易被誤導和利用。緊接着「五四」起來搞革命的人，常藉文藝作品散播思想，也就是說藉着情感的通路使他們的思想灌入一般知識份子的頭腦，這種來路的思想常常不可靠，只有根據邏輯推論的程序和經驗知識而接受的思想才比較可靠，因此自由派竭力提倡邏輯經驗論❷。

邏輯經驗論源於實證論的哲學、符號邏輯、數學、實效論及運作論，就這些科目最低的共同中心論旨所構成的邏輯經驗論底特徵是：(1)肯定經驗，並把經驗作爲知識的基礎；(2)注重邏輯解析，並把哲學看作邏輯解析；(3)由(1)與(2)兩特徵，逐導致對傳統形上學的否定；維也納學派傳到美國之後，很順利地與美國本土思想合流，於是：(4)重

❷殷海光，《思想與方法》，第一三二、一五四、一五六、一五八頁，1964年，文星書店，臺北。

❷同前註❷，第二一二～二一三頁。

實效；(5)重運作；(6)重行為；又因受愛因斯坦的影響，於是在知識上是：(7)相對論的❷。由於邏輯經驗論的複雜內涵，要對它有窮根究底的了解，對中國知識份子而言，實不容易。所以儘管在六十年代的臺灣曾興起一股研究的風氣，但眞正對一般知識青年產生影響的還是在把它的理論做常識性的應用這一部分，例如以經驗與邏輯作為正確思想的評準，於是對來自宗教、傳統、書本教育以及政治上的一切思想，就以這個評準做武器，大膽地評斷其是非得失。在邏輯上尤其喜歡宣揚所謂種種謬誤，於是「訴諸權威」、「訴諸憐憫」、「人身攻擊」、「以自我為中心」、「簡單的確定」等謬誤之說❷，一時間頗為流行。

　　邏輯經驗論一方面依據證驗原則，運作底劃分了科學與形上學，另一方面又因傳統形上學的命辭是無法檢證的，因此更斷言它所說的一切是沒有意義的——沒有認知的意義，這樣勢必把哲學中所有超經驗的知識，統摒棄於認知範圍以外。以傳統的哲學標準來看，邏輯經驗論的貢獻不在哲學，而在語言解析和科學致知模態的建立，這方面思想的引進就中國哲學的特性而言，實有其劃時代的意義。不過，在此時此地，自由派所以特別鍾情於邏輯經驗論，除了原先經驗或實證的哲學立場之外，還有一個重要的原因不可忽略，卽1949年以前中國思想戰場上，經過三十多年的思想混戰，形形色色的意識形態，在一時間內都足以吸引徒衆，彼此傾軋，互相鬪爭，鬧得天昏地暗。自由派思想家為了澄清這種混亂的局面，亟想找尋一條清明的理路，這套思想旣可使人頭腦清醒，又可使人在種種意識形態誘惑之下做個不受人惑的人，依自由派學人看來，邏輯經驗論恰好能滿足這些需要。於

---

❷同前註❻，第二二五～二二六頁。

❷殷海光，《怎樣判別是非》，第一～二一頁，1959年，文星書店，臺北。

是他們一方面以「思想界的清道夫」自況，另一方面則以為在經驗與邏輯的基礎上可以建構一種新的哲學。

　　可怪的是，我們提倡邏輯經驗論的學者竟然批評維也納學派觸犯了「減約的不適當」的毛病，意思是說他們濫用了奧康的刀(Occam's razor)，成為哲學上空前的取消運動，「這樣弄學問的態度和辦法，作為一時破壞性的激動則可，作為長期建設性的努力則不可」⑳。邏輯經驗論的倡導者所肯定的雖比初期維也納學派要多，但在傳統哲學的立場來看，他們所能涉入哲學的程度，不啻五十步笑百步，因為他們認為嚴格的知識是沒有顏色的，也就是說這種知識沒有情緒、意欲、個人成分、地域特點等摻雜其間。因此，它有普遍的效準㉛。他們不知這種知識僅有形式的意義，僅靠這種知識如何面對紛紜複雜的世界？於是只好把人類的生活方式、社會組織、經濟及政治制度等複雜的問題化約為科學知識及科學技術的問題㉜，以為在謀實際問題的解決時，只要少受宗教教條、文化傳統以及種種意識形態的羈絆，一定少許多無謂的牽制或浪費㉝。這種思想簡直把人類的問題看作可以在真空中或實驗室中來解決似的，已不只是犯了「減約」之病，而是在問題之前退縮又感到無力。邏輯經驗論所以會引出這樣的結果，主要關鍵就在其着意取消形上學，以及形上信念的喪失。他們不知我們對任何事物去追根究底，一旦認為真真是如此這般的時候，就有了形上的信念，系統化的形上信念就是形上學㉞，今日世界兩大政治陣營的

㉚同前註⑥，第一〇八一頁。
㉛同前註⑥，第七二四頁。
㉜同前註⑥，第七二三頁。
㉝同前註⑥，第七二五頁。
㉞項退結，《現代中國與形上學》，第五～六頁，1978年，黎明文化事業公司，臺北。

對抗，背後正是受兩種不同的形上學在支配着[35]。爭自由爭民主，如不能把自由民主聯上實在界予以終極的解釋，很難產生巨大的動力。「人生而自由」、「人生而平等」、「把人當人」，這些都是爭自由、爭人道、爭尊嚴的形上信念。它們都具有「眞實的普遍性」，而與辯證唯物論的形上信念針鋒相對。

　　中國啓蒙運動初期的思想，最受人詬病的是它表現激烈的反傳統，反傳統是這個運動最明顯的標誌。在西方是反基督敎，在中國，儒敎成爲衆矢之的，傳統社會政治方面的弊病很少不被揭發的。在西方，對這個運動就有極爲相反的評價，有的史家認爲「是一場爲救人類靈魂的奮鬪」，敵對的一方却把這一時期描寫爲「混亂及愚蠢的世紀」[36]。在中國，來自左右兩方的攻擊且不說，卽使比較公正的評論，也認爲「五四」整體性反傳統思想犯了「文化化約主義的謬誤」[37]。另外也有史家認爲當年《新青年》對中國文化的全面破壞，雖被時人視爲一大罪案，但公平地說，那正是他們的功績，「因爲要出現新社會，必須破壞那些障礙物」[38]。

　　臺灣的自由派當然也繼承了啓蒙運動初期反傳統這一特色。但由於思想訓練的不同，知識的增進，以及階段性的處境已異於往昔，因此對這方面的問題有較多且較深的反省，這可以從兩點看出：第一是

---

[35]同前註，第九～一〇頁。

[36]威爾・杜蘭，「伏爾泰思想與宗敎的衝突」《世界文明史》⑳），第四一七頁，1977年，幼獅文化事業公司，臺北。

[37]林毓生，「五四時代的激烈反傳統思想與中國自由主義的前途」，見《五四與中國》，第三六一頁，1979年，時報出版公司，臺北。

[38]鄭學稼，《中共興亡史》第一卷，第八四五～八四六頁，1970年，中華雜誌社，臺北。

容忍態度的提倡。在西方伏爾泰也曾寫下劃時代的作品「論容忍」，主張每一個公民只要不擾亂公共秩序，都應能自由地運用他的理性。五十年代末期，胡適在《自由中國》發表一篇被譽爲近四十年來中國思想史上的一個偉大的文獻「容忍與自由」一文❸，主旨在闡述:「容忍是一切自由的根本: 沒有容忍，就沒有自由」。自由派的後進却認爲「同樣是容忍，無權勢的人易，有權有勢的人難」。因此要求「適之先生要提倡容忍的話，還是多多向這類人士說法」。不過對胡先生提倡容忍的態度，則採取完全支持的立場。因爲「容忍，無疑是解決中國問題在心理狀態方面的基本鑰匙，容忍一行，則衝突可消，僵凍可解，且週身氣血活暢，生機立顯」❹。二十多年過去了，有權有勢的人，不容忍的態度似乎未見改善，衝突却不斷升高。在政治上要求容忍，除非能培養強大的制衡力量，否則從道德的意義上要求寬容，是不會有多大效果的。

　　第二是對傳統態度的反省。在反省中自由派已逐漸掙脫極端的傾向，走向理性的批評。自由派學者把中國現代思想史中對傳統的態度，分爲三種: (1)傳統至上說; (2)傳統吃人說; (3)傳統可塑說。主張「傳統至上說」者，大都是傳統主義者，從歷史與地緣的觀點看，大陸國家比海洋國家傳統主義容易盛行且佔優勢。從經濟的觀點看，農業社會傳統主義容易生根; 在流動的商業社會，就比較不容易滋長。此外，傳統主義具有擬聖的、權威的、一元的、絕對的、排他的、反懷疑的、重名分的等特性。「傳統吃人說」不只是「非傳統主義者」，且是「反傳統主義者」，他們事事與傳統爲敵。近數十年來，反傳統主義的思

---

❸見《自由中國》半月刊，二〇卷第六期。

❹同前註❻，第一一四五～一一四六頁。

想可分做兩個階段，前一階段社會意義較大，政治意義很小。到了第二階段，以馬、列之徒爲主的反傳統思想運動，已由社會性的變爲政治性的，這才是十足的「反傳統主義者」。第三種態度自由派稱之爲經驗論的態度，本於這種態度所了解的傳統，首先它是維繫社群生活穩定的一項重要力量，社群若不穩定，便無以承受進步的果實。衡斷傳統底價值的另一重要標準，是看它能否對新的刺激作適當反應，如果能，則傳統是對社群生活有益，如不能，則傳統成爲社群生活的累贅。所以傳統是否要修正、保存或更改，全看它是否適合人生而定❹。然後根據這個態度衡斷中國傳統，但提出民主與科學作爲衡斷的特定尺度，這當然是一個不利的觀點，因中國傳統根本無所謂民主，那些把民本思想拿來與民主附會的人，自由派評爲「把愛國與講知識混爲一談」❹。關於中國文化傳統中爲何未能產生近代的科學，這是個複雜的問題，英國科學史家李約瑟，花去大半生心血鑽研中國科學史，主要的目的之一，就是想解開這一歷史之謎，國內的科學史工作者也有討論❹，根據這些討論，自由派所說「中國傳統却與科學的思想方式大不相容」❹，卽使不是完全武斷，也是太嫌粗率的，因中國傳統中的思想方式，並非全部都與科學不相容，何況思想方式也僅是近代科學未產生於中國許多因素中的一個。中國傳統旣無民主又未產生近代科學，是不是就要將它加以破壞呢？不是，嚴格地說，後期自由派已不反對傳統，而只反對傳統主義者對歷史文化所持的「戒嚴」

---

❹同前註❻，第一六五～一七一頁。

❹同前註❻，第一七九頁。

❹如郭正昭等，《中國科技史》，1980年，自然科學文化事業公司，臺北。

❹同前註❻，第一七八頁。

態度，他們希望中國傳統能經由創造達到新陳代謝的目的❹。

三、儒家思想的新開展

這一時代性的大課題，早在抗戰期間賀麟就已提出一套包括方法、態度和努力目標的具體構想❹。在方法上儒家思想的新開展應以「現代與古代的交融，最新與最舊的統一」為指南。針對新開展的需要，他提出的態度極具包容性和開放性，在他看來「五四」新文化運動，表面上雖主張推翻儒家，實際上卻是促進儒家思想新發展的一大轉機，其功績與重要性乃遠在前一時期曾國藩、張之洞等人對於儒家思想的提倡。他認為新文化運動的最大貢獻，在破壞掃除儒家的僵化部分的軀殼形式末節和束縛個性的傳統腐化部分，他們並沒有打倒孔、孟的眞精神、眞學術，反而因他們的洗刷掃除的工夫，使得孔、孟、程、朱的眞面目更加顯露出來。新文化的領導人物，主張解除舊道德的束縛，提倡一切非儒家的思想，頗為一些自詡為繼承儒家正統的人物所不滿。而賀氏卻認為「推翻傳統的舊道德，實為建設新儒家的新道德作預備工夫，提倡諸子哲學正是改造儒家哲學的先驅」。其次，西方文化學術的大量輸入，在他看來，表面上好像是推翻儒家使之趨於沒落消滅，但實際上將如當年佛教之輸入，亦將大大地促進儒家思想的新開展。不過他強調，西方文化之輸入，將給儒家思想「一個生死存亡的大試驗、大關頭」，又警告：儒家思想「如不能經過此試驗，渡過此關頭，就會死亡、消滅、沉淪，永不能翻身」。

---

❹同前註❻，第一八二～一八四頁。
❹賀麟，「儒家思想的新開展」，見《文化與人生》，1973年，臺北，地平線出版社重印。

　　至於努力的目標，賀麟主張在消極方面無須傅會科學原則以發揮儒家思想，因那樣會陷於非科學非儒家，這可能是針對當時仍流行的科學主義的思想而發。積極方面他主張應從三方面去努力：(1)必須以西方的正宗哲學發揮中國的正宗哲學，蓋東聖西聖，心同理同，使「蘇格拉底、柏拉圖、亞里斯多德、康德、黑格爾之哲學，與中國孔、孟、程、朱、陸、王之哲學會合融貫」，乃今後「新儒家思想發展所必循之途徑」。(2)須吸收基督教之精華以充實儒家之禮教。所謂吸收基督教之精華，指須以其普愛說以補充單重視親屬關係的差等之愛的不足，蓋「惟有具有愛仇敵的襟懷的人，方能取得精神的征服或貞勝」❹。如此才會有強而有力的新儒家思想產生出來。(3)須領略西方之藝術以發揚儒家的詩教。「過去儒家，因樂經佚亡，樂教中衰，詩教亦式微。對其他藝術，亦殊少注重與發揚，幾為道家所獨佔。故今後新儒之興起，與新詩教、新樂教、新藝術之興起，應該是聯合並進而不分離的。」

　　賀麟對儒家思想所開展的構想，最值得稱道的是，他站在弘揚儒家的立場，對新文化運動的反儒家思想，能超越敵對意識，了解其限制，發現其對儒家思想新開展的積極貢獻。假如1949年以後發展的新儒家能有如此開濶的胸襟，當不致造成兩種心態的對立，助長了對新文化運動的誤解，延緩了學術思想朝合理方向的發展。在宗教問題上賀氏的提示也值得注意，基督教的傳統的確表現出愛的強勁動力，儒家「四海皆兄弟」及「民胞物與」之說，大都停在理念層次。新儒家對這個問題，注意到西方來華的傳教士及受其影響者，以為儒家只注重人間的倫理道德和外表的行為規範，因而強調儒家宗教性的超越感

---

❹同前註之書，第一七頁。

情⓭。對基督教則除指責其在歷史上引發的宗教戰爭外，又以儒家爲
準據，認爲基督教雖於政治社會等客觀方面有成就，但因不重主體性，
也開不出正面的眞實的主體性，因此並不眞能照察出什麼是罪惡，而
期從根上消除它⓮。因中國現階段必須解決的文化問題是偏向於民主
與科學，基督教向中國文化的挑戰雖早於民主與科學，但迄未引起中
國知識份子的普遍關切，部分的原因是因西方基督教本身在工業文明
影響下，正處於長期衰退欲振乏力的時期。另一方面則是由於基督教
和儒家在當前工業文明強勁有力的世俗化甚至物化的趨勢下，正面臨
着掙扎圖存的共同命運。

　　賀麟的提示，重點在吸收我所本無，以恢復我所本有。但在今
日，都同樣困難。「詩樂之敎」本是原始儒家極重要的一環，對孔門
師弟的心靈、生活及敎學，都產生過相當深刻的影響。這方面使中國
文化表現出道德與藝術交融的特色，也產生移風易俗的特殊功能⓯。
魏晉南北朝時，由於受西域和印度佛教的影響，儒學中衰，外來音樂
漸居優勢。宋明儒學再興，早期的詩樂之敎已難恢復，宋儒由心性倡
立「變化氣質」之說，不知如無詩樂之敎的配合，不但在變化氣質上
難收實效，卽使在道德生活中也顯得孤高而缺乏滋潤。當代新儒家中，
因有人具備特殊的才智，對傳統儒、道兩家的藝術精神，做了極富創
意的詮釋⓰，對中國文化的重建，是一大貢獻。

⓭同前註❹，第八七九～八八〇頁。

⓮牟宗三，《生命的學問》，第八四頁，1970年，三民書局，臺北。

⓯參看韋政通，《開創性的先秦思想家》，第二一～二四頁，1972年，《現代學
　苑》月刊社，臺北。（此書1974年易名《先秦七大哲學家》，由牧童出版社出
　版，1985年再改由水牛出版社出版）

⓰此指徐復觀，《中國藝術精神》，1966年，學生書局，臺北。

　　1949年以後的新儒家，最重要的發展，大抵是走的賀麟第一點所希望的「必須以西洋之哲學發揮儒家之理學」的路，這方面已有相當完整系統的建立❷，尤其是「智之直覺」的系統化理論，更是整個系統中最具創新意義的部分，它為重實踐的中國哲學，提供了前所未有的理論基礎，已為中國哲學的重建立下不朽的功績，這方面不僅超越了「五四」的啓蒙心態，對新文化運動反儒家潮流，在道德價值的層面上也做了有力的回應。當然，以西方哲學發揮儒學，觀念論系統不是唯一的可能，近年我們的人文學工作者，正不斷從事其他方面的嘗試，有的學者根據杜威的哲學探討易經的理論❸，有的通過存在主義闡述儒家的觀念❹，有的依據美國新近哲學發展的一般趨向討論中國哲學的方法論建構問題❺，有的以柯靈烏的歷史思想發揮章學誠的學說❻。將來有一天當我們積極正視基督教的挑戰時，西方豐富的愛的哲學將可充實儒家的仁學。最近美國在「新道德」的呼聲中發展出來的一套「處境倫理」的理論，極有助於重建中國倫理學說❼。只要選

---

❷這方面的工作，可以牟宗三下列三書為代表：(1)《心體與性體》；(2)《智的直覺與中國哲學》；(3)《現象與物自身》。

❸吳森，「易經和杜威思想的革命觀」、「易經和杜威的因果觀」，均見《比較哲學與文化》，第一一五～一四五頁，1978年，東大圖書公司，臺北。

❹項退結，《邁向未來的哲學思考》中第十四章：「中國傳統哲學與存在眞理」，第十五章：「仁的經驗與仁的哲學」。1972年，《現代學苑》月刊社，臺北。

❺傅偉勳，「美國近年來的哲學研究與中國哲學」，見《現代美國行爲及社會科學論文集》，第二九九～三三四頁，1973年，學生書局，臺北。

❻余英時，「章實齋與柯靈烏的歷史思想——中西歷史哲學的一點比較」，見《歷史與思想》，第一六七～二〇七頁，1976年，聯經出版事業公司，臺北。

❼韋政通，「朱熹論經、權」，以處境倫理的觀點闡述朱子的經、權思想，就是這方面的一點嘗試，此文原載《史學評論》第五期，現收入《儒家與現代中國》。

擇適當，對選擇的理論和被詮釋的問題都有切當的理解，幾乎都可以別開生面一新耳目。類似的工作，如果累積五十年一百年，不但使中國哲學因從中獲取新養分，而重現生機，新時代的新哲學系統，必將在此過程中不斷誕生。

如前所說，當代新儒家在道德形上學方面已取得空前的成就，但當他們想根據這個基礎來解決新文化問題時，面臨了很大的困難。新儒家的一個信念是：「創新必依據其所本有，否則空無不能創」㊺。這「在傳統中變」的時代裏這個信念是有效的，所以宋明新儒家可以經由推陳出新的過程，克服由佛教引起的文化危機，把儒學復興起來。十九世紀中葉以後，中國文化因西方近代文明衝擊所產生的變遷，早已越出傳統的樊籬，在巨變中引起的文化新課題是民主與科學（近代意義的），二者均為中國傳統所本無，因此，「依據其所本有」者，已無法創造出新文化，此所以有「新」「舊」的對立。新儒家中有人企圖以由道德主體轉出認知主體的一套理論來克服這種對立，卽由所謂「內容眞理」轉出「外延眞理」，為科學立根；由「理性之運用表現」轉出「理性之架構表現」，為民主立根；這一整套的觀念架構，新儒稱之為「主體的綱維」，依據此綱維，卽足以開出中國文化發展的途徑，以充實中國文化生命之內容。由此而有三統之說。

(1)道統之肯定：此卽肯定道德宗教的價值，護住孔、孟所開闢之人生宇宙的本源。

(2)學統之開出：此卽轉出「知性主體」以融攝希臘傳統，開出學術之獨立性。

㊺熊十力，「文化與哲學」，見《中國本位文化討論集》，第一六五頁，1980年，臺北帕米爾書店重印。

　　⑶政統之連續：此卽由認識政（當是「主」字）體之發展而肯定
　　民主政治為必然❺⑨。

　　由這些中心觀念發展出來的哲學，的確是一套新的東西，這套新
的東西具有哲學的意義，所謂開出中國文化發展的途徑，以充實中國
文化生命之內容，也只是哲學的解答。哲學家的使命在探索問題，並
在關鍵性的問題上形成系統的意見。這些意見可以啓廸心智，指示實
際解決問題的方向，但並不保證憑藉它就能解決實際的問題。文化問
題是多元性的，不同領域裏的問題，只有這個領域裏的專家才知道問
題的癥結所在，解決問題是他本分以內的工作。至於專家是否需要一
套哲學作為他工作的條件，那要看專家工作的性質，從事基本科學的
理論家，需要高深數學做思考的工具，在這層次上的工作與哲學相
通，但眞正支配科學家創造活動的，還是先在的「科學典範」，不是
哲學。建立美學或藝術原理是哲學活動，但藝術家的創造並不一定需
要哲學。相反地，藝術哲學倒常常需要從偉大藝術家的創造活動中擷
取經驗，以作為美學的素材。這樣的例子不必要再舉下去。我們舉這
些例子只是想說明一點，卽實際的文化工作是分工合作的，任何一種
知識的擁有者，都有他一定的界域和限制。哲學家的重要任務之一，
卽當各個文化領域的成果累積到相當程度時，可以建立一文化哲學或
形上學的系統，把這些複雜分歧的人類活動的經驗，予以系統化的綜
合和理智性的凝鍊，以提供下一個階段文化發展的基礎。

　　當代新儒家的工作，基本上是一種哲學性的工作，這在近代知識
分化的趨勢下以及在中國文化現代化的過程中，是必然也是應有的一
種角色。這種角色的心智遨遊於自由的天地，工作範圍的大小決定於

─────────────────────

❺⑨牟宗三，《道德的理想主義》，序言第四頁，1959年，東海大學出版，臺中。

個人的才智。才智大的可以從高層上談整個人類文明的大問題。才智小的可以在一個小問題上鑽研終生。範圍的大小並不影響哲學家的成就。哲學家的成就，主要表現在思想水平的提昇上。如果新儒家以哲學家自居，又充分自覺到哲學工作的性質，那末到目前為止，他們所取得的成就，應該獲得肯定。問題出在他們實質上是哲學家，又自認是儒者，二者在文化角色上是不同的。儒者需要衞道的精神，需要德操，對社會風教、歷史文化、民族前途都有使命感，對哲學家來說，未免負擔過重。哲學家主要靠強勁的心智在工作，基本上是帶批判性的，雖不特定的維護什麼「道」，「道」卻可能因哲學家能賦予新生命新形式而得以延續。一種哲學是否能對社會產生廣泛影響，這不是哲學家必須要顧慮的問題。社會影響是個複雜的問題，影響有好有壞，從這裏不一定能證明哲學的成功或失敗。有的哲學在當時無人過問，過了一個時期卻風行起來。除了環境的因素之外，還要靠運會。眞正的哲學家旣不會把任何人物「神化」，也不會蓄意製造影響，因那樣去做很難不跌入權勢的陷阱，屈服於權威之下任其擺佈，結果不但衞道不成，連自我的人格也因此被否定，歷史上無數儒者的下場可爲殷鑑。人應有救天下蒼生之志，但作爲鞭策自己的意願則可，拿別人作爲實現使命感的工具則不可。一個健全的社會，在人人能各守其分各盡其責，才能健全的運作，歷史文化不是少數人能維護得了的。一個傳統能長期維繫它的命脈，「大傳統」裏的知識份子固然有功，如照「禮失而求諸野」的說法，「小傳統」裏的「沉默的多數」維護之功說不定更大。

形上信念或形上學的價值及重要性前文已屢次提到，人只要稍微有理想，便和它關聯上，在基本的意義上哲學就是形上學，歷史上偉大的哲學家很少不是形上學家。不過德國觀念論傳統裏的形上學家有

些特別，他們有强烈的系統慾，又喜歡把文化塑造成一個金字塔型的世界，並在其中劃分許多層次，自己則居於最高層，因此他們的觀察力和理解力往往被其自築的觀念堡壘所圍限。最缺乏自我批判力的往往也是這些哲學家。他們不知道層次的劃分，只是概念的劃分，在具體人生的實踐中不是那回事。新儒家中在哲學上有成就者顯然受這個傳統很深的影響，他們住於金字塔頂，因形下世界與他們構築的形上世界的價值模型差別太大，因此對近代文明近代社會的評判往往離譜甚遠。他們以爲以事實世界爲研究對象的科學家就不能接觸價值世界，對價值世界就沒有貢獻。事實上人間社會價值的增進很少直接來自價值哲學，而是靠那些分散在各個文化領域中（包括科學家）傑出的工作者，他們很少論及價值，但價值卻由他們創造性的工作中照耀出來，透過他們的影響進入他們的時代，逐漸地再造了一代的心智。

　　觀念論者認爲宇宙的「終極實在」是隱藏在「觀念」或「精神」之中，因此以觀念或精神爲優先，與經驗論者以「感官知覺」爲先的想法恰好對立。近代西方民主理念的發展，似乎和觀念論的哲學傳統甚少淵源。民主政治在英國和法國，卻與功利主義、實證主義、自然科學結成了一套符合邏輯的相關概念。在德國的情形顯然很不一樣。據說此一現象曾深深地困擾了神學家托洛區（Ernst Troeltsch）及史學家麥涅克（Hriedrich Meinecke）的心靈，他們不禁如此自問：爲什麼英國人和法國人從「膚淺」（shallow）的歷史與社會哲學中可以發展出經得起考驗、符合人道的政治制度來；而德國人雖然有更深奧（deeper）的了解，可是非但無法使社會獲得平衡，而且當二十世紀來到時，反而更明顯地屈服在赤裸的武力這個「惡魔」的手下⑩？

---

⑩H. Stuart Hughes 原著，李豐斌譯，《意識與社會》，第一八九～一九〇頁，1981年，聯經出版事業公司，臺北。

這個問題也許可以幫助我們解答，爲什麼「五四」新文化運動以後，實證主義會成爲思想的一個主流。民主是一種庸衆政治，他們習慣於爭論，也習慣於妥協，這都需要實用的智慧和多元的觀點，他們的心靈和價值觀點都比較有彈性，因此能調劑人與人之間的衝突。形上學家——尤其是德國黑格爾式觀念論的形上學家，他們習慣於絕對精神的思考，喜歡由二元價值觀點看世界，因此顯得獨斷而缺乏寬容，視妥協爲卑微的手段，視彈性爲機詐，這樣民主自然難以進行。在這個意義上，我們中國必須使啓蒙思想繼續發揚，使大家多培養一點經驗性思考的習慣，才能提供實行民主政治的心理基礎。

四、未來的展望

1949年以前，兩種心態的對立，以及因對立而產生的衝突比較嚴重，所謂「傳統派」與「西化派」之間，很少有相容的餘地。1949年以後，兩種思想形態雖繼續對立，但思想的衝突有緩和的趨勢。自由派的中堅已肯定道德理想，對傳統也不再採取整體性盲目反對的態度，因此與過去的西化派不同。新儒家對自由、民主、科學是肯定的，只因思想的立足點不同，因此對處理這些問題的方式也不同，同時新儒家在思考方式上也力求西方化和系統化，所以與過去的傳統派不同。余英時說：「近百年來，保守派指責現代化破壞了傳統的價值，而激進派則怨恨傳統阻礙了現代化的進程。……但問題的關鍵在於雙方不但都把『傳統』與『現代』看作勢不兩立，而且也都視『傳統』與『現代』爲抽象的整體」[61]。這種尖銳對立的現象，1949年以後，

---

[61]同前註[18]，序言第九頁。

我們的思想界已有顯著的改正。

　　余氏又說：「如果近數十年間中國知識界對中、西文化的異同在大關節上具有基本的了解，我敢斷言，馬克思主義是絕不可能成為今天中國大陸上的官方哲學的」❷。我不敢說，在大家經歷了1949年的大刦難之後，這方面已有基本的了解。但我確知，這方面的了解的確在不斷增進。以新儒家為例，唐君毅先生說：「故中國百年來中西文化之爭，對中學為體西學為用者，與全盤西化之二極，吾書（指《中國文化之精神價值》）可謂已與以一在哲學理念上之眞實的會通」❸。為什麼要會通？自然是因已察知中西文化二極之爭的不當，會通的方式你儘管可以不贊同，至少在態度上已有進步。後來由牟宗三、徐復觀、張君勱、唐君毅四位先生共同發表的中國文化宣言中，也認為中西文化未來發展的共同目標，須將希臘的理性與自由精神、羅馬法中的平等觀念，以及希伯來之宗教精神，「與東方文化中之天人合德之宗教道德智慧、成聖成賢之心性之學義理之學，與圓而神之智慧、悠久無疆之歷史意識、天下一家之情懷之眞正會通」❹。會通的工作不僅要能觀其同，還要能別其異，這樣的工作新儒家已開其端，目前對中西文化特性的了解正繼續發展中。此外值得注意的是自由主義，它自從在中國出現以後，可謂命運多乖，一直受到左右夾攻。到臺灣以後，當自由主義者被圍剿時，新儒家之一的徐復觀先生挺身而出為其辯護，發出「悲憤的抗議」❺，這表示在自由主義這一點上，兩派之間已建

---

❷同前註❽，第一六九頁。

❸唐君毅，《中國文化之精神價值》，序言第五頁。1953年，正中書局。

❹同前註❹，第九二八頁。

❺徐復觀，《儒家政治思想與民主自由人權》，第二八三～三〇一頁，1979年，八十年代出版社，臺北。

立起相當程度的共識。

　　在克服思想的對立上，1949年以後自由派的表現似乎要更積極，在一生之中發表過許多激烈反傳統言論的胡適之先生，1959年發表一篇「中國哲學裏的科學精神與方法」的論文⓺，認為古代中國的知識遺產裏，有一個「蘇格拉底傳統」，那便是重視自由問答、自由討論、獨立思想、懷疑、熱心而又冷靜求知的儒家傳統。這個傳統的一個緊要部分，是「知識上的誠實」，它對後代中國的思想發生了持久不衰的影響。次年（1960）胡先生又發表「中國傳統與將來」一文⓻，最後他說：「總而言之，我深信，那個『人本主義與理智主義的中國』的傳統沒有毀滅，而且無論如何沒有人能毀滅」。充分表現對儒家的熱愛以及對傳統的信心。臺灣三十年來自由派中最具代表性的殷海光先生，在相當長的時間裏，他對新儒家確懷敵意，但由於他對知識的真誠追求，也一直在努力克服自己的偏見，生命的最後幾年，他經常在年輕朋友和學生之前反省自己的錯誤。即使在他還相當年輕時（1953年），讀到徐復觀先生「中國的治道」一文，文章裏在分析了傳統專制下的治道之後，認為中國歷史上的政治矛盾，及由此矛盾所形成的歷史悲劇，只有落在民主政治上才能得到解決。殷海光為此文寫了一篇讀後感，說該文「是不平凡的人之不凡的作品」。早年他談自由因不喜歡先驗形上的那一套，所以只限定在政治層面，到1965年時，他說：「政治層面的自由主義只是自由主義的一個層面而已。自由主義之最中心的要旨是一種人生哲學、一種生活原理、及人際互動的一組價

⓺此文乃胡適於1959年夏威夷大學東西哲學家會議上宣讀之論文，由徐高阮中
　譯，刊《新時代》第四卷八～九期。

⓻胡適，「中國的傳統與將來」，見《胡適演講集》（上），第二二〇～二四三
　頁，胡適紀念館出版，臺北南港。

值觀念，或對人對事的態度」❻。去世前一個月（1969年八月）又說：
「我近來更痛切地感到任何好的有關人的學說和制度，包括自由民主在
內，如果沒有道德理想作原動力，如果不受倫理規範的制約，都會被
利用的，都是非常危險的，都可以變成它的反面」❻。雙方可舉的例子
當然不止這些，僅就以上所列舉的來看，對中西文化異同的若干大關
節上的了解，較前確有許多進步。以目前年輕一輩對中西文化了解的
情況推斷，我相信在今後一、二十年中，無論是深度和廣度方面，都將
進入一個新的階段。在未來的新階段裏，哲學思想不再是中西新舊的
二元對立，而是多元化學術化專業化的時代。要想做哲學家，先立志
做學者，不論是中國或西方哲學，都必須有基本的功力，荀子說：「不
積頤（同跬，半步）步，無以至千里；不積小流，無以成江海」❼。古今的
大學問都是一點一滴的苦工夫累積而成。卽使有天才，也要靠深厚的
功力才有施展的餘地。基於過去百年來思想的混亂與爭戰，息馬克斯
（Quintus Aurelius Symmachus）的話，可作爲我們今後工作的信條：

　　　爲什麼我們不應大家和平相處呢？我們仰視同樣的星辰，我
　　們是同一行星上的同行過客，我們住於同一個天底下，各個人努
　　力發現最高的眞理，依循那一條道路有何關係呢？人生之謎是太
　　大了，不能只由一途以求解答❼。

　　讓我們跳出思想紛爭的舊框框，迎接思想上的新挑戰，這些挑戰
可總稱之爲「文化危機」或「思想危機」，下面的兩項將日漸嚴重，
特別值得我們正視。

---

❻同前註❻，第一二九八頁。
❻同前註❻，第一三一八頁。
❼《荀子》，「勸學篇」。
❼引自房龍，《思想解放史話》扉頁。

　　第一、工業化、技術化帶來的危機。這雖是全球性的危機，但後現代化的國家，僅蒙小利，已受大害，問題將更嚴重。它們帶給社會和生活面貌的改變是空前的，舊有社會結構和價值系統，均必遭破壞，隨着工業化、技術化引進的一套「意理」與傳統的一套多半格格不入，因此社會重組、價值重建，將是後現代化的社會極難克服的難題。原有的精緻文化日漸消逝，新起的低俗文化風行一時，不但腐蝕道德的根苗，且將瓦解奮鬪的意志。解救危機，每一個知識份子都有責任，思想的專業工作者，必須發揮創造力，不斷提高思想水平，因文化、社會、生活等各方面的革新皆有賴於此。

　　第二、科學與人文分裂的危機。這是科技主導的時代帶來的危機，用埃文‧托佛勒（Alvin Toffler）的名詞，是第二波文明引起的危機。這個危機在二十世紀初期已被少數科學家感受到，六十年代才引起這兩個領域裏的思想家嚴重關切。1959年，英國劍橋大學基督學院院士施諾（G. P. Snow）發表了一篇震撼思想界的論文：「兩種文化與科學革命」，指出二十世紀的學術文化，已形成兩個壁壘森嚴的世界，一個是「人文的」，一個是「科學的」。這種文化分裂和對抗的傾向，已經使得西方逐漸喪失了共同整體的文化觀，不僅使我們這個時代的思想界不能對「過去」做正確的解釋，不能對「現在」做合理的判斷，同時也不能對「未來」有所憧憬和展望❼。這個危機今後在世界各地將逐漸擴大。只要繼續追求「科技化」、「工業化」，都必然會走向「科技時代的困境」。「科技傳統」與「人文傳統」如何整合，將是今後一世紀哲學上最大的課題之一，中國文化重建的問題，應納

❼郭正昭，「也談兩種文化」，見蔡仁堅譯，《科學與人文價值》附錄，第一六八頁，1977年，景象出版社，臺北。

入這個全球性的文化運動中一併思考。否則孤立起來，我們的文化問題永遠不能解決。當年大哲學家康德的純理批判，是要解決歐洲哲學史上經驗主義與理性主義分裂的危機，那只是知識論內部的問題，已使康德在哲學史上建立新的里程。今日科學與人文分裂的危機，是一個影響全人類命運的危機，預期在新挑戰中，必將激起空前智慧的火花，全球的哲學家都將面臨前所未有的考驗。

　　中國哲學要想在世界上佔一席之地，不能僅靠祖先的業績，必須在當前人類共同的課題上，表現出我們的貢獻來。

1983年 1 月10日

語言學三十年

舘官學三十年

語言學三十年

黃 宣 範

1. 把現代語言學的方法介紹到臺灣來趙元任先生可以算是比較重要的人物。趙元任在1959年春天在臺大文學院發表了一系列有關語言學的方法與問題, 後來由臺大文學院出版爲「語言問題」。這一系列的演講一共有十六講:

(1) 語言學跟跟語言學有關係的一些問題

(2) 語音學跟語音學的音標

(3) 音位論

(4) 詞彙跟語法

(5) 四聲

(6) 上加成素

(7) 方言跟標準語

(8) 何爲正音?

(9) 語史跟比較語言學

(10) 語言跟文字

(11) 外國語的學習跟教學

(12) 英語的音系跟派別

(13) 實驗語音學

(14) 一般的信號學

⒂　各種信號的設計

⒃　從信號學的立場看中國語文

這十六講中前十三講都是語音學方面的題目，這在廿六年後的今天看來只能算是語言問題的一小部分而已，而且可能是比較不"精彩動人"的一部分。趙元任先生在作這些演講時 Chomsky（杭士基）的《語法結構》（*Syntactic Structure*）一書已經出版二年右左，但顯然當時尚未產生壯濶的波瀾，至少尚未強烈到令當時的趙元任先生引起注意的程度。在今天任何人談語言問題一定把它放在認知科學的領域談─語法結構的普遍性、語意問題、語言的學習與發展、語言與哲學、語言社會學、語言與生物、語言神經學等等都是八十年代的熱門研究題目。過去三十年來，語言學的確有了相當的變化。

2. 在近代之前的中國語言學研究深受文字的影響，很少人能獨立於文字之外對語言進行較抽象的思考。以前小學的範圍基本上限於文字的字形、字音、字義的探討，而分別有文字學、聲韻學、訓詁學等學門。以訓詁學爲例，雖云目的在了解字義，但又深受字形、字音的影響，而有聲訓、形訓等方法。從現代以語言爲主的語意學角度看，追求意義而還要講求聲音與字形簡直是不可思議的事。

小學的研究以音韻學的成果較爲可觀，很能表現西方式的分析方法與精神。可是這些小學（或稱語文學）的研究基本上是以實用爲務（如字書、韻書、韻圖之類）。荀子正名論首先提出語言純爲約定俗成的東西，但小學的聲訓、形訓却以爲名必有故，甚至遲至近代章炳麟《國故論衡》「語言緣起說」仍然認爲：

> 語言者，不馮虛也，呼馬而馬，呼牛而牛，此必非恣意妄稱也。何以言馬？馬者武也。何以言牛？牛者事也。

何以說小學以實用爲經？前人動輒謂「治經貴通大義，然求通義理，必自音訓始；欲通音訓，必自說文始。」「訓詁聲音明而小學明，小學明而經學明。」由於實用的取向，小學家極少對一時一地的方言方音有過研究記錄，漢揚雄的《方言》是唯一的例外。

小學中以聲韻學成就較著。西方的音位觀念早在公元七世紀之前便表現在當時的韻書之中。例如聲母有36聲母，聲調有平上去入，韻母方面有一等、二等、三等、四等，有開口、合口，有內轉、外轉等範疇。可惜由於受限於字形，沒有一套獨立的標音方法，使傳統的範疇、概念受到先天的限制，以之應用於現代方音或國音便不適當。例如反切上下字的發音囿於一時一地，使歷史音韻學的研究相當困難。

小學中訓詁學方面的著作以西漢初年的《爾雅》，西漢末年的《方言》，東漢初年的《說文解字》，東漢末年的《釋名》等爲最重要。《爾雅》收集經書的訓解方法，並以當代詞彙釋之；《方言》收錄當時的方言詞彙，對同源語等的研究是寶貴的材料；《釋名》持反對「約定俗成」之論以爲事物得名必有來源，訓詁的方法完全以聲訓爲主，跟《爾雅》有根本上的差異。例如：

　　天，豫司兗冀以舌腹言之，天顯也，在上高顯也；青徐以舌頭言之，天坦也，坦然高而遠也。

　　　　　　　　　　　　　　　　　　――釋名・釋天

　　風，兗豫司冀橫口合脣言之，風，汎也，其氣博汎而動物也；青徐言風，蹙口開脣推氣言之，風，放也，氣放散也。

　　　　　　　　　　　　　　　　　　――釋名・釋天

漢代以後各代迭有小學方面重要的著作問世。如隋朝陸法言的《切韻》，晉呂忱的《字林》，梁顧野王的《玉篇》，魏張揖的《廣雅》，

唐陸德明的《經典釋文》，唐玄應的《一切經音義》，宋代有《大宋重修廣韻》和《集韻》，明代有《洪武正韻》，元朝周德清有《中原音韻》。清代小學的研究最爲輝煌，小學家人才輩出，如陳第《毛詩古音考》，顧炎武、江永、戴震、段玉裁、王念孫、王引之等人。

民國以後，西方的治學方法輸入中國，語言的研究從此開始有了現代的風貌。在聲韻學方面有下列重要的著作：高本漢的《中國音韻學研究》（趙元任、李方桂、羅常培等合譯），董同龢著《中國語音史》，羅常培和周祖謨著有《漢魏南北朝韻部演變研究》，王力著《中國音韻學》，高本漢著 Compendium of Phonetics in Ancient and, Archaic Chinese（張洪年譯爲中國聲韻學大綱），陸志韋著《古音略說》，李方桂著《上古音研究》。周法高編《漢字古今音彙》，張琨著《古漢語韻母系統與反韻》(1972)，丁邦新著《魏晉音韻研究》(1975) 其他有關上古音韻、切韻音、方音等研究的論文極多：

龍宇純：《例外反切的研究》（史語所集刊卅六本上册, 1965）

鄭再發：《漢語音韻史的分期問題》（史語所集刊卅六本下册, 1965）

龍宇純：《廣韻重紐音值試論》（香港崇基學報, 1970）

張　琨：《論中古音與切韻之關係》（清華學報十卷二期）

張　琨：Chinese ś-nasal initials（史語所集刊四十七本第 3 分, 1975）

張　琨：The Tibetan role in Sino-Tibetan Comparative linguistics（史語所集刊四十八本第 1 分, 1976）

張　琨：《切韻的綜合性質》（史語所集刊五十本 2 分, 1978）

丁邦新：《潮州方言中聲調演變的問題》（史語所集刊五十本 2 分, 1978）

丁邦新:《上古漢語的音節結構》(史語所集刊五十本 3 分，
　　　　1979)

龍宇純:《上古陰聲字具輔音韻尾說檢討》(史語所集刊五十
　　　　本 3 分，1979)

李方桂: *Laryngeal features and tonal development* (史
　　　　語所集刊五十一本 1 分，1980)

薛鳳生:《國音韻母的音位結構及其兒化》(史語所集刊五十
　　　　一本 3 分，1980)

丁邦新:《從漢語方言現象檢討幾個辨音徵性的問題》(史語
　　　　所集刊五十一本 4 分，1980)

　語法學的方面近代當以馬建忠的《馬氏文通》為發端。此書深受
拉丁文法的影響，削足適履，相當明顯。此後較重要的語法著作當
推王力的《中國語法理論》，呂叔湘的《中國文法要略》，高名凱的
《漢語語法論》，趙元任的《國語入門》(*Mandarin Primer*)與《中
國話的文法》(*A Grammar of Spoken Chinese*)，周法高的《中國
古代語法》(三冊)，太田辰夫的《中國語歷史文法》，楊伯峻的《文
言語法》，管燮初的《殷墟甲骨刻辭的語法研究》，杜百勝 (W. A.
C. Dobson) 的《晚周語法》(*Late Archaic Chinese*)，《初周語法》
(*Early Archaic Chinese*)，《東漢語法》(*Late Han Chinese*)，哈
立德 (M. A. K. Halliday) 的《元朝秘史語法》(*The Language of
The Chinese Secret History of the Mongols*) 等。其中《中國話的
文法》厚達八百多頁，是結構學派理論中語法方面的巨著。

　　漢語方言的研究在二十世紀之前只有漢代揚雄《方言》與清末章
炳麟《新方言》兩書。揚雄極重視口語以及方言間的異同，其研究並
非為經學服務，也非純粹為了考證本字或探求語源，是個很「現代」

的方言學者。

二十世紀以後漢語方言的研究逐漸突破傳統以究本字，探語源爲目的的狹窄目標，開始純粹探討漢語方言在空間上的異同。1924年北大成立方言調查會，趙元任先生1926年第一次作吳語方言調查，著成《現成吳語的研究》（1928）。這是第一部以現代語言學分析方法整理漢語方言的著作。之後有陶燠民的閩音研究，羅常培的《廈門音系》（1931），《臨川音系》（1940），趙元任的《鍾祥方言記》（1939），《中山方言》（1948），董同龢《華陽涼水井客話記音》（1948），以及趙元任、丁聲樹、楊時逢、吳宗濟、董同龢合著的《湖北方言調查報告》（1948）。1956年大陸學者開始進行漢語方言普查，完成了大部分地區的調查，並撰成多種供一般人學習標準語用的學話手冊，各省區漢語方言概況，如江蘇省和上海市方言概況，此多尚有其他論文發表在《中國語文》、《方言和普通話叢刊》、《方言與普通話集刊》等刊物上。專著方面以袁家驊《漢語方言概要》（1960），《漢語方音字滙》（1962），《漢語方言詞滙》（1964）等最爲著名。《概要》一書闡述漢語方言理論，全面紋述各大方言發展概況，材料相當豐富，語音、詞滙、語法等方面都包含在內。此書原已在進行修訂，惜作者袁家驊已在1980年辭世，目前正由其門人王福堂等繼續進行審訂中。方言的研究在中國大陸一直受到重視，1979年「方言」季刊創刊就是明證，其中發表的文章主要在於發現各地方言的特點，而研究變調的文章又佔多數；廈門大學並且成立了漢語方言研究室。

中央研究院歷史語言研究所近三十年來對閩方言、客家方言也作了不少的調查，如董同龢的《記臺灣的一種閩南話》（1967），楊時逢的《臺灣桃園客家方言》（1957），丁邦新的《臺灣語言源流》（1979）。至於大陸各地方言也整理發表了《四個閩南方言》（董同龢，1959），

《廈門方言的音韻》(1957)，《南昌音系》(楊時逢，1969)，《如皋方言的音韻》(丁邦新，1966)。港澳地區，已故香港大學黃錫凌在四○年代出版過《粵音韻滙》，張洪年著有《香港粵語語法的研究》(1972)。

　　漢語之外，中國境內還有藏緬語、洞臺語、苗傜語等語言以及臺灣的南島語族。不過除了南島語族之外這些非漢語語系的語言很少人作過研究，只有李方桂、張琨兩位先生分別在洞臺語、藏語言面作過音韻、詞滙的研究，這些主要發表於史語所集刊。

　　臺灣南島語族主要有三語群：排灣語群（含阿眉、排灣、布農、卑南、魯凱等語言）、泰雅語群及鄒語群。以下是見於史語所集刊及其他刊物之論文：

　　　　安倍明義：《蕃語研究》(1930)

　　　　小川尚義，淺井惠倫：《原語による臺灣高砂族傳說集》

　　　　董同龢：《鄒語研究》(1964)

　　　　土田滋：《塞夏語音韻簡報》(1964)

　　　　李壬癸：《魯凱語結構》(1973)

　　　　何大安：《鄒語音韻》（史語所集刊四十七本2分，1976)

　　　　李方桂：*Thao Phonology*（史語所集刊四十七本2分，1976)

　　　　李壬癸：《魯凱語內部關係》（史語所集刊四十八本1分，1977)

　　　　何大安：《排灣語丹路方言的音韻系統》（史語所集刊四十八本4分，1977)

　　　　丁邦新：《古卑南語的擬測》（史語所四十九本3分，1978)

　　　　何大安：《五種排灣語方言的初步比較》（史語所集刊四十九本4分，1978)

李　壬　癸:《鄒語方言》(史語所集刊五十本2分)

李　壬　癸:《泰雅方言的音韻規則》(史語所集刊五十一本2
　　　　　　分，1980)

訓詁學方面有下列著作:

王　　力:《龍蟲並雕齋文集》(中華書局，1980)

江舉謙:《說文解字綜合研究》(東海大學，1978)

沈兼士:《右文說在訓詁學上之沿革及其推闡》(慶祝蔡元培
　　　　先生六十五歲論文集，1935)

林　尹:《訓詁學概說》(正中書局)

林　尹:《說文與釋名聲訓比較研究》(中央研究院國際漢學
　　　　會議論文集，1982)

周祖謨:《問學集》(臺北，知仁出版社翻印)

胡楚生:《訓詁學大綱》(蘭臺書局，1980)

姚榮松:《高本漢漢語同源詞說評析》(師大國文學報八期，
　　　　1979)

高本漢: *Word Families in Chinese* (1934)(張世祿中譯
　　　　本，漢語詞類，1937)

楊樹達:《積微居小學金石論叢》(1955)

楊樹達:《詞詮》

高本漢:《詩經注釋》(董同龢譯)(中華叢書，1960)

高本漢:《書經注釋》(陳舜政譯)(中華叢書，1970)

高本漢:《禮記注釋》(陳舜政譯)(中華叢書，1981)

黃季剛:《黃侃論學雜著》(中華書局，1969)

張建葆:《說文音義相同字研究》(弘道文化公司，1974)

齊珮瑢:《訓詁學概論》(廣文書局，1968)

劉　賾：《古聲同紐之字義相近說》（國立武漢大學文哲季刊
　　　　2：2，1932）

蔣善國：《形聲字的分析》（東北人大文科學報，1957）

謝雲飛：《經典釋文異音聲類考》師大集刊四號

龍宇純：《「造字時有通借」辨惑》（幼獅學報，1958）

龍宇純：《論聲訓》（清華學報新九卷，1971）

龍宇純：《論反訓》（崇基學院華國四期，1963）

　　中國訓詁學傳統最特殊的地方在於小學家無不以聲訓爲訓詁方
式。 聲訓就是利用另外一個同音字或音近字（或詞）， 界定另一字的
意義。 聲訓有別於義訓 （卽一般的定義方式） 或形訓， 聲訓起自漢
代，《說文》兼用義訓與聲訓；劉熙的《釋名》則完全藉聲音探求命名
之所以然。《四庫全書總目提要》評《釋名》曰：「其書以同聲相諧，
推論稱名辨物之意， 中間破傷穿鑿。」王力也曾批評曰：

　　劉熙的聲訓跟前人一樣， 是唯心主義的。 他從心所欲地隨便抓
　　一個同音字(或音近的字)來解釋， 彷彿詞的真詮是以人的意志
　　爲轉移似的。方言的讀音不同， 聲訓也跟着改變（如天，風）；
　　方言的詞彙不同，聲訓更必須跟着改變，同一個詞可以有兩個以
　　上的語源（如「劍」）；他的聲訓甚至到了荒唐的程度（如「疧」）。

　　訓詁學另一傳統是右文說。宋代王子韶（王聖美）首先倡言此說。
沈括《夢溪筆談》十四：

　　王聖美治字學， 演其義爲右文。古之字書， 皆從左文。凡字，
　　其類在左， 其義在右， 如木類， 其左皆從木。所謂右文者， 如
　　戔， 小也， 水之小者曰淺， 金之小者曰錢， 歹而小者曰殘， 貝
　　之小者曰賤， 如此之類， 皆以戔爲義也。

右文說九百年發展的極致是梁啓超的《凡形聲字什九皆兼會義說》，他在《從發音上研究中國文字之源》一文指出：

> 戔，小也，此以聲涵義者也。絲縷之小者為綫，竹簡之小者為
> 箋；木簡之小者為牋，農器及貨幣之小者為錢，價值之小者為
> 賤，竹木散材之小者為棧，車之小者亦為棧，鐘之小者亦為
> 棧，酒器之小者為盞為琖為醆，水之小者為淺，水所揚之細沫
> 為濺，小巧之言為諓，物不堅密者為俴，小飲為餞，輕踏為
> 踐，薄削為剗，傷毀所餘之小部分為殘。右為「戔聲」之字十
> 有七，而皆含有小意。（說文皆以此為純形聲之字，例如「綫」
> 下方：「從糸戔聲。」以吾觀之，則皆形聲兼會意也。當云：
> 「從糸從戔，戔亦聲。」舊說謂其形有義，其聲無義，實乃大誤。

梁氏所舉字義，除少數見於《說文》、《爾雅》、《周禮注》、《越語
注》、《鹽鐵論》、《管子》之外，其餘皆不見依據，如餞，踐，剗，盞
等字皆不合說文，諓，箋，棧，綫，餞諸字按說文本義皆無小義。
《說文》：「諓，善言也」；「箋，表識書也」；「棧，棚也」；「綫，縷
也」；「錢，銚也」。形聲字確有引申假借者，因此「形聲字什九皆兼
會意」之說便太強烈。右文說是聲訓精神的發揮。沈兼士對於兩者之
關係，曾作如下之解釋：

> 汎聲訓之範圍最廣，祇取音近，別無條件。同聲母已有限制，
> 然於若干同聲母之形聲字中僅隨意取字，以相比較，條件猶覺
> 過寬。惟右文須綜合一組同聲母，而抽繹其具有最大公約性之
> 意義，以為諸字之共訓，諸語含有一共同之主要概念，其法較
> 前二者為謹嚴。若以式表示之，如下：

汎聲訓＞同聲母字相訓＞右文

　　依沈氏之說，利用右文可糾正汎聲訓之流弊。但我們絕不可固執形聲必兼會意，不可混淆原始造字之義與語言實用之義。形聲字自有聲符不兼意之一類，不可强加附會。但右文說建立了語源研究中之語根的觀念。語根的觀念在王念孫、阮元、焦循等人已有之，語根之名則自章太炎開始倡用。一旦有了語根的觀念，訓詁的研究便從文字形體之束縛中解除，是爲漢語詞源研究的重要里程碑。

　　過去20多年來中國語言學的研究深受變換律文法理論的影響，這其實是整個世界的風潮。細言之，在八十年代之前更是如此，八十年代之後，變換律學派分化，學界派典不一而足，很難妄加歸類。在中國語言學方面，這個學派的興衰多少可以1973年在美國創刊的《中國語言學報》（*Journal of Chinese Linguistics*）或在大陸復刊的《中國語文》看出線索。試以《中國語文》（1981年）與《中國語言學報》（1981年）的目錄作個比較：

　　《中國語文》（雙月刊）1981年第一期：
　　　　《中國語言學會成立大會紀要》
　　　　《我對語言科學研究工作的意見》（王力）
　　　　《把我國語言科學推向前進》（呂叔湘）
　　　　《關於漢語理解的若干句法、語義問題》（范繼淹，徐志敏）
　　　　《有字句》（詹開第）
　　　　《試論輕聲和重音》（厲爲民）
　　　　《與非名詞性賓語有關的幾個問題》（吳爲章）
　　　　《談「沒＋動＋了＋賓/補」式》（陳剛）
　　　　《黃山話的 tɕ，tɕ'，ɕ 及探源》（孟慶惠）

《關於青海口語語法的幾個問題》（王培基）

《古國、族名前的「有」字新解》（黃奇逸）

《略談古漢語裏用「之」充當補語》（李人鑒）

《對「古漢語三種被淘汰的句型」再分析》（徐仁甫）

《讀書雜記二則》（楊建國）

《釋「勿勿」「無賴」》（郭在貽）

《水滸傳「却」的詞義初探》（李法白）

《「三二京，四三都」解》（陳濤）

《簡評修訂本「辭源」》（第一册）（艾蔭范）

《魯迅著作中的翻造詞語》（倪大白）

《中國語文》1981年第二期:

《試論非謂形容詞》（呂叔湘）

《時量賓語和動詞的類》（馬慶株）

《句子結構和結構主義的句子分析》（史存直）

《評「暫擬漢語敎學語法系統」》（華萍）

《對「暫擬漢語敎學語法系統」的一些意見》（沈開木）

《大埔客家話的性狀詞》（何耿鏞）

《徐州方言的詞綴》（李申）

《橫縣方言中的 ək 尾詞》（閉克朝）

《長沙方言去聲字的文白異調》（江灝）

《「方言」郭璞注的反切上字》（陳並川）

《「馬氏文通」代字章述評》（王海棻）

《古今字概說》（洪成玉）

《元人雜劇中的象聲詞》（趙金銘）

《如何實現漢字標準化》（關爾佳）

《「現代漢語八百詞」是一本好詞典》（王還）

《中國語文》1982年第一期目錄：

　　《語法分析和語法體系》（朱德熙）

　　《句法分析和句法敎學》（呂冀平）

　　《詞語之間的搭配關係》（文煉）

　　《分析數理題得到的一點啓示》（高德運）

　　《北京口語漫談》（陳建民）

　　《詞義瑣記》（張永言）

　　《從說文中的諧聲字看上古漢語聲類》（管燮初）

　　《先秦疑問詞「誰」與「孰」比較》（王海棻）

　　《略論詩經「有……其……」式》（楊合鳴）

　　《關於古漢語三種被淘汰句型的討論》（黃智顯）

　　《「地」、「的」分辨古義試證》（祝注先）

　　《元雜劇中的蒙古語曲白》（孫玉溱）

　　《釋「努力」》（郭在貽）

　　《唐宋詩詞語零札》（王鍈）

　　《閩南方言的兩種比較句》（陳法今）

　　《廣州方言的一些動詞》（陳慧英）

　　《臨夏話中的「名＋哈」結構》（馬樹鈞）

《中國語文》1982年第二期目錄：

　　《論縮略》（郭良夫）

　　《「虧的」「多虧」「幸虧」等義及其出現的句型》（甄尚靈）

　　《事實與理論——對語法研究的兩點建議》（李臨定）

　　《關於編纂北京方言詞典的幾個問題》（陳剛）

　　《關於古代漢語表達情態的幾種方式》（馬悅然）

《敦煌變文詞語校釋拾遺》（陳治文）

《「史記」「漢書」標點瑣記》（章祖安）

《說「身起」，「身已」》（蔣禮鴻）

《「頴脫」新解》（王繼如）

《從「打草驚蛇」的出典談起》（陳增杰）

《談「去」和「向」的「在」義》（方福仁）

《也談吳堡話「來」的特殊用法》（張崇）

《唐蘭「古文字學導論」增訂本介紹》（李榮）

《「古文字學導論」談后》（殷煥先）

《外漢機器翻譯中的中介成分體系》（張涌泉）

《「救火」「打掃衞生」「養病」的結構》（李行健）

再以《中國語言學報》1981年第一期的目錄相比較：

T'sou, B: *A Sociolinguistic Analysis of the Logographic Writing System of Chinese.*

Gandour, J: *Perceptual Dimensions of Tone: Evidence from Cantonese.*

Chang, Namgui: *The Development of Aspiration in Sino-Korean and Relative Phonological Strength.*

Bennett, P.: *The Evolution of Passive and Disposal Sentences.*

Alleton, V.: *Final Particles and Expression of Modality in Modern Chinese.*

Treiman, R. et. al.: *Speech Recoding in Silent Rreading: a Comparison of Chinese & English.*

《中國語言學報》1981年第二期的目錄爲：

Chen, C: *Towards an Affiliation of the Nanping Man-Darin Dialect of Fujian.*

Clumeck, H. et. al.: *The Aspiration Contrast in Cantoness Word-initial Stops: Data from Children ande Adults.*

Huang, S.: *The Scope Phenomena of Chinese Quantifier.*

Yuan, J.: *English Words of Chinese Origin.*

　　下面將根據中國語言學報發表的論文討論過去二十年來中國語言學的發展。中國語言學是整個語言學的一支，其發展的軌跡也反映整個語言學發展的大勢，既使傳統聲韻學的研究也不免要輸入近代分析的技巧與理論，而多少被納入為整個語言學的一部分。

　　語言學理論在六十年代中期以前為杭士基的《正統理論》所左右；到了六十年代後期有衍生語意學與格變語法等學派的興起，向標準理論挑戰。因此七十年代的初期杭士基也被迫修改其標準理論為所謂的擴充的正統理論 (Extended standard theory)。這三派三分「天下」的局面只持續到七十年代後期，因為衍生語意學派，格變語法派繼起無人，或原來的擁護者更弦易轍，另謀發展，而「擴充的正統理論」也再度修正為「修正擴充的正統理論」(Revised extended standard theory)，同時此時功能語法 (functional syntax) 逐漸擡頭，成為所謂加州學派的主要信念之一，但杭士基的理論跟其他理論至少有一點不同，即哲學上的關切。

　　杭士基的理論當然是希望透過語言研究以了解人類的心智，了解人性，了解人怎能擁有如此深刻的知識。他的看法是人之所以能擁有如此深刻的知識是由於在某一意義下，人天生就已經擁有相當豐富的知識。杭士基的意思是：人類的整個信仰體系是人的心靈天生要建構

的，卽信仰體系的建構是「生物上的必然」。杭士基獲致這個結論的
方法是想像有一位中立、不受經驗主義哲學影響的科學家以研究身體
器官發展的方法進行對語言發展的研究，尤其是語言共通性的研究。
這樣的一套普遍性語法就是人類心智的天賦特性之一。這個中立的科
學家當然就是杭士基本人。從過去幾世紀思想史的發展，可以發現科
學家處理物理現象與心理現象方法極爲不同。基本上杭士基的論點
是：旣然任何一身體器官的結構與經驗無關，爲什麼心理器官的基本
結構會認爲是經驗的產物呢？

　　過去二十年杭士基的「深層結構」有了很大的變化。簡單的說，
深層結構越來越跟意義無關。事實上杭士基已（多少）放棄「深層結
構」的概念，先是改稱「第一片語符號」（Initial phrase marker)，
最近又改稱「D-structure」，整個理論可如下圖表示之：

語法：基底（base）　　　　　變 換 律
　————————→D-structure ————→S-structure

　　　SR-1　　　　　　　SR-2
　————→LF（邏輯形式）————→"意義"

這個圖表示邏輯形式是從表層結構中決定，很明顯地可以看出深層結
構跟意義已經幾乎毫無關連。邏輯形式並不等於意義，SR-2 不只是
語言的規則，還涉及信仰體系、世界底知識等，此外杭士基的邏輯形
式也不等於邏輯家所謂的邏輯結構，因爲強調（focus），指涉等也當
作邏輯形式的一部分，擴大的正統理論的不同是表層結構也輸入給語
意解釋之規則，亦卽表層結構也涉及語意解釋。修正擴大的正統理論
的創新之處是把深層結構從語意解釋部分移開，認爲深層結構不涉及
語意解釋。因此，從正統理論到最近的修正擴充的正統理論間杭士基
的語意解釋的概念已作了大幅修訂，這也是必然的。修正語法跟語意

的關係，自然會修正語意解釋的觀念。例如在正統理論時期，經過語意部分之後它的輸出表達的是句子的命題，但在修正擴充的正統理論時期，經過語意部分（SR-1）後輸出的是一套邏輯形式。這樣的邏輯形式不同於命題結構。其一，有些詞彙的語意還要再經過 SR-2 才能說明清楚，例如自然物詞彙的語意。其二，有些語意為命題結構所無，如強調。命題結構所含的甚至跟 SR-2 也不盡相同：前者只包含跟語意推論（以別於一般的演繹推論）有關的成分；後者則包含一切跟推論有關的成分。

除了語意觀念的修正外，杭士基最近也修正他的語法理論，提出移動變換律的痕跡理論（Trace theory of movement rules），其目的在限制變換律的應用範圍。杭士基認為如果限制嚴格，則語言只需極少數幾條簡單的變換律就夠。結構維持條件就是這種限制之一，這是指表層結構也可以用衍生深層結構的那一套片語結構規則。事實上，杭士基認為英語語法的主要核心只需二條變換律：

1. 名詞片語移動律（NP-movement）

2. Wh 移動。

讀者如有興趣可參見 Chomsky 與 Lasnik 合寫的 filters and controls，發表於 *Linguistic inquiry* 1977，頁四二五～五〇四。

從以上的敍述，我們可以預見深層結構與變換律會逐漸走向消失，也就是把變換律重新了解為詮釋性（interpretive），而非衍生性（generative）的東西。假定有了上述的結構維持條件，而且假定廢除「深層結構」，那麼表層結構可以直接用片語結構規則衍生而得到（包括插進詞彙）。這表示深層結構的觀念的確可以予以揚棄！

把變換律了解為詮釋性的，則(2)Wh 移動律可以去掉，把 Wh 當成是 Comp（補語記號）之一種，因此只剩下一條變換律，叫做

3. Move A

其中A是任何詞類。但(3)事實上涵蓋了許多以前的移動變換律。因此，杭士基最新的理論可能是(A)，或(B)，依變換律地位而定。

$$\xrightarrow{\text{B}} \text{D-structure} \xrightarrow{\text{變換律}} \text{S-structure} \xrightarrow{R_2} \text{LF}$$
$$\xrightarrow{R_1} \text{語音代表}$$

$$\xrightarrow{\text{B}} \text{S-structure} \xrightarrow{R_2, R_3} \text{LF}$$
$$\xrightarrow{R_1} \text{語音代表}$$

雖然語法理論一再修正，杭士基的語言哲學一直固守一點，卽認爲語言具有自由組合的特性（modularity），這就是語言的計算體系。自由組合指：

(1) 語法規則純爲形式結構，與意義無關，與功能無關，與使用、了解無關，也與人類其他經驗無關。

(2) 人的獨特性在於具有語法的組合體系。猩猩也許有概念體系，但沒有語法的組合體系。

(3) 語法規則是人類的語言官能中最爲重要的一部分。

(4) 人「天生的」具有這一套獨立的語法組合體系。

爲什麼語法理論變，但他的語言哲學未變？最重要的理由當然是過去二十年的研究已使許多人相信語法與意義、使用、知覺等有密切的關係，因此事實上已很難同時追求深層結構，變換律，又要追求具有上述特性的語法組合體系，面臨這種情況，杭士基的選擇是放棄追求深層結構與變換律，而固守他的獨立的語法組合體系。

雖然如此，杭士基的語言哲學思想還沒有人在國內作過有系統的介紹。他的「修正擴充的正統理論」太新，也還沒有人追隨，用來處

理中國語法。簡言之，過去二十五年的中國語法研究主要是利用正統理論，或格變語法理論或衍生語意派或功能派的學說。下面先列舉過去25年來在美國大學完成的博士論文，以見中國語言學發展的一斑：

1965年

> Dew, James: *The Verb Phrase Construction in the Dialogue of Yuan Zajn. University of Michigan.*
> （元雜劇對話中的動詞片語研究）

> Hashimoto, Mantaro: *Phonology of Ancient Chinese.*
> （上古漢語聲韻）OHIO State University.

> Kao, Diana: *Structure of the Syllable in Cantonese.*
> （廣東話音節結構）Columbia University.

> Liu, Shen: *Frequency Dictionary of Chinese Words. Stanford University.*

> Rankin, B: *A linguistic Study of the Formation of Chinese Characters.* （漢字結構研究）University of Pennsylvania.

> Sprenger, A: *A Contrastive Study of the Beiping and German Phonologies.* （國語、德語聲韻對比研究）Georgetown University.

> Yen, Sian-lin: *Studies in the Phonological History of Amoy Chinese.* （閩南語聲韻史研究）University of Illinois.

1966年

> Cheng, Liang-wei: *Some Aspects of Mandarin Syntax.*
> （國語語法研究）Indiana University.

Chiang, Helen: *Phonology of an Amoy Dialect.*
（厦門方言聲韻）Indiana University.

Fincher, Beverly: *A Fragment of Mandarin Syntax.*
（國語語法）Indiana University.

Hashimoto, A. Y.: *Embedding Structures in Mandarin.*
（國語包孕結構）OHIO State University.

Rand, Earl: *The Syntax of Chinese Interrogative Struc-tures.*（中文疑問句語法）University of Texas.

Shaffer, D.: *Paired Connectives in Modern Mandarin.*
（國語對配連接詞）. University of Texas.

Wang, Stephen: *Phonology of Chinese Loanwords in a Northern Dai Dialect.* University of Washington.

1967年

Chan Yin-man: *Distribution of Cantonese Phonemes.*
（廣東話音位分佈）Louisiana State Uuiversity.

Yang, Fu-mien: *An Ethnolinguistic Survey of Hakka.*
（客家話文化語言綜述）Georgetown University.

1968年

Cheng, Chin-chuan: *Mandarin Phonology.*
（國語聲韻學）University of Illinois.

Hsueh, Feng-sheng: *Phonology of Old Mandarin.*
（早期官話聲韻研究）Indiana University.

1969年

Ballard, William: *Phonological History of Wu.*
（吳語聲韻史）UC, Berkeley.

Norman, Jerry: *The Jianyang Dialect of Fujian.*
(福建建陽方言) UC, Berkeley.

Tong, Shou-Kang: *The Structure of Major Clause Types in Mandarin Chinese.* (國語主要句型結構) Georgetown University.

1970年

Chu, Cheng-hsi: *The Structures of Shi and You in Mandarin Chinese.* (國語是字句與有字句) University of Texas at Austin.

Cikoski, John: *Classical Chinese Word-Classes.* (文言文詞類研究) Yale University.

Fei, Kuan-chen: *English and Chinese Consonants: A Contrastive Analysis.* (中英文字音對比分析) University of Michigan.

Howie, John: *The Vowels and Tones of Mandarin Chinese: Acoustical Measurements and Experiments.* (國語母音與聲調實驗聲學研究) Indiana University.

Kao, Kung-yi: *The Classification of Chinese Words.* (中文詞彙分類) Stanford University.

Li, Ying-che: *An Investigation of Case in Chinese Grammar.* (國語格變語法研究) University of Michigan.

1971年

Chin, Tsung: *Tensal Systems of Mandarin Chinese and English: A Contrastive Study.* (中英文時式對比研究) Georgetown University.

Hsieh, Hsin-I: *The Development of Middle Chinese Entering Tone in Pekinese.* （官話入聲字演變研究） UC, Berkeley.

Li, Charles: *Semantics and the Structure of Compounds in Chinese.* （國語複合詞研究） UC, Berkeley.

Li, Frances: *Case and Communicative Function in the use of Ba in Mandarin.* （國語把字句的格與溝通作用） Cornell University.

Liang, Chao-ping: *Prepositions, Co-verbs, or Verbs? A Commentary on Chinese Grammar-Past and Present.* （中文語法動介詞研究） University of Pennsylvania.

Teng, Shou-Hsin: *A Semantic Study of Transitivity Relations in Chinese* （國語及物關係的語意研究） UC, Berkeley.

T'sou, Benjamin: *Studies in the Phylogenesis of Questions and Diachronic Syntax.* （歷史語法與疑問句演變研究） UC, Berkeley.

1972年

Chang, Yu-hung: *The Xinghua Dialect of Fujian: Adescriptive Lingnistic Study.* （福建興化方言研究） Cornell University.

Chen, Matthew: *Nasals and Nasalization in Chinese: Explorations in Phonological Universals.* （漢語鼻音化研究） UC, Berkeley.

Lyovin, Anatole: *Comparative Phonology of Mandarin*

Dialects. (官話方言聲韻比較研究) UC, Berkeley.

Sherard, Michael: *Shanghai Phonology.* (上海話聲韻研究) Cornell University.

1974年

Light, Timothy: *The Chinese Syllabic Final: Phonological Relativity and Constituent Analysis.* Cornell University. (漢語音節韻尾研究)

1975年

Lii, Yu-hwei. *Word Order, Transformation, and Communicative Function in Mandarin Chinese.* (國語詞序與溝通功能) Cornell University.

1976年

Walton, A.: *Syllable and Tone in Chinese.* (漢語音節與聲調) Cornell University.

Liao, Chiu-chung: *The Propagation of Sound Change: A Case Study in Chinese Dialects.* (漢語方言音變研究) UC, Berkeley.

Cheung, Yat-shing: *Word Order Change in Chinese: Some Contributing Factors and Implications.* (漢語詞序變化研究) UC, San Diego.

Cheng, Tsai-fa: *Early Mandarin as Revealed in Hp'ags-pa Transcription and Related Materials.* (巴思巴字與早期官話) University of Wiscom.

1977年

Chang, Chiang-Jen: *Co-verbs in Spoken Chinese.* (國語

動介詞）University of Florida.

1979年

Lin, Chin-juong: *A Descriptive Semantic Analysis of the Mandarin Aspect-Tense System.* （國語時式、時態研究）Cornell University.

Li, Tsung-mi: *Teaching Chinese as a Foreign Language Georgetown University.*

Lee, Lin-chuan: *Chinese Proverbs: A Pragmatic and Sociolinguistic Approach.* （中文諺語研究）Georgetown University.

Carr, Michael: *A Linguistic Study of the Flora and Fauna Sections of the "Erh-Ya".*

（爾雅研究）University of Arizona.

從以上的論文可以看出國語語法在整個漢語語言學中研究得較爲深入，其次爲歷史聲韻學，再其次爲方言聲韻學。最不受重視的是歷史語意學（訓詁學）、當代語意學、方言語法以及幾近荒蕪的中國語文的心理學、語言社會學方面的研究。訓詁學方面，姚榮松最近完成的博士論文《上古漢語同源詞研究》採用諧聲字、聲訓、說文音義同近字、方言轉語等四種材料有系統地討論上古漢語同源詞的內容，並分析同源詞的詞音關係、詞類關係、字形、義類關係，試圖建構上古漢語的構詞規律。在方言語法方面，橋本萬太郎主持的日本亞非言語文化研究所頗著成績，楊福綿教授最近出版中國方言學分類參考書目（*Chinese Dialectology: A Selected and Classified Bibliography*），羅列自揚雄《方言》以來有關漢語方言研究的專著及論文二千多篇，是很有用的參考工具。

　　自從 1978 年現代吳語的研究以來， 絕大部分的研究是方言語音的描寫、分析、比較， 對於某一方言的詞彙或語法作比較完整的著作則少之又少。國語方面最近的語法專著有湯廷池著 《國語變形語法研究》（1978， 學生），《國語語法研究論集》（1982， 學生）； 此外 Charles Li 和 Sandy Thompson 合著的 *Mandarin Chinese: A Functional Reference Grammar* （中文書名： 《漢語語法》）， 原爲加州大學 1981 年夏天出版。臺灣版權由文鶴出版公司印行； 此書之中譯本也已由文鶴出版。在閩南語方面， 除了鄭良偉著《臺語與國語字音對應規律的研究》以及《臺灣福建話的語音結構及標音法》外並有鄭謝淑娟著的 《臺灣福建話形容詞研究》； 林雙福著 *The Grammar of Disjunctive questions in Taiwanese* （臺灣話選擇問句語法）。 最近 《方言》 期刊上逐漸發表有關方言的詞彙材料； 東京亞非言語文化研究所也出版過一些方言的語滙集， 如司馬侃（Michael Sherard） 的 *A Lexical Survey of the Shanghai Dialect* （上海方言語滙集）（1982）； 橋本萬太郎的 《客家話基礎語滙集》（1972）。法國、丹麥、瑞典等國家也都有一些漢語方言語法的著作問世， 在此不必一一列舉。

　　漢語的語言心理方面的研究大多是來自心理學家； 其中大部分的研究又是有關漢字閱讀、辨認、書寫等方面的心理研究， 語言學習與使用等方面的研究則剛剛開始。第一屆國際性中國語文心理學研究， 1981年夏天在香港大學舉行， 不但使用中文爲會議語言， 參與宣讀論文的也都是華人。此次會議論文已由高尚仁、鄭昭明輯成《中國語文的心理學研究》（1982， 文鶴）， 其中包括下列論文：

　　　　高　尚　仁：《中國語文的心理與研究》
　　　　劉　英　茂：《中文字句的理解與閱讀》

曾 志 朗：《論文字組合在閱讀歷程及認知能力間的關係：
　　　　　兼論中文閱讀研究在當代認知科學上的地位》

蕭 炳 基、劉 誠：《香港幼稚園學生的漢字聯想模式》

張 居 美：《從雙語兒童在學習閱讀中文的困難，看語言轉
　　　　　錄現象》

鄭 昭 明：《漢字認知的歷程》

黃 榮 村：《中文的知覺可分離性》

黃 震 遐：《中文的失語問題》

李 永 賢：《中英文詞語信息問題處理所需的時間》

霍陳婉媛：《香港各類中學學童的閱讀能力》

莊 仲 仁：《中文編排方式對閱讀速率之影響》

方 聖 平：《中文呈現的方式與位置在序列記憶中的交互作
　　　　　用》

陳 礎 堅：《國音四聲之電腦辨識》

高 尙 仁：《書法書經與心理生理反應》

黃 宣 範：《語法與心理：一些沒有語言心理基礎的語法現
　　　　　象》

　　中文閱讀行爲方面有一個問題是目前心理學家研究的焦點所在，
卽在「字」或「詞」的層次上觀察中文的閱讀是否涉及「語音」的
轉錄（phonological recoding）。語音轉錄一詞是指在訊息傳遞與處
理過程中，視覺的刺激或訊息被轉換成聽覺的（或語音的）訊息形
式。這一直是個很受爭議的問題。過去許多有關記憶的研究都爭論，
語文的「記憶」項目是否以語音的形式轉錄，不管這項目是以視覺或
聽覺方式呈現？最近的研究則爭論文字的「閱讀」是否必須經過語音
的轉錄才能了解其意義？一般而言，現有的實驗證據認爲在語文的短

期記憶的確要「語音轉錄」的過程，卽的確是以語音形式貯存所記憶的訊息。換句話說，語音轉錄是人類從事記憶時所不可或缺的一個心理運作。但這並不能表示人在閱讀時，從字形到字義之間也經過字音的轉錄。記憶時所表現的語音轉錄現象很可能是由於記憶工作本身的要求，而不一定是認知過程所必需。實驗的方法之一是每次同時呈現兩個符號項目給受試者觀看，要求受試者判斷這兩個項目是否爲合法的漢字(或詞)。如果兩項均爲合法的字(詞)，則按「正」的反應鍵；如果其一不是合法字（詞），則按「負」的反應鍵。實驗同時操作合法的字對（詞對）的形狀相似性與語音相似性。藉這兩種相似性對字（詞）彙判斷的影響，以評論中文閱讀的語音轉錄，可參見上述《中國語文的心理學研究》一書及 *Tzeng, O. J.L. & Singer, H.* (*eds.*) *Perception of Print: Reading Research in Experimental Psychology.* (1981).

　　漢語的語言社會學研究最爲荒蕪。語言社會學是把語言當作社會文化的一種表徵，研究人類如何藉語言表現種種人際互動的社會關係，或語言如何反映不同的社會階層。從語言社會學的觀點，語言中每句話或每一種表現法都有社會意義。我們可以大膽地說語言實際上就是談話那一時刻所牽涉到的整個社會行爲的總和。脫離社會行爲的約束，語言就談不上是個有機體。語言學家研究語言時經常發現在同一個語區裡，同一個字，詞有多種不同的讀法，或一個中心概念有不同的表達法。就聲韻言，一般學者往往以爲是一種自由的變化。目前的了解則以爲嚴格說自由變化的現象極少，語音的「變化」常常受社會因素的左右。因此社會學家研究語言時，目的是企圖藉語料的分析去研究個人如何逐漸發展成爲社會的一份子，或是整個社會制度如何駕馭個人的社會行爲。最近幾年來，語言社會學者分析母子之間對話

的記錄，發現不同社會階層的家庭，母子間使用的語言的確頗有歧異，藉這些語料有助於了解某一社會或社會階層中權力、個人主義、種族情感、領導力等等如何表現與發揮，從而認識社會的文化價值觀。雖然如此，漢語語言社會學的研究截至目前為止只有荷蘭學者范登堡寫的 "The Use of Mandarin in the Markets of Taipei" (1978)，包舜睿 (Robert Bauer) 的博士論文 "Cantonese Sociolinguistic Patterns" 以及范氏即將出版的專著 Language Planning and Language Use in TAIWAN.

純粹語意學(以別於語法分析時所作的語意分析)的研究，應用到漢語方面的論文為數也甚少，黃宣範著 Papers in Chinese Syntax (漢語語法論文集) (1982，文鶴)，《翻譯與語意之間》(1976，聯經) 及《語言哲學——意義與指涉理論的研究》(1983，文鶴)，鄧守信《漢語主賓位的語意研究》(1980，學生)，劉福增《邏輯探討》(1976，牧童)，《語言哲學》(1982，三民) 等。

漢語的研究具有普遍性與特殊性，漢語是自然語言之一，漢語研究是整個語言學理論研究的對象之一；任何充分的理論必須能解釋漢語中觀察到的現象。這是漢語研究普遍性的一面。但漢語的型態特徵畢竟有別於世界上大多數的自然語言，例如漢語的詞序從型態學上講就相當特殊；過去一、二千年來詞序的發展也表現出相當的奇特。漢語聲韻的變調也都與其他變調語言更見複雜性、特殊性。展望未來，我希望中國語文的研究能向前推進一大步，尤其是在普遍性語言理論上有突破性的進展。無論是普遍性或特殊性的研究都需要相關的學科，諸如哲學、心理學、社會學、人類學、生物學、腦神經學等專家學者齊一貢獻智慧，參與研究，以開拓學術的新領域。我希望在中國語文向前推進中一個具體的成果是結合專家的智慧，編纂一部空前

的《現代漢語大詞典》，作爲二十世紀後期中國語文工作者對後代的
獻禮。

臺灣二、三十年文學批評的理論與方法

內容大綱

一、鏡與燈——文學批評的層次

二、生命知識與美感經驗

三、主觀、客觀性，純粹性，具體性

四、方法的引用——新批評

五、原型、神話與心理分析

六、結構主義

七、綜合與展望——形式方法與詮釋方法之間

臺灣二、三十年文學批評的理論與方法

王 建 元

　　文學批評在國內二、三十年來的蓬勃發展已有極爲可觀的成果。本文乃是就這一門學問的豐收作一系統性的評估，重點在理論與研究方法的運用。在歷史的通盤概述和理論方法得失之間，我無疑選擇了後者。換句話說，本文並不從時序觀點把臺灣文學批評的研究結果作吉光片羽的描述，而是希望從幾個在臺灣極有關鍵性又常被提及和激烈討論的批評論點深入地窺探其端倪，然後從這些檢討中作一個簡略的綜合和展望。

一、鏡與燈——文學批評的層次

　　在《中外文學》月刊六十二年六月號的短評中，胡耀恒用上了 Abrams 的理論將國內文學理論混亂的紛爭歸納爲「鏡派」與「燈派」之爭。以前者爲「模擬與實用兩派的結合，主張作者應如鏡子，來呈現當前社會的形貌、反映群衆的情感、記錄時代的心聲，最後讓讀者能獲得快感與明悟」。而後者則「採取了表現派與客觀派的立場，視作家如燈燭，以其內在經驗爲能源，以其才華爲鎢絲，在字裏行間

燒燃自己，以燭照生命的黑暗與痛苦」❶。雖然這個二分法不容易概括多年來臺灣文學批評家種種夾纏複雜的爭論，但它却不失爲一個方便我們討論的出發點。其實和鏡與燈一樣在文學基礎理論上有着很密切關連的其他二分法還有很多：例如中國傳統的質與文、載道與言志，西方的古典與浪漫、道德與藝術，又或更廣泛的認知與感性、形式與內容等。這些在討論文學本質或文學批評理論中都往往最具有歸納概括性，是文學理論家一直樂於、又不能避免地以爲依據的基項。從這些基項入手，我們不難理出這二、三十年來臺灣文學理論家對文學原理及批評的本質的研究努力及成果的一個梗概脈絡。

從上面引用胡耀恒在鏡與燈之間的處理中，我們可以看出它反影了臺灣文學批評在態度上的問題。臺灣的鏡派「主張作者應如鏡子」，當然是貫徹了柏拉圖及至十九世紀英國的 Arnold 和二十世紀美國的 Babbitt 一脈相傳的立法 (legislative) 或司法 (judicial) 的批評態度。反觀燈派只「採取」某種「立場」，「客觀」地敍述作家在其作品中的「表現」。鏡派的基本論點可以從侯健在「中外」的「作家、批評家與文學的前途」看出梗概。這篇文章是直接對同期刊出董保中的

---

❶收在《在梅花聲裡》，臺北：經世書局，民國七十年，頁二四五。這理論來自 M. H. Abrams，詳細介紹見王潤華的「從四種立場四種觀點看文學作品」，收在《中西文學關係研究》，臺北：東大圖書，1978，頁七一～七七。傅孝先在「文學的功用：西方人士的觀點」中對西方的模倣說和表現說有很扼要的描述，見《中外文學》第三七期，頁八二～一〇五。至於中國傳統文學批評中的載道言志和唯美等觀念，可參看葉慶炳的「文章合爲時而著，歌詩合爲事而作」，收在《中國古典文學論叢》，冊二，文學批評與戲劇之部，臺北：中外文學學術叢書，民國六十五年，頁五三～六〇。關於中西在這方面的比較，見侯健的「中西載道言志觀的比較」，收在《二十世紀文學》，臺北：衆成，民國六十五年，頁一～二九。

「文藝批評家與作家」作出反應❷。董氏認為「批評家常常以『導師』自任，想領導作家，替作家出題目，找題材，告訴作家該用什麼態度、立場、觀念來寫」，這個做法不只「錯誤」，而且「危險」。針對這種為作家爭取完全自由的見解，侯氏指出作家的自由的意義，在於他能「有標準的抉擇」，做「人生負責的代表」。而文學理想的「廣大目的」、「一般性」，及「人類共同的幸福」等的達成却有賴於批評家「擔任某一程度的搖旗吶喊」，非但要替作家「助威」，更要對讀者負責。

在臺灣，鏡派批評家不只為了實現文學理想，為社會人類共同幸福而努力，而在歷史背景、政治環境與文化危機中是有其必然及必須的存在因素。這當然也指出一切文學理論的建立實在不能與支持它的意識形態完全脫離因果關係。同理，因為從十八、十九世紀以來某種文藝家極力為了界定文學為「語言的藝術」作出可觀的貢獻。其研究及立論漸趨成熟，故類似董保中的燈派論調自然也具有一定程度的影響力。故甚至如以歷史文化立論、不能被冠以鏡派或燈派的楊牧也說了：「文學理論家不要擺出指導創作的面孔來」這句話❸。我認為對鏡與燈紛紜的爭辯處理得比較妥善的當推徐復觀。他的「中國文學討論中的迷失」是聽了白先勇以「社會意識與小說藝術」為題的演講後有感而發❹。白氏的講詞主要內容是「從五四以至三十年代之文學思

---

❷其實在這之前，侯健也曾經說：「文學批評的目的，不在於立法，亦卽文章應該如何寫，而在說明，亦卽文章為甚麼那樣寫」，見《三寶太監西洋記通俗演義——一個方法的實驗》，《中外文學》第一三期，頁一〇。

❸見「文學的辯護」，收在《中國文學批評年選》，柯慶明編，臺北：巨人，民國六十四年，頁一一二。

❹收在《中國文學論集續篇》，臺北：學生書局，1981，頁一五五～一六四。

潮，文藝被視爲社會改革工具。這種功利主義的文學觀，使文學藝術不再獨立」。故此「只要社會意識與小說藝術互相取得平衡，融合一致，內容與技巧協調，更能表現其時代精神」。對於白氏這個文藝的獨立性因受社會意識貶低及限制的見解，徐氏指出它是「把文學得以成立的根源及發展的大方向迷失了」。徐氏的論點，是牢牢的把握住作家創作的主要動機爲「感動」，所謂有感而發。從「原始性的個體生命的感動」，一種「人類基源性的感情」，方能延伸到「文化性的群體生命的感動」，而自然地，不須作家刻意地成爲「社會意識的根源之地」。換句話說，作家先由個人切身經驗觸發創作的欲望，由對人性的感動才能外延至「攬一國之心以爲己意」。而不是先有抽象的哲理或理想，然後用一個幻想的世界表達出來。思維應該不是創作的動機，只是在創作的歷程中發生作用。而所謂藝術性，是「附麗於內容而存在，可以說是出自內容自身的邀請，無所謂獨立性的問題」。徐氏雖然在這裏點到卽止（以後中國文評家對「感動」這過程還有更精闢透徹的描繪），但却能調協了鏡與燈之爭。其實侯健所標舉的「誠」與「敬」或是態度嚴謹等要求，我認爲應該針對作家是否對他的「感動」能够誠能够敬而言，若作家未經親身體驗，單憑外加的理想（徐氏稱爲「由思維而來的文學」），那反而變成不誠不敬了。

的確，徐氏這個以「感動」爲創作的先決條件，也可以用於文學批評的本質的討論上。在探討什麼是文學批評時，鏡派理論家往往著重其中「認知」的成份，而忽視了甚至剔除批評者的「感動」或「美感經驗」這個過程。國內屬於這類的學者當以顏元叔最爲昭顯。從五十六年的「文學與文學批評」到五十八年的「朝向一個文學理論的建立」，又至到收在《何謂文學》一書中的「文學的研究批評與欣賞」

❺，顏氏都一貫強調文評家的「嚴師益友的批評態度」。因為「文學本身的功用在批評生命」，故此「文學批評的尺度是考察文學是否達成批評生命的任務」。批評家既要為讀者指出作品之好與壞，故「文學批評要使讀者與作品之間，保持一種批評性的距離，養成一邊欣賞一邊批評的習慣」❻。又因為顏氏激烈地反對「兒女文學」、「眼淚文學」或「激情文學」，否定「文學僅是激起靜態美感」的說法，更厭倦於聽取「文學自主性」的說法，認為中國的「純文學一直似乎處於休閑活動的範疇之內」，而「中國的傳統純文學大都缺乏理智基礎與哲學深度」❼。故此「文學批評是人類對文學的一種思維探討」。文評家在「真正從事批評活動的時候，他也許要把欣賞與閱讀樂趣，暫時擱置一旁。因為，批評者此時使用的官能，定是理性多於感性，心智多於心靈」。換句話說，顏氏因為奉守西方新批評的「感受的謬誤」（Affective Fallacy）的格言，故盡量貶低了欣賞活動而只著眼在狹義的批評活動。這心智活動的完整過程包括「印象、分析與結論」三個階段❽，將文學批評視為批評者的冷靜嚴肅、理智清明的思維活動，將徐氏的「感動」摒棄於整個批評的過程之外。

　　從美學觀點看文學批評的本質，相信沒有人能否認徐氏的「感動」是它的活動過程中一個不可或缺的部份吧！因為所謂「感動」，亦即是美學中的「美感經驗」或「美的觀照」。文學創作固然以它為

---

❺第一篇見《純文學月刊》，民國六十五年五月；第二篇見《文藝月刊》，民國五十八年，後同時收在《中國現代文學批評選集》，葉維廉編，臺北，聯經，民國六十五年，頁二七三～三〇三。《何謂文學》，臺北，學生書局，民國六十五年。

❻見《中國現代文學批評選集》，頁二七三～二七九。

❼同上，頁二八一～二八八。

❽見《何謂文學》，頁五六～五九。

主要動機，但文學批評中的欣賞或對作品產生初步印象時也絕不能缺乏了這個活動（當然創作中的美感經驗和批評中的美感經驗在基本活動過程結構以至作用上容或不盡相同，此問題容後討論）。國內的美學家（不一定是燈派）在界定了文學為「語言的藝術」之餘，在討論文學批評的本質和過程時，當然會比較能洞察這個「感動」的重要性。早在民國五十三年，王夢鷗已經在他的「文學概論」中對此有所描述了。在第二十章「批評」中，王氏指出「它的本質是一種綜合的知解——一個判斷。簡言之，文學的批評是由『感』而『知』，同時所要『知』的，亦只限於所『感』的性質」。故「作家在說那個夢，欣賞者就跟着作家『所說的』在做那個夢；到了跳出夢境，回頭來體會端詳那個夢時，才發生了批評的意見」。因此「批評雖是醒後的，由理智來審判那個夢境，但它還得根據夢中的材料；也就是批評家必須是曾經做過欣賞者一樣的夢，是用自己想像的材料來組織那個夢」❾。換句話說，顏氏文學批評界說三個階段的第一個所謂「印象」，現在獲得了較充實的闡述：它不只於顏氏的「寫得好或寫得壞」，而是確確實實的具體經驗活動。

王夢鷗其實略去了文學批評活動的一個更基層的階段不談，這就是比「印象」還先行的語言認知活動。對於這點，姚一葦的「文學欣賞的三個層面」給我們提供了另一個比較完備的結構。簡言之，姚氏將欣賞活動（他的「欣賞」包括批評，但側重所謂切身經驗，這在他用了欣賞這兩個字可想然之）分為語言、經驗和思想三個層面。第一個「語言的層面」是讀者能對「詩的語言是歧義或多義」和「它具有豐富的想像性和意象化」作相應的細心體會及了解；第二個是讀者

---

❾ 《文學概論》，臺北：藝文，民國六十五年，頁二一二～二一三。

「進入作者提示的世界」時所引發的「情緒反應」，又「同時還刺激起對某種行為的衝動」。而最後的「思想層面」從「感性」的反應轉入「屬於純知性或理性的」文學專門研究或批評。這種活動的最終目的，在於窺探人生在「特殊中所蘊含的一般」人生普遍性與哲學眞理⑩。當然姚氏這三個層面每一個在當今文學理論都有更深入更複雜而層出不窮的問題出現。例如在語言層面上姚氏本人亦說明了「語言的研究，近年以來眞是突飛猛進，對作品的一句一字都研究得非常細緻」。又例如從這層面開始我們已經接觸到近年西方盛行的詮釋學 (hermeneutics) 對文學作品的意與義和整個讀者、作品與作者之間的種種關係的探討。再之，姚氏這個層面大致上可以說包含了 Noam Chomsky) 的「語言能力」(linguistic competence) 和 Jonathan Culler) 的「文學認知能力」(literary competence)⑪。在國內，我們也可以從這層面看顏元叔與葉嘉瑩、夏志清和徐復觀等對起碼字義、字義背後的典故，和究竟文學批評對作品的意義應該著重歷史主義或是現代主義的爭辯。至於第二個經驗層面，近來在國內亦得到有系統而有理論基礎的探究。這些研究大體上都借助西方晚近發展的美學、語言學；而在經驗這活動的體驗又強調了讀者反應 (reader's response) 和語言行動 (speech act) 和現象學等。當然，這些理論與方法都同時可以納入姚氏的第三個思考層面；我們還可以在這層面上所涉及的方法的科學性、準確性和有效性，理論在哲學態度和立場

---

⑩此是姚一葦於民國六十四年十一月六日在師大演講詞，後收在《欣賞與批評》，臺北：遠景，民國六十八年，頁二五～三七。

⑪Chomsky is quoted by Culler in *Structuralist Poetics:Structuralism, Linguistics, and the Study of Litterature* (Ithaca, N. Y. Cornell Univ. Press, 1975), p. 9. The Chapter of "Literary Competence"appears on pp. 113-130.

上的可行性或須要性等等作一概說。然後，再從姚氏的三個層面合起來看成一個結構，我們還須更進一步對它的個中過程作較明晰的分析。例如這三個層面在時序性上是否眞確；客體意象怎樣與主體經驗融合；及感性活動與認知活動在整個過程的相互連繫等等，都必須有待更詳盡的界說與釐定。但不論怎樣，姚氏這三個層面最少提供了我們以後討論的一個基層架構，是我們能繼續探討文學批評種種核心問題的一個很具體的出發點。

把文學批評的本質定爲一種「文學知識」的柯慶明在這方面有很深入的論述。從他這個文學批評的定義來看，柯氏的文學觀點或會被誤會爲屬於鏡派。但事實上他是接受了西方美學等理論，然後又能將中國本身的文學傳統融會貫通而自成體系，從而希望用它來涵攝和抵消了所謂鏡與燈的對立。若要認識柯氏的整個理論體系，我們得先從他怎樣建立文學作品的基本內容入手。對柯氏而言，文學美是「一種生命意識的呈現」；它是結合於「時空中的具體情境的意識」和「意識者的自身意識」，也就是「情境的感受」與「生命的反省」兩種連續階段的連結。更詳盡地說，這個心理歷程是「首先，我們覺知情境的某種客觀狀況，接着產生對於這些狀況的主觀的反應，然後覺知這種主觀的自我反應」。他說：

> 作為一種「生命的反省」的呈現，它所提出的「倫理抉擇」，其最終的目的，畢竟是在促醒讀者反觀自己的生命，沉思人我同具的人性潛能，諦念人類共同的命運而有所自覺，因而更能把握生命實踐的種種途徑的真實意義，而終能夠開創他自己的充實豐盛的美好人生⑫。

⑫見「文學美綜論（上）」刊於《中外文學》第七二期，頁一三二。

故此文學美涵括了三個層次的素質：首先是「文字型構的諧律，造句遣辭的靈巧與優美」，其次是「作品所描寫的經驗歷程中所蘊涵的經驗的直接意義的變化與豐富」，最後是作品「透過文字型構與經驗歷程以表示出的觀照生命的智慧」⑬。用這個文學本質的理念架構套上文學批評，柯氏指出若要適確地把握文學作品的「知識」，讀者「不僅對語言的多種層次的信息能有充份的反應，更重要的是能夠經由想像在『設身處地』之餘，『身歷其境』的參與語言陳述所指涉的情境，而對於該情境興發一種既入乎其內，又出乎其外的主體性的覺知」。因此從文學批評角度著眼，柯氏針對文學作品之可以呈示普遍人生經驗知識的可能性，進一步標舉出三個層次：「(1) 主體經驗的語言表達與溝通的可能性，(2) 精神的種種變化或提昇的可能性，(3) 生命意義與生活的種種的抉擇的可能性之探索所綜合而成的特殊的知識範疇」⑭。這個針對讀者而言的提供知識的可能性的三個層次，其實可以與姚一葦的三個欣賞層面相提並論。對柯氏而言，它也可以算是他的「廣義的文學批評」的觀念架構。它與姚氏的架構之不同處，在於它 (1) 比較詳細地描繪它整個性質及活動過程，揭示了文學作為一種特殊的知識形式怎樣引發「主體性知覺」而「創造」新的文學認知的理念架構；(2) 修正姚氏的三個層面的描述中給人一個先後次序和可以劃然分開的感覺。甚至是王夢鷗的文學批評是「由」感「而」知，和「跳出夢境」，「回頭」來體會端詳那個夢的說法，也暗示了這幾個層面在時間上有次序之分。而柯氏却能瞭解到這種把整個過程的

---

⑬ 「文學美綜論（中）」，刊於《中外文學》第七三期，頁一七。
⑭ 「論文學批評的本質」，收在《境界的探求》，臺北：聯經，民國六十六年，頁七～二九。

分割只是爲使其性質清晰而不得已的分析，而就問題「的實質而言，這三者是必然連貫而不可分割的」。或者我們可以更精確地說，姚氏與王氏只顧及這架構的縱貫的組合過程，而忽略了它的各個層面也可以同時被視爲一個橫斷而並列連鎖的「經驗」領域。(3) 比較重要的是這架構能超越了鏡與燈的對立，將它們納入了一個理論系統。柯氏認識到語言的特殊性在於能同時表達了所指陳的「事實」，以及表達者對這「事實」的態度，然後又能「影響」讀者，使其作相對或相應的「行動」❺。故此柯氏能以文學批評乃是知識的追求來包涵讀者與作品之間的整個美感經驗，而同時又能把純粹抒情而表面上沒有「知識內容」的作品也被融攝在他的「文學知識」的領域裏。

　　實際上，柯氏還切入批評活動的核心作進一步的闡述；而這領域才是他更強調的所謂狹義的文學批評。它的主要目標是「對本身有可能成爲知識架構的文學作品作一適當的評估」。他指出

> 　　往往我們必須訴諸一切已經驗證爲有效的有關人性、人的心理現象、人的各種生存情境，以及種種倫理與存在之價值的知識，這自然包括一切與人性及其發展有關的系統知識，同時也包括評估者自身的非獨斷同時不具主觀排斥性的親身體驗❻。

因爲洞悉了批評者要親身體驗和用已知的經驗來衡量作品而作知識建構活動，柯氏才能確切地肯定批評的創新性和原創性。因爲「就知識架構的逐步發展而言，每一步的進展都是一種創新，並且唯其創新，

---

❺「文學美綜論（中）」，《中外文學》第七三期，頁五～六。
❻《境界的探求》，頁一九～二〇。

且有效的架構了前所未能知覺或融貫闡釋之普遍現象之可能的語言陳述，這一類的活動與結果才眞正成爲知識的塑造」。在這點上，柯氏的確修正了前人一直認爲批評工作只是旁附於作品和對之加以驗證評估的說法。因爲它「本身即是一種知識架構的『創造』；正如一切的知識尋求，假如成功了的話，都是一種『創造』一樣」。它「超越了文學作品的一個個的『知識架構』，而在產生另一新的『知識架構』之餘，開啓了另一層次的知識領域，與文學作品同一知識範疇的不同的知識領域」⓱。

固然柯氏的文學批評理論自成體系，解決了很多前人遭遇到的困難，和處理了一些理論上的爭辯，但他這個理論系統中卻還有一兩點有待商榷。我特別不太能了解他爲什麼在描述「欣賞」的過程之餘，會突然說：「當我們不能『欣賞』的時候，我們就開始了『批評』」。然後又說：「在『欣賞』所不能到達之處，就產生了『批評』，這是自然的。『批評』基本上是一種受了挫折的『欣賞』的渴望。這種『挫折』或許來自於作品本身的不值得去『欣賞』；或者來自於讀者的未能在作品引導之下，進入作者精神的堂奧」⓲。除了要在文學活動中突出欣賞這個過程之外，我看不出有任何理由柯氏要認爲「在文學活動的三種過程：創作、批評、欣賞之中，應以欣賞爲最大」。撇開了這個「大」字究竟何所指不言，柯氏的假設「文學原來就是爲了讓人『欣賞』而創作的」也與他的整個文學觀有出入。至於將欣賞與批評、讀者與批評者劃然兩分也甚有問題，因爲他們是交互相錯，一個層次上的兩面。再之，在柯氏批評系統中完全沒有任何跡象支持這

⓱同上，頁二〇～二五。

⓲「文學美綜論（下）」，《中外文學》第七四期，頁五一～五二。

個邈然而來的欣賞與批評不能並立並存的消極說法。在較早的「論文學批評本質」中，柯氏已經提出了批評的所謂「適當的評估」，首先「必須設法經由種種程序驗證判定，它畢竟只是一種似是而非的假說呢？還是有其普遍有效性的眞實的理論、定理、定律？也就是判定該觀念架構作爲知識的眞假，能否成立」。然後第二步的評估，「則是判定它在旣有的至今仍然有效的該知識範疇所已建立的觀念架構的整體中，在我們將它納入此一整體架構時，它的適當的位列」[19]。故此文學作品的一個知識觀念架構的假設，是由批評者（也應該是讀者）的評估過程從瞭解字面指涉和欣賞展開，絕不是由於「作品本身不值得去欣賞及讀者未能在作品引導下進入作者精神的堂奧」才開始的。其實我認爲早在批評者（讀者）選擇作品作爲對象時就已經涉及了評估的活動，只不過它是一個未經僵化的價值判斷而已。我得聲明，我不是反對「批評基本上是一種受了挫折的欣賞的渴望」這論點本身，而只是說明它在柯氏的體系中得不到應有的理論支持。其實近代現象學批評家 Roman Ingarden 的「不確定的具體化」（concretization of indeterminacy），Wolfgang Iser 的「空隙的否定」（negation of blanks），Harold Bloom 的「心理壓迫詩學」（repressive poetics），以及其他的「讀者反應」理論等等 [20]，都著眼在「閱讀的挫

---

[19] 《境界的探求》，頁一八～一九。

[20] Roman Ingarden, *The Literary Work of Art*, trans. George G. Grabowicz (Evanston: Northwestern Univ. Press, 1973), pp. 331―342. Wolfgang Iser, *The Act of Reading: A Theory of Aesthetic Response* (Baltimore and London: Johns Hopkins Univ. Press, 1978), pp. 170-179. Harold Bloom, *Poetry and Repression* (New Haven and London: Yale Univ. Press, 1976), pp. 1―27.

折」上，遙遙的可以為柯氏這論點下註腳。但不論如何，欣賞與批評仍然是不能斷然分割的。

二、 生命知識與美感經驗

　　柯氏的文學知識在形式上所體現的，又是文學批評要評估的，就是「主體性覺知」的人類經驗的可能性。而這種生命知識，也就是高友工在「文學研究的理論基礎——試論『知』與『言』」中所提出的「經驗之知」了。柯氏的目的在於說明文學批評怎樣驗證、評估、綜合和統合文學作品的「知識架構」而「創造」與作品「同一知識範疇的不同的知識領域」㉑。既然這個「知」是批評者「親身體驗」，故又是「美感經驗」的「知」，它本身就是一個能包涵文學的功用及形式美的理論架構。這與高氏撰寫這篇文章的動機大致相同。但後者卻比較能針對近代西方哲學理論偏重「分析語言」和「現實之知」的局限，而特別強調了文學與文學批評中的「經驗之知」。從我們以上討論文學批評的本質的種種問題看來，「經驗之知」的描述對我們最大的幫助是它肯定了文學批評是「美感活動」。它「同時是『想像』和『觀照』」；而這兩種活動「能用一個『感性觀念』來把握住這個美感經驗和判斷」。故此「文學研究是應該用分析語言來研究文學；文學批評卻是一種創造活動，用一個『感性活動』來象徵美感過程的心象，自然是一種綜合的心理活動」。「經驗之知」是體現「主觀經驗」而又同時包涵了觀賞與反省的活動；它是經過「經驗本身絕緣孤立」後個人的「心象」或「感應」的心理活動。換句話說，它是「個人的心理

　㉑《境界的探求》，頁二五。

活動與現實世界暫時隔離，而集中焦點於一個心理對象上，因而產生的一種與整個活動不能析分的判斷」。高氏認為，這種以「美感經驗」為依歸的文學批評方法和態度是一個直覺或是領悟式的想像和觀照，作用是在處理「想像語言」或「象徵語言」時牢牢把握了感性的體現而加以判斷❷。

　　文學研究的理論基礎既然憑藉「經驗之知」和「美感經驗」這兩個觀念得以建立，高氏隨着又在另一篇洋洋大著中對美感經驗的定義、結構與內容加以極為精確入微的描述和剖析。在這裏我只能從上文觸及的各種問題和角度來嘗試解釋它的觀點和見解。首先，高氏肯定了「文學和藝術在整個人文教育中是一個核心，『美感經驗』是在實現一個想像世界。而研究文學和藝術正是希望描寫各型想像世界建立的客觀條件，而鼓勵人去想像這種經驗的可能性」❸。故此，「美感經驗」中「經驗」的內在結構便得先加以闡明。高氏指出，經驗在具體材料層次與從現象中抽繹出來的「知識」的兩重層次是一個並存而「不可分割的整體」。這眞是一語道破了文學批評以「經驗」為其主要內容中感性與知性並列交流的特性。雖然「經驗」在結構上包含了「自我」與「客體」、「現時」與「過去」的對立，但因為其本身有它的「內在價值」和「目的」，「目的」的內容就是「經驗客體」（因為「自我經驗的內容亦卽其對象」），故此「經驗」的內容是「相等」，在「關係」上相依。而「經驗本體可以視為自我的態度和意志的表現，也可以視為客體的意義和價值的表現」。高氏進一步解釋「『經驗』也可以視作一個『解釋過程』，解釋的『意義』自然卽是一個『價值』的表現。

---

❷見《中外文學》第七九期，頁四～二一。

❸見《中外文學》第八三期，頁一二。

『知識』是可以脫離『現象、活動』而獨立，因以它們是一個架構中的兩個層次。『經驗』中的『價值』却不能脫離『經驗』而存在。因此在『知識』架構中所談的『價值』已是僵化了的分析性的『價值』』❷❹。其實高氏這種分析的立腳點極接近現象學的態度，使人想起 Heidegger 的所謂存有的瞭解，根本就是一個詮釋過程，和 Merleau-Ponty 將人的所有活動當是連綿不斷的「情況」(situations)，而人若要與客體存在之間取得意義，就得逐一的「確定」(sediment) 和「建構」(structure) 這些永遠也「確定」或「建構」不完的「情況」。

高氏這裏只在理論基層上分析經驗活動過程的種種狀況，還未眞正涉及與文學創作更關係密切的「美感經驗」；但我認爲這個分析已經能很具體地爲文學批評提供了重要的見解。首先，文學批評中「自我」與「客體」（主觀性與客體性），「現時」與「過去」（國內的所謂現代主義與歷史主義）等等對內的爭論，因爲在「內容」上找到了「相依」的據點而有了解決之道。（這兩點容後討論）其次，由於文學批評爲一個心理活動，一種「過程」，而文學作品是這個活動過程的「經驗材料」，故文學批評所獲得的「知識」就不能是已經脫離了「經驗」的分析性而又已經僵化的知識。這正是柯慶明涵攝了「評估者自身的非獨斷同時不具主觀排斥性的親身體驗」的「主觀性覺知」。也正因爲如此，每一步文學批評活動的進展才能被視爲「一種創新」、一種「知識的塑造」❷❺。這裏我們可以用「文類」批評這題目作例子。所謂對一個文學作品的「目的、性質、變化的意義的了解」正是高氏

---

❷❹同上，頁九～一〇。

❷❺《境界的探求》，頁二〇。

在討論到體類研究時所强調「作者整個形式發展過程對作品形式的影響」❷。然而批評者不能完全依賴一個經由分析性知識所僵化了的價值觀念來判斷一個作品的屬性。換句話說，我們不能用一套體類理論硬套上一個文學作品而期望圓滿的契合。一個與理論要求完全脗合的作品應該是一個失敗的又不須要存在的作品。反之，它應該是一個超乎已存的架構觀念而加以有所啓發、進展的「創作」。

　　隨着這個方向來看，我們就更能領會到高氏這個「經驗」架構怎樣又進一步和比較圓滿地消弭了鏡與燈的對峙。基本上，高氏的整個系統是希望以美感經驗的大架構來籠罩詩，乃直接呈現主體經驗的活動和文學模倣客觀世界。在詩的意義只强調即時引發經驗的特質和它只注意「內容」、「主題」或者「眞理」之間，高氏顯然希望以「經驗之知」的本質來說明文學經驗中的感性與知性之不能分割，從而把重感性的呈現說和重思念的模倣說的對立消解。在談及文學和藝術的表現目的時，高氏揭示了「各種歧異的說法似乎是描述幾種廻然不同的創造和美感經驗。着重客觀現象的則以爲藝術是外在世界的『模倣』(mimesis)；而以主觀存在爲中心的則以爲是內在世界的『模倣』。但是講『創造』的則力主藝術創造一個『實體』或一個想像中的『現象世界』；而講『表現』的則認爲藝術表現個人的『心象』或宇宙的『眞理』。凡此種種都不謀而合指出藝術的表現是全面的（卽是無所不及），又是整體的（卽是處處相關相應）。而藝術不論它的最初創造時的表現方式爲『代表』抑爲『體現』；在成爲藝術品以後卻沒有問題地是原有美感經驗的環境的重現」❷。其實在這以前，高氏又已經

───────────────

❷「文學研究的美學問題(下)：經驗材料的意義與解釋」，《中外文學》第八四期，頁四二。

❷同上，頁一〇。

在「理論基礎」中指出不論是「代表現實」或是「象徵心象」，藝術的活動不能不都從「感性材料」出發；但前者所着重的道德價值的判斷，却「只能作爲文學的材料」， 而 「我們用這些材料所造成的整個藝術品才能眞正地無言地感動我們。這也卽是『形式的意義』的最上義」❷⑧。

　　高氏這個強調文學之爲藝術是它的獨特經驗的說法，相信並不能完全滿足鏡派的堅貞份子。他的理論並沒有由蔡源煌譯 Charles Altieri 的「詩乃心志活動——呈現說與模倣說的折衷」一文中,在文學批評方法實質地在兩者之間找尋妥協。此文作者利用「語言行動」的理論把詩看作表現又同時是模倣意義， 進而謀致表現理論與模倣理論的折衷。因爲從戲劇行動的層面來看,「詩所烘呈的是各種直接的表現與『意義』， 但是這些表現均含攝於一套更廣泛的成規裏面， 使讀者能夠混合同情以及美學態度上特有的沈思距離， 來探討戲劇行動」。換句話說,「藉表現『意義』的語言活動來呈現經驗， 就文學作品的觀點來看，能夠提供調整該經驗的一種手段，所以，它能夠同時保存立卽感， 而且能敎人以沈思的距離來看待它」❷⑨。 反觀高氏在這問題上的討論却比較著重於「抒情過程」 與 「描述過程」 的區分。 由於「描述過程」在其描述對象和內容之外，而「抒情過程」却與其「抒寫對象」溝通爲一，是一種「『詩感過程』（poetic act）與『詩感對象』（poetic object）的連續性」。 故此高氏把後者的活動用來指明「中國言志傳統中的一種以言爲不足、以志爲心之全體的精神視爲抒情精神的眞諦」， 又進而以這詩言志， 或是以藝術媒介整體地表現個人的

---

❷⑧ 《中外文學》第七九期，頁一九。
❷⑨ 《中外文學》第七二期，頁八〇。

心境與人格的中國傳統文學批評爲一種「最眞摯而深入」的「抒情式的批評」(lyrical criticism)。在這中國文學的抒情傳統層次上，高氏這種將西方美學理論融合了中國傳統藝術精神的方法與表現正是最能顯示其研究功力之所在。其實高氏這兩篇文章還觸及了一些其他很重要的題目。因爲隨着上面所討論而來的，我們注意到一直是國內文評界甚爲感興趣，又爭辯不休的題目：(1)文學批評中的主觀性與客觀性，(2)文學作品表現的純粹性與非純粹性。我們集中看這兩個題目一方面可以多少窺探到國內近年討論文學和文學批評方法的興趣和成果，另一方面又可以更具體地察看問題的核心所在，而冀望能更進一步的加以歸納處理。

三、主觀、客觀性，純粹性，具體性

對於批評家從事文學批評這項活動時所應抱持的基本態度，例如沈謙在「期待批評時代的來臨」一書中，列舉的「蔽障」：「貴古賤今」、「喜新厭舊」、「崇己抑人」、「厚外薄中」、「信僞迷眞」、「深廢淺售」等，都是做來不易，却又已經是不爭之事了⑩。這些蔽障的源由，大概都由於批評家太「主觀」所引起。故此「客觀公正」便成了口頭語。但要求客觀却引出了很多理論上的難題，以致在臺灣發生了激烈的辯論。一般的討論通常都提到顏元叔與夏志清的筆戰。其實顏氏所主張的，只是在「分析文學各個層面，求得比較客觀的證據，作

---

⑩ 《期待批評時代的來臨》，臺北，時報文化，民國六十八年，頁五〇～六五。另外姚一葦的「批評的主觀性與客觀性」從美學企圖建立客觀審美標準的角度討論這問題，可供參考。收在《欣賞與批評》，頁三九～五三。

爲任何結論的支持」**❸**。若我們稍注意「比較」這兩個字，應該會首肯接受顏氏這點意見。一個現代批評家追求客觀態度及較爲精確的術語以建立批評體系，不止應該，而是當時顏氏針對時弊，而標舉一個國內文評界極爲急切需要的口號。但問題是顏氏在攻擊中國傳統詩話的「印象批評」的太過主觀之餘，却因爲要答辯葉嘉瑩以其對中國舊詩傳統認識程度的質疑與憂慮，而提出「肯定當代意識」和「富於時代的觀測鏡」之說：「現代主義必須輔之以歷史主義；而歷史主義的界說當是：重建歷史。這便是說盡可能精密考察過去，認識過去的眞相」。但他指出「瞭解過去」並不等於「接納過去」，因爲「瞭解過去爲求過去之眞實，接納過去爲求現代之滋養；在後者的過程裏，過去不得不受到現代意識之咀嚼、吞食與消化了」**❸**。

其實顏氏既然體認到「要徹底認識當代意識在理論上不可能」，他也可以更進一步明白到，完整的過去眞面目的重建在理論上也站不住脚。所以「現代人旣然目擊了旣往的眞面目」這句話同理也發生問題。因爲現代人根本不能達到旣往的眞面目，而只是不能避免地通過現代意識而認識旣往。從這個角度去「肯定當代意識」應該更能把握顏氏自己所要提出的見解。但是，追求每個時代應有這時代對旣往的看法與觀點，却又無可避免的與所謂「客觀批評」有所牴觸，使顏氏的討論在理論層次上陷入困境。因爲大至一個時代，小至每一個批評

---

❸「印象主義的復辟」，中國時報（海外版），1976年，二月二十九日、三月一日。後收在《鳥呼風》，臺北：言心出版，1977。

❸葉嘉瑩的「漫談中國舊詩的傳統——爲現代批評風氣下舊詩傳統所面臨之危機進一言」，刊於《中外文學》第一六期，頁四～二四；第一七期，頁三〇～四六。顏元叔之「現代主義與歷史主義——兼答葉嘉瑩女士」，《中外文學》第一九期，頁三六～四五。

者的意識，都只能「主觀」地面對文學作品。文學既然是一個主觀經驗，文學批評的真正本質正因為它的活動是一種「經驗」，故也就只能是主觀經驗。當然我們可以用（現在也不能不用）客觀的「態度」和用分析性思維的語言來討論文學，但在此當中，我們不能一刻忘却文學批評的本質是主觀的。Martin Esslin 就曾指出，文學批評與其他藝術批評不同之處，在於它與它所批評的對象一樣，都是用人本身的語言；文學批評是文學的分支，故也只能是主觀的批評㉝。故此，當顏氏在幾篇重要的實際批評文章都依附西方新批評的方法，把一項文學作品從時間之流架空，然後希望從一個所謂「純潔」或「天真」(innocent)㉞的眼光達至「絕對」的結論。這個冀望，很可惜，不只基本上反「時代性」，而實際上也不能實現。極端的說，我們今日之能從某一本書中看到某一首古詩，也非經過無數的「主觀」因素過濾不可；因為它本身已經背負了（甚至是它本身的存在，我的意思是詩句中因版本問題而有字眼上的爭辯等等）一切自從它誕生以來的「主觀」意識的「對待」、「欣賞」或「批評」了㉟。

㉝"A Search of Subjective Truth", in *What Is Criticism?* ed. Paul Hernadi (Bloomington: Indiana Univ. Press, 1981), p. 210.

㉞這個「天真」(innocent) 的術語是 Frank Lentricchia 在討論 Hirsch 的詮釋學時所用的，見 *After the New Criticism* (Chicago: The Univ. of Chicago Press, 1980).

㉟費維廉 (Craig Fisk) 在《中外文學》第七十一期發表了一篇「主觀與批評理論——兼談中國詩話」，先後討論了中國詩話的特質，現代批評家對主觀客觀的問題的看法，然後列舉「現代歐美批評理論的主觀性」的種種理論與方法。在後面這部份費氏的重點放在闡明當今歐西文評理論所強調的「讀者的期望準則」對我們討論的問題很有幫助。其實費氏還來不及提到對文學批評的主觀性討論最完整的一本書: David Bleich, *Subjective Criticism*

　　上文提到高友工對當今賴以通向知識的「分析語言」傳統的局限加以「分析」。其本身就是以客觀的態度來批評「客觀批評」的不足和殘缺之處。在提到新批評學派的方法時，高氏指出「他們要對文學作品的價值作分析、研究。這只是把作品從其他外在因素中分解開，而集中到比較能客觀觀察到的讀者對作品的感應。實際上這個理想的讀者常常即是批評家自己，這是客觀地分析主觀經驗」❸。至於上面我提示的文學批評的主觀性其實有態度與本質兩個不同的層面；而高氏在討論「經驗」在「人文研究」中的意義時又有更精確的說法：「分析傳統中常掛在嘴邊的話是客觀性、必然性、絕對性。如果我們能分辨前述的兩個層次（按：經驗本身和經驗成爲研究的現象）的分別，那麼我們就可以了解這所謂『客觀性』等等觀念只是應用在研究的方法和結果，而不是指研究對象的內容而言。對心理現象的了解走上客觀的道路固然是必要的，但是完全擺脫它的『主觀性』就會喪失了『人文研究』的本義」。因爲「人文研究」的目的，是在「想像自我存在於此客觀現象中的可能性。因此『人文研究』中的客觀性只是一種工具或手段，而其最終目的即是一種『價值』的追求，『生命意識』的了解。換句話說，『人文研究』也可以說是根據客觀知識、材料來創造個人的經驗。所以『人文研究』不是在釐定一個僵化的客觀經驗、絕對價值、必然關係等等。而是要建立一個主觀經驗的客觀條件和肯定相對價值

續接上頁

（Baltimore and London: Johns Hopkins Univ. Press, 1978）。但有一點却須追認的，就是費氏所提及的種種主觀性批評理論，一概都是用客觀、分析性和極度理念性的態度與方法寫成。這是用客觀的方法來研究文學批評主觀性的本質。

❸《中外文學》第七九期，頁二〇。

的絕對地位」[37]。因此，講究引用科學精神的文評家很容易忽略了「經驗」這一方面。我們只要回顧顏元叔之特別要將「欣賞」部份抽離文學批評活動本身，自然就更能找到顏氏的問題的癥結所在了。當然，也就是為了避開經驗，不講求批評者的切身投入，未能做到「披文以入情」，故顏氏討論國內現代詩的文章一再被詩人自己視為缺乏靈視和詩心的純理念邏輯的批評[38]。

　反觀顏氏所認為不合文學批評條件的中國傳統詩話式的主觀和印象批評，我們現在就應該瞭解它對「主觀經驗」之極為珍惜的態度了。沈謙就曾經從主觀客觀的角度將文學批評的層次分為㈠主觀的欣賞，㈡客觀的研析，㈢透過客觀研析而得出的主觀結論。關於詩話，沈氏認為「很多是經過客觀分析、比較、衡鑑之後，而得出來最精彩的結論」[39]。在這方面，高友工也有相同的意見：「這些主觀的評語也許暗中自有他們的客觀標準。如果他們未能明言，那不正是我們該用分析方法去發掘嗎？」但是高氏討論却志不在此，他的重點在於詳盡的解釋中國傳統的主觀批評比分析性的新批評方法「更能忠實地反映這主觀的美感經驗」[40]。其實在此之前，葉維廉已經在「中國現代文學批

[37] 《中外文學》第八三期，頁一〇─一一。

[38] 例如劉菲的「讀『對於中國現代詩的幾點淺見』後的淺見」，見《中外文學》第二期，頁一二四～一四〇。洛夫的「與顏元叔談詩的結構與批評──並自釋『手術臺上的男人』」，《中外文學》第四期，頁四〇─五二。羅門的「一個作者自我世界的開放──與顏元叔教授談我的三首死亡詩」，《中外文學》第七期，頁三二～四七。至於文中引劉勰之句，乃林綠在「詩的欣賞」一文中直接以此責難顏氏的。收在《隱藏的景》，臺北：華欣文學叢書，民國六十三年，頁一二七～一四四。

[39] 《期待批評時代的來臨》，頁七九；八六。

[40] 《中外文學》第七九期，頁二〇～二一。

評選集序」一文中極力爲中國傳統批評辯護，認爲這種批評不作「把具體的經驗解釋爲抽象的意念」的活動。其特色爲以「言簡而意繁」、點到卽止的「境界重造」的手法來「在讀者意識裏激起詩的活動或詩的再造」。換句話說，它是「以美學上的考慮爲中心而作『點悟』式的批評，以不破壞詩的『機心』爲理想」❹。這個理想，自然也就是高友工擧出來的「抒情」理想。從文學創作中以「表現心境」爲主的「抒情傳統」向外伸延，高氏用了「抒情式的批評」(lyrical criticism)這一術語來概括中國傳統批評那種「經驗之知」。他引用 Jonathan Culler 的「內境」(inscape) 來說明中國文評家的所謂「境界」。在我們「『解釋』『美感經驗』」時，我們所期望的是對對象的所有有關意義與價值都能把握住；而在這過程中我們時時停留，綜合所知所感，把握到的片段材料，形成一個整體的感象。這是我們在『觀照、內省』，終於在我們以爲把握到了它的整個價值，又確實覺得自我置身於此『感象』中時，同時又感到這些意義與價值已被『感象』所體現，我們才敢說我們到達了一個『境界』」❷。這個境界的探求，自然也可以爲「抒情式的批評」作忠實的寫照。因「它的創造也同於『抒情過程』本身。因爲對這些批評家來說，他們面對原有的作品正如藝術家面對他的原有『心境』。藝術家把他的『心境』寫成了『詩』；而批評家把他讀『詩』的『心境』寫成了『詩評』。故此濃縮却仍是感性的」❸。高氏這個批評者創造了另一個心境之說，當然也就是葉維廉的「境界重造」的理想了。

---

❹《中國現代文學批評選集》，頁一～一四。

❷《中外文學》第八三期，頁二〇。

❸《中外文學》第八四期，頁四四。

　　葉維廉對中國傳統文學批評的辯護，源自他在文學理論上長久以來一直汲汲宣表這種美感經驗的「抒情過程」。若我們把這個抒情過程推衍到一個極端，我們就會面臨以文學的純粹性爲最終理想的問題了。葉氏可能是在國內推廣這觀念和理想最力的文評家。從1971年的「從比較的方法論中國詩的視境」和「王維與純粹經驗美學」， 1973年的「中國古典詩與英美現代詩──語言、 美學的滙通」， 到1974年， 後來在1978年重寫的 「中國古典和英美詩中山水美感意識的演變」， 葉氏都一貫其對純粹經驗美學的理想。他首先通過了中英歌詩翻譯的豐富經驗， 又配上了因深入研究美國詩人及理論家龐德 (「龐德的『國泰集』」英文版) 而及至法國象徵主義的美學觀點， 發現了中國語言本身的一些與英語截然相左的特性，足以與西方象徵主義的所謂純粹美學遙遙相應。葉氏這方面的成就在國內已受到普遍注意及承認。其中以張漢良的「語言與美學的滙通──簡介葉維廉的比較詩學方法」一文爲最具系統性的介論❹， 我在這裏自當不用贅述。 大致來說， 葉氏的主要論點是因爲中文句構的特殊性質，例如詩句中沒有跨句， 大多數沒有人稱代名詞， 沒有時態變化， 動詞沒有語尾變化等等， 都有便於中國詩歌避開了分析、詮釋過程； 這種種特性使它能 「超脫某一特定的時間的圍限」 而 「回到經驗本身與情境本身去」。 因爲在中國古詩裏 (特別是山水詩)， 我們看到 「自然的事物本身直接的向我們呈現」。而又因爲在意象之間的 「關係未決定性」， 現象得以 「完整」地和 「具體 (卽未沾知性) 的呈露」，從而使讀者能 「直接參與玩味」。葉氏的結論就是 「中國詩要呈露的是具體的經驗」， 一種 「未受知性

---

❹除了 「王維與純粹經驗美學」 之外， 這幾篇都收在《飲之太和》，臺北: 時報文化， 民國六十九年。

的干擾的經驗」。所謂知性，就是「語言中理性化的元素，使具體的事物變爲抽象的概念的思維程序」，然後「要全然的觸及具體事物的本身。要回到『具體經驗』，首要的必須排除一切知性干擾的痕跡」❹。葉氏所舉出的中國詩句，例如「鷄聲茅店月，人跡板橋霜」；「人閒桂花落，夜靜春山空」；「星垂平野闊，月湧大江流」等等，都旨在突出其中的能「保留其具體的狀態」，和其能保存「迹近渾然不分主客的存在現象」，以其「最純粹的形態出現」和「每一個物象能保持其本身的實在性及具體性」❹。

　　葉氏對中國歌詩特性的發現和他的美學主張，在國內可以說是比較文學批評的一個里程碑。他不僅肯定了中國詩，特別是以王維爲極致的山水詩的美學價值，更而又在這個新興的學問上開拓了引用有系統架構的方法而滙通了一些曾經困擾中西學者在美學上的分歧論點。這是一個以近代西方討論文學純粹藝術性的理論來肯定中國傳統的哲學理想與美感經驗的具體呈現。它又同時指出了當今西洋詩趨向中國古典詩的特殊表現方式學習的現象。但是，與一切具有創作性而又重要的理論間架的能以建立一樣，葉氏所戮力提倡的理論基點（在詩中盡量尋求「客觀世界」的自我作「純然」的呈現，使物象能「具體」地成爲讀者直接玩味的對象），却在一些地方很容易爲了要突出和强調他的發現而引致誤會和反對。在主客觀這問題上，我們已經提到葉氏是一個中國傳統頓悟式的批評的擁護者。而這種直覺而感性的批評方法，又往往給人冠以爲主觀性的批評。因爲這是一種深深體認到文學的美感經驗爲主體經驗，而文學批評是

---

　❹收在《現代詩論衡》，臺北：幼獅期刊叢書，民國六十六年，頁一二七～一五七。
　❹《飲之太和》，頁三～一六。

一種再進入這美感經驗材料而希望重建這經驗的活動。其中因承認經驗之知的感性部份與知性部份不能斷然分割，故它本身是與文學創作平行並置的一種主觀批評。葉氏當然也洞悉這點；在前面提及的「中國文學批評方法略論」中，他已經說明了中國傳統批評是邀請讀者「參與創造」，極其接近詩本身的美感活動。然而，在討論中國歌詩語言的特性時，他却往往爲了要解釋其背後的道家美學而將「知性」和「主觀性」放在一起；認爲當物象以最純粹的形態出現時，詩中意象就「毫未沾染知性或主觀性」。例如他舉出王維的「鳥鳴磵」和「辛夷塢」詩句，然後說：「在這兩首詩中，景物自然發生與演出，作者毫不介入，既未用主觀情緒去渲染事物，亦無知性的邏輯去擾亂景物內在生命的生長與變化的姿態」❹。諸如此類的要排除主觀性的說法，很容易使人覺得它與葉氏在文學批評的層次上所支持的主觀美感活動有所牴觸。當然，這應該是因語言的局限（主觀這詞的多面性甚至互相牴觸的意義）而引致的不幸。因爲葉氏的所以要排除的主觀性，其哲理基礎來自道家的主客界限泯滅、人與現象萬物相處時的與物同化、任物自然。故這種主觀性爲一種主體觀點橫加於客體事物的自欺理想，是「以我的觀點硬加在別人（物）的心態」。因此，在這裏主觀客觀只是語言本身基本的含混，沒有形成眞正的難題。但若果我們把葉氏的主觀性跟他所提倡的純粹經驗一起討論，問題就變得比較複雜了。

　　反對純粹經驗之士很輕易地指出，象徵主義以降的所謂剔除擯斥詩歌中的一切知性、概念、邏輯以至論斷和敍述成份，只能是一個文學藝術的最終理想，是永不能完全實現的理想。因爲文學的媒介——

---

❹同上，頁三二～四九。

文字本身，正如 Robert Penn Warren 在「純粹詩與非純粹詩」一文中所說，「卽使在最嚴格的意象派詩裏，理念亦會潛入——當意象離開其原生地而進入詩中，它就開始具有某些意義了」❹。這說明文字有其先天性的指涉性，故此所謂詩應該向音樂看齊，不涉任何意義，只能是藝術性理想，更何況是文字本身就已經是具體意象抽象化過程的肇始了。Fenollosa 的對漢字具象的發現雖然有助於以龐德爲首的詩派建立純粹詩學。但其論調却產生很多問題，引起一些中國學者的質疑❹。儘管我們同意英語與漢字在具象上有程度的差別，但我們總不能不承認世上一切文字都是一個抽象的運作。其實，在實際創作過程之前，我們就應該懷疑客體現象能否在創作者的心理活動中完全重現。高友工就曾說過：

> 講「純粹美感」似乎可以天真地以爲內在的「形象」卽是外在的媒介的感性表層。於是我們的「花、鳥」形象，如果刺激媒介是自然本身，卽等於我們感官所能吸收感受的花、鳥各方面。如果媒介是視覺材料，那麼感象也卽視覺中所見的花、鳥了；也就表現爲圖象。實際心理學上的實驗已證明這問題並不如此的簡單。但我們現在最有興趣的却不是這直接接觸下「感象」（可稱爲「物象」），到底是否還是能如此忠實地反映現實界的現象？卽是說在我們閉目片刻後，這圖畫中的「花、鳥」形象還是與直接感受的相同嗎？或者用聽覺爲例，在一節音樂過去之後，我們腦中保留了多少原有的聽覺材料？我們可以肯定的

❹同上，頁一五。
❹本文由蔡源煌譯，《中外文學》第五、六期，引文在第六期，頁一〇五。

　　　　是它們一定是與初度印象有所不同；複雜的客觀、主觀條件都
　　　　可能影響我們的結果❺⓪。

　　然後，在語言的層次上，高氏又解釋了就算是最簡單的意象形成，
知性的活動從開始就避免不了。因為「純粹『感性』的『感象』（至
少在我們意識的注意焦點下）幾乎不能存在。所謂普通的對現實世界
的『感認』就必須是『感覺』與『知覺』並生。『知覺』不僅指以『概
念』來概括『感象』的類屬，而且指這『感象』固然它的感覺材料是
和它的『物象』相彷彿；但同時以『花枝』作為環境中的一個獨立對
象，已經是一種分析步驟」。最後，「我們『認知』中以之為『花』，
或者『杜鵑花』，『粉紅的杜鵑花』，甚至於只是『一片粉紅、暗綠』；
這都暗示我們已把這具體的現象歸納、分類」❺①。因此，從這個角度
看，葉氏的所謂中詩能使物象「以其最純粹的形態出現」只能是道家
哲學的一個理想的追求的表現方式；萬物自然在人類的詩歌中真正的
自由興發是不可能的。而高氏這個感性材料中包含了知性材料又可以
用曾昭旭在「文學創作與批評的哲學考察」中的「非理性的理性」的
說法來解釋。事實上，「文學的表現方式雖然是感性的（即是直接使
用意象而非概念符號的），但其經營的過程則仍必須是極理性的（即
仍是極重分析的），因為從一個詩人事實上必有所統御安排分析抉擇
來說，他仍然是一個理性的心靈」❺②。其實葉氏也在不經意時透露了

────────────────

❺⓪比較具體的有杜國清的「論『漢字作為詩的表現媒介』」，刊在《中外文學》
　　第九三期，頁一四～二六。
❺①「文學研究的美學問題(下)：經驗材料的意義與解釋」，《中外文學》第八四
　　期，頁一二。
❺②同上，頁一六。

這些所謂讓客體自然自我呈現只是詩人知性的着意安排和經營。例如在論及孟浩然的「野曠天低樹」一句時，他就指出「事象現出前後的次序亦是非常重要」；和「在注視順序上，如電影的鏡頭，先是『野曠』，再退後而將『天』納入視野，復移近『低樹』——這個注視的過程正好模擬了我們觀物感應的活動，故能使讀者（觀衆）再造、再經驗此詩的瞬間的生命」。如此，詩人眞正能做到的只是秉承「道家任物無礙的興現這個觀點」和「依存實有的一種永恒觀念」的影響而「盡量」去求知求眞；而事實上在未進入創作活動之前，詩人已受這種道家「觀點」、「觀念」佔據着這個事實就不言而喩了。所謂知性的侵擾，亦只是退居幕後，却不能蕩然無存。當然，葉氏也在一些適當的地方指出他的理論只在說明，中國山水詩所表現的只是在程度上最接近這個理想；這可以從他用了「極少」和「接近」這種字眼看到❸。

　　隨着純粹經驗的討論，葉氏所嚮往的中國古典詩中自然物象的「具體性」在理論層面上遭遇到另一些困阨，成爲繼他之後一些批評家的熱門話題。前面提過，葉氏的說法是從中國歌詩中，我們比較能看到物象的完整地和具體的呈露，故這就是一種具體經驗。但是「具體」這個詞本身語意並不很明朗。因爲此詞有另外一個剛與葉氏的用法相左的意指。前文高友工所提起的花、杜鵑花和粉紅的杜鵑花，代表了一種具體性程度的進展。高氏曾經在他與梅祖麟合著的「論唐詩的語法用字與意象」論文中，很詳細的分析具體的問題。他提出了 W. K. Wimsatt 在 *The Verbal Icon* 中 "The Substantive Level"

---

❸收在《古典文學》第二集，中國古典文學研究會主編，學生書局，民國六十
　　九年，頁四二三。

一文中所描述的具體性大約與前面的「花」這例子相若的三個層次；而最高程度的具體性便是如「粉紅的杜鵑花」的帶特定修飾的語句。因此 Wimsatt 認爲具體的語言容易變得抽象；就拿英詩爲例，「由於英文擁有豐富的語法手段可以用關係代名詞、指示代名詞或冠詞等等修飾堆砌名詞，英詩中的名詞意象傾向『物體』的感受。因此，英詩比中詩更近於溫氏之所謂『具體修辭手法』」。梅高二位隨着引華滋華斯的 Daffodils 爲例，說明因爲英文的堆砌手法和複雜的語法「把事物作詳盡的描敍」；又因爲「意象反而成爲一大堆直接反映現實的細節而不是代表普遍性的物性」，整個效果變成了「使讀者意識到一個具體的「個體感」」。反觀中詩(唐詩)，梅高二位指出其特有的語法做成了傾向物體的普遍性；它的特色不在物體的具體性，而在單純意象的共通特性。例如王維的「人閒桂花落，夜靜春山空，月出驚山鳥，時鳴春澗中」裏的「人」、「鳥」、「花」、「山」，都算是未帶修飾的「原始語」。就算有用形容詞的，如李白的「柳色黃金嫩，梨花白雪香，玉樓巢翡翠，金殿鎖鴛鴦」的形容詞的功用，「不在縮小指涉的範圍而在強調物性；卽是金是黃色，雪是白的」。故此，此文的結論是「近體詩之用語特別富有一種反映人類基本的語義槪念的意味」，而「少具體事物的描述」❺❹。

梅高二位的結論在這裏彷彿與葉氏的把具體性與純粹詩放在一起的意見相反；前者似乎是說愈具體的描述就愈抽象、愈不純粹。但我認爲這種表面相反意見只是「具體」這詞的用法迥異而已。鄭樹森在「『具體性』與唐詩的自然意象」一文就曾將這問題有所修正。鄭氏一樣從 Wimsatt 討論具體性入手，又再添上了 Burton Watson

❺❹《飲之太和》，頁一四七。

在 *Chinese Lyricism* 一書中所採用的把自然意象的出現頻率統計的方法，證明了「唐詩自然意象的具體性，幾可說是遊移於溫色特第二及第三層次之間。唐詩的個別意象可以是『極為特定』（或高度具體），但通過意象、詩句、全詩而達致的整體印象，則很難說是『極為特定』的。因此，唐代自然詩（如王維）的具體性，對讀者而言，不可能產生華滋華斯的山水那種整體印象的特定性。換言之，中英詩意象的具體性，可以同隸第三個層次，但一首唐代自然詩（或山水詩），在給讀者的全面印象上，則傾向於一般性」❺。回看「唐詩語法」一文，我們也發覺「具體」這詞在比較彈性的用法時也一樣可以加諸唐詩的語句上。而「所謂『具體性』也可以是物性引起的感受上的具體性，這就是唐代近體詩的『具體性』；我們得明白，「因為它們使人聯想到新鮮、生動的物性」，故此唐詩的單純意象的物性一樣有其具體的一面❺。但是，華滋華斯與王維不同之處，在於前者依據一個浪漫派詩人的想像力（romantic imagination），以一種「強度」（intensity）企圖伸入物體的核心；重點在詩人主體的想像功能❺。而王維卻相反的要與自然景物保留一種空間，使物性得以發揮其新鮮的具象。故此葉氏用禪宗的「見山是山、見山不是山、見山又是山」的模子來認定華滋華斯未能達到再次見山是山的最高境界便產生了問題。因為從晚近文評家以心理分析的觀點研究整個浪漫主義中詩人與大自然的關係的結果來看，我們似乎可以用葉氏這模子的反面：「見山

---

❺收在《中國古典文學論叢》，冊一：詩歌之部，臺北，中外文學學術叢書，民國六十五年，頁二九九～三六六。

❺收在《中國古典文學比較研究》，葉維廉編，臺北：黎明，民國六十六年，引文見頁二六九。

❺《中國古典文學論叢》，冊一，頁三一四。

不是山、見山（有點）是山、見山不是山」來描述華滋華斯的詩風
了。

　　總體來說，梅高二位與鄭氏的基本立場和見解並沒有推翻葉維廉
的原意。相反地，這一系列的論文所做到的，是根據葉氏在這研究方
向的傳統推進、伸延。但與葉氏不同之處，在於理論和方法都能更具
分析性和準確性。在語言學層次上，葉氏對所謂「物物而不物於物」
的中文語法的「關係未決定性」、意象的「多義性」和「超脫時間性」
等等，都獲得更有原則性的理論根據的支持。例如鄭樹森與梅高二位
都不約而同引用了趙元任對中國語言的研究，指出因為中文文法普遍
屬於 topic-comment 的形式，不必受印歐語法的 subject-predi-
cate 的限制。而這種「題釋分析」更能自由地組合，便利於「等值
結構」的發揮。再之，Roman Jakobson 著名的「詩歌的功能在把
對等原理從語音層次投射到語法層次上」❺❽，　結果是中詩裏的以名詞
為重心的「並列詞語」的確能發揮了英詩因語法局限而缺乏的「詩的
功能」，大大的增強了葉氏的發現。因為這種並立組合「必然可以產
生更複雜的組合」。反過來說，比較受語法束縛的「論斷」語言（這
個對立大致上與高氏後來的抒情過程和描述過程相若），　自然就較傾
向知性和邏輯性的陳述，　故而「一首詩意象的豐富與否跟語言『論
斷』程度成反比」。由於中文「孤立語」的自由、不受句構嚴格的限
制，所以「詩語常可單獨突出『詞義』，不必受『句義』壟斷。個別
的『詞語』往往可以獨立，而這種『詞語』本身却常傾向以『名詞』
為中心」；　因而「逐漸在詩語中名詞却越來越有豐富的聯想和象徵意

---

❺❽見Frederick A. Pottle, "The Eye and the Object in the Poety of
　Wordsworth", in *Romanticism and Consciousness*, ed. Harold Bloom
　(New York: Norton, 1970), pp. 273—287.

義，而其他的形容反而是不必要的了」⑲。記得曾經有人反對葉維廉
對中詩的研究，認爲葉氏只選擇「名詞詩」來引證他的立論。經過梅
高二位這種更清徹的揭櫫，我們當可以認清事實了。

四、方法的引用——新批評

　　上文在討論葉維廉、高友工、梅祖麟、鄭樹森等的文學批評時，
我們其實已經邁入了本文下一個部份：在國內文學批評方法的引用。
所謂方法，主要是指從西方引入的現代批評理論。我們知道，當今西
方文學批評理論已經發展到淋漓盡致、五花八門，每個所謂方法都極
爲複雜，體系又甚精深；每一門派後面都有一個學者非窮終身精力加
以鑽研仍不敢言知的大學問支持着。在西方本土，這些門派學說都有
其發展的根源；其得以被接受以至流行當有它們客觀條件所觸發，社
會文化的需要及意識形態的配合。這些理論，及至入輸我國，因爲是
橫的移植，故此比較上可以避免很多由縱的承繼的種種問題。不過，
一個學者所接觸到及至提倡某一學說，大部份是受個人經驗（例如受
業那所大學而受其環境風氣所薰陶），個人的興趣與思想傾向和客觀
供求情況（例如某個主義正當流行，故從事這個研究方向有實際的方
便）；又甚至很意外地、不自覺及被動地轉入一個研究範疇而不能自
拔又不要自拔等等。當然這種種的客觀因素有助於我們對下文要討論
的「文學批評活動不能不放在眞正的歷史中的「情況」」這點的瞭解。
但在理想的情形下，國內學者在經過對一個（或多個）方法或主義的

---

⑲雅克愼這理論在高梅二位的另一篇「唐詩的隱喩與典故」中有更詳細的討
　論。由黃宣範譯，收在《結構主義的理論與實踐》周英雄、鄭樹森編，臺北：
　黎明，民國六十九年，頁四五～九三。

通盤瞭解後，選擇它對國內文學環境狀況的和能針對其時勢所需的某一部份，加以應用於中國文學（或西方文學）。當然，在橫的移植以後，經過了一個相當的時日的推廣實踐，這個方法或理論又自然地產生了在國內縱的承繼的現象。例如新批評入輸我國近二、三十年，其所產生的影響及引發的討論實在有很具體的發展和成果。又例如前述葉維廉對中國與西方語言和山水詩的比較美學研究，以至梅高二位及鄭樹森對相同的材料和問題的一再用其他觀點與理論深入探究，我認為是一脈相傳的承繼性的發展。這個例子又代表了一個更複雜交錯的現象。因為葉氏早期的研究對象，是西方詩人和理論家（如龐德、Fenollosa 等怎樣受中國詩學的影響）。而中國文評家在一連串的研究見諸於世後，又肯定的對西方學者產生了反哺作用。這就變成一種連綿不絕而相互印證、縱橫連鎖的程序。本文餘下部份，重點在於揭示從新批評及以後其他比較重要的文學理論在實際引用上所遭遇到的種種問題。這些問題有些屬於理論或學說本身與生俱來的矛盾和衝突，有些卻是經過移植後在應用上才出現的各樣不調協之處。

由顏元叔在五十年代起所一力提倡的新批評，要求批評者正面面對文學作品為對象，將興趣焦點集中於作品的內在因素，以細讀方法將作品的結構形式加以詳盡的分析；繼而用一些有機體、作品整體的上下文意(context)，配上矛盾語、分歧義和多義性所產生的張力或張勢等等為評價標準，使文學批評在國內一時獲得無限生機。雖然顏氏的論文在各面都曾經引起非議，但這等非議只是在顏氏的過度偏激時所招致的差錯提出疑問，大致上對新批評最基要的視文學為文學的主張卻只能服膺。我認為顏氏的貢獻在於由他力倡新批評以後，國內批評家再也不能不重視文學的內緣研究和分析，再也不以只做考據版本和作者生平背景為最終目的。有識之士當然不會把中國傳統的研究方

向拋之腦後，卻能兼容並蓄，將新批評溶入他們的外緣研究的結果；在這中間，黃永武的《中國詩學》三大册可算是一個最好的實例了。當然，顏氏用新批評的方法將一首詩從時空完全孤立架空，使之絕緣一切，然後專以其內在文字結構加以理性的分解。這個方法卻因爲中國文學家對傳統淵源之重視和愛惜而在國內觸發起極大的波動。從正面的角度看，中國對傳統根深蒂固的執著若非是以顏氏這種激烈、毫不保留和絕不妥協的言論和態度，是很難動之秋毫的。反過來說，正又因爲傳統力量的深厚，顏氏的用現代觀點看古典文學時，就自然遭遇到更強烈的反應。更成問題的，却是顏氏因要完全忠於新批評的將作品孤立的要求，往往妄視與這作品生生相息的一切文字，甚至在上文提過姚一葦的文學欣賞第一個語文層面上，都發生錯誤，做成了以承傳中國文學傳統之士引以爲憂。這裏我要補足的，就是甚至新批評也非完全摒絕歷史。以 Cleanth Brooks 爲例，他就在 *Modern Poetry and the Tradition* 一書中以艾立德著名的「一個統一感性的傳統」（A tradition of unified sensibility）來討論從但丁到二十世紀的一個永恒不變的文學傳統⑩。其實用現代眼光與角度看歷史不只應該，更是不能避免的。問題當然是一個現代的意見只能建築在歷史上；沒有歷史觀點便沒有現代觀點。楊牧的論文「驚識杜秋娘」便是一例。始勿論我們是否同意楊氏的發現，但因爲這發現是由歷史文化出發，不肯追隨新批評那種永恒不變的歷史觀，而要在詩中的文意結構出發，回到歷史文化來推翻前說。這樣我們就不能不認眞的深入他的論點，才能肯定或否定它。這篇論文後來收入楊氏的論文集「傳統的與現代的」；這書名與我們現在討論的問題的相關處，就更具深意

⑩《中外文學》第八四期，頁二八。

了。

　　美國新批評在立論上是有其美學根據的。所謂美學，自然是由康德所提出的美感經驗系統，揉合了浪漫主義的把詩人提升爲一個創造者的地位；用詩人獨有的靈視和「想像力」締造一個在客體世界之外而獨存的幻想世界。一方面整個美學的起點在十八世紀後期至十九世紀的德國哲學思潮，和英國的浪漫詩的風尚，都可以說是朝向「主體化」的總方向進發。所謂主體化是詩人、理論家、哲學家，添上了早期的心理學家，都一致地摒棄了經驗主義從客體世界找尋美的來源與因素，轉而將重心放在人的主體心靈和心理活動的真正過程。因此在浪漫派詩人中我們發覺了自然與詩人的想像力和創作心靈的相對，互相關係密切但又不斷產生鬥爭和企圖壓倒對方的矛盾過程。在美學哲理上我們則看出康德一方面不能不承認客體形式爲整個美感經驗的立足點，但却又將美感主要的形成歸諸主體活動[61]。而另一方面，例如顏氏之「視文學爲文學」的理論基礎亦無非建立在與新批評平行並進的所謂「客體說」（objective theory）的詩學上。這個理論又是源於康德的「無目的的目的」（purposiveness without a purpose）和「無關心」（disinterested）的純形式美學，旨在把美感觀照這活動從知識與道德，感覺上的認知上的瞭解現象界和絕對理念中解放出來。故此一個美的物體（例如一首詩）能自足自給地全然獨存，無須涉入任何客體現實的指稱和跟它產生關係。這個「客體理論」與後來法國學派的本文解讀（explication de text），俄國形式主義與結構主義都有因果承傳的聯繫，其極端當是所謂爲藝術而藝術的唯美主義。但美國新批評的學

---

[61] Cleanth Brooks, *Modern Poetry and the Tradition* (Chapel Hill, N. C.: Univ. of North Carolina Press, 1939).

者雖然從這個客體說伸延出「一首詩有它的獨立存在，其語言是一獨特而向內自我指涉的語言」等要點，但却又得爲了盡量把文學從虛無的形式拯救出來，使其免於陷入極端唯美主義的危機，故此 Ramsom、Tate、Brooks 等人都致力一種採用認知邏輯的結構來處理文學的藝術性、道德性和知識性。而這樣詩中的價值標準又得回到主題，道德與知識上，從這個角度看，我們才能明白顏氏在採用新批評的形式方法之餘，又得回顧屬於「鏡派」的範疇，引用 Arnold 的「文學批評人生」作爲他的文學內容的指標。（其實這其中還有不盡相同之處，因爲 Arnold 的主張是從作家主體出發，認爲詩人的主要任務在自我表現中投射了他對人生的批評，而美國新批評家却從詩的「客體」的言語、結構和意義，意象的運用等著眼，比較顏氏直接採用 Arnold 的主張稍能緩和其中的不調協之處）。

但不論如何，新批評在理論上碰到的主體美感和客體存在、美感形式和道德內容等問題，都不是容易克服的。從這個批評方法的內在矛盾衝突看，我們不難瞭解顏氏的一方面採用以美感經驗爲重點的形式批評，把作品架空孤立，與歷史及其他任何外在因素，包括作品與客體世界的關係絕緣，但另一方面却不能忘懷於文學有道德理性的內容主旨；一方面要用現代（其實是主觀）的眼光看作品，另一方面却不能不將設身欣賞的感性活動棄置批評門外，才可以強調邏輯認知分析的客觀標準。這個主體客體、主觀客觀的矛盾，因涉及文學批評在闡釋作品文意時的基本標準而進入了西方晚近極流行的詮釋學的範疇。上面提及新批評與客體詩學把文學作品視爲自足自給，不涉外在現實的存在，故此批評家能够把作家的意旨及讀者的感受切去，單求全面分析作品本身。又以一些從美學搬來的形式美標準爲最終原則，來審視作品和加以價值判斷。故此顏氏之所以認爲文評家能够客觀地

分析作品，以科學精神和理想以求觸及作品的最深層的眞義，是基於
將文學作品指爲一個客體事物；然後文評家才能置身事物之外，不涉
任何主觀成份的加以分解、歸納與綜合。可是，顏氏却一再强調文學
批評的現代觀點，重覆宣倡每個時代應有當代對一個作品的不同看法
和發現。當然，他的論點是源於浪漫主義的有機體和客觀詩論，認爲
既然作品爲一客體存在，一經創造後就與創造者脫離。它不只獨立存
在，還是一個在今後不斷生長衍化的有機體。這其中不言而喻的矛
盾，使顏氏的理論陷於困境。而這個矛盾也是 E. D. Hirsch 在他的
名著 *Validity of Interpretation* 中所非議。因爲既然我們可以永
遠地從不同的時空角度探看一個作品的生長變化，我們又怎樣能够聲
稱可達到一個客觀而又科學的準確性的結論呢？

五、原型、神話與心理分析

新批評將作品孤立，而在這一對外絕緣的狹小世界大做文章的局
限，我們可以從 Northrop Frye 的 *Anatomy of Criticism* (1957)
看到一個具體的批判反應。在這書中，Frye 雖然同意新批評文學自
我回溯自身 (Centripetal) 的大前題是一個正確的方向，但他每每指
責新批評太注重個別作品的結構，忽視了作品與作品之間的關係⑫。
在他另一篇很受國內文評界注意的 "The Archetypes of Literature"，
他比新批評家更明顯地强調用科學方法從事批評。他說：「固然沒有
人指望文學本身能像科學一樣有系統，然而我們絕無任何理由認爲批

---

⑫Immanuel Kant, *Critique of Judgment*, trans. J. H. Bernard (New
York: Hafner Press, 1951), pp. 37—81.

評不能算做一種科學。或許它不能算是『純粹』『精密』的科學……批評涉及藝術，而批評本身很可能就是某種藝術，然而這並不表示它應是散漫無章。倘若必須以它與科學相提並論，其文明的優雅屬性也不至於被剝奪」。故此 Frye 對於文學批評長久以來依賴「外向」或「離心」(centrifugal) 的外緣學問表示不滿，要求發展一套完全是出自文學本身的準則和系統來從事研究。這並不是說 Frye 完全擯棄其他外緣學問（他之用心理學和原型爲依據當然亦說明這點），而只是希望將所有外緣學問，例如哲學、心理學、歷史等來建立一個以文學爲「居中位置的批評科學」。他的目的是以一個新的詩學來塡補新批評的不足之處；因爲新批評的缺點是「它主要是爲了和離心式或『背景式』的批評相對而設，因也難免使我們處於一個空幻的進退維谷之境，恰似哲學中內在與外在關係之衝突」。故此 Frye 要「化解這種對立的尷尬，其方法通常既非選擇一方而駁斥他方，亦非於其間做一折中選擇，而是竭力避免在陳述問題時步上對立之途」。這樣看來，Frye 恰確地揭示了新批評的弊端而能進一步提供了一個使這個向心的批評方法免於走向絕境的方法。他承認新批評只是一個批評的開始，只是一個建立一個詩學的肇端。故此「當前文學批評所欠缺的乃是一套調和的原則，一種類似生物學中進化論的主要假設，能視其所討論的現象爲整體之一部份」[63]。

從這一個理想出發，Frye 就一直利用 Yung 和 Frazer 的心理學和神話探討和原型的結構來努力建立他的文學大體系。他列舉了他認爲最基型最原始的神話來確立一個從繁到簡的文學模式。這種研究方

---

[63] *Anatomy of Criticism: Four Essays* (New York: Atheneum, 1967), p. 350.

法很快就被國內文學界肯定和接受。因為它無疑是替那些深以新批評之不足為憂的批評家注射了一支强心針，使他們接納它為一個超越時空國界文化的可行而具體的好方法。心學理與神話研究之直追人類人性原始心態根源，在理論上使意欲引入西方批評方法的學者能輕易地避開了環繞在不同傳統體系的國家文學周圍的模式上的排外性。李達三在六十四年的「神話的文學研究」中有一個概括綜合的介紹，從人類學、心理學及語言哲學三個範疇描敍了神話在文學研究的界說和功用⑭；而顏元叔也寫了一篇「原始類型及神話的文學批評」以作介紹⑮。在心理學方面，從佛洛伊德的白日夢、伊底帕斯的弒父戀母和性的壓抑心理觀念，到 Yung 的集體潛意識中的種族記憶與原始類型理論，以及「夢是個人化的神話、神話是非個人化的夢」等等界說，都得到批評家的響應和加以利用。例如顏元叔的「薛仁貴與薛丁山——一個中國的伊底帕斯衝突」就顧名思義的採用了這一心理學的模式來解說中國民間小說「薛仁貴征東」中的父子關係⑯。另外侯健在「『野叟曝言』的變態心理」一文中全面的引用佛洛伊德的心理分析深入探索這小說與作者夏敬渠的潛藏的精神機能病的徵候。在主題，結構以至風格上，侯氏一一道出小說與作者的變態心理的微妙關連，發現了這本特殊的小說失敗的原由：其結構的問題的癥結實在在於作者的精神病態「隨小說的發展而表現得愈趨嚴重，他的性格便愈趨向分裂，這種精神分裂（split personality）反映在他的作品裏面的，便是主題的分裂。質言之，他的超我要表現後天的道德，要向上拉，他的本我却

---

⑭由高錦雪譯，《中外文學》第七〇期，頁五〇～五二。
⑮由蔡源煌譯，刊自《中外文學》第三七期(文學理論專號)，頁一六八～二〇三。
⑯《何謂文學》，頁一三三～一四一。

要表現原她的衝動，要向下拖。這兩種意識因素的爭執，結果是主題與主題的表現背道而馳。這種基本上的矛盾，迫使夏敬渠的自我夾在中間，勉力調停，却又兩面都不能討好」❻。

　　侯氏的發現表示心理分析之能用於中國文學，又可以說是變態心理學之能用於中國傳統文學之極致。對這本小說而言，說它是一個好的方法，毋寧說這個學說是唯一或是最好的方法。當然，顏氏與侯氏只能在中國文學傳統的各自單篇的作品採用心理分析的特殊論點，很難從這些研究伸延開來，在中國文學的領域裏發展一個系統性的追索。故此，更趨向處理原始性的神話原型研究就能更廣泛地被用於中國文學。李達三說：「神話批評於當前臺灣文壇上尤其需要，因爲它是最能超越文化界限的一項研究方法」。當然，「文學的神話功用乃是將我們內心隱念的主題提昇到知覺意識的領域。一旦語言上的障礙、文化差異、與心理上的困擾得以去除，我們則可能發現，基本上的相似處多於相異處，因此，我們也願意看到人類團結的實現」❻。在這個基本層面，我們得見國內亦確曾花了一番功夫和獲得成果。例如由「中外文學學術叢書」出版的《中國古典文學論叢》第三册：「神話與小說之部」就收了樂蘅軍兩篇「中國原始變形神話試探」和「悲劇英雄在中國古神話中的造像」，以及尉天驄的「中國古代神話的精神」。樂氏以 Ernst Cassira 的文化哲學爲據，系統性地勾勒出中國原始變形神話的梗概，使我們「具體地體驗到初民那一種欲努力從強固深邃的自然中蛻化出來的心理狀態。因爲神和獸都屬於純粹的自然，原始

---

❻收在《比較文學的墾拓在臺灣》古添洪、陳慧樺編，臺北：東大圖書，1976
　頁一七一～一八一。

❻收在《二十世紀文學》，頁一九八。

的人要從這兩個純粹的自然質性和控制力量中掙脫出來，人類的自我意識才能充份獲得」。故此「變形的意義已不僅是幻想的娛樂，而是人類心靈取得最高自由的象徵」[69]。

關於採用原始類型的理論而能對中國古典小說有所闡發，又極明顯地對其在中國文學中的地位有一番重新評估的文章，當數侯健的「三寶太監西洋記通俗演義──一個方法的實驗」和張漢良的「楊林故事系列的原型結構」。侯氏的功力在於揉合了考證傳統和西方的原始類型理論，一一答辯了前人詬病這通俗小說文字不佳、結構零亂等的偏見。侯氏認為 Frye 的原型理論「啓蒙式」、「英雄尋求」，甚至其他基源的二分法範疇（光明/黑暗；生/死；文明/野蠻；秩序/混亂等），都能有助我們認識這小說的內容與結構。加上了中國傳統神話中的世界觀（如太陽、太陰等），侯氏發現了這小說的內在結構竟完完全全的深藏於這各種原型的運作中。這小說的積極的主題揭露了它最基層的指標為人類最原始的運作模式；其中相等和對等的二元並立，反映出它內在主題的積極進取和悲觀否定的矛盾。因此侯氏的結論是：「『西洋記』在作者的理智與感情的衝突中，表現了很大的分裂與對立，結果是作者的有意識的追求，變成了他下意識或潛意識的徹底否定」。侯氏之所以用神話的方法，在於探求這小說的意義；他的目的為「證明這種意義的普遍性與永遠性，探求它的結構，說明作者一面是匠心獨具為中國傳統小說放異彩，一面却暗合西洋現代的理論」[70]。侯氏在這篇論文裏，的確應驗了 Joseph L. Blotner 在

---

[69]《中外文學》第三七期，頁一九八。

[70]《中國古典文學論叢》，冊三：神話與小說之部，頁六～二二。蔡源煌的「從顯型到原始基型──論羅門的詩」也可供參考，見《中外文學》第五七期，頁四～二四。

"Mythic Pattern in *To The Lighthouse*" 一文中對神話批評的厚望:
「當有意義的、連貫的、啓發性的類似處得以判明時，作品便可以神話的觀點來詮釋。作品中不完整之殘章片段，往往靠神話而窺見其完整與明晰意義」[71]。

　　在方法上，張漢良的「楊林故事系列的原型結構」却有不同的表現。這篇論文的重心，放在四個以相同材料爲骨幹的故事內所蘊藏的「深層結構」。張氏運用心理學和原型理論，企圖在唐化的文化、政治與宗教的格局中理出一個具有融攝性的方程式，並將探究出來的結果回證於唐代社會與文學的種種關係。他「證明了『楊林』、『枕中記』、『櫻桃青衣』和『南柯太守傳』皆導源於這基本原型結構，由於文學家的潤飾及其時代思想的灌注，這些作品分別以生動繁複的表層結構出現，因而增加了文學與道德的新意義；或宏揚佛道出世思想，或諷刺社會政治體制。但這些外在的意義，必須和故事主角所經歷的追求洗禮、啓蒙、再生原型經驗結合，才能超越時空，具有普遍性」[72]。換言之，張氏這篇文章與前面幾篇中國神話研究的主要區別在於他能將論點拉近了 Frye 對文學批評的理想。我認爲這論文的成功，在於它以個別而又同出一源的文學作品的表層結構融進經歸納綜合所致的深層結構，故比較能折中了 Yung 以來西方文學批評以科學佐證爲依據的經驗個別性與整體普遍性之間的張勢及不妥協之處。曾經有文評家不滿意 Yung 「從少量的證據來做一些廣泛的概括」。而他的「普遍原則」的達致，在特殊性走往通性的路上却荊棘滿途；例如 Yung 的「推理一方面是藉象徵來捕捉現象並使其具體化，另一方面

---

[71] 《二十世紀文學》，頁一五六～一七八。
[72] 譯文引自李達三的「神話的文學研究」，《中外文學》第三七期，頁二〇〇。

則是使這些象徵變得模糊不清，以利於一巨大而同樣靜態的抽象概念」[73]。反觀張氏却能巧妙地避免了這個具體特殊性和概念普遍性的衝突。在個別材料方面張氏集中在源自一個基元的故事，這些故事的特殊性已有先天性地隱含通性的趨向。然後他達致的普遍理念又反過來引證於個別作品的表層結構，在表層與深層之間建立一道橋樑，使他的深層結構能免於成爲僵化的觀念。故此他的原型的「旋轉曲線會繼續下去，保持着同樣的原型結構，直到『產生這（原型）的心理枯竭』」。

其實國內文學家並沒有眞正接受 Frye 的學說的眞正含意；他們感興趣的，只是 Frye 對原始類型的系統性從繁到簡的公式，而沒有認眞地更進一步追隨 Frye 要建立一個放之四海而皆準的文學王國。換句話說，國內學者只採用了神話研究的部份理論，對於那支持這理論的背後的總方向和理想却避重就輕。故此中國古代神話的整理和研究大部份只停留在「初探」和與西方的神話系統作比較性的討論，鮮有希望要推斷它與整個中國文學領域的關係。但是，這樣的局部採用却反而可以避開了 Frye 的系統所衍生的弊端。因爲他自始至終沒有脫離西方自康德以後的美學傳統，要求人類從客體世界的拘囿和壓迫從藝術獲得一種絕對自由。Frank Lentricchia 稱 Frye 的 *Anatomy of Criticism* 仍然是極端的唯心主義 (idealism in extreme)[74]，因爲他在此書中一貫地嚮往一個絕對向心和最後能包容人類生命與一切價值的文學領域。而他的所謂能替新批評解決主體與客體的對立，到頭來變成了一種主體（詩人）完全吞沒了客體（外在世界與它的價

[73] 收在《中國古典文學論叢》，册三：神話與小說之部，頁二五九～二七〇。
[74] Paula Johnson 著，范國生譯的「原始類型的再斟酌」，見《中外文學》第六七期，頁一二二～一三五。

值）。例如書中列出的英雄追求原型的幅度的最高境界，往往是從自
然世界將一切束縛枷鎖解脫出來、超越時空的英雄；而最底層的自然
却是被關在牢中的反英雄的矛盾模式❼。（這種論調在我們上面提到
樂薔軍的研究中亦看到一個類似的作法）。這樣一來，原本爲了反對
新批評的困阨的本意却又無法避免地重新陷入了孤立絕緣的「封閉」
系統，其與新批評的區別，只在於它是一個比較宏大的「向心」體系
而已。

六、結構主義

其實張漢良在上述的文章中所提出來的「深層結構」，已經多少
透露他對西方結構主義發生興趣的徵兆了。而事實上張氏以後的文評
路線亦很自然地（沿着原型結構以至 Levi-Strauss 的結構人類學的
發展）踏上了這一方向。綜合地說，結構主義在臺灣文評發展中是繼
神話原型後最受注目的一門學問。一方面它吸引了一批對現代文評理
論有偏好和有研究的學者，而另一方面却也招致了很多非議和詰難。
不論如何，它在探討中國文學獲致具體而又洋洋大觀的成果却是鐵一
般的事實。我們都知道，西方文學批評近來發展神速；理論與方法
的重視更是有目共睹。其結果是歐美的文學界踏進了一個「批評的批
評」的時代。文學研究的出版，出現了一個專以介評各別學者的家數
和理論方法或是以有理論系統爲實際引用爲重心的現象。當然這個趨
勢所產生的問題有待商榷，但至少它的學術研究的正面作用應該在一
所大學及研究所被確實的肯定。故此，我認爲在國內實際探研中國文

---

❼*After the New Criticism*, p. 26.

學有所收獲之外，結構主義的入輸還帶來了兩點附帶的裨益。其一是一本《結構主義的理論與實踐》一書的出現。這書可算是在國內第一本以一門獨特的學說為主而收集了在文學上實踐這理論的文獻的「專」書。其「專」的程度實在意義深遠，突破了國內一直以來以某個文評家的「論文集」為主流的文學批評的狹隘局面，代表了國內專注嚴肅的文學研究進步的里程碑。據我所知，以這個形式介紹西方文學理論（例如記號學、現象學、讀者反應美學）的專書將會在這一、兩年間陸續問世。隨着而來的第二個裨益，是所謂「批評的批評」風氣的確立。這不是說國內以前沒有這種文章，但他們大多只針對個別學者的立論而作出反應，有系統性而着眼在一個理論的闡發和實踐的種種問題的却並不多見。我深信，這種討論的提倡，正是國內學術研究之能進步極為重要的一環。我在這裏所指的，就是周英雄和鄭樹森討論結構主義與中國文學的關聯這一類的文章。

周英雄的「結構主義是否適合中國文學研究」和鄭樹森的「結構主義與中國文學研究」是一個意欲對這方面有所瞭解的中國學者必讀之作。其中周鄭二位互為修補地介紹和深入勘察結構主義在中國文學的研究所扮演的角色。周氏的重點在結構主義是否在中國文學批評的領域裏能有所貢獻。他分別以俗文學和文人文學兩大類來介紹加諸在傳奇、樂府、唐詩與明清小說的結構分析。其結論是雖然這個學說在表面上與中國傳統文學批評的精神風貌似不配稱，但若我們放棄「閉關自守」的觀念，讓此學說「在中國文學批評的範疇中生根結果，而後再將經由此一理論所得的中國文學批評，與傳統的批評，或其他批評的結果作一比較」[76]。至於周氏舉出張漢良、浦安迪、梅祖麟和高

---

[76] *Anatomy of Criticism*, pp. 33—34; p. 119; p. 122.

友工的研究的實例和加以扼要的敍述，但一來文章重點並不在此，二來周氏並沒有正面提及自己的研究，我們不妨轉向鄭樹森的討論才一起看個究竟。

鄭文精闢透徹地分析了近年引用結構主義在中國文學的重要研究；詳盡地論述張漢良在「唐傳奇『南陽士人』的結構分析」中以雷蒙的「事構」(syntagmatic)、李維史陀的「語意」(semantic)和托鐸洛夫的奇幻 (the fantastic) 的「文類」(generic) 三種結構層次來分析這篇唐傳奇。隨着的是浦安迪以陰陽五行和「二元補襯」的觀念來說明「紅樓夢」的結構特色有其獨特的循環觀念。而梅祖麟與高友工合撰的「唐詩的語意研究」用上 Jakobson 的語言學中的對等原理探討近體詩的隱喻、典故的語言特性。程抱一在「四行的內心世界」也引用了廻環連鎖結構來剖析李白的「玉階怨」。在神話方面，張光直和李亦園亦有利用 Levi-Strauss 的理論在中國文化的意識形態及社會制約的功能派上用場。以上的研究結果都在鄭文中獲得論述和承認，但鄭氏着墨最多的是針對周英雄的研究成果和其中引出的理論要點。主要的是，從「公無渡河」、「懵教官與李爾王」，到最近的「賦比興的語言結構：兼論早期樂府以鳥起興之象徵意義」，周氏一方面採用從 Saussure 和 Jakobson 所演化出來的二元對立關係論，將中國俗民學中的民謠和樂府詩歌等從繁到簡的結構分析，但另一方面，又努力於突破結構主義本身的向外封閉性。這就是說周氏在進行結構分析之餘，又「將這則作品重新納入中外民間口頭歌詩的大系統裏」。而鄭文指出，這是周氏接納了 Saussure 的「區別原則」(difference) 中所指出個別言語 (parole) 的體認「必須先掌握先天地籠罩該社會的

語言系統（langue）的結果」[77]。這個企圖「截長補短，引進社會、歷史的角度」又再見於周氏之認同於 Lucien Goldmann 的將文化、社會、歷史等問題納入一個「結構上的對應關係（homology）的方法」。最後，鄭氏又回過頭來揭示了周氏在「賦比興的語言結構」內所提出的「興應的關係儘管是晦暗的，但却可經由神話（mythopoeic）的方法，推測兩段之間的對應（homologous）關係」。這個做法「來自社會文化的歷史角度，突破了雅克慎 Jakobson 對民間歌詩『就作品論作品』的形式主義作風」。鄭氏隨後引用了 Culler 的「文學認知能力」（Literary competence）、Teun A. Van Dijk 的「認知能力系統」（Competence-system），以及現今正流行的「作品間互為指涉的關係」（intertextuality）的觀念[78]，重申「語言系統與個別言語活動的辯證關係」。我認為鄭文在這裏觸及了整個結構主義的核心問題，而這又是這個主義是否適合中國文學研究的根竅所在，故希望能在這方面稍為補充。

結構主義早期的發展偏重文學作品形式上的結構，而忽略了內容的闡發，應該是不爭的事實。周英雄在「結構、語言與文學」中一開始就指出了它「乃側重結構的認識，而不甚講求本質的瞭解，這種捨本體論而取知識論的態度，跡近偏頗」。周氏這說明不是無的放矢，其根據似乎在於 Saussure 因為要把語言學從居於歷史地理對語言習慣的考據研究的附庸地位提升為一門獨立學問，故不能不以一個永恒不變的「現在」（Jameson 的 perpetual present[79]）來作語言系統中

----

[77] 收在《結構主義的理論與實踐》，頁二〇二～二〇三。

[78] 雖然鄭文附註指出 Saussure 有高名凱譯的「普通語言學教程」，但這句相信是鄭氏的中譯。見《中外文學》第一一八期，頁七。

[79] 這些論點的來源請一概參閱鄭文的附註，同上，頁三八～三九。

能自我成為整體的內在空間。這與康德為了使美感經驗脫離自然知識的「真」和道德理想的「善」而完全獨立的做法有貌合之處。而 Jameson 亦曾指出 Saussure 的語言系統實在秉承了整個西方美學形式主義與所謂純粹化的內向 (Frye 的「向心」) 的傳統[80]。當然 Jameson 也承認 Saussure 的語言模式一樣能夠處理「時序性」 (diachronic) 的事物[81]。而事實上鄭氏所提及的「區別原則」又引出了 Saussure 對「符號」的「非必然性」(arbitrariness) 的體認；因為它的指涉事物的功能並非產自本身，而只是利用相對作用，故有「在語言中我們只有非正面稱謂的種種區別」之說[82]。這樣，Saussure 才能建立鄭氏所謂「語言系統與個別言語活動的辯證關係」，將 langue 趨於形成的永恒的現在抵消； 從一連串的二元對立如「超時/順序」 (synchronic/diachronic)；「存有/匱缺」(presence/absence)；「主體/客體」(subject/object)；「規則/實現」(rule/manifestation) 等等的後一部份，與歷史世界重新建立真確的連繫。

　　其實 Culler 在 *Structuralist Poetic* 中所特別提出的「文學認知能力」正是對上述語言系統和個別言語之間的矛盾張力加以折中。 Lentricchia 認為 Culler 之所以能將法國結構主義介紹到美國而被接受的主要原因之一，是他用這一觀念把本來以社會歷史之影響文學極具決定性 (deterministic) 的法國結構主義 (例如 Roland Barthes 在 *Elements of Semiology* 和 *Mythologies*) 的極端性緩和下來

---

[80] Frederic Jameson, *The Prison-House of Language: A Critical Account of Structuralism and Russian Formalism* (Princeton: Princeton Univ, Press, 1972), p. 8.

[81] Ibid., pp. 10—11.

[82] Ibid., p. 18.

㊳。他這觀念一方面說明文學從歷史文化所累積下來的規範能使讀者與作者在互相享有共同體認的情況下得以溝通；而另一方面，他又閃避了一些以個人（作者和讀者）完全受制於文化系統而全無自主的論點，從而將他的「文學認知能力」觀念引入西方一個統一調和的大傳統中。這樣一來，Culler 的讀者所依據的一套傳統法則，又不期然地轉回到與 Frye 相近的文學理想世界，又變回一個孤立而類似康德形式主義、不假外求的美學世界。若我們再從這個透視察看 Levi-Strauss 在他的人類學所用的方法，我們會發現他也同樣的遭遇到這些困難。周英雄就曾指出這位人類學大家一方面認為「個別的神話僅如個人小我的言語活動不能代表整個社會大我的語言系統，但另一方面卻又「跡近粗枝大葉的」從事「綜合工作」」㊴。Levi-Strauss 在 *The Savage Mind* 中提到一個「雜工」(bricoleur) 和一個「工程師」(engineer) 的區別㊵。但雖然他本人一再宣稱他的方法只屬於隨手拿起工作的「雜工」，但明眼人却不難看出他急於從實驗性的衆多 (empirical plenitude) 建立起類似「工程師」所應作的普遍法則。當然，Levi-Strauss 的工程師代表了一種認為語言符號本身是一透明體，而能直指一個先天性存在的意義世界。反之，「雜工」却從不企圖超離自己的工作崗位，代表了一種意義世界只存在歷史眞正「情

㊳English translation of the original reads: "in language there are only differences", *Course in General Linguistics*, ed. Charles Balley et al., trans. Wade Baskin (New York: McGraw-Hill, 1966), pp. 118—119.

㊴*After the New Criticism*, pp. 103—112. 其實 Culler 亦在他的書中討論到以結構主義為中心的期刊 *Tel Quel* 一般法國學者對他的「文學認知能力」的觀念不滿之處。參看 *Structuralist Poetics*, pp. 241—242.

㊵「結構、語言、與文學」，收在《結構主義的理論與實踐》，頁一五～一六。

況」（situation）的認知。

這許多的矛盾當然不代表結構主義並不能眞正地被納入文化歷史的幅度，而只是說明了這個理論本身有不易解決的混淆。前面我們亦提到高友工、梅祖麟與周英雄怎樣企圖打破這個僵局，希望能從「純」結構分析的死巷走出來，將分析所得的成果重新放回時光之流，例如周氏曾認爲理想上，結構主義可以有助於中國學者「就中國的詩話詞話，配合歷來的畫論，以及傳統儒道釋的哲學理論，作全盤的符號學處理，理出其中的符號系統，相信必有可觀的成果。結構主義不但與符號學有同家之緣，而且方法上也大可互通有無」⑥。當然，在結構主義能把個別系統串成大傳統的理想之前，我們還有怎樣在系統與系統之間的實際貫穿的難題，有待解決。因爲，正如 Jameson 指出，我們還未能眞正在方法上極爲明晰地將一個系統和另一個系統的走廊打通⑥。而我認爲這也正是以結構主義用於中國文學一點急待解決之處。一來因爲中國傳統的文學批評對歷史極爲重視；早期結構主義的只顧形式的結構分析而忽視歷史性的貫通當然不能被首肯和接受。而另一方面，中國文評傳統對「歷史」的體認大致上是一廂情願的假定，從來沒有確切的探討其本質。其實「文學」在現今的大部份文批家心中也是一個絕無疑問的實體，本身具有永恒不變的特質。故它也一直享有在歷史上順流而下的連貫，例如俄國形式主義以「陌生化」（defamiliarization）爲標目而將文學史放在每一時代跟前一時代的「中斷」（discontinuation）的觀念，在中國文學史中完全闕如⑱。中國對

---

⑧*The Savage Mind* (Chicago: Univ. of Chicago Press, 1966), pp. 16—17.
⑥《結構主義的理論與實踐》，頁一九八。
⑱*The Prison-House of Language*, p. 194.

文學的傳統態度很容易陷入前述的西方自康德以來架起了一個「反歷史」的理想文學世界，一個完全封閉、與外界絕緣和沒有時間性、又拒絕將文學作品放入實在「情況」的世界。例如我們往往在大多數的中國文學史中看到以作家爲主要分域的方法，而 Barthes 却認爲這是一個爲了暗示偉大作家能超越時空的傳統歷史主義；他指出我們應該從事一個不以作家爲標目的新文學史，因爲他們只能被看成「在一個超越了個別作家的體制活動的參與者而已」。再之，我們若要從事撰編一個比較多元化的文學史，我們就得將「文學的意念」(Idea of Literature) 包括在內❽。最後，讓我們看看高友工在這方面提出的理想做法：

　　在方法上，固然要利用各種歷史上的材料，但是焦點仍置於作品本身。過去的文學史和文化史都多多少少供給我們一些關於「體類系統」，「價值系統」的資料。但是我們現在要問的問題不只是「這個作品屬於何體？何類？表現何種價值與理想？」而是「爲什麼它屬於此體類，能表現此種價值？」這類問題要求我們對傳統的術語與其解釋做一個重估價。可以說每一個有意義的術語都有它自己的一個發生、擴展、轉變、成熟、僵化、消滅的歷史。這種歷史發展卽是我們研究的最好工具❾。

---

❽國內大量引用俄國形式主義來討論中國詩學的大概只有紀秋郎的「『文心雕龍』二元性的基礎」，收在《結構主義的理論與實踐》，頁一四五～一六一。

❾*On Racine*, trans Richard Howard (New York: Hill and Wang, 1964), pp. 161—162.

❿「文學研究的美學問題（下）：經驗材料的意義與解釋」，見《中外文學》第八四期，頁四二。

七、綜合與展望——形式方法與詮釋方法之間

　　繼承襲了結構主義實踐於中國文學之後，國內一些學者繼續緊隨現今發展神速的批評理論而作出種種其他的嘗試。例如秉承了周英雄對符號學的厚望的，有古添洪最近提出的「從雅克愼底語言行爲模式以建立話本小說的記號系統——兼讀『碾玉觀音』」。古氏的貢獻，在於採用雅克愼提出的六面及相對之六功能的模式，逐一引證於「宋人『說話』」和「話本小說」，從而考察「口頭文學」與「書寫文學」因其在整個語言行爲的區別而做成的差異。古氏又引用洛特曼(Lotman)的「强調形式與內容的相作用，强調形式上的各因素得以作語意上的解釋而成爲內容層，使到詩容納更多的資訊 (information)，並以此爲詩的定義」。然後就「碾玉觀音」作爲樣本，古文隨了逐一搜索足以構成「詩功能」的成份外，更進一步從「說話人的白話敍述」中加以整篇的語意分析，並以此爲據，證實了「詩功能以外的五種功能，亦可轉化爲詩功能」。我認爲這個論點正好可以貫通或溶解了梅高二位在「論唐詩的語法用字與意象」中「語法散漫的意象語言」和「語法緊凑的論斷語言」在詩功能中的對立。但可惜的是，Jakobson 似乎未能將他的六個功能的 「階級梯次」(hierarchy) 有更詳盡的處理，以至形成除了詩功能佔最優越地位外，其他五種都不能有所區分；故此古氏在這方面亦無從入手，只能加以概說，不能有更細賦的比較。當然，古氏這個嘗試是希望能從一篇話本小說的分析，伸引建立起這個文類的 「記號系統」。下一步的工作當是把整個系統架起之後，再把它放回中國文學的歷史傳統內；古氏亦當然顧及此點，承認「洛特曼 (Lotman) 對詩篇的原理，富有辯證性及社會性，各種技巧

的是否起作用，尚賴於其對前面的傳統的辯證關係」❾②。

　　結構主義與符號學或記號學秉承了康德美學、新批評、俄國形式主義及以後的傳統。這傳統在當今的文學批評中，大致上可以以「形式方法」（formalist method）為其共通模式。其主旨比較趨向顧及構成一個文學作品的基本單位，然後引用語言學中符號系統來發掘、分析這些單位在整個表達形式（風格與組合）的作用結構；其研究的方向幅度大體是由下至上，從「小體」（mirco）到「大體」（macro）。與形式方法迥然相異的就是「詮釋方法」（hermeneutical method）和與詮釋學互相照應的「現象學」（phenomenology）。雖然國內文評界還未有具體而又大量地採用詮釋學和現象學用在實際批評工作，但有心人士已經為介紹其基本理論及用途作出貢獻。例如蔡源煌六十八年發表的「讀者，作品，作者」曾經就當代西方學者對一個文學作品究竟有自身的意義，或者其意義在這三者中間應從那裏入手，以及種種（例如客觀主觀）問題加以討論。其中蔡氏揭示以「詮釋」為重點的立場，在於衝破形式方法的偏執一隅，希望將作品又帶回了包括社會形態、文化、文學傳統和語義成規的「歷史」之流❾③。至於現象學又怎樣與詮釋學拉上關係這問題，我們可以從鄭樹森六十九年的「現象學與當代美國文評」中獲得一個梗概❾④。此文循序漸進地勾勒出現象學被美國文評界接納及採用的過程；最後更舉出晚近中國學者在這方面的嚐試引用。其詳細討論請參閱原文，我在這裏無須贅述。

---

❾② 收在《中國古典文學論叢》，冊一：詩歌之部，頁三〇五～三〇六。

❾③ 「從雅克愼底語言行為模式以建立話本小說的記號系統——兼讀『碾玉觀音』」，見《中外文學》第一一九期，頁一四八～一七五。

❾④ 《中外文學》第八六期，頁一六～三〇。

　　總體言之，詮釋方法與形式方法最重要的差異，在於除了在語言的層次上，前者還在其它範疇中追搜一個讀者怎樣面對作品而獲得某種意義。故此詮釋方法著眼於讀者與作品之間的對話 (dialogue)，而讀者的期望準則與作品的文化背景等等變成了決定作品意義的主要因素。它的活動永遠變動、進化，在歷史的交通傳達系統而又牢牢地落實在「情況」之中。假如說形式方法只察看作品的內在因素活動，詮釋學的重心可以說是放在一個由作品所創造的「意圖的物體」(intentional object)。故此，詮釋方法的方向幅度是從上而下，涵蓋性整體性地從一個作品的整體意義出發，例如 Poulet 和其他號稱 Geneva School 的批評家的方法，就是通過一個作品得以進入另一個「意識」和這意識中的獨特視境為最終目的❾❺。其實現象學的學說對當今文學批評最重要的貢獻——又是結構主義所須要努力突破之處——就是它確實地認識清楚文學的「歷史性」(historicity)和「情況性」(situational)。從 Heidegger 到 Merleau-Ponty，現象學一反西方形而上以空間為重心的哲學傳統，而轉向用時間作為人生與世界「存有」(Being)的最終指標。William Spanos 就曾指出整個西方現代文學批評將「時間空間化」(spatialize temporality) 的桎梏，已經被 Heidegger 的「破解理論」(destruktion) 解放出來❾❻。這個所謂「時間空間化」

---

❾❺《中外文學》第一〇一期，頁四〇～六四。

❾❻對詮釋學、現象學與文學批評的入門書籍，可參考: Richard E. Palmer, *Hermeneutics* (Evanston: Northwestern Univ. Press, 1969); Robert R. Magliola, *Phenomenology and Literature: An Introduction* (West Lafayette, Indiana: Purdue Univ. Press, 1977); David Couzens Hoy, *The Critical Circle: Literature and History in Contemporary Hermeneutics* (Berkeley: Univ. of California Press, 1978).

的說法正好一語道破上文提出從新批評到結構主義的囿囿在一「眞空」的理想領域。當然這種「空間化」在實質上甚至將眞正的空間也一併消弭，此所謂人們一直樂道的「偉大的文學作品」能超越時空，永垂不朽是也。換句話說，形式方法的根竅問題在於它不能妥善地處理局部與整體中間的衝突矛盾。反之，Heidegger 與 Gadamer 的幾個極負盛名的概念：「歷史性」(historicity)、「被投下性」(thrownness)、「詮釋循環」(hermeneutical circle) 等等，組成了一股觀念力量，恰切的，明晰地確定了文評家的詮釋活動絕不能將自己置身道外，從絕對「天眞」或「清白」觀點（等於無觀點）出發。相反的，批評者和他的批評活動是完完全全投入了永遠不會停止的一個「部份」與「整體」相互無間的循環。舉個極爲明顯的例子：若要爲文學下一個定義，我們必得拿幾本書看個究竟，但若事前對什麼是文學有一個「先設的概念」(pre-conception)，我們就根本無從選擇這幾本書了。

詮釋方法使我們注意到一個文學作品只是一個交通或傳達的活動。而這個活動的詳細過程更是現今批評家要努力探究的。由 J. L. Austin 所啓發而演繹出一套批評方法叫「語言行動理論」(speech-act theory) 便應運而生。Austin 將一個語言行動分成 locution、illocution 和 perlocution（蔡源煌譯爲「言」，「言之達意效力」，「言外之意」)[97]，使得批評家又能確切地重新把握作家、作品與讀者中間的關係作更細膩的分析；而所謂「讀者反應理論」的批評方法也就相應興起。這樣一來，新批評家所要掃除的「意旨謬誤說」和

---

[97] "Martin Heidegger and the Question of Literature: A Preface", in *Martin Heidegger and the Question of Literature: Toward a Post-modern Literary Hermeneutics*, ed. William v. Spanos (Bloomington, London: Indiana Univ. Press, 1976), pp. x—xi.

「感應謬誤說」又逐一重受注重; 這個情況 (Lawrence Lipking) 簡潔的稱它爲「謬誤的回歸」(return of the fallacie*s*)❾⓼。 從這個批評理論的趨勢, 我們可以觀察到形式方法正在逐漸地融滙入詮釋方法與現代學之中, 使這兩個大方向得以互補長短, 相輔相成。1976年間在加拿大召開的一個文學會議 (International Colloquium on Interpretation of Narrative) 的主題, 正是西方理論家致力使形式方法得到平行並進, 相互照應而努力。 會議中如 Félix Martinez Bonati, Hans Robert Jauss, Paul Hernadi 和 Uri Margolin 等, 都在大前提上一致同意這兩個方法不只有共通之處, 而實在不能不互爲修飾補充, 和在實際方法與哲學背景等層面互相均衡折中❾❾。 尤其是 (Hernadi) 更在其他幾篇論文中以圖表分析, 證明形式方法與詮釋方法交接的必然性❿。

　　上面只是一個極爲梗概和粗淺的述說, 目的在於提出臺灣文學批評在方法的引用上也似乎可以走上相同的道路。其實上面所述形式方法與詮釋方法的綜合的理想, 很容易使我們回想起本文一開始據以爲討論出發點的鏡與燈的對峙; 在國內反對理論方法之士當然又可以振振有詞地指責我們只轉了一大圈, 如今又重回故地。但我們必須瞭解, 在這一大圈中, 我們確實獲益良多; 鏡與燈的對立已經不能涵蓋當今文學批評的現實情況。我們曾經提到從西方入輸的橫的移植到頭來又

---

❾⓼ 「語言行動理論與虛構敍事文研究」, 見《中外文學》第一一二期, 頁七。

❾❾ "Literary Criticism", in *Introduction to Scholarship in Modern Languages and Literatures*, ed. Joseph Gibaldi (New York: The Modern Language Association of America, 1981), p. 81.

❿ 這會議所宣讀的文章刊在 *Interpretation of Narrative*, ed. Bario J. Valdés and Owen J. Miller (Toronto: Univ. of Toronto Press, 1978).

會變成縱的承繼，這是因為任何理論方法的實際採用絕不能在意識形態上純然中立和無所為而為。我認為形式方法能先在臺灣開花結子，自有其客觀因素。一個理論方法的發展的初期，必然有其「排外性」(exclusiveness)；而新批評以至結構主義的強烈反對傳統的種種假定，絕不妥協的極端立場和精密細膩、理路確切可循的分析求證和嚴謹的界說，在國內的確是一種策略上的須要。這些方法的輸入正是當時國內文評界所極為缺乏的。當然，經過了形式方法的確立而有了藝術性的肯定，國內文評家也就更有信心和更具備學術條件，將文學作品重新指向對人生、社會的貢獻等等的評價。劉若愚和周英雄等學者亦曾經討論過現象學比較適應中國傳統文學批評的精神和基本觀點；而現象學的確切體悟「經驗之知」之不能全然分割也正是中國傳統的頓悟式批評的本色⑩。但同時我們也應該服膺高友工的見解，承認「今天談文學批評已經必須接受這種分析的方法和態度」⑫。

在研究的對象上，形式方法與現象學也各有其適應的程度的差別。大致上現象學在論述層次上比較哲學性，用中國的術語是比較「玄」；而且「玄」也是這個學說要直探本心的對象。舉一個我自己熟識的例子，在探討中國傳統文學和理論究竟有否與西方美學的 the sublime

---

⑩See "Literary Theory: A Compass for Critics", *Critical Inquiry* 3 (1976), 369—386; "So What? How So? and the Form that Matters", *Interpretation of Narrative*, pp. 167-173; "Literary Theory", in *Introduction to Scholarship in Modern Languages and Literatures*, pp. 98—115.

⑫James Liu, "Towards a Synthesis of Chinese and Western Theories of Literature", *Journal of Chinese Philosophy*, 4 (1977), 1—24. 由杜國清譯：「中西文學理論綜合初探」，見《現代文學》復刊第四期，頁七～三四。

足以相提並論的表現和學說時，我們就得從道家美學入手；我們必須追索在中國古典山水詩或山水畫背後的整個美學基礎，然後我們發現 the sublime 這個觀念其中所含攝的精神與特性在近代現象學家 Heidegger 和 Merleau-Ponty 手中發展成愈來愈接近道家的「虛、無」以及「雄渾」等觀念。我在這裏不能逐一舉出兩者脗合之處，但目的在說明現象學的論述層次比較形式方法較爲適合討論 the sublime 這種「超越」觀念。其實道家的「道」和 (the sublime) 及其他很多例如「神」、「眞」、「美」，又甚至「偉大」等等的名詞都一概只是「超越的喩詞」(metaphor of transcendence)❸。故此探究其內容的語言與討論範疇也得能在層次上與之相提並論；而大致上形式方法在處理這種範疇時，就自然會有捉襟見肘之感。而 Uri Margolin 之認爲現象學的語言層次和中心精神都比較傾向處理例如 the sublime 這等形而上觀念的理由也盡在此處❹。因爲它的運作程序是由上由下，從極涵蓋性的透視中觀察材料。我們可以用老子的：「道生一，一生二，二生三，三生萬物」說明這點。在研究「雄渾」這問題時，我們得從在「一」之前的「道」入手。反之，結構主義的起點是從「一生二」之後開始；我相信它所强調和善加利用的「二分法」正表明它在論述層次上這點特性❺。當然，在引用現象學來討論「雄渾」時，我們也大可以運用結構主義的若干論點與程序；例如探

---

❸「文學研究的理論基礎」，《中外文學》第七九期，頁二〇。

❹見拙作「雄偉乎？崇高乎？雄渾乎？」，收在《文學史學哲學——施友忠先生八十壽辰紀念論文集》，張錯、陳鵬翔編，臺北：時報出版，民國七十一年，頁一六七～二〇〇。

❺"Conclusion: Literary Structuralism and Hermeneutics in Significant Convergence, 1976", in *Interpretation of Narrative*, p. 178.

用「符號」（signifier）和「及意念」（signified）的確能較嚴密的解釋 the sublime 的橫切面的內在結構❿。同理，形式方法也可以向上伸延，目標愈推愈廣，論述單位逐步擴大❿。我們當也能利用它作為上面高友工所提出中國文學研究的方向，以及主要方法和理論根據。綜言之，在形式方法與詮釋方法中間的滙通點找尋一個適合研究中國文學的出路，相信是臺灣文學批評一個正確的總方向。

　　（後記）首先得感謝張漢良兄對我撰寫這篇文章的不斷鼓勵。對我來說，本文是一個學習過程，更只是這個過程的肇始。它是我來臺大一年多授課時與同學討論中所濾積的反省。我完全服膺於文學批評為自我了解和認識這個世界的一個「過程」，而絕不能是一個已經僵化的終點。故我也深信過了一段時間後，本文中的若干觀點定得加以修正或甚至放棄。現在我的目標，只是冀望能做到內直外曲，成而上比，希望能在確立態度嚴謹的「批評的批評」風氣的推動中盡一點力。

---

❿故此我不能同意奚密最近在「解結構之道：德希達與莊子」中將「道」與 Derrida 的「延異」（differance）放在同一層次來比較。須知道家的道，有一部份是純然形而上的，是無無的無，是玄之又玄的玄，更是一個最後又最太初的中心。而西方這個結構主義後期大師的所謂「延異」，只能與形而下的，已經由無無到無與有，由「一生二」之後的層次上才能作比較。此文見《中外文學》第一二六期，頁四～三一。

❿這個同時採用縱貫（diachronic）和橫切（synchronic）的方法應該在精神上與袁鶴翔的意見吻合。袁氏在「中西比較文學定義的探討」中，要求中西比較文學學者在處理一個特殊文學材料（例如山水詩）時，先應在中西各自的傳統中找尋全盤因果瞭解，然後才作平行的內在結構比較。此文收入《中西比較文學論集》鄭樹森、周英雄、袁鶴翔合編，臺北：時報文化出版公司，民國六十九年，頁一～三五。

三十年來史學方法論研究的回顧與前瞻

——1950～1980

內容大綱

一、前言

二、第一階段的史學方法論之著作及其特徵

　　（1950～1970）

三、第二階段的史學方法論研究及其新動向

　　（1971～1980）

四、結　語

參考文獻

一、專書部分

二、論文部分

三十年來史學方法論研究的
回顧與前瞻 (1950—1980)

黃　俊　傑

一、前　言

　　在中國史學史上，近三十年來的史學發展自成一個特殊的段落。民國三十八年，大陸淪陷，政府播遷臺灣，國內各大學史學家浮海來臺，設講於臺灣地區各大學歷史系，歷史教育及歷史研究在艱辛的環境中逐步展開。古人以三十年爲一世，這三十年來中國史學在中華民國臺灣地區的成長，確已在中國史學史上寫下斐然的一章。這三十年來史學研究所涵蓋的領域極廣，包括社會史、政治史、經濟史、思想史⋯⋯等等； 所囊括的期間亦長， 自先秦以逮民國。這樣淵博的研究，自非一篇短文所能盡顧。因此，在這篇文章裡，我們僅擬從史學方法論研究的立場著眼，試著由點觀面，對三十年來史學研究在方法論上的取向作一個初步的回顧， 並就未來發展略作討論。

　　近三十年，國內史學界探討史學方法論的專著及論文爲數雖不甚多，但從這些文字之中，我們仍可大致看出一般的發展趨勢。就其大體而言，近三十年國內有關史學方法論的研究可以劃分爲兩個階段：第一個階段大約涵蓋了民國三十九年至民國五十九年（1950—1970）的二十年之間。在這個階段裡，對歷史學研究方法最具有支配力、在方

法論上最具有影響力的是史料學派❶，尤其是德國的語文考據學派的
研究方法論。這個潮流基本上是民國初年以來國內史學界重視史料的
學風之延續，而以傅斯年（1896—1950）及姚從吾（1894.10.7—
1970.4.15）二先生爲巨擘；在此期間，相對於這股來自歐陸思潮的，
國內也有以傳統史學研究方法爲中心的專著，錢穆（賓四，1895——）
先生最爲代表。第二個階段則包括民國六十年（1971）至今十幾年間，
在這段期間內，從國內史學界所刊佈有關方法論的論著看來，許多史
學工作者已留意到歷史學與社會科學之結合，而以《食貨》月刊及
《思與言》双月刊這兩份學術性雜誌提倡最力，國內各大學的歷史學

---

❶近人論述民國以來之史學發展狀況，一般意見多以爲可分爲「史料學派」與
「史觀學派」二大陣營。周予同稱清末至抗戰時期爲中國史學之「轉變期」，
並言其趨勢云：「所謂轉變期的新史學，可分爲兩類：一是偏重『史觀』及
『史法』方面的，一是專就『史料』方面的。史法每原於史觀，或與史觀有
密切關係；爲行文簡便起見，前者可稱爲『史觀派』，後者可稱爲『史料派』。
換言之，中國現代的新史學家可歸納爲兩類，卽『史觀派』與『史料派』。
固然，也有一些史學家能由新史料而產生新史觀，如李濟；但大體地說，仍
可分屬於上述的兩派。這兩派所以產生於清末民初，換言之，這兩派所以使
中國史學發生轉變，與清代初期、中葉以及後期的學術思想有密切的淵源的
關係。所以想明瞭這兩派的新史學，非先對清代初期、中葉以及後期的學術
思想作一度鳥瞰不可。」（見：周予同，「五十年來中國之新史學」，收入：杜
維運、陳錦忠編，《中國史學史論文選集三》，臺北：華世出版社，民國六
十九年，頁三七二～三七三）。余英時最近回顧民國以來史學的發展，亦以
「史料學派」與「史觀學派」來區分其主要潮流的趨勢。見：余英時，「中
國史學的現階段：反省與展望」，《史學評論》創刊號，民國六十八年，頁一
～廿四。此文英譯本見：Ying- shih Yü, tr. by Thomas H. C. Lee and
Chun-chieh Huang, "The Study of Chinese History: Retrospect and
Prospect", Rendition, No. 15 (Spring, 1981), pp. 7—26. 本文所用「史
料學派」一詞，卽本乎周、余二先生之說。

報也互相呼應，而成爲新的發展方向。一般說來，民國六十年代至今這十多年間，歐美以實證主義爲中心的社會科學對國內史學研究造成相當大的衝擊，促成了研究方法的新取向的出現。

二、第一階段的史學方法論之著作及其特徵
（1950～1970）

臺灣光復以來的前二十年，國內的史學方法論研究，基本上是在史料學派觀點的籠罩之下，可視爲民國初年以後史料學派觀點及研究方法的持續發展，其中貢獻最大、影響最深遠的是傅斯年先生。民國四十一年（1952），傅先生的《史學方法導論》出版❷，這是光復以來所出版對於史學方法研究影響最鉅的書籍之一。此書乃傅先生任敎國立北京大學時的講義稿，原書凡七講，在民國四十一年所出版的只存其第四講。雖非全貌，但仍可窺見傅先生對史學研究的一貫性看法，這種看法可以歸約在傅先生所提出的「史學便是史料學」及「史學的方法是以科學的比較爲手段，去處理不同的記載」❸這兩個信念之下。由於傅先生認爲「史學便是史料學」，所以在《史學方法導論》一書中對「史料」特加重視，而分論「直接史料對間接史料」、「官家的記載對民間的記載」、「本國的記載對外國的記載」、「不經意的記載對經意的記載」、「口說的史料對著文的史料」等史料學的各個方面的問題。

---

❷收入：《傅孟眞先生全集㈡》（臺北：國立臺灣大學，民國四十一年），中編上。

❸傅斯年，《史學方法導論》，頁三。

　　何以傅先生論史學方法特重史料，甚至以史學卽史料學呢？關於這個問題，我們可以在他的著作中找到部份答案。傅先生在《史學方法論》中曾歸納他觀察中國及歐洲史學觀念演進過程的結果爲以下三點❹：

(1)　史的觀念之進步，在于由主觀的哲學及倫理價值論變做客觀的史料學。

(2)　著史的事業之進步，在于由人文的手段，變做如生物學地質學等一般的事業。

(3)　史學的對象是史料，不是文詞，不是倫理，不是神學，並且不是社會學。史學的工作是整理史料，不是作藝術的建設，不是做疏通的事業，不是去扶持或推倒這個運動，或那個主義。

傅先生所持這種對歷史學的看法，在許多場合裡都曾一再提出。例如：在《國立中央研究院歷史語言研究所集刊》第一本第一分中，傅先生在所撰「歷史語言研究所工作之旨趣」一文中就指出❺：

　　　歷史學和語言學在歐洲都是很近才發達的。歷史學不是著史；
　　　著史每多多少少帶點古世中世的意味，且每取倫理家的手段，
　　　作文章家的本事。近代的歷史學只是史料學，利用自然科學供
　　　給我們的一切工具，整理一切可逢著的史料，所以近代史學所
　　　達到的範域，自地質學以至目下新聞紙，而史學外的達爾文論，
　　　正是歷史方法之大成。

---

❹同上書，頁二。

❺傅斯年，「歷史語言研究所工作之旨趣」，收入：《傅孟眞先生全集㈣》，頁一六九～一七〇。

在中央研究院歷史語言研究所出版的「史料與史學」的發刊詞中，傅先生又重申這個立場說❻：

> 此中皆史學論文，而名之曰「史料與史學」，亦自有說。本所同人之治史學，不以空論為學問，亦不以「史觀」為急圖，乃純就史料以探史實也。史料有之，則可因鈎稽有此知識，史料所無，則不敢臆測，亦不敢比附成式。此在中國，固為司馬光以至錢大昕之治史方法，在西洋，亦為輭克莫母森之著史立點。史學可為絕對客觀者乎？此問題今姑不置答，然史料中可得之客觀知識多矣。有所不足，不敢不勉，此命名之意也。

在這個信念下，傅先生指出歷史學的發展必須依憑三個標準：(1)凡能直接研究材料，便進步；(2)凡一種學問能擴充他作研究時應用的工具的，則進步；不能的，則退步❼。

　　我們可以說，傅先生以史學為史料學的基本原因正在於他將歷史學與自然科學等量齊觀，視兩者之手段與目的均同。民國十七年，傅先生曾說❽：「中央研究院設置之意義，本為發達近代科學，非為提倡所謂固有學術。故如以歷史語言之學承固有之遺訓，不欲新其工具，

---

❻傅斯年，「『史料與史學』發刊詞」，收入：《傅孟真先生全集㈣》，頁二七六。

❼傅斯年，「歷史語言研究所工作之旨趣」，收入：《傅孟真先生全集㈣》，頁一七二～一七四。

❽轉引自：董作賓，「歷史語言研究所在學術上的貢獻——為紀念創辦人終身所長傅斯年先生而作」，原載《大陸雜誌》第二卷第一期，收入：《大陸雜誌史學叢書》，第一輯第一册，頁六九～七四，引文見頁六九。

益其觀念，以成與各自然科學同列之事業，卽不應於中央研究院中設置歷史語言研究所，使之與天文、地質、物理、化學等同倫。今者決意設置，正以自然科學看待歷史語言之學。」這種把歷史學與自然科學等量齊觀的看法，在民國初年以來我國史學界頗為流行。這種看法不僅對於北伐以後二十年來的中國歷史學發展有深刻影響❾。安陽甲骨的發掘與內閣大庫檔案、敦煌經卷的整理及西北邊塞漢簡的考釋均直接或間接得力於這個信念；對於一九五〇至一九七〇年之間臺灣的史學研究也具有相當大的影響力。

　　傅先生對歷史研究所持的看法深受十九世紀以來德國史學的影響。這種影響也可以從姚從吾先生及張致遠先生的著作中反映出來❿。姚從吾先生的《歷史方法論》一書出版於民國六十年四月，是姚先生數十年來在北京大學、西南聯大及臺灣大學講授「史學方法論」課程的講義。這部書很可以視為德國史學影響下國人所寫的史學方法論的代表作。此書脫胎於姚先生的授課內容，共分六章，篇目如下：

(1)　導論

(2)　近代歐洲歷史方法論的起源

(3)　略論直接史料中幾類最佳的史料

(4)　說史料的解釋

---

❾參考：勞榦，「傅孟眞先生與近二十年來中國歷史學的發展」，原載：《大陸雜誌》第二卷第一期，收入：《大陸雜誌史學叢書》，第一輯第一册，頁七五～七七。

❿關於1950年至1976年，西方史學輸入中國之一般情形，參考：杜維運，「西方史學輸入中國考」，《國立臺灣大學歷史學系學報》，第三期（民國六十五年五月），收入：杜維運，《與西方史家論中國史學》（臺北：東大圖書公司，1981），附錄二，頁二八七～三三五，尤其是頁三二五以下。

五、轉手記載不如原書的舉例

六、略論歷史學的補助科學

這幾篇的內容是姚先生在臺灣大學講授「史學方法論」課程的部分內容。民國五十八年，姚先生爲該課程所印發的講義目錄如下❶：

一、導論

　　甲、通論：（歷史的理論）

　　　　(1)性質（略談歷史在人文科學中的地位）

　　　　(2)定義（定義的舉例）

　　　　(3)任務與用途

二、歷史學的性質

三、歷史學的定義

四、歷史學的任務（兼談歷史的用處）

　　乙、方法論

　　　　(1)方法論的溯源

　　　　(2)史源學略說

　　　　(3)史料的分析與批評

　　　　(4)史料的解釋與敍述

五、近代歐洲歷史方法論的起源與史源學略說

六、說直接的史料與間接的史料

七、說有意的史料與無意的史料

八、史料外部的批評與內部（內容）的批評

九、史料的解釋、史料的選擇與史料的敍述

---

❶引自杜維運先生爲姚先生著《歷史方法論》一書所撰之「後記」。見：《姚從吾先生全集㈠——歷史方法論——》（臺北：正中書局，民國六十一年四月），頁七九～八〇。

十、實習與討論：（從下列四個題目中，任選一個，試作一篇讀書報
　　告）

　　　⑴轉手記載何以不如原書？（或「轉手記載不如原書的舉例。」試
　　　　利用通鑑比證宋以前的正史。）

　　　⑵如何考定歷史上的年代。（另發舉例式的資料）

　　　⑶如何考定歷史上錯誤的人名。

　　　⑷我國歷史綿延沒有中斷的說明或解釋。

兩相比較，我們可以發現，姚先生此書卽是「史學方法論」授課的大
部分內容。但是這本書並非姚先生所著有關史學方法的惟一論著，實
際上，早在民國二十二年，姚先生卽著有《歷史研究法導論》問世⓬，
可視爲民國六十年出版的《歷史方法論》一書的前身。

　　姚先生在《歷史方法論》中曾開宗明義地對歷史下一定義云：
「『事實記載』與『客觀的事實』符合者，叫做信史。」（頁一），又說：
「研究如何使『事實』與『事實記載』能作到彼此符合，或者說：如
何使我們作的或讀的歷史，成爲一種信史；這些方法，就是歷史方法
論。綜合的研究一種『事實』（事變），並解說一種『事實』（事變）
如何發生的理論；如何寫成文辭優美的信史的方法，如何獲得一種
『事變』公正的說明與合理的解釋的學問，就是歷史學。」（頁一）。
姚先生認爲，這種研究歷史的方法在近代歐洲最有長足發展，所以他
大力介紹德國近代史學方法論的大師如班海穆（E. Bernheim, 1854—
1937）、尼博兒（Barthold Georg Niebuhr, 1776—1831）及蘭克
（Leopold Von Ranke, 1795—1886）等人的學說。姚先生認爲，研究

⓬根據王德毅編，「姚從吾先生著述目錄」，收入：《姚從吾先生哀思錄》（臺
北：姚從吾先生治喪委員會，民國六十年），頁六三～六八。

史料的來源、批評史料的眞僞，和怎樣解釋史料，是近代（特別是十九世紀）歐洲歷史方法論所倡導的幾種科學研究的精神。他說：歐洲（特別是德國）從前的歷史學者，祇知道迹古，附會宗敎，不知道什麼是創作。高文典册又大都掌握於修士（神父）、僧官（主敎、僧正）之手，這些學人有所著述，往往都拿自己所喜歡的一種記載，或自己所知道的一、二種舊聞、軼事作爲根據，加以藻飾，寫成歷史。並不注意自己所根據的材料是否確實，或是否完備。材料的來源如何？可信的成分有多少？寫的人與讀的人都不注意。大家又喜歡別人成說，但也祇圖適合自己的成見，並不懷疑這種「成說」因襲轉變的情形，和這種「成說」的本身是否有依據的價值。十八世紀晚年到十九世紀初期德國的史學界猶充滿這種「抱殘守闕」、衞敎泥古的思想。自十九世紀初期史學大家尼博兒（Barthold Georg Niebuhr, 1776—1831）、蘭克（Leopold Von Ranke, 1795—1886）兩位大師的名著，相繼問世，創立了一種「語言文字的批評方法」（die philologischkritischen methode），開始從語言文字方面下手，追尋史料形成的來源，批評史料可信的程度，建立一種信信疑疑的客觀標準。由是學者治史的態度，耳目一新；研究歷史所採用的方法，爲之改觀。於是歷史的研究法，纔漸漸從因襲的變成進化的，從主觀的變成客觀的❸。據此，姚先生提出歷史研究法之進步乃在於由「主觀」進而爲「客觀」的看法。在此書「導論」中，姚先生並特別提醒史學工作者「認識客觀的事實」、「事實求眞、注重證據」（頁四），凡此俱能透露十九世紀德國史學的投影。所以，《歷史方法論》除了第二章「近代歐洲歷史方法論的起源」介紹歐陸史學之外，另第三、四、五章均討論史料的分

---

❸姚從吾，《歷史方法論》，頁九。

類、解釋及實際運用等的問題，以史料之考訂爲歷史研究的主要內容。

姚先生努力於紹述德國史學中「語言文字的批評方法」，基本上可視爲清末以來國人對西方史學方法論的興趣的延續。筆者曾在別文中說明，近代海通以來，西學東漸，原本各自獨立發展之中西史學始獲接觸之機會，近二百年西方所發展之史學方法論亦隨之傳入中國，並引起近代中國知識界極大之興趣。揆其原因至少有以下二端，其一是西方史學方法論傳入中國之日，正値近代中國國勢中衰、國人對固有文化漸失信心之時。在全面反傳統的思想氛圍之中，許多近代知識份子起而攻擊中國史學之舊傳統。如嚴復（1853—1921）痛斥中國史學中一治一亂之循環論；黃遵憲（1848—1905）駁斥以天朝爲中心之歷史觀；徐仁鑄（1863—1900）醜詆中國正史爲十七姓之家譜；唐才常（1867—1900）指責傳統史學家以取悅帝王爲其目的。以上所舉不過若干著例而已，實則通貫清末民初時代，此種撻擊傳統史學之言論俯拾皆是，其持論之激烈與割裂舊傳統態度之橫決，在在皆可顯示出彼輩之時代危機感與夫求新求變之共同要求。在此種反傳統思想瀰漫的時代背景之下，西方之史學理論自易引起國人之注意。其二則是民初傳來之西洋史學方法論大師如班海穆、蘭克、朗格羅亞及塞格波等人之論著與傳統中國史學之舊規頗不相同，對中國史學家而言饒有新意，正符合當時中國學者在學術路線上求新求變之要求。職是之故，近代中國史學家一方面不滿於傳統中國史學之陳規，一方面則又欣羨於西方近代治史方法之成就，故大力介紹西洋治史方法。他們的努力對於學者對近代中西史學的接觸與瞭解，都有相當貢獻⓮。

⓮參考：杜維運、黃俊傑編，《史學方法論文選集》（臺北：華世出版社，民國六十九年十月，增訂一版），「通論篇導言」，頁四～五。

除了傅斯年及姚從吾兩先生之外，在這個時期裡致力於德國史學介紹的，尚有張致遠先生。民國四十一年九月，張先生的《史學講話》出版，此書前三章以史學理論及史學方法爲主要內容。正如張先生在此書前言中所說，此書敍述史學理論及方法主要是依據班海穆的《史學導論》(*Einleitung in die Geschichtswissonschaft*) 一書，故張先生論史學研究亦以史源學爲其主要內容。他說⑮：

> 從前學者祇以所得的材料爲滿足，現在就得知道並且利用一切存在的材料，在檔案庫圖書館各處作系統的搜集，並須刊印。又因同一著作有好多抄本或版本，那末在刊印史料的時候，就得應用嚴密的文字學的方法，不能隨意翻印，必須熟悉歷史考釋的基本工作，根據最完密的知識，最精細的材料選擇，來斷定事實，不宜有任何成見，或少受傳統的掩蔽。近代考證方法就由這種基礎出發，把歷史研究的面目完全改變了。因爲現在才對過去記載的證據發生疑問，究竟是否眞確可信，不染色彩，對於產生較晚的記傳就要追求原本，把事實傳統與神話流傳區別清楚，對於文書檔案得考其眞僞，又將各種史料互相比較。要解答這些問題，實施以上種種考驗，須熟悉一定工具與途徑。最先知道實際應用這種考證方法的，是尼布爾 (Barthold Georg Niebuhr) 在他的《羅馬史》(*Roemische Geschichte*, 1811—1813) 與其書中的序言裏，以及蘭克的《羅曼尼斯與日耳曼民族》(*Geschichte der Romanischen Und Germanischen*

---

⑮ 張致遠，「史學方法綱要」，收入：《史學講話》（臺北：中華文化出版事業社，民國四十一年九月初版），頁四三～四四。

Völker Von 1494 bis 1535) 與其「評近代史家」的附
錄 (Zur Kritikneurrer Geschnchtschreiber 1824)。以蘭克
為師承的史家與編訂日耳曼歷史大系的學者，如魏次 (Gevrg
Waitz)、基斯普萊特 (Wilhehm Giesebrecht)、斯畢爾(Hein-
rich V. Sybel)、狄羅遜 (Johann Gustav Droysen) 等人，以
及他們的學生，大家從研究與教書工作，把這種方法推廣應
用，使成為近代歷史研究的共同精神遺產。

在這個觀點之下，張先生又指出，所謂史源學亦卽是史料的研究、考
證、解釋、組織及敍述的工作。在「史學方法綱要」中，張先生以大
量篇幅來說明各種性質的史源及史源的考證問題。諸如此類的側重點
很可以反映十九世紀德國史學的洗禮。

　　整個看來，光復以來前二十年國內史學界對於方法論的興趣一般
言之比較低，論述史學研究方法的專書或論文都比較注重史料的考證
問題，而以史料學派的觀點及其方法為這一階段的主流。關於第一階
段 (1950—1970) 內，史學方法論之較少引起史學工作者的興趣這一
項事實，我們可以從學術性刊物所載論文的內容作一分析，卽可得知
其大勢之所趨。光復以來，文史學界中創辦最早的刊物，首推《大陸
雜誌》。《大陸雜誌》自民國三十九年七月創刊，迄今已近三十六年，
其中所刊載論文之題目及內容在某種程度之內，可以反映國內史學界
的一般趨勢：

表一:《大陸雜誌》各卷所載史學方法論論文統計表
（1950—1970）

年　份	卷　別	論文總數	史　學　方　法　論　論　文				
			歷史哲學	史學史	研究方法	史學通論	小　計
39年 7—12月	I	115		1			1
40年	II	103		1			1
	III	98	3				3
41年	IV	97				1	1
	V	96					0
42年	VI	105					0
	VII	99					0
43年	VIII	102	3	1			4
	IX	101					0
44年	X	107	2				2
	XI	107					0
45年	XII	103		2			2
	XIII	92		1	1		2
46年	XIV	92		1			1
	XV	85		3			3
47年	XVI	93				1	1
	XVII	92		1			1
48年	XVIII	92	1				1
	XIX	89					0

49年	XX	91					0
	XXI	88		3	1		4
50年	XXII	90		1			1
	XXIII	86			2		2
51年	XXIV	82		3	1		4
	XXV	96		1			1
52年	XXVI	94					0
	XXVII	79		1			1
53年	XXVIII	88					0
	XXIX	103			1		1
54年	XXX	85					0
	XXXI	93					0
55年	XXXII	96					0
	XXXIII	92					0
56年	XXXIV	91					0
	XXXV	99					0
57年	XXXVI	71		1			1
	XXXVII	67		3		1	4
58年	XXXVIII	73		2			2
	XXXIX	71					0
59年	XL	61					0
	XLI	60					0
	合　計	3724	9	26	6	3	44

從表一的統計，我們可以發現，在1950年至1970年之間，《大陸雜誌》所刊載討論史學方法論的文章極少，僅佔全部文章的1.18%。而在廣義的史學方法論範圍的44篇論文中，屬於史學史者佔絕大部分（共26篇），討論研究方法或方法論問題的文字極少（僅得 6 篇），由此最可以反映這二十年間史學工作者對史學方法論缺乏興趣的情形。

　　不僅《大陸雜誌》所刊論文呈現此種傾向，其他學術刊物亦有相同現象，民國五十二年（1963年）二月十五日所創刊的《思與言》雜誌卽爲一例。自民國五十二年至民國六十一年的十年之間，《思與言》雜誌所刊載的論文以史學爲最多，共佔總數的24.08%，如下表所列：

表二: 《思與言》雜誌所刊載論文類別（1963—1972）

類別	篇數（包括譯作）
哲學	17（ 4.18%）
心理	5（ 1.23%）
人類	51（12.53%）
社會	40（ 9.83%）
經濟	37（ 9.09%）
政治	87（21.38%）
行政	12（ 0.03%）
法律	23（ 5.65%）
史學	98（24.08%）
文學	20（ 4.91%）
其他	17（ 4.18%）
	407（ 100%）

資料來源: 謝雨生，「早期《思與言》雜誌內容分析」，《思與言》第18卷第 5 期，頁52，表一。

從表二的統計，我們可以發現，《思與言》在1963年至1972年之間所

刊載的人文社會科學各領域論文中，以史學類爲最多；但是史學論文
所討論的主題多集中在歷史事件、制度或人物事蹟的陳述上，而研究
方法論只得一篇，僅佔歷史學論文總數的1.02%，下表顯示這種傾
向：

表三：《思與言》歷史學論文主題分布統計表（1963—1972）

主　　體	I 卷	II	III	IV	V	VI	VII	VIII	IX	計	%
制　度	1	0	1	4	5	2	3	5	2	23	（23.47)
敍述、比較	0	6	3	8	4	2	6	3	0	32	（32.65)
思　想	0	0	0	1	1	2	2	0	0	6	（6.12)
變　遷	0	0	0	1	1	2	0	1	0	5	（5.10)
人　物	2	3	3	1	1	0	1	0	1	12	（13.27)
地　理	0	0	0	0	0	0	0	0	0	0	（0　）
對外關係	0	0	0	3	3	0	0	1	1	8	（8.16)
方法論	1	0	0	0	0	0	0	0	0	1	（1.02)
學科、研究	0	1	3	1	2	0	1	0	1	9	（9.18)
社會流動	0	0	0	0	0	0	0	0	1	1	（1.02)
	4	10	10	19	17	8	13	12	5	98	(100.00)

資料來源：謝雨生，「早期《思與言》雜誌內容分析」，《思與言》第18卷第5期，
　　　　　頁54，表四。

　　以上的討論旨在說明，在我們所論述的第一階段（1950—1970）
裡，國內史學界對方法論的興趣普徧不高，最具有影響力的仍是民國
以來史學界所引進以蘭克爲中心的德國史料學派，以史料學爲史學的
全部內容。這種對於史學研究的看法與蘭克史學眞相實頗有出入，余
英時先生已有所指陳❻，我們在此不再贅及。此外，德國史料學派的

❻見：余英時，《歷史與思想》（臺北：聯經出版公司，民國六十五年），「自序」。

史學研究觀點並不是這一段期間內唯一的觀點。在這二十年中，除了來自歐陸的這一股史學思潮之外，站在傳統中國史學的立場論述研究方法者亦頗有其人，錢穆先生的《中國歷史研究法》可視爲代表。相對於史料學派史學家的觀點，錢先生極爲注重超越於史料及方法之外的「意義」，他說❼：

> 近人治學，都知注重材料與方法。但做學問，應知先應有一番意義。意義不同，則所應採用之材料與其運用材料之方法，亦將隨而不同。卽如歷史，材料無窮，若使治史者沒有先決定一番意義，專一注重在方法上，專用一套方法來駕馭此無窮之材料，將使歷史研究漫無止境，而亦更無意義可言。黃茅白葦，一望皆是，雖是材料不同，而實使人不免有陳陳相因之感。

所謂「意義」，實卽指「研究歷史的意義」，錢先生言：「……先決定一研究歷史之意義，然後再從此一意義來講研究方法。……研究歷史，所最應注意者，乃爲在此歷史背後所蘊藏而完成之文化。……每一分題，在其共通對象文化大體系之下，各自地位不同，分量不同，其所應着著之材料與其研究方法亦隨而不同。」❽在這項前提之下，錢先生於《中國歷史研究法》一書中分論通史以及歷史的各別領域的研究方法，全書細目如下：

第一講　如何研究通史

第二講　如何研究政治史

---

❼錢穆，《中國歷史研究法》（臺北：三民書局，民國五十八年五月初版），序，頁一。

❽同上書，頁一～二。

第三講　如何研究社會史

第四講　如何研究經濟史

第五講　如何研究學術史

第六講　如何研究歷史人物

第七講　如何研究歷史地理

第八講　如何研究文化

在全書論述中，錢先生一再強調的就是史學研究與現實人生的密切相關性，例如：他認爲研究政治史必須「能配合現實，坐而言，能起而行」（頁三）；「研究社會史，決不可關著門埋頭在圖書舘中專尋文字資料所能勝任，主要乃在能從活的現實社會中去獲取生動的實像。」（頁四七）；而研究中國學術史，「首須注重其心性修養與人群實踐，換言之，須從學者本身之實際人生來瞭解其學術。若漫失了學者其人，卽無法深入瞭悟到其人之學。」（頁七二），其餘類似看法亦一再出現於全書之中。

何以錢先生討論歷史研究方法特別注意「意義」？關於這個問題，最妥切的說明仍須求之於錢先生的歷史觀。錢先生認爲歷史與人生不可分而爲二，他說❶：

歷史是什麼呢？我們可以說，歷史便卽是人生，歷史是我們全部的人生，就是全部人生的經驗。歷史本身，就是我們人生整個已往的經驗。至於這經驗，這已往的人生，經我們用文字記載，或因種種關係，保存有許多從前遺下的東西，使我們後代

---

❶錢穆，《中國歷史精神》（臺北：東大圖書有限公司，民國六十五年十二月修訂初版，此書初版出版於民國四十年），第一講：「史學精神與史學方法」，頁二。

人，可以根據這些來瞭解、來回頭認識已往的經驗、已往的人生，這叫做歷史材料與歷史記載。我們憑這些材料和記載，來反省已往歷史的本身，再憑這樣所得來預測我們的將來，這叫做歷史知識。所以歷史該分三部分來講，一為歷史本身，一為歷史材料，一為我們所需要的歷史知識。

從這一段文字裡，我們可以看到錢先生主張歷史研究絕不止於史料的考訂。他認為，在紮實的史料基礎之上，史學工作者更應進一步為他們的時代提供時代所需要的歷史知識，而為時代而治史這項工作正是歷史研究「意義」之所在。民國五十九年元月六、八、十二、十四日，錢先生在國立成功大學歷史系以「史學導言」為題，發表系列演講，就已指出歷史學乃生命之學，史學研究必從「世運興衰、人物賢奸」八字入門，亦在此八字歸宿❷。他一再強調史學研究不能脫離現實人生，他說：「諸位治史，能懂得注意世運興衰人物賢奸，積久感染，也自能培養出一番對民族國家之愛心，自能於民族國家當前處境知關切。諸位當知治史學，要有一種史學家之心情，與史學家之抱負。若不關心國家民族，不關心大群人長時期演變，如此來學歷史，如一人不愛鳥獸草木而學生物，不愛數字圖形而學幾何與算學。如此來學歷史，最多只能談掌故，說舊事，更無史學精神可言。」❷ 錢先生在所著的《中國史學名著》❷一書中也一再表達同樣的信念。錢先生抱持著這種對歷史的看法與信念，所以他認為史學絕不僅是史料之

---

❷錢穆，《史學導言》（臺北：中央日報社，民國五十九年五月初版，民國六十七年四月五版），頁三四～三五。

❷同上書，頁三六。

❷錢穆，《中國史學名著》（臺北：三民書局，民國六十二年初版）。

學而已，只從史料講史學，不免流於「書本文字之學，與當身現實無預」，他說㉓：

> 略論中國近世史學，可分三派述之。一曰傳統派（亦可謂記誦派），二曰革新派（亦可謂宣傳派），三曰科學派（亦可謂考訂派）。傳統派主於記誦，熟諳典章制度，多識前言往行，亦間為校勘輯補。此派乃承前清中葉以來西洋勢力未入中國時之舊規模者也。其次曰革新派，則起於清之季世，為有志功業急於革新之士所提倡。最後曰科學派，乃承以科學方法整理國故之潮流而起。此派與傳統派，同偏於歷史材料方面，路徑較近。博洽有所不逮，而精密時或過之。二派之治史，同於缺乏系統，無意義，乃純為一種書本文字之學，與當身現實無預。無寧以記誦一派，猶因熟諳典章制度，多識前言往行，博洽史實，稍近人事，縱若無補於世，亦將有益於己。至考訂派則震於科學方法之美名，往往割裂史實，為局部窄狹之追究。以活的人事，換為死的材料。治史譬如治岩礦，治電力，既無以見前人整段之活動，亦於先民文化精神，漠然無所用其情。彼惟尚實證，夸創獲，號客觀，既無意於成體之全史，亦不論自己民族國家之文化成績也。

　　以上我們對於光復以來前二十年之間，國人有關史學方法論作品做了簡單的回顧，我們可以得到這樣一個初步的瞭解：史料學派史學

㉓錢穆，《國史大綱》（臺北：國內編譯館，民國二十九年六月初版，民國六十九年十一月修訂七版），「引論」，頁三～四。

家與錢賓四先生對於史學研究的看法，持論有相當出入，兩者間的差異不僅反映出近代歐洲與傳統中國治史方法的不同而已，更重要的是體顯了雙方對於史學研究的主觀與客觀問題看法的歧異。史料學派普徧認爲，在史學研究中史學工作者與歷史事實析而爲二，而史學研究方法論所講求的正是由史學工作者達到對歷史事實眞相作全盤掌握的方法、原則與技術。在這種工作過程中，主觀性與客觀性是不能混爲一罈的。而客觀性的建立就是以史料的批判爲首要工作，所以，史源學就成爲他們史學方法論的中心課題。這種主客兩分，並講究主體（史學工作者）對客體（歷史事實的眞相）的掌握之史學思潮，基本上與笛卡兒（Rene Descartes 1596—1659）以後的近代歐洲思想界的發展趨勢有互相呼應之處。在我國史學界，則由於有乾嘉學術傳統中之考據學的背景作爲內應，因此，這股史學思潮自民國初年以來，對國內史學工作者一直產生很大的吸引力，對於中國史學的現代化也有相當可觀的貢獻。但是，主觀客觀對立的問題在中國史學傳統中却並不顯著，誠如余英時先生所指出者，中國史學一方面固然強調客觀性的「無徵不信」，另一方面却也重視主觀性的「心知其意」❷❹。中國傳統史學的矩矱一直是在追求主客交融、情理兼顧；而且，史家在蒐集史料、深思好學之外，更以自己主觀性的見解穿透客觀性的史實，於是，客觀存在的「古今之變」就爲史家的「一家之言」所融攝貫通，而成爲一幅具有意義、可以說明的歷史圖像。錢賓四先生正是秉承並發皇中國史學傳統的精神，因此他於《中國歷史研究法》中特別強調：必先在對歷史研究的「意義」有所掌握的前提之下，才能談研究方法

---

❷❹參考：余英時，《史學與傳統》（臺北：時報出版公司，民國七十一年），頁二七六～二七七。

的講求以及史料批判的工作。錢先生在《國史大綱》中之所以特別重視讀史者「對於本國歷史的溫情與敬意」，基本上與前面所說的「意義」這個觀念是分不開的。在這種看法之下，史學研究達到了主客交融、情理合一的境界。

當然，在1950至1970這二十年之間，除了以上所討論的著作之外，國人有關史學方法論的作品，爲數尚多，因篇幅所限，不及一一論列，讀者參閱本文所附書目，即可一目了然。

三、第二階段的史學方法論研究及其新動向
(1971～1980)

從民國六十年開始，國內史學界對於史學方法論的探討，進入一個新的階段，這個階段是以史學與社會科學之理論與研究方法的結合爲其基本特徵。在社會科學的理論與方法的刺激之下，國內史學工作者對於方法論探討的興趣普徧提昇，從民國六十年四月十五日在臺北復刊的《食貨月刊》（原名《食貨半月刊》），以及《思與言》雙月刊所載的論文性質，最可以看出這種學術風氣的轉變。

《食貨半月刊》創刊於民國二十三年，是當時國內惟一的中國社會史專業刊物，提倡社會科學與歷史學的結合，頗開風氣之先。民國六十年復刊以後，更繼續提倡社會科學理論與方法在史學研究上的應用，我們統計自民國六十年四月至七十年三月的十一年中，《食貨月刊》所刊載有關史學方法論論文約佔論文總數的百分之十以上：

表四：《食貨月刊》所載史學方法論論文統計表（1971—1981）

年份	卷期	論文總數	史學方法論論文				
			歷史哲學	史學史	研究方法	史學通論	小計
60.4—61.3	Ⅰ	80		2	9		11
61.4—62.3	Ⅱ	59		1	8		9
62.4—63.3	Ⅲ	53		1	3	1	5
63.5—64.3	Ⅳ	45			5	4	9
64.4—65.3	Ⅴ	60		1	3	2	6
65.4—66.3	Ⅵ	53	1	3	5		9
66.4—67.3	Ⅶ	50		1	2		3
67.4—68.3	Ⅷ	44	1	4	1	2	8
68.5—69.3	Ⅸ	35	1	1	1		3
69.5—70.3	Ⅹ	41		3	2		5
70.4—71.4	Ⅺ	39			2		2
合計		559	3	17	41	9	70

十一年裡，《食貨月刊》共刊登了70篇屬於史學方法論範圍的論文，其中屬於歷史哲學者有3篇，屬於史學史者有17篇，屬於史學通論性質者9篇，而屬於研究方法領域者有41篇，其中專論社會科學與史學結合者尤其佔了絕大份量。這種歷史研究學術風氣的轉變，很具體地呈現在民國六十四年薩孟武先生爲他所撰《中國社會政治史》增訂四版所寫的自序之中，薩先生說㉕：

㉕薩孟武，《中國社會政治史》（臺北：三民書局，民國六十四年，增訂四版），「自序」，第一冊，頁六。

研究歷史而不了解社會科學，往往顧到部分，而忘及全體，反
之研究社會科學的人常能由全體以觀察部分……。單單知道歷
史，而未讀過社會科學各種書籍的人，往往不識輕重，輕者說
得詳之又詳，至於歷史發展的因果關係又捨而不談，如斯著作
不過歷史之雜貨攤而已。

而史學家更大聲疾呼，認爲歷史學如不與社會科學交流，則將「沒有
生存的餘地」，張玉法先生的看法可爲代表，他說㉖：

各類科學都在無限擴張其範圍，尤其是社會科學的擴張，對史
學的威脅極大，史學家如不振作，史學將有被瓜分的可能，有
價值的史學著作將爲政治學家、經濟學家、社會學家、人類學
家，甚至統計學家，心理學家所寫的歷史，史學家將只是「東
抄西湊」的人，而史學也就變成了雜燴。

這是近十年來國內史學界重視研究方法的重要因素之一。

這種趨勢也反映在國內所出版的人文社會科學雜誌《思與言》雙
月刊之中。自民國五十九年（1970）至民國六十九年（1980）的十年
間，《思與言》雜誌共刊載論文 257 篇，其中屬於文史範圍者共72篇
（佔28.02%），屬於社會學者共82篇（佔31.91%）；值得注意的是，
在社會學的論文中，專談方法論者共14篇（佔13.86%）㉗。這一點很

㉖張玉法，「史學革命論」，收入：張氏著，《歷史學的新領域》（臺北：聯經出
版事業公司，民國六十八年），頁一五五。

㉗見《思與言》第一八卷第二期，頁五二，表3—2，「十年來論文之分類」㈡，
及頁五三，表4—1，「社會學論文主題分布」。

可以反映國內人文社會科學界自民國59年以後的十年間，對於方法論的注意。這種傾向也出現在歷史學領域的論文中，統計資料顯示，這十年間的《思與言》雜誌共刊登了歷史類的論文55篇，各篇論文的主題以歷史制度及歷史事實之敍述分析佔絕大優勢（共佔36.12%），若再加上歷史思想的分析，則佔去將近一半，可見史學家仍以傳統的主題爲主，而對於歷史中社會的一般現象，如對外關係、社會流動等的研究，尚還是少數；但是值得注意的是歷史方法的討論出現了三篇文章，佔4.17%，由此可見方法之講求不只在社會學，甚至在歷史學裡也漸漸受到重視與討論。表五顯示以上所說的這種趨勢：

表五：《思與言》雜誌所載文史類論文主題分布表（1970—1980）

主題 分布次數	N（72）	%（100）
歷　　　史	55	—76.39—
制　　　度	13	18.06
敍　　　述	13	18.06
思　　　想	8	11.11
變　　　遷	4	5.56
人　　　物	4	5.56
地　　　理	4	5.56
對 外 關 係	3	4.17
方　法　論	3	4.17
學　　　科	2	2.78
社 會 流 動	1	1.39
文　　　學	17	—23.61—

資料來源：江若珉，「十年所思所言」，《思與言》第18卷第2期，頁54，表4—2。

在這種對研究方法的反省比較感興趣的狀況之下，近十年來國內

的史學工作者所關切的是史學與社會科學之間哪一方面的關係呢？由
於歷史學本身是一門綜合貫通的學問（而且歷史學與社會科學之間的
關係一方面非常密切，另一方面又極其複雜），因此，它在現代學術
分類中始終未曾獲得明確的定位㉘。如果僅從史學工作者所發表的論
著看來，近十年來國內史學界在這種密切而複雜的關係中，比較關心
的至少有三個方向：

　　第一是對於量化研究方法的介紹與應用。在討論國內史學界對量
化研究方法的介紹與應用之前，先讓我們對量化史學在歐美學界的發
展作一般性的觀察。所謂「量化史學」是晚近史學界衆說紛紜、爭執
甚多之一新研究方法，但是史學家提出以統計方法來駕御繁雜的史料
的呼籲則可上溯到十九世紀末年。1890年代美國史家滕納（Frederick
Jachson Turner）已開量化研究之風氣；我國史學前輩梁啓超（1873
—1929）、丁文江（1887—1936）等在民國十一年（1922）亦均倡導以
統計學治史㉙。但是，大力抨擊「印象式的」（impressionistic）歷史
寫作並把史學的量化研究作爲一個方法學提出的，則是美國史學家邊
森（Lee Benson）。1957年邊森氏著文呼籲量化史學之建立㉚，經濟
史家響應最力，結果在 1960 年所謂「計量經濟史學家」（Cliometri-

㉘參考：余英時，「翻譯與外來觀念」，此文係余先生爲康樂、黃進興主編，
　《歷史學與社會科學》（臺北：華世出版社，民國七十年十二月）一書所寫的
　序，頁五。

㉙參考：張玉法，「歷史研究的量化問題」，收入：張氏著，《歷史學的新領域》
　（臺北：聯經出版事業公司，民國六十七年、六十八年），頁七三～九三。

㉚Lee Benson, "Research Problem in American Political Historiography",
　收入：氏著 *Toward a Scientific Study of History* (Philadelphia,
　1972), pp. 3—80.

cians）初次召開了學術性的會議，研討量化史學問題。自此以下，量化史學飛躍發展，以量化方法寫成的史學論文幾乎佔據了重要的科際性學報如《經濟史學報》（*Journal of Economic History*）、《社會史學報》（*Journal of Social History*，創刊於1967年）、《史學方法學報》（*Historical Methods*，創刊於 1967 年）及《科際史學報》（*Journal of Interdisciplinary History*，創辦於 1970 年）等刊物的主要篇幅。美國密西根大學（University of Michigan）的艾狄洛特（William O. Aydelott）敎授提倡「量化史學」尤力，自1965年至1970年的五年之間，參加由艾氏所主持的史料分析的暑期研討會的史學工作者合計就有一百二十人❸❶。關於「量化史學」在近二十年來的進展，從歐美各大學術性刊物所載論文中所附圖表數量之增加最易窺其大勢之所趨。量化史家柯瑟（J. Morgan Kousser）最近曾對歐美若干重要學術性史學刊物作過精審的量化分析，頗能見其發展傾向。根據柯氏之研究，美國境內所發行五種包括各範圍的史學刊物（包括 *American Historical Review*、*Journal of American History*、*Journal of Modern History*、*Journal of Southern History* 及 *William and Quarterly*）中，所載論文所附統計圖表有顯著增加之現象。在1961年至1964年之間，以上這五種刊物中有三種平均每一百頁所刊載之圖表數目在一‧○以下。通觀整個1960年代，在這五種刊物總共四十五個出版年次中，有十三個年次無任何統計圖表刊出。但至1970

❸❶Robert P. Swierenga, "Clio and Computers: A Survey of Comput=erized Research in History", *Computers and the Humanities*, V(1970), p. 5, 原文未見，此處係轉引自: J. Morgan Kousser, "Ouantitative and Social-Scientific History", in Michael Kamman ed., *The Past Before Us: Contemporary Historical Writings in the United States*, p. 435, note. 5.

年以降則學風丕變，1970年代這些刊物平均每二百頁就有至少一個圖表，此種發展趨勢與時俱進，1974年至1978年之間圖表出現的總平均數正好是1961年至1964年間總平均數的五倍❷。柯氏又分析另外五種具有代表性的社會經濟史專業刊物（包括 *Journal of Economic History*、*Journal of Interdisciplinary History*、*Journal of Social History, Annals: Economics*、*Societes*、*Civilizations* 及 *Vierteljahrschrift für Sozial-und-Wirtschefrgeshichte*）中圖表的出現數量，結果發現在以上這種專業性刊物中，圖表的出現次數均較前述五種一般性研究學報為高，其中尤以《經濟史學報》為最高❸。而出版於西德及法國的學報中，圖表之廣泛出現也證實了史學研究中的「量化革命」（quantitative revolution）也已廣及歐陸。

民國六十年代以後，國內史學界對於史學研究的量化方法的興趣大增，也是受到歐美史學界中「量化革命」的衝擊。從論著發表的時間看來，民國六十一年瞿海源❹、康綠島❺等卽在《食貨月刊》譯介量化研究方法的論文。接著，民國六十二年，黃培先生著《歷史學》一書，介紹十八世紀以來美國史學各階段的發展，其書第五章：「史學方法的新動向」，分論「史學上的定量分析」與「史學上的心理分析」。黃先生在本書中很客觀地介紹了定量分析的長處與短處，認為

---

❷J. Morgan Kousser, *op. cit.*, pp. 438—439.

❸*Ibid.*, pp. 440—441.

❹芬伯著，瞿海源譯，「歷史學家運用統計技術從事研究的一個例子：計數統計表的標準化」，《食貨月刊》，復刊二卷二期（民國六十一年五月），頁一〇六～一一四。

❺艾狄洛特著，康綠島譯，「量化在歷史上的應用及其限制」，《食貨月刊》，復刊二卷六期（民國六十一年九月），頁三二四～三三七。

定量分析之缺點是其他史學方法所共有的，故仍值得介紹與提倡❸❻。
此後，國內史學工作者對於量化方法的興趣日增，張玉法先生曾撰長
文，析論量化方法之意義、功用及源流、史學家對此方法之態度、量
化研究的設計與步驟、量化方法的使用限度及其相關問題等等，論述
極詳❸❼。古偉瀛先生更發表一系列的論著❸❽，對量化分析方法作介紹，
特重其重要術語、基本原理及其在史學研究上之實際操作技巧。古先
生並從中國史料中舉出四個個案，如「主權」觀念與中國近代民族主
義、春秋戰國時代的「交戰度」、正史中的「列女」、十九世紀清朝官
員的升遷、清末社會的「不安程度」等來作爲量化分析的實例，對讀
者極具啓發作用❸❾。近年來，國內史學界已有以量化方法從事歷史研
究的具體成果出現，如魏秀梅所撰一系列從量的觀察探討清季布政

---

❸❻黃培，《歷史學》（臺北：臺灣學生書局，民國六十一年），頁三九。

❸❼張玉法，「歷史研究的量化問題」，收入：氏著，《歷史學的新領域》（臺北：
聯經出版事業公司，民國六十七年），頁七三～九三。

❸❽①「內容分析之幾種用於研究傳記歷史的方法及其於中國材料的初步運用」，
《食貨月刊》，復刊一卷一二期，頁一～一〇。

②「愛德華·修特的史學與電腦」，《食貨月刊》，復刊四卷四期，頁一五四～
一五六。

③馬許著，古偉瀛譯，「中國社會的正式組織與昇遷」，《食貨月刊》，復刊五
卷一期，頁二三～三二。

④「C分析簡介」，《食貨月刊》，復刊五卷四期，頁一八～二三。

⑤「史學量化及其應用於中國史料的一些考察」，《食貨月刊》，復刊一〇卷
一、二期合刊，頁四三～五六。

❸❾古偉瀛，「史學量化及其應用於中國史料的一些考察」，收入：杜維運、黃俊
傑等編，《史學方法論文選集》，頁五八一～六〇八。

使、按察使、督撫、學政的人事嬗遞的文章❹，卽爲一例。量化研究方法將繼續成爲一項重要的史學方法而爲國人所重視。

第二是對於心理史學（psycho-history）的介紹。在說明國內對心理史學研究方法的介紹之前，我們先討論國外發展的一般狀況。就其學術源流而言，心理史學雖可上溯到十八世紀的維科（Giambattista Vico, 1668—1744）及赫德（J. G. Von Herder, 1744—1803）的作品，但是使心理分析的理論眞正對史學研究產生影響力的則要推本世紀的弗洛伊德（Sigmund Freud, 1856—1939）。弗氏把「個人」與「社會」視爲對立之敵體，以及強調人類行爲之非理面，雖飽受學界攻擊，然弗氏對二十世紀史學研究之衝擊至深且鉅則是人人共見的事實。英國史學家卡爾（E. H. Carr, 1892—）嘗指出，弗洛伊德對二十世紀史學家而言有兩項重大意義：一是弗氏根本推翻過去以爲人的行爲動機可以充分解釋人類行爲的說法，並進而以心理分析之方法解釋歷史上之重要人物的行爲；二是弗氏提醒史學家在從事研究工作時多反省自己以及自己在歷史上的地位❹。弗氏以降，對心理史學貢獻最大者，當推哈佛名教授艾里遜（Erik H. Erikson）。艾氏以所謂「認同危機」之說來研究馬丁路德（Martin Luther）與甘地（Mo-

---

❹見《中央研究院近代史研究所集刊》：
　①第二期，頁五〇五～五三三，「從量的觀察探討清季布政使的人事嬗遞」；
　②第三期下册，頁四七五～四九五，「從量的觀察探討清季按察使的人事嬗遞」；
　③第四期上册，頁二五九～二九二，「從量的觀察探討清季督撫的人事嬗遞」；
　④第五期，頁九三～一一九，「從量的觀察探討清季學政的人事嬗遞」。
❹見：Edward H. Carr 著，王任光譯，《歷史論集》（臺北：幼獅翻譯中心，民國五十七年、六十九年），頁一二八～一二九。

handas Gandhi)❷，成爲心理史學的經典之作。艾氏論馬丁路德之作品對學界造成巨大衝擊，並引起廣泛之討論❸。在史學界中，首次起而呼籲史學工作同仁重視心理歷史研究者，則是1957年度美國歷史學會會長蘭格（William L. Langer, 1896—）。1957年12月29日，美國歷史學會在紐約市召開年會，蘭氏以《歷史研究的新課題》❹爲題發表會長演說，呼籲史學工作者援用當代心理分析的技術以及新的心理學說如「動力」（dynamics）或「深度心理學」（depth psychology）之類理論來從事歷史研究。蘭氏並預言：「現代心理學將來在歷史解釋上一定會佔有更重大的角色」❺。揆諸近二十餘年來歐美史學界有關心理史學豐碩之研究成果❻，蘭氏之預言已完全證實。根據1976年的

---

❷Erik H. Erikson, *Young Man Luther: A Study in Psychoanalysis and History* (New York: W. W. Norton & Company, Inc., 1958, 1962); *Gandhi's Truth: On the Oringins of Militant Nonviolence* (New York, 1969).

❸參看: Donald B. Meyer, "A Review of Young Man Luther: A Study in Psychoanalysis and History", *History and Theory*, I (1961), pp. 291—297; Rober A. Johnson, ed., *Psychohistory and Religion: The Case of Young Man Luther*.

❹William H. Langer, "The Next Assignment", *American Historical Review*, 63:2 (Jan., 1958), pp. 283—304. 此文國內已有中譯，見: 卓遵宏譯，「歷史研究的新課題」，《近代中國》，第十二期（民國六十八年八月卅一日），頁一八八～頁一九六。

❺卓遵宏譯，前引文，頁一九六。

❻關於一九七五年以前歐美學界之心理史學研究成果最詳盡之書目，參看: Faye Sinofsky et al., "A Bibliography of Psychohistory", *History of Childhood Quarterly*, II (1975), pp. 517—562. 此一書目發表於1975年。1975年以後，則有以下二篇論文亦列舉心理史學之成果: Thomas W. Africa, "Psychohistory, Ancient History, and Freud:

一項調查，全美約有三十所大專院校開設「心理史學」之課程㊼，而加州大學洛杉磯分校、耶魯大學、堪薩斯州立大學、紐約州立大學石溪分校、普林斯頓大學、麻省理工學院、波斯頓大學等校在歷史學的博士課程中，也都有「心理史學」之設置。1973年，*Childhood Quarterly* 創刊，接著《心理史學評論》(*The Psychohistory Review*) 問世，此爲此一研究領域之專業刊物。其餘如《美國史學評論》(*The American Historical Review*)、《近代史學報》(*Journal of Modern History*)、《科際史學報》(*The Journal of Interdisciplinary History*) 等均常刊出心理史學之論文。雖然「心理史學」課程逐漸受到大學之重視，亦逐漸成爲研究院博士課程之一項重要分科，雖然以心理分析的方法及眼光所撰寫的史學作品亦如雨後春筍般出現,但「心理史學」在史學研究中之地位仍聚訟紛紜，言人人殊，譽者或過其實，毀者或損其眞，持平之論尚不多見。

　　「心理史學」在當今歐美史學界雖未能取得一致之評價，然國人亦頗有運用心理分析之觀驗以從事史學研究者，其所獲致之成果，頗值吾人注意。例如張瑞德先生嘗援用心理學家李溫 (Kurt Lewin) 有關心理學上所謂「雙趨衝突」(approach-approach conflict) 之理論，來解釋蔣夢麟(1886—1964)早年心理上的價值衝突及其平衡，頗

續接上頁

The Descent into Avernus", *Arethuas*, XII (1979), pp. 5—33; Peter Loewenberg, "History and Psychoanalysis", in *The International Encyclepedia of Psychiatry, Psychology, Psychoanalysis and Neurology* (New York, 1979), V. pp. 363—374.

㊼見: George M. Kiren and Leon H. Rappoport, eds., *Varieties of Psychohistory* (New York, 1976), p. 2, 14, N. 2.

饒新意❹。由於加上了心理分析的層次，張先生對蔣夢麟之研究相對於其他的中國近代史論著而言，更能見出問題的複雜性，其分析亦遠非一般環繞「中西衝突」、「傳統─近代衝突」或「文化認同危機」等主題立論之中國近代史論著所能同日而語。國人擷取艾里遜之「認同危機」(Identity Crisis) 理論以從事思想史研究者，則首推余英時教授。余先生探思想史之立場，以戴震 (1724─1777) 及章學誠 (1738─1801) 爲中心，討論清學之歷史意義❹，其研究取徑與梁任公、胡適之兩先生之從方法論觀點理解清學頗不相同。余先生從心理分析的觀點研究章實齋早年的認同危機，認爲章實齋從十五、六歲到二十八、九歲之間，曾經爲了找尋學術上的眞義而作過種種努力，這種危機感持續了一段很長的時間。乾隆丙戌 (1766年)，實齋初晤東原，此時正是實齋一生「認同危機」發展至最緊要關頭之時期，故東原之考證挑戰始能在實齋心理上引起巨大回響，並因此而逼使實齋在此後數年之間克服心理上的危機❺。余先生由實齋心理上所承受的巨大壓力來解釋其「六經皆史」說，及「朱陸異同」論，其說極具創見，發前人所未發，殆可視爲以「心理史學」之眼光治我國思想史之一典範。余先生所提出的，關於清代學術之歷史意義在於儒家知識主義之

---

❹張瑞德，「蔣夢麟早年心理上的價值衝突與平衡（光緒十一年─民國六年）」，《食貨月刊》，復刊第七卷第八、九期（民國六十六年十一月），頁七八～八四。

❹余英時，《論戴震與章學誠──清代中期學術思想史研究》（香港：龍門書店，1976）。此外，余氏在此一研究題目上尙有論文數篇，均收入氏著，《歷史與思想》一書，可參閱。

❺余英時，前引書，頁六七、頁八〇一，註五九。

興起，這種說法雖未必獲得學界一致之贊同❺，然就其方法論立場言，則余先生之研究結合「心理史學」與思想史，在傳統思想史研究法之外另闢蹊徑，其功正有足多者。

國內史學界自民國六十二年起，卽陸續出現關於心理史學的譯作❺。張玉法先生於民國六十五年十月廿三日，在中央研究院近代史研究所討論會上，更以「心理學在歷史研究上的應用」為題發表研究報告❺，分析心理學理論及其研究方法在史學研究上的應用及其限制。張先生歸納過去數十年來心理學的研究方法，指出其二大途徑：一是心理分析的傳記研究，二是心理分析的人類學研究，對於歷史研究都頗有助益。這種心理史學的研究途徑雖不易從事，但它對史學工作者而言具有相當大的刺激，將會一直引起史學家之興趣。

---

❺1977年6月26日至7月1日，美國學術團體聯合會（American Council of Learned Societies）在加州召開「清初思想研討會」，日人岡田武彥教授以「戴震と日本古學派の思想──唯氣論と理學批評論の展開──」為題宣讀論文，認為戴東原傾向於主知主義。岡田氏持論與余先生之說相近。徐復觀先生則認為清代漢學不能與西方的主知主義相傳會。見：徐復觀，「清代漢學衡論」，《大陸雜誌》，第五十四卷第四期（民國六十六年四月十五日），頁一～二二；並參考：胡秋原，「覆徐復觀先生論漢學宋學及中國學術路向書」，《中華雜誌》，第一六七期（民國六十六年六月），頁二九～四二。

❺例如：

①Frank E. Manuel 原著，江勇振譯，「心理學在史學上的應用與濫用」，《食貨月刊》，復刊二卷一〇期（民國六十二年一月），頁二四～四二。

②溫士坦及柏拉特著，吳瑞屯譯，「理論應用於歷史研究：有關於心理分析理論的問題」，《食貨月刊》，復刊二卷一二期（民國六十二年三月），頁六二五～六三四。

③馬玆利希著，康綠島譯，「對心理史學發展的回顧」，《食貨月刊》，復刊一〇卷一〇期（民國七十年一月），頁四五八～四六八。

❺此文收入：張玉法，《歷史學的新領域》，頁九五～一三四。

　　國內史學界近十餘年來對於研究方法比較感興趣的第三個方向是借用社會學的理論與觀念。我國史學界對於社會學理論與方法的興趣，可以上溯到北伐成功之後不久的「中國社會史論戰」[54]。當時正值北伐完成，史學界大力援引各種社會學理論或「模式」來從事中國歷史研究[55]，雖云開中國社會史研究風氣之先河，蓽路藍縷，功誠不可沒；但因當時之研究成果多在史學與社會學之間作機械的結合，少見有機的結合，所引起各方人士的責難亦鉅，例如熊十力(1885—1968)先生卽曾指責當時史學界「喜作膚淺理論，或襲取外人社會學說，……根本缺乏獨立研究與實事求是之精神」[56]，馬一浮先生亦認為「今人治社會學者，……失之誣也」[57]。但是，史學與社會學之間，一則在方法論上具有互補之作用，再則在問題意識的形成上可以互作辯證性的刺激[58]，所以社會學理論與方法對史學工作者仍具有極大的吸引力。《食貨月刊》自從民國六十年在臺北復刊，便繼承民國二十三年創辦時的理想，大力引介社會學觀念或方法來研究歷史[59]，此以陶希

---

[54]關於此次論戰的內容，請參閱：鄭學稼，《社會史論戰的起因和內容》(臺北：中華雜誌叢書，民國五十四年)。

[55]關於當時研究成果，參考：許倬雲，「歷史學與社會學」，收入：《二十世紀之科學》第九輯：人文科學之部，史學 (臺北：正中書局，民國五十五年)。

[56]見：熊十力，《讀經示要》(臺北：廣文書局，民國五十九年臺再版)，卷二，頁六七～六八。

[57]馬一浮，《復性書院講錄》(臺北：廣文書局，民國六十年臺北景印初版)，頁六四。

[58]另詳拙作，「從方法論立場論歷史學與社會學之關係」，收入：黃俊傑編譯，《史學方法論叢》(臺北：臺灣學生書局，民國七十年十月增訂再版)，頁五～三三。

[59]例如：

①David S. Landes and Charles Tilly 著，鮑家麟譯，「作爲社會學的史學」，《食貨月刊》，復刊一卷三期(民國六十年六月)，頁一五五～一五九。

聖先生倡導之功最大、貢獻最多。除了《食貨月刊》提倡之外，光復以來，李宗侗（玄伯，1895—1974）先生亦大力提倡以社會學觀念治中國古代史⑩；許倬雲先生的《先秦社會史論》⑪，以及毛漢光先生對中國中古社會的研究⑫，對於光復以來國內史學界的社會學與史學

續接上頁

②David S. Landes & Charles Tilly 著，鮑家麟譯，「科技與社會科學的歷史」（上），《食貨月刊》，復刊一卷八期（民國六十年十一月），頁四三一～四三六；「科技與社會科學的歷史」（下），《食貨月刊》，復刊一卷九期（民國六十年十二月），頁四八三～四九八。

③海斯著，邱成章譯，「歷史的社會研究：觀念、方法與技術」，《食貨月刊》，復刊四卷四期（民國六十三年七月），頁一四九～一五三。

④食貨出版社，「社會科學與歷史學座談會紀錄」，《食貨月刊》，復刊四卷九期（民國六十三年十二月），頁三七七～三九五。

⑩李玄伯先生早歲留法，歸國後曾譯法國史家古朗士（N. D. Fustel de Coulanges, 1830—1889）之《古代城邦》（La cité antique）一書為中文。古氏論古代希臘羅馬城邦特重宗教信仰在古代家族組織以及其他社會政治制度中所佔之重要性。玄伯先生治先秦古史頗循古朗士之蹊徑，取中國古代社會與希臘羅馬以及近代初民社會比而觀之，並以家族祭祀之淵源解釋古代社會中君子小人之分野，再分析春秋中晚期以後，國君與貴族爭權以及貴族之間的爭權、對外之競爭、學術之開放、經濟形態之變化等現象及其所造成的結果——小人的上升。參看：古朗士著，李宗侗譯，《希臘羅馬古代社會史》（臺北：中華文化出版事業委員會，民國四十四年），此書譯稿完成於民國二十三年，民國四十四年在臺修訂出版；李宗侗，《中國古代社會史 (二)》（臺北：中華文化出版事業委員會，民國四十三年、五十二年），頁二四八～二四九。

⑪Cho-yün Hsü, *Ancient China in Transition: An Analyois of Social Mobility, 722-222 B. C.* (Standford: Standford Univ. Press, 1965).

⑫《兩晉南北朝士族政治之研究》（臺北：中國學術著作獎助委員會，民國五十五年）；《唐代統治階級的社會變動》（臺北：國立政治大學博士論文，未刊油印本）。

結合的學風均有重大啓發。

　　近年來，社會學的理論與方法，引起國內史學工作者相當大的興趣。民國七十年五月二十九及三十兩日，中央研究院民族學研究所舉辦「社會科學理論與方法：社會學」研討會，共宣讀十篇論文，其中有三篇就以社會學與歷史學的關係爲討論的主題。同年六月十五日至七月十四日，中央研究院歷史語言研究所與經濟學研究所聯合主辦七十年度中國社會經濟史暑期研討會，以及七十一年七月四日至八月十四日繼續舉辦之七十一年度中國社會經濟史暑期研討會，都是這種研究興趣的表現❻❸。民國七十年十二月二十八日至三十日，中央研究院三民主義研究所召開第一屆歷史與中國社會變遷（中國社會史）研討會，也是努力於社會學與歷史學的結合。國內學界對史學與社會學結合的興趣，正方興未艾，例如，在民族學研究所所召開的「社會科學理論與方法：社會學」研討會上，文崇一先生提出「經驗研究與歷史研究：方法與推論的比較」這篇論文，就從研究方法與推論方式上比較歷史研究與經驗研究，認爲經驗研究對建立小型或中型理論較爲有利，而歷史研究則對建立大型理論較爲有利❻❹。但文先生又指出，歷史研究與經驗研究實際上只有時間與資料的不同，而沒有本質上的差異。因此，文先生主張兩者應該結合；但在結合過程中，應注意中國經驗與西方理論之間的對蹠，他說：「當前主要問題之一，除了拾取西方研究經驗（包括經驗研究和歷史研究），運用其方法與理論外，還必須顧慮到中、西文化差異所顯示在行爲和思想上的問題，不應忽

---

❻❸這兩次研討會均由行政院國家科學委員會資助。

❻❹文崇一，「經驗研究與歷史研究：方法和推論的比較」，收入：瞿海源、蕭新煌編，《社會學理論與方法研討會論文集》（臺北：中央研究院民族學研究所，民國七十一年七月），頁一四四～一四五。

視，却又不能完全跟著走。在通過研究，建構屬於自己的概念或理論時，應如何把握，恐怕還得多從實際研究著手，以期掙脫某些束縛，從中國文化的基礎上，在理論和方法方面，獲得突破性的成就。」❻文先生的主張也受到其他學者的呼應，如賴澤涵先生在同一個研討會中提出「歷史學與社會學的互補性及合流的可能性」論文，就指出「由於歷史研究提供的知識及背景，使我們研究社會學更能走向中國化。……由於對自己過去社會能充分了解，知道該研究什麼，如此在引進國外社會學理論時，可以以自己對本國情況的理解而加以批判，然後決定取捨，不致盲目追隨他人。這對社會學研究的本土化有很大的幫助。」❻❻從這些論點當中，我們可以發現，國內學界近來年紛紛提倡社會學理論與方法和歷史研究的整合；但他們也強烈地感覺到社會學理論及方法有其西方性格，因此，他們也十分注意使社會學研究中國化的問題，民國六十九年底，中央研究院民族學研究所召開「社會及行爲科學研究的中國化」研討會，可以視爲這種學術研究本土化的要求的落實。

在這種注重史學與社會學結合的學術風氣中，韋伯的理論受到國內史學界與社會學界相當的重視。例如，在前文所提到民國七十年五月廿九日，中央研究院民族學研究所召開的「社會科學理論與方法：社會學」研討會中，高承恕先生就以「布勞岱 (F. Brawdel) 與韋伯 (M. Weber)：歷史對社會學理論與方法的意義」爲題，宣讀論文❻❼。高先生通過對布勞岱的史學及韋伯的社會學的分析，指出兩氏之

---

❻同上書，頁一四五～一四六。

❻❻賴澤涵，「歷史學與社會學的互補性及合流的可能性」，收入：同上書，頁一六一。

❻❼此文收入：黃俊傑編譯，《史學方法論叢》，頁一二一～一五六。

學有其會通之處，並進而指出史學與社會學之間並沒有眞正的界限。高先生特別說明歷史對社會學理論與方法具有五點特殊意義：(1)歷史時間可以使社會學者看出「結構的限制」與演變的大方向；(2)歷史空間可以增强社會學理論的解釋力；(3)歷史的多樣性與複雜性，可防止社會學模型建構的濫用；(4)「因果解釋」與「意義瞭解」之間有其互補性；(5)歷史研究工作與理論形成之間具有互動的關係。高先生於民國七十年十二月廿八日，在中央研究院第一屆「歷史與中國社會變遷（中國社會史）」研討會上，發表「從馬斯‧韋伯的再詮釋談社會史研究與社會學的關聯」論文，進一步闡釋這項見解，以韋伯的方法論為例，呼籲史學與社會學的結合，他說❽：

> 社會學者應當具備歷史之認識，而歷史學者則也擁有社會科學在理論與方法的訓練。在這樣的前提下，眞正的分工與合作乃為可能。否則各自為政，各說各話，所謂合作終究徒具形式而已。或許這樣的看法是有些陳義過高，但是在韋伯的身上我們看到這樣的整合，在最近許多新的發展上，以法國的年鑑學派（Annales School）的史學家，談世界體系（world system）的華勒斯坦（I. Wallerstein）及其他持相似觀點的學者，以及做比較歷史研究的摩爾（Barrington Moore Jr.）都顯示這種整合的可能性及其積極意義。

高先生在這篇論文中，從方法論的立場選出了整個韋.伯系統裡面的「理念類型」、「詮釋的了解」、「選擇性的親近性」三個角度，來闡釋

---

❽引文見：《第一屆歷史與中國社會變遷（中國社會史）研討會》（上册）（臺北：中央研究院三民主義研究所，民國七十一年六月），頁三八～三九。

韋伯學問裡面的社會學與社會史結合爲一這個基本事實；並且舉韋伯對於資本主義的研究作爲例子，來說明韋伯對於重大問題的分析，基本上是把它放在西方文化史的歷史脈絡，當作西方文化發展史過程中的一部分現象來研究的。因此，高先生認爲，韋伯學術傳統是研究中國社會史很好的策略點❻。衡諸韋伯學術數十年來在歐美及日本史學界所造成的重大衝擊，並國內史學界近十餘年對史學與社會學的結合發生興趣等事實，我們可以肯定韋伯學術對國內歷史研究當會有某種程度的貢獻或影響。

在上文的討論裡，我們簡單地回顧近十餘年來國內史學界在研究方法論的探討上，比較感興趣的三個方向。其實，除了量化方法、心理史學及社會學理論與方法之外，歐美學界的經濟史、歷史人口學及思想史研究的方法也相當爲國人所關心，因篇幅所限，未能一一細

---

❻關於這一點的方法論問題，筆者對高先生的論文曾作討論。拙見以爲，韋伯基本上是一個近代西方文化人，自然是站在西方文化的立場來思考問題。他的文化背景、學術關懷未必能與中國文化傳統的特殊面相契。因此，「韋伯是中國社會史研究一個非常好的策略點」，這種說法不免產生一個「共相」與「殊相」、「普遍」與「特殊」之間的方法論上的矛盾。欲使「社會科學研究中國化」，必須把社會科學植根於中國文化的鄉土上，否則亦只是告別美國實證主義，投向歐陸的社會學理論傳統，終究是依傍門戶，爲他人作嫁衣裳。西方社會學家，再偉大如韋伯、華勒斯坦、Barrington Moore，他們的著作都有一個基本的缺陷，那就是忽視了中國歷史文化的偉大價值。而中國擁有廣大的土地、衆多的人口，以及四、五千年豐富的歷史經驗，忽略了這些經驗，任何社會學理論，恐怕都有它的偏限性。因此，植根於中國文化的鄉土，重新來反省中國社會史的歷史經驗，也許是我們此後要談社會學與歷史學整合一個非常重要、值得我們思考的前提。〔另詳：《第一屆歷史與中國社會變遷（中國社會史）研討會（上冊）》（臺北：中央研究院三民主義研究所，民國七十一年六月），頁四一～四四。〕

論。

　　民國六十年代，除了以上所說的方法論研究趨勢之外，一般通論性著作的出版，亦較前一時期蓬勃。民國六十三年五月，沈剛伯（1897—1977）先生所發表的「從百餘年來史學風氣的轉變到臺灣大學史學系的敎學方針」尤爲代表性的鉅著。沈先生在這篇論文裡，雄渾有力地批判十九世紀以來德國史學家所創的理論與所用的方法。沈先生指出，十九世紀德國史學家「受到自然科學的啓示，認爲全世界上的人，地無分於東西，時不論乎古今，都是向相同的階段演變，而這些階段是可用因果關係加以揣測，更可以古例今的方式來預推無誤的。這種言辯而實非的理論始倡於主張精神至上之黑格爾，大成於斷定一切唯物之馬克斯。所有十九世紀後期西方的人文、社會科學研究者，無論左傾、右傾，不分悲觀、樂觀，都曾或多或少地受其影響；乃至浸假而成爲一種支配群眾、震撼世界之勢力。」[70]沈先生認爲這種歷史研究的理論，有其嚴重錯誤之處，他說[71]：

　　　　波伯教授在 1930 年代曾爲這一類「決定性的史論」(Determinism in history)造一新詞，稱之爲 Historicism。我想以義譯爲歷史演變論而簡稱爲史演論。所有一切唯物、唯心的史演論都犯了兩種基本錯誤：一是他們因爲人們的好、惡、需、求大致相同，遂認爲人類的歷史有同一性。殊不知人的行爲大部分是對外界刺激所生的反應，環境不斷地改變，人的行動也就隨時隨地底不同。況且人的舉動，除了個人造意之外，還要加

---

[70]見：沈剛伯，「從百餘年來史學風氣的轉變談到臺灣大學史學系的敎學方針」，《國立臺灣大學歷史學系學報》創刊號（民國六十三年五月），頁一。
[71]同上註，頁一~三。

> 上一些有四度空間的社會經驗，因此對於同樣刺激所生的反應
> 也往往是東異於西，今異於古。所以歷史上絕無重演的事件。
> 寫歷史的人無法窮物之理，盡人之性，只能用我們極貧乏的字
> 彙來把那些小同大異的現象加以同樣的名稱。……我們當比較
> 其異同之點而分別加以研究，若硬要以今論古，或以彼概此，
> 歪曲事實，強加附會，則自然是差之毫釐，謬以千里了！

沈先生繼又指出，史演論的第二點大錯在於因果律的濫用。他認為，歷史上既無重演之事，則每一事件自必各有其因。這些原因大都是很複雜的——有近的，也有遠在數十年、數百年以前，或是數千里、數萬里之外的；有政、法性的，有經濟性的，也有宗教性的；有發自個人的。也有出於大眾的；有謀定始發的，也有偶而衝動的；有鱗爪一現而即隱的，也有為人所忽而不見記載的。在這樣眾多的原因中，偶有一兩種相同，已是不可多見之事，若欲其百分之百的全同，寧非痴人說夢？所以歷史學者但當在每一件事上，做那「原始察終」的工夫，絕不能把研究某一事件所得到的因果關係定為不變之律而將之應用到其他類似的事件上去。況且造因縱然全同，得果仍難一樣，因為人類社會不是可以裝在一個瀰天漫地的大玻璃瓶中，令其絕盡外緣，好讓某些狂妄的人來徐加改修，從容試驗，以達到其所預期之果的。老實說，人類努力的成就全視遭遇而定。這些遭遇便是印度哲學之所謂「緣」，它包括天人的交互影響、人與制度的關係，以及人與人的遇合；這些都是難以抗拒的勢力，不可加以預防的。它們可以促成我們的計劃，中和我們的努力，轉移我們的目標，或摧毀我們的事業。有時也許我們能將它克服，但是所採策略必出乎預計之外，所得結果定和當初的理想相去很遠了。羅馬革命以救濟貧農始而以造成帝制終，

俄國革命以解放平民始而以奴役人民終；可見外緣影響之大遠過於原來之因了。世上常有集無數豪傑之士，謀之積年累月，即將成功或竟以成功之事，而忽爲一小人物或一小事件毀之於一旦者。因此，沈先生認爲近年來，歐美史學家但求明瞭現在而絕不預測未來，但求了解史事的經過，而少談因果關係；其持論謹嚴，實過於十九世紀的大師們多多矣❼。這種「史演論」的史學家所使用的方法也有待商榷，沈先生說❼：「十九世紀西方史學家之持論偏激有如上述，今再進而討論其所用的方法，那和清代史學家的作風初無二致。他們除對於古代語文、地下資料、及新興的社會學科各方面的知識較多而外，其疑古之細心與考證之精密，恰與乾嘉諸老一樣。乾嘉諸老所忽之處，彼等亦未曾見到；乾嘉諸老自信太過之處，彼等則陷溺更甚。他們成書之大而且多，雖遠過清儒；然確能傳之久遠者其亦屬有限。德、法、英國先後有史學叢書之作，其學術界通力合作之規模宏大可令我國文人含羞生愧；然而這些鉅著至今已須重寫，綜合各方面的長短得失來講，他們造詣實不能說比乾嘉時代的學者們高出太多。總之，他們的長處，我們早以感謝的態度全加採用；他們的短處，我們也應當仁不讓，加以矯正咧。」在批判百餘年來史學研究的理論與方法之後，沈先生接著指出我們今日研究歷史應循的途徑說❼：「十九世紀的史學既多流弊，則我等今日治史究將循何途徑呢？這問題我們在二十年前已曾細加討論。彼時日本學人所傳播之德國史學風氣，在臺灣大學尚未全泯，而唯物史觀之謬論正從大陸傳入。我們深知神州之沈淪實由

❼同上註，頁三。
❼同上註，頁三。
❼同上註，頁四。

邪說『爲厲之階』，因謀建立一新而正當的史學以端人心而正風俗，乃決定講求『史義』以根絕一切史演之學，並培養『史識』以補考據之不足。」

沈先生所說的「史義」包括五大要義：(1)嚴夷夏之防；(2)明人倫之教；(3)辨王霸之道；(4)通古今之變；(5)究天人之際。而在講求「史義」之外，又必須培養「史識」，此則有三項理由❼：(1)考證可以別史料之眞僞，定史料之時代，但不能評判其價值而發揮其作用，若欲化陳腐爲新奇，則非有過人之史識不可；(2)任何時代歷史的全貌確已無法恢復，但是它的「時代精神」(Zeitgeist)却可於古人記載中的字裏行間推測出來。能了然於此，則許多問題都可迎刃而解，不過這又非善用史識不可了；(3)好的史學家不但能抓住往古代某一時期的時代精神，而且常能在其著作中，藉特殊的筆法或新奇的安排，暗示後代史書以應走之路，其識見最遠大者，則所籠罩的時代亦愈久。沈先生並由此進而析論歷史教育應注重「義」與「識」，因爲「非義不能正其學，非識不能用其學」❼。沈先生這一篇論文體大精深，批判百年來的史學研究方法及理論，並爲歷史研究及歷史教育指出一條康莊大道，是近十年來極爲重要的通論研究方法的著作。

在專著方面，民國六十六年十一月，王爾敏先生所著《史學方法》一書出版。依王先生之「叙錄」，我們知此書是王先生根據四年來在大學教授史學方法課程之教學經驗與研究心得，綜合現有中文著作及譯作加以融會貫通而寫成。全書共分五章：第一章「引論」略述史學方法論之意義及其性質；第二章「原論」則取史學史之立場分

---

❼同上註，頁六。

❼同上註，頁七。

論史字之涵義、史官之職務、史籍之各種形態、口傳史實之重要性、史學之意義及其性質，以及史家之條件與任務；第三章「通論」共分五章，分別討論歷史學的知識活動的不同層次問題，如史料的蒐集、史實的釐清、記注之方式、解釋的提出以及理論的形成等等；第四章「分論」所探討的是史學研究的實際工作過程，從題目的選擇、論文結構的擬定、資料的引證、表譜的運用、圖版的穿挿、史料的考辨、注脚的使用到序文的撰寫等步驟，王先生皆一一加以論述；第五章「餘論」則略論史學之地位及其功用。全書結構嚴謹、綱舉目張，章節之名稱頗有寓開來於繼往之涵義。

此書最具理論興味而引人入勝者尤在於第三章「通論」部分。王先生撰寫此書雖融通中外史學方法之論著，終其究仍歸本於中國史學之傳統。這個基本立場可以從以下兩見解中反映出來，第一，王先生在第二章第六節論史家條件時，一再稱引中國古代史學家對此一問題之看法，指出從事史學工作者所負使命重大，關乎國家及時代興衰至鉅，故苛責亦深，而史家著述之心術尤爲史德之要義[77]。王先生繼又指出，客觀之才、學、識、德四長皆足以提示史家用心之目標。在人文科學各學科中，惟有史家特嚴於個人修養，自爲特色，亦爲史學一門之所以嚴正而卓越之處[78]。這種看法與傳統中國史學家著史之嚴肅態度血脈相通，最能體顯王先生所受中國傳統史學寖饋之深。

第二，王先生在此書中對近五十年來，中國史學界所流行「史學即史料學」之說，曾作深入之檢討，指出此種說法所反映者乃是民國

---

[77]王爾敏，《史學方法》（臺北：東華書局，民國六十六年十一月），頁一二四～一二六。

[78]同上書，頁一三五。

初年以來泛科學主義的思潮❼。王先生認爲史料主義有其重大盲點，自史料以至史實，不經史家之解釋，即無史學之意義❽。王先生在闡釋歷史解釋之必要性時，立論極爲通達，其見解與中國史學重視史論之傳統實有一脈相通之處，自《左傳》的「君子曰」、《史記》的「太史公曰」以下，至《資治通鑑》的「臣光曰」，後並發展成南宋以下的史論專著，如呂祖謙（東萊，1137—1187）的《東萊博議》、王夫之（船山，1619—1692）的《讀通鑑論》、《宋論》……等一系列的作品，都可以說明傳統的中國史學家對疏通工作之重視。王先生之立論根據，正與此一傳統信念深相契合。除了以上所說兩點之外，王先生在《史學方法》全書之論述中，皆顯示出他對史學研究中價值問題的重視。這是此書特別值得我們注重之處。

　民國六十八年十二月，杜維運先生所著《史學方法論》出版。此書乃杜先生近二十年來在臺灣大學及其他院校講授「史學方法論」及其相關科目內容之結晶。杜先生長久以來即關心中西史學之會通問題，嘗著有《與西方史家論中國史學》一書❽，取正統中國史家之立場，駁斥西方學人對中國史學傳統之謬見，極能闡發國史之幽微，增進中西學術之瞭解。杜先生又撰《西方史學輸入中國考》長文，析論西方史學近百年來在中國之流行，特別推崇史學大師陳寅恪(1890—1969)先生：「留學西洋，會通其史學理論與方法，歸而不露痕迹的研究國史，撰寫國史，這是輸入西方史學的最高境界。」❽杜先生在《史學方

---

❼同上書，頁一四二。

❽同上書，第四節，尤其是頁一八八。

❽杜維運，《與西方史家論中國史學》（臺北：東大圖書公司，民國七十年八月新寫本初版）。

❽同上書，頁三三一。

法論》……書中，最努力以赴者，乃是貫通中西史學之理想。此書共計二十二章，除第一章「緒論」之外，其餘各章分論史學家之素養、史學與藝術、史學方法與科學方法藝術方法、歸納比較綜合分析各項研究技術、史料之分類與考證、歷史之想像、解釋及歷史著作之撰寫……各項問題。第十六章起則論述史學之眞、善、美、史家之修養、歷史之作用、歷史之比較研究以及史家與時代之關係等。就自序觀之，杜先生撰著此書殆寓有一崇高之理想——此卽是已故臺大敎授姚從吾先生致杜先生函中所云：「圓滿的完成……貫通中西史學的理想」❸，以及杜先生自云：「治中西史學方法於一爐」❹之境界，實則此一理想與境界殆亦卽爲杜先生多年來全力以赴之目標。其論史學方法，不僅擷取西洋史學之新知，尤能融會中國史學之舊義，此爲本書最成功亦最爲吸引讀者之優點。全書論述隨時徵引中西史籍之記載，指出其方法學之涵義，極能切中肯綮。例如杜先生引《史記》中之同源史料證明太史公之疏誤❺；第十五章比較《史記》、《漢書》、《通鑑》叙事之詳略，以見司馬溫公修史剪裁之工夫，凡此皆俱見其對中國史學舊籍之嫻熟。再如書中徵引歐美史家論史之作品亦見杜先生對西洋近代史學浸漬之深。

　　其次，就當代史學家對史學知識漸失信心以及社會科學對史學研究所引起之重大挑戰而言，杜先生所寫的這部《史學方法論》的另一項重大特點及貢獻，殆在於強調史學研究之獨立自主與尊嚴❻。我們

---

❸杜維運，《史學方法論》（臺北：華世出版社總經銷，民國六十八年二月初版），序，頁二。

❹同上書，頁三。

❺同上書，頁八八。

❻同上書，頁七八。

這裡所說的「獨立自主」與「尊嚴」殆含層次不同之二義：史學研究雖不排斥借用社會科學之概念及方法，然史學絕不淪爲社會科學之附庸，此其一；史學研究有其永恒之學術價值，故亦絕不淪爲任何現實政治目標之工具，此其二。通讀全書，杜先生於此二義反覆發揮，勝義絡繹。而第十八章於章實齋之史德說再三致意，尤特重史家著述之心術⑧，凡此皆可見杜先生用心之縝密、寄意之高遠。

杜先生申論上述第一義，呼籲史學工作同仁「重視人文的研究歷史的方法」⑧，這一點可以反映出杜先生對晚近持論激越之社會科學家及量化論者持有相當保留的態度，他並主張史學研究應歸人文學之陣營。而於上述第二義之發揮則顯係上承中國史學家不畏權勢不曲道以從人之傳統而來。僅此一節，亦可概見中西史學傳統在此書裡結合之一斑。

復次，通讀全書，我們極易覺察杜先生撰著此書所欲揭櫫之理想，此即是欲以比較之眼光，論述治史方法；並欲以此比較之方法，達到撰著「普遍、貫通、不偏不倚」⑧的世界史之理想。杜先生於此書第二十章及第二十一章發揮此義最精。因他極強調比較的眼光，故此書第六章論「比較方法」時，於歷史現象之比較研究特加重視，亟言其重要性⑩。杜先生所持這種觀點，和他對史學研究的功用之看法遙相呼應。他之所以強調比較研究，蓋欲藉此使史學家「知尊重眞理，能保持客觀」⑨，開拓心胸，綜羅中外，以期對當代世界中「正

---

⑧同上書，頁二九八～二九九。

⑧同上書，頁一八六。

⑧同上書，頁三三二。

⑩同上書，頁一〇四～一〇九。

⑨同上書，序，頁三，並參考第十九章。

義、寬容、客觀、眞理、人世間所最珍貴者，已非今世之物，毀滅性的大災難，瞬息可至」[92]之危機思有以矯治。

杜先生在本書首頁卽開宗明義爲史學方法下定義云：「史學方法不僅指引史學家種種史學技術，尤其爲史學家指引一些極有價値的史學原理」[93]。在這個觀點的朗照之下，《史學方法論》全書共分二十五章，自各個角度析論史學方法，兼論其相關問題，備極詳贍，如第二章「歷史與史學家」及第三章「歷史科學與藝術」所論述之主題爲史學之性質；第十六章「史學上的純眞精神」、第十七章「史學上之美與善」、第十八章「史德與史學家」、第十九章「歷史之功用與弊害」等各章所析論者，或爲史家之素養，或爲歷史之功能；而第二十二章「史學家的樂觀悲觀與迷惑」所討論者，係近代史學史上，史學家對史學知識之態度及看法之演進。凡此種種論述，都可以反映出杜先生論史學方法論取其最廣義而非偏狹義，此中最能見其綜羅各方之用心。

民國七十年四月，嚴耕望先生出版《治史經驗談》[94]。這部書是嚴先生數十年來研治歷史的心得之結晶。嚴先生在序言中說他自己治史雖受到方法論相當大的影響，但總覺得文科方面的研究，固然也要講方法，但絕不應遵循一項固定的方法與技術。只要對於邏輯學有一些基本觀念，如能對於數學有較好的訓練尤佳，因爲數學是訓練思考推理的最佳方法，而任何學問總不外是個「理」字。此外就是要多多的仔細閱讀有高度成就的學者的好著作，體會作者探討問題的線索，然

---

[92]同上書，序，頁三。

[93]同上書，頁一。

[94]嚴耕望，《治史經驗談》（臺北：臺灣商務印書舘，民國七十年四月初版）。

後運用自己的心靈智慧，各出心裁，推陳出新，自成一套，彼此不必相同。至於方法理論，不妨讓一些專家去講，成爲一項專門之學，但實際從事歷史事實探討的人只能取其大意，不能太過拘守。太過拘守，就太呆板，容易走上僵化的死路上去，或者只是紙上談兵，並無多大用處。因此，嚴先生在這本書中所討論的，並非史學研究的抽象理論或方法論，而是實際從事研究工作的具體方法與規律。全書共九章: (1) 原則性的基本方法; (2) 幾條具體規律; (3) 論題選擇; (4) 論著標準; (5) 論文體式; (6) 引用材料與注釋方式; (7) 論文撰寫與改定; (8) 努力途徑與工作要訣; (9) 生活、修養與治學之關係。此書乃嚴先生積數十年從事史學研究工作之經驗而提出的具體方法，故全書論述眞正達到 「充實而有光輝」 的境界，對讀者啓廸極深，例如金發根先生就曾說:「我讀後不禁汗流浹背，慚愧萬分。因爲其中有些正是我與並輩的同儕們往日常犯的錯誤。雖然可以說是格於環境，每年爲向國科會申請研究補助，必須提冠冕堂皇的題目，爲自己無法集中心力與時間作『面』的研究找藉口 （當時，同儕們也莫不深以爲苦），但是畢竟是不足爲訓的。我深深的覺得此書不僅是青年史學工作者應該讀，卽使五十上下逐漸已趨成熟的史學同工也值得細讀。」❾❺

嚴先生在第一章的論述中，首先指出從事史學研究必守的幾項原則性的基本方法:

(1) 要「專精」，也要相當「博通」。

(2) 斷代研究，不要把時間限制得太短促。

---

❾❺金發根，「談嚴歸田（耕望）敎授著: 治史經驗談」，《食貨月刊》，復刊一二卷二期 （民國六十八年五月十五日），頁七七。

(3) 集中心力與時間作「面」的研究，不要作孤立「點」的研究；建立自己的研究重心，不要跟風搶進。

(4) 要看書，不要只抱個題目去翻材料。

(5) 看人人所能看到的書，說人人所未說過的話。

(6) 其他意見包括：⑴愼作概括性的結論；⑵注意普通史事，即歷史上一般現象，不要專注意特殊現象；⑶概括敍述性證據之價值雖較例證性證據爲高，但須愼防誇張；⑷注意史料的時間性與空間性。

接著，嚴先生提出幾條具體規律如下：

(1) 儘量少說否定話。

(2) 不要忽略反面證據。

(3) 引用史料要將上下文看淸楚，不要斷章取義。

(4) 儘可能引用原始或接近原始史料，少用後期改編過的史料。

(5) 後期史料有反比早期史料爲正確者，但須得另一更早期史料作證。

(6) 轉引史料必須檢查原書。

(7) 不要輕易改字。

本書第三章專論研究論題的選擇問題，嚴先生的主要看法可以歸納爲以下幾點：⑴研究工作應多做具體問題，少講抽象；⑵應多注意研究問題的實用性，如國家大計、社會動態、人民生活及思想潮流等；⑶靑年時代，應做小問題，但要小題大做；中年時代，要做大問題，並且要大題大做；老年時代，應做大問題，但不得已可大題小做；⑷論題的選擇應考慮自己的能力範圍及材料性質；⑸檢查論著目錄雖必要，但不必費太大功夫。第四章討論史學論著之標準，嚴先生

認爲史學論著必須能以小見大、聚小爲大，才能達到充實而有光輝的境界。

論文撰寫的體式爲近人所著史學方法書藉中常涉及之問題。嚴先生在本書第五章也討論到這一問題。他認爲，通行之夾叙夾議體未必是最好的固定體式，寫作研究論文當因題目內容而異，因材料情況而異，因自己研究與寫作詳略深度而異，以及因準備供給何人閱讀而異。換言之，研究性論文寫作體式，當因應各種情況之不同而有所變通，不能拘守一種固定方式❾❻。嚴先生接著析論常見的論文體式，如⑴常行體、⑵綱目體、⑶綱目變體、⑷複合體等的優點及劣點，並強調應隨宜適應，靈活變化，期便閱讀。第六章討論引用材料與注釋方式，嚴先生認爲直錄史料原文與刪節消化重述這兩種方式各有利弊，並無固定不變之方式，史學工作者應力求給予讀者便利，儘可靈活運用，不必拘泥於表面的形式❾❼。

本書第七章討論史學論文的撰寫與改訂，第八章指示史學工作者以努力的途徑與工作的要訣，最後一章則指出從事學術研究工作者個人的生活、修養及其治學之間有極其密切的關係。嚴先生以數十年之工作經驗現身說法，這三章之論述很能給予讀者極親切的感受、極大的啓發。

除了以上所簡述綜論史學方法論的專書以外，民國六十八年七月，余英時先生所發表的「中國史學的現階段：反省與展望」❾❽之論

---

❾❻嚴耕望，《治史經驗談》，頁九八。

❾❼同上書，頁一二三。

❾❽本文原刊於：《史學評論》第一期（民國六十八年七月），頁一～二四，作爲該刊之「代發刊詞」，後收入：氏著，《史學與傳統》（臺北：時報出版公司，民國七十一年），頁一～二九。

文，亦是討論史學研究及其方法的重要文字。余先生在這篇論文中，首先回顧現代中國史的發展過程，指出在許多史學研究的流派之中，影響最大的有二：第一派可稱為「史料學派」，乃以史料之搜集、整理、考訂與辨偽為史學的中心工作。第二派可稱之為「史觀學派」，乃以系統的觀點通釋中國史的全程為史學的主要任務。從理論上說，這兩派其實各自掌握到了現代史學的一個層面：史料學是史學的下層基礎，而史觀則是其上層建構。沒有基礎，史學無從開始；沒有建構，史學終不能完成。所以史料學與史觀根本是相輔相成，合則雙美，離則兩傷的，但是在實踐中，中國現代的史料學派和史觀學派由於各趨極端，竟不幸而形成了尖銳的對立。史料學派鄙史觀為空中樓閣，而史觀學派則又譏史料學為支離破碎，不識大體[99]。余先生繼又指出，史料學派與史觀學派分別代表了近代史學追求科學化的兩個途徑，兩者都以為他們的研究方法是合乎科學的。余先生認為，近代中國史學家所說的方法有兩個不同層次的涵義：一是把史學方法看作一般的科學方法在史學研究方面的引申；一是指各種專門學科中的分析技術，如天文、地質、考古、生物各種科學中的具體方法都可以幫助歷史問題的解決[100]。余先生在上述分析的基礎上提出史無定法的主張，他說[101]：

> 史無定法，而任何新方法的使用又隱藏著無數的陷阱；這一事實充分說明在史學研究上是沒有捷徑可走的，一切都要靠史學家自己去辛苦而耐心地摸索。這種情況並不自今日始，可以說

---

[99] 《史學評論》，頁二。

[100] 同上書，頁一三～一四。

[101] 同上書，頁一五。

是自古已然的。一個世紀以前，大史學家蒙森（Theodor Mommsen）就說過：「如果一位史學教授認為他能訓練史學家像訓練經典學者和數學家一樣，那麼他是處在一種危險而有害的錯覺之中。史學家是別人不能訓練得來的，他只有自己訓練自己。」這真是有關史學方法的證道之言。史學的困難在此，但史學的吸引力也在此。

余先生所以提出「史無定法」的主張，其主要原因之一是他對文化的複雜性與整體性的深刻認識。他一再強調，史學為綜合貫通之學，史學工作者必須在歷史時間系統之內努力從整體性的觀點來研究人類的過去[102]。因此，他在這篇論文裡指出，史學研究工作者必須透過比較的觀點來掌握歷史現象，他說：「一部中國文化史是既具有整體性而同時又是複雜萬端的。通過比較的觀點，這種整體性和複雜性才能更清楚、更充分地顯現出來。」[103]他並指出今後的中國史研究的終極目標在於探討「中國文化的獨特形態及其發展的過程」[104]。這篇論文雖非以史學方法為中心，但在對史學研究方向的檢討中却處處觸及方法問題，很引起讀者重視。

總結上文對近十年來國內有關史學方法論著作之回顧，我們可以看出，這十年間國內史學界對於方法的興趣較前此二十年間為高，而且所注意的方向也較具多面性與複雜性，出版的作品亦較前期更見蓬勃。除了以上所作簡述的幾家之外，這十幾年間如周簡文先生、余鶴

---

[102] 這個觀點也見之於《史學與傳統》，自序。

[103]《史學評論》，頁一九。

[104] 同上書，頁二一。

清先生、韋政通先生、胡秋原先生、李家祺先生……等，皆有專書，
很能呈現這段期間內史學方法論探討的盛況。

四、結　語

　　以上對近三十年來國內史學界所出版的史學方法論著作，作一簡
略的介紹，所涵蓋的範圍僅以臺灣地區所刊佈者爲限，國人在其他地
區所發表者，暫不納入討論範圍，此雖不無掛一漏萬之病，但已可發
現近三十年來國內史學界方法意識高漲之一斑。此種方法意識之形成
與民國初年瀰漫於學術界的「科學主義」（scientism）思潮❶❺有密切
關係，而民國五十年末期以後行爲科學及社會科學的衝擊尤具推波助
瀾之功❶❻。

　　但是，我們若就更深入的層面來觀察，則這種方法意識的高漲，
實植根於：「主」、「客」之斷爲兩橛。換言之，近代中國史學家意識
到史學工作者乃是研究工作的主體，他們所探討的對象——歷史事實
——是客觀的存在，主體與客體不可混爲一談。而主體對客體若欲達
深切的理解與掌握，必須有一套程序與步驟，因此，方法論的講求，
乃成爲重要的工作。那麼，此刻我們要問：這種主客離析的思想因何
而起？這個問題原本有其複雜的原因與背景，任何一個對它作簡單的

❶❺郭穎頤敎授對近代中國思想史上的「科學主義」有深入探討，參看: Daniel
W. Y. Kwok, *Scientism in Chinese Thought, 1900-1950* (New
Haven: Yale University Press, 1960).

❶❻關於這一點，參看: 黃進興，「論『方法』與『方法論』：以近代中國史學意
識爲系絡」，《食貨月刊》復刊一一卷五期（民國七十年八月一日），頁二一七
～二二八。

概括性論斷，都不能免於化約主義（reductionism）的弊病。但是，如果專就中國史學傳統的特質來看，我們不妨說，這種主客離析的發展，與近代中國人文學術研究中史學與經學的分道揚鑣有著深刻關係。傳統的中國史學與經學，原雖有不同的目標——經學所追求的「常」，是安身立命之道；史學所探索的「變」，乃人事之滄桑遞嬗——但是在經學的籠罩下，傳統的中國史學家莫不努力於究事以顯理，垂變以顯常❼。《左傳》是對《春秋》史事的說明，太史公更以繼《春秋》之精神自任。自《史記》以下，經史之密切結合一直是中國學術傳統的一大特質。近人嘗指出，經史關係爲中國思想史之一大問題，唐代文中子王通（仲淹，584—618）就以《書》、《詩》、《春秋》三經爲聖人述史之作；南宋陳傅良（君舉，1137—1203）、明代宋濂（景濂，1310—1381）、王守仁（陽明，1472—1528）、李贄（卓吾，1527—1602）均有經史相爲表裡之看法❽。在這種學術傳統之下，傳統中國史學家對歷史的探索深深地與道德教化的目的相結合，因此中國史學的特徵乃表現而爲「事實判斷」與「價值判斷」的會通。班固（孟堅，32—92）《漢書》卷三十藝文志云：「書以廣聽，知之事也；春秋以斷事，信之符也」❾，我們可以說，在中國史學傳統中，「知之事」與「信之符」不僅不斷爲兩橛，而且知識活動是建立道德信念的基礎，道德信念是史家用來觀察、析論史實的根據。也因此，在中國學術傳統中，

---

❼參看：錢穆，「經學與史學」，收入：杜維運、黃進興編，《中國史學史論文選集》（臺北：華世出版社，民國六十五年），頁一二〇～一三七。

❽參看：周予同、湯志鈞，「章學誠六經皆史說初探」，《中華文史論叢》第一期（1962年）；余英時，「清代學術思想史重要觀念通釋」，《史學評論》第五期（民國七十二年一月），頁八二～九二。

❾《漢書》（臺北：藝文印書館景印武英殿刊本），卷十，頁二六，下半頁。

歷史知識與現實人生絕不析而爲二。傳統中國史家在時間之流中追逆往古，然而溯古乃所以知今，歷史的知識活動是要落實到生命中來講的。在這種傳統之下，主客交融、理事無礙就成爲中國學問的特徵。

但是，至遲從十八世紀開始，經學與史學便逐漸分途發展了。章學誠（實齋，1738—1801）「六經皆史」說的提出，具有多方面的意義。在中國學術史上，「六經皆史」是針對顧炎武（亭林， 1613—1682）「經學卽理學」之後考據學風的一大突破；就思想史而言，則此說可視爲實齋以史學觀點對抗經學觀點的一大發展❿；就史學史之立場言，則我們不妨說，實齋的「六經皆史」說提昇了中國史學家的「歷史意識」，使他們視六經爲透露「道」在古代發展的消息而已，「道」的觀念遂由靜態之存在一變而爲動態之發展。自此以下，近二百年來中國史學的發展於是逐漸脫離經學而獨立；歷史的探索亦逐漸成爲一種獨立自主的知識活動，而不再是達到安身立命的一種手段。中國史學家致力於使中國史學研究現代化，他們從各個角度來進行所謂「神話的却除」(dymythologization) 的工作。而這種工作必以「主」(史學工作者)「客」(史事) 析離爲前提，方法的講求正是「主」對「客」的理解手段。這種學術上的發展，或許是近幾十年國內史學界對方法論普徧感興趣的精神遠源。在這種精神遠源的啓導之下，近代中國史學家懷抱强烈的時間觀念，從事史學研究，有意識地區分「主」、「客」，把史學當作獨立而客觀之存在，講求探索史實的基礎與方法，把史學研究推向一個新的高峯，並逐漸匯入世界史學研究的大潮流之中。但是， 從另一個角度看， 這種主客析而爲二的發展， 其得失正不易言

---

❿參看: 余英時，《論戴震與章學誠》（臺北： 華世出版社， 民國六十六年），頁五〇及五三。

也。傳統中國史學家治史之矩矱在經史貫通、「主」「客」交融、物我
為一，雖然方法意識不彰，但是生命在學術之中獲得安頓，而學術乃
所以彰顯生命之意義，因此史學家多半能在變遷之中體認其永恒意義，
從無失落之感。所以，王夫之（船山，1619—1692）雖生於天崩地裂
的時代，但他對文化傳統的延續，仍具有絕對的信心，在《讀通鑑
論》書中，他一再對同時代及後世之人，重申這個信念，就是一個最
明顯的例子。自經學與史學分道揚鑣，中國史學家不免長於論「變」
而拙於說「常」，其末流所至遂踏入「歷史相對論」（Historical Re-
lativism)之陷阱，或飄盪游移，不知所止；或竟悠然自適，以為天下
之美盡在此矣！其事至為可痛，其情至為可哀，特別值得我們深切
反省，憫其短而匡其所不逮！

　　民國六十二年，錢賓四先生著《中國史學名著》，有感於近百年
來國人之割裂傳統，自我放逐，嘗於史學研究必須植根於傳統一節拳
拳致意。在西方史學思潮大力衝擊而傳統史學格局面臨崩潰的學術背
景裡，錢先生認為：「此下中國史學，必當另有新趨」⑪，此所謂「新
趨」並不必然以捨舊逐新為其既定模式——在上文中，我們回顧了近
三十年來國內史學界對於「新趨」的探索過程，深感於無論此種新趨
之方向如何，其必與中國史學傳統相結合，殆無疑義。不論中西，史
學研究概以「人」為主題，傳統中國史學特重人物賢奸，西方史學家自
修昔的底斯（Thucydides, ?460—400 B. C.）以迄蘭克，亦莫不以
「人」為其探討之中心課題。伊格斯（Georg G. Iggers）近日為文
回顧西洋史學之發展，特別指出，蘭克之以修昔的底斯為博士論文題

---

⑪錢穆，《中國史學名著》（臺北：三民書局，民國六十二年），上冊，頁三三。

目，實非偶然⑫，其事最足以顯示：新方向的探求必植根於舊傳統，寓開來於繼往，能守舊方能開新。這不僅是古今一體的學術通例，更是此後中國史學研究的一條康莊大道。這是我們檢討近三十年國內史學方法論研究成果之後，所提出的第一個看法。

其次，就發生程序而言，史學方法論的提出及其取向，必在實際的研究工作之後，因此此後國內史學方法論之趨向，當必視歷史學實際之研究成果為轉移。誠如黃進興先生所指出，一個學科之進步與拓展真正的關鍵端賴實質問題的解決，而重要實質問題的解決經常又帶來「方法」的改革或創新，然後才輪到「方法論」對這些成果加以「事後先見之明」式的理論說明及辯護⑬。我們可以說，民國以來，我國史學界方法意識所以高漲，與史學工作者對這種發生程序的誤解有相當直接的關係。佛門尊者僧伽斯那所撰的《百喻經》卷四有一條「口誦乘船法而不解用喻」，很能夠說明我們在這裡所持的論點⑭：

　　昔有大長者子，共諸商人入海探寶。此長者子善誦入海捉船方
　　法。若入海水漩洑洄流磯激之處，當如是捉，如是正，如是
　　住。語眾人言：入海方法我悉知之。眾人聞已，深信其語。既
　　至海中，未經幾時，船師遇病，忽然便死。時長者子即便代

⑫Georg G. Iggers & Harold T. Parker eds., *International Handbook of Historical Studies* (London: Methuen & Co Ltd, 1980), Introduction, p. 1.

⑬康樂、黃進興主編，《歷史學與社會科學》（臺北：華世出版社，民國七十年），「緒論」，頁三五。

⑭尊者僧伽斯那撰，蕭齊天竺三藏求那毘地譯，《百喻經》（臺中：瑞成書局，民國五十三年），頁六六～六七。

處。至洄澓駃流之中，唱言：當如是捉，如是正。船盤廻旋
轉，不能前進至於寶所。擧船商人没水而死，凡夫之人亦復如
是。少習禪法，安般數息，及不淨觀，雖誦其文，不解其義，
種種方法，實無所曉。自言善解，妄授禪法，使前人迷亂失
心，倒錯法相。終年累歲，空無所獲。如彼愚人，使他没海。

口誦行船之法而未嘗實際操舟，終不免在澓洑洄流之中慘遭滅頂。過
度強調方法論而忽略實際研究工作，其險況有如上述。雖然方法論在
搏成之後不免有其獨立自主性，但就發生程序言，它是「後驗」（a
posteriori）於實際工作而存在的。因此，將來國內史學方法論之新
趨向，仍需視實際史學研究工作爲轉移；而且此二者之間辯證性的互
動，正是史學研究所以日新又新的源頭活水。讓我們以這樣的認識與
信心，來期待明日的史學研究更上層樓、綻放異彩！

　　（本文曾分刊於《漢學研究通訊》，第二卷第二期及第三期及《史
學評論》第六期）。

參 考 文 獻

凡例:

(1) 本書目之內容概以專論研究方法者爲要（論文部分尤然），凡廣義的史學方法論，諸如史學史、史學通論、歷史哲學等討論，範圍甚大，爲節省篇幅，暫不收錄。

(2) 本書目以民國三十九年以後臺版之中文書文爲主（包括譯作），凡(1)民國三十九年以前、(2)臺灣地區以外、(3)以外文寫作者，概未列入。

(3) 本書目之編排，係依出版年代之先後爲序，年代相同者，再依作者（或譯者）姓名之英文字母之先後爲序。

(4) 書目之編輯，有如秋風掃落葉，滄海遺珠在所難免，敬祈原諒。

一、專書部分

張致遠編，《史學講話》，臺北: 中華文化出版事業委員會，民國四十一年。

啓明書局編譯所編撰，《歷史研究法》，臺北: 啓明書局，民國四十一年。

蔣祖怡，《史學纂要》，臺北: 正中書局，民國四十一年。

傅斯年，《史學方法導論》（僅存「史料論略」一節），見《傅孟眞先生全集》（第二冊），臺北: 臺灣大學，民國四十一年。

吳天任，《章實齋的史學》，香港: 東南書局，民國四十一年；臺北: 商務印書舘，民國六十八年重印。

張蔭麟，《論傳統歷史哲學》，臺北: 中央文物供應社，民國四十二年。

Tonybee, A. J. 著，鍾建閎譯，《歷史之研究》，臺北: 中央文物供應社，民國四十二年。

Sorkin, P. A. 著，徐道鄰譯，《危機時代的社會哲學——現代歷史哲學評論》，臺北: 中央文物供應社，民國四十二年。

李宗侗，《中國史學史》，臺北：中華文化出版事業委員會，民國四十二年。

姚永樸，《史學研究法》，臺北：中央文物供應社，民國四十二年。

錢　穆，《中國歷史精神》，臺北：國民出版社，民國四十三年。

錢　穆，《國史新論》，九龍：求精印務公司，民國四十四年；臺北：東大圖書公司，民國七十年重印。

牟宗三，《歷史哲學》，高雄：强生出版社排印，民國四十四年。

包遵彭等編，《史料與史學》，臺北：正中書局，民國四十五年。

張壽鏞，《史學大綱》，（約園演講集之三），未詳出版地點、書局，民國四十七年。

金毓黻，《中國史學史》，臺北：商務印書舘影印本，民國四十七年。

許冠三，《史學與史學方法》，香港：自由出版社，民國四十七～四十八年；臺北：旋風出版社，民國四十八年。

梁啓超，《中國歷史研究法》（附補編），臺北：中華書局影印本，民國四十八年。

錢　穆，《中國歷史研究法》，香港：孟氏教育基金委員會，民國五十年；臺北：三民書局，民國五十八年。

Saloemini, Gaetamo 著，周謙沖譯，《史學家與科學家——史學與社會科學概論》，臺北：商務印書舘影印本，民國五十一年。

杜維運，《清乾隆時代之史學與史學家》，臺北：臺灣大學文學院，民國五十一年。

Nagel, Ernest 著，許冠三選譯，《歷史解釋》，香港：震旦圖書公司，民國五十二年；臺北：萬年青書廊翻印，未詳出版年代。

See, Henri 著，黎東方譯，《歷史之科學與哲學》，臺北：商務印書舘影印本，民國五十二年。

朱雲彩，《史學方法》，臺北：臺灣師範大學夜間部，民國五十四年。

Barnes, H. E. 著，何炳松譯，《史學史》，臺北：商務印書舘，民國五十四年。

Robinson, J. H. 著，何炳松譯，《新史學》，臺北：文星書店，民國五十四年。

何炳松，《通史新義》，臺北：商務印書舘，民國五十四年。

李　濟，《想像的歷史與眞實的歷史之比較》，臺北：國立歷史博物舘，民國五十四年。

李宗侗，《歷史的剖面》，臺北：文星書店，民國五十四年。

涂序瑄，《西洋史學史》，臺北：臺灣師範大學，民國五十四年。

Barnes, H. E. 著，董之學譯，《新史學與社會科學》，臺北：商務印書舘，民國五十四年。

Bernheim, E. 著，陳韜譯，《史學方法論》，臺北：商務印書舘臺一版，民國五十五年。

陳登原，《歷史之重演》，臺北：商務印書舘，民國五十五年。

紹特韋爾著，何柄松等譯，《西洋史學史》，臺北：商務印書舘，民國五十五年。

許倬雲，《歷史學研究》，臺北：商務印書舘，民國五十五年。

許雲樵，《史學通論》，臺北：青年書局，民國五十五年。

胡良珍，《史學方法之探討》，臺北：史學通訊，民國五十五年。

李宗侗編，《史學》（二十世紀之科學第九輯），臺北：正中書局，民國五十五年。

See, Henri 著，黎東方譯，《歷史唯物論批評》，臺北：帕米爾書局，民國五十五年。

杜維運，《與西方史學家論中國史學》，臺北：中國學術著作獎助委員會，民國五十五年。

徐文珊，《中國史學概論》，臺北：維新書局，民國五十六年。

呂思勉，《史通評》，臺北：商務印書舘，民國五十六年。

費海璣，《歷史研究集》，臺北：商務印書舘，民國五十七年。

Langlois, Ch. V. 與 Seignobos, Ch. 同撰，李思純譯，《史學原論》，臺北：商務印書舘，民國五十七年。

李宗侗，《史學概要》，臺北：正中書局，民國五十七年。

Carr, E. H. 著，王任光譯，《歷史論集》，臺北：幼獅書局，民國五十七年。

尹慶耀，《歷史寫下的答案》，臺北：中華民國國際研究所，民國五十七年。

班兹著，向通譯，《史學》（原名：《史學史》），臺北：商務印書舘，（人人文庫

743)，民國五十八年。

Nietzsihe, F. 著，淦克超重譯，《歷史之用途與濫用》，臺北：水牛出版社，民國五十八年。

增田涉等著，李永熾譯，《歷史與思想》，臺北：水牛出版社，民國五十八年。

陸懋德，《史學方法大綱》，臺北：陽明出版社，民國五十八年。

孫德謙，《太史公書義法》，臺北：中華書局，民國五十八年。

余鶴清，《史學方法》，臺北：樂天出版社，民國五十八年。

杜蘭夫婦著，鄭緯民譯，《歷史的教訓》，臺北：大江出版社，民國五十九年。

錢　穆，《史學導言》，臺北：中央日報出版社，民國五十九年。

胡秋原，《史學方法之要點並論純瞎說》，臺北：學術出版社，民國五十九年。

李家祺，《歷史纂述的方法》，臺北：商務印書舘，民國五十九年。

Rowse, A. L. 著，廖中和譯，《歷史的功用》，臺北：幼獅文化事業出版公司，民國五十九年。

沈剛伯，《史學與世變》，臺北：仙人掌出版社，民國五十九年。

孫隆基，《歷史的鳥瞰》，臺北：大西洋出版社，民國五十九年。

萬年青書廊選譯，《歷史哲學與歷史解釋》，臺北：萬年青書廊，民國五十九年。

杜維運，《學術與世變》，臺北：環宇出版社，民國六十年五月臺一版。

Mises, Ludwig 著，淦克超譯，《理論與歷史》，臺北：幼獅書店，民國六十年。

姚從吾，《歷史方法論》（《姚從吾先生全集（一）》），臺北：正中書局，民國六十年。

Wells, H. G. 著，葉新發譯，《歷史的教訓》，臺北：水牛出版社，民國六十年。

葉龍彥，《歷史意識與歷史哲學》，臺北：榮文出版社，民國六十年。

Black. C. E. 著，郭正昭譯，《現代化的動力——一個比較歷史的研究》，臺北：環宇出版社，民國六十一年。

錢　穆，《中國史學名著》，臺北：三民書局，民國六十二年。

金靜庵，《中國史學史》，臺北：漢聲出版社，民國六十二年。

周培智，《歷史學歷史思想與史學研究法述要》，臺北：史學出版社，民國六十二

　　　年。

黃　培，《歷史學》，臺北：學生書局，民國六十二年。

羅　光，《歷史哲學》，臺北：商務印書館，民國六十二年。

Walsh, W. H. 著，王任光譯，《歷史哲學》，臺北：幼獅文化事業出版公司，
　　　民國六十二年。

何炳松、呂思勉著，《歷史研究法二種》，臺北：華世出版社，民國六十三年。

巴利諾斯奇著，胡一貫譯，《唯物史觀批判》，臺北：國防部總政治作戰部，民國
　　　六十三年。

Gawronski, Donald V. 著，容繼業譯，《歷史意義與方法》，臺北：幼獅書店，
　　　民國六十三年。

林同濟、曾伯倫同撰，《文化形態史觀》，臺北：地平線出版社，民國六十三年臺
　　　一版。

呂思勉，《歷史研究法》，不悉其出版於何年，臺北：華世出版社影印本，民國六
　　　十三年。

宋　晞，《中國史學論集》，臺北：開明書店，民國六十三年。

楊懋春，《史學新論——試作社會學與歷史學的整合》，臺北：華欣文化事業出版
　　　公司，民國六十三年。

Spengler, O. 著，陳曉林譯，《西方的沒落》，臺北：華新出版社，民國六十四
　　　年。

黃進興，《歷史主義——一個史學傳統及其觀念的形成》，臺北，民國六十四年。

蔡石山，《西洋史學史》，臺北：環球書社，民國六十四年。

楊鴻烈，《歷史研究法》，臺北：華世出版社影印，民國六十四年。

張存武、陶晉生編，《歷史學手册》，臺北：食貨出版社，民國六十五年。

中華文化復興運動推行委員會主編，《中國史學論文選集》，臺北：幼獅文化事業
　　　出版公司，民國六十五年。

Descartes Rene 著，黃金穗譯，《方法導論》，臺北：協志工業叢書出版公司，
　　　民國六十五年。

饒宗頤，《中國史學上之正統論》，香港：龍門書店，民國六十五年；民國六十八
　　年宗青圖書公司在臺翻版。

沈剛伯，《史學與世變》，臺北：大林出版社，民國六十五年。

杜維運、黃進興編，《中國史學史論文選集（一、二冊）》，臺北：華世出版社，
　　民國六十五年。

Cantor, N. F. 與 Schneider, R. 同撰，涂永清譯，《史學導論》，臺北：水牛
　　出版社，民國六十五年。

Walsh, W. H. 著，閻子桂譯，《歷史哲學》，臺北：幼獅文化事業出版公司，民
　　國六十五年。

葉奕宏編，《歷史的看法》，臺北：奕宏出版社，民國六十五年。

余英時，《歷史與思想》，臺北：聯經出版事業公司，民國六十五年。

周簡文編著，《史學通論》，臺北：正中書局，民國六十六年。

朱希祖，《中國史學通論》，臺北：莊嚴出版社，民國六十六年。

Collingwood, R. G. 著，黃超民譯，《歷史的見解》，臺北：正文書局，民國
　　六十六年。

Smith, Page 著，黃超民譯，《歷史家與歷史》，臺北：商務印書館，民國六十六
　　年。

黃俊傑編譯，《史學方法論叢》，臺北：學生書局，民國六十六年。

宋　晞主編，《史學論集》（中華學術與現代文化叢書第三冊），臺北：華岡出版
　　有限公司，民國六十六年。

王爾敏，《史學方法》，臺北：東華書局，民國六十六年。

葉松發譯，《歷史的教訓》，臺北：水牛出版社，民國六十六年。

余英時，《論戴震與章學誠》，臺北：華世出版社，民國六十六年。

張玉法，《歷史學的新領域》，臺北：聯經出版事業公司，民國六十七年。

陳安仁，《歷史專題研究論叢》，臺北：華世出版社影印臺一版，民國六十七年。

Toynbee, A. J. 著，陳曉林譯，《歷史研究》，臺北：桂冠圖書公司，民國六十
　　七年。

翦伯贊，《史料與史學》，臺北：宗青圖書出版公司影印本，民國六十七年。

金耀基，《從傳統到現代》，臺北：時報文化公司，民國六十七年。

周虎林，《司馬遷與其史學》，臺北：文史哲出版社，民國六十七年。

Kahler, E. G. 著，黃超民譯，《歷史的意義》，臺北：商務印書舘，民國六十七年。

Tonybee, A. J. 著，林綠譯，《歷史的研究》，臺北：源成出版社，民國六十七年。

吳相湘，《歷史與人物》，臺北：東大書局，民國六十七年。

吳曼君，《論唯物史觀》，臺北：正中書局，民國六十七年。

Boulding, K. E. 著，萬爾甄譯，《社會動力學入門——歷史的辯證與發展》，臺北：食貨出版社，民國六十七年。

錢　穆，《歷史與文化論叢》，臺北：東大圖書公司，民國六十八年。

李　璜，《讀史之頁》，臺北：傳記文學出版社，民國六十八年。

逯耀東，《中共史學的發展與演變》，臺北：時報文化出版公司，民國六十八年。

杜維運，《史學方法論》，臺北：撰者自刊鉛印本，民國六十八年。

杜維運、黃俊傑編，《史學方法論文選集》，臺北：華世出版社，民國六十八年。

蕭欣義主講，《中國古代思想史研究法舉隅》，臺北：淡江大學編印，民國六十九年。

李弘祺，《史學與史學方法論集》，臺北：食貨出版社，民國六十九年。

杜維運、陳錦忠編，《中國史學史論文選集三》，臺北：華世出版社，民國六十九年。

江金太，《歷史與政治》，臺北：桂冠圖書公司，民國七十年。

黃俊傑，《歷史的探索》，臺北：東昇出版事業公司，民國七十年。

Collingwood, R. G. 著，黃宣範譯，《歷史的理念》，臺北：聯經出版事業公司，民國七十年。

康　樂、黃進興合編，《歷史學與社會科學》，臺北：華世出版社，民國七十年。

Popper, K. R. 著，李豐斌譯，《歷史定論主義的窮困》，臺北：聯經出版事業公

司，民國七十年。

嚴耕望，《治史經驗談》，臺北：商務印書館，民國七十年。

陳援庵，《援庵史學論著選》，臺北：木鐸出版社，民國七十一年。

余英時，《史學與傳統》，臺北：時報文化出版公司，民國七十一年。

二、論文部份

周德偉，「歷史事象之研究方法」，《三民主義半月刊》二○期，頁三○～四○，
　　　　民國四十三年二月。

董作賓，「論中國歷史研究的科學化」，《中國一周》二一一期，頁三～五，民國
　　　　四十三年五月。

王德昭，「四十三年度歷史學的研究」，《教育與文化》六卷四期，頁二～五，民
　　　　國四十四年一月。

黃玉齋，「先哲對於歷史的解釋」，《臺灣文獻》六卷二期，頁一～二四，民國四
　　　　十四年六月。

南　史，「鄉土歷史方法談片」，《臺南文化》五卷二期，頁一六三～一六五，民
　　　　國四十五年七月。

董作賓，「關於古史年代學的問題」，《大陸雜誌》一三卷六期，頁一～四，民國
　　　　四十五年九月。

李宗侗，「怎樣研究中國歷史」，《中國一周》三四三期，頁五，民國四十五年十
　　　　一月。

鄺　湖，「論史法」，《中國文化》一卷五期，頁二七～二八，民國四十七年八月。

衞挺生，「研究歷史方法的現實考驗」，《民主評論》九卷二三期，頁一七～二一，
　　　　民國四十七年十二月。

楊希枚，「語文學、考古學、人類學、史學與人類及其文化史的研究」，《大陸雜
　　　　誌》二一卷一、二期合刊，頁七五～八○，民國四十九年七月。

許冠三，「歷史題材獨特性的分析」，《大學生活》六卷一三期，民國四十九年十
　　　　一月。

胡秋原，「關於『近代中國之西方認識』並論中國思想史問題（上）」，《大陸雜誌》
　　三二卷六期，頁一～五，民國五十年九月。

　　「關於『近代中國之西方認識』並論中國思想史問題（下）」，《大陸雜誌》
　　二三卷七期，頁二四～二九，民國五十年十月。

楊希枚，「西洋近代的東方學及有關中國古史的研究」，《大陸雜誌》二四卷四期，
　　頁一～六，民國五十一年二月。

劉世超譯，「普通定律在歷史中的功用」，《新時代》三卷七期，頁三一～三七，
　　民國五十二年七月。

胡秋原，「歷史學及其方法論——近世中國之盛衰第一章」，《中華雜誌》一卷一
　　期，頁五～九，民國五十二年八月。

　　「歷史哲學與文化哲學——歷史學及其方法論續論」，《中華雜誌》一卷三
　　期，頁二四～二六，民國五十二年十月。

唐君毅，「歷史事實與歷史意義（上）」，《民主評論》一四卷二二期，頁二～九，
　　民國五十二年十一月。

劉塗城，「史學家與歷史」，《中國一周》七一一期，頁二一～二四，民國五十二
　　年十二月。

陸寶千，「歷史學的理論架構」，《思與言》一卷五、六期，頁一～三，民國五十
　　二年十二月。

畢思孟，「歷史概念對一民族之展望與努力的社會政治經濟影響之檢討」，《臺大
　　社會學刊》一期，頁九二～九四，民國五十二年十二月。

唐君毅，「歷史事實與歷史意義（下）」，《民主評論》一四卷二三期，頁二～七，
　　民國五十二年十二月。

阮芝生，「什麼是歷史的事實」，（臺大歷史系學士論文），民國五十三年。

勞榦，「中國歷史的週期及中國歷史的分期問題」，《大陸雜誌》二九卷五期，頁
　　一～八，民國五十三年九月。

梁奇，「歷史與史學家的目標」，《民主評論》一五卷一六期，頁一七～一九，
　　民國五十三年九月。

逯耀東，「對中共『歷史解釋』的分析」，《民主評論》一五卷二一期，頁一八～二一，民國五十三年十一月。

劉述先，「歷史與人文眞理的關連性」，《民主評論》一六卷七期，頁二～七，民國五十四年四月。

高明士，「從湯恩比之《歷史的研究》一書中看湯恩比之歷史研究法」，《史繹》二期，頁六〇～六八，民國五十四年五月。

Berlin, Isaiah 原著，李恩涵譯，「環繞『科學的歷史』的有關問題」，《思與言》三卷一期，頁三～一〇，民國五十四年五月。

李博榮，「我對中國歷史人物評價的看法——讀錢穆先生《中國歷史研究法》質疑」，《史繹》二期，頁一〇～一四，民國五十四年五月。

林佩蓮，「羅素之《怎樣了解歷史》讀後」，《史繹》二期，頁三二～三九，民國五十四年五月。

李　濟，「想像的歷史與眞實的歷史之比較」，《新時代》五卷九期，頁三～九，民國五十四年九月。

梁敬錞講，「梁敬錞論歷史研究法」，《中國一周》八一六期，頁十，民國五十四年十二月。

杜維運，「歷史與方法論」，《出版月刊》八期，頁二三～二四，民國五十五年一月。

胡良珍，「史學方法之探討」，《史學通訊》一期，頁五～一三，民國五十五年四月。

李景武，「歷史之作用」，《史學通訊》一期，頁一四～一五，民國五十五年四月。

胡良珍，「史學研究之方法」，《中國一周》八四二期，頁九～一一，民國五十五年六月。

王樹槐，「研究歷史應否運用道德的裁判」，《思與言》四卷五期，頁二～四，民國五十六年一月。

陸惠風，「史家四長的再商榷㈠」，《新亞生活》九卷一八期，頁一〇～一一，民國五十六年三月。

李家祺，「談『歷史立場』問題」，《出版月刊》二三期，頁七五～七六，民國五十六年四月。

陸惠風，「史家四長的再商榷㈡」，《新亞生活》九卷二〇期，頁九～一一，民國五十六年四月。

李　璜，「史學研究的重點」，《文史學報》四期，頁四九～五三，民國五十六年六月。

易君博，「社會科學中的歷史解釋」，《國立政治大學學報》一六期，頁四七～七一，民國五十六年十二月。

宋　晞，「中共的史學研究」，《華岡學報》四期，頁一九一～二二三，民國五十六年十二月。

堀米庸三著，李永熾譯，「歷史與自然科學」，《新時代》八卷一期，頁二六～二七，民國五十七年一月。

段昌國，「從中國史書的體例看國史研究範圍的演變」，《史繹》五期，頁五三～五九，民國五十七年五月。

蘭克著，陸崇仁譯，「歷史與政治之類似性與差別性」，《中華雜誌》八卷二期，頁四一～四二，民國五十九年二月。

胡秋原，「史學方法與歷史哲學之要點（上）」，《中華雜誌》八卷三期，頁一六～二一，民國五十九年三月。

　　　　「史學方法與歷史哲學之要點（中）」，《中華雜誌》八卷四期，頁三二～四一，民國五十九年四月。

　　　　「史學方法與歷史哲學之要點（下）」，《中華雜誌》八卷九期，頁三一～四〇，民國五十九年十二月。

　　　　「史學方法之要點並論純瞎說」，《文化期》三一期，頁四二～四五，民國五十九月五月。

李家祺，「歷史的假設方法」，《新時代》一〇卷一一期，頁三九～四一，民國五十九年十一月。

沈景鴻，「檔案與史學」，《中華文化復興月刊》三卷一一期，頁七七～七九，民國五十九年十一月。

閻沁恒，「湯恩比的史學方法及觀念」，《國立政治大學學報》二二期，頁一七五
　　～一九六，民國五十九年十二月。

胡秋原，「關於史學預見及求眞之誠」，《中華雜誌》九卷一期，頁三八～四三，
　　民國六十年二月。

李家祺，「歷史能否成爲科學」，《現代學苑》八卷三期，頁二六～二八，民國六十
　　年三月。

杜維運，「史學上的純眞精神」，《思與言》八卷六期，頁一一～一三，民國六十
　　年三月。

柳詒徵，「中國史學之雙軌」，《史學與地學雜誌》一期，第一篇，臺北文海出版
　　社影印，民國六十年五月版。

Landes, D. S. 與 Tilly, Charles 著，鮑家麟譯，「作爲社會科學的史學」，《食
　　貨月刊》復刊一卷三期，頁一五五～一五九，民國六十年六月。

陶晉生，「作卡片的要點」，《食貨月刊》復刊一卷三期，頁一七三～一七五，民
　　國六十年六月。

于宗先，「經濟史研究的新趨向」，《食貨月刊》復刊一卷四期，頁一八～二一，
　　民國六十年七月。

李永熾，「思想史的類型、範圍與對象」，《中華文化復興月刊》四卷十期，頁四九
　　～五二，民國六十年十月。

李家祺，「史學的懷疑方法」，《新時代》一一卷一一期，頁三六～三八，民國六十
　　年十一月。

鮑家麟譯，「科技與社會科學的歷史（上）」，《食貨月刊》復刊一卷八期，頁四三一
　　～四三六，民國六十年十一月。

　　　　「科技與社會科學的歷史（下）」，《食貨月刊》復刊一卷九期，頁四八三
　　～四九八，民國六十年十二月。

陶龍生，「歷史家的謬誤」，《食貨月刊》復刊一卷一一期，頁六〇六～六〇七，
　　民國六十一年二月。

黃俊傑譯，「科學方法與史學家的工作」，《思與言》九卷六期，頁四一～四六，

民國六十一年三月。

Lipset, S. M. 著，黃俊傑譯，「歷史學與社會學——若干方法學上的省察」，《食貨月刊》復刊一卷一二期，頁六三五～六五一，民國六十一年三月。

古偉瀛，「內容分析 (content analysis) 之幾種用於研究傳記的方法及其於中國材料的初步運用」，《食貨月刊》復刊一卷一二期，頁六五二～六六一，民國六十一年三月。

陶晉生，「波克何夫爾，歷史分析的行爲研究途徑」，《食貨月刊》復刊一卷一二期，頁六六二～六六四，民國六十一年三月。

樊亞香、休斯著，「作爲藝術與科學的歷史」，《食貨月刊》復刊二卷二期，頁一一五～一一七，民國六十一年五月。

芬伯著，瞿海源譯，「歷史學家運用統計技術從事研究的一個例子：計數統計表的標準化」，《食貨月刊》復刊二卷二期，頁一〇六～一一四，民國六十一年五月。

堪脫與史耐德著，涂永清譯，「談史料」，《食貨月刊》復刊二卷四期，頁二二一～二二八，民國六十一年七月。

楊懋春，「以社會學眼光論歷史的創造者」，《思與言》一〇卷二期，頁一～九，民國六十一年七月。

艾狄洛特著，康綠島譯，「量化及其在歷史上的應用及其限制」，《食貨月刊》復刊二卷六期，頁三二四～三三七，民國六十一年九月。

史莜荃，「作爲社會科學的史學」，《史原》三期，頁一七一～一七四，民國六十一年九月。

袁憶平譯，「行爲及社會科學的研究方法及工具」，《食貨月刊》復刊二卷九期，頁四七六～四八四，民國六十一年十二月。

徐先堯，「現代的歷史敘述之商榷」，《臺大歷史系導報》六期，民國六十二年。

曼紐著，江勇振譯，「心理學在史學上的應用與濫用」，《食貨月刊》復刊二卷一〇期，頁五一四～五三二，民國六十二年一月。

文崇一，「社會文化變遷與歷史研究」，《食貨月刊》復刊二卷一〇期，頁五一〇

~五一三，民國六十二年一月。

溫土坦及柏拉特著，吳瑞屯譯，「理論應用於歷史研究：有關心理分析理論的問題」，《食貨月刊》復刊二卷一二期，頁六二五～六三四，民國六十二年三月。

德銳著，梁庚堯譯，「歷史的了解」，《食貨月刊》復刊三卷一期，頁三七～四九，民國六十二年四月。

勞夫希廸著，劉石吉譯，「經濟史家所走的路」，《食貨月刊》復刊三卷二期，頁八〇～八七，民國六十二年五月。

黃俊傑，「關於觀念史的若干解釋」，《國立編譯館館刊》二卷一期，頁一七五～一八四，民國六十二年六月。

杜正勝，「歷史研究的課題與方法」，《食貨月刊》復刊三卷五期，頁二二八～二三六，民國六十二年八月。

涂永清譯，「史學方法與歷史哲學」，《現代學苑》一〇卷九期，頁一八～二四，民國六十二年九月。

海斯著，邱成章譯，「歷史的社會研究：觀念、方法與技術」，《食貨月刊》復刊四卷四期，頁一四九～一五三，民國六十三年七月。

胡秋原，「我的史學方法論及與馬克斯等之不同（上）」，《中華雜誌》一二卷七期，頁四九～五六，民國六十三年七月。

古偉瀛，「愛德華休特的《史家與電腦》」，《食貨月刊》復刊四卷四期，頁一五四～一五七，民國六十三年七月。

孫同勛，「從歷史被濫用談治史應有的態度」，《中華文化復興月刊》七卷七期，頁四二～四七，民國六十三年七月。

徐芳玲，「評介《歷史的量化》」，《食貨月刊》復刊四卷五期，頁二一五～二一九，民國六十三年八月。

胡秋原，「我的史學方法論及與馬克斯等之不同(下)」，《中華雜誌》一二卷八期，頁三四～三八，民國六十三年八月。

黎東方，「歷史不僅僅是一種科學」，《現代學苑》一一卷八期，頁四～八，民國

六十三年八月，又見《新時代》一四卷八期，頁二～六，民國六十三年八月；及《中國歷史學會史學期刊》七期，民國六十四年五月。

康　樂，「歷史學與社會科學」，《史繹》十一期，頁一～一八，民國六十三年九月。

杜維運，「史學上之比較方法」，《中央圖書館館刊》七卷二期，頁三二～四〇，民國六十三年九月。

思與言雜誌社，「『社會科學與歷史學』討論會紀錄」，《思與言》一二卷四期，頁一～一九，民國六十三年十一月。

陳　華，「歷史解釋中之地理因素」，《食貨月刊》復刊四卷一〇期，頁四四二～四四六，民國六十四年一月。

張偉仁，「中國法制史書目分類的標準與方法」，《食貨月刊》復刊四卷十二期，頁五四四～五六二，民國六十四年三月。

瞿海源，「Tb 統計分析簡介：一篇有關於清朝官僚研究論文的註解」，《食貨月刊》復刊五卷一期，頁二〇～二二，民國六十四年四月。

古偉瀛，「C分析簡介」，《食貨月刊》復刊五卷四期，頁一七〇～一七七，民國六十四年七月。

杜維運，「史學上的美與善」，《國立編譯館館刊》四卷一期，頁一六七～一七四，民國六十四年七月。

陶晉生，「政治史研究的展望——兼評艾爾登著《政治史》」，《食貨月刊》復刊五卷一二期，頁五七六～五八三，民國六十五年三月。

黃　培，「雍正史上的問題——兼論研究態度、研究方法和書評」，《食貨月刊》復刊六卷一期，頁一～一〇，民國六十五年四月。

克雷格著，陳華譯，「談政治史與外交史」，《食貨月刊》復刊六卷四期，頁一六八～一七七，民國六十五年七月。

陳芳惠，「歷史地理學在日本」，《大陸雜誌》五三卷五期，頁六四～六六，民國六十五年十一月。

羅炳綿，「中國近代社會史研究途徑的探索」，《食貨月刊》復刊六卷八期，頁四

七八～四八二，民國六十五年十一月。

史特姆堡著，蔡英文譯，「思想史家所用的模式」，《食貨月刊》復刊六卷八期，頁四八三～四九二，民國六十五年十一月。

于宗先，「評介中國近代史的透視」，《食貨月刊》復刊六卷一二期，頁六九五～六九六，民國六十六年三月。

黃俊傑，「思想史方法論的兩個側面」，《臺大歷史系學報》四期，頁三五七～三八三，民國六十六年五月。

黃俊傑譯，「思想史及其相關學科」，《食貨月刊》復刊七卷三期，頁一四一～一四七，民國六十六年六月。

羅炳綿，「近代中國社會史研究和史學趨勢」，《大陸雜誌》五五卷一期，頁二九～三七，民國六十六年七月。

杜正勝譯，「論經濟史研究」，《食貨月刊》復刊七卷一二期，頁六一七～六三三，民國六十七年三月。

王　煜，「評介中村元教授巨著《比較之觀念史》」，《大陸雜誌》五七卷一期，頁二六～四一，民國六十七年七月。

陶希聖，「三論語與春秋三傳之淵源——試作社會史的分析」，《食貨月刊》復刊八卷一二期，頁五三七～五五六，民國六十八年三月。

克康包爾著，陳芳妹譯，「影響藝術史研究的因素」，《食貨月刊》復刊九卷七、八期合刊，頁三〇四～三二四，民國六十八年十一月。

古偉瀛，「史學量化及其應用於中國史料的一些考察」，《食貨月刊》復刊一〇卷一、二期合刊，頁四三～五六，民國六十九年五月。

威廉・瑞著，黃進興譯，「史學及社會科學的整體論與個體論」，《食貨月刊》復刊一〇卷六期，頁二五四～二六三，民國六十九年九月。

唐美君，「人類學與史學」，《東海大學歷史學報》四期，頁一～一二，民國七十年二月。

黃進興，「論『方法』及『方法論』：以近代中國史學意識為系絡」，《食貨月刊》復刊一一卷五期，頁二一七～二二八，民國七十年八月。

范克萊著，　邢義田譯，「中國對十七八世紀歐洲人寫作世界史的影響」，《食貨月
　　　刊》復刊一一卷七期，頁三一六～三三八，民國七十年十月。

金發根，「讀嚴歸田（耕望）教授著：　治史經驗談」，《食貨》一二卷二期，　頁七
　　　七～八四，民國七十一年五月。

三十多年來臺灣地區地理學的發展與變遷

內容大綱

一、前言

二、臺灣地理學的歷史傳統

三、臺灣地理學的形式發展

四、臺灣地理學的思想淵源和變遷

五、結論

參考文獻

一、中文部分

二、外文部分

三十多年來臺灣地區地理學的
發展與變遷

施　添　福

一、前　言

　　就整個臺灣地區的學術界而言，地理學界是一個比較保守的學術團體。因此，一般學者除了肯定其在學校教育上的功能以外，似乎並不能充分認識地理學的性質和瞭解地理學家在實質研究上的貢獻，以致我國在推展地理學術研究的過程中，遭遇到種種的困難和障礙。

　　儘管一般學者相當忽略地理學界的存在意義，但是，三十多年來，地理學研究在臺灣的發展，以及地理學者在專題研究方面的貢獻，皆有值得關心臺灣學術界動態的學者注意的表現。為了讓學術界能夠更清楚地瞭解光復以來臺灣地區地理學的發展過程，也為了讓當代的地理學家能夠更有效地策劃地理學研究的未來發展方向，我們認為有必要對地理學研究在臺灣地區的發展，作一系列較詳細的回顧和檢討。我們的研究主要包含四個部份，即(1)討論三十多年來，臺灣地區地理學的學院化、專業化、和獨立化的過程；(2)追溯光復以前的中國地理學家和光復以來臺灣地區的地理學家，在地理學的觀念和方法

❋本文撰寫期間承蒙劉鴻喜、陳國章、石再添、王洪文、王秋原、姜蘭虹、張長義、閻文偉、劉胥復等諸位教授的協助，特此誌謝。

等兩方面的思想變遷；⑶探討臺灣地區的地理學家在實質研究方面的貢獻和研究主題的變遷；⑷檢討三十多年來臺灣地區地理學研究在方法論上所面臨的一些問題和困難，並討論其解決之道。但因限於篇幅，本文所討論的僅限於上述的第一項及第二項，全文的重點有三：⑴臺灣地理學的歷史傳統❶，⑵臺灣地理學的形式發展，⑶臺灣地理學的思想淵源和變遷。

　　我們之所以擬透過前述四個部分來回顧過去三十多年來臺灣地理學的發展過程，是因為我們同意一門學科是否具備雄厚的研究和發展基礎，可以從這門學科是否擁有成為一門知識學科的基本特徵來加以判斷。這些特徵包括（Graves 1975: 68—69）：

　　⑴一門知識學科擁有一段歷史或傳統。

　　⑵一門知識學科是一個有組織的社團。學科的建立，係來自團體的心智溝通及共同的工作成果。

　　⑶一門知識學科必須擁有一批文獻，和一組成員可以溝通意見的網路，具體表現為專業團體、定期出版刊物和各種學術討論會或研究會。

　　⑷一門知識學科在感情上必須對其成員具有號召力，而樂意在其組織內工作。

　　⑸一門知識學科擁有一塊共同耕耘的園地，以便社團中的成員，能夠將注意力集中於某些主題的研究上。

　　⑹一門知識學科必須擁有一些慣用的研究模式（句法），和一些相互關聯的概念及原理原則，以作為學科慣用的部份語言（實質結

---

❶為了行文方便起見，自此以後，凡指光復以來，我國在臺灣地區的地理學研究，皆簡稱為臺灣地理學。

構）。

因此，透過這些特徵分析臺灣地理學的發展過程，一方面可以看出臺灣的地理學是否具備作爲一門知識學科的條件；另一方面，也可以發現一些在發展過程中所顯露的缺點。

基於以上的認識，我們的分析將儘量以臺灣地理學界的整體活動作爲討論的對象，至於個人在某一特定時間內對某一特定領域的貢獻，以及個別研究機構的成就，則留待有興趣的地理史家去探索和評價。

二、臺灣地理學的歷史傳統

我國臺灣地區地理學的研究方向，毫無疑問的，是繼承了民國三十八年以前的中國地理學的研究傳統。因此，欲瞭解臺灣地理學的性質，必須先簡單回顧本世紀前半期我國地理學的發展歷程和研究特色。

衆所周知，地理學在我國的學術傳統中，擁有非常悠久的歷史。但是，由於一向寄生於經史學中，所以不曾獲得獨立的學術地位。章太炎（1922: 58-61）就曾指出:「中國本來的地理算不得獨立的科學，只不過做其他幾種經史的助手。」而一般學者之視地理學的功用，也只是在提供基礎知識和材料「或借以證經，或用以考史，或爲用兵之助，或爲行政之資」而已。（陳學熙 1911: 2-5）因此，歷代以來，研究地理的，幾乎全部是經史學家；而研究的目的，如果不是爲了其他學科的需要，就是爲了致用。在這種傳統之下，地理學自難爲其本身建立起一套較完整的知識體系。

不可否認的，在中國的學術傳統中，和地理學有關的著作，數量極爲龐大。歷代所修各省縣方志的總和，就差可與其他典籍的總數相

比。（傅振倫　1934: 27-29；朱士嘉　1934: 26-30；張其昀　1932:
180-185）方志數量固然衆多，但論其內容，却盡是一些有關疆域、
建置、沿革、山川、古跡、城池、形勢、風俗、職官、名宦、人物等
零碎事實的記載。採撫雖然豐富，但「多薈萃材料，堆積地名，僅有
繁瑣之敍述，而不能歸納爲簡明之條理。」（張其昀　1952: 206）這
些古代方志，只「注意於個別之事實，而忽略富於個別事實中之原理，
或僅注重事實之發生，而昧於憑藉而生之重要背景。」（張其昀　1952:
207）因此，這些所謂地理書，「每一展卷，就說某地某河，其名曰何，
其長幾何，支流有幾，羅列滿紙，並不加以解釋。」（張其昀　1932:
181）在這些古書中，固然也有一些見解偶而和現代地理學的觀念相
吻合，但大都是東鱗西爪，零亂散落各處，無法組成一個較爲完整的
知識體系。所以，嚴格地說，在中國學術傳統中，除地圖以外，能符
合現代研究旨趣的地理學著作，可說爲數極少。（王庸　1938: 1-2,
217）有關地理學的一些基本概念，只零碎地散布於各類的著作中。
但是，如果想爲現代中國的地理學尋找其傳統的成份，此一成份顯然
非地誌莫屬。

　　清同治以後，隨著新式學校的創立，地理學開始在學校教育的課
程中，取得獨立講授的地位。表面上看來，此一事實似乎顯示，地理學
開始脫離經史學的束縛而邁向獨立自主的方向發展。但是事實上並非
如此，由於地理學一向缺乏獨立的地位，並無所謂地理專家，因此地理
學雖然在學校教育的課程中成爲一門獨立講授的學科，但教授地理的，
以及撰寫地理教科書的，幾乎都是由經史學家兼任。（陳學熙　1911:
1-8；徐世昌　1938: 31；容肇祖1934: 16-20）「文、史、地」不分家
的觀念，仍舊深植於清末民初的學術和教育界中。在學校教育的課程
安排上，地理學雖形式上獲得獨立的地位，但事實上，仍是經史學的

附屬品。儘管如此，爲了撰寫敎科書，一些經史學家直接的或透過日文著作而間接的開始將西方的地理著作引進中國。（施添福 1983：36-38）

民國建立以後，特別是民國十年以後，地理學在中國學術界的地位，以及地理學本身的發展，起了急激的轉變。此時，在學校敎育方面，雖然繼續保持「文、史、地」或「史、地」是一家的傳統觀念，但在地理學專門人才的培養和專題研究方面，因受西方地理學潮流的衝擊，而出現了新的面貌。從民國二年北京高等師範學校本科設歷史地理部開始，至民國八年南京高等師範學校將原有的國文科，改爲文史地部門爲止，可以說是地理學突破中小學敎育的局限而向高等敎育，特別是高等師範敎育發展的時期。民國十年以後，地理學的發展更超出了師範敎育系統而逐漸在普通大學敎育獲得一席之地。至民國二十六年，地理學除了師範系統以外，在高等敎育機構中，不但逐漸脫離原先的史地系而獨立成系，如中央大學地理系❷，北京師範大學地理系❸；更有一些頗具規模的大學如中山大學、清華大學、浙江大學等亦增設地理系、地學系或史地系❹。不論是新獨立的或新增設的地理系，幾乎全部劃歸理學院統轄❺。卽使少數仍舊隸屬於文學院者，

---

❷民國十七年，地理系獨立成系；民國十九年，朱家驊任中央大學校長時，並將地理系由文學院劃歸理學院。

❸民國十三年，本科設地理系。

❹民國十八年秋，朱家驊任中山大學校長時，增設地理系；浙江大學於民國二十五年成立史地系。國立清華大學亦在民國十七、八年左右設地學系。

❺下列各大學的地理系，地學系等皆屬理學院：中山大學、中央大學、北平師範大學、清華大學，燕京大學、金陵女子文理學院。資料出自：多賀秋五郎，《近代中國敎育史資料：民國編（中）》，文海出版社有限公司，昭和四十八年，七九〇～七九一頁。

其課程安排也幾乎與理學院無異❻。這充分說明了一點，民國十年以後，一批接受西方科學訓練的中國現代地理學的開拓者，決心將自西方移植進中國的地理學，變成自然科學或經驗分析科學的一支。(Chang 1944: 47-62) 在這些地理學界前輩們的熱心耕耘下，到了抗日戰爭發生時爲止，中國地理學界大致具備了一門學科蓬勃發展的三個基本條件，卽學院化、專業化和獨立化。此一時期，地理學研究的最大目的，在借用西方的理論和方法，解決實際的問題，以達成經世致用的目標。

❻民國二十六年，浙江大學史地系（地理組）的課程安排如下表所示：

科目名稱	學分	必修選修	科目名稱	學分	必修選修
地學概論	4	必	本國地理分論	4	必
氣候學	3		亞洲地理	2	
地形學	3		歐洲地理	2	
水文學	2		美洲地理	2	
氣象學	3	必	世界地理	4	必
歷史地質學	3	必	經濟地理	2	
普通地質學	4	必	歷史地理	2	
礦物學	3		國防地理	2	
構造地質	3		人類學	2	
地球物理學	3		製圖學	2	必
經濟地質學	3		測量學	3	必
海洋學	3		地理實察	2	必
地理學史	2		中國地理教育	2	
本國地理概論	4	必			

資料來源：浙江大學史地系，《浙江大學史地系規程》，《史地雜誌》，創刊號：87—88（民國二十六年）。

　　民國二十六年以後的八年對日抗戰，使得正在蓬勃發展的中國地理學遭受空前的挫折與破壞。在研究資源匱乏的艱苦歲月裡，教學與研究皆無法正常展開；而不少正趨成熟的地理學家，亦因加入抗戰而被迫中斷研究工作。儘管如此，由於在中英庚子賠款的支援下，於民國二十九年成立中國地理研究所。（朱家驊　1942:1-2）這個獨立而純粹的研究機構，網羅了一批受過良好訓練的地理學家從事研究工作。除此以外，中央大學、浙江大學和東北大學亦分別成立地理研究所❼，在戰亂中繼續培養高級地理研究人才。由於這些研究機構的設立，以及向後方撤退的地理系保留部分原有的人力，使得這個時期的地理學界，仍能保持相當的活力。這些地理學家，透過田野調查曾完成許多有關中國西北和西南各省的初步研究。有關邊疆地理的調查和研究，成為這個時期地理學家最大的貢獻之一。（徐近之　1947:31-56; 孫宕越　1955:4-9）而研究的方向仍舊延續抗戰以前的實用目標。在戰亂和一片救亡圖存聲中，地理學家實在缺乏足夠的客觀條件，來從事地理學知識體系的創建工作，甚至連對西方地理學的知識體系都無法從事深入的思考和批判。

　　至民國三十年代後期，中國地理學的發展，多少已呈現下列四項特色：

1. 地理教育和地理學研究的雙軌發展

　　早在 1903 年，由清廷所頒布的〈奏定學堂章程〉，即為地理教育釐定了一套相當完整的制度。不但自小學堂至高等學堂皆規定講授地理課程，而且在分科大學中，亦有類似今日之地理系，而在當時稱為

---

❼浙江大學於民國二十八年設立文科研究所史地學部，下分四組: 1.史學組，2.地形學組，3.氣象學組，4.人文地理學組。東北大學於民國三十一年設立文科研究所，史地學部。

「中外地理學門」的課程安排。在這種教育制度下，地理學研究和教育應該可以充分配合，而達到知識傳承一元化的效果。但是，種種的事實顯示，中國地理學的研究和教育，似乎並未朝著此一方向發展。在中國，由於中小學比大學先有地理課程，因此中小學的地理教育以及培養中小學地理師資的師範院校等，似乎自成一個系統；這個系統，可以說繼承了中國經史傳統的地理學，而以培養民族精神和愛國思想為教育的重點。普通大學的地理系，其設置的年代較晚，而且又深受自然科學家的影響，因此不論是課程的安排或教育的目標，皆與師範教育系統迥然有異，而另成一個系統；此一系統基本上可以說是銜接西方的地理學傳統，而以培養專門研究人才為教育的重點。雖然，出身於這個系統的地理學家，曾積極介入中小學地理課程的設計❽，但一方面由於受到已經形成的地理教育傳統之束縛，另一方面又受到缺乏合格地理教師的限制❾。因此，地理學研究和地理教育之間，逐漸出現雙向平行發展的現象，使得地理學的研究成果，很難向下傳遞以作為中小學教育的材料。

2. 肯定實證論的科學觀

最先較有系統地將西方地理學傳統引進中國的，是一些在民國建立前後前往歐美接受教育的自然科學家如丁文江（地質）、翁文灝（地質）、竺可楨（氣象）、朱家驊（地質）等。地質學家之所以重視地理

---

❽例如竺可楨、胡煥庸和張其昀等前輩地理學家，不僅經常撰寫論文討論中學地理教學問題，同時亦曾參與擬定於民國十八年公佈的初級中學和高級中學的地理課程綱要。

❾民國二十年度全國各大學及獨立學院主修地理的學生，其數目為(1)主修地理為151人，(2)主修史地為43人。資料出自《第一次中國教育年鑑》，「丙編教育概況」，「第一學校教育概況」，二七～一三二頁。

學的研究，是因爲他們認爲地理學是地質學的最後一章；而氣象學家之所以關懷地理學，是因爲當時他們對氣象與人生或人類與環境的關係懷有極高的興趣。(James 1972:337-339) 爲了研究上的需要，他們曾先後不遺餘力地提倡科學地理學的研究，就是在他們熱心的提携和耐心的培植下，現代地理學才能快速地在中國生根成長。同時，也由於這些前輩學者曾深深地介入中國現代地理學的創建工作，以致自然科學或經驗分析科學的方法論，逐漸成爲往後中國地理學研究的唯一方法論。這一套方法論的應用範圍，並不限於自然地理方面，卽使是牽涉到人文現象的人文地理或區域地理，也以此方法論爲主要根據。

3. 强調自然地理學的研究

自然科學家對於中國地理學的影響，並不止於方法論。事實上，這些學者不僅本身或多或少曾從事有關地理學方面的研究，（張其昀 1952）而更重要的是，他們曾參與籌設地理系或地學系，發起組織地理學會，以培養地理專業人才和促進地理知識的傳播❿。由於他們的影響，使得中國大學地理系的課程安排，呈現了世界其他地區地理系所少有的特色。地理系的課程不僅强調系統科學如地質學或氣象學的講授⓫，而且在地理系之下，經常設有兩組，不是地質和地理，就是氣象和地理合組成系⓬。特別是氣象和地理合組成一個系，以及將

---

❿例如，翁文灝、竺可楨曾發起組織中國地理學會。而朱家驊，不但在其任中山大學校長時，爲該校創設地理系，同時更在民國二十九年，運用中英庚款，設立中國地理研究所。

⓫參閱註❻，浙江大學史地系地理組的課程。

⓬清華大學地學系下分三組：地質組、地理組和氣象組。燕京大學的系稱爲地理地質系。中央大學的地理系分爲地理、氣象兩組。西南聯大則稱爲地理氣象系。

氣象學列爲必修科目，更是世界上其他地區的地理系所少有的現象。強調自然科學的結果，使得自然地理學方面的研究，在中國地理學界一枝獨秀；影響所及，不僅人文地理的發展望塵莫及，就是號稱爲地理學最高形式的區域地理，也一直停留在教學科目的地位，很少有堪稱爲研究的著作出現。

4. 崇尚應用、實用而漠視理論的研究

現代地理學在中國發展的初期，也正是中國內憂外患頻仍和列強虎視眈眈，隨時準備掠奪中國領土和資源的時候。在這種背景下，新一代的地理學家，心懷經世致用從事研究以救亡圖存，以及企圖借用西方移植的方法與理論，以解決社會和國家所面臨的問題，似乎是可以理解的。但另一方面，在這種無奈的現實環境下，地理學家所採取的現實研究途徑，雖然累積了一些調查資料，解決或似乎解決了部份現實問題。但因無暇顧及理論的研究和批判，以致未能爲中國地理學未來的發展，奠定雄厚的基礎。

就是在上述的背景之下，臺灣地區的地理學研究逐步展開，同時也逐步繼承了中國地理學的研究傳統。

三、臺灣地理學的形式發展

民國三十四年抗戰勝利，臺灣光復。自三十五年起卽陸續有少數的中國地理學家前來臺灣，或籌劃有關中小學地理教育和開辦訓練地理師資機構事宜，或從事有關臺灣的地理學研究，但爲數甚少⓭。

⓭最早前來臺灣籌劃有關中小學地理教育和開辦訓練地理師資機構事宜的地理學家之一是任德庚教授，他於民國三十五年一月抵臺，民國七十一年夏自師大退休。他在師大前身臺灣省立師範學院所接的聘書，編號爲第一號。

民國三十八年，大陸各省相繼淪陷，中央政府移駐臺灣，又有一批地理學家隨政府來臺，但人數亦不多。往後就依賴著這些少數的地理學家，在這個日本人佔領了五十年，却幾乎沒有留下地理學研究基礎的島上，重建和延續中國地理學研究的傳統。在日本佔領臺灣的五十年間，的確是有一些相關學科的學者，在從事本科的研究之餘，也默默地兼做一些地理學方面的研究，特別是在地形和聚落地理方面，有著相當的貢獻[14]。同時亦有兩份專業性刊物，卽《臺灣地學記事》和《地學研究》，可以刊登地理學的論文。但是，直到民國三十四年日本戰敗爲止，臺灣仍舊缺乏形成地理學研究傳統所必備的三個條件，卽學院化、專業化和獨立化。也就是說，缺乏獨立的教育和研究機構，以培養地理人才和負責地理學的研究；同時也缺乏獨立的學會和刊物，以推動地理學的發展和交換研究心得。事實上，在日本據臺的五十年間，地理學的研究和活動一直寄生在地質學界，由地質學家以業餘的方式來討論有關臺灣地理學的問題。因此，如果說日本學者曾經爲臺灣的地理學研究留下一點基礎的話，此一基礎顯然是以自然地理爲主。

臺灣缺乏現成的地理研究傳統，固然使得地理學的研究，必須一切從頭開始；但也因爲沒有既成傳統的束縛，使得由大陸移植而來的現代中國地理學傳統，能够快速地在臺灣生根成長。但必須了解，地理學傳統在臺灣的重建，跟其他學術傳統的重建一樣，都是經歷了一段極爲艱苦的過程。撤退來臺的中國地理學家，人數原已不多，其中又有一些，因局勢動盪不安、物質生活困苦、研究環境惡劣，而先後

---

[14] 任職於臺北帝大地質學教室的富田芳郎卽是其中對地理學研究有極大貢獻的一位。日據時期所發表的地理學論文請參閱下列文獻：陳正祥《臺灣經濟地理文獻索引》，臺北：臺灣銀行，民國四十三年。

離臺他往，剩下的更屬寥寥無幾。但是，三十多年來，僅靠著少數堅守崗位的地理學界前輩的努力、堅持與奉獻，終於在臺灣地區建立了頗具規模的地理學研究和教育傳統。他們的這一份成就，應該獲得學術界的普遍肯定，同時後繼的地理學家，也應該以在中國地理學的發展過程中，有這一段歷史和成就而感到驕傲。下面我們將分成五部分討論光復以來臺灣地區地理學研究的學院化、專業化和獨立化的過程，此五部分爲：(1)大學地理系所的設置，(2)地理專業人才的培養，(3)大學地理學師資的增減，(4)中國地理學會的組織和活動，(5)地理學專業性刊物的創設和專書、論文的出版情況。

1. 大學地理系所的設置

二十世紀以來，不論中外，絕大部分有關地理學的問題，皆由大學的地理系、所負起研究的責任。換言之，大學地理系、所同時負起了教學和研究的雙重任務：一方面透過傳授學科的典範，以培養地理專業人才；另一方面透過對專題的研究，以促進學科的成長和發展。因此，在缺乏獨立自主的教學和研究機構下，一個學科很難快速發展成一門具有研究傳統的知識學科。如果從這個角度來衡量，則臺灣地理學的發展，雖然早在民國三十五年卽在大學中獲得一席之地，但一直要等到民國五十年代後期，才達到獨立自主的水準，而奠定往後快速成長的基礎。

民國三十五年八月，國立臺灣師範大學的前身省立臺灣師範學院，爲了培養中學地理師資，原擬設立地理系，但因當時嚴重缺乏大學地理學師資，乃決定與歷史學合併而成立史地系❶。論當時史地系

---

❶此一事實，係由任德庚教授告知。任教授所擁有的由省立臺灣師範學院發出的第一號聘書，其上卽載明聘任教授爲地理系的講師。

師資的陣容，地理學者所佔的份量不到全系的三分之一⓰。因此可以說，臺灣地理學傳統的建立是從三分之一個地理系開始的。早期由這個系培養出來的地理師資，為數相當有限，遠不足當時中學的需求。因此，於民國四十八年夏季，史地系又增設夜間部。日、夜間部的地理組又於民國五十一年夏正式獨立成系，而開創了臺灣地理學獨立自主發展的先聲。由於當時的另一個地理系及後來又增設的一個地學系，並未達到淨化的程度，因此臺灣地理學的真正獨立自主，尚須等到民國五十年代的後期。為了培養高級地理研究人才，國立臺灣師範大學在民國五十九年夏季增設地理研究所；且為了為臺灣地區的中學地理教師提供進修的機會，該研究所自民國六十六年起，每年又開辦相當於碩士程度的暑期進修班。到目前為止，國立臺灣師範大學一共支持了四個地理學的教學和研究單位（表一）。

　　民國四十四年夏季，國立臺灣大學在臺灣設立了第二個地理系。或由於大學地理學師資不足，或由於受中國地理學傳統的影響，這個新設立的地理系，雖名為地理系，其實係由地理和氣象兩組合併而成。系內不但以氣象學方面的師資佔優勢，而且進入地理系的學生也以主修氣象學者佔大多數。民國六十一年夏，氣象組獨立成大氣科學系，地理系始獲得真正的獨立自主，再經過近十年的經營和擴充，終於在民國七十年奉准設立地理研究所，到目前為止，國立臺灣大學維持了兩個教學和研究單位（表一）。

　　在臺灣地理學的發展過程中，私立中國文化學院最先設立和地理學有關的研究所。該院於民國五十一年成立中國文化研究所，下設地學門，分地理與氣象兩組，提供碩士學位。民國五十三年，地學門改

⓰資料來自省立臺灣師範學院第一及第二屆畢業生紀念冊。

表一、臺灣光復以後各大學設置或改組地理系的年代：民國35—71年

所系名稱＼年份	35	36	37	38	39	40	41	42	43	44	45	46	47	48	49	50	51	52	53	54	55	56	57	58	59	60	61	62	63	64	65	66	67	68	69	70	71
國立臺灣師範大學地理學系日間部																																					
國立臺灣大學地理學系																																					
國立臺灣師範大學地理學系夜間部																																					
私立中國文化大學地學研究所碩士班																																					
私立中國文化大學地理學系日間部																																					
私立中國文化大學地學研究所博士班																																					
私立中國文化大學地理學系夜間部																																					
國立臺灣師範大學地理研究所碩士班																																					
國立臺灣師範大學地理研究所暑期進修班																																					
國立臺灣大學地理研究所碩士班																																					

········史地系　　────────地學系所或地理組　　──────地理系所

資料來源：國立臺灣師範大學地理系稿，《地理學系概況》（民國七十一年度）。國立臺灣師範大學地理研究所稿，《地理研究所概況》（民國七十一年度）。《中國文化大學院地學研究所及地理學系概況》，臺北市：陽明山華岡，民國六十五年十一月出版。國立臺灣大學地理學系及地理研究所資料，則由該系系主任王洪文教授提供。

稱地學研究所，並於民國五十六年奉准成立博士班。私立中國文化學院除為地理學提供進修高級學位外，亦於民國五十二年設立地學系，一如國立臺灣大學的地理系，該系亦由地理和氣象兩組合組而成。承繼中國地理學傳統的臺灣地理學，再次顯露了這個傳統的特色。檢視世界各地的地理系，由地理與氣象合成一系的先例畢竟少見；再看兩門學科的性質，其差異性遠大於其共同性，至少地理與氣象的共同性並不比地理學與其他科系為高。因此，除了遷就傳統或遷就師資不足等現實問題外，實在沒有足夠的理由將兩者合併成一系。何況還可以找到更多的理由支持兩者離之則雙美、合之則兩傷的看法。或許由於這個原因，民國五十九年夏，私立中國文化學院正式將地學系改為地理系和氣象系；同年，並在該院夜間部成立地理系，為需求地理知識的青年學子提供另一個進修的機會。到目前為止，私立中國文化大學，支持了四個地理學的教學和研究單位（表一）。

臺灣的地理學界，從民國三十五年僅擁有三分之一個地理系開始，到民國七十年已建立了十個頗具規模的教學和研究單位，就一般的情況而言，這種發展是相當快速的；而更具意義的是，除私立中國文化大學尚保留兩個地學研究所外，其餘的全部是純粹的地理學研究和教學機構。三十多年來，臺灣的地理學可以說已發展到完全獨立自主的水準。

2. 地理專業人才的培養

隨著教學和研究機構的擴充，地理學界所培養的專業人才亦逐年增加。大學部地理系的畢業生，從民國三十年代末期的每年平均不足十二人，增加到民國六十年代後期的每年平均一百七十餘人。在三十四年間，總共養成了二千八百七十六位專業性的地理人才。除此之外，自民國五十四年起，又造就了一百四十六位高級地理研究人才

表二、臺灣光復以來主修地理學之大學部和研究所畢業生人數: 民國37—70學年度

學校 ＼ 學年度	37-40	41-45	46-50	51-55	56-60	61-65	66-70	總　計
私立中國文化大學地學研究所博士班					1	5	6	12
私立中國文化大學地學研究所碩士班				13	22	17	23	75
私立中國文化大學地理學系日間部*				12	78	106	106	302
私立中國文化大學地理學系夜間部						157	211	368
國立臺灣師範大學地理研究所碩士班					2	27	30	59
國立臺灣師範大學地理學系日間部*	46	103	127	171	216	233	243	1,139
國立臺灣師範大學地理學系夜間部				162	279	235	230	906
國立臺灣大學地理學系			13	16	21	32	79	161
碩士以上畢業生人數				13	25	49	59	146
大學部畢業生人數	46	103	140	361	594	763	869	2,876
大學部畢業生年平均人數	11.5	20.6	28.0	72.2	118.8	152.6	173.8	84.6

*國立臺灣師範大學地理系日間部畢業生人數在民國五十二年以前，係以史地系畢業生人數折半計算。而私立中國文化大學地理系日間部畢業生人數，在民國五十六至五十八年等三年，係以地學系畢業生人數折半計算。

資料來源： 1.《中國文化學院地學研究所、地理學系概況》，民國六十八年十二月出版，臺北市。
　　　　　 2.中國文化學院城區部，《大夏地理研究專集》「地理學系簡介」，93—99頁(民國七十年度)。
　　　　　 3.《國立臺灣師範大學文學院地理研究所概況》，七十年度。
　　　　　 4.《國立臺灣師範大學文學院地理系概況》，七十年度。
　　　　　 5.國立臺灣大學教務處編印，《歷年畢業生名冊》，自民國五十四年學年度起至六十八年學年度止（上、下冊）。
　　　　　 6.除上述資料外，其餘則由各學系提供。

（表二）。不可否認的，由地理學界所培養出來的人才，仍以在各級學校，特別是在中等學校擔任地理教學爲主。但這並不意味著，地理系造就出來的人才，只能停留在各級學校擔任地理教師；此一現象只是顯示，自臺灣光復以來直到最近，各級學校，特別是中等學校對地理師資的需求，一直爲大學地理系、所的畢業生，提供一個相當穩定，甚至是供不應求的就業市場。地理學界之所以趨向保守，恐怕和它擁有這個穩定的就業市場，不必爲學生的出路，而兢兢業業向外擴張領域有著密切的關係吧！近幾年來，由於教師資格的限制，就業情況已略有變化，地理學界已較過去重視外界對這門學科的觀感和印象；而地理系的課程安排，也較過去更能顧及教學以外的行業需求。事實上，進入公私立相關機構服務的大學地理系、所畢業生，其人數正在逐年增加之中。

3. 大學地理學師資的成長

地理學界重視教學與研究機構的擴充，以造就更多的專業人才，來滿足社會的需求，對一個正在發展中的學科而言，應是一件可喜的現象。但是，教學與研究機構快速的擴張，的確也帶來一些值得考慮的問題，其中最值得注意的也許是，大學地理學師資的成長未能與教學機構的增設保持平衡的發展。大學地理學師資固然從民國三十年代後期每年平均不到九人增加到民國六十年代後期每年平均約三十七人（表三）；但以不足四十人的專任地理學師資，來維持十個相當完整的教學和研究機構，每人教學負擔之重，由此可想而知。爲了維持教學與研究機構的正常運作，各地理系、所的教師，終年無不儘量在教學及指導研究生從事研究的工作上相互支援。結果，使得地理學界有限的人力，大部份消耗在繁忙的教學活動中。更嚴重的是，大學地理系、所複雜的課程安排，使原已相當單薄的人力，更形分散，以致地

表三、臺灣地區大學地理學師資的增減，民國36—70年度

專兼任 ＼ 學年度	36-40	41-45	46-50	51-55	56-60	61-65	66-70
專　　任	8.4	10.6	9.6	15.0	23.0	30.4	37.2
兼　　任	0.2	1.2	1.4	5.5	10.4	10.3	13.2
總　　數	8.5	11.0	10.1	16.8	26.5	33.8	41.6

表中數字為年平均人數； 總數的計算為每三個兼任折算成一個專任。
資料來源：同表二。

理學家無法充分利用研究人員的聚集經濟， 順利地進行各種專題研究。

　　大學地理系、所課程安排之所以複雜， 大致有二個原因：第一，和學科性質有關。 地理學是一門綜合學科，必須熟習許多分科的知識，才有可能做好地理現象的整合工作，和在空間的架構內，對各種歧異而相關的現象從事系統的分析。因此， 不僅是地理系的學生， 就是地理學家， 傳統上也被認為必須同時涉及地理學中不同領域的研究。就純粹的地理學研究而言，博與專同等重要，也必須同時顧及。第二，和現行的制度有關。按照規定，大學的專任教師，每學期必須開授八至十個學分，在沒有任何地理課程成為全院或全校的共同必修科之情況下，為了符合規定，每一個大學地理系的專任教師，每學期必須開授三門至四門不同的科目。換言之，地理系的教師，每年須要講授的科目至少在六門至八門之間。沒有一個教授能夠只講授他自認為是專門的學科，尤其是講師級的教師，更是每日須為準備教學材料而疲於奔命。在這種情況下， 似乎很難期望主要由大學地理學教師所

組成的地理學界，在學術的研究上能像教學機構的擴充及人才的培養等方面一樣，有著同等的傑出表現。沉重的教學負擔，的確多少妨礙了地理學家執行其另一項任務——從事高深的學術研究。這一點似乎可從地理學會的活動狀況和地理學刊物的出版情形，而窺其端倪。

4. 中國地理學會的組織和活動

　　學科的成立，係來自團體的心智溝通及共同的工作成果。因此，一門知識學科必須擁有一個組織健全的學會，以作爲成員交換研究心得和推展各種學術活動的中樞機構。

　　中國具有全國代表性和符合現代地理學精神的地理學會❶，應始於民國二十二年三月，由翁文灝、竺可楨和張其昀等三位前輩學者所發起而組織的中國地理學會。該會於民國二十三年八月正式在南京成立，(中國地理學會1935:149) 而以「收集地理資料，傳授地理知識，從考察、講習、討論、出版諸方法以達此目的」爲宗旨，並發行《地理學報》季刊一份，以代表中國地理學研究的水準。抗戰發生後，中國地理學會隨中央政府遷往重慶，並在勝利後遷回南京，會址暫設於

---

❶我國最早的一個地理學會，係由張相文於宣統二年 (1910) 約集同好白毓崑、陶懋立、韓懷禮及張伯苓等在天津所創立的中國地學會，並發行會刊《地學雜誌》一種。該會會址於宣統三年遷往北平。這個學會係由北方一些中國傳統的輿地學家所組成，因此，帶有非常濃厚的地域性和私有性，其會刊所登載的論文亦以中國傳統的歷史地理爲多。就整體觀之，這個學會的活動範圍極爲有限，除儘量維持定期發行會刊外，並不積極推動現代地理學的研究。民國二十年左右，雖曾考慮改變該會組織和變更會刊的性質，使其較具普遍性和符合現代地理學的潮流，終因繼張相文之後主持會務和會刊的張星烺 (張相文之子，爲一位中西交通變遷史專家，當時任輔仁大學歷史系主任)，不擬改變傳統特色而作罷。這個學會維持至民國二十五年底出完最後一期《地學雜誌》後關閉。該會會刊總共出了二十四卷，一百八十期。

南京中央大學地理系，當時會員約有三百餘人⑱。大陸淪陷後，中國地理學會于民國四十年在臺灣復會，而以「促進地理科學之發展及其普及」爲宗旨，並于民國四十年七月二十九日在臺北召開在臺第一屆會員大會⑲。

　　復會後的中國地理學會，其早期由於缺乏組織健全的大學地理系作爲根據地；也缺乏足夠的大學地理學教師作爲領導學術活動的中堅份子，加上當時國家經濟普遍困難，學會經費短絀，以致各種會務皆難於展開，而成爲有名無實的學術機構。自民國四十年復會至民國五十八年的十八年間，才召開大會五次（表四），理事長的選舉甚至以通訊方式爲之，且無會刊的出版，學會之缺乏活動力，由此可見一斑。事實上，民國五十八年以前的中國地理學會，其主要功能，似乎只限於與國際地理學會保持名義上的聯繫，並定期指定或推派適當人選參加國際性的地理學會議，至於對臺灣地理學本身的發展，似乎並未盡到組織、推廣、領導或促進等創會時所揭示的原始目標。

　　民國五十八年以後，由於大學地理系的發展已漸趨獨立自主的水準，而且擁有較多的大學地理學教師以支持固定的學術活動，因此，中國地理學會的活動面，亦隨之逐年提升。除民國六十一年至六十三年外，開始積極執行「促進地理科學之發展及其普及」等創會的宗旨。對外繼續與國際地理學會保持密切的聯繫，近年來，內部更是團結一致，共同爲維護我國在國際地理學會中的會藉而努力（石再添1981:82-98）；對內逐年強化學術活動，諸如定期出版會刊，舉行大會，宣讀論文，討論地理學研究和教學問題等。同時在必要時，亦主

⑱資料出自：《第二次中國教育年鑑》、「第六編學術文化」、「第三章學術機關」，八五一頁。

⑲資料出自：中國地理學會檔案。

表四、臺灣光復以後中國地理學會各屆年會召開的時間、地點及主持人

屆　別	時　間	地　點	理事長	秘書長	備　　　　註
第　一　屆	40. 7. 29.	省立臺灣師範學院大禮堂	張其昀	沙學浚	
第　二　屆	43. 7.	省立臺灣師範學院大禮堂	張其昀	沙學浚	
第　三　屆	47. 7. 27.	省立臺灣師範學院大禮堂	鄭資約		
第　四　屆	54. 10. 24.	華岡中國文化學院	孫宕越	趙　瑩	自民國五十一年至五十五年十一月二十日（以通訊方式選出）
第　五　屆	58. 6. 8.	華岡中國文化學院	鄭子政	趙　瑩	自民國五十六年起
第　六　屆	59. 10. 11.	國立臺灣師範大學大禮堂	鄭子政	劉鴻喜	
第　七　屆	60. 10. 24.	國立臺灣師範大學大禮堂	沙學浚	劉鴻喜	自民國六十年一月起
第　八　屆	64. 3. 29.	國立臺灣師範大學大禮堂	鄭子政	劉鴻喜	自民國六十四年一月起
第　九　屆	65. 3. 28.	國立臺灣大學學生活動中心大禮堂	鄭子政	劉鴻喜	
第　十　屆	66. 5. 28.	私立中國文化學院城區部	鄭子政	劉鴻喜	
第十一屆	67. 4. 1.	國立臺灣師範大學大禮堂	鄭子政	劉鴻喜	自民國六十七年四月止
第十二屆	68. 7. 7	國立臺灣大學學生活動中心大禮堂	劉衍淮	陳國章	自民國六十七年四月起
第十三屆	69. 7. 12.	私立中國文化學院城區部	劉衍淮	陳國章	
第十四屆	70. 7. 11.	國立臺灣師範大學綜合大樓	劉衍淮	陳國章	至民國七十年九月止
第十五屆	71. 7. 10.	國立臺灣大學學生活動中心大禮堂	劉鴻喜	陳國章	自民國七十年十月起
第十六屆	72. 7. 16.	私立中國文化大學城區部	劉鴻喜	陳國章	
第十七屆	73. 7. 19.	國立臺灣師範大學綜合大樓	劉鴻喜	陳國章	

資料來源：中國地理學會檔案。第二屆舉行的詳細時間及第三屆秘書長等，無資料可查。

動爲中學地理教師爭取進修，和爲大學地理系畢業生爭取出國研究及
參與各種考試的機會；並且負起維護地理教育在各級學校的地位和改
善地理教育品質的責任❷。由於這些積極的活動，學會對成員的號召
力已遠較過去爲高，參與大會的會員人數，亦隨之而逐年增加。換言
之，自民國五十年代後期起，中國地理學會開始逐步發揮其作爲一個
學會的功能。當然，如果與西方國家地理學會的組織形態和學術活動
相比，中國地理學會的活動仍嫌活力不足，對地理學研究的領導和推
廣仍嫌建樹不多。但是，我們認爲，只要耐心假以時日，只要核心成
員始終團結一致而時時以整個國家地理學的前途爲念，相信這個學會
必能成爲國內地理學研究活動的中心，而充分發揮其作爲一個專業化
團體的功能。

5. 專業性刊物的出版

自臺灣光復至民國四十五年，地理學界一直缺乏專業性的刊物以
刊載地理學方面的論文。此一時期，地理學家的研究成果，只能零散
地發表在各種相關的雜誌，如《臺灣銀行季刊》、《臺灣文獻》、《大陸

---

❷其中較重要者有下列數項：

1. 民國五十八年十一月，爭取在商學院及有關科系恢復或增設地理課程 如
《經濟地理》、《地學通論》。

2. 民國六十年二月，函請國科會將《地理》列入遴選人才出國進修的科目。

3. 民國六十二年四月，教育部專教司召開之五專課程會議，已初步決定取消
一年級之《中國地理》。中國地理學會乃推派劉鴻喜理事草擬公文，呈報
教育部，請予維持原來之《中國地理》課程，並於民國六十三年二月推派
劉鴻喜、賀忠儒、王秋原等三位理事，前往教育部交涉，而使五專之《中
國地理》課程得以維持原狀。

4. 民國六十八年對師專地理課程的維護，請參閱：劉鴻喜，「地學與社會科
教學─師專有關地學課程實況之檢討與改進」，《中國地理學會會刊》7:1-3
（民國六十八年）。

雜誌》、《科學教育》、《學術季刊》等。缺乏專業性刊物以作爲地理學家之間相互切磋和交換研究心得的園地，自然妨礙了地理學文獻的累積和知識的傳授。光復後的前十數年間，地理學家捨實質研究，而以撰寫入門書爲主，或多或少，應與地理學界缺乏一份專業性刊物以鼓勵成員發表其研究成果有相當的關係。

　　一直到民國四十五年，才由私立敷明產業地理研究所創立臺灣光復後第一份的專業性刊物——《地理與產業》。但是，由於這是一份由私人支持的研究所發行的刊物，園地並不對外公開，刊登的論文，絕大部分只限於該研究所成員的研究成果；同時這份刊物在島內的流通範圍似乎也相當有限，不但臺北各大圖書舘不曾收藏這份刊物，甚至在各地理系也無法找到它的蹤影。由此觀之，這一份刊物，對促進臺灣地理學的發展，其影響似乎不大。儘管如此，這個由私人所支持的研究所及其出版的各種刊物，亦有其獨特而不可忽視的貢獻，特別是在提高國際地理學界對臺灣地理學研究的認識方面更是功不可沒。(Lee 1959:575-577) 甚至到今日，西方地理學者所徵引的有關臺灣地理方面的文獻，有許多都是由這個研究所出版的。(Knapp 1978: 356-368) 在光復後十幾年的那一段艱苦的歲月裡，這個研究所的成員，能忘我地專注於臺灣地理學的奠基工作，此種拓荒和踏實的研究精神，值得地理學界視爲臺灣地理學傳統中最珍貴的遺產之一。《地理與產業》前後一共發行八次，至民國五十三年隨主持人離臺而結束。

　　自民國五十一年起至民國六十五年止，臺灣各大學的地理系、所以及各種地理學會，才相繼籌辦地理學的專業性刊物。在短短的十四年間，前後一共創辦了十份這一類的刊物（表五）。其中二份分別爲中國地理學會及中華地學協會的會刊，五份爲各地理系、所的專屬刊

表五、臺灣光復以後地理學專業雜誌創刊年代及出版情形
（民國35年—71年）

雜誌名稱＼年份	45	46	47	48	49	50	51	52	53	54	55	56	57	58	59	60	61	62	63	64	65	66	67	68	69	70	71
地理與產業	—	—	—	—	—	—	—	—																			
臺大地理學系研究報告							—		—		—		—		—		—		—		—		—		—		—
師大地理學系地理學研究												—											—		—		—
文大地學會華岡地學												—															
中華地學協會地學彙刊														—													
師大地理學會地理教育																						—		—		—	
中國地理學會會刊																—		—		—		—		—		—	
文大地學研究所研究報告																			—		—		—				
文大地理學社地理學訊																											
師大地理研究所地理研究報告																											
臺大地理系大地																					—		—				

資料來源：由各刊物查出。

物，而三份則爲臺灣三個大學地理系學生分別組織的地理學會的會刊。這些刊物的出現，對於促進臺灣地理學的發展，提高學生從事研究的興趣和加速地理學知識的傳播，皆有不可磨滅的功勞。民國六十年以後，地理學家發表的論文數量大幅度增加（表六），與這些專業性刊物的創設似有非常密切的關係。

表六、臺灣光復以後出版或發表之主要地理學圖書、學位論文及期刊論文分類表（民國36—71年）

種　類		民國	36-40	41-45	46-50	51-55	56-60	61-65	66-70	71	總計
圖　書	著　　作		3	10	8	8	7	14	18	5	73
	翻　　譯		—	4	9	1	4	7	4	1	30
	專　題　研　究		3	3	4	—	—	4	3	2	19
	小　　計		6	17	21	9	11	25	25	8	122
期刊論文	觀念、方法、教育		—	6	14	4	18	39	86	10	177
	自然、人地、區域		6	16	24	28	24	54	81	14	247
	人　文、空　間		8	25	29	13	16	39	101	12	243
	小　　計		14	47	67	45	58	132	268	36	667
博　、碩　士　論　文			—	—	—	13	25	49	59	—	146
總　　計			20	64	88	67	94	206	352	44	935

資料來源：由各大圖書館及各種期刊查得，唯其中必有少數遺漏。中學地理教科書不包含在內。期刊論文方面，主要來自：《地理與產業》，私立敷明產業地理研究所印行，1-8 (1956-1963)。《臺灣大學理學院地理系研究報告》，1-10 (1966, 1982)。《地理研究報告》，國立臺灣師範大學地理研究所印行，1-8 (1975-1982)。《華岡地學》，中國文化學院日夜間部地理學系印行，1-2 (1968, 1982)。《地學彙刊》，中華學術院中華地學協會、中國文化大學地學研究所印行，1-4 (1969, 1972, 1975, 1980)。《私立中國文化學院地學研究所研究報告》，1-3 (1973, 1975, 1979)。《中國地理學會會刊》，1-10 (1970-1971, 1975-1982)。《華岡大夏學報》，中國文化大學城區部印行，1 (1980)。《地理教育》，國立臺灣師範大學地理學會出版，1-8 (1969, 1976-1982)。《敷明產業地理研究所研究報告》，1-124 (1947-1964)。《中等教育：地理教學專刊》，26 (3-4)：1975；31 (2)：1980，國立臺灣師範大學中等教育輔導委員會出版。《教學與研究》，國立臺灣師範大學文學院出版，1-4 (1979-1982)。劉鴻喜等，《地理學新知》，華岡出版有限公司印行，1973。《地學論集》，中華學術院印行，1977。沙學浚著，《地理學論文集》，臺灣商務印書館印行，1972。

此外，尚有一些論文散見於下列期刊：《大陸雜誌》、《科學教育》、《學術季刊》、《臺銀季刊》、《臺灣文獻》、《臺灣土地金融季刊》、《臺灣風物》、《師大學報》、《思與言》等。

博、碩士論文方面，則取自文化大學地理研究所 (1965-1982)，國立臺灣師範大學地理研究所 (1972-1982) 等的圖書館典藏。

　　民國五十年代後期以來，地理學專業性刊物的快速成長，一方面固然顯示地理學在臺灣的發展，已臻於成熟的階段；但另一方面，也隱藏一些不能不考慮的問題。

　　一如上述，地理學界以微薄的人力，能夠維持十個教學與研究機構的正常運作，已屬難能可貴；而要以此單薄的人力，再支持衆多刊物的正常出刊，似乎已超出他們的能力範圍以外。這些刊物的出版情況，相當清楚地顯露地理學家在這一方面所遭遇的困境。現有的十份刊物中，除國立臺灣師範大學地理研究所所出的〈地理研究報告〉外，可以說沒有一份在創刊後能夠保持每年出版一期的水準（表五），或長或短，或多或少，這些刊物都有脫期逾時的記錄。換言之，在缺乏足夠的人力支持下，這些刊物，幾乎全部變成不定期的出版物。

　　地理學界擁有如此衆多若斷若續的不定期刊物，一方面增加了中外圖書舘收藏的困難，另方面也分散了地理學家的研究成果。結果使得國內外的學者，在衡量臺灣地理學研究的性質和貢獻時，增加了不少的困擾，甚至因而貶抑了地理學界應得的評價。(Knapp 1978:356-359) 除此以外，由於刊物衆多，稿源有限，爲了維持出刊，根本無法建立審稿制度。一般而言，學者只要將論文送出，很少有被退稿的可能。在這種近乎來者不拒的情況下，有關學術論文品質的提昇，就只能憑藉學者本身的自我期許、自我約束和自我要求了。這種只能訴諸學術良知，以達成自我提昇論文品質的方式，除非學者本身，有著强烈的理想和毅力，否則很容易受到一些微妙心理因素的影響，而難於堅持到底。果如此，則學術刊物不但不能盡到提高學術水準的功用，有時反而會產生一些負面的教育效果。因此，爲了便於傳播地理學術和提昇研究水準，以確立臺灣地理學在學術界的信譽和聲望，地理學界似乎有必要考慮集所有工作者之力，合力維持或創辦一份具有嚴格

審稿制度和能够按時出刊的地理學期刊，以代表臺灣地理學研究的水
準。對一個發展已有相當基礎，而且研究風氣已相當濃厚的學科而
言，籌辦和維持這樣的一份刊物，應該不是一件困難的事。

四、臺灣地理學的思想淵源和變遷

地理學家對於地理學性質和方法的認識，深深影響到他們在從事
實質研究時，對問題的構想和解決問題的方式。因此，欲探討三十多
年來臺灣地區地理學研究的特色及其所面臨的方法論上的困境，必須
先瞭解臺灣地區的地理學家對於地理學性質的看法，即瞭解蘊含於他
們行動背後的思想和觀念。既然臺灣的地理學係承繼中國現代地理學
的傳統，因此，我們決定以本世紀以來中國地理學家對地理學性質的
看法為主線，來論述臺灣地理學家在思想上的變遷。

我們之所以直接以中國地理學家的意見為主，而不想同時涉及西
方地理學家對同一問題的見解之主要理由是：儘管中國地理學家很少
對地理學的性質和方法論作有系統的研究和深入的探討，有關這方面
的知識，幾乎全部借自西方的地理學。但這並不意味著中國地理學家
對地理學的瞭解與西方的若合符節。事實上，在概念的輾轉移植過程
中，或由於誤解，或由於只作片斷介紹，或由於個人偏好，使得中
國地理學家對西方地理學性質的闡釋，往往與原意多少有點出入。因
此，有關地理學的概念，雖是借自西方，但因在傳承的過程中，有意
或無意地摻雜了中國地理學家本身的見解，使得中國的地理學也就略
帶有本土的色彩。既然本節所要探討的是中國地理學家如何根據他們
所瞭解的地理學來從事實質的研究工作，而不是探討中西地理學家對
同一問題在見解上的差距。因此，以中國地理學家本身對地理學性質

的體認，作爲討論的重點，似乎較能有助於瞭解臺灣地理學的變遷。

1. 民國三十八年以前中國地理學家對地理學的看法

自現代地理學被引進中國以後，一直到民國十年左右，中國地理學家對地理學所持的一項最普遍的看法（觀點）是：地理學是一門記述和說明地表上種種自然和人事現象的科學。一如白眉初所指出的：

> 地理學者，說明地理上自然的人爲的種種現象之科學也。地理上風雲之變化、寒暑之參差、山脈之斷續、河流之縱橫，爲自然現象。人種之分布、國家之割據、物產之盈虛、交通之暢阻，爲人爲的現象。不研究自然的，無由知地理之本體，不研究人爲的，無由明地理之妙用。其體積爲世界，其內容爲萬類。……中國地理學者，說明中國地理上自然的、人爲的種種現象之科學也。（姚存吾　1922：3）

而孔廷章亦表示:

> 地理學者，就地上萬般事項以科學方法而記述說明之學也。中華地理者，乃就中華一地域之自然、人事、經濟諸界所有現象，用科學方法記述說明之學也。……地理學之範圍至爲廣大，上自日月星辰與地球之關係，下至地球之萬類現象如自然、人事、經濟諸界，事事物物，形形色色，無一非研究之對象。……與其謂之科學，毋寧謂諸種學問之集合物焉。（姚存吾 1922：4）

我們似乎不必再徵引更多其他學者的意見，上引的兩段文字，就足以證明中國地理學家當時對地理學的性質和方法的看法是:

(1)地理學是一門研究地表各種自然和人文現象的科學。

(2)地理學所依據的方法是科學的方法，卽調查現況並加以描述和說明。

依據這種看法，地理學家在從事研究或編寫敎科書時，所採取的策略是：

(1)解說自然現象，例如何者爲山脈、河流、丘陵、澗谷、平原、高地、沙漠、潮濕、風雨、氣候、島嶼、湖海等。

(2)描述上述各種自然現象的分布。從推論地球形狀是方是圓開始，再討論地球面積的大小。然後再將地球分爲東、西兩半球；氣候分爲寒、溫、熱三帶；陸地爲六大洲；海洋爲五大洋；再進而討論某洲、某國，或某地有何山脈、地勢、河流、氣候、雨量、物產等。

(3)探討自然現象的分布以後，再描述地面上人事的現象，首先調查人群如何經營這些自然現象，有何設施？種族的分布如何？佔領的區域如何？社會組織、風俗習慣、往返交通、商賈貿遷的情況如何？除此以外，再描述其政治、軍備、財政、外交、敎育等方面的情況。

這種研究的策略，相當清楚地顯示，民國十年左右以前的中國地理學家，其主要的任務就是分門別類地描述和說明地表各種自然和人事現象。換言之，這個時期的中國地理學家，對地理學的了解尚停留在「geography」一詞的最原始定義，卽「地的描述」。

民國十年以後，對地理學的另一種看法，卽地理學是一門研究人地關係的學科，逐漸在中國地理學家之間流傳開來。這一種觀點的流行，和姚從吾、竺可楨、張其昀等前輩學者的提倡，以及民國十三年美國地理學家亨丁頓（E. Huntington）來華訪問等有著密切的關係。
（Hsieh 1976:249）

姚士鰲（1922:1）於民國十一年首先指出：

現代地理學，重在研究人與地相互間之關係。……不以討論人地
關係為目的，充其量亦只為地理之一部，不足於代表地理學之全
體。

隔年，竺可楨（1923:16）亦認為：

地理學者乃研究地面上各種事物之分配及其對於人類影響之一種
科學。……故專論地球上事物之分配（布）而不及於人生關係者
不謂之為良善之地理學。

同年張其昀（1923:19）對這個觀點有更深入的分析，他的論點同時
旁及地理學的方法論和研究的目的：

地理學家「志在深察環境對於人生之影響，即所謂推求人地之
故，非僅僅以客觀方法敍述國土與人民而已也。」

而地理的新精神有四：（張其昀　1923:19-21）

(1)實地研究的精神：

「地理之學，職在表達地面上實際情形；……故實地考察為地學
必經之步驟。」提倡「以科學方法，分區調查，精確研究，審慎敍
述。」

(2)解釋的精神：

地理學始於觀察，而以"解釋"為要義，此新地學之所以別於從前
"敍述之地學"也。

(3)批評的精神:

要以「人文地理之積極（實證）事宜」批判社會科學的抽象理論。

(4)致用的精神:

理論的探究和致用的追求，不可偏廢，「人類依地球為生，所以求其徹底瞭解，無非欲謀措施適宜，造福人群也。」

張氏所提倡的實證方法論，其適用的範圍並非僅限於自然地理，而是遍及地理學中的任何分科，卽使是涉及人類本身的事務亦不例外。（張其昀　1927:373-386）

「人生地理學獨立之方法為何？曰：實驗之方法是也。」

「實驗的方法，或曰客觀的方法，或曰積極（實證）的方法，亦卽所謂科學方法是也。人生地理學，先實驗而後理論，先分析而後綜合，先簡單而後複雜，先作圖而後發揮，凡此皆人生地理學鞏固之基礎，以期卓然有以自立者也。」

「人生地理學之進步，非文學家所能妙悟，非哲學家所能冥索，亦非史學家好學深思所能得者，而當由多數勤苦耐勞之士，稟實驗之精神，用科學方法，專門研究，共同努力，經長時期直接的觀察，詳細的分類，審慎的記載，綜合的理解，方能收獲美果也。」

張其昀為「新地學」所描繪的藍圖，除了致用一項外，幾乎完全符合1920年代，美國地理學家的看法，綜觀張氏等人的見解，有下列

幾點值得注意:

(1)地理學是一門研究人地關係的學科，地理學中的人地傳統開始在中國的地理學傳統中佔有一席重要的地位。

(2)地理學是一門實證科學，以經驗分析的實證方法論，特別是其中的歸納方法作為實際研究的憑藉。

(3)地理學所研究的最高境界在解釋現象，以便作為致用和造福人群的基礎。因此理論與致用，不可偏廢。

抗日戰爭發生以後，至民國三十八年大陸淪陷為止，另一種對地理學的看法，卽地理學是一門研究區域個性或區域差異的學科，又逐漸在中國地理學家之間開始流傳，這個看法及整個概念體系，可簡稱為區域傳統。中國地理學家之重視區域為時甚早，但是在過去，僅是以區域作為組織地理材料的架構或方法，例如在人地傳統盛行的時期，區域只是用來分割地表，以便在各區域之內討論人地相關的事實，並非以區域為對象，而綜合地究明其個性或差異，或各種因素之相互關係（不限於人地相關）。中國地理學家對這個傳統的見解，大致認為應該由景觀的研究入手，而以掌握區域個性為最終的目的。

「新地理學之觀點，不以人地相互關係為研究中心，而以地球表面上有關人生之景觀（區域）為對象。」

「地球表面上呈現之景觀形態，恆視地域而異，故每一景觀具有地域之特徵。」

「地理學卽以地球表面自然與文化綜合之景觀為研究對象。」由

「闡明此種景觀之發展程序及其分佈和考察其內部之相互關係，並與其他區域作比較之研究，以完成地理學之最終任務，卽所謂地域個性之認識。」（周立三　1941:129-133）

另一位地理學家（李春芬　1948:21-23）依據類似的概念，但更直接了當的指出：

地理學「是地域辨異的科學，它的對象是地域」，亦即「是以地表上各種景象的相關，去著眼研究世界地域的差異。」

他所依據的理由是：

「地表上各種景象，不是空幻，而是實體，其存在是相依為命共存共榮的。所以研究地域的差異，應當由景象要素的相關去著眼。」

除此以外，對於地理學的方法論和方法，他更有如下的說明：

「現代地理學，除描寫外，更著重理解。對於某一景象分佈的型式，和各種相關景象所組合的區域個性，不但要知其然，並且要知其所以然。」

而地理學的研究途徑在：

「根據直接觀察的事象，以見其相互間的關係與分佈的型式，然後再加綜合，以視各種相關景象所組成的區域，比較其異同，並研究其相互關係。採用這一套有條不紊的程序，乃是現代地理學的治學方法。」而解決地理學問題最有效的工具是地圖。「任何一種地理的研究，假使沒有生動的地圖，來表示景象的空間關係，便失去靈魂。」

從上面的討論可以看出，自現代地理學被引進中國以後，至民國三十八年大陸淪陷為止，中國地理學家對地理學性質的了解，已由單純而趨於歧異。始於人地關係的闡明，而後加入景觀的研究，最後再

蛻變成地域個性的認識，卽地理思想的主流由人地傳統逐漸過渡到區域傳統，此一發展的趨勢，基本上跟西方地理思潮的演變，並無二致，不同的只是流行的時間略有遲延而已。同時，對於地理學的研究途徑，中國的地理學家，一貫堅持經驗分析的路線，尤其偏好以實證歸納的方法論來解決有關地理學的問題。而在解決問題時，除了使用語言文字的論述以外，地圖普遍被認爲是發現問題、陳述問題和解決問題最有效的方法。

2. 民國三十八年以來臺灣地理學家對地理學的看法

承擔重建中國地理學傳統的臺灣地理學，其早期的發展，不但同時繼承了上述的兩個地理學傳統，而且也延續其所偏好的方法論；特別是區域傳統，更受到部分地理學家的刻意提倡。中國文化學院於民國五十一年創設地學研究所時，其教學卽以「注重臺灣地區之專題或小區域研究」爲宗旨，（張其昀 1973:1）而且以完成臺灣全省地理志爲該所的目標。國立臺灣師範大學地理系於民國五十五年創刊的《地理學研究》更揭櫫以「倡導本國各省各地方的(目前應注意臺灣)，小區域（鄉土）地理研究」爲該刊的努力方向。（編者 1966:1-2）而民國六十年左右，一群當時地理學界的精英，更以合作的方式，選擇陽明山作爲共同研究的對象，以展示小區域研究法的實際運作過程[21]。這些地理學家之所以不遺餘力的提倡區域地理的研究，乃是堅信「方志學乃地理學之中心，凡眞正地理學家，必爲一位方志學家，十門專科地理[22]，亦可由其他專家兼任之。……唯有方志學則爲地理學

---

[21]此一小區域研究的具體成果，請參見：臺灣新方誌編輯委員會編，《陽明山新方志》，《臺灣新方誌叢書》第一册，臺北：中華學術院，民國六十一年。

[22]文中所謂十門專科地理係指：1.地形學，2.氣候學，3.水文學，4.土壤學，5.植物地理，6.人類地理，7.政治地理，8.經濟地理，9.歷史地理，10.地圖學。

家責無旁貸，無法推諉者，非地理學者以外的各門專家所能越俎代庖
也。」（張其昀 1979）

　　儘管地理學界的領導者，以各種方式提倡區域地理的研究，並且
一再宣言，區域地理才是地理學的核心知識。但這並不意味著，地理
學的另一傳統——即人地傳統已經完全從臺灣的地理學消失。事實上，
這個傳統的基本概念一直相當普遍地流行於地理學家之間，卽使在區
域傳統的高峯時期，也只是稍受抑制，並未受到冷落。不論是地理敎
育或實質研究，從人地傳統的角度來爲地理學的性質立論者，更是屢
見不鮮（表七）。特別是民國六十年以後，這個傳統在臺灣地理學中
的地位，更是日益重要。三十多年來，臺灣部份地理學家之所以一直
相信人地傳統的價值與意義，不因區域傳統的流行而有任何衰退的傾
向，顯然和自然地理學者以及相關學科的學者如氣象或地質學者，一
向在臺灣的地理學界扮演相當重要的角色，有著密切的關係。

　　民國六十年左右以後，隨著區域地理的日漸式微，一方面促使人
地傳統重新擡頭，另一方面更透過實質研究，散播另一種對地理學的
看法，卽「地理學是一門研究地表各種現象的分布與配置的學科。」
這種觀點及其概念體系，可以簡稱爲空間傳統。空間傳統在中國的起
源爲時甚早，前述民國十年以前的中國地理學家對地理學的見解，基
本上就是空間傳統的早期形式。此一傳統前後兩個時期的主要差別在
於：⑴使用的方法論有異。前期重點在描述和說明地表現象的分布特
徵；後期則強調理論的建立和驗證，以解釋和預測地表現象的分布及
其特徵。⑵概念體系的有無。前期只能分門別類對現象作零碎的描述
和一廂情願的說明；後期則依據相當完整的概念體系，卽以區位、距
離、分布、差異、變遷、移動、聯合及交互作用等具有階層關係的基
本概念爲基礎，推演出各種區位理論，作爲解釋和預測地表各種現象

的空間結構、配置或組織的憑藉。

空間傳統之進入臺灣的地理學界，似乎並非得力於地理學家的大力提倡，而是由地理研究所的研究生，於閱讀來自西方的地理學論文之餘，模仿其研究方式，而將此一傳統的基本概念，點點滴滴，陸陸續續，引進臺灣的地理學界㉓。時至今日，儘管大部分的地理學家及地理系學生對空間傳統的一些基本名詞如空間結構、空間類型、空間過程、空間組織等皆耳熟能詳，但是對於此一傳統的理論基礎和概念體系，仍舊缺乏深入而有系統的論述，更不必說對其作全盤的批判和檢討。換言之，臺灣地理學家對於此一傳統的態度，一如過去五、六十年的中國地理學家對其他地理學傳統的態度一樣，只管借用和接受，似乎並不想在接受與借用之前，先作一番過濾、澄清或修正的工作。這似乎反應了大部分中國地理學家對外來知識的一項基本態度，即相信「地理學的理論和概念是沒有國家和民族界限的。」

儘管臺灣的地理學家，對於空間傳統的理論和概念，缺乏有系統的論述和批判；但是伴隨此一傳統的發展而在西方地理學界發生的一些有關方法論和方法的革新，却在民國六十年以後被大量的引介。在這些專書和論文的刺激之下，一方面大大地提高了臺灣地理學家對地理學的性質、方法論和方法的討論興趣，另一方面多少也改變了臺灣地理學家對地理學的一些看法。在這一股強大潮流的影響下，臺灣地理學所展現的，有順潮流而變的部份，有處驚不變甚至反潮流而逆變的部份，茲簡述如下：

㉓此一傳統的基本概念，自民國六十年代初期，即陸陸續續出現於地理研究所研究生的碩士論文中。請參閱自民國六十年代以來，國立臺灣師範大學地理研究所及私立中國文化學院地學研究所所發表的碩士論文。

1. 對地理學性質的見解

雖然企圖從單一層面——或人地，或區域，或空間來界定地理學的性質的地理學家尚爲數甚多（表七），但是相對地也有不少的地理學家對地理學的性質開始採取較具彈性的看法，卽願意承認人地、區域、空間等傳統同爲地理學的核心知識，不因個人的偏好與立場而排斥與自己研究旨趣有異的研究傳統。因此民國六十年以後，混合上述三個傳統，以界定地理學性質的地理學者，日益增加。

表七：臺灣光復以後臺灣地理學家對地理學所下定義的分類表

時期＼觀點	民國三十八年至民國六十年 1949—1971	民國六十一年至民國七十一年 1972—1982	總計
人　　地	6	9	15
區　　域	6	3	9
分布或空間	4	4	8
混　　合	0	7	7
總　　計	16	23	39

資料來源：這三十九條定義，係取自光復以來在臺灣不同時期所發表的各種論文、專書或高級中學、五專或大學地理教科書以及經發表的訪問意見。雖然，這些定義並沒有代表所有地理學家的意見，但相信已足以反映大部分學者的看法。

2. 對地理學方法論的見解

雖然臺灣的地理學家仍舊秉承中國的地理學傳統，提倡以模仿自然科學的方法來從事涉及人事的地理學研究；仍舊相信，經驗分析的方法是地理學的唯一方法論，而不願意接受麥欽德(Sir H. J. Mackinder)的地理學的第七盞燈，卽地理學並不是一門「純粹的科學；而倒是哲學，是藝術，是文學」的教誨。（陸鴻圖譯 1954:60-61）換言之，崇尚科學方法仍是臺灣地理學家的一貫態度。儘管如此，在科學方法的

前提下，已經不再堅持以培根式的實證歸納法來解決地理問題，承認還有其他的途徑，同樣可以達到解決問題的目標。雖然繼續強調「地理學原是一門由野外蒐集資料從事研究而發展成的實證科學」，但也不排拒經由模式的建立、假說的驗證、統計資料的運用，以求得足以解釋地理現象的通則之研究途徑。鑑於社會科學及其方法論的快速發展，臺灣的地理學家，顯然不再傾全力以維護傳統的研究途徑，而願意以更寬大的態度，容忍一些在研究上和傳統有異的作法。

3. 對地理學方法的看法

在西方地理學潮流的衝激之下，臺灣的地理學家對地理學的研究途徑或地理學方法論，多少採取較為保守的態度，但是對於地理學的新方法和技術，却是毫無保留的加以全盤接受。地理學計量革命之初，尚有不少地理學家對計量之進入地理學懷有某種程度的疑慮，惟恐誤導地理學的發展方向。但是，當民國六十年左右，計量的潮流湧進臺灣時，却在毫無阻礙下，迅速擴散至每一個教學與研究機構。不僅每一個地理系先後增開有關計量地理的課程，而且在所發表的論文中，亦有不少論文競相以「計量研究」來展現其研究的特色。在前後不到十年之間，計量方法已成為地理學家從事研究時經常使用的一項技術，地理學家對其依賴之深似乎已不下於地理學的傳統方法——製圖。除計量方法以外，在同一時期，有關電子計算機和遙測技術的應用，也被廣泛的介紹，而且經常與製圖、計量相提並論，認為是地理學家應該盡量使用的工具。對地理學的新方法與新技術採取如此開放的態度，一方面固然反映臺灣的地理學家追求「科學方法」的決心，另一方面也顯示他們對地理學應用方面的熱衷。

4. 對地理學未來發展途徑的看法

崇尚應用，原本就是中國地理學的傳統特色之一。(丁驌 1982:

1-11；張其昀 1932: 180-185）三十多年來，臺灣地理學家在這一
方面更是提倡、鼓吹不遺餘力。不但普遍認爲地理學是一門致用的科
學，而且認爲地理學之所以不被重視，是由於沒有發揮其在應用上的價
值。因此，地理學家一而再，再而三地呼籲，地理學今後發展的正確途
徑：「必須從應用中求進展。」（陳正祥 1956:1-2）同時預測：「將來
我國地理科學的發展，必基於現實問題的需要。……等到地理學的應
用價值能夠更充分地顯露時，地理學的研究與敎學，才會有較快的進
展。」（陳正祥 1956:5）有的地理學家甚至以「在廿世紀高度現實的
社會，沒有應用價值的科學是很難發展的」（梁繼文 1966:10-11）
相恫嚇。言下之意，似乎暗示，不走向應用，地理學便成爲一門毫無
發展潛力，甚至是一無是處的學科。在一片應用聲中，臺灣的地理學
家對地理學的研究，似乎已經養成就問題處理問題或以西方地理學的
理論處理本國的地理問題的態度，而不願在理論，特別是純理論方面
多費功夫。結果使得臺灣的地理學，嚴重缺乏理論基礎，特別是能符
合本土需要的理論基礎。一向相信區域差異、區域個性和信服文化背
景、歷史基礎的地理學家，却在理論應用上，表現得如此四海之內皆
兄弟的胸襟，使人不禁懷疑，那些牽涉到人事或人文問題的所謂應用
方面的研究，在沒有本土化理論的指引下，究竟能不能發揮應用的效
果。

　　我們能夠體會前輩地理學家爲了突破地理學發展上的困境，而提
倡應用的那一份苦心；我們也能夠瞭解在這個一切以科技爲第一優先
的時代潮流裡，一門無法向社會展示應用價值的學科，不但難於受到
重視，也難於吸引具有研究潛力的年輕學子。儘管如此，我們仍舊堅
持地理學的眞正價值在於這門學科能夠滿足人類急於瞭解自身所處環
境的好奇心。因此，我們仍舊肯定理論對於這門學科未來發展的重要

性；仍舊相信只有找到本土化的理論才能爲中國的地理學奠定雄厚的
研究基礎和發揮應用的潛力。對於中國現代地理學的發展具有深遠影
響的朱家驊先生，他在民國三十二年舉行的中國地質學會所作的會長
演說，在這一方面，也許還有些許的啓示作用。他說：

> 大凡國家民族在存亡生死的關頭，因時勢的需要，而人材之產
> 生愈多，尤以實用方面的人才為發達。……學以致用，當然是
> 無可非難的。但理論研究為實用的根本，純粹理論尤為人類文
> 明之基礎，實用離開了純粹理論，即不能發揚光大，事業亦因
> 缺乏真知真理的研究而造成錯誤。……所以對於理論的研究，
> 絕對不能忽視。……理論愈精確，則應用之學亦愈進步，而事
> 業亦愈發達，所謂學以辨而愈明，理以究而愈精。……在研究
> 純粹理論方面的人，其精神尤不必亟亟於求得應用，不必亟亟
> 於得到當世之同情，對一物一事之研究，可以窮年累月，或盡
> 畢生之力以赴之，務在求得其真知真理，而不問其他。古今中
> 外，歷史上從事於研究工作而著作等身，藏之名山、傳之後世
> 的學者，斑斑可考。其所成就，為國家民族的文明所寄託，其
> 功績亦可超過其他事業；當進行研究之時，受環境的磨折，或
> 生活艱苦之影響，在所不免，惟其求知的精神，可以克服一切
> 困難，而能自慰自勉，故歷久不變；……即使研究的學術，終
> 其身而不能成功，亦在所不計。我們今日以環境需要，或生活
> 困難，而趨向於應用，但終不可忽略了理論的研究，以達到科
> 學救國之目的。（王聿均、孫斌　1977：25-29）

如果上面的引文，尚不足以支持我們的論點，那麼另一位對中國

地理學的發展具有同樣貢獻的地質學家在民國十四年所作的演說，也許可以引來作爲補充說明，他指出㉔：

> 試想中國自咸、同以來，卽重洋務，卽講西學，也就是現在所謂科學，設局印書出洋留學，提倡甚是出力，但所謂西學者，僅視爲做機器造槍礮之學。惟其只知實用不知科學真義，故其結果不但真正科學並未學到，而且因根本不立，卽做機器槍礮之實用亦並未真正學好。而且只知讀他人之書，不知自己研究，結果譯書雖多，真正科學並未發生。……不過供人抄襲，作爲時務通考，格致課藝一類的材料罷了。從此可見不明科學的真正意義，且不從真正研究入手，雖肯極力提倡，亦是不得效果的。所以我們講學，工科之外則有理科。工科重實用，理科重研究。理科研究又復只知探尋真理，並不問其對於人生日用是否直接有用。（翁文灏　1930：1-7）

5. 對地理學二元論的看法㉕

民國一、二十年左右，在「人地關係」的研究傳統下，中國地理學家對地理學各分科彼此間關係的看法大致是（竺可楨　1926：7-10；張其昀　1927：373-386）：

(1)　自然地理提供各種有關環境的基本事實，以作爲人文地理和

㉔另兩篇演說詞，卽"如何發展中國科學"和"對於自然科學的大概觀念"亦一再強調，不可因追求實用，而忽略純粹理論的研究。

㉕關於地理學二元論，在中國的演變過程，下列一書有更詳細的討論：施添福《我國中學的地理教育：反省與展望》，國立臺灣師範大學地理系，地理研究叢書第三號，頁一三〇～一三六，民國七十二年。

區域地理的研究基礎。

（2） 人文地理以自然地理爲基礎而闡釋部分人類活動和環境之關係。

（3） 區域地理則以由自然和人文地理所組成的通論地理作基礎，而綜合地探討某一地區之內各種人類活動和各種環境因素之關係。

此種看法明白顯示，從分類的角度看來，地理學似乎有二個二元論；但究其實，仍以人地關係貫穿各分科，而統合成一個整體，卽以人地關係爲基礎，而建立起各分科在研究上的階層關係，此一關係簡言之爲「人文地理以自然地理爲基礎，而以區域地理爲依歸。」就此一關係而言，各分科並非處於對等的地位，因此並無所謂二元論的存在。

自抗戰以後，中國的地理學開始從強調人地關係轉移到重視區域辨異的研究，對地理學各分科的關係，其看法雖與前期略有不同，但卻更積極而正面地否認有所謂二元論的存在。

從其門類而言，地理學似乎是一門雙重的二元科學，但是它的基本概念，是以研究地域差異爲中心課題；……它只有一個哲學，一個觀點，一個技術，一個目的，把握這個要點，地理學實在是一元科學。（李春芬　1948：23）

儘管此一時期的中國地理學，極力否認二元論的存在。但是因爲由地域辨異代替人地關係所統合的地理學各分科，彼此間的關係，顯然比過去鬆懈，而逐漸消失內在的階層關係。遂使各分科，由隸屬的關係轉變成合作的關係，卽由原先的「兄妹之遞嬗」和「樓臺之層疊」逐漸轉變成對等的「鄰兒之携手」和「雙峰之對峙」，而埋下往

後出現眞正二元論的契機，也就是出現地理思想家最不願意看到的地理學各分科「各自爲政，分道揚鑣」的景象。

　　繼承了中國地理學傳統的臺灣地理學，其早期的發展，事實上，就是繼承並強化這種發展的趨勢，而顯露了相當濃厚的二元論色彩。我們不必舉出太多的實例，以一篇地理專業刊物的發刊詞（地理學研究編者　1966:1）作爲代表，似乎就足夠看出此一發展的傾向了。

> 地理學有兩個二元論：一個是自然地理學對人文地理學，一個是通論地理學對區域地理學，上述定義能夠概括、綜合這兩個二元論，因而是較好的定義。本刊所提倡的地理學，便是這個定義下的地理學。

　　引文中所指的定義是「地理學是地球表面的空間差異（areal differentiation）之研究，此種差異表現在氣候、地形、土壤、自然植物、人口、土地利用、工業或國家等要素在全球的性質、分佈和相互關係，以及這些要素的複合體所形成的單位區域㉖。」

　　地理學的二元論經公開提倡以後，影響更爲快速而普遍，民國六十年代出版的高級中學地理教科書甚至將此一看法，編成教材，在中學普遍地加以講授。

　　對於地理知識的基本結構，中國的地理學家從大陸時期的或明或暗排斥有所謂「二元論」的存在，到臺灣時期的或明或暗接受「二元論」的概念，這種變遷和發展，可以說是中國地理學傳統在臺灣發展的最大特色之一。一直到民國六十年代後期才有學者再度指出，所謂

㉖此一定義係《美國大學字典》（American College Dictionary）編輯與美國著名地理思想家 R. Hartshorne 商議後爲地理學所下的定義。

「二元論」，只不過是地理學家爲了窮盡分工專精的效率，所採取的一些甚爲牽强的表面分類，這只是一種權宜之計，並非地理學的性質所在。（施添福 1980：419-441）一位多少被中國地理學家認爲是「二元論」的始作俑者，其對二元論的看法，似乎值得引來作爲這一小節的結論：

> 總而言之，不能將地理學區分爲分析涉及全球的個別要素的研究和依據區域分析全部要素複合體的研究。前者在邏輯上是系統科學的一部分；而後者是無法達成的。地理學中的所有研究在分析整合現象的地域變異和關聯。其中並無所謂二元論 (dichotomy) 或雙元論 (dualism)。只是沿著一個連續體作不同程度的轉移，從分析涉及全球最簡單的複合體之地域變異逐漸轉移到分析小區域內最複雜的複合體的地域變異。(Hartshorne 1968：121-122)

五、結　論

綜合上述的討論可以發現，三十多年來，地理學在臺灣的發展，雖未能達到令人滿意的水準，但就整體觀之，已經具備一門知識學科所應具備的形式特徵。地理學在大學中的地位，已由模糊而趨向於明確，從初期與其他學科合併共存而逐漸分化成獨立自主的學科。此一地位的轉移，對地理學性質的澄清，具有積極的效果，至少使一般知識份子不再將地理學與地球科學混爲一談；或不再堅持「文、史、地」不分家的看法。地理學在大學中擁有獨立的系所，不但有助於專業人才的培養，同時也提高了地理學家的共識程度，使臺灣的地理學

家較以前更具均質性與向心力。在這個共識的基礎上，學會由原先的散漫鬆懈而逐漸成為學術活動的中心；同時也在這個共識的基礎上，臺灣的地理學家由原先漫無方向的探索逐漸轉向研究一些具有共同興趣的主題。而這一切的轉變，使得專業性刊物有了存在的理由、意義和作用。

　　不可否認的，在這一段發展的過程中，臺灣的地理學界也遭遇到一些困擾。大學地理學師資的成長未能和教學與研究機構的擴張保持平衡的發展，多少妨礙了地理學家在專題研究方面的表現。由大學地理系培養出來的人才，大部分進入教書的就業市場，也混淆了外界對地理學性質的認識。而為數可觀的不定期刊物，不但人為地貶抑了地理學家研究成果所應得的評價，同時也增加提高學術水準的困難。這些學科發展上的形式問題，都有待地理學界群策群力，在未來的發展中，逐一謀求突破和妥善解決。

　　另一方面，隨著組織形式的發展，不但提高了臺灣地區地理學家的均質性和向心力，及促進彼此之間的認同感和共識程度；同時也使得地理學家的注意力逐漸轉向一塊較具內部一致性的園地。換言之，地理學家逐漸從過去追求個別的發展而轉向研究一些較具有共同興趣的主題。更重要的是，地理學家不再堅持對地理學的單一看法。願意以更寬容的態度，接納不同的傳統、方法論和方法。這種思想上的改變，不但使得整個地理學界變得更加生機蓬勃，同時也使得地理學家的研究方向發生下列顯著的變化：

　　(1)地理學家由多少帶有「地理學家所研究的就是地理學」的態度逐漸轉而重視對地理學知識體系的討論。

　　(2)自然地理學家和部分區域地理學家逐漸向人地傳統輻輳，而以環境評估和環境災害等具有應用價值的主題作為研究的焦點。

(3)人文地理學家及部分區域地理學家逐漸向空間傳統集中，而以各種人類活動的空間組織和區域計劃等較具應用潛力的主題作爲研究的目標。

(4)區域地理及帶有濃厚區域研究性質的所謂「地理基礎」的研究全盤沒落，區域傳統只能在學校的地理教育中找到其蹤影。（施添福 1983:141-142）

參 考 文 獻

一、中文部分

丁　驌，1982，「論地理學」，《華學月刊》一二八期，頁一～十一。

王　庸，1938，《中國地理學史》，上海：商務印書館，頁一～二、二一七。

石再添，1981，「國際地理學會的組織與活動」，《中國地理學會會刊》九期，頁八二～九八。

臺灣新方誌編輯委員會編，1972，《陽明山新方志》臺北：中華學術院。

朱士嘉，1934，「方志之名稱與種類」，《禹貢半月刊》一卷二期，頁二六～三○。

朱家驊，1942，「中國地理研究之重要」，《地理》二卷一～二期，頁一～二。

朱家驊，1977，「中國地質學會第十九屆年會致詞」，見王聿均、孫斌合編《史料叢刊》(3)，臺北：中央研究院近代史研究所，頁二五～二九。

地理學研究編者，1966，「發刊詞」，《地理學研究》一期，頁二。

地理學報編者，1935，「中國地理學會史乘」，《地理學報》二卷一期，頁一四九。

李春芬，1948，「現代地理學與其展望」，《地理學報》一五卷一期，頁二一～二三。

竺可楨，1923，「地理教學法之商榷」，《史地學報》二卷三期，頁一六。

竺可楨，1926，「何謂地理學」，《史學與地學》一期，頁七～一○。

周立三，1941，「地理學之對象及其任務」，《地理》一卷二期，頁一二九～一三三。

姚士鰲，1922，「述大興劉獻廷先生之地理學說」，《地學雜誌》一三卷四～五期，

　　頁一～四四。

姚存吾，1922，「地理學之解釋」，《地學雜誌》一三卷一期，頁一～一三。

翁文灝，1930，「為何研究科學如何研究科學」，《錐指集》，北平：地質圖書館，
　　頁一～七。

施添福，1980，「論地理學的結構」，《思與言》一七卷五期，頁四一九～四四一。

施添福，1983，我國中學的地理教育：反省與展望，臺北：國立臺灣師範大學地
　　理系，《地理研究叢書》第三號。

徐世昌編，1938，《清儒學案》，卷一六七。

徐近之，1947，「抗戰期間我國之重要地理工作」，《地理學報》一四卷三～四期，
　　頁三一～五六。

孫宕越，1955，「地理學」，見李熙謀主編《中華民國科學誌》㈠，臺北：中華文
　　化出版事業委員會，頁四～九。

容肇祖，1934，「史地學家楊守敬」，《禹貢半月刊》三卷一期，頁一六～二〇。

章太炎，1922，「治國學方法之一：明地學」，《地學雜誌》一三卷三期，頁五八
　　～六一。

陳正祥，1954，《臺灣經濟地理文獻索引》，臺北：臺灣銀行。

陳正祥，1956，「地理學之特性及其應用價值：代發刊辭」，《地理與產業》一卷
　　一期，頁一～二。

張其昀，1923，「地理學之新精神」，《史地學報》二卷七期，頁一九。

張其昀，1927，「人生地理學之態度與方法(續)」，《史學與地學》二期，頁三七三
　　～三八六。

張其昀，1932，「研究中國地理的新途徑」，《人地學論叢》第一集，南京：鍾山
　　書局，頁一八〇～一八五。

張其昀，1952，《中國地理學研究㈠》，臺北：中華文化出版事業委員會。

張其昀，1973，「臺灣地理研究發刊辭」，私立中國文化學院地學研究所研究報告，
　　頁一。

張其昀，1979，「答鄧君景衡問」，《華夏報導》。

陳學熙, 1911,「中國地理學家派」,《地學雜誌》, 二卷, 一七期, 頁二～五。

陸鴻圖譯, 1954,「地理學的七盞燈: 哈爾福、惹、馬金代爵士教授法的評價」,
　　見薛繼壎等編譯《地理學新論》, 臺北: 中央文物供應社, 頁六〇～六一。

梁繼文, 1966,《地理學研究》, 臺北: 臺灣商務印書館。

傅振倫, 1934,「方志之性質」,《禹貢半月刊》一卷一〇期, 頁二七～二九。

二、外文部分

Chang, C. Y., 1944, "Geographic Research in China", *Annals of the Association of American Geographers*, 34(1): 47-62.

Graves, N. J., 1975, *Geography in Educaion*, London: Heinemann Books Ltd.

Hartshorne, R., 1959(1968), *Perspective on the Nature of Geography*, London: John Murray.

Hsieh, C. M., 1976, "Chu Kó-Chen and China's Climatic Changes", *The Geographical Journal*, 142(2): 248-256.

James, P. E., 1972, *All Possible Worlds*, New York: The Odyssey Press.

Knapp, R. G., 1978, "The Geographer and Taiwan", *The China Quarterly*, pp. 356-368.

Lee, A. O., 1959, "Research Reports of Fu-Min Geographical Institute of Economic Development", *Geographical Review*, 49:575-577.

臺灣地區心理學的發展

——1949～1985

內容大綱

參考文獻

臺灣地區心理學的發展 (1949—1985)

黃　榮　村

　　底下所提以討論國內專業心理學家的表現爲主。因此對若干已在美國學界卓有成績的本國籍心理學家（主要爲實驗與認知心理學家及神經科學家），和國內其他學門專家對某些心理學專題的貢獻（包括有物理、生理、醫學、教育，與法律學家之研究），本文不能一一顧及。另又由於心理科學研究範圍廣泛，對所謂「具有心理學意義」研究的認定，其實帶有筆者相當主觀的心證，因此本文目的僅在提供一小規模的評述，而非呈現本國心理學界的全貌。

一、初期的心理學發展與年表

　　中國引入心理學的斷代，似可自民國六年陳大齊在北大哲學系內設立本國第一間心理學實驗室開始。初期以譯介與教學爲主，似乎尚能跟上當時國際學術界談論的題材，李石岑在民國十三年的講稿上，談論當時心理學三大流行派別時，卽以 Wundt 的構造論，James 的機能論，與 Watson 的行爲派爲評論對象。政府遷臺前的心理學出版物，至少包括有陳大齊 (1918)《心理學大綱》（北大叢書之二），郭任遠的《心理學與遺傳》，艾偉 (1935,1936) 的《教育心理學》與《教育心理學論叢》，蕭孝嶸的《心理問題》(1939) 與《教育心理學》

(1944)。這些書籍除了當作教科書外，尚包含有當時國內已完成的實際研究成果。當時也有若干重要心理學著作之翻譯，如臧玉塗翻譯 Watson 在1919年的重要著作《行為主義的心理學》，高覺敷（1931）翻譯佛洛伊德的《精神分析引論》，傅統先（1936）譯 K. Koffka 1935年的經典著作《格式塔心理學原理》。整個看來，當時的心理學發展是在走一條穩健的路。

在這段時間，最有國際聲望的心理學家為郭任遠與汪敬熙，他們都當過中央研究院心理學研究所的所長。郭氏在動物行為與神經系統發展的研究上卓具聲譽，他利用在蛋殼上開一小洞以觀察胚胎行為發展的技術，在當時的國際學界頗享盛名（Gottlieb, 1972）。在當時行為主義學團中，郭任遠享有不可忽略的地位，他對遺傳與環境的看法及對本能說的激烈反對，都在國際學刊上造成爭論的主題。汪敬熙為一生理心理學家，他在1923年的研究（Wang, 1923），利用滾輪籠（rotating cage）發現雌鼠自發性身體活動量的韻律，與發情週期（estrous cycle）相一致，該文被 Morgan（1965）在其流傳甚廣的生理心理學教科書中加以引用。汪氏於淪陷後赴美，在威斯康辛大學（Madison）心理學系任教，續在皮膚電反應（GSR）、流汗的神經控制，與貓的反射行為上有所貢獻，並被 Thompson（1967）大量引用於其生理心理學教科書中。

為使讀者能對本國心理學發展歷史有一全盤的概念，筆者以編年方式，臚列若干與本國心理學發展有關之國內外大事，列於表一以供參考。其中1950年以前的大陸資料部份引自 Brown（1981）與陶英惠（1984）。

表一　與心理學發展有關之國內外大事年表

年代	國　　內	國　　外
1900以前		1856—1866 H. L. F. von Helmholtz 出版數巨冊《生理光學》與《論聲調的感覺》。 1876　W. James 在哈佛大學設立美國第一座示範性心理學實驗室。 1879　W. Wundt 在德國來比錫建第一座實驗心理學實驗室，從事感官功能之研究。 1885　H. Ebbinghaus 出版《記憶：實驗心理學的貢獻》，首開研究記憶與遺忘的先河。 1890　W. James 出版《心理學原理》。 1892　美國心理學會成立。 1895　S. Freud 完成《科學心理學草案》。
1900—1949		1900　佛洛伊德出版《夢之解析》。 1903　A. Binet 出版《智力的實驗研究》。 1904　I. Pavlov 獲諾貝爾醫學及生理學獎。氏因對古典條件化歷程 (classical conditioning) 的研究而享盛名。 1905　比西量表編製完成，爲世上第一個可用之智力測驗。

1907　王國維譯《心理學概論》。	
	1909　佛洛伊德應 S. Hall 之邀訪美，晤 W. James。
	1913　E. L. Thorndike 提出《效果律》。
	J. B. Watson系統性的奠定了行爲主義（Behaviorism）的基礎。
	1916　出版《比西智力量表史丹福修訂本》。
1917　北大陳大齊籌設心理學實驗室及課程（附設於哲學系內）。	
1919　杜威抵中國講學。	1919　J. B. Watson 出版《行爲主義心理學》（Psychology from the standpoint of a behaviorist）。
1920　南京高等師院設心理學系。	1920's 格式塔（Gestalt）心理學興起。
	J. Piaget 開始發表著作，但其發生知識論（genetic epistemology）的結構論點到1960年代才形成廣泛且重要的影響。
1921　中國心理學會成立。	
1928　中央研究院設心理學研究所（爲當時十一所之一），郭任遠擔任所長。臺北帝國大學設「心理學研究室」，以民俗心理學研究爲主。	
1929　北大設心理學系（之後清華、中央大學等校亦在1930前後設立心理學系）。	

1931　中國測驗學會成立。

1934　汪敬熙任中央研究院心理
　　　學研究所所長，重點在生理
　　　及動物心理學。

1920—1934　約34人自歐美獲心
　　　理學博士學位。

1935　郭任遠當選中央研究院第
　　　一屆評議員。

1936　中國心理衞生協會成立。

1948　汪敬熙任中央研究院生物
　　　組院士。

1949　國立臺灣大學在蘇薌雨
　　　（維霖）籌劃下於理學院設
　　　立心理學系。

1930's 科學的哲學與行爲主義興
　　　起。B. F. Skinner 爲後期
　　　行爲主義代表性人物，其史
　　　金納箱（Skinner box）廣
　　　爲科學界應用。

1932　F. C. Bartlett 出版《記
　　　憶：實驗與社會心理學的研
　　　究》，對基模（schema）的
　　　概念提出有影響力的研究。

1937　G. W. Allport 出版《人
　　　格：心理學的闡釋》。

1943　C. Hull 出版《學習原
　　　理》，提出《驅力消減論》
　　　（Drive-reduction theory)。

1946　美國頒佈《心理衞生法》
　　　（Mental Health Act)。

1948　C. E. Shannon 提出《消
　　　息理論》(Information the-
　　　ory) 大要，提供心理學家
　　　研究外界刺激結構如何影響
　　　心理歷程的工具。

1950以後		1950's 心理物理學 (Psychophysics) 與訊號察覺論 (Theory of Signal Detectability) 研究大幅增加。
	1951 中國測驗學會在臺復會。	
	1955 中國心理衞生協會在臺復會。	
		1957 N. Chomsky 出版《語法結構》(Syntactic structures)。
		1960's 認知心理學 (Cognitive Psychology) 興起。1960 年代後期, N. E. Miller & L. V. DiCara 發展《生理廻饋》(Biofeedback) 技術, 探討內臟器官之工具性學習。
	1961 國立臺灣大學設心理學研究所（碩士班）。	1961 von Békesy 因聽覺研究（耳蝸力學, cochlear mechanics）獲諾貝爾醫學與生理學獎。
	1963 陳雪屏任中央研究院生物組評議員。	
	1964 中國心理學會在臺成立。	
		1965 N. Chomsky 出版 "Aspects of the theory of syntax", 促成研究語法與語意心理基礎的語言心理學 (Psycholinguistics) 興起。
	1966 私立中原理工學院設心理學系。	
	1968 國立師範大學設教育心理	

學系。	
1971 國立政治大學設心理學系。國立臺灣大學設心理學博士班。	
1972 私立輔仁大學設教育心理學系。省立彰化教育學院設輔導學系。	
	1973 Lorenz, Tinbergen, & von Frisch 因對動物行為學 (Ethology) 的研究貢獻獲諾貝爾醫學與生理學獎。
1978 私立輔仁大學將教育心理學系改名為應用心理學系。	1978 認知心理學開創者之一 H. Simon 獲諾貝爾經濟學獎。
1979 國立師範大學設輔導學研究所。	
	1981 D. Hubel, T. N. Wiesel, 與 R. Sperry 因對中樞視覺與大腦半球分化之研究獲諾貝爾醫學與生理學獎。
1982 國立政治大學設心理學研究所。政治作戰學校設心理學系。	

二、臺灣地區心理學發展綜論

讀者當已從表一略窺本國心理學知識與活動的散播途徑與時間表。中國心理學在臺灣地區的再出發，可斷為自民國三十八年蘇薌雨（維霖）教授在當時臺大哲學系主任方東美教授與傅斯年校長支持下，於臺大理學院創設心理學系開始（臺大心理學系，1979）。日據

時代，臺北帝國大學曾於昭和三年（民國十七年）設立「心理學研究室」（設於文政學部哲學科），當時研究領域以民俗心理學爲主，調查臺灣山地同胞的智力、形狀知覺、色彩偏好、行爲特性與懲罰制度等，研究結果發表於「臺北帝國大學哲學科研究報告」，當時研究人員皆爲日籍學者，光復後該研究室所有圖書雜誌與實驗儀器皆移交新設立之心理學系。歷經三十餘年，在國際心理學術潮流的影響下，國內心理學的分科已愈來愈細，以臺大心理學研究所爲例，即已分爲四個學組（臺大心理系，1985）。這些學組分別是：(1)實驗、認知及發展心理學組；(2)生物心理學組；(3)性格、社會及工商心理學組；(4)臨床與諮商心理學組。每個學組各列有核心課程與選修課程。對博士班研究生，則有一套建議的進修流程：選定學組及指導教授並開始進行實徵研究（第一年）──→通過「獨立研究」的考核（第二年）──→通過學科考試及論文計劃口試（第三年）──→提出學位論文（第四年）。揆諸三十餘年前的草創時期（臺大心理學系，1979），現在的規模與制度已有長足的進步。底下將續就臺灣地區心理學界的設備、人力配置、學會、研究利便性、教科書中文化、課程變遷及就業狀況等問題作一總括性討論，至於各個分支領域的研究重點則留待後敍：

　　1. 設備　1950年代仍是新行爲主義（Neobehaviorism）盛行之時，故本地心理學系在初設時都有具規模的動物實驗室（Liu, 1981）。嗣後因認知心理學的蓬興（參閱表一），改採以人當爲受試者，動物實驗室功能不易發揮，一直到最近因生物心理學及神經科學人才略有增加，動物實驗室始又漸恢復其應有規模。多項生理指數（polygraph）的實驗在臺灣地區已有二十餘年歷史，在1960年代與以後，師大敎心系有多位敎員（張春興、陳榮華、林淸山等人）曾從事皮膚電反應條

件化歷程，與在不同實驗條件下腦波組型如何呈系統性變化等類的研究。最近幾年因爲對害怕（phobia）、恐懼、與生理廻饋（biofeed-back）等情緒行爲的興趣，各項心理生理指數（psychophysiological index）的測量儀器陸續添購，並有將測量程序自動化的趨勢。傳統心理學實驗室中往往有速示器、鼠腦定位器、視聽覺實驗儀器、時距器、示波器、眼球運動記錄器、計算機等設備。若予粗分大約可成底下數類：(1)心理生理學及生理廻饋部份，需應用到多項生理記錄器及其廻饋裝置。(2)行爲治療及心理病理學部份，包括有暗室設備、單面鏡房間，與面談施測設備等。(3)感覺、知覺、記憶、語言心理學，及心理動作技巧部份，則須用到速示器、時間量測儀器、動作技巧量測儀器、音譜儀與眼球運動記錄器等。現在新的實驗室發展方向則漸往自動化的方向走，目前各大學的心理學相關科系，已在有計劃的添購個人電腦，聯接大學電腦中心主機，並以電腦控制實驗的進行與資料處理。另外由於國際上神經科學（neural science）研究的盛行，國內若干生理心理學實驗室已在有計劃的添購神經生理學方面的儀器，包括有電子顯微鏡、電生理量測儀器、高壓液態層析儀、神經內分泌學分析儀器、組織切片機等必備儀器。整體看來，臺灣地區心理學實驗室的設備已漸有科際整合的色彩。

2. 人力配置 目前臺灣地區獲有心理學博士學位者數逾六十人（皆在大學或研究機構任職），與美國一年製造上千個心理學博士當然不可同日而語，且又因心理學分科較細，每個學門所分配到的其實尚屬有限，是否能達到臨界量（critical mass）以獲致充份與有意義的研究成果，則尚屬可疑。以臺大心理學系爲例，大學畢業生迄今數近七百人，獲博士學位者則數逾百人（大部份爲心理學博士），但返國服務者不到五分之一。以目前狀態可稱供需平衡，但若日後有新增

系所或醫療機構求才，則恐有不敷之虞，因此如何辦好博士班以求質量相稱，當是今後需多加致力之處。

3. 學會 學會往往可利用年會、開大小型學術或應用性會議、出版學會期刊等方式，使分處各系所的心理學界同仁得以分享研究與教學經驗。底下簡述三個與心理學發展最具相關性的學會：

(1)**中國心理學會** 設立於民國五十三年，成立迄今有六百七十名會員，其機關刊物爲《中華心理學刊》（自民國六十二年開始，其前身爲民國四十七年開始每年出版的「國立臺灣大學理學院心理學系研究報告」。）曾於民國七十年與臺大合辦「文化比較心理學會議」(Joint IACCP—ICP Asian Regional Meeting, Aug. 10-12, 1981)，爲國內首度大規模心理學術國際會議，研討主題爲①世界各地不同文化間的兒童發展、性格特質、社會行爲、心理病理及心理治療等。②亞洲地區各國之心理學研究發展情形。中國心理學會自民國七十一年十月起設立「蘇薌雨教授心理學學位論文獎」（基金數額共計一百萬元），頒發傑出之博士學位（每名二萬元）與碩士學位論文獎（每名一萬元）；另籌募五百萬元，自民國七十一年十月起設立「中國心理學會殘障者心理復健基金委員會」，以推動有關之實務及學術研究。衡諸臺灣地區較小規模學會，中國心理學會尚屬可發揮其功能的學術性社團。

(2)**中國測驗學會** 該會於民國四十年在臺復會，民國四十二年出版《測驗年刊》，刊登有關統計技術與各類測驗常模等專門論文，並於民國七十一年出版《我國測驗的發展》專刊，以誌三十餘年來心理測驗在臺灣地區施行的成果，並提出未來努力方向。各類心理測驗不僅在今日才廣遍應用在臺灣地區的教育診斷、臨床診療、個體發展評估、人員甄選及社會現象的調查上，在民國四十六年由於艾偉（險舟）之推動與中國測驗學會資深會員之籌劃，心理測驗列爲普考科

目之一，主要爲智力與性向測驗，一直到民國五十六年取消該科目爲止。艾偉、路君約、黃堅厚、程法泌、胡秉正、張肖松等人都是早期熱心於測驗修訂與改編的主要貢獻者，他們的努力與中國測驗學會會員之推廣，使心理測驗成爲心理學中廣爲人知的項目之一。中國測驗學會復於民國六十二年接受行政院青輔會委託，編輯《測驗與輔導》雙月刊，協助中小學推行測驗與輔導工作。目前約有會員四百人。

(3)中國心理衛生學會　該會於民國四十四年在臺復會，並出版《心理衛生通訊》年刊（於民國七十三年改爲《中華心理衛生學刊》），會員約四百人，早期會員以心理學家人數居多，後來精神醫學家、社會工作者、職能治療師與敎育輔導專業人員所佔比重增大，目前以精神科醫生與心理學家爲其主力，但社會工作者、職能治療師，及敎育輔導人員的功能亦逐漸發揮。由於心理衛生業務乃一須廣泛合作推行的實務工作，强調工作中的合作與協調，因此各類會員皆有其可發揮之功能。中國心理衛生協會近年來之最大貢獻，乃是協助衛生署擬訂心理（精神）衛生法草案，明定本法應同時涵蓋①精神疾病的治療與處理②心理健康之維護與促進③有關專業人員之培育。此處之精神疾病指精神病、精神官能症、性格違常及智能不足。在草案中擬訂中央主管機關應設置「心理衛生局」，省（市）應設「心理衛生研究所」一所及「社區心理衛生中心」若干所；心理衛生設施之業務，應擇用專業人員辦理之（臨床心理師爲其一），其資格標準另定之。中國心理衛生協會該項努力在「心理（精神）衛生法」能獲實質執行之後，必有其歷史性的地位。中國心理衛生協會於民國七十四年慶祝在臺復會卅週年，並舉辦一項歷時三天的「青年問題與心理衛生」學術研討會，發表論文二十餘篇。

一個學會的作風往往反映該地區之學術水準，也可對學術研究方

向形成壓力。 美國心理學會 （APA） 所出版的十餘種專業期刊， 不僅反映了當地心理學的研究趨勢與品質， 也對世界各地的心理學界有所啓示。 另外由學會所謹慎設計並帶動獎勵的項目， 也可對當地學界提供研究的規範。 以美國心理學界 （會員數逾六、 七萬人， 每次年會參加人數逾萬人） 爲例， 目前每年頒發七項獎勵條目， 並引述（citation） 獲獎之理由， 爲該學會受美國心理學界矚目之年度大事。其獎勵項目如下： (1)卓越科學貢獻獎 （Distinguished Scientific Contributions）， 爲心理學界之大獎， 基本上仍以實驗室研究 （泛指心理學各分支之實驗研究） 獲獎者居多。(2)心理學應用獎 （Award for the Application of Psychology）， 自1973年開始頒發， 獎勵對重要實際問題提出理論與實徵上之卓越貢獻者。(3)早期專業貢獻獎 （Early Career Contribution to Psychology）， 自1974年開始頒發， 對已獲博士學位未滿八年在下列九個領域卓有貢獻者： 人類學習／認知， 心理病理、 生理心理、 動物行爲、 人格、 發展、 方法、 社會心理、 感覺／知覺。(4)卓越專業貢獻獎(Distinguished Professional Contributions)，自 1972 年開始， 對在心理學知識、 公共服務， 與專業應用上有卓越貢獻者予以獎勵。(5)對公共利益之卓越心理學貢獻 （Distinguished Contributions to Psychology in the Public Interest）， 自1978年起對在社會利益、 社會問題上有卓越貢獻者頒發。(6)對公共衛生之早期專業心理學貢獻獎 （Distinguished Award for an Early Career Contribution to Psychology in the Public Health）， 自1983年開始頒發給已獲博士學位但未滿十五年之卓越者。(7)傑出教學獎（Distinguished Teaching）。

衡諸美國心理學會上述兩項作爲 （出版權威性期刊與頒發重要獎勵項目）， 則本地學會尚需極大努力才有可能學樣。 目前上述三個學

會之期刊尚無權威性，主因是各校系（所）爲求研究論文所受干涉較少，寧願自己創辦期刊，而形成封閉的出版系統，因此學會期刊便無足夠投稿論文以供選刊，在目前並非世界一流的水準下，淘汰率一低，專業權威自然無法建立。在頒發重要獎勵項目上，中國心理學會的學位論文獎已開其端，至於其他各項縱使有意籌劃，在目前本國社會講求面子與強調輩份（seniority）的氣氛下，可能很難在短期內有良好的實現。

4. 研究利便性 目前臺灣地區的高經濟成長、教育與文化投資比例的增高，及研究所教育的逐漸普及，對專業研究者有很大的幫助，與二、三十年前相比，實可謂不可同日而語。在圖書儀器的添購、小研究群的組成（因此有相當的研究生人力可供支援）、研究經費的籌措都尚稱良好。研究成果寫成論文後，也有十餘種專業期刊，如中華心理學刊、教育心理學報（民國六十一年改自「心理與教育」）、測驗年刊、中華心理衞生學刊、中研院民族學研究所集刊、教育與心理研究、國立師範大學教育研究所集刊、教育學刊、輔導學報、輔導月刊等可供刊登。因此就研究的進行與研究成果發表的觀點言之，則臺灣地區的心理學研究實有其相當大的利便性。但外在條件的便利，並非高品質研究的充分條件，很多優秀的心理學研究並不需花費太多也不需太多人力支援，所需的祇是對文獻的熟諳、對研究重點的掌握，與對理論研究的洞識。本地心理學研究者已逐漸了解到這些問題，這種警覺性若能再配合長期的努力，當有助於提昇今後的研究水準。

5. 教科書中文化 心理學的大專用書在適度條件下中文化，對教學效果有極大之幫助，一方面是使用中文所帶來的閱讀便利性，另一方面則可適度納入國內相關的研究成果，使教學與研究之間的差距縮小。目前心理學教科書的中文化，可分普通心理學、專科教本，與

名著編譯等項簡述之。

　　普通心理學的寫作由於具商業利益且有利於較大規模的教學，故自蘇薌雨於民國四十三年出版《心理學原理》與民國五十年出版《心理學新論》以後，已至少有十本以上的普通心理學教科書出現（參見中國心理衛生協會，1970）。Hilgard, Atkinson, & Atkinson 的《普通心理學》（爲歷年來美國最流行之普通心理學教科書）亦經譯成中文出版。

　　在較常用的專科教本方面，有劉英茂的《基本心理歷程》(1980)，內容包括廣泛，爲一精審之代表性著作，另並在感覺閾與心理物理方法、第三度空間的知覺、反應時間、動作的控制、正統條件化歷程、工具性學習、辨別與類化、短期與長期記憶、意義的學習與記憶、問題解決、概念的形成，與訓練的遷移等章節中，引用三十餘年來臺灣地區的研究成果，可讓人一目了然本地研究者的貢獻。鄭昭明並編著實驗手册以配合該書之教學。柯永河於民國六十七年出版《臨床心理學——心理診斷》與《臨床心理學——心理治療》，前書就瞭解個人的方法、注意力測驗、班達測驗、魏氏成人智力測驗、投射測驗（主要爲羅夏墨跡測驗）、1964 年作者自編之柯氏性格量表（KMHQ）、晤談技巧，與資料的綜合運用（包括診斷報告的撰寫）等項提出作者的第一手使用經驗；後書則就數種流行的心理治療學派所提的治療理論與技巧，作詳盡的分析與批評。柯永河另於1980年出版《心理衛生學: 理論部份》，書中除列出一般教科書中內容外，並提出一綜合性的「心理健康」定義: 良好習慣多，不良習慣少的心態謂之健康；不良習慣多，良好習慣少的心態謂之不健康。書中並提出一心理衛生公式 B＝P/E，其中 B 代表心理症狀之出現率，P 代表內外壓力總和，E 表示自我強度；可解釋爲「個人之心理健康與自我強度成正比，而

與內外壓力總和成反比。」李美枝出版的《社會心理學》（1979），大致仿美國心理學會依論文發表量多寡所訂的社會心理學項目撰寫：歸因判斷、團體歷程、吸引與親和、利他行為、攻擊、犯罪行為、態度與態度改變、社會認知、社會與人格、文化比較研究、非語言溝通、人際知覺、環境與人際行為、自我表露、性別角色與性別差異、社會影響、交易聯盟與平等、從眾與順從等。在心理學方法與統計分析方面，則有楊國樞、文崇一、吳聰賢、李亦園編的《社會及行為科學研究法》（上下兩冊）（1978），包括有對研究基本類型的說明、測量程序與工具、蒐集資料的方法、資料分析與報告撰寫等部分。另有林清山於民國六十三年及民國六十九年所出版的《心理與教育統計學》與《多變項分析統計法》。以上三書搜羅有詳盡之統計分析方法，對一般心理學研究者與統計分析教學有其助益在。教科譯書則有胡海國翻譯Hurlock 的《發展心理學》，譯筆信實且在適當處加入國內資料，惜該書對1960年代後興起的認知發展心理學（包括皮亞傑 J. Piaget 的發展階段論在內），幾全未觸及。鄭慧玲則譯 Pervin 的《人格心理學》。迄今為止，在一些基礎的專門科目，如人類學習與認知、變態心理學（心理病理學）、知覺心理學，與生理心理學等科目上，仍無適當可用之中文教科書，是相當遺憾的事，這些書籍必須由有專業研究經驗的學者方易撰寫，希望日後會陸續出現。

　　在民國六十年，陳雪屏主編雲五社會科學大辭典第九冊「心理學」，分門別類以列舉條目名詞方式，由胡秉正、張肖松、陳雪屏、莊仲仁、黃堅厚、路君約、楊國樞、劉英茂、鄭發育、蘇薌雨等人撰寫，反映了當時對當代心理學的認識已相當廣泛且深入，是民國六十年前後最有成績的集體撰述。

　　名著翻譯方面，以佛洛伊德著作的系統性翻譯最具特色，但不能

歸功於心理學界的努力，譯者都是當時臺大醫院的醫生與醫學院的學生，包括有廖運範譯《佛洛伊德傳》，林克明譯《日常生活的心理分析》與《性學三論》，文榮光譯《少女杜拉的故事》，賴其萬與符傳孝譯《夢的解析》，楊庸一譯《圖騰與禁忌》。名著的翻譯雖然不能對學術研究工作產生實質的影響，但對繼起人才之培育與對社會大眾提供高品質的心理學素材，實具有其不可忽視的貢獻，應加強這方面的努力才是。

6. 課程變遷 三十餘年來，心理學相關科系所提供的課程表，往往具有底下兩項特色：①因人設課，以前教員少課也開得少，現在教學研究人員增多，各類課程也開得多。②課程往往隨著國際心理學界的潮流而變化，因此由國內的課程變遷內容，也可推斷我們與國際學界之間的差異與差距。為進一步具體了解國內數十年來之課程變遷，今僅以有較長久發展歷史的臺大心理系的課程變化為例（臺大心理學系，1979、1985），由1949—1985之間的課程依年代抽樣列於表二，以供參考。

7. 就業狀況 依據 Nelson & Stapp（1983）在1982年對美國心理學會會員所做的人力資源調查，發現其就業狀況的次序如下：大學、開業、公司與政府單位、醫院、診所、人力資源機構、學校、學院、醫學院、其他學術機構等。綜合而言，以從事或就職於衛生醫療業務者最多，由此也可反應出美國大學所訓練出來的各級畢業生，以從事臨床或輔導諮商業務者佔多數。本國心理學系（所）各級畢業生則以繼續深造或擔任教學與研究工作者居多，而且學位愈高愈易找事。展望未來，當「心理（精神）衛生法」通過且國民年平均所得超過六千美金後，心理學專業人員從事衛生醫療相關業務與進入工商政府機構者，當會有大幅度的增加。

表二 國內心理學課程之年代變遷

年代	大學部（1949設立）	碩士班（1961設立）	博士班（1971設立）
1955—1958	實驗心理學、發展心理學、教育心理學、變態心理學、社會心理學、生理心理學、心理測驗、比較心理學、心理衛生、差異心理學、應用心理學現代心理問題、心理學史、人格心理學、學習心理學、工業心理學		
1965—1968	實驗心理學及實驗、發展心理學、教育心理學、變態心理學、社會心理學、生理心理學、心理測驗、比較心理學、心理學史人格心理學、學習心理學、應用心理學、臨床心理學、輔導心理學、心理衛生	高等統計學、心理學方法、高等比較心理學、基本學習歷程及實驗、知覺、人格心理理論、行為理論、動機與情緒、學習心理理論、心理診斷法、行為病理	
1975—1978	（仝上）另加：知覺心理學、思考心理學、行為進化與發展、人類工程心理學、心理學研究法、兒童行為觀察、親職教育、輔導及諮	高等普通心理學、實驗設計、人格衡鑑、心理治療、近代實驗心理學、心理學體系、青年心理問題、人類學習與記憶、數理心理學、心理診	正統條件化歷程、工具性條件化歷程、大腦功能與行為、心理治療專題、心理學獨立研究、理解歷程、精神官能症

	商技術、家庭諮商心理學、心因性疾病、社會行爲分析、或然率理論及應用、應用實驗心理學、感覺心理學、激素與行爲、語言心理學	斷、測量理論、自我心理學、認知心理學、人格理論、實驗人格心理學、認知專題、多項變數分析、注意行爲專題、閱讀心理學、圖形辨認、人際溝通與影響、工業與組織、人類智慧、心理診斷學、語言與思考	
1985及以後	心理實驗法、知覺心理學、人類學習與認知、思考心理學、發展心理學、語言發展、認知發展、知覺發展、數理心理學、心理計量法、語言心理學、人類工程學、兒童偏差行爲、性格發展與社會化、青少年心理學、兒童遊戲與繪畫	實驗設計、知覺分析、認知心理學、高等發展心理學、條件化歷程、人類學習與記憶、閱讀心理學、人類與人工智慧、決策與選擇行爲、神經心理學、視覺消息處理	心理學獨立研究、左列各項專題
	動物行爲、行爲神經科學研究法、生理心理學專題、激素與行爲、心理藥物學、動機與情緒、社會生物學、心理生理學、行爲遺傳學	高等生理心理學、生物心理學特論、生理與記憶、神經發展與可塑性、行爲的演化與發展、學習的神經生理論、神經系統功能、知覺生理學	
	社會及行爲科學研究法、應用廻歸分析、	多項變數分析、性格理論、實驗性格心理	左列各項專題

性格心理學、社會心理學、心理測驗、性格發展、自我心理學、環境心理學、組織管理心理學、工業心理學、社會心理學理論、消費者心理學、廣告與商業心理學、團體動力學、態度理論與態度變遷	學、高等社會心理學、認知與性格、中國人的性格及其蛻變、文化比較心理學、性格衡鑑、社會交易理論、組織心理學理論、消費者行為	
變態心理學、輔導原理、輔導與諮商技術、臨床心理學：診斷與治療、行為治療、團體治療、家庭諮商、心理衛生、精神官能症、精神分析、心理病理學	高等診斷心理學及實習、高等臨床心理學與實習、高等諮商心理學與實習、臨床神經心理學、心理衛生教育與行政、醫療心理學、行為治療理論	高等心理診斷衡鑑與實習、自我分析、精神分析治療專題、行為治療專題、案主中心治療、心理治療實習、心理病理學總論、臨床心理學研究法、精神官能組型、情感性精神病、精神分裂與妄想症、心因性疾病、性格性心理疾病與物質濫用、器質性心理疾病、性偏差與性功能失調、格式塔治療專題、團體治療專題、家庭治療專題

三、分支領域研究各論

臺大心理系在民國六十八年慶祝其三〇週年系慶時，曾邀請劉英茂、楊國樞、路君約、張春興、莊仲仁、柯永河，與吳英璋簡評三十年來國內心理學各重要分支的回顧與前瞻，該座談會記錄刊登於次年的《思與言》雙月刊（臺大心理系，1980）。底下將綜合有關資料，按少數幾個選擇性的分支領域作簡要探討。

1. 實驗與認知心理學

劉英茂在臺大心理學系(1980)的報告中，將該分支的發展階段分為①1949—1959，以鄭發育在深度知覺上的研究為主。②1959—1969，以從事條件化歷程（conditioning）研究為主。③1969以後，以從事基本學習歷程、問題解決，與理解歷程為主。鄭發育是國內心理學界第一個受到國際學界重視的學者，他早期從事驅力分辨學習、懲罰的功能、遺忘等方面的研究。他在一項探討何種機制可以使老鼠停止飲水的研究中（Cheng, 1958），發現胃部擴張（stomach distension）乃是一重要機制，但在動物抑制飲水中，究竟係因胃部擴張所引起的不舒服而引發的自然反應，或者確為一正規的抑制因素，則尚不清楚。該項研究曾被 Morgan (1965) 引用於其生理心理學的標準教科書中。另一項探討遺忘量受記憶時間長短影響的研究，則被 Underwood (1966) 引用於其流傳廣泛的實驗心理學教科書中。劉英茂則是第二位繼續在國際學界作出貢獻的國內心理學家。他在 1961 年左右即開始發表重要論文，在1968年提出正統條件化（classical conditioning）為刺激類化（generalization）的一個特例（Liu. 1968a），該研究發表後，獲得美國心理學會補助其後續研究計劃。同年，提出

經由重覆練習所發展出來的動作程式（motor program），可使有意的反應（voluntary response）轉換爲無意反應（involuntary response）的研究結果（Liu, 1968b），因當時正是消息處理論（information-processing approach）正在興起時期，Kimble（1973）認爲該研究的概念有其歷史性的重要意義。從此之後，劉英茂就從條件化歷程的探討，漸漸轉向認知心理學的研究，迄今仍維持其學術活力。鄭昭明是另外一位已持續十餘年在實驗與認知心理學領域上作出貢獻的研究者。

三十餘年來，國內心理學家在實驗與認知心理學的研究上，有其累積性的貢獻，詳細內容可另參閱劉英茂(1980)的《基本心理歷程》一書。

2. 發展心理學

信誼基金會1982年蒐集選刊1949—1981年有關學前教育之研究論文65篇（未列入者至少尚有45篇），分「兒童發展」及「教育與環境」二類。其中「認知、學習、知覺」部份研究有21篇，「社會、心理、文化，與人格研究」 9篇，共佔該選集之46%。吳英璋於臺大心理學系1980年報告中指出整個發展心理學（包括嬰幼兒、學前與學齡階段）研究，在1951—1961年少於20篇，1961—1966年亦少於20篇，1967—1971年約 100 篇，1972—1977年躍升到約 300 篇，1978—1979年約100篇，這些論文主要偏重在「測驗與衡鑑工具」、「適應與偏差行爲」、「教育與學習」上。對本國嬰幼兒氣質與活動量常模，Bayley 量表、兒童行爲發展量表、學習潛能、智能發展、數量與體積等「保留」概念發展階段性等項問題有興趣者，參閱上述諸文，應可略窺其要。

在道德發展的研究上，歐陽教嘗試驗證皮亞傑之道德發展理論是否適用於臺灣地區，陳英豪則探討 Kohlberg 之道德發展階段與年齡間之關係在本地是否成立，程小危與雷霆合作進行的中國人道德判斷

之縱貫研究，以橫切面研究方式收集小學一年級生到研究生之 Kohl-berg 道德判斷量表資料，發現各階段的發展順序合乎 Kohlberg 之理論，但尚值作文化比較上之探討。

　　另一值得提及的是近年來由張欣戊與程小危對一歲以後到學齡前兒童語言獲得 (language acquisition) 的系列性研究。這方面的探討雖已有先例(楊國樞與張春興主編，1972；信誼基金會，1982)，但仍有待更進一步的語料收集與實驗分析。最近數年來所獲之結果簡述如下：①縱貫性研究發現單詞 (single word) 約從一足歲開始出現，到三歲時的平均句長 (MLU) 約有四個詞(中文的「詞」相當於英文的「字」)。該研究結果是分別以兩組各四個小孩，進行自發性語言 (spontaneous speech) 之語料收集所分析得來的。②對三～五歲孩童進行語義與語法之實驗性分析，研究項目包括對典型句 (canonical sentence，如 NVN，「把」字句，「被」字句等)與附屬子句的語法獲得過程；也包括有探討一系列語義項目的獲得，如空間形容詞(spatial adjectives，如大小、長短)、時間形容詞 (以前、以後)、方向 (前、後、裏、外)、時貌 (aspects，如「了」表示「完成」，「在」表示「進行」)，與量詞 (classifiers，共研究十二種量詞的獲得過程) 等。

　　目前國外的發展心理學研究約有 1/3 是在研究一歲以下嬰兒之知覺與認知現象，已蔚為主流，但在國內這類嬰兒研究(infant research)的成果幾乎等於零；另外在一般性的認知發展研究(cognitive devel-opmental study，包括對知覺、記憶、數字技巧等方面的討論)上，本國研究也相當欠缺。三十餘年來國內從事發展心理學工作的研究人員為數眾多，在常模性與驗證性的成果上也卓有貢獻，今後恰正是撥一部份注意力到較高層次的理論性與實驗性研究的時機，我們期待將有的收穫。

3. 生物心理學

生物心理學在臺灣地區正處發展階段，這方面的研究本來是當年大陸時期郭任遠與汪敬熙成名的領域，但在這二、三十年中形成斷層現象。今分生理心理學與動物行為學簡述之。

生理學家彭明聰與尹在信等人曾對飲食行為與性行為的生理基礎進行持續性的研究。最近幾年徐嘉宏與梁庚辰分別進行性行為與記憶功能的生理心理學研究，並積極建立生理心理學實驗室。

臺灣地區所進行的動物行為研究，主要以臺灣猴、豬、鼠、魚蝦、松鼠、鳥類、蟋蟀等為主。1984年中國心理學會年會中，「比較與生理心理學組」的報告中有八篇動物行為方面的論文，分別對性行為、生殖行為、生態、攻擊行為、領域行為、發聲與聲音辨認、社群階級進行研討，但這方面的研究者主要為生物學家，心理學家為數甚少。

4. 性格與社會心理學

性格特質（personality trait）依 Guilford（1959）的定義是「任何可區分的與相當穩定的方式，以使一個人之可異於他人者。」臺灣地區早期的性格特質研究相當普遍，楊國樞與李本華(1971)即曾收集557個中文人格特質形容詞的好惡度、意義度及熟悉度的評定資料，以當為研究各類性格特質的基本工具。在性格與社會心理學的研究發展上，首先以性格的研討為主，再漸漸注意到社會行為的層面，但這兩者其實並不易區分。依據Yang（1986）及Bond & Hwang（1986）的評論性論文，可作下列幾點評述：(1)早期有關中國人動機的研究主要採用自陳式量表（self-report inventories）與投射測驗為評估工具，最常用者為愛德華個人喜好量表（EPPS）、加州人格量表（CPI）與主題統覺測驗（TAT）。(2)成就動機可以分為個人取向與社會取向，

該一分類可用以解釋何以中國人在自陳式量表（測呈現在意識狀態的部份）與投射測驗（測潛意識狀態）上會有不同的表現。(3)在進行有關性格特質、態度、價值、氣質、社會性、內外向等項目的研究時，較注重在橫切面文化之間的比較，較少研究縱貫面在長期社會變遷下，中國人性格與社會行為的變化。(4)國內性格與社會心理學的研究較缺理論取向，往往未能形成有理論性意義的研究問題。(5)研究時之對照或控制程序、樣本與施測工具的選取，並非十分良好。(6)應將本地文化特有之現象，如緣、關係、面子、家族主義、孝道等，當為研究主題之一。

國內性格與社會心理學的研究數量與範圍，依據楊國樞在臺大心理系(1980)的報告，約有150篇（採較嚴格之專業標準），平均一年五篇，大約可歸成底下幾個類別：(1)家庭對人格形成的影響。(2)研究價值觀念、態度與興趣，多半是運用現有的測驗加以測量。(3)心理需要與動機，特別是在成就動機方面。(4)自我概念。(5)焦慮與焦慮有關的現象。(6)自我控制，包括有攻擊性行為與對誘惑的抵抗力。(7)認知方式（perceptual style），包括場地獨立性（field independence）與知覺節奏（perceptual tempo）之研究。(8)歸因歷程。(9)內控—外控的信念或想法。(10)認知失調。(11)個人現代性研究。(12)涵化（acculturization）。(13)人口心理學，包括對結紮、理想子女數目、性別的心理學研究。(14)政治行為，包括對偏見、對外國人的刻板印象、政治態度的研究。(15)其他的零星研究，如分配行為、人際吸引力、應變反應、權威性格、馬基維利式態度、領導行為等方面的研究。楊國樞並認為應該加強對家庭（尤其是家庭中社會化問題）、角色行為、團體動力學、中國人行為、社會知覺，與本國社會問題的研究。整體看來，性格與社會心理學還具有很大的發展潛力，一方面是社會發展上的需要，很

多社會轉型期會發生的問題需要心理學研究提供諮詢，另一方面在臺大、師大與政大等校的研究人力，已略具規模，可在未來的規劃下從事系列性的主題研究。

5. 臨床與諮商心理學

民國四十二年臨床心理學的實際工作在臺大醫院神經精神科開始進行，民國四十九年則開始臨床心理學的教學與研究。目前國內有四名獲博士學位的臨床心理學家，在各大醫院精神科、省市立療養院、社區心理衛生中心等機構從事臨床心理學工作的心理學系（所）畢業生，數逾七十名。臨床心理學的工作相當技術性，因此其就業狀況保持一個穩定成長的局面，乃是今後值得大力發展的心理學分支。依柯永河在臺大心理系(1980)的報告中表示其個人過去二十多年的研究，主要有(1)診斷工具的編製、效度、信度及常模之建立，尤其關於班達測驗與柯氏性格量表的研究。(2)環境與心理健康的關係。(3)心理治療效果的研究。(4)臨床心理學教科書的編著（見前述）。近年則有若干心理病態的實徵研究，分別對害怕、恐懼、考試焦慮、生活壓力、思考失序、知覺扭曲等現象從事心理病理學或流行病學式的研究，從事這些工作的研究者包括有吳英璋、余德慧、黃榮村等人。

諮商心理學的學術性研究較不多見，民國六十五年以前的研究可參閱鄭心雄等人（1976）的論文，包括有輔導員人格特質與輔導效果之評估，非指導性諮商技巧之效果，行為輔導中肌肉鬆弛法、系統減敏感法、電擊法等之比較研究。民國六十八年師範大學設輔導學研究所與民國七十一年政治大學設心理學研究所，對以後輔導諮商心理學的學術性研究當有更好的規劃與表現。

四、中國語文的心理學研究與心理學中國化問題

這兩個題目自成一節的原因是，中國語文的心理學研究狀況對目前國內心理學研究各走各的路之現況，可提供一個如何集中必要人力，以求突破的示範性樣例。心理學中國化問題則因其已具體化到提出可行的研究方法，值得在此予以討論。

1. 中國語文的心理學研究。 該類研究的第一階段乃是編製常用中文詞的出現次數表，國立編譯館編的《國民學校常用字彙研究》(1967)計列4,466個常用字，劉英茂、莊仲仁、與王守珍(1975)進一步抽選一百萬個中文詞（包括單字詞、雙字詞、三字詞、四字詞、五字詞，及六字詞），再統計每一中文詞的出現次數，共得40,032個不同的中文詞，其中雙字詞佔65.15%。第二階段則為進行專題性的中國語文心理學研究，並於民國六十七年在臺北召開「中國語文的心理學研究」國際性會議，所有論文於當年中華心理學刊第20卷以專輯形式刊出；於1981年赴香港出席「國際性中國語文的心理學研究研討會」，本國提論文六篇，該會議論文選載於高尚仁與鄭昭明(1982)及 Kao & Hoosain(1984)中；於1984年赴香港出席「國際性中國語文的心理學研究研討會」(International Symposium on Psychological Aspects of the Chinese Language)，本國提英文論文九篇，已於1986年由香港主辦單位選載出版；下一次同性質會議則預定於臺北市召開，現正籌備中。國內出席該系列性會議宣讀論文之心理學研究者包括劉英茂、鄭昭明、莊仲仁、黃榮村、張欣戊、吳瑞屯、鄭伯壎等人（尚應包括未出席該系列會議或非心理學家之研究人員）。臺灣地區近年來

在中國語文方面的心理學研究成果，已有很多部份被選入 Taylor & Taylor（1983）的「閱讀心理學」（The Psychology of Reading）中。本國之中國語文的心理學研究具有底下幾點特色：(1)約十名左右之專業研究人員(2)每年對單一主題進行持續性研究並有論文發表，該二特色使研究人力有希望達到臨界量（critical mass）的要求，應是值得鼓勵的方向。

2. **心理學中國化問題**。楊國樞（1982）提出心理學研究中國化的四個層次與方向：(1)重新驗證國外的重要研究發現，應以性格社會心理學、臨床輔導、工商組織心理學方面為優先，以找出那些類行為具有文化比較上的不變性或變化性。(2)研究國人的重要與特有現象，指與社會文化因素有關的行為項目（如生育態度、育兒態度、因應行為、歸因歷程等），或與社會問題有關的行為與心理項目。(3)修改或創立概念與理論。(4)改良舊方法與設計新方法，以編製適合中國人使用之測量工具。楊國樞與彭邁克（1985）則認為一些實徵性研究，像社會取向、面子問題、「緣」的心理、認知他人性格與自己性格時所採用的基本向度等項目，都是屬於上述第二與第三層次的研究，並認為經由這種特則式（emic）的探討，可更具體而清楚地發現中國人與西方人心理與行為層面上的異同，從而切實瞭解中國人所採用的整套概念架構。

上述所提言之成理，這些看法的發生可能尚可追溯到約十年前進行中國人的性格之探討時（李亦園與楊國樞主編，1974）。但因其討論範圍祇侷限在性格與社會行為層面，對這類與社會文化因素有關（culture-bound）題材，要求其在研究者的警覺下進行中國化的呼聲，是否適用於其他實驗認知與發展心理學的題材上，則尚屬可疑。實驗傳統與心理計量傳統（experimental vs. psychometric tradition）不

同，前者對受試團體之差異性並無興趣，認為就探討人性（human mind）而言乃是次要問題。但若研究者之關切對象乃是中國人本身，則當然就變為主要問題，如此則心理學中國化的呼籲是相當適時且正確的。其實若仔細觀察，有些實驗與認知心理學的研究題材，也可呼應心理學中國化所列的幾項要件，如上述所提的中國語文心理學研究領域的研究人員，雖然起初並不刻意的想達成心理學中國化的目標，但其多年來的努力，似乎在其研究過程中，也同時處理了楊國樞於民國七十一年所提出的心理學中國化的四個層次與方向。

五、回顧與前瞻

　　以上四節分別探討了今日臺灣地區心理學的歷史根源、綜合性的概況、個別領域的研究大要，與正在形成中的焦點問題，雖然因篇幅所限，無法對心理測驗、教育心理學、工商與組織心理學等學門的現況多作討論，但希望讀者已可由上述的說明中看出本國心理學發展的概要。楊國樞與張春興曾於民國六十九年在桂冠心理學叢書所作的序言中表示，本國心理學家在三十餘年來已發表超過 800 篇的論文，其中較有建樹者為思維歷程與語文學習、基本身心發展資料、國人性格與現代性、內外控制與歸因現象、心理輔導方法驗證，與心理診斷及測量工具。讀者可在本文中一一覆按，不再贅述。正常的學術發展，首先應是在配合國際學術發展潮流下，先有均衡的發展，再作重點式的突破以求國際性聲名。底下提出均衡性與突破性兩點加以討論，當為本文對臺灣地區心理學發展的回顧與前瞻：

1. 均衡性

　　站在均衡性的觀點下，回顧過去臺灣地區心理學的教學與研究，

並參考國際性心理學的發展潮流，國內心理學界至少還要再加強底下
的項目：①理論部份。應在知覺歷程（尤其是尚有發展餘地的視覺消
息處理部份）、人工智慧（Artificial Intelligence, 對心靈的結構上的
探討可能會有重大突破）、心理測量理論（可提供目前心理測驗的理
論基礎）、實驗性格與社會心理學（以前以楊國樞爲主的研究小團體
曾作出貢獻,但最近這方面的研究活動較缺乏,此爲國際性研究主流,
宜有續起者多所致力），與心理病理學（對異常心理現象作進一步的
實驗式研究，並可提供對正常心理歷程模式的修正，該類研究斷斷續
續都在進行，但並不普遍）等項目上，增強研究人力的分配，以便
累積足夠的研究成果，提供均衡式的教學與研究。②應用部份。除了
對當前重要社會問題，如青少年問題、犯罪問題、教學問題、心理
衞生問題，與聯考問題等項，多所致意外，尚應加強對下列項目之研
究：老化過程（老化問題與其所牽涉到的心理適應，已是目前國際學
界的重點方向之一，國內心理學家中已有黃國彥等人開始進行探討,
宜有更多人的參與研究）、人類工程學（Human Engineering, 乃研
究如何提供最好的設計，以適合人類之使用的一門應用性學問，國科
會已開始注意這方面研究人力的組織，國內心理學界亦宜有人開始加
入這類研究工作）、有效率的教學技術（如電腦輔助教學中所牽涉到
的心理歷程研究，並由這類研究中提出如何設計一可行且更有效的教
學技巧）。

2. 突破性

　　日本心理學的發展雖然尚不如幾個歐美的心理學重鎮，但在視覺
研究（Vision Research）上已具有世界性的聲名。其要訣乃在利用
一群超過臨界量的研究人員，對某一專題作長期性的努力（目前日本
發展第五代電腦的方法，亦採此法），如此自然容易累積被國際學界

所承認的研究成果。目前國內心理學家普遍呈現有雜務過多的傾向，這自然是轉型國家中在人力不足下，心理學家不可避免的角色困擾，但對一從事專業研究且在大學中有專任職務的心理學家而言，學術成就應是更重要的選擇，國內心理學家應有這種警覺性，並據以評估自己目前所處的狀態，如此才有希望談論「突破性」的問題。前述所提的中國語文與中國人性格方面的研究，已提供了兩項具有「突破性」潛能的研究題材，但尚須更長期的努力，才可望建立其穩定的國際地位。其他項可能更具重要突破性的研究題材，尚須國內心理學界在學會年會與各項研討會中多加討論，才有可能研擬出來，在研擬出來之後，才可望續就研究人力的組織與經費的分配上做進一步的設計。

參 考 文 獻

一、中文部分

中國心理衛生協會編，1970，《有關心理衛生及行為科學》參考資料目錄，臺北：水牛。

臺大心理學系，1979，《回顧與前瞻》：臺大卅週年系慶特刊。

臺大心理學系，1980，「30 年來國內心理學的回顧與前瞻」，《思與言》一八卷一期，頁一～一九。

臺大心理學系，1985，《回顧與前瞻》：第二輯。

李亦園、楊國樞主編，1974，《中國人的性格》，南港：中央研究院民族研究所專刊乙種第四號。

李石岑，1924，《李石岑論文演講集》，臺北市：河洛，頁六八～八二，1975。

信誼基金會，1982，《中國學前教育研究摘要》，臺北：信誼基金出版社。

高尚仁、鄭昭明編，1982，《中國語文的心理學研究》，臺北：文鶴。

國立編譯舘編，1967，《國民學校常用字彙研究》，臺北：國立編譯舘。

陶英惠，1984，《抗戰前十年的學術研究》，中央研究院近代史研究所編，《抗戰前十年國家建設史研討會論文集》（上冊），頁七一～九九。

楊國樞、張春興編，1972《中國兒童行為的發展》，臺北：環宇。

楊國樞，1982，《心理學研究的中國化：層次與方向》，楊國樞、文崇一主編：《社會及行為科學研究的中國化》，南港：中央研究院民族學研究所專刊乙種第十號，頁一五三～一八八。

楊國樞、彭邁克，1985，《中國人描述性格所採用的基本向度：一項心理學研究中國化的實例》，李亦園、楊國樞、文崇一編，《現代化與中國化論集》，臺北：桂冠。

劉英茂、莊仲仁、王守珍，1975，《常用中文詞的出現次數》，臺北：六國。

劉英茂，1980，《基本心理歷程》，臺北：大洋。

鄭心雄等著，1976，《輔導學研究在中國：理論及應用的科學探討》，臺北：幼獅。

二、外文部分

Brown, L. B., 1981, *Psychology in Contemporary China*, Oxford: Pergamon.

Bond, M. H., & Hwang, K. K., 1986, "The social psychology of Chinese people", in M. H. Bond (Ed.), *The Psychology of the Chinese People*, 213—266. New York: Oxford University Press.

Cheng, F., 1958, "The effects of stomach distension on thirst: The value of using a variety of measures", *Acta Psychologica Taiwanica*, 1, 144-152.

Guilford, J. P., 1959, *Personality*, New York: McGraw-Hill.

Gottlieb, G., 1972, Zing-Yang Kuo: Radical scientific philosopher and innovative experimentalist (1898-1970), *Journal of Comparative* and *Physiological Psychology*, *80*, 1-10.

Kimble, G. A., 1973, "Scientific psychology in transition", in F. J. McGuigan & D. B. Lumsden (Eds.), *Contemporary Approaches to Conditioning and Learning.* New York: Wiley.

Kao, H. S. R., & Hoosain, R. (Eds.), 1984, *Psychological Studies of the Chinese Language*, Hong Kong: Chinese Language Society of Hong Kong.

Liu, I. M., 1968a, "Conditioning as generalization procedure", *Journal of Experimental Psychology*, *78*, 160-165.

Liu, I. M., 1968b, "Effects of repetition of voluntary response: From voluntary to involuntary", *Journal of Experimental Psychology 76*, 398-406.

Liu, I. M., 1981, *The Historical Development of Psychology in the Republic of China*, Paper presented at the Joint IACCP-ICP Asian Regional Meeting, Aug. 10-12, 1981, Taipei, Taiwan, R. O. C.

Morgan, C. T., 1965, *Physiological Psychology*, (3rd ed.) New York: Mc-Graw-Hill.

Nelson, S. D. & Stapp, J., 1983, "Research activities in psychology: An update", *American Psychologist*, *38*, 1321-1329.

Thompson, R. F., 1967, *Foundations of Physiological Psychology*, New York: Harper.

Taylor, I., & Taylor, M. M., 1983, *The Psychology of Reading*, New York: Academic Press.

Underwood, B. J., 1966, *Experimental Psychology* (2nd ed.), New York: Appleton-Century-Crofts.

Wang, G. H., 1923, "The relation between 'spontaneous' activity and estrous cycle in the white rat", *Comparative Psychology Monograph*, 2, No. 6.

Yang, K. S., 1986, "Chinese personality and its change", in M. H. Bond (Ed.). *The Psychology of the Chinese People*, 106—170. New York: Oxford University Press.

三十年來臺灣的社會學：歷史與結構的探討

內容大綱

三十年來臺灣的社會學：歷史與結構的探討

蕭　新　煌

一、前言：歷史與結構

　　社會學在中國的發展，要推以1920和30年代為其最早期的滋長年代。在第一代的中國社會學家，如孫本文、許仕廉、吳景超、陳達、吳文藻、李景漢、費孝通等人的辛勤開拓和推動之下，使得此一「外來」的學術領域逐漸的有了一些「本土化」的色彩。遺憾的是歷史的因素，卻又讓這一辛苦爭得的成果產生了嚴重的「斷層」，根本無法順利的持續累積下去。此一歷史的中斷，就是1949年的政治大變局。

　　社會學從中國大陸轉移到臺灣，到目前為止，也有三十多年了，面對過去這三十多年來社會學的發展，也該是加以嚴肅的回顧和冷靜的反省的時候了。本文的寫作動機，亦即在此。事實上，在本文之前已有幾篇針對此一問題加以評估的文章，它們分別是龍冠海教授的「社會學在中國的地位和職務」(1963)，張曉春教授在一項題為「二十年來我國行為科學的發展與展望」討論中對二十年來社會學的發展加以評述(1972)，楊懋春的「社會學在臺灣地區的發展」(1976)，蕭新煌的

❋本文的完成，得助理陳素香小姐的協助，謹此誌謝。

「社會學中國化的結構問題，世界體系中的範型分工初探」(1982a)和
「對卅年來社會學在臺灣發展歷程的一些觀察」(1982b)，以及中國社
會學社主辦的一次「社會學在中國：問題與展望」研討會（於1982年
6月29日—30日召開，紀錄刊《中國社會學刊》七期，1983年7月出
版）。上述幾篇文章各有重點，所採取的檢討角度，也不盡完全相同。
不過，值得注意的是龍、張、楊等三篇文章較重描述性的討論，旨在
綜合性的探討社會學研究的概況，而蕭文及中國社會學社的研討會則
較從學術發展的結構問題進行分析社會學在臺灣發展過程的種種特徵
和問題。本文則企圖融和此兩種觀點，不但從鉅視的觀點來回顧和反
省社會學在臺灣的發展過程中的外部條件，也對於社會學的內部因素
（如研究趨向、教學、人力和態度等）做概括式的探討和分析。

　　傳統上，對某一學科的回顧往往只側重於靜態條件或事實本身的
描述或評估，而缺乏一種歷史和結構的剖析。從知識社會學的角度來
探討某一學術的發展和其相關的問題，就必須掌握此一學術的發展與
所處社會文化脈絡之間的關係。所謂社會文化脈絡可以是學術圈(aca-
demic circle)的組織，國內的政治經濟狀況，也可以是擴大到國際
的政治、文化、經濟等情境。一旦這種關係掌握住之後，對該學科的
過去、現在甚而未來發展的去向，也就容易真正深入的去剖析。否
則，則容易陷入見樹不見林的缺陷。而引用知識社會學的分析角度來
進行對臺灣社會學的回顧和反省，就必須先見林才能再見樹。這原因
就必須從歷史的和結構的觀點來探討。

　　歷史上社會學源流於西方，基本上其所形成的學術體系，就是從
它對西方社會、文化與歷史各個層次的研究中歸納演繹而來。而西方
工業革命後資本主義的興起，此一歷史事實對社會學的發展更具絕對
的影響(Gidden, 1982年逝世)，固然，西方社會學所建立的推論一旦

有系統的成為理論之時，是可以具有概推性（Generalization）的，而社會科學之所以能成立，也是基於人類行為具有相當程度的齊一性。然而，無可否認的，人文現象的理論和物理現象的理解是不同層次和不同範疇的。換句話說，那些既成的西方社會學理論或方法一旦引進到非西方的社會文化脈絡當中去時，在解釋和應用上就有相當程度的限制。也就是說，西方的社會學理論，是無法完全適合於解釋中國社會的現象。此外，西方的研究方法也可能不能完全毫無限制地應用在中國社會的研究上。這一點是知識社會學在處理學術與社會文化脈絡時很關鍵的基礎，從這麼一個觀點看來，社會學在本質上是有文化與歷史上的殊異性，社會學一旦傳入中國，它與中國的社會文化脈絡如何產生互動，又如何在中國的社會文化脈絡中有意義、有生命，也就成為探索社會學過去的發展歷史中一個非常重要的議題。同樣的，社會學從中國大陸再傳入臺灣，臺灣的社會文化脈絡如何塑造和影響社會學的發展，也應該是分析的重心。

1949年以後的臺灣，其最大的特色是納入了以美國為核心的戰後世界（資本主義）體系，而被注定扮演在這體系中的邊陲地位角色（Hsiao, 1981; Gold, 1981）。邊陲與核心的關係，基本上是一種「優劣勢」的結構關係，其間也存在著某種相當不平衡的交換關係。由於臺灣在戰後所處的是邊陲際遇，我們就不難理解到核心國（美國）對邊陲國（臺灣）在政治、經濟、社會乃至知識各層面上的優勢影響和支配。即以近十年來，在非英語系統的國家中（除歐美以外），其社會學界都存在着一個現象，那就是「國家社會學」的呼聲日益增高。即使在已開發國家中的加拿大，也在這段時期有着相當激烈的反省。其他像美國本土內的黑人也抗議美國社會學，視之為白人的社會學，並提出了「黑人社會學」的口號。由這兩個例子，可以知道這是知識

上的弱勢團體對强勢西方的一種反應；因此在某一層次上言，社會學
"本土化"可說是基於想要「擺脫」西方壟斷的要求而激發的。

　　以臺灣近卅年社會學發展及環境來看，雖然過去第一代的社會學
也曾經提及社會學「中國化」問題，但往往只停留在見樹不見林的狀
態。直到最近三、四年來社會學界再次掀起了熱潮，最早開始於1980
年12月於中央研究院民族學研究所召開的「社會及行為科學研究的中
國化」，第二次是「中國社會學社」第十四屆七一年度年會，於臺北
召開，在會中舉辦的「社會學在中國」（1982年 5 月15日），第三次是
中國社會學社與東海大學合辦的「社會學在中國：問題與展望」研討
會（1982 年 6 月 29—30 日）。第四次是臺灣大學社會學系二、三年級
學生所自行召開的討論會，主題是「對臺灣社會學理論與方法的再反
省」。第五次是於1983年 3 月由香港中文大學主辦的「現代化與中國
文化」會議中，前去參加的臺灣社會學家再度討論社會學中國化的問
題。從這幾次的開會研討這一問題，可以看得出來，臺灣的社會學界
在80年代所努力和尋求的方向，是在於想擺脫西方社會學的過度支
配，企圖走向社會學的本土化和中國化，以求社會學在臺灣的獨立成
長。事實上，上述的爭辯和努力，無疑地，卽是一種知識上的反省，
甚至是臺灣整個學術界的一種反省。更廣泛而言，乃反映了整個臺灣
社會在意識上的一次有意義的覺醒。這毋寧是值得發展和追求的。可
是這種反省與覺醒在30年代、40年代似乎已經開其端，相隔40多年，
這其間有何歷史的淵源？又有何結構上的關係？先有這麼一個脈絡的
抽釐是相當重要的。只有在這麼一個歷史和結構的情境下，去探討卅
多年來社會學在臺灣的種種，才會可能有一些突破性的透視和批判。

二、1949年之前的社會學：中國大陸經驗

以知識傳播的角度來看，有一個基本的事實，就是在中國的社會學是從歐美流傳進來的一門外來學問。因此，很顯然的，這種「舶來品」知識的發展，乃是一種「無中生有」的過程（龍冠海，1963；孫本文，1982；Wong, 1979）。此與當時的社會政治環境有着密切的關係。換句話說，卽在歐戰後世界各地追尋「近代化」的要求下，轉而傾向對建立一種新的秩序的企圖，而社會學也就在這種知識分子企圖找尋新秩序中的種種努力下傳入中國，並在此發育、成長。其流傳的主要形式，爲外國學者來中國的大學講學，另外中國留學生也到外國研習，然後將所學帶回中國來。因此，要掌握住社會學在中國發展的過程，就必須從一個較大的社會文化與歷史脈絡來解釋，在本節擬要說明的卽是1949年以前中國社會學的發展情形，以及1949年，社會學在發展過程中所具有的特殊性格。最後，也將描述社會學在當時的政治社會脈絡中，如何受其影響，如何與之互動，以作爲與下一節臺灣時期的發展之比較基礎。

1949年以前這段期間，社會學的發展史最早可以追溯到1896年譚嗣同所著的《仁學》中出現了「社會學」一詞，或是1902年章炳麟翻譯日人岸本龍武太的《社會學》出版，或是次（1903）年嚴復譯斯賓塞的《群學肄言》一書的出版。如果要以敎學來溯其源流，大概可以算是1906年，其時奏定京師法政學堂章程中，開始設有社會學科目。不過眞正開課敎授社會學的卻是在1913年由幾位美籍敎授在滬江大學講課（都是從 Brown University 去的，包括 J. A. Dealey, D. H. Kulp II, H. S. Bucklin）。陸續的以後幾年，北大於1916年，清華和燕京於

1917年也都開始有社會學的課程。

不過，社會學在中國眞正正式成爲一門獨立的社會科學，並且開始「制度化」（如正式設系、招生、聘專任敎員，並組織社會學團體、出版專業刊物和叢書），則是在20年代晚期和30年代初期以後的發展。在那之前，社會學的推展主要落在幾個美國敎會學院和大學的範圍之內。因此，1949年以前社會學在中國的發展史便可以劃分爲兩個時期，第一個時期大概從1913年開始到1930年爲止，第二個時期就從1930年開始，直到1949年爲止。

第一個時期又可以稱爲「美國傳敎士社會學」（American Missionary Sociology）（Wong, 1979：11-19），因爲扮演推動社會學敎學和研究的大都是美籍的傳敎士，並且都在敎會大學裡面，當年在中國推展社會學敎育和研究的美國傳敎士社會學者當中，最有成就的要算是 John Stward Burgess（1883-1949），他不但設立了燕京大學的社會學系，並且開了早期中國社會調查的先河。

這個時期的社會學發展有幾個特色，值得提出來說明：

第一、敎會學校大多建於租界地，不受中國敎育行政的管轄，卽使當時的國民政府對社會學存有誤解和歧見，這些敎會學校仍然可以很獨立的講授社會學課程。據 Burgess 在1925年的調查，包括燕京、滬江、聖約翰、南京大學在內等十所敎會學院和大學，一共開授了76門有關社會學的課程，其中燕京大學一校就開了31門與社會學相關的課。

第二、當時的敎授主要是外籍，敎本當然也都是外來的原文敎科書，甚少有任何調整或修改，以適應於中國的敎學環境。這種完全「洋化」的社會學敎學方式，當然有很大的缺憾。許仕廉在1927年的一篇文章中就指出學生讀洋敎科書，不是把它當作社會學，而是當作英國文學或是英文作文看待。費孝通在1945年回憶這段他的大學時代，

也感慨的說他們當時知道不少有關芝加哥的流氓或是在美國的俄國移民的事，但卻對中國鎮上的仕紳或是村子裡的農民，一無所知。

第三、既然是在教會大學傳授社會學，外來的經費援助就佔著絕大部份。不只是教會大學本身的財力，其他的美國大學（如 Princeton, Harvard），和基金會（如 YMCA, Rockerfeller, Institute of Pacific Relations）也提供了相當多財力和物力的支援。燕京和清華社會學系的成立就與這些 "外力" 的促成有關。

第四、社會學的建立和推廣並不單純爲學術的目的，教會傳教和社會服務的旨趣非常濃厚。一方面想透過社會學的觀點，「客觀地」剖析中國文化和社會以期順利傳入基督教義；一方面想利用社會調查以擴大教會原有醫療、社區和文康服務的範圍。因此，「實用」的目的遠大於「理論」的目的。社會調查就是在這個時期開始被推廣，其影響更造成在下一時期的盛行。據一項統計顯示，從1927年到1935年之間，全國共約有 9,000 個大小社會調查在進行，平均每年有 1,000 項調查。本國官方的態度也逐漸改變，接受社會調查的作法，最有名的就是1930年工商部所進行的32個城市工人家庭生計的調查。

第五、在這個時期內，還有一股馬克斯主義社會學的力量亦在此間醞釀、成熟，並逐漸形成競爭的勢力。由於當時政治環境的緣故，這些左派社會學家在幾所大學裡的出現，逐漸對受西方訓練出來的社會學家造成威脅；對當時尚未成爲氣候的「學院派社會學」更形成一種獲得政府認可的阻礙。學院派社會學家紛紛開始劃清界限，劃清社會學之爲一門社會科學，與社會主義和其他激進主張的分野。1927年的清黨舉動，對當時的左派社會學是一大打擊，但卻促成了學院派社會學的進一步發展。1920年晚期開始即可以目睹學院派社會學的逐漸「制度化」。

　　制度化之後的學院派社會學在30年代之後乃成爲中國的社會學主流。直到1949年爲止，一直支配著中國社會學的發展內涵和趨勢。關於這一時期中國社會學的回顧，已有不少現成的文獻可以參考，早期的有許琅光 (1944)、孫本文 (1948, 1949)、Freedman (1962)、龍冠海 (1963)；近期的還有 Wong (1979)、Cheng 與 So (1983) 等。整理以上各篇文章對該期間社會學發展的說法，並且拿來與前一期的發展比較，可得綜合出以下幾點特徵：

　　第一、有更多的大學開始設立社會學系，已不再限於美國敎會學院和大學。在1930年，全國有11所大學設有社會系（卽滬江、燕京、清華、復旦、大夏、中央、光華、金陵、協和、河南及北平師範），設有社會學和歷史合爲一系的有2校，與政治學合設的有2校，與人類學合設的有1校。1938年敎育部所頒布劃一的大學課程，開始規定社會學爲文理法師四學院社會科學類共同必修科目之一，並標準化社會學系的課程。截至1947年秋季爲止，社會學系增至19所（卽中央、清華、中山、復旦、雲南、金陵、燕京、滬江、嶺南、華西、東吳、光華、輔仁、震旦及珠海等大學，與金陵女子文理、廣東法商及廣州法學等學院）；設有歷史社會學系者2校（大夏與齊魯），設有社會事業行政學系者1校（社會敎育學院）。至於無社會學系而設有社會學課程的大專院校有政大、北京、四川、南開、貴州、聖約翰、武漢及浙江等大學及東方語言專校。相對應的另一事實顯然是專業社會學家的人數也必然增加。依據 1947 年 12 月的調查，全國社會學敎授、副敎授及講師共有143人。其中美國籍只佔有12人，其餘131人都是中國人。同樣的，主修社會學的學生數也日益增加，據龍冠海的估計，1947年全國約有1,500名學生主修社會學。

　　第二、從上述提到在143位社會學家當中，只有12位是美國人的

事實中，反映了一項有意義的變化。與上期比較，40年代後期的中國社會學已經從完全依賴美國傳教士社會學家來教學的狀況脫離，中國自己的社會學家已經取代了美國傳教士在各大學擔任傳授社會學的工作。這是社會學人力（事）上的「獨立」。可是，同樣的事實，如果再仔細觀察，則又呈現另一種「依賴」，那就是社會學家訓練出身上的依賴。在131位社會學家當中，有115位都留過洋（82%），在其中到美國留學的最多，有71人，佔留洋的61%，其次是留法的，有13人，留日的10人，留英的9人，留德的4人，留比的1人。從社會學家的出身來看，40年代後期中國的社會學受美國（社會學）的影響，從有形的人力、財力的依賴，已開始轉變成為無形的學術範型（Paradigm）的影響。

第三、許多在20年代末期出國留學的新生代社會學家陸續的在30年代回國，因此也大量的帶進了當時英美社會學界的主流社會學，在理論上是功能論；在方法上則是經驗調查法。結果所顯現的中國社會學特色則是「實證的、功能的和經驗的」，最具代表性的就是在30年代、40年代一連串的城鄉社區調查，典型的例子包括李景漢的《北平郊外之鄉村家庭》（1929）和《定縣社會概況調查》（1933）；陶孟和的《北平生活費之分析》（1930）；喬啓明的《江寧縣淳化鎮鄉村社會之研究》；許仕廉、楊開道的《清河鎮調查》（1930）；楊慶堃的《一個北方的地方市集經濟》（1933）；林耀華的《福建的家族村》（1934）；言心哲的《農村家庭調查》（1935）；陳達的《南洋華僑與閩粵社會》（1937）；費孝通的《*Peasant Life in China*》（1939），和《綠村農田》（1943）；史國衡的《昆廠勞工》（1943）；和楊懋春的《*A Chinese Village: Taitou, Shantung Province*》（1945）等等。

上述這些城鄉社區調查在理論層次大都相當低，著重的是事實的

發掘和累積第一手中國社會的資料。並且相當程度的具有「實用」的取向，爲的是想要能藉此提供解決相關的中國城鄉問題的辦法。更值得注意的是，這種做中國社會的實地調查還具有更深一層的「本土化」意義。

第四、在這一時期，找尋中國社會學的「自我認同」，一直是當年社會學家們最關切的問題，這可以說是中國的社會學家開始摸索「社會學中國化」運動的開端。吳文藻是當時「中國化」運動的領導人物。他介紹「功能論」到中國的社會學，並呼籲唯有透過對中國社會的深入研究才能將西方社會學理論「本土化」和「中國化」。他並且轉移燕京大學社會學系的研究取向，從大型的社會調查轉變爲小型社區的功能分析。他並且在1940年代很直接的用「中國化」做爲目的，倡導發行一系列有關的社會學叢刊。當時，談「中國化」也還具有一種「應用」的功能，李安宅提倡透過實地研究獲取第一手資料，一方面建立理論，另一方面則是提供建設性的社會工程。

不過，眞正促成「社會學中國化」成爲社會學家們一種「有意識的心態」則是在中日戰爭期間孕育出來的。由於戰爭，沿海的社會學家，被迫撤退到內陸和鄉下，旣沒洋書、洋雜誌，又沒設備，「逼」得社會學家只有「就此取材」，開始進行做當地的田野調查工作，並且進一步體認了當地人民的實際生活與問題。費孝通回顧那段「抗戰社會學」時期，反而奠下了將西洋社會學加以本土化和中國化的基礎，因爲那段期間社會學家不再只是系統的引介西方社會學理論，也不再單純的用傳統的中國概念去套西方理論，更不再只是將中國社會的事實加以數量化，而是「企圖用科學的方法和旣存的西方理論，去觀察和分析眞實的中國社會生活，爲的是要能深入思考，以期能够解釋中國社會的種種問題」(Fei, 1979：29)。前引的費孝通在雲南的鄉村經濟

研究、史國衡的勞工研究都是在這時期完成的。

對社會學中國化的關切，反映在許許多多實地的社區研究，這些研究在取材、解釋上都具有相當程度的「本土化」和「內向化」，雖然在理論上尚是粗糙，但實在已具有「中國化」的雛型了。Fried（1954）和 Freedman（1962 a）都曾對這一時期的中國社會學給予很高的評價，主要就是針對那些具有本土性格的社區研究而言，他們認為中國在當時有潛力成為北美、西歐以外另一個社會學的中心。

第五、中國社會學在這個時期開始有全國性的團體出現。1930年二月正式成立，並於上海開成立大會，那是將原先組成的「東南社會學會」（1928）擴大，改組成為全國性的「中國社會學社」。從1930年到1948年為止，一共召開了九次年會。年會是重要的學社活動，這九次年會都有社員論文宣讀的節目。有幾屆年會還訂有主題，如第二屆（1931於南京）是以「人口問題」，第七屆（1943於重慶）是以「戰後社會建設」，第八屆（1947，南京、北平、成都、廣州）以「中國社會學今後發展應取之途徑」，及最後一次的第九屆（1948，南京、北平、成都、廣州）以「二十年來之社會學」等為主題。中國社會學社並出版的機構刊物《社會學刊》亦陸續出版到 5 卷 3 期為止。該社歷年的社員人數至今已無可考，只知1943年（第七屆）11月間共有132人，1947年（第八屆）9月共有160人。

第六、另外一個特徵就是在這個時期的社會學（家）與政府的關係亦似有很大的改善，並維持頗為良好的「互惠關係」。這一方面是由於當時社會學家們實用性格所致，二方面則是由於中國社會行政（事業）的成立，乃需要有社會學家的實際參與其工作，孫本文稱之為社會學界的一個新發展，龍冠海對社會學家參與並協助政府制訂政策及行政措施等實際工作，在當時（尤其是在抗戰期間，社會部成立，直

到抗戰之後）可謂是「整個發展過程中最活躍和最有成就的一個時期」。還有一些有名的社會學家，如孫本文、許仕廉、張鴻鈞等還直接的借調、應聘到政府裏面擔任公職，他們與當權的政府想必有更好的政治關係。這一特徵也是前期發展中所沒有的現象。

第七、在社會學研究取向而言，孫本文在1949年曾對過去20餘年中國社會學的發展綜合出幾點疑問：(1)注重實地調查與研究，(2)注重本國資料的分析與引證，(3)注重名篇鉅製的迻譯；(4)重視西方新社會學理論和學說的介紹，(5)重視社會事業與社會行政的研究。龍冠海則進一步指出這一時期的中國社會學有三點特質：(1)它未曾「攻乎異端」，沒有各立門戶或嚴格派別之分，或各走極端，(2)中國的社會學家始終以社會學為獨立的一門社會科學，未曾把它和社會科學或社會哲學混為一談，(3)中國社會學從頭開始就注重本國社會現象或問題的實地研究，而不像外國社會學者專門從事建立龐大的理論體系，或是從事學理的方法論的長期辯論。雖然龍冠海認為以上這些都是優點，並且，這些都是受到中國文化中「注重中庸」和「實際」兩個特質的影響，但他同時也指出這段時期社會學發展的三點缺憾：(1)社會學發展一直受到內亂、外國侵略和政治不安的影響，而無法得到安定的成長；(2)由於缺少學理與方法論的深入探究，以致無法建立健全的理論體系和科學的方法論；(3)雖然注重實地研究或社會調查，但理論、概念和方法上都仍是膚淺和不大科學。

孫、龍兩人的觀察比較屬於靜態的描述，而前述所做的刻劃則比較著重歷史和結構的剖析，其間或有不一致的地方。但從這種種的問題當中，當不難窺見1949年以前中國社會學的發展。

三、1949年以後的社會學：臺灣經驗

　　社會學在臺灣的發展，應該從1955年省立法商學院和東海大學分別設立社會學系算起，唯有從設系開始，才有教學和儲備人才的「制度化」。之後，臺灣大學於1960年設立社會學系。到目前，臺灣的大學體系當中，設有社會學系的一共有 6 所，即①東海大學（1956年創立），②臺灣大學（1960年創立），③中興大學（前身是省立行政專科學校，原設社會行政科，於1955年改名社會學系），④政治大學（原名民族社會學系，於1981年改名社會學系），⑤輔仁大學（1972年創立），⑥東吳大學（1973年創立）。在研究所的碩士班方面，目前有①臺灣大學（1974年創設），②東海大學（1978年創設），以及設有鄉村社會學組的③臺灣大學農業推廣研究所（原設有農村社會經濟研究所，於 1969 年成立本所）。博士班目前在東海大學已經設立，臺大則於 1986 年成立。中央研究院的民族學研究所、三民主義研究所與美國文化研究所則分別都有社會學家參與研究，只是目前尚未恢復1949年以前設有的社會研究所。

　　根據1982年教育部的社會學系評鑑統計資料，在各系（所）擔任課程的兼專任講師級以上的一共有 146 位，在研究所教授課程的有46位。上述的數字如果扣除掉在一處以上重複擔任兼任的，以及全然是社會工作方面課程的，則實際上的社會學人力是少得很多，根據筆者的估計，大概不超過70人。

　　如果要把一些非專業的社會學家，包括社會行政、社會工作，或對社會學有興趣的人士加起來，在「中國社會學社」成為社員的則一共是250位（截至1983年 5 月底止）。

再說到社會學的教學研究人力的問題，在臺灣社會學家的傳承與接續，依筆者的觀察，在現階段的社會學界，可分爲下面四代：

第一代：戰後從大陸來臺的社會學家，具有代表性的有龍冠海、謝徵孚、李鴻音、張鏡予、楊懋春、謝康等教授。他們是臺灣社會學系的恢復及創設的主力，陳紹馨教授也應算是這一代的人物。

第二代：在大陸時期完成大學教育，來臺灣以後才開始擔任教職，以及在臺灣接受大學教育，在60年代扮演「接續」角色，年齡在50歲以上的中間一代社會學家。具有代表性的有朱岑樓、席汝楫、文崇一、范珍輝、吳聰賢、王維林等。

第三代：戰後在臺灣本土出生長大並完成教育的社會學家，大半都是以上兩代社會學家所訓練出來，而且不少到國外深造後返國，目前已在各大學及學術機構教書或從事研究，他們的年齡在35歲至40歲左右。第三代可以說是在70年代後期開始才扮演重要的接續角色，目前這一代的人數在30位左右。

第四代：應可包括目前在就讀研究所以上獲有碩士學位、此刻在大學擔任講師級工作的新生一代社會學家，絕大多數都是上述三代社會學家的學生，依目前的情況來看，這一代的社會學家，所受到第三代社會學家的直接影響較具體。

在過去卅年中，社會學在臺灣的「復原」過程，相當辛苦，而且緩慢。最大的一個原因就是1949年政治的大變局造成了中國社會原有制度化規模的中斷和崩潰。構成30年代和40年代學院派主流的社會學家絕大多數都沒有隨著中央政府遷到臺灣，因此在50年代一開始，社會學在臺灣馬上面臨社會學家接續上的「斷層」問題。從大陸來臺的第一代社會學家在質與量上都受到很大的限制。人力和物力也都非常艱苦。而政治環境也對社會學的復原相當不利；社會學界在30年代和

40年代所建立起來與政府的「互惠」關係，已不復存在，政府對社會學「復原」與「重建」的態度非常被動和冷漠。這固然是當時整個社會經濟和政治秩序都有待恢復，在優先順序社會學的重建乃被排在後頭，另一方面可能與缺乏像主流派社會學家當年的影響力以及40年代後期的內戰期間若干社會學家的言論與態度，讓中央政府再度產生猜忌、懷疑和不滿有關。龍冠海就曾經提到「過去他們曾經有少數為了不滿現狀，而反對甚至仇視國民政府的措施，同時又因為對中共的面目沒有真正認識，而為其搖旗吶喊或歌功頌德，也因此而暫時被其利用，而自覺得意甚至發紅一時……。」(龍冠海，1963：9)。

在這種內外條件都極端困難的情況下，移殖臺灣的中國社會學在50年代所處的幼稚局面，似乎又回到最早期的20年代。與其說是「重建」，不如說是「從頭開始」更為恰當。其慘澹經營的情景可想而知。與30年代以前的社會學發展一樣，在50年代的臺灣社會學發展又再度依賴外來力量的支助。美國的亞洲協會 (Asia Foundation) 對臺大社會學系、農業推廣學系、農村社會經濟研究所的設立，有著直接的貢獻，對東海社會學系的物力支援也甚為可觀。唯一不同的是，這個時期社會學教學的人力完全是來自中國人自己。50年代開始，經歷整個60年代，這20多年可以說是社會學在臺灣的重建和發展史上最弱的時期。在學術界的士氣而言，比起30年代和40年代而言，也可以說是「退化」的一段歷史。

一直到了70年代的中後期，在臺第三代的社會學家陸續從國外學成返國之後，臺灣社會學家的「斷層」問題才開始化解。也同時在那幾年，戰後臺灣的高等教育人力結構上也產生新陳代謝的現象。因此，有空缺以吸收新生代社會學家。這種現象又與早期的30年代相類似。一時間，臺灣的社會學界就像在30年代那樣，開始蓬勃起來，朝

氣十足。從歷史的觀點來看，這一時期回臺灣的在臺第三代社會學家與30年代回中國大陸的第一代中國社會學家，的確也有相當程度的雷同。他對「鄉土」的認同感、對當時社會學發展狀況的不滿，以及對振興社會學的熱忱，都可找出相同的地方。他們對當時社會學的發展所造成的影響和衝擊，更是有異曲同工之妙。

另外一個頗實質的現象亦值得在此提出，那就是在50年代社會學在臺灣的復原時期，社會學系的設立與教學跟相近學科（尤其是人類學）的關係甚為密切。許多在臺第一代社會學家和人類學家共同開創了臺灣最早期的社會學教育，甚而許多社會行政的專業者也參與到社會學的教學。前者如衞惠林、芮逸夫等對臺灣大學社會學系的設立都很有貢獻。後者如謝徵孚、李鴻音等對恢復中國社會學社和成立法商學院的社會學系，亦很有影響力。這固然是與在早期，社會學和人類學、社會行政的學術研究或行政淵源有關，另一方面也與當年社會學本身的人才稀少，不足以「自給自足」有關。

到了第二代時期，臺灣的社會學教學與研究和心理學、人類學的關係更形密切。這與70年代初期的「行為科學」範型在臺灣盛極一時有直接的關連。這些重要的代表人物除了在臺第二代社會學家吳聰賢、文崇一之外，還包括有心理學家楊國樞、人類學家李亦園、政治學家胡佛和袁頌西等人。他們在當時形成一股「行為科學」的範型力量，鼓吹中國社會科學的行為研究化和經驗研究化。相當程度能代表這個新形成的「行為科學」範型力量的「集結」，是他們都隸屬的《思與言》雜誌社10週年（1972年）時一項「二十年來我國行為科學的發展與展望」討論會的召開，以及主要他們核心人物等召集主編的《社會及行為科學研究法》一書的出版。後者可視為是他們企圖想建立的「範式」（examplar）。這個「行為科學」範型在當時流行一時，

若干社會學家並參與其中，一方面顯示社會學與人類學、心理學等學科的高度「互賴」，另一方面也反映了60年代和70年代初美國的行為科學範型的直接影響，因為當時那一批國內的行為科學家全都是在60年代到過美國讀完學位或是進修的。

回顧這段60年代的「行為科學」範型歷史，不難發現其影響所及，除了提昇了一時的社會學和社會科學的研究風氣和學術地位之外，還對當時臺灣的政治社會改革產生了不少的興論壓力。

大概也從70年代末期開始，社會學在「學術風格」上也才開始真正的獨立與自給，不再那麼依賴其他學科的支援與烘托。這包括質與量兩方面的提高和增加。

如果再從另一個「鉅視結構」的角度來看社會學在臺灣的發展經驗，更可以觀察到這段臺灣經驗的特有性格。這些性格形成的背景是由於臺灣外在的處境所造成的，亦即臺灣在戰後世界體系內所處的地位，不但支配了臺灣政治、社會及經濟發展的性格，也影響了臺灣社會學發展的性格，幾個有關世界體系中科學發展的基本命題應先加以說明（蕭新煌，1982：78—80）：

第一、基本上，科學可視為資源的一種，因此世界體系中「核心——邊陲」的結構關係和運作方式，也將左右著邊陲國家的科學發展。其最根本的特性是其中存在著一種依賴的結構和不平等的交換。

第二、在教育和研究上，邊陲國家依賴核心國家的科學發展，造成依賴的媒介包括知識傳播和資訊教育工具；核心國家的大學往往扮演著提供邊陲國家知識的生產者角色，而後者則是被動的「消費者」。

第三、在某一時期所形成的核心國家的科學範型，往往就會透過上述的媒介，依照世界體系的運作方式，「外銷」到邊陲國家。因此會支配著邊陲國家科學發展的內容、優先順序及可能的發展方向；邊陲

範型的生命歷程會受到核心範型的支助、培養，其間的關係具有結構的約束性；其來源包括種種的制度化安排，如留學、教育援助、研究計劃的經費支助等。

第四、由於邊陲範型本身是一個核心範型的「移植」，因此，這兩者也存有相當程度的敏感性，亦即核心範型的任何重大轉移，勢必也會影響到邊陲範型的「生命循環」。另一個取代的核心範型又將開始移植到邊陲國家，而造成邊陲範型的變化，這種新移植到邊陲範型往往會被冠以「最新」的頭銜。雖然，這個新範型在內容和形式上可能更精緻、更複雜，可是其依賴和移植的本質卻可能是與舊範型相類似。

第五、不過，也有幾個條件可以造成「邊陲範型」在依賴和移植性格上的轉變：

(1)核心與邊陲之間在結構上有重大的政治改變。

(2)邊陲內部有明顯的結構或思潮的轉變（自我批判和反省）。

(3)核心範型的轉移，相當具有「革命性」，足以造成對舊範型的根本懷疑和破壞。

戰後的臺灣，很明顯的是居於世界體系中的邊陲地位，尤其是與美國之間有著結構性的「邊陲——核心」關係。社會學在臺灣的發展歷程也反映出這種邊陲的特有性格。筆者曾在《社會學中國化的結構問題：世界體系中的範型分工初探》（1982：81—84）一文中，指出臺灣社會學的人才的訓練、儲備、研究取向、論文引用書目和參考架構、課程的安排等，在過去都受到美國社會學核心範型的影響（關於這些事實，下一節將有較詳細的分析），並且出現明顯的「依賴性格」。換言之，美國社會學在過去卅年來對臺灣的社會學有著一種「主從」的結構關係，在範型上乃出現了臺灣屢屢移植美國社會學的現象。在50年代和70年代中期之間，臺灣社會學家寫論文時所引用的範型範本（理

論的評介、方法的運用等），大都是當時美國社會學的核心範型，亦即「實證—功能—經驗」的範型，可以說是具有相當壟斷性的「一元化」。

到了70年代中後期以後，其他的範型才開始被引進來，有的是屬於前述核心主流範型的支派，如交換理論（exchange theory）、象徵互動論（symbolic interactionism），有的是對立或新興的範型，如衝突理論（conflict theory）、批判理論（critical theory）、現象社會學和俗民方法論（phenomenological sociology and ethnomethodology），以及世界體系理論（world system theory）。雖然這幾年來的「多元化」現象仍然著重在於新觀點的引介和推廣，還沒有與舊範型產生較實質的對話，或明顯的衝突和相互批判，但是「多元」的雛形則已具備。對此多元化的現象，筆者願提出下面幾點初步的看法：

第一、臺灣社會學的「多元化」如果只是反映美國70年代以來社會學範型本身的一種變化，只是反映美國社會學新範型的形象，那麼這只是另一次範型的「移植」而已，其依賴的本質將依然存在。在70年代的中期至後期，臺灣社會學的「多元化」現象大致上是停留在這種階段。當時所引介的新理論或新方法，只是在「充實」原已移植進來的「舊範型」，基本上並沒有具備批判或反省的性格，也沒有考慮到這種新移植的範型對中國（臺灣）社會學的發展可能的意義是什麼。

第二、在這種新移植的範型影響之下，曾經造成了在70年代後期和80年代初，在校讀書的部份研究生（及大學部學生）對這些「新範本」的狂熱追求，甚而視為一尊。而造成了排斥其他任何範型的極端心理。這種現象的產生，主要就是因為這種「多元」的本身只是移植了美國社會學當時內部的範型轉移過程，因而反映了其過程中所造成

的紛爭和互斥，甚而種種「不理性」的成份。簡言之，這種「移植」並沒有一個明確的目的，也沒有賦予「爲何移植？」的意義，結果只是造成了另一波的移植和依賴而已。文崇一於1980年就做過如此的批評：「1960年代的盛學是結構功能論，我們跟著走，已經遲了一步，70年代，美國忽然轉了向，又强調衝突理論，於是我們又要跟，否則，就彷彿不時髦；我們可能還要跟從歐洲的結構主義、詮釋理論等脚步往前走。究竟要依賴到什麼時候？」（文崇一，1980:1-5）。

第三、如果多元化的同時，能够賦予新的「本土化」生命和意義，並且採取更客觀、更包容的批判態度，那麼這種「多元化」的過程，有可能減低早期依賴和移植的性格，反而變成一次有意義的獨立運動。從80年代初期開始，臺灣的社會學也同時蘊育了這種「新生命」。這就是中國社會學家在30、40年代對「社會學中國化」的呼籲，在40年後的臺灣，又掀起了另一次的高潮。不過，在若干性格上，如背景、動機、內涵和作法等與40年前比較，卻已有相當大的不同。關於「社會學中國化」的背景，目前臺灣社會學家對社會學中國化運動的看法，以及與40年代社會學中國化呼籲的比較，將在第五節做更深入的探討。在此，只須先提出一個看法，亦即80年代臺灣社會學之所以有可能促成另一次社會學中國化的運動，並呈現若干性格上轉變的契機，與若干歷史和結構的因素有關。包括臺灣內部社會政治結構的改變、社會學界本身成員的改變、臺灣與美國之間相對結構關係的轉變，以及臺灣在整個國際學術體系中的整合和孤立程度等等。

除了「依賴性格」之外，卅年來臺灣的社會學還具有另外兩個特有的性格，一是「實證的性格」（蕭新煌，1982：81—83；葉啓政，1982：128—131），二是「實用的性格」（龍冠海，1963；楊懋春，1976；葉啓政，1982：122—127；蕭新煌，1981：51—55）。這兩個性格較

「依賴性格」更有歷史性，在前一節討論1949年以前社會學在中國
（大陸）的兩期發展特性時，就指出從最早期的美國傳敎士時期開始，
到後期黃金時代的期間，講求社會學的「實用」一直是很突出的色彩；
要求「實用」，「實證」乃是必要的條件，加上第二期開始，中國的社會
學已經開始受到美國社會學的影響；功能論要求實證的田野調查，芝
加哥學派更是講究經驗的研究。因此實用與實證一直是中國的社會學
所具有的兩大特徵和性格。臺灣時期的中國社會學，這兩個性格不但沒
減少，反而愈來愈明顯。臺灣社會學的「實證性格」承襲大陸時期的
實證性格者少，而受到美國社會學的影響者大。而「實用性格」的突
出，則一如在大陸時期，是社會學界與外界（政治）力量互動和妥協
的結果。筆者曾對臺灣社會問題研究做了回顧和反省，也發現到政府
和其他實務機構愈來愈「有求」於社會學家從事有關政策取向的研究
和調查。這並非不好，只是「問什麼問題不是社會學者的事，已經由
委託單位決定了」，從這裏可以多少摸索出政府對今後臺灣社會學的
研究會有愈來愈多的影響。其結果之一，就是「臺灣社會學的實用性
格也可能因此將愈來愈加深」（蕭新煌，1981：53）。這種社會學和社
會學家的「實用性格」，在筆者另一項對35位社會學家調查的資料當
中，也可以進一步得到一些佐證，那就是在過去三年當中，在35位社
會學家當中，就有17位社會學家（將近半數）曾接受過政府或其他非
學術機構的委託，進行研究。這表現其「實用」性格是可肯定的。當
然，這絕不是說委託研究就不能在理論研究上有所建樹，這數字只是
說明社會學家很看重社會學有其實用的一面，而乃願意接受委託研
究，這就是前文所指社會學家與外界互動和妥協的結果。

　　在對35位社會學家的問卷調查當中（蕭新煌，1983a：19—22），
亦問及他們對臺灣社會學的上述三個性格的意見。結果顯示大多數的

社會學家都承認和體驗到這三個性格的存在。茲分別簡述如下：

第一、有兩題是直接問及「依賴性格」的問題，一題的問法是跟上述一樣，是就社會學的特色直接問過去卅年的臺灣社會學是不是「相當程度的依附在西方，尤其是美國社會學影響之下，亦即『依賴的性格』？另外一題是「有人認為美國社會學深深的影響，甚而支配臺灣目前的社會學發展，您同意嗎？」

這兩題所得到的反應，都相當一致的反映出社會學家們對過去社會學在臺灣的發展生涯中所形成的「依賴性格」有著深刻的體驗和認識。對前一題，在31位回答者中有13位「非常同意」（41.93％），10位「同意」（32.26％），8位「不同意」，亦即有74.19％的社會學家是認定出社會學的「依賴性格」。對後一題，在32位回答者中有7位表示「非常同意」（21.88％），21位表示「同意」（65.62％），另有4位表示「不同意」（12.50％），這也就是說，共有87.50％的社會學家是承認美國社會學的確是在支配著臺灣的社會學發展。

這麼說來，在主觀上，絕大多數社會學家自己是坦承不諱臺灣社會學在過去對美國社會學的依附（依賴）性格，究其根本癥結乃在於臺灣本身所處世界體系中的「邊陲地區」所使然。

第二、問卷中的有一個大項目是請社會學家就卅年來社會學在臺灣的發展（研究、教學及理論創建……），是不是具有所列的一些特色表示意見，在所列的特色當中，有一項目曾直接提出「實證的性格」這一名詞。在31位回答了本題的社會學家當中，有8位表示「非常同意」，有15位表示「同意」在過去卅年的社會學發展中，的確是「非常傾向於實證主義的路子」，亦即「實證的性格」。換句話說，有74.19％同意臺灣的社會學是具有實證性格的。

第三、用同樣的問法問社會學家，是否臺灣的社會學具有「比較

著重社會問題」的探討，結果在30位表示意見的社會學家當中，有4位表示「非常同意」，18位表示「同意」，有7位表示不同意。也就是說有73.33%，接近¾的社會學家認為社會學的研究相當著重實際的問題取向，確是具備了「實用的性格」。

以上是1949年以後社會學在臺灣的發展經驗及其性格。

四、臺灣的社會學：「傳統」的失落與重建

社會學在臺灣經歷了過去卅餘年的發展，如前節所述，已經蘊育了若干特有的性格，有的與早期（1949年以前）的發展有關，並受其影響，有的則完全是導因於30年來臺灣的內外在環境所致。無論如何，歷史和結構因素的探討是非常重要的。1949年後的臺灣社會學與1949年前的大陸社會學，在許多方面都有質與量的不同。雖然龍冠海在1963年的文章中，說到「我們相信我們還是承繼過去大陸社會學的傳統，向同一目標去發展」，但是仔細去檢討，不難發現所謂「大陸社會學的傳統」實際上在臺灣社會學復原之初（50年代至60年代）並沒有被完整或有計劃的「承繼」下來。有幾個無法克服的原因使得這個傳統的失落變成為不可避免的事實。一是開創當年大陸社會學傳統的第一代主流社會學家絕大多數都沒有來臺灣，二是代表那個傳統的許多研究和著作，由於政治因素的考慮，在50和60年代，沒有被廣泛的在各大學作為社會學教學的教材，使得在臺新一代的社會學學生根本無法系統的接受該社會學傳統的精華和精神；三是大陸社會學傳統中最重要的實地小社區研究，來到臺灣之後就失去了接續的力量。主要的是來臺的第一代社會學家都是內地籍，全都不會講臺灣的方言，做這種社區研究確有實質的困難；另一個原因可能與他們這一代社會學的心態

有關。他們所認同的依然是大陸社會，臺灣社會對他們而言，並沒有深厚的「鄉土感」。而這種「鄉土感」卻是當年大陸社會學的社區研究傳統中最重要的驅使力量。龍冠海在1963年文中的一句話很能反映其他第一代社會學家的這種心態，他說「如果我們孤守在這個寶島上，我們大家一定是沒有什麼前途的，我們的社會學當然也不會有什麼前途。這並非說社會學在臺灣沒有發展的餘地或沒有研究的機會。事實上，它尚有發展的可能，也有很多東西值得它去研究，但究竟是有限度的。」

講究鄉土性的「社區研究」的傳統乃因此被比較不必講究鄉土性的「社會調查」的傳統所取代，最早的有中國農村復興聯合委員會所舉辦的「臺灣農村社會經濟調查」(1952—53)；美國國外業務總署駐華共同安全分署與臺灣大學合辦的「臺灣之都市社會經濟調查」(1953—54)。直到60年代的末期之後，類似早期小社區研究的傳統才開始在臺灣的鄉村社區中恢復其活力，其中以楊懋春在桃園縣大園鄉所作的「土地改革對鄉村社會制度之影響」一研究較具有典型。也大概在同一時期，臺灣的人類學也開始對臺灣的漢人社會有興趣，轉移以往只對高山族文化重建的研究興趣。許多年輕的人類學家都投入這一鄉村社區的實地研究，在推動這股漢人鄉村社區的研究潮流中，李亦園和王崧興的貢獻最大。很有趣的是，從此臺灣的人類學界承繼1949年以前大陸社會學這一傳統的程度，竟遠遠大於社會學界。

之所以在60年代後期才開始有這類臺灣社區研究的出現，一方面是臺灣的人類學和社會學，經過了將近20年的復原和重建之後逐漸體會到要與臺灣社會現實產生關聯的迫切需要；一方面是從那個時候第一、二代的社會學家開始對臺灣有較深刻的體認，也漸漸感覺到「孤守」寶島的事實可能會繼續維持較長的一段時間，不應該再保持以前

那種疏離的心態，這種心理的轉變，也促使了來臺的社會學家們願意進入臺灣的鄉土社會去做深入的研究；另一個實際的因素，可能也是最關鍵性的轉變，在當時許多在校的社會學和人類學學生及研究生，都是土生土長的「臺灣人」，他們對臺灣的鄉土認同很深刻，對瞭解臺灣社會眞相的動機也很強烈，他們乃形成一批可被動員的生力軍。因此，臺灣大學的農推系乃成爲培養臺灣鄉村社會學家的搖籃，當時的考古人類學系和中央研究院民族學研究所也變成了訓練臺灣本土人類學家的中心。不少第三代的社會學家也都與這當年兩個機構的研究計劃有過淵源。

　　如果說臺大農推系和中央研究院民族所是當年培養臺灣鄉村社會研究的搖籃，那麼臺大社會系則是推動臺灣都市社會研究的中心。龍冠海和當年臺大社會系的年輕同仁及研究生就做了不少有關臺北市的都市研究。不過，臺大社會系的研究取向在一開始就與大陸早期的「社區研究」傳統有異，而較類似於早期北平社會調查研究所和中央研究院社會研究所建立的「社會調查」傳統。卽便是臺大農推系的鄉村社區調查，也與早期的「社區研究」傳統較遠，而與「社會調查」的傳統較近。這種趨勢從60年代末期以來，就一直成爲是臺灣社會學的新傳統。

　　臺灣社會學傳統得以蘊育和成形，關鍵的一個因素，就是社會學的「制度化」。大學裡社會學系的設立，使得社會學在臺灣的高等教育制度中有合法的地位；社會學的研究開始進行，成果的發表和刊物的發行，乃使得社會學家在臺灣的學術圈內有一席之地；社會學團體的恢復，更使得社會學家有了屬於自己的專業組織，一方面加強本身的認同和互動，一方面又可加強對外的影響力。這些都是了解社會學在臺灣的制度化過程和結果很重要的指標。以下將分別加以討論。

1. 社會學系的師資和教學

依據1982年教育部評鑑六所大學（臺大、中興、政大、東海、輔仁、東吳）的社會學系和三所研究所（臺大、東海、東吳）的調查資料，截至1982年4月為止，臺灣的社會學師資共有146人，其中在研究所開課的有61位，這包括兼任和重覆的在內，如果減掉在一處以上重覆擔任兼任的以及社會工作方面課程的師資，則實際上的社會學師資，依筆者於1983年底的核算，共有70人。

如果以整個臺灣社會學系可以運用的人力而言，亦即前述的146人（單位），從其學歷背景可以觀察出一些特徵。表一的數字顯示，在國內大學（研究所）獲得學位者計54人／單位（37%）；其餘的92人／

表一　臺灣六大學社會學系師資學歷背景

背景　　學歷		人（單位）　人　數	百分比（%）
國內大學	博　　士	1	0.68
	碩　　士	25	17.12
	學　　士	28	19.19
國外大學	博士　美　國	52	35.62
	歐　洲	5	3.42
	亞　洲	3	2.05
	碩士　美　國	24	16.44
	歐　洲	4	2.74
	亞　洲	4	2.74
合　　計		146	100

資料來源：1982年教育部社會學系評鑑調查表

單位獲有國外學位（63％）。其中美國大學授予的學位佔大多數，有52位博士、24位碩士（佔國外學位持有者的82.6％，全體的52.06％），充分顯示美國社會學對臺灣社會學的高度影響。

如果與70年代以前的社會學系師資比較，上述的資料顯示了其間有了長足的成長，不論是師資的數量和學歷水準都有提高的趨勢，這現象在70年代的後期更是突出，這與第三代社會學家於此期間大量加入師資陣容有關。

根據筆者於 1983 年底對全臺灣專業社會學家總數和基本資料的核算統計，目前在臺灣從事專業社會學研究和教學的社會學家一共是70位，分別任職在各大學社會學系（所）和相關系（所）以及研究機構。目前聘有社會學家的學術機構有①臺大社會學系（研究所）、②臺大農推系（研究所）、③政大社會系、④中興大學社會系、⑤東海大學社會系（研究所）、⑥東吳大學社會系（研究所）、⑦輔仁大學社會系、⑧中央研究院民族學研究所和⑨三民主義研究所，及其⑩美國文化研究所等10個單位。

關於這70位專業社會學家的若干背景資料，值得提出來談的有下述幾點：

(1) 性別：男（55），女（15）

(2) 年齡：①31歲—40歲（35）

　　　　　②41歲—50歲（20）

　　　　　③51歲—60歲（14）

　　　　　④61歲以上（1）

(3) 籍貫：本省籍（42），外省籍（27），美國籍（1）

(4) 學歷：（見表二）

(5) 現職：專任（55），兼任（15）

表二　臺灣專業社會學家學歷背景

國內大學		博　士	1	
		碩　士	7	
		學　士	13	小計 21
國外大學	博士	美　國	31	
		歐　洲	4	
		亞　洲	1	
	碩士	美　國	11	
		歐　洲	1	
		亞　洲	1	小計 49
				共計 70

　　從以上的背景，可看出現階段臺灣社會學家的幾個特徵：年輕化（40歲以下的佔一半）；本省籍居多（60％）；學歷水準提高（獲有博士學位的佔一半以上）；受美國影響甚大（獲得美國大學碩士以上學位的有60％）。值得注意的是今後社會學在臺灣將愈來愈受「地緣」的影響，臺灣本身的地域、文化及特殊歷史經驗將會賦予社會學愈來愈深的特殊意義和生命。此外，女性社會學家的明顯增加，也是一項前所沒有，而且非常重要的特徵。

　　再就各大學社會學系及研究所開授的社會學課程來看，幾乎相當程度的是以美國社會學範型為標準，課程的內容和安排也大半以美國大學的社會學系作為倣效的對象，根據1982年教育部的評鑑資料中，可以看出這種美國社會學教學的翻版。甚少有以臺灣社會或中國社會做為主題的專門課程，卽使是在一般課程的教材內容，著重臺灣或中國的資料仍然不是很普遍。換言之，目前臺灣社會學的教學內容「內

向化」、「本土化」的成份可能還相當低。在所使用的教科書和參考書，絕大多數是以美國社會學家的著作為準。夠水準、成系統，並且能融合臺灣和中國材料於其中的中文教學用書，仍然是非常缺乏。惟最近這幾年已有幾本比較有份量的教科書出版（包括社會學、研究法、社會學理論、社會變遷、鄉村社會學等），可是其他的專門領域幾乎是沒有中文教科書可供教學之用。

這兩年來已有這類的出版計劃以彌補過去的不足。值得一提的是下述兩套有關社會學書籍的出版。一是由允晨出版公司出版的《廿世紀社會科學巨擘》中的社會學巨擘叢書，社會學部份由臺大社會學系的葉啓政主編，擬一系列的出版有關20世紀著名社會學家的評傳，計劃中包括 Weber、Durkheim、Pareto、Mannheim、Mead、Parsons、Dahrandorf、Mills、Duncan、Blau 等10本。另一是由三民書局出版的社會學用書系列，由前任中國社會學社理事長文崇一主編，包括的書名有《社會學研究法》、《社會學說》、《人口學》、《鄉村社會學》、《批判社會學》、《組織社會學》、《發展社會學》、《經濟社會學》、《知識社會學》、《工業社會學》、《遷移社會學》、《社區研究與社區發展》、《家庭社會學》、《都市社會學》、《社會階層與社會流動》、《歷史社會學》等16本。

如果上述這兩套社會學的教學用書（一共26本）能如期出版（估計會在1984—5年之間全部出齊），對改善目前教學的品質，應會有很大的幫助。參與第一套叢書撰寫的10位作者全部都是第三代的社會學家，參與第二套叢書的17位作者中，除了3位屬於第二代之外，其餘14位作者也全是第三代社會學家。僅以這兩件事例，也可表現出這些第三代社會學家在目前的臺灣社會學所扮演的積極角色。

2. 社會學研究的重點與特徵

　　張曉春（1972）和楊懋春（1976）曾對臺灣社會學研究的重點做過回顧。張曉春認爲最初20年社會學研究的重點包括四項：①人口研究、②家庭研究、③都市研究，和④少年犯罪。楊懋春則較詳細的劃分爲下面11類：①臺灣鄉村研究、②臺灣都市研究、③社會變遷研究、④人口研究、⑤青年問題研究、⑥社區發展研究、⑦中國國民性研究、⑧中國現代化研究、⑨中國家庭研究、⑩社區權力研究，以及⑪社會學研究法。他們所提到的重點大多是著重在有關臺灣或中國社會的經驗研究，並且相當程度的具有實用的特色，亦卽「問題取向」的程度很高。他們所回顧的比較偏重於比較「突出」的研究內容，似乎比較普遍化的數量分析。

　　廖正宏（1983）進一步以內容與主題劃分過去臺灣社會學研究成果爲下列八類：①社會組織（家庭、教育、宗教、階層、社區等）、②社會變遷、③社會心理學（犯罪、人格、態度、溝通、參與等）、④人口學和人文區位學、⑤社會福利與政策、⑥研究法、⑦學科本身的探討、⑧理論方面的研究。他並且以1963～1971年之間出版的《臺大社會學刊》（一～六期）爲前期，1971～1982年之間出版的《臺大社會學刊》（七～一五期）和《中國社會學刊》（一～六期）爲後期，就其刊出的文章加以統計比較（表三）。

　　從表三可以看出過去20餘年當中，《臺大社會學刊》和《中國社會學刊》刊出的文章，其主要內容還是維持著差不多，但在先後順序上則有若干變動。提高的項目有：福利與政策、理論；下降的項目有：社會組織、研究法；維持不變的項目有：社會變遷、社會心理學、人口與區位等。綜合前後兩期又可以排出所有文章在內容項目的順序：①理論方面、②社會組織、③人口與區位、④社會心理學、⑤福利與政策、⑥社會變遷、⑦學科本身、⑧研究法。

表三　臺大社會學刊和中國社會學刊出版文章分類表(%)

分　期　　　內容項目	前期臺大社會學刊	後　　　　　　　期		後　期總　計	兩期合計順序
		臺大社會學刊	中國社會學刊		
社 會 組 織	①22.0	10.0	7.5	③13.8	②
社 會 變 遷	⑥ 6.8	6.0	12.1	⑥ 9.3	⑥
社 會 心 理 學	③15.3	10.0	15.5	④13.0	④
人 口、區 位	③15.3	20.0	13.8	②16.7	③
福 利、政 策	⑦ 5.1	16	6.9	⑤11.1	⑤
研 　究 　法	④10.2	4	6.9	⑤ 5.5	⑧
學 科 本 身	⑤ 8.5	8	8.6	⑦ 8.3	⑦
理 論 方 面	②16.9	26	19.0	①21.3	①
合 　　　計	N＝59	N＝50	N＝58	N＝108	N＝167

資料來源: 廖正宏 (1983：300)

　　用同樣的分類方法對其他刊有社會學文章的各大學期刊（《東海大學社會學評論》、《中興大學社會工作與社會研究》、《臺大社會科學論叢》、《臺大農推學報》、《東吳政治社會學報》）加以分析，可得到如下的觀察（見表四）：

　　(1)　在174篇文章當中，其內容分類出現的順序是：①理論方面、②學科本身、③福利與政策、④人口與區位、⑤社會心理學、⑥社會

組織、⑦研究法、⑧社會變遷。

(2) 與《臺大社會學刊》和《中國社會學刊》所刊出的文章內容相互比較之後，可以看出：理論方面的文章都是佔第一位而研究法的文章都居於相當的末位；社會變遷也都沒有受到重視；福利與政策、人口區位及社會心理學也都居於中間的位置。

(3) 差別甚大的是：A. 討論學科本身的文章，在這些期刊中高居第2位，但在《臺大社會學刊》和《中國社會學刊》則幾乎殿後（第7位）。B. 社會組織的文章在《臺大社會學刊》及《中國社會學刊》居相當重要地位（第2位），但在其他學刊則降到第6位。

表四　其他學刊刊載社會學文章的內容分類表

刊物別 內容項目	東海學評論 篇數	社會 %	中興社會與社會研究 篇數	%	社會工作 篇數	學論叢 %	社會科 篇數	農推學報 %	篇數	東吳政治社會學報 %	篇數	合計 %	順序
社會組織	0	0	5	9.43	3	5	8	27.59	3	12.5	19	10.92	⑥
社會變遷	2	25	5	9.43	2	3.33	1	3.45	2	8.33	12	6.9	⑧
社會心理學	1	12.5	7	13.21	4	6.67	7	24.14	3	12.5	22	12.64	⑤
人口、區位	1	12.5	7	13.21	10	16.67	3	10.34	2	8.33	23	13.22	④
福利、政策	1	12.5	12	22.64	7	11.67	3	10.34	1	4	24	13.79	③
研究法	1	12.5	1	1.89	7	11.67	2	6.9	6	25	17	9.77	⑦
學科本身	0	0	9	16.98	11	18.33	4	13.79	4	16	28	16.09	②
理論方面	2	25	7	13.21	16	26.67	1	3.45	3	12.5	29	16.67	①
合計	8	100	53	100	60	100	29	100	24	100	174	100	

綜合表三和表四的分析，可以很概括性的了解到臺灣社會學研究在內容和主題上的重點。對西方社會學理論的介紹或評述一直是臺灣社會學家的熱衷工作，社會心理學也一直頗受重視；實用性方面的主題，諸如人口問題、福利政策則是甚為流行的研究對象；對研究法的探討則缺乏濃厚的興趣，社會變遷也一直沒有受到太多的重視。

表五 臺大、東海兩校社會學研究所碩士論文分類表

校別、篇數 內容項目	臺 大		東 海		合 計		順序
	篇 數	%	篇 數	%	篇 數	%	
社 會 組 織	5	12.20	0	0	5	8.93	⑤
社 會 變 遷	4	9.76	0	0	4	7.14	⑥
社 會 心 理 學	11	26.83	2	13.33	13	23.21	②
人 口、區 位	6	14.63	3	20.00	9	16.07	③
福 利、政 策	9	21.95	6	40.00	15	26.79	①
研 究 法	2	4.88	0	0	2	3.57	⑦
學 科 本 身	1	2.44	0	0	1	1.79	⑧
理 論 方 面	3	7.32	4	26.67	7	12.5	④
合 計	41	100	15	100	56	100	

為了想了解第四代社會學家的研究興趣，筆者也對臺大和東海兩校社會學研究所歷年來的碩士論文加以分析。從表五可以看出一些傾

向：

(1) 在56篇碩士論文當中，最流行的主題是有關①福利與政策方面，其次是②社會心理學，再次是③人口與區位。佔第4位的理論性的論文，全都出現在80年代初，且集中於批判理論的介紹。接下來的論文內容分別爲⑤社會組織、⑥社會變遷、⑦研究法、⑧學科本身。

(2) 「實用性格」也出現在第四代社會學家的論文研究主題上面。經驗性的研究主題也一直是重點，直到近年才有偏向於純粹理論的討論，而且逐漸蘊含出一種對正統社會學範型的反動性格。

(3) 「社會組織」和「社會變遷」可以說是社會學的基本研究對象，是其中最爲豐富的研究領域，也是最值得從事理論建樹的領域。很遺憾的是臺灣的社會學研究生訓練上這兩個領域卻是最爲微弱，可以說是沒有受到應有的重視。要論社會學的「本土化」，研究生的訓練可能是第一環的基礎工作，而紮根的做法就是要讓研究生對自己的社會組織和變遷去做第一手的研究和探討，也就是要從事與中國（臺灣）社會有關的（經驗性）研究。

迄今，研究生的訓練沒有做到這點，「現役」社會學家在從事社會學研究時，又是不是已經做到了呢？爲了澄清這點，筆者對前述所有的社會學文章加以回顧，將其分爲兩類，一類是「與中國（臺灣）社會有關的經驗性研究」，另一類是「一般論述」。表六的結果顯示幾點明顯的特色：

(1) 在384篇文章裡，超過3/5（亦即62.8%）的文章是一般性的評論或評介西方(美國)社會學理論和概念，或是對社會學本身何去何從的討論，或是少數翻譯的作品等，其餘不到2/5(37.2%)的文章才眞正涉及有關中國（臺灣）社會的（經驗性）研究。換言之，從臺灣社會學家所出版的文章取向做爲判斷的指標，目前臺灣社會學似還停

留在消化西方理論的階段，尚缺乏「本土化」的研究。

　　(2)　由臺大農推系出版的《農推學報》，在推動有關臺灣鄉村社區的研究上有其歷史的淵源，從表六，82%的文章是有關臺灣的經驗研究。其次是《臺大社會學刊》，其刊載有關臺灣（中國）社會的經驗研究文章之比例也略高於平均值。其餘的五份學報都低於平均值。

表六　七種學刊中有關社會學文章分類表

類別 / 刊別	與中國（臺灣）社會有關的（經驗性）研究		小計	%	一般論述		小計	%	合計	%
	中文	英文			中文	英文				
臺大社會學刊	42	21	63	42.9	54	30	84	57.1	147	38.3
中國社會學刊	12	9	21	33.3	22	20	42	66.7	63	16.4
東海社會學評論	3	0	3	37.5	5	0	5	62.5	8	2.0
社會工作與社會研究	6	1	17	32.1	32	14	46	67.9	53	13.8
社會科學論叢	15	3	18	30	33	9	42	70	60	15.6
農推學報	24	0	24	82.8	3	2	5	17.2	29	7.5
東吳政治社會學報	7	0	7	29.2	9	8	17	71.8	24	6.3
合計	109	34	143	37.2	158	83	241	62.8	384	100

3.　社會學團體

　　於1930年成立的「中國社會學社」，於1951年11月21、22兩日召開在臺復社後第一次年會，當時前來登記的社員共有100多位。至1983

年5月為止，該社已在臺經歷了14屆（共15次年會），在臺復社後的理事長分別為謝徵孚（師大）、龍冠海（臺大）、楊懋春（臺大）、朱岑樓（臺大）、文崇一（中研院）以及自15屆（1983年6月開始）的蔡宏進（臺大）。理事長一職由第一代的謝、龍、楊移交給第二代的朱、文，從1983年開始則交給第三代的蔡宏進接棒，此間一共經歷了32年。這32年中中國社會學社領導結構的改變正象徵著臺灣社會學界三代之間的接續和傳承。

截至1983年5月為止，中國社會學社的社員已超過250名，比起復社（1951）時的100餘人，顯然有相當的成長。在社員的背景方

表七　中國社會學社社員依性別與學歷分類表

國內外大學別	分項	性別、人數	男	%	女	%	合計	%
國內大學	博士班		1	0.68	0	0	1	0.5
	碩士班		32	21.92	10	18.52	42	21
	大學部		26	17.81	24	44.44	50	25
國外大學	博士	美國	29	19.86	7	12.96	36	18
		歐洲	6	4.11	0	0	6	3
		亞洲	2	1.37	0	0	2	1
	碩士	美國	20	2.05	9	16.67	29	14.5
		歐洲	3	2.05	0	0	3	1.5
		亞洲	4	2.74	1	1.85	5	2.5
未詳			23	15.75	3	5.56	26	13
合計			146	100	54	100	200	100

面，也有很大的改變。有較詳細的統計資料是截至 1982 年底。表七和表八是有關社員性別、學歷、年齡，以及從事職業的背景統計。從這兩個統計表足以顯示目前的中國社會學社成員具有下述幾點特徵：

表八　中國社會學社社員依年齡和職業分類表

職業類別＼年齡別	21—30	31—40	41—50	51—60	61—70	70⁺	未詳	合計
學術研究機構	13	14	2	2	0	0	1	32 (16%)
學 校 機 關	14	26	35	15	3	3	2	98 (49%)
政 府 機 構	6	3	8	5	3	0	2	27 (13.5%)
工 商 業 界	0	1	0	0	0	0	0	1 (0.5%)
文 化 事 業	5	1	0	0	0	1	1	8 (4%)
事 業 人 員	1	2	1	0	0	0	0	4 (2%)
其　　　他	17	1	0	0	0	0	3	21 (10.5%)
未　　　詳	8	0	0	0	0	0	1	9 (4.5%)
合　　　計	64 (32%)	48 (24%)	46 (23%)	22 (11%)	7 (3.5%)	6 (3.0%)	7	200

(1) 學歷水準提高甚多：目前獲得博士學位的社員高達45位，跟當年只有 4 位相比，增加了10倍。在這45位博士社員中，有 7 位是女性，並且是美國大學的博士學位。總計獲有博士學位的比例是22.5%，

有碩士學位者佔39.5%，學士學位者25%，不詳者有13%。

(2) 女性社員與男性社員的比例大約是1比3，比往年都已有進步。

(3) 年輕化: 40歲以下的社員佔一半以上（56%），如果將41歲—50歲這一年齡組算進去，則將近 4/5（79%）。

(4) 學術化: 3/5以上的社員（65%），其從事的職業與研究機構或學校有關，其次是政府機構（社政單位居多）。

以上這四個特徵，在各方面來說都具有正面的功能，對臺灣社會學的推動和發展應有積極的作用。除了這幾個特徵之外，值得一提的另外一個特性是社會學與社會工作在學社內的逐漸分離。近年來學社的重心是有逐漸趨向社會學的現象。這則又與社會學的社員較積極參與有關。從專業社會學的觀點來看，中國社會學社日益趨向於純粹社會學的發展，將是一個不可避免的趨勢。至於社會工作，則有必要另外成立一個專門的學會以發展社會工作。

4. 社會學家對臺灣社會學發展的主觀評價

社會學家自己應該是最瞭解社會學本身的發展情形，其評價，尤其是主觀滿意程度的評估，當可做爲一項頗具參考價值的社會學發展主觀指標，以補充前述所提供之客觀指標。

儘管近十年社會學在臺灣，在客觀上已有相當程度的發展，人力也好，著作也好，研究也好，在「量」上都有所「成長」，可是社會學家自己卻仍然在「主觀」評價上，對社會學卅年來發展的情形，表示不甚滿意。根據筆者對 35 位社會學家的調查資料顯示，有 25 位表示「不滿意」，更有 3 位表示「非常不滿意」，只有 6 位表示「滿意」，另有一位的回答不詳。換言之，有80％的社會學家對社會學在臺灣過去卅年來的發展情形是不滿意的。進一步整理他們之所以不滿

意的原因以及所不滿意的地方，得到的幾項比較具體和突出的自我批評有下面這些：

「沒有足够的人才，研究、出版以及敎學機構」

「對古典社會學了解甚少，使用理論與方法不够成熟，研究熱忱不够」

「社會學本身缺乏具體的說服力」

「對社會的改進貢獻仍不够」

「學官不分，有被利用之嫌」

「尚未發展出任何中國社會學的體系」

「研究者各自獨立爲政」

「一直缺乏"够力"的研究人員」

「正統社會學的介紹仍嫌不够」

「不是過份反省批判的哲學理論，就是過份迎合政策需要的經驗研究，其間缺乏綜合」

「沒有獲得社會的認可，少數的著名學者影響力尚不够大」

「今日大多數治社會學者仍不能，也不願獨立作思想，不能也不願以自己的語文表達自己的思想」

綜合以上的批評，不外是社會學者人力的缺乏、素質的不齊，以及所形成的社會學沒有獨特的風格和整合。至於有幾位社會學家表示滿意於社會學發展到目前的情形，則完全是有感於近五、六年來社會學界的朝氣蓬勃的現象，感到了一些「新的希望」，而且「了解社會學並且有興趣於治社會學者較前增加甚多，其中也有人很努力建立或發展中國人自己的社會學」。換言之，回顧過去大多數的社會學家的確是不甚滿意現狀的，但若是前瞻未來，似乎又是抱有某種程度的樂觀。關於這點，下面還會再提到。

在35位社會學家當中，有27位認爲卅年來臺灣的社會學並沒有形成什麼主流，有 6 位認爲是存在著所謂的主流，另有 2 位的資料不詳。換言之，有77.14％不認爲有主流的存在。究其原因，包括有：「各人所學不同，難集中成爲主流」；「沒有足够的人才」；「沒有詳盡地發掘、解釋我們社會現象的來龍去脈，主流自難建立」；「卅年的社會學研究只是零散的經驗研究，在理論上無甚突破，而對重要的社會現象，也都缺乏整體而深入的探究」；「臺灣的社會學是先由應用社會學發展，社會學的主流尚未形成，易言之，基礎社會學研究人員，在60年代以前異常缺乏」；「尚無傑出的社會學家」；「仍在接受，過渡階段」；「缺乏 critical mass，亦尚未出現有足够學識能力的領導者」；「基本上，沒有本身的理論基礎，研究方向沒有形成系統，多半是應有關機構之需而做調查，本身無獨立的研究範疇」；「社會學理論部門相當脆弱，看不出那一學派支配吾人的社會學界」；「受美國社會學影響，美國影響什麼，臺灣卽研究什麼，不能深植一主流」。顯然，社會學家們相當程度地體認到過去社會學的發展是呈現一種零星而鮮具實用性的方向。至於認爲有形成主流的，都指的是前述的「實證—功能—經驗」範型影響之下所造成的「趨勢」，不過時間也似乎應有所界定。在最近幾年，這範型的雛形也受到挑戰，而形成另一種「多元」、「分化」。

從社會學在中國開始引進時期起，政府就存有誤解，直到在臺灣復原時期，政府和一般民眾仍然對社會學之爲一門社會科學，不甚了解（龍冠海，1963；楊懋春，1963）。身爲治社會學的社會學家，當然會深有其感。直到目前，社會學家仍然感覺社會學在被誤會著，而且對政府對民眾來說，都還仍是陌生的。

在回答「三十年來，社會學在政府的印象裡，是如何？」這問題

時，35位社會學家的反應分別是：

「一直相當陌生」（8位）

「一直有著誤會」（9位）

「漸漸被了解」（12位）

「漸漸受重視」（3位）

「一直很受重視」（0位）

不詳（3位）

在回答「三十年來，社會學在國內一般大衆的印象裡，是如何？」
這問題，他們的回答又分別是：

「一直相當陌生」（6位）

「一直有著誤會」（8位）

「漸漸被了解」（14位）

「漸漸被重視」（4位）

「一直很受重視」（0位）

不詳（3位）

從上面這兩個數字分配看來，仍有不少社會學家認爲社會學在現
在還是被政府和社會大衆所不解，尤其是政府方面的誤會和陌生尤
然。不過，也有不少社會學家認爲社會學已開始被接受、被了解、被
重視了，尤其是在社會大衆方面，這種「認識」似乎還更高些。

大多數的社會學家不認爲臺灣的社會學在過去卅年當中，是與臺
灣的社會脫節的，在31位回答這問題的社會學家當中，只有7位同意
說兩者是脫節的，另外的24位（77.42%）則不同意這說法。不但如
此，社會學家還覺得從社會學發展的歷程看來，它的研究取向與興趣
總是與臺灣社會的變遷與發展有相結合的趨勢。在35位社會學家當
中，有24位同意這兩者是相結合的，有8位不同意這看法，另有3位

不表意見。所謂「相結合」，精確的說，應該是「社會變遷在前，社會學研究的反應在後，這中間大概有幾年甚至於10年的時間差距」。（蕭新煌，1981：52）

進一步說，社會學受到現實社會與政治情況的影響可以說是很大的，有10位社會學家表示「非常同意」，有20位「同意」這兩者的關係，只有1位不同意這說法，另有4位不詳。換言之，在回答的31位當中，就有30位（96.77%）認為社會學的發展受到外在的社會政治環境影響很大。這些影響的範圍和來源很廣泛，包括前述所提到的政府和民眾之對社會學之誤會和陌生、整個教育體制的問題、對社會科學的忽視、薪水待遇的偏低等等。除此而外，在問卷中，社會學家對卅年來限制社會學在臺灣發展的種種因素，有以下的一些看法：

「許多社會現象的解釋，會受到政治壓力，而無法徹底挖根」

「學成之青年學者返國的不夠，系所訓練過程不足，社會學家對社會的關心不夠，以致社會也不關心這學問」

「受研究指定機關的目的影響，尚無法產生明顯的研究方向和主流，而且無法開放研究各類社會現象」

「政治之禁忌」

「知識份子的怯懦，政府的意願低，加以美國的牽制過多」

「政府對社會問題之研究仍有所顧忌」

「意識形態的影響」

「有訓練的社會學者，多興趣於從事政治，學者之間缺乏相互批評的精神。社會學與社會福利混淆不清」

「社會學與社會工作沒分開，使人分不清兩者之不同」

儘管對過去社會學的發展水準和現況並不滿意，臺灣的社會學家對它的未來，在相當程度上，還是抱著樂觀的態度。當被問及「你對

社會學在臺灣今後的發展，是不是樂觀？」時，在回答的32位社會學家當中，有3位感到「非常樂觀」，有19位表示「樂觀」，但也有10位仍然認爲並不太樂觀。換言之，有68.75％的社會學家對社會學的前途是抱樂觀態度的。

對樂觀的理由，有些社會學家還做了一些說明：

「將來的人才愈來愈多，努力的程度也會越來越高」

「大多數年輕社會學者都認識到社會學本土化的重要性，只要紮實地研究持續做下去，社會學界的成就應該是可以期待的」

「在強調開放社會的政治體系下，社會學能够逐步擴展所應涉及的人類現象的全面內容，年輕社會學者的增多亦增加社會學發展的條件」

「因爲臺灣的社會學界有一群有衝勁、有覺醒的知識份子在成長」

「與社會工作逐漸分化，使社會對社會學能有深切瞭解」

「這五年來的發展是令人振奮的」

「愈是工業化的社會，愈會需要社會學」

「對社會學發展的反省已經展現」

之所以不樂觀，理由又是如何呢？

「不少位在社會學上已有造詣或根基者，對從政發生興趣，或不能抗拒名與利的誘惑，就棄學從政，令人惋惜」

「臺灣的社會學界太小，缺乏互相批評的適當距離（大家靠得太近），而且分科多，人才分散，不够結成"學派"，那能互相批評，更怎忍自相殘殺？」

「社會學家誤以爲實證研究及理論建構都是機械的，也有人將形式誤爲實質過程……」

「保守勢力過強，現實政治顧慮過多。」

「限制太多。」

「僅少數學人覺醒宣導，嘤嗚不已，凡響絕少。後起的社會學家太重視現實，黃鐘毀棄，於今尤盛。」

總括說來，人數的增加、素質的提高、反省力的提昇、社會條件的配合，是大多數社會學家對未來社會學的發展有比較樂觀看法的主要理由。而擔心保守勢力過強，限制仍多，學人失去學術興趣，重視現實，則又讓部份社會學家對臺灣的社會學前途有所憂心。

社會學家一般說來，對臺灣社會學的前途，除了相當程度的寄望在社會學家本身的自立自強之外，另一方面也很實際的注意到外在「客觀」條件的配合和支持。他們都相當強調政府可以扮演協助推動社會學研究和發展的積極角色，尤其更深深體會到只有民主自由的國家，才能有較成熟的社會學。此外，社會學家也頗以社會學對今後臺灣的社會及經濟發展有貢獻而自許。

下面是當前臺灣社會學家對這些問題的綜合看法：

1. 肯定社會學對社會發展的積極貢獻

從是不是看重自己所從事的專業，能不能對社會有所貢獻，可以反映出是不是對該專業持有樂觀的態度。在所有的 35 位社會學家當中，除了 2 位資料不詳，5 位表示社會學對今後臺灣的社經發展沒有什麼幫助之外，10位表示「很有幫助」，18位認爲社會學是「有些幫助」的。也就是說，有28位是肯定自己所治專業對社會的正面貢獻，這種「主觀」上的高度自期是值得注意的事實。這同時也顯示出目前社會學「實用」性格的一面。

2. 強調政府對推動社會學發展的作用

幾乎沒有社會學家會否認或漠視政府的學術及教育政策對一個學

問發展的重大影響。絕大多數的社會學家也都對政府今後應更積極協
助社會學的發展有不少的具體建議和看法：

「推動對社會問題研究的社會學計劃,重視社會學家的顧問角色」

「充實研究經費，擴充教授編制，淘汰庸才」

「禮聘社會學家作爲高級行政機構的參謀」

「在若干特殊顧問和政策小組中，起用社會學家」

「在中央研究院設社會學研究所，網羅社會學家」

「多支持純粹社會學的研究」

「協助社會學界多從事社會發展工作之擬定和考評」

「安排一個自由的學術園地」

「多補助社會學的研究社團，責成國立編譯館編輯出版社會學經
典譯叢，另外不要讓各大學濫設社會學系所」

「不宜過多干涉」

「撥鉅款研究基本的社會現象」

「多增加研究與教學人員之名額」

「政府有關人員先受嚴格的社會學訓練」

「擬定政策及計劃之前，應委託社會學家研究」

「放寬言論尺度，對人才培養及羅致宜有長期計劃」

「重視社會學的研究成果」

「獎勵研究社會學有成績及熱心者」

3. 重申社會學（家）的社會批判精神

有30位社會學家表示「只有社會政治是民主自由的國家，才能有
較成熟的社會學」，只有３位不表同意，２位資料欠缺。換言之，幾
乎所有的臺灣社會學家都深深體會到社會學的本質和特性，唯有在開
放、自由、民主的政治環境當中,才能發揮出來。所謂「成熟」的社會

學是指一個具有反省、批判社會制度和社會結構的能力，並能够提昇社會發展水準，讓人類更美好、更和樂的社會學知識體系。

對自由、民主、開放社會政治條件的要求和呼籲，不只是爲了社會學本身的目的而已；做爲一個知識份子，絕大多數的社會學家也都自期以批判當代社會做爲自己的責任。有14位社會學者「非常同意」社會學家這種知識份子批判社會的責任，有17位「同意」這種看法，也就是說有31位社會學家體認到自己身爲一個知識份子的社會批判角色，已佔了35位當中的88.57%，這是一個相當令人興奮的自我認識。因爲唯有具備這種自我認識，才能將社會學「帶進社會，走進群眾，帶著關心和批評的態度，對社會制度和社會現象做深一層的分析和探索，……社會批判必要時，還要在社會結構現況中，找尋問題的根源所在及取代的可能性。」其實，這不只是在臺灣的社會學應有的認識和自省，所有的社會學家，在任何國家和地區都應有這種自省的能力，不能一味服務於現有政治體制及意識形態。否則，不只是成熟的社會學無法孕育出來，社會學家的知識份子性格也就喪失無遺了。換言之，社會學可以是「實用」，但絕不能淪爲「御用」。

以上這三點對社會學與政治之間應有關係的看法，表現出臺灣的社會學家持有一種「辯證」的觀點。社會學可以用來幫助社會發展，協助政府的政策擬定和評估；政府可以協助社會學本身的發展，可是這兩者之間應存一個「限度」，這「限度」的設定就是社會學家要始終把持著身爲知識份子應有的獨立、客觀和批評的精神。

總而言之，如果以這35位社會學家樣本做爲代表來說，臺灣的社會學家對社會學的昨日、今日、明日都有著相當實際而不虛幻的瞭解和評估。而且都具備了自我批評、自我反省和自我期許的健康態度，這不能不說是決定社會學在臺灣的前途一個很重要的主觀條件。

五、臺灣社會學的出路：社會學中國化的展望

　　在許許多多臺灣社會學界近年來自我反省的內涵當中，「中國化」就是其中一項很重要的議題。在1980年12月臺北「社會及行為科學研究的中國化」研討會中，金耀基的論文肯定社會學「中國化」的意義是在於中國社會學者一種知識上的自覺與反省（金耀基，1982: 113）；葉啓政的論文也强調社會學要「中國化」的意義，即在於反省和批判隱藏在西方社會學理論背後的意理和價值，並對中國特有的社會思想與文化歷史條件從事解析的工作（葉啓政，1982：147）；高承恕的論文更呼籲社會科學「中國化」的根本問題必須透過新的詮釋及溝通、更基礎的批判及反省，才能得到適當的出路（高承恕，1982：44）。筆者則强調社會學的本土化與中國化的努力，實乃具有學術自立更生的目標。在1983年3月香港「現代化與中國文化」研討會中，上述「社會學中國化」的基本論點再度被重申，在會中的討論當中，來自臺灣、中國大陸、香港、新加坡和美國的中國社會學家也都對此一問題給予相當的關切。

　　如果以有組織的討論做為學術運動的一個指標，那麼於1983年11月在美國的「社會學中國化：旅美中國社會學家的若干觀點」(Sinicization of Sociology: A Collective Portrait of Some American Trained Chinese Sociologists) 座談會，便可以說是「社會學中國化」運動，在地緣上的另一次擴大。自80年底從臺北開始，接著是83年初的香港，然後就是83年底的美國。美國的這次座談會是「美國的亞洲研究會西區年會」中的一項節目，於亞利桑納州立大學 (Arizona State University, Tempe, Arizona) 召開，由德州理工大學的蔡勇美主持，參加座談者除了筆者外，都是在美國各大學擔任社會學教職的中國社會學家，包括紐約州立大學（奧本尼分校）的林南、猶他大學的郭文雄、天主教大學的李哲夫。他們都是在臺灣受完大學教育後，來美進修、讀完學位後留在美國的，如果依照臺灣社會學發展的生命週期來看，他們也都屬於在臺第三代的社會學家。關於這次座談的討論內容可詳見筆者的一篇報導（蕭新煌，1984）。

為什麼「社會學中國化」的問題，會在80年代的臺灣社會學界產生如此熱烈的關切和討論，並且逐漸影響到臺灣以外的中國社會學家呢？毫無疑問的，「社會學中國化」的呼籲，是由於臺灣的社會學界對卅年來社會學的發展有所不滿而產生的。尤其是對於臺灣社會學過於依賴美國社會學更是有強烈的反應。在促成這種主觀關切和檢討的因素當中，下面幾個歷史和結構的客觀條件是特別重要的：

(1) 臺灣社會政治結構本身在70年代以來的變化，在政治上有自由化的傾向，在文化思潮上則有「尋根——找尋文化認同」的呼籲，這提供了社會學界自我反省、自我批判的刺激；

(2) 在臺第三代的社會學家在這一時期開始在社會學界立足，這一批第三代的社會學家大多是在臺灣長大受教育的一代，他們對臺灣的認同比起前兩代可能都有不同。由於這種主觀的認同和前述客觀的背景，更容易激起他們對「社會學與臺灣社會」關係的反省與批判；

(3) 在70年代中期以來，尤其是末期的中美外交關係產生了重大的改變，這也促成了臺灣學術界對「完全」模倣美國學術界是不妥當的懷疑；

(4) 由於退出聯合國的結果，從 70 年代以來，臺灣的學術界在若干程度上開始與整個國際的學術活動和網絡有著隔離，尤其是聯合

國所屬文教研究機構的組織性合作研究計劃，臺灣完全被排除在外，經費和關係都多少陷入了「孤立」的處境。這種「孤立」就某一程度來說，反而製造了一種新環境，那就是相對的提高了國內學術支援機構（如國科會、中央研究院等）的重要性和獨立性，迫使這些機構勢必要提出自己的主張和經費，並且依照自己的需要訂出研究的優先順序，而不再因應「國外機構」的研究要求。這個結構的條件也促使了臺灣的社會學家開始再度的從事臺灣本地的深入實地研究。這現象在70年代後期以後，尤其明顯。這似乎與中日戰爭時期中國社會學的「孤立」現象所造成的「內向性」有相類似的結果；

(5) 70年代以來美國社會學範型的轉移，也提供了臺灣社會學界自我反省的借鏡。美國社會學當中「範型革命」的目的與精神足以刺激了在臺第三代社會學家的懷疑性格，而大多數的第三代社會學家都在70年代的中後期在美國才完成學位後返臺的。他們接受的「核心」社會學範型影響，在本質上已經具有「自我懷疑」、「自我批判」的「革命性」。與60年代正統社會學（結構功能論是支配的主力）所具有「保守性」是大異其趣的。換言之，當時所傳進來的核心範型不再是相信「唯我獨尊」的一元範型，而是承認「兼容並蓄」的多元範型，這在第三代社會學家當中已形成了一種「精神狀況」（mental condition）。因此，當有利於自我批判和反省的進行。

(6) 與40年代以前早期中國社會學家對中國化的呼籲相比較，有一點是不同的，那就是當年「中國化」的要求，相當大的成份是基於「為中國社會問題的解決」，而強調要使西方傳進來的社會學理論和觀念能夠幫助並有利於中國問題的解決。而現階段「中國化」的呼籲，則主要是基於社會學此一學門本身未來發展的考慮，並且是導源於挫折，而企求突破困境。前者的「實用」考慮顯然大於後者。前者是對

剛剛傳進來的新思想所做的一種「樂觀」的反應，後者則是對長期無法本土化的社會學知識體系，進行一種「悲觀」的檢討後所產生的反應。

在上述客觀的歷史與結構條件之下，對社會學中國化的關切乃形成爲目前臺灣社會學界頗爲普遍的主觀心態。以下將分別探討他們對社會學中國化的幾項主觀看法以及筆者對此的論點。

在35位社會學家當中，認爲社會學的中國化對臺灣的社會學發展是一項「非常有必要」的有14位，認爲「有些必要」的有13位， 5 位認爲「沒有什麼必要」， 1 位認爲「毫無必要」， 2 位回答不詳。也就是說有27位社會學家是肯定「社會學——中國化」的必要性，這比例(77.14％) 是相當的高。這種主觀上的肯定，具有相當深遠的意義。至於社會學需要「中國化」的原因，下面是幾個典型的反應。

「以提醒我們要把社會學的研究落實到『日常生活』及我們自己的『歷史社會』脈絡中」

「可提醒學者，以免完全套美國公式的教學和研究」

「對中國社會較具實用性」

「任何一門社會科學不能本土化，不能以自己社會的各種現象與問題爲研究起點，則無甚有存在的必要」

「西方的學說、理論、概念都借自西方，有待地方化，進而建立適宜本土的獨特的學說主張」

「使社會學在國內紮根」

「在世界認同與鄉土認同兩項中，通往世界認同的正確途徑是經由鄉土認同」

「社會學中國化是指內容和材料的中國化，它不但能驗證改善社會學理論（比較社會學），應用上對中國社會也有益」

「有助於中國文化的新建設」

「這樣子才符合社會的需要」

「每一社會文化爲一特殊的體系，研究一社會中的現象，不能跳出這一體系之外去作」

「提醒研究者努力的方向之一，以免浪費太多時間在重複別人的研究」

「針對中國社會建立社會學的特殊性有其必要」

「中國人努力完成高深社會學訓練與修養，然後自己獨立的作研究，發揮理論。無論是用本國文字或外國文字，所寫出者是自己的思想體系，是自己的見解或詮釋。別人者可用作參考，用作評論，但又不處處依附之。如所謂社會學中國化是這個意思，我認爲十分必要，我不主張在學術上有"排外"觀念」

顯然，基於社會學本身生根的需求，以求與中國社會的歷史文化脈絡相結合，是臺灣社會學界對「社會學中國化」寄以深厚關切的主要考慮。他們並沒有過份感情化的排外色彩或是自我封閉的情結。是自覺而非幻覺，是謹愼的選擇和批判的學習，臺灣的社會學家們也一再強調社會學的中國化，不是停止向美國和西方的先進社會學範型地區學習，而是要在倣效之餘更要「原創」和「改造」。

依社會學家們的意見，社會學中國化的內容，其重要性的排列次序依順位是：「從中國歷史中去創造具有中國色彩的理論」，「內容材料的中國化」，「外國的社會學理論與方法都要修改」，「修改外國理論以適應中國觀點」，「修改外國方法以適應中國研究情境」，「反省西方社會學對我國社會學的影響」和「就是要建立『中國社會學』」。按照這順序看來，臺灣社會學家認知中的「中國化」不但應該是相當具有「原創性」（如從中國歷史中去創造中國色彩的理論」，而且要「紮實」（如修改外國之社會學理論與方法，並且從研究內容和研究材料的中

國化著手）。 因而對於比較抽象而模糊的內容 （如反省西方社會學對中國社會學的影響）及具排斥性的目標（如建立中國社會學）就列在較低的重要位置。這不是說反省的工夫不重要，而是意指單純的「反省」工作在構成「中國化」的內容份量上，比起其他幾項內容就顯得不那麼具體。而過份強調「建立中國社會學」可能會造成某種程度的排斥性。

社會學之為社會科學體系中之一支，「基本上」是不分國界，這點認識在臺灣這35位社會學家中是相當普遍的。有10位認為「非常同意」這說法，有19位「同意」這說法，只有 6 位不表同意。換言之，有82.86%的社會學家肯定社會學普遍性的本質。 可是， 對於「任何國家都應該有屬於自己的社會學，也就是所謂的『國家社會學』(national sociology)」這一看法，卻有歧見。有 2 位社會學家 「非常同意」，14位「同意」，15位「不同意」， 2 位「非常不同意」，另有 2 位不詳。正反的意見所佔比例幾乎相當，這結果呈現一種頗有意思的爭議 (controversy)； 既然大多數社會學家認定社會學是普遍的社會科學， 是不分國界的， 為什麼仍有接近一半的社會學家認為應有各個獨特的國家社會學呢？根據上面所討論過的對社會學中國化的認同以及對其內涵的認知來看，這裏所謂「國家社會學」所意含的並不一定要是一種具有排他性的國家主義式的社會學，而應該是一種具有「容他性」，可是卻具有本國社會文化特殊意義的社會學。「容他性」這一概念是指「各國學者的研究成績遲早都會統合在同一學科的體系之內，而成為人類知識領域的一部份」（楊國樞、文崇一，1982：vi）。如果是這樣，「國家社會學」 的存在與形成， 不但不會製造狹隘的種族中心主義和國家主義，反而會有潛力去減少現存「美國社會學即世界社會學」的過份種族中心主義。一如 Hiller 在一篇討論「社會學的普

同性與國家社會學的問題」一文中所下的結論：「從知識社會學的觀點來說，國家社會學是必需和不可避免的；只要社會學是在國家社會的脈絡下孕育形成，這個脈絡卽會影響和塑形社會生活和社會學思考和研究」(Hiller, 1979：131—132)。這麼說來，上述的爭議的互斥性就可能不若數字上所顯示的那麼明顯。

　　這也就是說臺灣的社會學界所肯定的「社會學中國化」的目標，是在追求在中國發展出來的社會學要能與中國的社會、文化與歷史脈絡有所聯接，卽社會學要在其中能找尋出意義、生命和「根」，而非全然的移植及粗糙加工。它必須是「中國人的」社會學。

　　社會學的中國化除了要能建立一個中國人的社會學，這個社會學要能具有中國歷史與文化的意義之外，是不是也能對世界的社會學有所貢獻，能爲它帶進一些什麼呢？換言之，社會學的中國化是不是除了「內向」的性格之外，還有「外向」的性格？

　　林南在 Tempe 座談會中提了一篇「社會學的中國化：下一步」的文章，他在文中提供了一個有關這問題討論的重要起點。他界定社會學中國化的目的是要將「中國的特徵和元素融納到社會學此一學問之中」。顯然，對他而言，社會學中國化不應只是建立一個能够跟中國歷史與文化脈絡有意義的「中國人的社會學」，更要對世界社會學有所貢獻。

　　此一觀點非常具有歷史性和全球性，值得進一步的說明。就社會學的發展歷史來說，西歐的工業革命和資本主義顯然是它最早期所接受的特徵和元素，想想馬克斯、韋伯和涂爾幹不都是針對當時那些歐洲特有的時空經驗而發揮其想像力而創造，和充實了當今社會學的「傳統」。之後，美國特有的急速變遷社會和獨特的都市經驗又提供了那一代的美國社會學家在二十世紀中期改造社會學的機會，這可以

說是社會學的美國化。「美國化」後的社會學在戰後這三十年，由於種種外在的政治和經濟的條件，使得它支配了西方的社會學，甚而變成了全球社會學的代號。在我看來，這就是世界體系的運作呈現在學術領域裡一個結果。

在另一方面，近十多年來在德國發展出來的法蘭克福學派(Frankfurt School)，無疑的是對此一美國化社會學的反動；同時，它又是在提供若干德國在戰後特有的經驗融到社會學傳統裡，「社會學的德國化」似乎又逐漸呈現在我們眼前。社會學在過去這一百多年來的發展，充分的說明了一個社會科學不但會吸收每個時空的特殊經驗和特質（社會的、文化的、甚而政治經濟的），將它融到理論建構當中，並且更靠著這種特有經驗的吸收，才讓這個學問能夠繼續成長和「翻新」。如同林南在同一文章中所強調的，「目前的社會學只一味的由北美和西歐的特有經驗和元素注入這一學科，已呈現出呆滯的現象；為了再讓社會學有復振和再生的機會，如何從多元和不同的文化特質中去找尋社會學的新元素，絕對是必要的」。他這個定義和推論，顯然是要將社會學的中國化運動從被動的地方化、局部化，提昇到一個積極主動的全球化層次。換句話說，社會學「中國化」中的「中國」不是目的，而是手段。其終極目的是要藉由中國特徵和元素的注入，而復振全球性的社會學。

葉啓政在1980年的文章中，也提出了相類似的論點，他認爲社會學的中國化不應使社會學「區域化」，而是使中國社會學家的努力能夠被納入世界社會學的知識體系之中，為人類的文明，於西方文化傳統之外，提供一條可能的途徑。

在目前的臺灣社會學界，似乎也可以發覺出這種具「外向」性格的「社會學中國化」理想。

在35位社會學家當中，有29位社會學家（即82.86%）認爲中國化後的社會學能爲世界社會學帶進一點什麼。只有2位不認爲如此，另有4位的回答不詳。前面已討論過，社會學要能本土化，建立「國家社會學」最大的好處是藉此減少世界社會學中彼此的主從關係、優劣關係，以減少核心國家的社會學所帶有的偏見。因此「中國人的社會學」的存在本身對世界社會學就具有價值。事實上，這除了有其象徵的意義和作用之外，也有其實質的意義。

下面是一些社會學家的說法：

「提供中國社會與其他社會的比較」

「社會學的多元化」

「擴大社會學理論的實證範圍，擴大社會學家間的知識流通」

「爲使世界社會學的理論有更不同的驗證機會」

「建立更普遍性的社會學理論」

「社會學的貢獻是屬於全人類的」

「帶進一些東方的經驗與反省結果」

社會學的中國化是一項長期性的運動，貴在實踐。臺灣的社會學家對這一運動的內涵和目的，已如前節所討論的，在相當程度上是肯定此一學術運動的積極意義，以及它對未來中國社會學發展的重要性。有了認識還不夠，必須要有行動方案和策略才行，否則也只是社會學界裡面的空談，於事無補。筆者參考了兩年來有關這方面的討論，綜合出5項「進行社會學中國化的努力，重要的步驟和條件」，即：

(1) 目前的社會學家人數要增加，並將其素質提高到某一程度；

(2) 多數的社會學家都要能了解到西方社會學對我國社會學的過度影響；

(3) 社會學家要經常討論和思考這方面的問題；

(4)　在研究和教學工作上，能實際的注意到中國化的問題；

(5)　多做臺灣的實證性研究，建立資料本土化的完整性。

這5項當中，有的比較屬於社會學家個人可以做到的，可以馬上身體力行，有的則比較屬於整個社會學界條件改善的問題，也有的是可透過某種有計劃性的鼓勵和誘因，就可看到成效的，有的則不易馬上能有效果。不過，這5項條件和步驟都還很實際可行，而且也都可以加以計劃性的改變，都可以採取集體的力量去達成。

根據上述35位臺灣社會學家的意見，可以歸納下面幾點：

第一：「多做臺灣的實證性研究，建立資料本土化的完整性」和「研究教學工作上，實際的注意中國化的問題」這兩項努力實踐的步驟最受大多數社會學家的注意，順序上分別排列在前兩名，而這兩項實踐工作，都是非常具體可行，每一位社會學家以個人的意願和在工作崗位上都可以去做的。

第二：　接上面兩個最重要的努力步驟之後的順位分別是：「社會學家要經常思考和討論這方面的問題」，「社會學家的人數和素質都要增加和提高」，以及「多數的社會學家要能了解西方社會學對我國社會學的過度影響」。與前兩項相比，這三項工作較不易以「個人力量」能夠去進行的（如社會學人數及素質的提高），或者是即使是「做了」（如思考、討論、了解）也不易有具體結果的。因此，臺灣的社會學家不但在認知層次上，很實際的在肯定中國化的內涵，在預期行動的層次上，也是很實際的在計劃中國化工作的策略和做法，而且相當強調從個別社會學家做起——即多做本土社會的經驗性研究，建立本土資料的完整性；在研究上、在教學上也都要很實際的注意到與中國化問題的配合。

第三：　也值得一提的是，「社會學家人數和素質的增加與提高」

也很受社會學家的重視。亦卽强調，社會學界本身的條件必須要先改善。如果社會學家的人數不增加，素質不提高，「集體的力量」也就無從發揮，那也就根本無法進行「運動」所要求的種種策略和手段。旣是「運動」，參與者人數的「量」與「質」當然是必要的條件。

質言之，多做有關臺灣社會的實證性研究，建立社會學資料的本土化和完整性，是當前社會學界的當務之急。如果進一步發揮這個觀點到另一層次，並考慮前述所討論有關中國化的目的和內容，那麼社會學中國化的實踐不外乎就是要「設法有系統的做有關臺灣（中國）社會的（經驗性）研究，並發掘其所具有的特性和元素，然後運用社會科學理論建構的過程以企圖建立具有中國（臺灣）色彩的社會學理論」。唯有如此，才能進一步談將這些成果融納到世界社會學知識體系之中，也才可能談到臺灣社會學界對世界社會學的貢獻。這很明顯的就是要完全改變過去卅年來社會學只重一般論述而輕系統的實際研究之趨勢。

那麼，哪些問題是當前社會學家應該著重的研究，藉其可以從其中發掘出具有當前臺灣社會的特色以及中國歷史和文化的特徵呢？這也就是林南所謂的中國化應有的基礎：「初級證據」的建立。

在有關臺灣的研究主題上，社會學家特別强調下面幾類重點：

(1) 臺灣社會轉型期間產生的特有人口、就業、教育、犯罪等社會問題；

(2) 經濟變遷中社會結構、文化變遷、社會分化及社會政策的探討；

(3) 臺灣社會階層化及城鄉之間社會流動的問題；

(4) 社會變遷中家庭結構和價值的持續和改變及相關之婦女地位和勞動力參與問題；

(5) 過渡社會中的道德、規範變遷以及社會制度的轉變和重組；

(6) 以臺灣社會為對象，有系統的整理其發展歷史以發掘其中特有的歷史和結構，深深影響臺灣的發展；

(7) 深入探討臺灣鄉土、基層和民眾找尋維持臺灣社會秩序的脈絡和因素。

在有關中國文化中特有的概念、題材或現象上，臺灣的社會學家特別強調下面幾類的重點：

(1) 道德、倫理或權威；

(2) 中國人的「人性」觀點；

(3) 家庭中的人際關係以及家庭對社會的聯繫；

(4) 歷代政權與文化和學術的影響；

(5) 中國的階級特色，尤其是農民和士大夫階級；

(6) 中國的社會思想和民俗；

(7) 中國歷代革命中的不理性和反理性因素；

(8) 一些中國特有的觀念，如道統、仁、天、門第、小人、君子、陰陽、天下、權勢、禮、因緣、認命、報應、卸責任等；

(9) 自鴉片戰爭以來中國社會的結構變遷等。

換言之，要實踐社會學的中國化，一定要落實社會學的研究在兩方面：一是臺灣當前面臨的種種特有問題，這是橫斷面的研究取向，戰後日本社會學對「社會意識」與「社會階層」的研究是一個很可參考的借鏡 (Yamagishi and Brinton, 1980)；二是臺灣的社會與文化變遷，以及其與中國文化特質之間「連續」和「變形」的程度，亦卽臺灣社會史和中國社會史的研究；這則是縱斷面的研究取向。如果能持之有恒，發揮集體的力量，並透過其他外在客觀條件的改變和配合，那麼「社會學中國化」運動的努力，將可帶給臺灣社會一個「能與中

國文化和歷史脈絡有所連接、有所生命意義的社會學」，並且甚而可能帶給世界社會學一個「擴大世界社會學理論視野，帶給社會學東方的經驗和反省結果，並且復振全球性的社會學」的貢獻。

　　從歷史和結構的觀點來回顧社會學在中國將近 70 年來的發展過程，可以看出社會學的生命很是坎坷，幾代以來的社會學家一直持續不斷的在找尋社會學在中國的生命力，並且在各階段設法克服它成長過程中的困難。1949年以來的臺灣社會學尤其具有特殊的成長過程，其蘊育出來的性格也最為特殊：它曾經遭遇過「傳統」的失落和對美國社會學的高度「依賴」，也缺乏與中國歷史、文化和臺灣發展經驗的連接和掛鈎。可是自80年代開始，社會學界的自我反省和自我批判促成了對「社會學中國化」的普遍關切。此一「社會學中國化運動」在未來的成敗，勢必也將會決定今後臺灣社會學的出路，以及它在世界社會學知識體系中的地位。　　　　　　　　完稿於 1984 年 1 月

參 考 文 獻

一、中文部份

文崇一，1980，「談學術上的自省與自信」，《人文學報》第五期，頁一～五，臺北。

林　南，1982，「從世界的觀點看中國社會學的發展」，《中國社會學刊》第七期，頁三〇九～三一二，臺北。

金耀基，1982，「社會學的中國化：一個知識社會學的問題」，楊國樞、文崇一主編，《社會及行為科學研究的中國化》，中央研究院民族學研究所，頁九一～一一四，臺北。

高承恕，1982，「社會科學中國化的可能性及其意義」，楊國樞、文崇一主編，前引書，頁三一～五〇，臺北。

思與言雜誌社，1972，「二十年來我國行爲科學的發展與展望討論會」紀錄，《思與言》一〇卷四期，頁一八七～二〇〇，臺北。

張曉春，1972，「二十年來社會學的發展與展望」，二十年來我國行爲科學的發展與展望討論會講稿，《思與言》一〇卷四期，頁一八七～二〇〇，臺北。

孫本文，1949，《當代中國社會學》（臺北：里民書局，1982年版）

廖正宏，1983，「臺灣社會學研究——特徵與趨勢」，《中國社會學刊》第七期，頁二九八～三〇一，臺北。

鄒里民，1981，「社會學在中國的發展」，臺灣大學社會學研究所碩士論文（未出版），臺北。

葉啓政，1982，「從中國社會學的既有性格論社會學研究中國化的方向與展望」，楊國樞、文崇一主編，前引書，頁一一五～一五二，臺北。

龍冠海，1963，「社會學在中國的地位與職務」，《臺大社會學刊》第一期，頁一～一九，臺北。

蕭新煌，1981，「臺灣社會問題研究的回顧與反省」，《中國論壇》一二九期，頁五一～五五，臺北。

1982，「社會學中國化的結構問題：世界體系中的範型分工初探」，楊國樞、文崇一主編，前引書，頁六九～九〇，臺北。

1983a，「再論社會學中國化的結構問題：臺灣的社會學家如是說」，現代化與中國文化研討會論文，香港中文大學，三月七日～一〇日，香港。

1983b，「對三十年來社會學在臺灣發展的若干觀察」，《中國社會學刊》第七期，頁三〇一～三〇六，臺北。

1984，「旅美中國社會學家談社會學中國化」，中國時報（美洲版），一月三～五日，美國。

蕭新煌、張苙雲，1982，「對國內社會學經驗研究的初步反省：現實建構、理論與研究」，瞿海源、蕭新煌主編，《社會學的理論與方法》，中央研究院民族學研究所，頁二六七～二九五，臺北。

楊懋春，1963，《勉齋文集》，自印本，臺北。

1976,「社會學在臺灣地區的發展」,《中國社會學刊》第三期, 頁四三
〜四八, 臺北。

1980,「我對社會科學與行為科學中國化的意見」, 社會及行為科學研究
的中國化研討會專題演講, 十二月廿一日, 中央研究院民族學研究所,
臺北。

二、外文部份

Cheng, L and A. So, 1983, "The Reestablishment of Sociology in the PRC: Toward the Sinific ation of Marxian Sociology", *Annual Review of Sociology*, vol 9, 471-498.

Tei, Hsiao-tung, 1979, "The Growth of Chinese Sociology", in McGough (ed.) *Tei Hsiao-tung: the Dilemma of a Chinese Intellectual* White Plains, N. Y.: Sharp, 19-31.

Freedman, Maurice, 1962a, "Sociology in China", *China Quarterly* 10, 166-173.

1962b, "Sociology in and of China", *British Journal of Sociology*, vol 13, 106-16.

1963, "A Chinese Phase in Social Anthropology", *British. Journal of Sociology*, vol 4, 1-19.

Fried, Morton, 1954, "Community Studies in China", *Far Eastern Quarterly*, vol 14: No. 1, 11-36.

Gold, Thomas, 1981, *Dependent Development in Taiwan*, Ph: D Dissertation Harvard University.

Hiller, Harry, 1979 "Universality of Science and the Question of National Sociology", *The American Sociologist*, Vol 14, 124-135.

Hsiao, Hsin-Huang Michael, 1981, *Government Agricultural Strategies in Taiwan and South Korea*, Institute of Ethnology, Academic Sinica Taipei.

Hsu, Francis L. K., 1944, "Sociological Research in China", *Quarterly Bulletin of Chinese Bibliography*, vol 4, nos 1-4, 12-25.

Hsu, Leonard S., 1927a, "Chinese Sources in General Sociology", *The Chinese Social and Political Science Review*, vol 11: 1, 14-27.

1927b The Teaching of Sociology in China", *The Chinese Social and Political Science Review*, vol 11: 3, 373-389.

Lin, Nan, 1983, "Sinicization of Sociology: The Next Steps", paper presented at the Annual Meeting of the Western Conference of the Association for Asian Studies, Tempe, Arizona, Nov. 11-12.

Mohan, Raj P. and Don Martindale, 1975, *Handbook of Contemporary Development in World Sociology*, Westport, Connecticut: Greenwood press.

Sun, Pen-wen, 1949, "Sociology in China", *Social Forces*, vol 27:3, 247-251.

Tiryakian, E. A. (ed), 1971, *The Phenomenon of Sociology*, New York: Appleton-Century-Crofts.

Wong, Siu-lun, 1979, *Sociology and Socialism in Contemporary China*, London: Routledge & Kegan Paul

Yamagishi, Toshio and Mary Brinton, 1980, "Sociology in Japan and Shakai-Ishikiron", *The American Sociologists*, vol 15, 192-207.

光復後臺灣地區人類學研究的發展

內容大綱

一、理論與實際：大陸淪陷前的中國人類學

二、少數與多數：主流與伏流（1949～1965）

三、方法與實際（1965～1980）

四、理論、方法與實際（1980年以後）

五、結論

參考文獻

一、中文部分

二、外文部分

光復後臺灣地區人類學研究的發展

黃　應　貴

本文討論的主題，僅限於光復以來，臺灣地區社會及文化人類學研究的發展趨勢。故文中所用的人類學，是較狹隘的定義；不包括體質人類學、考古學、語言學及民俗學等在內。而處理架構上，將以研究對象、研究主題、理論與方法等爲主要重點[1]。不過，未談人類學研究在臺灣發展情形之前，先談大陸淪陷前，在大陸的大略狀況，以顯示當時的情境如何塑造臺灣人類學早期研究發展的性格。

一、理論與實際：大陸淪陷前的中國人類學

根據唐美君先生（1976：9）的意見，人類學的著作最早在中國出現，是在清光緒29年（西元1903），但直到蔡元培先生於民國17年

＊本文承王崧興師、徐正光、黃道琳、錢永祥諸兄及內子鄭美能提供寶貴意見，以及黃宣衞同學代爲修飾，鄭依憶同學代爲抄謄原稿，謹誌謝意。又本文完稿於1983年7月，在此以後出版的研究著作不在本文討論範圍，另外，本文原登於中央研究院民族學研究所集刊五五期。

[1] 因此，本文並不像一般人類學史的寫作方式，即先列舉所有的研究後，再就其觀點進一步論其得失；而只選擇對研究對象之社會文化性質的了解上，以及在理論方法上，有明顯貢獻及影響者來談。如欲知所有的研究概況，請參閱筆者所編的《光復後臺灣地區出版人類學論著目錄》（1983c）。

在中央研究院社會研究所設立民族學組開始，才得穩定地發展。從此以後，直到大陸淪陷前，因研究的對象、主題及理論上的不同，而有南北兩大派之別❷。「南派以中央研究院爲中心，與歷史學派有深厚關係；北派則以燕京大學爲主，受功能學派影響較大。」(唐美君1976: 9)也許，我們可以逕稱這兩派爲歷史學派與功能學派。

這兩個學派的差別，如前所提，可由研究對象、研究主題、方法及對理論的態度等四方面看出。歷史學派的主要研究對象是少數民族，感興趣的問題是其傳統風俗及歷史源流而偏向於民族誌的描述，方法上則往往偏向依賴少數報導人的報導及歷史文獻的考證。而對於理論，往往採取反對的態度。雖然，這並不表示他們沒有理論的傾向。事實上，許多屬歷史學派的學者，具有相當濃厚十九世紀末、廿世紀初傳播論派的色彩。所以會有這些特點，可能因他們主要關心的問題在於中國歷史問題的解決。因此，對於少數民族的興趣，有點「禮失求諸野」的想法而來。這點，可由中央研究院歷史語言研究所集刊創刊號 (1928) 發刊辭中有關其工作旨趣的文章中看出。甚至到今天，仍可看見這想法。比如史語所人類學組的杜正勝先生，在他最近出版的一篇文章說道 (1983：152)：「在古史研究上有兩門輔助學科，關係歷史發展理論之建立至大：一是考古學，一是文化人類學。考古學濟史料之不足，文化人類學可以提供我們先民行爲的特性，二者都是治古史的人不可或缺的。」接著，他說他目前的工作之一是新石器時代原始社會的內涵及其轉變爲國家的過程。而傳統文獻固不足以解答此問題，近年出土的考古材料雖不少，但要化作歷史還差一段

---

❷除唐美君先生 (1976) 有此意見外，M. Freedman (1962) 也有同樣的看法。

相當大的距離，這就需要借助於歷史上少數民族的研究和當今民族誌的啓發與人類學的提示了。於是，他花了七、八天的時間，透過報導人與有關文獻的整理，寫下了這篇具有透視中國上古社會意圖的雅美族報導文章。另外，對於理論的態度，也可由上述發刊辭中看出其端倪。其中說到 (1928：8)：「我們反對疏通，我們只是要把材料整理好，則事實自然顯明了。」這更說明了當年歷史學派學者對理論的態度。

上述歷史學派的特性，也許可由凌純聲先生的《松花江下游的赫哲族》(1934) 一書爲例來加以說明。誠如李亦園先生所說，該書是「1935 至 45 年代，中國民族學者從事西南西北邊疆民族之調查，無不以此書爲範本。」(李亦園1970：2)，所以此書正可做爲該學派的代表。

正如其序言所說，《松花江下游的赫哲族》一書，基本上是民族誌。因此，一開始，作者雖强調「文化是人類應付生活環境而創造的文物和制度」(1934：63)。但綜觀全書，我們無法明確知道是在適應怎樣的生活環境而創造出其文物，而只是有關物質的、精神的、家庭的、社會的四方面的描述。以精神生活爲例，他雖然一開始就指出赫哲族人認爲一個人有三個靈魂，「他們用這三個靈魂來解釋許多人生的現象」(1934：103)。可惜他仍只專注於宗敎儀式上的用具以及如何利用該族資料來解決中國上古史上的宗敎起源問題，並未能詳細描繪儀式過程的社會情境，以及說明赫哲人如何用三個靈魂來解釋人生的現象。甚至談到科學時，他認爲赫哲人對自然界觀察的精確，爲漢人所不及。但除了不完整的零散資料外，並不能進一步論證他們對自然界的觀察是如何的精確。自然無法如同時代的 Lévy-Bruhl (1923, 1926, 1928)、Evans-Pritchard (1937) 那樣，進一步說明是否這是

與科學相對或相彌補的另一知識系統；也無法如 Frazer（1963）那樣
討論巫術的象徵主義（symbolism of magic）。 更因他沒有把赫哲人
的各種社會文化現象置於社會文化之脈絡中加以考察，使我們無法了
解各種社會文化面之間有怎樣的關係（雖然，他一開始便強調社會文
化是一整體的），也無法了解各制度對社會有何影響或作用，使他的
描述與他的老師 M. Mauss 所闡揚的功能理論拉不上關係，這是他
忽略當時已有理論的結果。

　　另一方面，正因缺少理論的指引，使整個民族誌材料的收集缺少
有系統的架構，而使得材料顯得支離破碎。加上他當時未能針對或面
對赫哲人的實際情況，使得這本當時被譽為很科學的民族誌，往往不
切合實際；既失去與被研究者直接對談而得到思考上刺激的機會，也
使他的研究失去理論與實際的相互觀照。

　　當然，凌先生的研究仍有他的優點。至少，他充分利用已有的歷
史文獻資料。這是到目前為止，許多人類學家從事中國地區的研究時
所忽略的❸，而他早在1934年便做得很傑出。但也因為這個優點，使
得他的研究所呈現的歷史興趣似乎比人類學的興趣更大，而無法充分
呈現出田野調查工作所能呈現的優點。

　　至於功能學派的特色，其研究對象主要以漢人為主，但更強調整
個中國地區的所有人種。研究主題則以研究對象切身的實際問題為
主，如農民為何貧窮。方法上則採取以參與觀察為主的社區調查。對
於理論，雖不採取否定的態度，却更要求理論需與實際配合，使他們
不輕易接受理論；而理論的接受更必須真正有助於事實的了解與解
決。也因此，使他們對理論有著更謹慎的態度，也得以有較深一層的

---

❸有關歷史文獻資料對於中國研究的重要性，可參見 Freedman（1963）。

掌握。上述特點，可由費孝通及其學生的研究爲例來說明。

費孝通的研究，一開始便强調「從認識中國來改造中國」爲其從事社會科學研究的目的。尤其是要了解當時的中國，就必須透過實際資料的收集來了解。但要用什麼方式及觀點來收集及處理資料呢？爲此，費孝通及其同仁，在接受人類學的社區研究方法及功能論的觀點之前，他們要求 R. E. Park 親自在北平從事實際研究，來證明此方法與理論的用處 (Fei 1948：ix)，而非盲從的接受。另一方面，他的老師吳文藻先生在理論的引介上，往往能够深入地討論產生該理論的時代背景，及理論發展的脈絡等問題，使接受者能清楚了解到該理論的主要精華及其限制❹。所以，他的學生王同惠在研究花籃猺社會組織時（參見王同惠1936，黃應貴1979b），不僅利用功能理論的觀點清楚地告訴我們花籃猺人如何適應土地不足的問題，以及適應此問題所導致各制度間的連鎖反應；更進而說明該社會文化本身原有的適應能力，因外力的侵入而破壞了其可能有的平衡穩定狀況。如此，使這研究本身，不僅能突破當時功能理論的限制，且正視了花籃猺人當時所面臨的實際問題。這個研究的水準，一直到今天，我們有關高山族的研究，仍少有能出其右者。

同樣地，費孝通對當時中國農民的研究 (Fei 1939)，不只在描繪出滿足中國農民基本需要的各種社會制度及其之間的關連，他更進一步指出中國農民生活之困苦的原因。這主要是原本半飢半寒的生活，還得依賴手工業之類的副業才得以維持。但西方資本主義工業產品進入中國以後，民族手工業完全被外來廉價而大量生產的工業產品

---

❹最好的例子，便是吳文藻 (1936) 對 A. R. Radcliffe-Brown 功能理論的介紹。

所擊敗，使農村手工業破產，導致農民連半飢半寒的水準都無法維持（Fei & Chang 1948）。因此，他不但針對當時中國農村的實際問題，提出了解釋，更由實際問題研究的成果，跳出功能論的限制，提出類似當前世界體系理論的解釋（當然這解釋是很粗糙的）。由此，他進而把經濟問題置於社會經濟體系的脈絡中來看。這種由社會經濟體系性質的掌握著手，進而探討經濟現象的方式，使問題的了解有了更深一層的內涵。這在他的學生史國衡的《昆廠勞工》（1944）、田汝康的《內地女工》（1944）中，均可看出。

　　史國衡的研究指出，昆廠當時最嚴重的問題，便是技工及工頭等，均為下江人（指住長江下游者，特別是上海這類大都市者）所把持，而非技術工人則由內地（指昆明等地）人所組成。明顯的地域性差別導致工廠內部的糾紛迭起與工作缺乏效率，尤其是內地人對工廠新式 impersonal 管理方式非常不滿。這些問題的產生，完全是因不同的社會經濟體系下的人，有不同的行為模式相互衝突所造成。下江人幾乎都來自上海等大都會，早已接受工業化的洗禮，所以可以成為技工。但內地人仍生活在農業社會中，因而充滿農業社會的觀念與期許，而導出許多問題，使得這工業社會的制度無法充分發揮作用。這種以社會經濟體系不同所導致人們行為規範的不同來解釋經濟現象與問題的方式，不只超過費孝通的思考，更是當前經濟人類學歷經多年努力才走出來的方向❺，也對當時的經濟問題提供尋求對策的方向。而這成績，誠如費孝通所說，是「從理論出發進入我們實地觀察，觀察的結果怎樣修改原有的見解，形成一套新的理論。」（費孝通1944：

---

❺當然，相對之下，史國衡所使用的農業及工業社會概念仍嫌太粗糙。就目前研究而言，這種分類概念太過簡單而沒有充分的解釋價值。

234)。就因為理論與實際的配合，他們為中國的社會人類學，走出了一條康莊大道來。

不過，也因為他們研究的主題是當時社會的切身問題，使他們因研究而納入當時中國整個社會問題解決的處理之中，而導致他們趨於走向社會改革之途。甚至於最後與政治結合，而使這派學者紛紛加入政治活動中，也使得這批人無法隨政府來臺。而來臺者，大半是屬於歷史學派的學者。因此，光復後臺灣人類學的初期研究，也因領導人大都屬歷史學派，而使得其研究充分顯示大陸時代該學派的趨向。這也是為何「凌純聲先生的《松花江下游的赫哲族》一書仍成為政府遷臺以來，臺灣民族學界熱烈從事臺灣高山族調查研究的藍本」（李亦園1970：2）的原因，也因而塑造了光復初期臺灣人類學研究的趨向與性格。

二、少數與多數：主流與伏流（1949～1965）❻

光復後臺灣早期人類學的發展，除了當時的領導人均屬於歷史學派而塑造其早期的研究方式外，更因為日據時代日本學者在臺灣所做的研究，與歷史學派的研究，有其相同之處，因而更加強歷史學派研究方式廣泛地被接受。這點可由凌純聲先生替宋文薰先生所譯鹿野忠雄原著《臺灣考古學與民族學概觀》一書的序中看出。

---

❻1965年，李亦園先生在彰化縣伸港鄉泉州厝、王崧興先生在龜山島從事人類學的社區研究，開始臺灣人類學家對漢人社會所從事的「科學」研究，為臺灣人類學帶入一新的紀元。故以此年區分前一階段與後一階段。但這種劃分並不意謂前一階段的研究，在後一階段不會出現。階段的區分，只為呈現某一時期，相對於以往及以後，其研究上的特色。自然，年代也非絕對的。

序中，凌先生除了說明鹿野忠雄與他有同樣的想法與研究成果外，他更說道：「臺灣土著的文化，不僅代表印度尼西安或馬來系的文化，在他的下層尚有小黑人和美拉尼西安，或波利尼西安等系的文化。所以在學術上，他不僅是東南亞先史學和民族學的寶藏，同時也是中國上古史之活的史料。」（凌純聲1955：4—5）。因此，直到1965年，李亦園先生在彰化縣伸港鄉泉州厝及王崧興先生在龜山島開始從事漢人社區的研究爲止，整個研究的對象，因受歷史學派的影響，主要仍在臺灣的少數民族：臺灣土著的研究上。這點可由表一及表二清楚看出。

表一　民族學研究所集刊論文分類表

類　別	臺灣土著　族	邊　疆民　族	中國與太平洋	華　僑	臺灣漢人社會	其　他	總　計
篇　數	68	12	61	6	7	22	176
百分比	38.63%	6.81%	34.66%	3.41%	3.97%	12.5%	

資料來源：李亦園 1971：8。

表二　臺大考古人類學刊論文分類表

類　別	臺灣高山族			臺灣漢人		臺灣考古	大陸考古	中華民族	環太平洋	其他	總計
	社文會化	語言	體質	社文會化	體質						
篇　數	68	4	9	16	2	23	16	2	3	16	159
	81			18							
百分比	50.94%			11.32%		14.46%	10.06%	1.25%	1.88%	10.06%	
						%	%	%	%	%	

資料來源：臺大考古人類學刊，一～三四期。

如兩個雜誌合計，則該階段有關臺灣高山族的研究論文共 149 篇，佔總數335篇中的44.48%，幾乎佔一半而爲各類之首。

至於研究的主題，幾乎都是有關其傳統社會組織及物質文化上，而迴避了高山族人的現實生活。事實上，當時中研院民族所，便是以「搶救即將消失的高山族社會文化」爲其研究鵠的。

另一方面，這些著作的資料來源，大部分都是依賴少數報導人的回溯，而絕少參與觀察。這自然與研究上著重過去「歷史」的重建有關，也是大陸時期民族誌傳統做法的延續。其實，這類民族誌的探討，並沒有什麼不好；因它是進一步探討研究的基礎，也可能如同法國早期民族誌中的超現實主義一樣，不只是當時法國人類學家母文化的反映與產物，也刺激日後法國人類學理論的創新（Clifford 1981）。然而，臺灣早期人類學的研究，往往缺少足够的方法論基礎，使得所得材料之邏輯層次很不清楚（如理想與實際的混淆等），更往往以一、兩位報導人的口述資料來涵蓋整個聚落，而未考慮整個聚落是否眞的是同質性社會。比如在描述高山族社會組織研究時，最常用的名辭之一是「繼嗣法則」❼，但是光靠這名辭我們實在無法分辨它只是當地人的觀念？還是實際運作上存在的？還是研究者腦中的？還是上述各種可能性互動的結果？至於這規範是否爲該聚落的人所共同遵守的，則更難加以認定。這使得原就忽略實際與理論的研究，更顯得脆弱而不符合學術與社會的雙重要求。

雖然如此，這階段人類學的發展，對後來整個人類學的發展，仍有其重要的意義：此即對田野調查工作的注重，使得田野工作的優越能力成了臺灣人類學的特點。這特點，可由中外學者對同一問題的研

---

❼有關繼嗣法則的概念與問題，可參閱陳其南（1976）的討論。

究報告之比較中，清楚看出。比如 Emily M. Ahern （1973）與陳祥水 （1975）對拜祖先的研究，M. Cohen （1976）與莊英章 （1972，1977a） 對變遷中家族發展的研究等，可明顯看出臺灣的人類學家所提供的資料，遠比外國學者細膩而豐富。而在這優點的形成上，凌純聲、芮逸夫及衞惠林三位先生，有其最大的貢獻。雖然，凌、芮兩位先生來臺後的主要研究，並非在臺灣的少數民族之調查工作上。

比如凌純聲先生來臺後主要研究完全轉到環太平洋文化上。他的這類研究雖可滿足國人的自尊心，却呈現出太多文化傳播論的缺點。譬如，他認爲臺灣土著族與古代閩越人是同一文化系統的民族，就有幾點明顯的缺點（李壬癸 1979：1—2）。

第一、他用紋身、缺齒、拔毛、口琴、貫頭衣、腰機紡織、父子連名、獵首、靈魂崇拜、室內葬、崖葬等列舉式文化特質來證明臺灣土著屬於東南亞古文化是無法說服人的。因文化特質很容易採借，我們總不能說臺灣的中國人燙髮、留鬍鬚、演奏電子琴、穿牛仔褲、取洋名、信基督教、吃西餐、住洋房等，便說這是美國人吧！

第二、他所說的東南亞古文化的民族包含許多不同的民族與語系；如南亞語系、南島語族、漢藏緬語族、傣族、Kadai （含黎族）等，有極複雜的種族與極紛歧的語言，而臺灣土著只是南島民族，兩者範圍不同，不能任意劃等號。

第三、卽使斷定「臺灣土著族在遠古來自中國大陸」，也不能就此斷定「整個的原馬來族是由亞洲大陸南遷至南海群島」。雖然如此，他爲了用文化特質來證明環太平洋各民族均源於中國的說法，仍引導我們對許多文化特質的注意。 除前已述及者外， 他如樹皮布、印文陶、龜祭、帆筏、戈船、方舟等。

至於芮逸夫先生，他對於中國民族所從事的歷史與實地的調查，所

獲得的系統研究成果，至今仍無出其右者。而由其主編現仍陸續出版中的《二十三種正史及清史中各民族史料彙編及引得》，更是爲將來從事中國歷史上少數民族研究立下重要基礎。此外，他更介紹 A. L. Kroeber, R. H. Lowie, G. Murdock 的親屬理論給國人，並應用他們的理論到中國親屬制度的研究上。比如，他依親屬稱謂的型式分類，重新澄清九族的範圍，也增加爾雅中「甥」所指涉的範圍到「女之子」及「婿」。他更指出「中國親屬制最初可能是行輩型，大概和初民的隊群組織有關；其次演變爲二分合併型，大致和外婚的氏族組織有關；再次演變爲二分旁系型，顯然和大家族組織有關；將來也許有演變爲直系型的可能，似乎和小家族組織的趨勢有關。」（芮逸夫 1972：935）。他更把中國家族三千年來的演變分成兩個時代（Ruey 1961）：

　　1. 宗族優勢時代：社會組織的基礎以宗族居優勢的時代，在政治組織則爲封建時代。約自周初至戰國之世凡八百餘年（約西元前 1100（？）年到西元前250年之間）。

　　2. 家族優勢時代：社會組織的基礎以家族佔優勢的時代，又可分爲兩個時期。一爲主幹家族優勢時期，社會組織以主幹家族佔優勢時期約秦到隋（約西元前250年至西元650年間）。另一爲直系家族居優勢的時代；社會組織以直系家族佔優勢時期，約自唐代到晚清（約西元650—1900年）。清末以後，因爲受了西方個人主義觀念及工業逐漸發達的影響，千餘年來佔優勢的直系家族，復遞變爲主幹家族佔優勢，而更趨向核心家族。

　　上述芮先生的觀點不只是時常爲人所樂道，也影響後來一些學者去利用歷史文獻來探討中國社會文化的特色。如石磊先生（1982）的研究等。當然，他的觀點，有許多都得加以修正。比如他認爲古代親

屬稱謂爲 Omaha 型。但眞正屬於 Omaha 型稱謂者，不得與母方的
父系氏族成員結婚，而中國古代則能。因而造成解釋上的矛盾❽。而
他對中國家族演變趨勢的看法，大都爲杜正勝先生(1982)加以修正。
因封建時代的宗族，實際上，並不是依血緣而來，而是政治意義較重
者。至於秦到隋的時代，核心家庭比主幹家庭更普遍。而直系家庭與
主幹家庭，則漸行於東漢，到中唐乃達一頂點。以後，直到清末，核
心家庭又漸擡頭。雖然，直系與主幹家庭猶可見，却足以說明核心家
庭也非如芮先生所說是清末以來才有的現象。

　　凌、芮二位先生雖然研究重點不在臺灣高山族上，但他們却非常
積極地推動高山族的研究。更因他們在大學的敎學中，便强調田野調
查工作的重要，使得善於從事田野工作成了臺灣人類學傳統中的一大
特色，也是他們對後來人類學發展上，所給予的最積極的影響。這影
響更因當時另一位前輩的躬行實踐而得以生根。

　　作爲一個田野工作的躬行者，衞惠林先生不僅親自訪視各高山族
（雖然，每次田野工作時間都非常短），也是這方面著作最豐者。更
因他從事各族廣泛性（extensive）的比較研究，使他得以提出對高山
族社會文化的獨特看法。這些看法往往太獨特而有著一些明顯的弊病
與問題。比如，他討論高山族社會組織的分類時，過分强調繼嗣法則
而被陳其南先生批評爲「世系中心主義」（陳其南1976：25）。這種批
評絕不過分。因他在文中（衞惠林1964：23）卽陳述了他的基本看
法：

　　……親族結構在每一個民族社會的殊異主要是由這種人爲的繼

────────────
❽此點爲石磊先生所提供的意見。

嗣原則（descent principle）之殊異所形成的，代表著人類社會的最基本結構現象。因而我們可以認為繼嗣結構（descent structure）卽是親族結構的主體或基本的部分。

這種看法，使得他把單系原則（unilineal principle）、雙系原則（bilateral principle）或非單系原則（non-unilineal principle）都視為繼嗣原則的不同變異原則，而忽略這些概念本身有意突破繼嗣理論之限制的努力。也因此，他（衞惠林1958）把氏族與世系群分開而視前者為基於分組法則而以群體內觀念為基礎的血親群；後者則基於個人的世系關係與群內親疏遠近法則為基礎的親族群。他更把世系群分為近親群與遠祖群兩種。前者「是由小家族為中心向上追溯幾代的親屬範圍」，後者是以「一個始祖或一個祖宅或祖居地為出發點向下繁衍的 genealogical descent group」。如此，他便把馬淵東一視為雙系（bilateral）親屬制度的泰雅與雅美（Mabuchi 1960）劃歸為父系世系社會。也把馬淵劃分為 ambilateral 的卑南族視為母系社會。這樣，他確實有了自己的系統，却更易讓人混淆與誤解。如陳其南先生（1976：24）就搞不清他的「共作血親」（kindred）範圍到底是祖先中心（ancentor-centred）或自我中心（ego-centred）；也是王崧興先生後來與他爭論的原因。這是由於他忽略理論與社會文化的實際運作，而只賴少數報導人的結果。

雖然如此，這並不意味他的研究完全沒有意義。像他指出一般所說的「氏族」與「世系群」，在共同的原則限制下，更另有其不同結構原則的看法，對臺灣高山族的研究而言，可能仍是很有意義而待進一步發揮的觀點。而他企圖由高山族社會文化特質之探討，進一步修正當前人類學理論上通用的觀念之想法，更是以後研究應走的方向。至

少，他汲汲於田野工作的精神，及由各族比較材料來探討一些基本社會文化特質的作法，深深影響到後輩人類學家的研究。如陳奇祿、李亦園、唐美君、王崧興等人皆是。

大體言，這段時期的研究，是承續大陸時代歷史學派的研究方向，但更有成就。至少，他們也開始提出一些具有理論意義的說法。不過，在當時，除了這主流影響下的研究之外，還有一些重要的例外者。其研究對象、主題、方法、乃至於理論態度上，均大不相同。其中之一是杜而未先生。

雖然，誠如王孝廉先生（1975）所說，杜先生中國神話的探討，是「汎月亮主義」。他對資料的解釋上，一開始便呈現其先入為主的缺點。但杜先生可能是到目前為止，臺灣人類學界中，唯一對中國神話或文化價值體系，提出一套系統解釋者。固然，其邏輯推論過程，就當前社會科學水準而言，是很難服人而難被廣泛接受的。但這並不意味他所有的觀點與研究成果都是錯的。因為論證的對錯並不能決定事實的真假。至少，他有些觀點是具有啟發性的。比如，月亮可能比太陽對中國文化信仰體系而言，更具有意義。也許，在他浩瀚的著作之中，仍有許多東西值得我們經過把梳工夫，才能顯現其精義與貢獻。

除杜先生外，另一位更有成就的學者便是陳紹馨先生。這位當年被 M. Fried 譽為當時臺灣「唯一具有堅強學理的社會學家」❾，不只是有相當充分的理論訓練，對於有關臺灣社會文化的資料之熟悉程度與其體認與洞識，都相當的卓越，使得他不只在當時研究臺灣少數民族的主流中，能關心到多數人的問題上，更由於對理論與資料的熟

❾引自王人英1966：97。

悉，使他能爲後來的漢人社會研究及科學方法奠定重要基礎。就當時的學風而言，他不是主流；但就後來的影響而言，他可說是伏流。

陳紹馨先生的漢人社會研究，表面上，他是個人口學者；使得臺灣人口問題成爲他關注之處。實際上，他的「終極關懷」，却是想透過人口的探討，進一步了解臺灣社會的性質。在他看來，這三百多年來，臺灣社會歷經部落社會、俗民社會、公民社會三個階段❿。在三種社會裡，都有血緣、地緣、功能等社會結合方式，但部落社會以血緣關係爲主要結合方式，俗民社會以地緣爲主要結合方式，公民社會則以功能爲主要結合方式。而就對外關係而言，部落社會較爲封閉，公民社會最爲開放，俗民社會則介於其間。就政府力量的強弱及社會的分化與整合程度而言，公民社會政府整合社會的力量最強，部落社會最爲鬆散，俗民社會則介其中。

臺灣之由部落社會轉爲俗民社會關鍵在於荷蘭東印度公司之佔領臺灣。在荷據以前，土著們的部落社會，生產力甚低，所能容納的人口有限。因此，在荷據以前雖有漢人移入臺灣，但人數有限。這些爲數極少的漢人若非自組孤立的漢人社會，卽與土著通婚而爲土著所同化。到1624年荷蘭人佔領臺灣，荷蘭東印度公司爲利用臺灣的物產通商取利，乃由大陸招徠大量漢人前來墾殖。東印度公司的農商政策，一方面使得臺灣由原封閉的部落社會轉爲與外界較有溝通的開放社會；一方面也提高了臺灣的生產力而得以扶養更多大陸移入的人口。這些由大陸移入的人口在臺灣從事農耕之後，也在臺灣建立了與大陸相似的俗民社會。

荷據時期建立的俗民社會一直延續到日據時期才開始轉變爲公民

---

❿下面三段有關陳紹馨先生對臺灣社會發展三階段理論的摘要，除了少部分的增添修改外，均引自林滿紅（1980）一文。

社會。在俗民社會裡，政府的力量較為薄弱，民間有很多自衛與互助團體。也有一些依職能關係結合的團體：如在城市中，有一般性的同業公會，有從事陸臺貿易的郊商，也有秘密組織，或音樂、戲劇、文學團體等等。在鄉村裡，則有父母喪葬互助用的父母會、資金互通有無的標會、防範盜匪、促進農產等之團體。另有依血緣關係結合而成的宗族團體。中國社會雖一再強調祖先崇拜及宗族精神的發揚光大，但要維持偌大家族，需有龐大家產，故宗族的存在通常僅見於官紳階層，一般平民較少。尤以清初移民禁攜女眷，家族不易形成，臺灣開發歷史又短，亦難形成強宗大族。故在日據以前的臺灣社會中，雖有宗族團體，但不甚重要；真正較為重要的是地緣團體。這是一般老百姓結合所在地的村民共同禦侮與推進地方公務的組織。一直到日據初期，這種團體仍較他種團體為多。

到日據以後，政府一手負擔起治安、衛生、農業、工業、教育、公共救濟等事務，原有民間團體存在的基礎即形動搖。由1919至1927年間各民間團體的土地糾紛突現增加亦可看出民間團體的日趨式微。繼民間團體之後而成立的是日本政府強迫成立的一些團體。如促進生產的農會、漁會、畜牧會、森林會、水利會等；促進教育的團體如家長會、青年會、姊妹會、童軍會等；促進社會發展的團體如業佃協會、紅十字會、婦女會等。此外，也有臺灣同胞以和平方式爭取民族權益、改進社會積弊的民族運動、社會運動。而到日據以後，一個人的姓氏、籍貫已不如他的職業來得重要。大體而言，舉凡政府力量的加強、和平方式的群眾運動的推展、專業團體及職業的日趨重要，均為公民社會形成的表徵。

對他而言，只有透過上述社會體系性質的了解，才有可能了解其社會問題的所在，進而可提出解決之道。因此，人口數字往往只是社

會現象存在的具體指標，更重要的是能由此進而了解社會體系的性質。這點，與大陸時代功能學派末期的發展不謀而合。雖然，他認為臺灣社會三百年來歷經部落社會、俗民社會、公民社會三階段的說法，不一定為所有學者所接受。而他對三種社會類型的界定也過於簡單，但他却是對臺灣社會本身的發展，提出一理論性詮釋的第一位中國社會科學家。比較之下，他這項成就與貢獻，似乎一直沒有被後來的學者認眞體認過。

此外，他對臺灣漢人社會的研究，並不採取孤立態度。尤其是在研究早期臺灣的移民，更與其他華僑移住地區做比較。如「西荷殖民主義下菲島與臺灣福建移民」（1962）一文便比較了臺灣與菲律賓。這種探討方式，更為後來漢人社會及華僑社會的研究立下一典範。如李亦園先生後來從事馬來西亞華人與臺灣彰化縣伸港鄉泉州厝的田野研究，即採取同樣的策略。甚至 M. Freedman 也有類似的策略。他自己就說（Freedman 1958：V）他先是研究新加坡華人的家庭與婚姻。而為了研究華人老家的特色，才從事廣東與福建兩省的研究。其實，這種策略確實有一好處：透過比較（不管是與其他移民社會或其母文化所在的社會），方可對移民或華僑社會的特質，有較深入的掌握。比如，在華僑社會，我們往往會發現僑民比其家鄉人民有更高的成就動機。很有可能如許倬雲（1967）先生所說，這些僑民均屬中國社會文化中的「小傳統」背景者。一旦來到異邦，自更易脫離原有文化的束縛而能如 Geertz（1963）筆下的 Modjokuto 城鎮之印尼人一樣，能脫離習俗的壓力而從事新的企業。又如，僑民在僑居地經過長久時間生活之後，往往會設法積極從事中國教育的推廣。早如民國初年，近如新加坡1979年的華文運動，均有可能是華僑在當地久居而無法回原居地之後，欲引入「大傳統」建立社會秩序以成為眞正當地居

民的結果。如果這假定可以成立，則這種轉變實牽涉到其社會體系由移民社會轉變爲本土社會的問題。而這類轉變，可由臺灣移民社會的土著化與宋代南方拓展過程的比較上❶，得到更好的了解。

另一方面，他之所以從人口現象著手，除了其具體性外，更重要的是人口問題的重要性。雖然，在光復初期，討論人口節育被視爲一種政治上的禁忌。但他基於他對臺灣已有的認識，了解到人口膨脹過速，終將是這小島未來發展上的大問題，乃選此問題作爲研究上的重點，而充分顯示他對這社會的關懷，使得理論與實際結合而相互激盪。

此外，其嚴謹的治學態度與方法論上的著重，使他在臺灣人類學走向科學化過程中，扮演了一個重要角色。其努力與重要性，並不亞於李濟先生當年想透過考古學研究的提倡，來建立中國學術研究的科學精神❷。比如，在光復後第一次大規模的民族學調查（瑞岩民族學調查）報告中，爲了具體而系統呈現出被研究對象的實際狀況，他設計有人口性質及家族構成分子的表格（陳紹馨，1950）。這表格一直延用到今天。

整體來說，陳紹馨先生研究上的卓見與成就，實可與當年功能學派研究成果相對應而毫無遜色。很遺憾，他終究是當時的少數派，永遠只是伏流，以至於鬱鬱而終。雖然，他的文集在他身後出版等於是對他的成就之肯定，而其許多文章也成爲後來研究臺灣漢人社會者所喜於引用。如《中國社會文化研究的實驗室——臺灣》（1966）。然

---

❶有關臺灣移民社會之土著化過程，可參閱陳其南（1975，1981）、李國祁（1978）等。至於宋代南方的拓展問題，可參閱梁庚堯（1982）之作。

❷有關李濟先生試圖建立中國學術研究的科學精神之企圖與努力，可參見《文星雜誌》（1963）一文。

而，他研究成果中的精髓——臺灣社會體系之建立，却乏人問津。至少，就「公民社會在1963年以後如何的發展？其又建立怎樣的體系？」此一問題而言，目前仍然是一片空白。

除了陳紹馨先生這類的伏流外，在這階段發展的末期，一些年輕學者對於歷史學派作風之不顧實際及忽略大多數人的問題之趨向，和逐漸僵化的研究方式，產生反動。這點筆者並無法由文獻上得到證據，而是直接由他們的口述中得到的看法。無論如何這股反動力量，配合當時臺灣社會由接受美援開始而逐漸與美國發展出「核心與邊陲」國家間的關係後，由美國人類學的理論發展得到了刺激與滋養，使人類學研究開始有明顯的改變。特別是在高山族的研究上，配合以往長期的田野工作經驗與累積的資料，加上理論的刺激，使高山族研究的成果達到一個頂峯。

比如說，陳奇祿先生（chen 1965）的年齡組織的比較研究，指出它與氏族組織在功能上是互補的；而與階級制度，在利益上是相悖的。由此說明爲何在臺灣高山族各族當中，年齡組織主要是存在於氏族及階級制度均不發達的阿美族與卑南族。而王崧興先生（1965）則以爲缺乏單系社會之世系群的泰雅族，是以基於宗教關係而來的 Gaga 執行世系群的功能；雅美族則以基於 kith 而來却以經濟及宗教關係更具重要地位所組成的社會團體取代世系群的作用。至於李亦園先生（1960）以顯功能（manifest function）之正反兩面及潛功能（latent function）來解釋雅美族 anito（靈魂）信仰的探討，使高山族宗教研究帶入一解釋的新境界。而他（1962b）以阿美、泰雅兩族不同的宗教信仰體系與社會組織的比較研究，不只證明宗教信仰體系與社會組織間的一致與整體性，更襯托出阿美族社會文化的階級性與泰雅族社會的鬆懈性。至於泰雅族人在宗教活動上的興趣，不在超自然本身，

而在他們賴以生存的農作產物上（李亦園1962a, 1962b）。對臺灣高山族的宗教研究，可能仍是一很重要的啟示。

他如唐美君先生（Tang, 1966）由來義村排灣族人不同婚姻方式的探討（如非長嗣與長嗣、長嗣間、非長嗣間的三種結婚方式），造成婚後夫妻對財產有不同比率的控制權（如非長嗣的丈夫與長嗣的妻子結婚，他只能控制婚後共同財產的三分之一），建構出一假設：夫婦婚後之此種有限度的共財制度與其頻繁之離婚現象有密切的因果關聯。他更認為這假定可應用到臺灣其他的高山族。而且他以為共財制度比繼嗣體系(descent system)及配偶的世系群之收養制度，與離婚率更具有關聯。這推論是否可行仍值得懷疑，但其試圖由細分不同研究現象來建立兩種制度之必然關連性，使社會文化現象方可能有結構性的了解。這方式也見之於他後來對來義排灣族人葬禮的分析上（1973, 1975）。由這些研究，我們似乎可看到 M. E. Spiro 的功能論、非單系社會的觀念，乃至 J. Goody 理論的影子。不論如何，這確是第一期累積下來的田野工作成績與當時世界人類學理論（特別是美國人類學理論）相互激盪的產物。

不過，隨著美國人類學對漢人社會興趣的增加，以及這批學者對只研究少數民族的反動，這些學者也都轉到漢人研究上。使得他們在高山族研究上，已漸有系統觀點與理論建構的努力，終因缺少後來更重要的驗證與精緻化的建構過程，而成了孤立的研究個案。更因未能真正建立出理論系統，也難吸引後來的研究者，而無法得到承續者，自然無法產生累積現象與效果。無論如何，漢人社區研究的進行，終使臺灣人類學研究走入另一階段。不過，在這發展階段末期，年輕學者的反動之所以能成功，與當時領導人凌純聲先生並不堅持其學派有關。事實上，他對於新的研究方向，還給予相當多的鼓勵與支持。這

點雖只是個人的風範，但因人類學界的人數很有限，個人（尤其是領導人）的態度，對整個學界的影響力相對增加。因此，這種容納「異己」的態度，增加了這學科進一步發展的可能性，也使人類學的研究得以順利地進入另一階段。

三、方法與實際（1965～1980）[13]

由李亦園、王崧興兩位先生同時於 1965 年從事漢人社區研究開始，到1980年中研院民族所舉辦社會科學中國化研討爲止，可以說是臺灣人類學研究發展的第二階段。這發展過程，固然是對前一期歷史學派研究趨勢的反動，也是臺灣社會納入中美社會的「核心與邊陲」關係後，受美國人類學發展的影響之結果。誠如陳紹馨先生所說：『近年來有不少歐美學者，對中國社會、文化的研究，甚感興趣。一些社會科學家欲前往中國大陸做調查研究，由於目前未能進入「鐵幕」，故不得不以香港或臺灣爲「代用品」，來研究中國社會。』（陳紹馨1979：1）。但不管西方學者是否真只是把臺灣當做代用品，或進而發現臺灣本身所具有的特色，就如莊英章先生所說：『中央研究院民族學研究所自從在臺灣成立以來，一直著重高山族的研究，後來由於西洋人類學者在這個「中國社會文化實驗室——臺灣」的研究之衝擊，民族所才開始漢人鄉村社區的研究。』（1980：16）。正因爲對漢人社會研究的主要動力之一是來自西方學術界，使得研究上的理論、方法，

[13]1980年12月12日到24日，中研院民族所舉辦「社會及行爲科學研究的中國化」研討會，對臺灣社會科學的過份西化（尤其是美國化）提出反省；人類學也在其中。雖然，其成就不彰，却是一有意識的自省，也標示著一個新的發展階段之開始。

以及問題的選擇，都深受西方人類學界中國研究趨勢的影響。這點可由表三進一步來談。

表三　中研院民族所集刊有關漢人社會研究論文分類

分類＼年代	通論	家族、親屬宗族	兒童養育與心理	宗教儀式	地緣團體與市場體系	生產體系	經濟變遷	社會史	文化傳統	政治領袖	人口與移民	合計
1965										1		1
1966	1								1			2
1967		2										2
1968				1								1
1969												0
1970			1		1			1	1			4
1971		4			1				2		1	8
1972		2				1	1				1	5
1973		3		2								5
1974												0
1975		1										1
1976						1						1
1977		2										4
1978		1										1
1979		2		1			1					4
1980												0
1981		2										2
1982		3	1				1					5
合計	1	22	2	4	3	3	3	1	4	1	2	46

資料來源：中研院民族所集刊，一～五二期。

由表中，可以清楚看出，漢人社會研究最普遍關注的問題是宗族與家族，共22篇佔47.82%；而這正是西方人類學家對中國感興趣的第一個問題。

當然，親族組織原就是中國社會相當重要的組織，對它加以關注原是很自然的事。然而，事實上，這些研究，許多並不是基於家族與宗族在中國社會組成上的實際重要地位來加以探討，而是西方人類學家的成就與注意而來。這點，可由第一篇探討該問題的陳中民先生論文「晉江厝的祖先崇拜與氏族組織」(1967) 看出。他說道：『大部分以中國社會為其研究對象的人類學論著，只要它的主題不僅僅圍限於某一小範圍之內的話，通常都會提到「祖先崇拜」與「宗族組織」的。因而有關這一題目的報告真可以說前人之述備矣！其中尤以英國的 M. Freedman 在1958年所發表的 *Lineage Organization in Southeastern China* 一書最為重要。』雖然，Freedman 這本書的目的如其開宗明義所說的，是在探討中國社會組成的原則是什麼，而不是家族、宗族、乃至於祖先崇拜本身，但上述22篇論文中，有14篇直接引用 Freedman 這本著作；由此可見他的影響。這一點，也可在莊英章先生的《臺灣漢人宗族發展的研究評述》(1978) 之綜合討論中，得到支持。

莊先生認為宗族研究可分成五方面：

(1)宗族的意義與範圍，

(2)宗族的起源，

(3)宗族的分支與融合，

(4)宗族的衰微及其對現代社會的適應，

(5)宗族發展與社會變遷等。

其中前四項，幾乎都是以 Freedman 的研究為起點；只有第五

項例外，而是以 M. Fried 與陳紹馨合作的《臺灣人口與姓氏分佈：社會變遷的基本指標》(1968) 爲此類研究的發端者。

當然，以西方人類學者的研究作爲漢人社會研究上的參考架構，並沒有什麼不好。不只是其累積的結果，使我們後來能對 Freedman、Fried 等以來的理論加以存疑與批評，更重要的是這些理論的視野，確實讓我們早期的研究，能擴展到一些以往 我們所不曾注意的問題上。這在親屬之外的領域上尤爲明顯。事實上，在學科發展的初期，這種引介是必要的。而在這一點上，李亦園先生的影響最大。他先後介紹了文化與人格 (1966)、功能理論 (1960) (Li 1960, 1968)、行爲科學與科際整合 (1966)、應用人類學、乃至於後來的象徵論、結構論等。也因其對乩童及文化與人格的興趣，間接引介醫藥人類學進來。這些引介的影響，可直接見證於他本人及其學生的研究上。如吳燕和的「泰雅兒童的養育與成長」(1963)、「排灣兒童的養育」(1968)、李芬蓮的「臺灣農村社會的兒童教養：以雲林縣石龜溪爲例」(1970)，乃至他與楊國樞先生合編的《中國人的性格》(1972)，都直接受文化與人格理論的影響。而他對於冥婚社會意義的探討 (Li 1968)、徐正光 (1970)、莊英章 (1971) 以 R. Redfield 的道德秩序及工藝秩序觀念分別對臺灣農村、漁村所做的變遷分析❶，均得利於功能理論。至於科際整合方面，除了《中國人的性格》及《社會及行爲科學研究法》(楊國樞等1978) 直接呈現這方面的影響外，《西河的社會變遷》(文崇一等1975)、岩村的社會變遷 (徐正光1977，文崇一1977，許木柱1977，瞿海源1977)、社會文化變遷中的臺灣高山族青少年問題

---

❶不過，徐、莊兩位的研究，部分仍受王崧興先生的影響。此點參見莊英章 1981：17—19。

（李亦園 1979）等集體研究，更呈現出這方面的影響與結果。而如宋和的《臺灣神媒的社會功能：一個醫藥人類學的探討》（1978）、張珣的《社會變遷中仰止鄉之醫療行為：一項醫藥人類學之探討》（1981a）等⑮，則呈現他引介醫藥人類學方面的影響。因此，他這方面的成就，大概只有後來黃道琳透過翻譯所做的介紹工作可相提並論。

　　此外，為彌補與解決前一階段研究上的缺點與問題，李先生另有三個主要的貢獻。第一是方法論的注重；第二是對社會實際問題的強調；第三是人類學推廣工作上的成就。由於行為科學的引介，不只引入問卷、量表、心理測驗等技術到人類學界，更重要是其引介所導致方法論的著重，使得研究不再只是材料的陳述與堆積，而是有系統地討論現象間的各種可能關係，也使得研究有了重點與重心。如此，也使資料的收集，有系統架構為依據，也較容易呈現出資料本身所具有的意義。而對社會實際問題的強調，也使得他所介紹的一些理論與分支，才有發展的可能。這些都可由他所指導的碩士論文得到證明。

　　在他所指導過的12篇臺大人類學研究所碩士論文中，有四篇關於社會變遷（徐正光1970，繆晶珍1970，莊英章1971，黃維憲1972），一篇關於文化變遷（許木柱1974），兩篇關於經濟變遷（陳茂泰1973，黃應貴1974），一篇關於工廠女工（林彩雪1973），一篇關於青少年問題（余光弘1976），一篇關於理論（黃道琳1976），一篇關於方法（蔣斌1980），一篇關於清代社會結構（陳其南1975）。所以，有 9 篇直接

---

⑮唯兩位均當過 A. M. Kleinman 的研究助理，故其研究架構上，Kleinman
色彩似乎較濃些。至少，相對於李亦園先生對乩童的功能觀點而言，其差別
相當明顯。另有兩篇初步嘗試性研究（陳昭蓉1981，蘇美虹、方暉1981），
雖有些有價值的資料，但缺少分析解釋，故不列為正式研究。

討論當前臺灣漢人及高山族社會文化變遷所導致的適應問題，2篇涉及方法，而這些研究本身，大體都能扣緊資料來討論其中心主題。

正因為方法與研究主題選擇上的成功，使得人類學能面對及處理當代社會的問題，自易為社會所接受，也有助於人類學的推廣工作。雖然，臺灣的人類學系至今沒有增加，其原來的系名（考古人類學系）也一直到1980年才正式改為人類學系。但人類學確已漸為其他學科及社會所重現。比如人類學已成為許多學系的必修或選修科。這方面的成果當不限於李先生的功勞，但他却是最常訴之於各種傳播工具來推廣者。至少，他已出版三本具有推廣作用的論文集（1966,1975,1978）。

不過，這一發展階段的主要成就，固然是在新觀點理論的引介及漢人社會實際問題的處理上。但其研究上的成果，就如同前一階段末期高山族研究成果必須建立在長期實際田野研究工作的累積一樣，也須奠定於踏實而持續的研究工作上。因此，這階段漢人社會研究的主要成績，一直要到濁大計劃連續提供四年的研究經費❶，使研究者得有較充足的時間與研究對象直接對談之後才有結果。

但濁大計劃執行後，最主要的成果與影響，却是臺灣漢人社會研究由完全依賴田野資料而走向配合歷史材料來研究❶。雖然，對於深

---

❶ 濁大計劃卽「臺灣省濁水、大肚兩流域自然與文化史際研究計劃」，由張光直先生總負責。其中民族學部門，由李亦園先生主持，王崧興先生為執行秘書。

❶ 雖然，臺灣人類學家從事歷史研究的歷史已相當久遠。早從凌純聲、芮逸夫兩位先生開始，到陳奇祿先生主持的「臺灣社會研討會」為止，均已陸陸續續在做。但以往的研究，除陳紹馨、芮逸夫、凌純聲外，多半缺少人類學知識體系上的興趣，更非把它視為與田野調查資料互補者。大部分研究也無意去解決人類學家想解決的問題，而往往只是從事純歷史研究。像陳奇祿先生的論文（Chen 1973），便只是歷史事實的「陳述」。

具歷史傳統的漢人社會得注重其歷史研究的看法, Freedman 早在1963年便已經提出。但由於漢人社會研究主要是受美國人類學家的影響。而這些早期來臺研究者如 B. Gallin、A. Wolf、B. Pasternak、M. Fried 等人, 可能對於歷史材料及研究的應用能力很有限。因此, 在他們從事研究時, 往往還是採取研究無文字社會的策略來進行。而跟隨他們的中國學者, 便習而不察地因襲下來。這情形直到濁大計劃執行時, 發現研究區域內有大量的文獻資料可參考後, 才改弦更張, 而歷史研究也成了一新的趨勢。這其中, 以王崧興 (Wang 1972)、陳其南 (1975, 1980a, 1980b, 1981) 的研究最具代表性。

王先生是由八堡圳的歷史發展過程, 利用歷史文獻及田野工作資料, 歸納出兩點: 第一、由八堡圳收租權的發展, 我們發現施世榜以下的施姓世系群, 因有八堡圳資產的存在而存在。而為了避免非該世系群成員侵佔財產權, 系譜成了規範該財產權的依據。由此, 王先生認為 Freedman 所強調的財產, 與 Fried 所強調的系譜, 都是維繫世系群的主要因素, 而不是相對的。其次, 八堡圳的水租與被灌溉農田的地租分開, 是有利於「外來」資本家投資的利益。因此, 臺灣經濟走上資本投資傾向的外銷生產, 早在日人殖民統治前便已發生, 而不是等到殖民統治之後才得以發展。

這種由歷史事件來討論人類學的問題, 更充分表現在陳其南先生的著作中。在他一系列討論清代臺灣漢人社會的建立及其結構文章中, 認為在1860年左右, 臺灣社會有一根本的改變。在這以前, 它仍是一個移民社會。所以, 即使在清領以後, 也未得到中央政府的照顧。因此, 雖已有官治組織, 却是相對地無效率而腐敗。加上主要的官治制度——保甲制度過於僵化, 又與當時的鄉村社會組織不盡配合 (在村落以上的組織尤甚), 更減弱其效率而難以維持社會秩序。因

此，由人民依祖籍意識及移殖性血緣關係所組成的社會組織，如依祖籍產生的分類組織、依唐山祖爲基礎的移殖性宗族等，成了維繫社會秩序的主要來源，也是社會構成法則的主要依據所在。而1860年以後，臺灣社會逐漸土著化，於是依本地地緣而來的社會組織，如祭祀圈、以開臺祖爲基礎的宗族組織等，成了社會構成法則的主要依據。由此，他做一推論：漢人社會愈是歷史悠久而社會穩定，愈傾向於以本地的地緣和宗族關係爲社會群體的構成法則；愈是不穩定的移民社會或邊疆社會，愈傾向於以祖籍地緣或移殖性宗族爲人群認同之標準。這結果也使得臺灣漢人社會的人類學研究，更能直接面對一些較根本而重要的問題之上，而類似的觀點也可見之於李亦園（1981b）、王崧興（1975，1981a）、莊英章（1975，1977b）、莊英章與陳運棟（1982）等一連串有關著作中。不過王、莊兩位更強調臺灣社會發展前一階段上地緣的重要性，以相對於後一階段血緣的重要性。

　　另一方面，上述的研究本身也留下及導出一些必須處理的問題。比如，與陳氏觀點有最緊密關係的論據：1860年以前移民社會之宗族組織是基於唐山祖而來，而土著化以後的宗族組織則是基於開臺祖而來的說法，却只是依賴幾個選擇過的個案，而不是由當時的宗族組織之系統分析歸納而來。因此，有可能「兩種」宗族組織在兩個發展階段都是普遍性的。尤其是當作者討論現存的大宗族時（1981：130—1，莊英章、陳其南1982：292—3），如大村的賴姓、社頭的劉姓、社頭與田中的蕭姓、田中二水的陳姓等，就只提它的祖籍基礎而非開臺祖，使人懷疑是否只有第一階段的宗族才以祖籍或唐山祖爲其組成依據。何況陳奇祿先生曾經指出許多供奉開臺祖的宗族祠堂，是日據後無法回大陸祭祀後才設立的（Chen 1978：323）。這些相反的論據，不免使人懷疑前述兩個發展階段的宗族組織，依祭祀唐山祖或開臺

祖之不同而加以區分的必要性。　這疑點更由唐美君先生的論點而加強。

唐先生（1981）認為臺灣傳統社會的組成，其原則主要仍是中國東南社會的延續。因此，宗族仍是臺灣基層社會的主要組織，也具有類似東南中國宗族所有的許多地方功能。這是由於傳統中國（或帝國時代）的正式行政制度只到縣城，而縣城以下，則形成自理。因此，一旦宗族形成單姓村的地方化世系群，使血緣、地緣及共同興趣與利益等三種社會組成原則合而為一時，便成為縣城以下社會秩序的維持者。不過，臺灣也有其不同之處，即臺灣相對於東南中國，為較近代的移民與邊疆社會，還沒有足夠時間形成東南中國的單姓村或地方化世系群。因此，宗族不能單獨負起維持社會秩序的作用，而由公廟（或村廟）彌補未充分發展的宗族，產生各種地方功能。職是之故，即使我們可以從其他的論著，如莊英章（1975, 1977b）、莊英章與陳運棟（1982）等的個案研究及李國祁（1978）的內地化觀念得到支持，却無法完全排除唐先生的論點。而這疑點，更因目前討論臺灣傳統社會結構的共同缺陷而加強。

討論社會結構（或構成法則），　自然要讓讀者了解這些社會的構成法則，在當時社會的各種社會組織的形成上，均（或大部分）具有其支配性與決定性。但事實上，到目前為止，前述學者都未能做到。以陳其南的研究為例，各文所討論到的，也僅限於開墾組織、分類械鬥的組織、宗族及祭祀圈等。像 M. Freedman（1958）所考慮到的許多自願性團體（或興趣及利益團體），如標會、父母會等，以及秘密社會；S. W. Skinner 所提的市場體系等，均不見論及。因此，莊英章與陳運棟（1982：362）說到：「要瞭解宗族組織的發展及其所扮演的角色，非得把宗族組織與組織原理類似的其他民間社群，一起擺

在臺灣漢人拓墾的歷史架構上來考察不可。」可惜，該文最後還是沒有把「宗族放在所有的團體與關係框架中去探討」（謝繼昌1982 b：371）。

另外，陳氏文中有許多觀念極待銜接。比如談開墾組織（1980a）所得到的結論是清代漢人社會的組成，具有階序狀的構造。這構造的「最底層是佔人口大多數的佃農階層，他們是直接的生產者，整個鄉村社會賴以生存的泉源。其上所盤踞的是一些自己擁有土地，掌握村落領導權的在莊地主。更往上層則是依賴大租爲基礎的大地主階層。」既然，當時社會有著不同經濟利益關係的社會階層，而又不具有西歐中古封建社會封建主與佃農間的社會關係，則依祖籍意識而來的社會組織又如何協調其組織內不同階層的利益衝突呢？

此外，更大的問題是目前的歷史人類學研究趨勢，往往只是改變研究的素材而已，距離如 S. Tambiah 那樣探討大傳統與小傳統間的連續性和轉化辯證過程，仍有一段距離。這點，也是王崧興先生後來（1981b）強調漢學與人類學必須合而爲一的主要論點所在。在他看來，人類學家不只必須利用歷史文獻，更必須注意漢學家的觀點。他似乎意識到臺灣的人類學家，似乎有意無意間，將歷史研究簡化成歷史材料的另一名詞而已。實際上，歷史研究本身含蓋著相當多而豐富的理念在內。如高承恕先生就提到布勞岱（F. Braudel）及韋伯（M. Weber）之歷史研究，就有幾個關鍵性概念的建構：如歷史時間、歷史空間、歷史整體、歷史結構等（高承恕 1982）。看來，這兩個學科的交流，仍有待日後的突破。

濁大計劃所導致的歷史研究，雖仍有上述待解決突破之處，但其未來的發展應是樂觀的。至少，視日據以前臺灣社會有移民及土著兩階段的發展，便是具相當啓發性的看法。雖然，這種看法，最原始的

觀念，可能還是來自於日本學者，但遠比他們的更具有意義。因這是
臺灣漢人社會研究至今，在陳紹馨先生之後，最具有他的理論趨向者
之一。唯很諷刺地，上述的研究中，很少提到陳紹馨先生的研究。因
此，也產生一些與他相矛盾的看法。比如，在陳紹馨先生的看法中，
祖籍意識的衰微主要是日據以後的事，而不是1860年土著社會開始
形成之初便開始式微。而他更認爲明鄭以來到日據以前的臺灣俗民社
會，雖因中國社會一再強調祖先崇拜及宗族精神等而有宗族團體的產
生，但由於臺灣開發歷史短，宗族團體一直不如地緣團體重要，卽使
在1960年以後仍然如此。這一點，固然爲唐美君先生（1981）所支
持，施振民（1975）、許嘉明先生（1975，1978）也持類似看法。而
黃樹民先生（1981：51）更說道：「漢人移民在這個邊陲地區（指大
甲地區），爲了建立水稻耕作制度，所發展出來的並非宗族組織，而
是一種階梯性，以地緣單位爲認同對象（早期以祖居地，後期以住
地）的鄉黨主義社會。」看來，從事有關臺灣傳統社會結構性質的探
討，還有得一番爭論。

　　這一階段的主要研究對象是漢人社會，但也有些例外。而這些例
外之產生，則應歸功於濁大計劃執行之賜。因濁大計劃主要探討的問
題是希望了解濁水、大肚兩流域間，不同生態環境下，人們的適應
方式；高山族的研究乃成爲不可或缺的一環。因而產生幾個重要的研
究，而把臺灣高山族的研究，帶入另一新的階段。

　　濁大計劃的第一個有關高山族的研究是陳茂泰先生有關泰雅族的
研究(1973，1975)。他在文中指出泰雅族山胞，傳統上是以人與超自
然關係爲主的有關祖靈觀念及由此所構成的血族祭團（gaga），來適
應其生活周遭的一切問題。當道澤與卡母界兩泰雅族聚落，由山田燒
墾轉變爲果園經營時，其適應上的成敗，則決定於由血族祭團轉換而

來的教會組織是否能夠有效發生運作。換言之，適應的成功與否，往往決定於其是否能充分利用傳統的主要社會組織。

陳先生的觀點，在另一濁大計劃的高山族研究中（黃應貴1974，1975），有進一步的發揮。雖然，這研究，一開始所要處理的，是一比較廣泛性的問題：臺灣高山族原行山田燒墾的生產方式，到日據末期才被迫改行水稻耕作。這兩種不同的耕作方式背後所依賴的是兩種不同的生態體系。因此，耕作方式的改變確實導致生態體系的改變。但這種改變，對原有社會文化體系產生怎樣的影響呢？或者說，對這種改變，其社會文化如何適應呢？由山社布農族的研究，我們發現這種改變，事實上是有限而表面的。就其社會組織而言，與其說是改變不如說是轉換。因此，在這適應過程中，社會文化體系仍扮演相當重要的角色。不過，當政府強行土地測量之後，反而導致原有社會單位與組織的改變。這種改變的微小化趨勢，使得個人更具有獨立性而為後來市場經濟之接受，奠定其社會基礎。更因市場經濟之接受，導致日後為適應新經濟體系而不斷有新的組織出現，也使外在大社會的影響更趨明顯。因此，社會文化的改變速率加快；這與生態體系改變後的變化速率大不相同。而組織的改變也並非只是轉換而已，至少分工與分化的趨勢更加明顯。故作者稱第一期生態體系改變所導致的改變，實際上是成長，而第二期市場經濟進入後的改變是為發展（1974，1975，1976）。

然而，即使在市場經濟進入以後，新組織的層出不窮，使社會組織的面貌有很大的改變，但其各種組織形成的背後基礎或組成原則，不但有其一致性，而且是傳統社會結構的持續（黃應貴1983b，1983c）。這點，也可在布農族社會階層的演變過程中明顯看出（黃應貴1982a）。由傳統非階級性社會階層，演變到階級性階層的出現，固然是原經濟

基礎改變所導致的變化。但原有社會結構的持續作用，又限制了新社會階層的「階級性」之實質意義。唯這樣的結合，是否自成一體系？抑或只是一暫時的過渡現象？這只有對其當前社會體系的掌握方可了解。也是「東埔社土地制度之演變」（1982b）一文背後的主要目的。雖然，該文仍未能明確指出該社會體系的性質。但至少已可肯定它不是傳統「工業社會」、「鄉民社會」、或「部落社會」的概念所能概括的了。另外，社會結構既然至今未改變，那麼是否它是永恆不變的？還是在某種條件下，某種社會組織的改變仍可決定性地導致社會結構的改變呢？這是了解該社會文化的變遷與持續問題之關鍵所在，也是極待解決的基本問題。不過，由東埔社的研究（1982b, 1983b）可得到另一個啓示：也許，所有的社會體系本身，是一直在變動的過程中。因此，對社會體系的了解，只有就其社會體系的內外因素，在歷史的辯證過程中來了解。

當然，對社會結構能否改變的問題，仍未解決，也許可經由另一方式著手處理：卽他們的宇宙觀。因一個社會的社會結構，往往與其宇宙觀緊密銜接。很有可能，只有在宇宙觀改變後，社會結構才會改變。對這問題，劉斌雄先生近來對雅美族的研究值得注意。他希望透過當地人的母語，用形式分析方式，找出神話、傳奇、儀式等所具有的核心價值。由此以了解其宇宙觀，再進可了解宇宙觀的改變。雖然，到目前爲止，這方面的研究只出版過一篇（1981）尚待分析的材料，卻已提供我們認識到一相當有啓發性的研究方向。而上述的幾個研究，除了對當地社會文化的認識上，逐漸能提供更有系統而深廣的理解外，更涉及社會文化理論上的一些基本問題，因而使得臺灣高山族的研究，走入一新的階段。

自然，前述劉斌雄先生的研究，實際上，還是奠基在他的親屬數

學而來。這是他從民國54年以來（1967, 1968, 1969, 1972, 1973, 1976, 1978a, 1978b, 1979, 1982, Harvey & Liu 1967），所致力發展的理論系統：先是簡化親屬關係符號系統，進而用數學公式表現親屬稱謂的運作原則及親屬結構。而在這發展過程中所得到解決親屬的方程式，最後竟與解決群論方程式的諸數學公式完全一樣。這發現，在人類學尋求人類社會文化現象的規則之目的上，確實值得注意。當然，我們無法由此而過分樂觀地說社會文化現象與自然現象一致。因為數學本身仍是文化的產物，而非實體（reality）本身。而有關科學本質的看法，也一直在改變中[18]。何況，用親屬數學所能解決的問題，是否是人類學所關注的核心問題，仍有爭議之處。這點，我們只要看 E. Gellner（1957, 1960, 1963）與 R. Needham（1960）、J. A. Barnes（1961, 1964）、J. Beattie（1964）、D. Schneider（1964）等人於50年代末期到60年代初期，在 Philosophy of Science 及 Man 雜誌上的一連串討論親屬語言與親屬性質的文章中，便可了解。但無可否認，這方法上的成功，確實為形式分析帶來一些希望，也是臺灣人類學者，到目前為止，對整個世界人類學理論與方法上，唯一有其獨特的貢獻者。雖然，劉先生的成果，到目前為止，似乎還未被國內人類學者所廣泛注意，但不可否認地却是臺灣人類學在這發展階段的主要成就之一。

四、理論、方法與實際（1980年以後）

前一期對研究方法的强調及較充足的實際田野工作之執行，使得

---

[18] 有關這點，可參考 K. Popper（1968）與 T. Kuhn（1970）以來有關科學的哲學方面之爭論。

實際研究工作從事者體會到原有研究所依賴源於西方學者研究出來的
理論架構有所偏失，而開始提出新的觀點。這也是當時舉行「社會及
行為科學中國化」討論會的背景。此外，也可能是對整個社會長久依
賴核心國家文化發展而產生的一股反動與自省潮流所帶來的文化運動
的一種反應。不過，有關臺灣近來文化運動的可能影響，因至今還缺
少有關的深入研究，目前只能暫時保留。另一個動力或因素，則是人
類學知識體系發展的自然趨勢所造成的。相對於其他社會科學，人類
學的理論發展過程中，有一明顯的特點，便是不斷試著剔除已有理論
中的文化偏見。這由馬凌諾斯基開始便是如此。如他對 Freud 的弒
父戀母情結及西歐「經濟人」的觀念所具有的文化偏見之批評便是典
型例子。也因這個知識系統上的特點，很容易使得人類學在非西方社
會之成長過程中，產生一本土化的努力，其結果更可反饋影響到原有
的理論系統。如印度的人類學，早期均只是替英、美人類學理論做註
腳。時至今日，它的發展却能呈現其印度特質而逐漸在世界人類學界
佔有一席之地 (Vidyarthi 1975)。同樣的情形也可見之於阿拉伯世
界的人類學家，像 T. Asad (1970, 1972, 1973, 1980)，近十年來更
由對過去西歐人類學者之非洲及阿拉伯世界研究所發展出理論所具有
的文化偏見之批評中，進一步建立有關意識形態的人類學研究領域，
而可影響到整個人類學理論發展。因此，當我們看到近五年來，許多
臺灣人類學者不約而同地探討到臺灣傳統社會結構的問題時，一方面
說明大家已漸能掌握到問題的核心，而顯示這學科的逐漸成熟。另一
方面也似乎預告了中國化問題的來臨。

　　不過，在這討論會有關人類學研究的檢討上，正如前已述，並沒
有建構出一新的理論或觀念架構。所以，雖不乏對於西方學者理論的
批評，却沒能真正跳出被批評理論的陷阱。這在謝繼昌 (1982c)、莊

英章與陳其南（1982）之文章，可明顯看出。前者雖然道出關於中國家族定義的問題，必須從中國的家族觀念，乃至親屬結構和社會結構來了解，而指出另一條可嘗試的途徑。這遠比他（1982a）的高層次與低層次家族意義的討論具有啟發性。但還未能提出具體的觀點來取代已有的。而後者雖提出由組織原則的標準來區分宗族的類別[19]，以取代 Freedman 的祖產及 Fried 的系譜標準，但仍在繼嗣理論中掙扎。更何況，依組織原則所做的分類，讓人懷疑是否是氏族的分類？因祭祀公業、祖公會、丁仔會本身，均是祭拜祖先的組織。拜祖先自然與宗族有關，甚至是它的基礎之一。但兩者也許應分開；或至少，兩者間的關係必須先澄清。此外，丁仔會只出現於客家人（Chen 1978：325），則它的組織原則是否也可以視為一般宗族組織的組成原則之一？不論如何，他們似乎感覺到，單單有關親屬組織的探討，很難獲得中國社會結構或結構原則是什麼，其不確定性似乎更重要。這一點，確實值得深思。

　　然而，是否由親屬制度的探討真的無法獲得中國社會的結構原則呢？這問題仍待確定。但有一點似乎是肯定的：親屬組織似乎仍是中國社會組成的基礎或基礎之一。這點是中外學者所公認的。真正的問題是我們對中國社會本身了解有多深？對於理論的認識上，又了解多少？直到今日，我們似乎還不曾透過我們對自己社會的深度了解，來嘗試繼嗣理論以外的其他親屬理論的可行性[20]，或建構出一新的方向。唯有的例外則還是三、四十年前，費孝通、林耀華（1977）等試

---

[19] 該文除了談宗族結構外，也談家族結構及社會結構（或構成法則）。除第三部分前面一節已討論外，家族結構部分較缺少新意，故本文不加以討論。

[20] 如 Watson（1981）用聯姻理論及馬克斯理論來解釋討論同一宗族中，為何各家族有貧富高低之別。

由社會關係的角度著手，以及馮漢驥（Feng 1937）由歷史角度探討親屬稱謂的演變。而前者，直到黃宣衞於1982年的研究，才重新嘗試。後者也直到1982年，林美容小姐利用語言學規則來分析中國親屬稱謂時，才加以利用。另外，一個正在進行中的嘗試，是陳奕麟先生（Chun 1981）試圖由中國人對財產的看法著手，進而探討中國人「族」的觀念。這種由研究對象的觀念著手，較可避免西歐文化中心主義下的有關親屬制度的觀念之束縛；且可進一步避免親屬制度的要素之分析，所具有的文化偏見；更可呈現中國人親屬組織的特質而貢獻到整個人類學的親屬研究上。由此，當我們面對 A. Kuper（1982：92）挑戰地說：「世系群模式的前身與其類似者，就人類學的分析而言，是沒有價值的。」時，也許我們可以提出更正面的意見。但是否可能？則只有待時間來證明了。

當然，除親屬之外，有許多努力的成果值得注意，如在濁大計劃執行時，施振民（1975）、許嘉明（1975，1978）兩位先生便發展出以祭祀圈取代市場體系理論的探討。施振民先生更建構出一具有三個階層的祭祀圈模式而說道（1975：204）「寺廟和墟市一樣是吸引地方居民的中心，兩者對於鄉民社會具有同等重要性，並且可以結合成為地方組織和活動的重心，歐洲的 Fair 和中國北方的廟會都是宗教和經濟活動結合具體的例子。臺灣可能因生態環境不同，社會、文化條件的交錯影響，墟市未能成為地方中樞。而經濟作物的導入，交通建設措施都比中國大陸農村早而普遍，也影響了墟市制度的形成和發展。岡田謙在臺灣北部的研究發現祭祀圈和市場交易範圍有重疊現象，我們認為村廟制度在臺灣也許可以代替墟市作為農村地方中樞，其分佈可能不是像中樞理論作等邊六角形有規則的排列，而是依聚落發展散開。不過，其間必然仍有階層性分別，像中心墟市，中間墟市和標準

墟市一樣作爲大小不同地區的樞紐。祭祀圈模式中的聯庄廟，村莊廟和角頭廟卽有一種階層性關係……」。又說「我們相信這個以宗教組織和活動爲主的研究，可以用祭祀圈模式將臺灣農村的社會組織，文化和政治制度連貫結合起來……」。這些論點，看來確實使人興奮。只可惜，他們至今仍未有進一步的發展，以至於未能由祭祀圈的研究，建構出一類似或彌補修正 S. W. Skinner 那套解釋中國社會組成的市場體系理論。不過，丘延亮先生（chiu 1981）在1981年有重要的修正。丘先生把傳統中國市場經濟體系分成兩個不同層次而相輔相成的市場體系：一種是基於定期市集而來而以生計及服務之回饋爲目的的中國人原有的經濟體系（The Chinese Indigenous Economic System）；一種則是在前述範圍之上而以經濟貿易爲主，經濟供需律爲運作原則，而以經濟利益爲目的者。這種嘗試雖還未完全取代 S. W. Skinner 之說，却提出相當有力的修正。至少，由此說明傳統中國社會的市場體系，並不完全是基於經濟利益而來。也顯示 Skinner 的說法，多少是基於西歐工業革命以來的經濟理性之偏見觀念而來。

他如黃應貴的研究（1978），則由一漢人農村的農業機械化過程，發現該村村民的社會關係，有四個相關的基本特質：自我中心、差序、多線與多向、互惠。這四者構成一叢結，而爲其社會結構的特質。這特質却與在該村舉辦而基於西歐工業革命以來，韋伯所謂的理性科層制而來的共同經營所需的 impersonal 人際關係大不相同。這矛盾遂成爲該共同經營失敗的主要原因之一。由此進而說明韋伯的科層觀念與理論，有其應用上的限制。否則就如瞿同祖所說（chü 1962）、只見到中國社會科層制度的腐化面，而無法了解其合理性。而這些，只有從其社會文化體系的脈絡中，方可了解。

這種經由被研究對象的社會文化體系之脈絡與情境，以及其主觀

觀點來重新解釋現象的作法，也見之於陳奕麟 (Chun 1983) 對鴉片
戰爭的研究上。他認為以往西方學者對鴉片戰爭發生的了解，在事實
的陳述上並沒有錯誤，但在解釋上有很大的偏見。最根本的誤解是把
朝貢與貿易制度視為一體，而當時中國人則是把它分開。在中國人眼
光中，朝貢本與貿易不同而有其階級性；而西方人却把朝貢視為貿易
的一環，而講求平等地位。如此，這種由宇宙觀的不同而導致對事物
的不同看法與認定，造成交往上的衝突，而成為後來鴉片戰爭產生的
主要原因之一。

　　由這些研究，我們可了解，中國化的努力，並不只是對已有的西
方學者的理論加以批判及提出修正而已。更重要的是如何指出其原有
理論的文化偏見是什麼，並進而依據不同的前提下，建立一互補甚或
取代的理論。當然，到目前為止，上述的研究，距離這想法，也仍有
一段距離。然而，總是邁出一大步。事實上，上述的研究，是否能視
為人類學在臺灣發展的另一階段，是頗有問題的。因相對於其他的研
究，這些研究所佔比例太小；不像前兩個階段那麼明顯。最主要是至
少有兩個因素阻礙了它可能的普遍發展。

　　第一是一般學者對人類學整個理論系統及其性質與其基本假定，
仍不能有確實的掌握而無法洞識其限制或偏見，自無法對其基於人類
學理論而來的中國研究（甚至包括少數民族研究），加以確切的批判，
而只能亦步亦趨地跟隨。因此，當 M. Fortes 於1958年提出 Devel-
opmental Cycle of Domestic Group 概念之後，直到1976年，M.
Cohen 把這概念應用到中國漢人家庭的研究時，我們似乎才發覺中
國家庭的研究，可以從這角度去看㉑；而把由中國家庭特質的探討結

㉑實際上，林耀華的金翅，已有類似的想法。可惜他未將此想法，加以概念

果，來修正 Fortes 觀點的機會㉒，拱手讓予 M. Cohen。由此，也直接反映出當前臺灣人類學界對於整個世界人類學界已有理論熟識上的陌生程度。

其次，是對自己以往已有的研究，缺少應有的認識，而無法產生累積作用。前述幾個研究，就是能充分利用前人的研究。比如，丘延亮先生的研究直接得利於楊慶堃(Yang 1944)先生早期的研究上。而許嘉明、施振民所提出的祭祀圈理論，實際上是奠基於岡田謙(1938)、王世慶（1972）等人的研究之上。而近幾年有關社會關係的研究，也是奠基在梁漱溟（1974）、費孝通（1948）、楊聯陞（Yang 1957）等人的研究之上。也只有奠基在前人已有的成就上，學術研究才容易開花成果。唯遺憾的是，前人的已有成就，往往被忽略乃至湮滅。至少，就如陳紹馨先生的成就，便是經歷二、三十年之後，才得重新加以肯定。這些都是極待克服的問題。

五、結　　論

從前述的討論中，我們發現整個臺灣人類學的發展過程有一趨勢：由早期較不重實際、方法與理論的研究，走向既重實際又重方法與理論的研究。其關心的主題也不再只是研究即將消失或已消失的風俗習慣，而能面對被研究者當時所面臨的實際問題。正因探討主題的

續接上頁

化、系統化。而王崧興先生（1959）也曾利用此概念於高山族的研究上，但不曾引起注意而未能產生影響。

㉒有關 Cohen 的研究，對 M. Fortes 觀念的修正，及其對整個人類學家庭研究上的貢獻，可參閱 M. Fortes (1978)、Yanagisko (1979) 等。

擴張，也使得人類學各分支得以被重視而加以發展。對象上，也由僅限於少數民族而擴大到漢人社會，乃至於其他地區的研究上❷；使研究者有更廣泛的視野。而方法上，也由早期只依賴幾位報導人的口述到實際生活的觀察與參與，以及配合各種其他社會科學方法的應用，如問卷、量表、心理測驗、歷史文獻等。而方法論上的強調，使論證與推理成了研究報告中的一重要部分，也使理論性問題的探討方有可能。在理論上，則更由完全依賴西方學者的觀念與理論爲依據，發展到對外來理論觀念的修正，甚至提出新觀點，使得被研究對象的觀點較以往更爲人所注重，以剔除一般社會科學理論中可能有的文化偏見。這些趨勢方能使臺灣人類學的發展，具有它獨特的性質與貢獻。

另一方面，這三十多年來的發展，也明顯呈現一些亟待克服的問題。

第一， 缺少應有的累積現象。 許多的研究， 縱使一開始有些可能進一步發展的探討主題，往往因後繼無人而使這些研究無法開花結果。比如前述60年代初期的高山族研究，便因當時的主要研究者，一下子全轉到漢人研究上而中斷。後來者，又未能注意到他們已有的成果而另起爐灶；使得高山族研究，因而一時無法產生累積的現象而難有更具深度與廣度的成果出現。但最能標示出缺乏累積現象者，莫過於研究者各行其事而互不溝通參考。比如，前面已提及有關臺灣傳統社會結構的探討，是這幾年來臺灣人類學界所最關注的一個主題（黃應貴1983a：79），也是最有成果的一個研究領域；因而有著許多不同及大同小異的論點。但這些研究，均少有參考不同觀點的著作。因而雖產生觀點上的不一致，却少給予應有的說明與解釋。唯一的例外是

---

❷如黃道琳目前所從事加勒比海牙買加的研究，便是一典型例子。

黃樹民先生（1981）一文。但卽使他檢討了當時已有的說法，却仍忽略陳紹馨先生的論點。

缺乏累積的現象，不僅見之於整個學界的某研究主題上，也見之於個人研究成果上。由於專注於同一問題的持續性，且日趨深入的研究並不普遍，使得研究顯得支離破碎而難有系統的成果與理論發展。多半的研究，往往屬於嘗試性的研究。這與西方一些成名學者的方式不大相同。比如，中國學者最熟悉的M. Freedman，他早期對於中國宗敎的研究，主要是源於親屬與社會結構的興趣而來。但後來，却能以象徵論及結構論的探討方式來處理中國宗敎信仰的問題，不只是把宗敎研究由附屬地位提升到主位而得到更深一層的認識，也使親屬本身有更深一層的認識（Skinner 1979）。這種不斷試圖深一層去了解某一問題的作法，在臺灣人類學界中，大概只有陳紹馨先生幾十年的漢人社會研究、劉斌雄先生的親屬數學與蘭嶼的研究、李亦園先生對阿美族及泰雅族的一連串研究等，有類似的作法與成果。也因此，多半的研究缺少足夠的深度，也使得理論發展難以展開。

第二，在認識及引用外國學者的理論、觀點上，往往失之於表面，或只抽離出某些觀點於其整個理論脈絡之外，更忽略其理論形成的社會文化背景。這使得引介及利用的結果，往往不但不能呈現其精義及優點，反而暴露其缺點。比如，因對文化相對論了解的不夠，以至於把潘乃德（R. Benedict）《文化模式》一書中所談三個民族（Euni, Dobu 及 Kwakuitl）所顯示的日神型（Appolonian）、酒神型（Dionysian）及誇大妄想型（Paranoid）簡化爲相對應的日神型及酒神型兩種[24]。又如對 M. Douglas 有關宇宙觀理論的引介及應用，因不省

---

[24]有關此點，可參考 M. Mead 在1959年版《文化模式》一書的新序。

察該理論背後是基於 E. Durkheim 功能論之假定而來，使得這種基於社會結構而來的宇宙觀理論架構，用於其最不能處理的變遷問題上。他如，對於 C. Geertz 文化理論之介紹與應用，因缺乏對於他背後的 M. Weber 理論系統及美國社會科學理論發展脈絡的認識，使得引介者，往往只是表面地強調他的文化體系，而忽略他在處理文化體系之前，已先行處理文化體系能存在的條件——社會體系。如此，使得利用 C. Geertz 理論觀念從事研究的成果，往往未能呈現其理論上的精義，反而只是呈現出其理論上易導致的缺點㉕。又如許多研究中國宗族者，喜歡引用 M. Freedman 在 *Lineage Organization in Southeastern China* 一書中的論點，却往往忽略他研究的主要問題是什麼？誠如他自己所說 (1958：2)：

> 我們在東南中國所看到這種世系群 (lineages)，本質上，自然是政治性與地域性組織。假如我們不能體認這點而認為世系群只是家族的擴大，我們自然必須懷疑他們怎能在一個複雜而分化的社會存在？……

很顯然，他不只是在處理親屬組織的問題，更是社會結構的問題。由

㉕同樣的情形也很容易發生在其他學科的人引用他的理論來從事他們自己的研究上。如 Walters (1980) 就談到一些歷史學家如何扭曲了 Geertz 的原有看法。當然，如 Leach (1981) 的批評所示，Geertz 自己的研究，如 *Negara* (1980) 一書，便只偏於文化體系。但他其他主要的著作，多半是先處理社會經濟體系。如 Agricultural Involution (1969)、Islam Observed (1969) 等均是。卽使在他的 "Thick Description" (1972) 一文，也注意及該觀點。國內試圖用 Geertz 文化觀念理論從事研究者有胡臺麗 (1980) 等。

此方可了解爲何他要花那麼多篇幅於經濟基礎、宗敎儀式、社會分化、秘密會社等自由結社、聯姻等問題之上。

同樣，我們也發現有些學者喜歡引用 S. Tambiah 的研究（1970）來支持利用文獻以從事實際研究的必要時，往往忽略他的論點，主要是在否定這種文字傳統與非文字傳統（或大傳統與小傳統等）之類的二分法，更無意放棄傳統田野資料的收集。因其研究的重點，仍是在村落生活中，依不同信仰系統而來的不同儀式類別間的結構關係。

這種缺失，使得臺灣人類學界對人類學整個知識系統，一直缺乏較深入而整體性的掌握。其引介，往往便像瞎子摸象一般，把自己隨機緣接觸到的一些外國學者理論，表面地轉介到國內，也少有深省這些理論在整個人類學理論體系上的地位及其限制。更遑論考慮這些理論是否適用於自己的研究對象，及對自己社會將會產生怎樣的作用。於是造成臺灣人類學界充滿不少各類新奇理論學說，却少有眞正生根者。這裡，我們可舉一例說明。這幾年有關醫藥人類學的介紹文章已不少，但幾乎所有的介紹❷，既不談 E. E. Evans-Pritchard 以來由民俗醫學討論及人類思考模式與知識體系的問題，也少談社會經濟文化體系對醫藥體系的作用與影響，使得這類介紹因無法掌握人類學知識體系的重點與性質而自絕於人類學理論發展脈絡之外。於是，實際的研究便呈現其隨機的接觸而決定其研究架構。所以，僅有的兩個實際研究，便因與 Kleinman 的接觸機會而呈現太多 Kleinman 理論架構的影子。然而，Kleinman 想解決的，却是醫學上的問題，而不是人類學的問題。

---

❷臺灣出版有關醫藥人類學出版文章有許木柱（1979，1981）、張珣（1979，1980，1981b）、林淑蓉（1981）、吳天泰（1981）等。

這些問題的解決，只有期望對於整個人類學知識系統及性質、已有理論之不同層次的內容與意含、理論產生的社會文化背景、理論發展的脈絡等的掌握。然而，直到目前，除了黃道琳的碩士論文(1976b)外，還沒有人真正投身於這類問題的處理上。唯一比較樂觀可喜的現象，是近年來已有些人想透過經典的翻譯，增進一般人接觸原典的機會，以減少因個人了解上的限制而導致的扭曲，並促進其處理上述問題的能力㉗。

第三，缺少必要的比較研究。雖然，比較方法與觀點，並不限於人類學，但更為人類學所強調。而30年來臺灣人類學的研究成果中，也不乏比較的研究。但很少是透過整個文化區或其他文化區的比較研究過程，來提出重要的觀點與看法。至少，像馬淵 (Mabuchi 1970) 把臺灣布農族的 Omaha 親屬稱謂問題，置於整個大洋洲社會文化體系中的不同類型之比較架構下來探討，以得到新的解釋而為國際人類學界所注意的做法，在國內還是少見。固然，這類研究，有時受到其他研究水準的限制。比如高山族研究，往往會發現其他族的材料不全而難以比較。但平時缺乏對中國大陸及臺灣以外地區的關心，使得要在其他研究較澈底之地區選擇比較對象時，幾乎成了不可能之事。而這種缺陷所造成的限制，不只對研究本身有直接的影響，更影響到研究者的視野，也影響到人類學已發展出理論的掌握程度。因大半的人類學理論，都與區域有關聯。比如非洲的繼嗣理論、東南亞的聯姻理論、中非洲的衝突理論、中南美洲的依賴與世界體系理論等等。

第四，缺少對較大區域性的社會文化變遷的方向與趨勢的探討與

㉗除黃道琳譯的《文化模式》、《菊花與劍》外，已有十幾本人類學經典正在著手翻譯中。

掌握。不論是在漢人研究或高山族研究上，都充分顯示出這一缺點所造成的限制與困境。至少，從荷蘭人據臺開始，整個臺灣一直與外在世界的力量緊密關聯而不輟。而這些力量，都直接影響到地方性的聚落生活中。如荷人爲了在臺灣從事熱帶經濟作物栽種而招徠廣東、福建沿海居民所建立的漢人移民聚落、鄭氏來臺後所建立的屯墾制度、清末以來的茶、甘蔗、樟腦等之栽種、日人的殖民統治、光復後的土地改革等等，對所有島上居民生活都有直接的影響。而這種影響，並非只是外力式的單純作用，而是該社會體系中不可少的一環。換言之，研究單位與其所屬大社會的不同關係，往往影響該單位社會文化體系的性質。這點，我們在 E. Wolf (1966) 有關鄉民社會的分類探討研究中，可以清楚看到。但由已有的研究來看，我們一直沒有面對該問題，也感覺不到時代的脈膊或整個臺灣社會的發展趨勢，更遑論這個趨勢所能顯示的社會文化特性。因此，當我們在田野面對鄒族人述說他們有荷蘭人的血統時，只有把它當作可產生影響的外力之一部分，而無暇思考是否傳統的鄒族社會文化，有可能已是兩者結合後的表現 (articulation)？尤其是鄒族是臺灣高山族中，唯一既行世襲統治而又以大社統治鄰近小社者。這種較複雜的政治組織，是否可能是荷蘭人殖民統治下的結果？這點，只有等待必要的研究來解答了。

同樣，當我們看到 S. Miutz (1981) 評論有關臺灣社會的人類學研究時，指出已有的研究似乎都未能處理影響聚落性質的聚落與其所屬較大社會關係的性質，而無法與許多人類學文獻扣緊一起時，我們也許會說我們已注意聚落外力量的作用。如王崧與與艾瑞門 (1974)、莊英章(1982)等的研究，都注意到政府力量的作用。但基本上，這類研究仍是把聚落當一獨立單位，而把其所屬外在大社會的關係，視爲外力而非進一步視兩者的關係爲其體系中的一環，更無法由此進一步探

討整個社會文化發展的趨勢及其動力了。當然，陳紹馨先生有關臺灣
社會文化體系的發展理論，對上述問題能提供一處理的方向。只可惜
陳氏的論點，直到現在仍未能與社區研究銜接而無法落實到地方性的
社會活動中。這個困境，也許只有期待目前正逐漸擴大研究單位到區
域，而方法上混合文獻與田野工作之研究來解決。也更期望對臺灣數
百年來的社會經濟文化史之研究，能有必要的擴展與突破了。

　　第五，研究主題的局限仍待突破。本來，任何一個研究主題都可
有其貢獻，而不必過於考慮何者適宜。但在人力、財力有限的條件
下，就有輕重緩急之別。當變遷迅速的環境中，有消失之虞的主題，
自然必須加強。然而一些涉及人類學家所關心的社會文化之認識上有
重要影響的層面，則更得加強。比如，政治活動是所有人類社會活動
中所不可或缺的。但這方面的主題，至今一直未受重視。就以1978到
1982年間的研究而言，竟然一篇研究報告都沒有（黃應貴1983a：86）。
這種偏執，不論是外在政治環境造成的，或者是研究者背後的社會文
化特質之反映，均不利於這學科的發展。不但對被研究對象因缺少重
要一環而難窺全貌，更影響及對人類學理論了解與掌握的程度。因只
有透過實際的研究過程，才可能對該理論概念有較切實的掌握。而政
治方面的研究，在整個人類學理論的發展上，一直是與親屬與社會結
構、宗教、經濟等有相同的地位。何況，上述的幾個問題，即使在目
前的環境下，都不是無法克服的。另外，由前面的討論中，我們也可
以清楚看出，臺灣人類學的研究，到目前為止，主要的成果都在社會
體系方面。文化題系方面，幾乎乏善可陳。而這缺點，往往限制了許
多有關社會文化基本問題的解決。如前述筆者有關高山族研究，便面
對這問題。這也是極待克服的困境。

　　第六，與傳統學術研究脫節。這在漢人社會研究上，尤其應避免。

在這點上，日本的發展提供很好的例子。中根千枝（Na Kane 1974）就指出日本學者對日本農村及琉球的研究，很早就發展出各種不同的解釋，實是外來人類學與傳統學術研究交流的結果。而中國早期人類學的發展亦同。比如燕京大學出版的《社會學界》，就有不少如馮友蘭、梁漱溟等人的研究刊登。因此，費孝通對中國社會結構的看法，很容易由梁漱溟的觀點得到啓示。也許，這也是今後臺灣地區人類學發展應注意的一個方向。因爲，這正也是使臺灣人類學能獨立發展而有其獨特成就的主要知識泉源所在。

　　當然，上述的問題，可能是大多數開發中國家研究者的共同現象與問題。正因如此，只有去面對這些問題的解決，才可能使我們脫離開發中國家學術發展上的困境。

參 考 文 獻

一、中文部份

王人英，1966，「記陳紹馨先師」，《臺大考古人類學刊》二八期，頁九六～九七。

王世慶，1972，「民間信仰在不同祖籍移民的鄉村之歷史」，《臺灣文獻》二三（一），頁一～三八。

王同惠，1936，《花籃猺社會組織》，桂林：廣西省政府。

王孝廉，1975，「關於杜而未博士的中國神話」，《幼獅月刊》四二（六），頁五六～六四。

王崧興，1959，「排灣族泰鄉佳平社的家族」，《臺大考古人類學刊》一三/一四，頁一一八～一二七。

　　　　1965，「非單系社會の研究：臺灣 Atayal 族と Yami 族を中心として」《民族學研究》三〇（三），頁一九三～二〇八。

　　　　1975，「濁大流域的民族學研究」，《中央研究院民族學研究所集刊》，三六，頁一～一〇。

1981a，「論地緣與血緣」，李亦園、喬健編《中國的民族、社會與文化》，頁二一～三一，臺北：食貨出版社。

1981b，「漢學與中國人類學：以家族與聚落型態之研究爲例」，《中央研究院國際漢學會議論文集（民俗與文化組）》，頁三九九～四一二，臺北：中央研究院。

中央研究院歷史語言研究所，1928，「歷史語言研究所工作之旨趣」，《中央研究院歷史語言研究所集刊》一（一），頁三～一〇。

文星雜誌社，1963，「李濟：他的貢獻和悲劇」，《文星》七三，頁一五～二三。

文崇一，1977，「岩村的社會關係和權力結構：一個農村的工業化與社區生活研究之二」，《中央研究院民族學研究所集刊》四二，頁四一～七一。

文崇一等，1975，《西河的社會變遷》，中研院民族所專刊 乙種第六號，臺北：中研院民族所。

田汝康，1944，「內地女工」，史國衡著《昆廠勞工》附錄，頁一六九～一九九。

史國衡，1944，《昆廠勞工》，上海：商務印書舘。

石　磊，1982，「從歷代喪服制度觀察我國親屬結構的演變」，《第一屆歷史與中國社會變遷研討會論文集》，中研院三民主義研究所叢刊（八），頁七三～九四，臺北：中研院三民主義研究所。

李壬癸，1979，「從語言的證據推論臺灣土著民族的來源」，《大陸雜誌》五九（一），頁一～一四。

李亦園，1960，「Anito 的社會功能：雅美族靈魂信仰的社會心理研究」，《中央研究院民族學研究所集刊》一〇，頁四一～五五。

1962a，「祖靈的庇蔭：南澳泰雅人超自然信仰研究」，《中央研究院民族學研究所集刊》一四，頁一～四六。

1962b，「臺灣土著族的兩種社會宗教結構系統」，《亞洲史學會議第二屆會議論文集》，頁二四一～二五二。

1966，《文化與行爲》，臺北：臺灣商務印書舘。

1970，「凌純聲先生對中國民族學之貢獻」，《中央研究院民族學研究所

集刊》二九，頁一～一〇。

1971，「十六年來的民族學研究所」，《中央研究院民族學研究所集刊》三一，頁一～一五。

1975，《人類學與現代社會》，臺北：牧童出版社。

1978，《信仰與文化》，臺北：巨流圖書公司。

1979，「社會文化變遷中的臺灣高山族青少年問題：五個村落的初步比較研究」，《中央研究院民族學研究所集刊》四八，頁一～二九。

1981a，「中國的民族、社會與文化：芮逸夫教授的學術成就與貢獻」，《食貨》一一（七），頁一～一〇。

1981b，「臺灣傳統的社會結構」，臺灣省文獻委員會編《臺灣史蹟源流》，頁二〇九～二二六，臺中：臺灣省文獻委員會。

李亦園、楊國樞編，1972，《中國人的性格：科際綜合性討論》，中央研究院民族學研究所專刊乙種第四號，臺北：中研院民族所。

李芬蓮，1970，「臺灣農村社會的兒童教養：以雲林縣石龜溪為例」，《中央研究院民族學研究所集刊》二九，頁一五一～一九八。

李國祁，1978，《清代臺灣社會的轉型》，臺北：教育部社會教育司編印。

杜正勝，1982，「傳統家族試論」，《大陸雜誌》六〇（二/三），頁一～五三。

1983，「蘭嶼民族調查紀略」，《漢學研究通訊》二（三），頁一五二～一五八。

余光弘，1976，《環山泰雅人的社會文化變遷與青少年調查》，臺大考古人類學研究所碩士論文（未出版）。

宋　和，1978，《臺灣神媒的社會功能：一個醫藥人類學的探討》，臺大考古人類學研究所碩士論文（未出版）。

宋和譯（林耀華原著），1977，《金翅》，臺北：華新出版有限公司。

吳天泰譯（E. D. Wittkower & G. Dubreuil 原著），1981，「反映在精神醫學與人類學間的內涵」，《人類與文化》一五，頁五一～五七。

吳文藻，1936，「布朗教授的思想背景與其在學術上的貢獻」，《社會學界》九，頁

一～四二。

吳燕和, 1963, 「泰雅兒童的養育與成長」,《中央研究院民族學研究所集刊》一
　　　　　六, 頁一六三～二二一。

　　　　1968, 「排灣兒童的養育」,《中央研究院民族學研究所集刊》二五, 頁五
　　　　　五～一〇七。

岡田謙, 1938, 「臺灣北部村落に於ける祭祀圈」,《民族學研究》四 (一), 頁一
　　　　　～二二。

林美容, 1982, 「中國親屬稱謂的語形擴展和語意延展」,《中央研究院民族學研
　　　　　究所集刊》五二, 頁三三～一一四。

林彩雪, 1973,《一個紡織廠女工調適的研究》, 臺大考古人類學研究所碩士論文
　　　　　(未出版)。

林淑蓉譯, (K. A. Hasan 原著)

　　　　1981, 「什麼是醫藥人類學」,《人類與文化》一五, 頁一七～二〇。

林滿紅, 1980, 「評介陳著臺灣的人口變遷與社會變遷」,《臺灣風物》二九(四),
　　　　　頁八七～九七。

芮逸夫, 1972, 「中國親屬稱謂制的演變及其與家族組織的相關性」,《中國民族
　　　　　及其文化論稿》中册, 頁九二一～九三五, 臺北: 藝文印書舘。

施振民, 1975, 「祭祀圈與社會組織: 彰化平原聚落發展模式的探討」《中央研究
　　　　　院民族學研究所集刊》三六, 頁一九一～二〇八。

胡臺麗, 1980, 「臺灣農村婚姻的變貌: 兼談社會文化現象的了解與解釋」,《中
　　　　　央研究院民族學研究所集刊》五〇, 頁六七～八九。

徐正光, 1970,《一個客家農村的社會與經濟行為》, 臺大考古人類學研究所碩士
　　　　　論文 (未出版)。

　　　　1977, 「岩村的生態與經濟變遷: 一個農村的工業化與社區生活研究之
　　　　　一」,《中央研究院民族學研究所集刊》四二, 頁一～四〇。

高承恕, 1982, 「布勞岱 (F. Braudel) 與韋伯 (M. Weber): 歷史對社會學理論
　　　　　與方法的意義」, 瞿海源、蕭新煌編《社會學理論與方法: 研討會

論文集》，中研院民族所專刊乙種第11號，頁九五～一三四，臺北：中研院民族所。

梁庚堯，1982，「披荊斬棘：新耕地的開發」，劉石吉編《民生的開拓》，頁九三～一四一，臺北：聯經出版事業公司。

梁漱溟，1974，《中國文化要義》，臺北：正中書局。

唐美君，1976，「人類學在中國」，《人類與文化》七，頁九。

　　　　1981，「臺灣傳統的社會結構」，臺灣省文獻委員會編《臺灣史蹟源流》，頁二二七～二四一，臺中：臺灣省文獻會。

凌純聲，1934，《松花江下游的赫哲族》（上、下冊），中央研究院歷史語言研究所單刊》甲種之18，南京：國立中央研究院歷史語言研究所。

　　　　1955，宋文薰譯、鹿野忠雄原著《臺灣考古學與民族學概觀序》，頁一～七，臺北：臺灣省文獻委員會。

陳中民，1967，「晉江厝的祖先崇拜與氏族組織」，《中央研究院民族學研究所集刊》二三，頁一六七～一九四。

陳其南，1975，《清代臺灣漢人社會的建立及其結構》，臺大考古人類學研究所碩士論文（未出版）。

　　　　1976，「光復後高山族的社會人類學研究」，《中央研究院民族學研究所集刊》四〇，頁一九～四九。

　　　　1980a，「清代臺灣漢人社會的開墾組織與土地制度之形成」，《食貨》九（一〇），頁三八〇～三九八。

　　　　1980b，「清代臺灣漢人移民社會的歷史與政治背景」，《食貨》一〇（七），頁二六五～三〇五。

　　　　1981，「清代臺灣社會的結構變遷」，《中央研究院民族學研究所集刊》四九，頁一一五～一四七。

陳茂泰，1973，《泰雅族經濟變遷與調適的研究：平靜與望洋的例子》，臺大考古人類學研究所碩士論文（未出版）。

　　　　1975，「從旱田到果園：道澤與卡母界農業經濟變遷的調適」，《中央研

院民族學研究所集刊》三六，頁一一~三三。

陳昭蓉，1981，「一個小型醫療人類學的田野工作報告」，《人類與文化》一五，頁
　　　　三六~四三。

陳祥水，1975，「公媽牌的祭祀」，《中央研究院民族學研究所集刊》三六，頁一四
　　　　一~一六四。

陳紹馨，1950，「瑞岩民族學初步調查報告：人口、教育及家族的構成份子」，《文
　　　　獻專刊》一（二），頁九~一八。

　　　　1962，「西荷殖民主義下菲島與臺灣之福建移民」，《臺北文獻》二，頁一
　　　　〇~一六。

　　　　1966，「中國社會文化研究的實驗室：臺灣」，《中央研究院民族學研究所
　　　　集刊》二二，頁一一~一四。

　　　　1979，《臺灣的人口變遷與社會變遷》，臺北：聯經出版事業公司。

陳紹馨、傅瑞德，1968，《臺灣人口之姓氏分佈》（第一冊），臺北：美國哥倫比亞
　　　　大學東亞研究所與臺灣大學社會系合編。

許木柱，1974，《長光：一個母系社會的涵化與文化變遷》，臺大考古人類學研究
　　　　所碩士論文（未出版）。

　　　　1977，「岩村的宗教活動：一個農村的工業化與社區生活之三」，《中央研
　　　　究院民族學研究所集刊》四二，頁七三~九五。

　　　　1979，「醫學人類學的發展與研究途徑」，《人文學報》四，頁二六七~二
　　　　七八。

　　　　1981，「影響民眾就醫之社會與心理因素」，《人類與文化》一五，頁二八
　　　　~三五。

許倬雲，1967，《序張奕善譯近代馬來亞華人》，頁一~三，臺北：臺灣商務印書
　　　　館。

許嘉明，1975，「彰化平原福佬客的地域組織」，《中央研究院民族學研究所集刊》
　　　　三六，頁一六五~一九〇。

　　　　1978，「祭祀圈之於居臺漢人社會的獨特性」，《中華文化復興月刊》一一

（六），頁五九～六八。

莊英章, 1971,《崎漏: 一個南臺灣漁村的社會人類學研究》, 臺大考古人類學研
　　　究所碩士論文（未出版）。

1972,「臺灣農村家族對現代化的適應: 一個田野調查實例的分析」,《中
　　　央研究院民族學研究所集刊》三四, 頁八五～九八。

1975,「臺灣漢人宗族發展的若干問題: 寺廟宗祠與竹山的墾殖型態」,
　　　《中央研究院民族學研究所集刊》三六, 頁一一三～一四○。

1977a,「社寮農村的經濟發展與家族結構的變遷」,《中央研究院民族學
　　　研究所集刊》四一, 頁六一～七七。

1977b,《林圯埔: 一個臺灣市鎮的社會經濟發展史》, 中央研究院民族
　　　學研究所專刊乙種第八號, 臺北: 中研院民族所。

1978,「臺灣漢人宗族發展的研究評述」,《中華文化復興月刊》一一（六）,
　　　頁四九～五八。

1981,「臺灣鄉村社區研究的回顧」,《思與言》一九（二）, 頁一六～三
　　　○。

1982,「漁業政策與地區性漁業發展」,《中央研究院民族學研究所集刊》
　　　五一, 頁九一～一二八。

莊英章、陳其南, 1982,「中國社會結構的檢討: 臺灣研究的啓示」, 楊國樞、文
　　　崇一編《社會及行爲科學研究的中國化》, 中研院民族所專刊乙種
　　　第一○號, 頁二八一～三一○, 臺北: 中研院民族所。

莊英章、陳運棟, 1982,「清代頭份的宗族與社會發展史」,《第一屆歷史與社會變
　　　遷研討會論文集》, 中研院三民所專刊（八）, 頁三三三～三七○,
　　　臺北: 中研院三民所。

張　珣, 1979,「醫藥人類學的一個新嘗試: 介紹 A. Kleinman 的研究架構」,
　　　《人類與文化》一二, 頁四～八。

1980,「傳統醫術的理性觀」,《思與言》一八（三）, 頁三八～四四。

1981a,《社會變遷中仰止鄉之醫療行爲: 一項醫藥人類學之探討》, 臺

大考古人類學研究所碩士論文（未出版）。

1981b,「兩種醫學人類學的研究方法：象徵的與語意的」，《人類與文化》一五，頁二一～二七。

黃宣衛，1982，《社會關係與個人網絡：一個濱海聚落的初探》，臺大考古人類學研究所碩士論文（未出版）。

黃道琳,（譯）1974,《菊花與劍》，臺北：華新出版有限公司。

（譯）1976a,《文化模式》，臺北：巨流圖書公司。

1976b,《李維史陀的結構人類學：理論與方法的探討》，臺大考古人類學研究所碩士論文（未出版）。

黃維憲，1972,《湖內：一個北臺灣茶庄的社會人類學研究》，臺大考古人類學研究所碩士論文（未出版）。

黃樹民，1981,「從早期大甲地區的開拓看臺灣漢人社會組織的發展」，李亦園、喬健編《中國的民族、社會與文化》，頁三三～五五，臺北：食貨出版社。

黃應貴，1974,《經濟適應與發展：一個臺灣中部高山族聚落的經濟人類學研究》，臺大考古人類學研究所碩士論文（未出版）。

1975,「經濟適應與發展：一個臺灣中部聚落的研究」,《中央研究院民族學研究所集刊》三六，頁三五～五五。

1976,「光復後高山族的經濟變遷」,《中央研究院民族學研究所集刊》四〇，頁八五～九六。

1979a,「農業機械化：一個臺灣中部農村的人類學研究」,《中央研究院民族學研究所集刊》四六，頁三一～七八。

1979b,「中國社會人類學的女先驅：王同惠女士」,《社會展望》六，頁一二～一七。

1982a,「布農族社會階層之演變：一個聚落的個案研究」,陳昭南等編《社會科學整合論文集》中研院三民所叢刊九，頁三三一～三四九，臺北：中研院三民所。

1982b,「東埔社土地制度之演變：一個臺灣中部布農族聚落的研究」,《中央研究院民族學研究所集刊》五二，頁一一五～一四九。

1983a,「近五年來臺灣地區出版人類學論著選介」,《漢學研究通訊》二(二)，頁七七～八七。

1983b,「東埔社的宗教變遷：一個布農族聚落的個案研究」,《中央研究院民族學研究所集刊》五三，頁一〇五～一三二。

1983c,《東埔：一個臺灣中部布農族聚落的社會組織及其現代適應》，中研院民族所專刊甲種第二八號（將出版）。

（編）1983d，《光復以來臺灣地區出版人類學論著目錄》，臺北：中國民族學會與漢學研究資料及服務中心。

楊國樞等，1978，《社會及行為科學研究法》（上、下冊），臺北：東華書局。

費孝通，1944，書後，史國衡《昆廠勞工》頁二〇〇～二三五。

1948，《鄉土中國》，臺北：綠洲出版社重印。

蔣　斌，1980，《排灣族貴族制度的再探討：以大社為例兼論人類學田野方法的特性》，臺大考古人類學研究所碩士論文（未出版）。

劉斌雄，1969，「孟根親屬結構的數學研究」,《中央研究院民族學研究所集刊》二七，頁二五～一〇四。

1972，「親屬類型的數字符號系統」,《中央研究院民族學研究所集刊》三三，頁二五五～二八五。

1973，「克洛・奧瑪哈—親屬稱謂的結構分析」,《中央研究院民族學研究所集刊》三五，頁一～三九。

1976，「雙方交表婚的數理結構」,《中央研究院民族學研究所集刊》四一，頁一～二三。

1978a,「同胞稱謂：系譜空間的分割理論」,《中央研究院民族學研究所集刊》四五，頁一～二六。

1978b,「數學與人類學的結合」,《中華文化復興月刊》一一（六），頁二一～二八。

1979,「家族系譜空間的數理分析」,《中央研究院民族學研究所集刊》四七, 頁一七一～一九二。

1981,「雅美族漁人社的始祖傳說」,《中央研究院民族學研究所集刊》五〇, 頁一一一～一六九。

1982,「系譜空間的數理分析」, 陳昭南等編《社會科學整合論文集》中研院三民所叢刊(九), 頁一〇七～一二四, 臺北: 中研院三民所。

衞惠林, 1958,「臺灣土著社會的世系制度」,《中央研究院民族學研究所集刊》五, 頁一～二八。

1964,「論繼嗣群結構原則與血親關係範疇」,《中央研究院 民族學 研究所集刊》一八, 頁一～四三。

繆晶珍, 1970,《小港村的社會變遷》, 臺大考古人類學研究所碩士論文 (未出版)。

謝繼昌, 1982a,「中國家族的定義: 從一個臺灣鄉村談起」, 李亦園、喬健編《中國的民族、社會與文化》, 頁五七～六六, 臺北: 食貨出版社。

1982b,「評莊英章、陳運棟清代頭份的宗族與社會發展史」,《第一屆歷史與中國社會變遷研討會論文集》中研院三民所叢刊(八), 頁三七一～三七二, 臺北: 中研院三民所。

1982c,「中國家族研究的檢討」, 楊國樞、文崇一編《社會及行為科學的中國化》, 中研院民族所專刊乙種第一〇號, 頁二五五～二八〇, 臺北: 中研院民族所。

瞿海源, 1977,「岩村居民的社會態度: 一個農村的工業化與社區生活研究之四」,《中央研究院民族學研究所集刊》四二, 頁九七～一一八。

蘇美虹、方暉, 1981,「一般民眾採用鍼灸療法之醫療行為之初探: 一所鍼灸義診中心的初步訪查」,《人類與文化》一五, 頁四四～五〇。

二、外文部分

Ahern, Emily M.

1973, *The Cult of the Dead in a Chinese Village*. Stanford, California: Stanford University Press.

Asad, Talal

1970, *The Kababish Arabs: Power, Authority and Consent in a Nomadic Tribe*. London: Conrad Hurst and Co.

1972, "Market Model, Class Structure and Consent: a Reconsideration of Swat Political Organization", *Man* 7: 74-94.

1973, "Two European Images of Non-European Rule", *Economy and Society* 2(3): 263-277.

1980, "Anthropology and the Analysis of Ideology", *Man* 14:607-627.

Barnes, J. A.

1961, "Physical and Social Kinship", *Philosophy of Science* 28(3): 296-299.

1964, "Physical and Social Facts in Anthropology", *Philosophy of Science* 31(3): 294-297.

Beattie, J.

1964, "Kinship and Social Anthropology", *Man* 64:101-103.

Chen, Chi-lu (陳奇祿)

1965, "Age Organization and Men's House of the Formosan Aborigines", *Bulletin of the Department of Archaeology and Anthropology*, National Taiwan University, 25/26: 93-111.

1968, *Material Culture of the Formosan Aborigines*, Taipei: Taiwan Museum.

1973, "History of Chinese Immigration into Taiwan" *Bulletin of the Institute of Ethnology*, Academia Sinica. 33: 119-133.

1978, "Lineage Organization and Ancestral of the Taiwan Chinese", *Studies & Essays in Commemoration of the Golden Jubilee of*

Academia Sinica, Vol. II. pp. 313–332.

Chiu, Fred Y. C. (丘延亮)

1981, *Periodic Markets and the Chinese Indigenous Economic System: a Provisional Formulation.* M. A. Thesis of the Department of Anthropology of the University of Chicago.

Chü, Tung-tsu (瞿同祖)

1962, *Local Government in China Under the Ch'ing.* Cambridge: Harvard University Press.

Chun, Allen J. (陳奕麟)

1981, "Land is to Live: A Proposed Study of the Concept of Tsu" Ph. D. Dissertation Proposal Submitted to the Department of Anthropology of the University of Chicago.

1983, "The Meaning of Crisis and the Crisis of Meaning in History: An Interpretation of the Anglo-Chinese Opium War" *Bulletin of the Institute of Ethnology,* Academia Sinica. No. 54.

Clifford, J.

1981, "On Ethnographic Surrealism" *Comparative Studies in Society & History* 23: 539–64.

Cohen, M. C.

1976, *House United, House Divided: The Chinese Family in Taiwan.* New York: Columbia University Press.

Evans-Pritchard, E. E.

1937, *Witchcraft, Oracles and Magic among the Azande.* Oxford: The Clarendon Press.

Fei, Hsiao-tung (費孝通)

1939, *Peasant Life in China.* London: Routledge & Kegan Paul.

1948, "*Forward*" to *Earthbound China.*

Fei, Hsiao-tung & Chih-i Chang (費孝通與張子毅)

    1948, *Earthbound China: A Study of Rural Economy in Yunnan.*
    London: Routledge & Kegan Paul.

Feng, Han-Yi (馮漢驥)

    1937, *The Chinese Kinship System.* Harvard Journal of Asian Studies
    2(2).

Fortes, M

    1958, "Introduction" to J. Goody (ed) *The Developmental Cycle
    in Domestic Group.* Cambridge: Cambridge University Press.

    1978, "An Anthropologist's Apprenticeship" *Annual Review of
    Anthropology* 7: 1-30.

Frazer, Sir J. G.

    1963, [1922] *The Golden Bough: A Study in Magic and Religion.*
    Abridged Edition. New York: Macmillan Publishing Co., INC.

Freedman, M.

    1958, *Lineage Organization in Southeastern China.* London: The
    Athlone Press.

    1962, "Sociology In and Of China" *The British Journal of Sociology*
    XIII (2): 106-116.

    1963, "A Chinese Phase in Social Anthropology" *The British
    Journal of Sociology* XIV(1): 1-19.

Geertz, C.

    1963a, *Peddlers and Princes: Social Change and Economic Moder-
    nization in Two Indonesian Towns.* Chicago: University of
    Chicago Press.

    1963b, *Agricultural Involution: The Process of Ecological Change
    in Indonesia.* Berkeley and Los Angeles: University of Calif-

ornia Press.

1969, *Islam Observed: Religious Development in Morocco and Indo-nesia.* Chicago: The University of Chicago Press.

1973, "Thick Description: Toward an Interpretive Theory of Culture" in C. Geertz, *The Interpretation of Cultures.* pp. 3-30. New York: Basic Books, Inc., Publishers.

1980, *Negara: The Theatre State in Nineteenth-Century. Bali.* Princeton: Princeton University Press.

Gellner, E.

1957, "Ideal Language And Kinship Structure" *Philosophy of Science* 24(3): 235-242.

1960, "The Concept of Kinship" *Philosophy of Science* 27(2): 187-204.

1963, "Nature And Society In Social Anthropology" *Philosophy of Science* 30: 236-251.

Harvey, J. H. T. & P. H. Liu.

1967, "Numerical Kinship Notation System: Mathematical Model of Genealogical Space" *Bulletin of the Institute of Ethnology, Academia Sinica.* 23:1-22.

Kuhn, T. S.

1970, *The Structure of Scientific Revolutions.* Chicago: The University of Chicago Press.

Kuper, A.

1982, "Lineage Theory: A Critical Retrospect" *Annual Review of Anthropology* 11: 71-95.

Leach, E.

1981, "A Poetics of Power" *The New Republic* (April 4) pp. 30-33.

Lévy-Bruhl, L.

1923, *Primitive Mentality*. London: George Allen & Unwin Ltd.

1926, *How Natives Think*. London: George Allen & Unwin Ltd.

1928, *The 'Soul' of the Primitive*. London: George Allen & Unwin Ltd.

Li, Yih-yuan (李亦園)

1960, "The Structure of the Ifugao Religion". *Bulletin of the Institute of Ethnology*, Academia Sinica. 9: 399–409.

1968, "Ghost Marriage, Shamanism and Kinship Behavior in a Rural Village in Taiwan" in Matsumoto, N. & T. Mabuchi (eds) *Folk Religion and the World View in the Southwestern Pacific*. pp. 97–99.

Liu, Pin-hsiung (劉斌雄)

1967, "A Note on the Murngin System" *Newsletter of Chinese Ethology* 7: 1–8.

1968, "Theory of Groups of Permutations, Matrices and Kinship: A Critique of Mathematical Approaches to Prescriptive Marriage Systems" *Bulletin of the Institute of Ethnology*, Academia Sinica 26: 29–40.

Mabuchi, T. (馬淵東一)

1960, "The Aboriginal Peoples of Formosa" in G. Murdock (ed) *Social Structure in Southeast Asia* pp. 127–140. New York: Wenner-Green Foundation for Anthropological Research.

1970, "A Trend toward the Omaha Type in the Bunun Kinship Terminology" J. Pouillon & P. Maranda (eds) *Echanges et Communications*, Mélanges Offerts a Claude Lévi-Strauss ā loccasion de son boême anniursaire. pp. 321–346. The Hague.

Mead, M.

　1959, New "Preface" to R. Benedict's, *Patterns of Culture*. Boston: Houghton Mifflin Co.

Mintz, S.

　1981, "Afterword" to E. M. Ahern & H. Gates (eds) *The Anthropology of Taiwanese Society*. pp. 427–442. Stanford: Stanford University Press.

Nakane, Chie (中根千枝)

　1974, "Cultural Anthropology in Japam" *Annual Review of Anthropology* 3: 57–72.

Needham, R.

　1960, "Descent Systems And Ideal Language" *Philosophy of Science* 27(1): 96–101.

Popper, K.

　1959, *The Logic of Scientific Discovery*. New York: Basic Books.

Ruey, Yih-fu (芮逸夫)

　1961, "Changing Structure of the Chinese Family." *Bulletin of the Department of Archaeology and Anthropology*, National Taiwan University. 17/18: 1–14.

Schneider, D.

　1964, "The Nature of Kinship" *Man* 64: 180–181.

Skinner, S. W.

　1979, "Introduction" to M. Freedman's *The Study of Chinese Society*. Stanford: Stanford University Press.

Tambiah, S.

　1970, *Buddhism and The Spirit Cults in North-East Thailand*. Cambridge: Cambridge University Press.

Tang, Mei-Chun (唐美君)

　　1966, "The Property System and the Divorce Rate of the Lai-I Paiwan in Taiwan" *Bulletin of the Department of Archaeology and Anthropology*. National Taiwan University. 28:45-52.

　　1973, "A Structural Analysis of the Burial Custom and Funeral Rites of Lai-I, An Aboriginal Village in Taiwan" *Bulletin of the Department of Archeology and Anthropology*, National Taiwan University. 33/34: 9-35.

　　1975, "Death of Sin: A Case of Ethnologic Religion of Taiwanese Aborigines as Manifested in Burial and Funeral" *Bulletin of The Department of Archaeology and Anthropolgy*, National Taiwan Univ. 37/38: 101-108.

Vidyarthi, L. P.

　　1975, "The Rise of Social Anthropology in India (1774-1972). A Historical Appraisal" in T. H. H. Thoresen (ed), *Toward a Science of Man: Essays in the History of Anthropology*. The Hague: Mouton Publishers.

Walters, Ronald G.

　　1980, "Signs of the Times: Clifford Geertz and Historians" *Social Research* 47(3): 537-556.

Wang, Sung-hsing (王崧興)

　　1972, "Pa Pao Chün: An 18th Century Irrigation System in Central Taiwan" *Bulletin of the Institute of Ethnology*, Academia Sinica. 33: 165-176.

Wang, Sung-hsing & R. Apthorpe (王崧興與艾瑞門)

　　1974, *Rice Farming in Taiwan: Three Villages Studies*. Taipei: The

Institute of Ethnology, Academia Sinica.

Watson, R. S.
1981, "Class Differences and Affinal Relations in South China", *Man* 16(4): 593-615.

Wolf ,Eric
1966, *Peasants.* Englewood Cliffs, New Jersey: Prentice-Hall, Inc.

Yanagisako, S. J.
1979, "Family and Household: the Analysis of Domestic Groups", *Annual Review of Anthropology* 8: 161-205.

Yang, C. K. (楊慶堃)
1944, *A North China Local Market Economy: A Summary of a Study of Periodic Markets in Chowping Hsien, Shantung.* New York: International Secretariat, Institute of pacific Relations.

Yang, Lien-Sheng (楊聯陞)
1957, "The Concept of Pao as a Basic for Social Relation in China" in J. K. Fairbank(ed), *Chinese Thought and Institutions.* pp. 291-309. Chicago: University of Chicago Press.

三十年來我國經濟學術的回顧與展望

內容大綱

一、緒言

二、經濟學科教學概況

三、經濟學學術研究概況

四、經濟學術界對社會與政府的實際貢獻

五、結論與展望

參考文獻

附　錄

一、各大學相關學系經濟學科七十二學年度主要教科書

二、王蔣金融政策大論戰

三十年來我國經濟學術的
回顧與展望

蔡 吉 源

一、緒　言

　　自亞當斯密氏（Adam Smith）作《國富論》（The Wealth of
Nations）使倫理學脫胎成政治經濟學（political economy）迄今大約
兩百一十年。其間再經邊際革命（marginal revolution）及馬夏爾氏
（Alfreel Marshall）經濟學原理（Principles of Economics）的闡
述遂使經濟學脫離政治學，在分析方法上日新月異，成爲獨立的科學
❶。所以，經濟學是一門很年青的社會科學。

---

❶《國富論》出版於1776年，在此之前的重商主義（mercantilism）及重農學
　派（physiocracy）也各有其經濟學說體系，斯密氏集合前人論點以道德哲
　學爲基礎揭櫫自由放任思想，討論工業革命前期之各種個體及總體的經濟概
　念，體系極爲完整。遂成爲經濟學鼻祖，也就是古典學派的創始人。俟後馬
　爾薩斯（T. R. Malthus）、李嘉圖（D. Ricardo）、薩伊（J. B. Say）、密
　勒（J. S. Mill）及馬克斯（K. Marx）可謂爲古典學派的傳承者。到1870
　年左右孟格兒（C. Menger）、耶芳斯（W. S. Jevons）及華爾哈斯（L.
　Walras）以邊際理論開創對價值論的新觀點。1890年馬夏爾乃集古典學派
　之大成而成就了經濟學做爲一個科學的條件，幾何、代數，及微分等數學概
　念被納入經濟分析之中。自是以後人們習慣以經濟學取代政治經濟學一詞。

　　一般的定義認為，經濟學在研究如何以有限的資源充分發揮其生產效率，擴大生產量值以滿足社會的需慾等等。放眼史實：管仲的富國政策、王安石的變法、明清時代之經世思想，以及西方重商主義、重農思想等，都含有濃厚的經濟學概念。經濟學雖然在理論上其推理極簡約而難懂，但是，在實際運作上則密切地關係到人民的生計和國家的興衰。錯誤的經濟觀念往往衍生錯誤的經濟政策，因而誤導有限的資源，使生產萎縮，民不聊生，經濟發展與文明進步乃受障碍。反之，正確的經濟觀念與政策乃能善導資源，誘發勤儉，使生產活動活潑起來，則經濟成長如滾雪球，文物建設突飛猛進，文明進步於焉孕育，安和樂利的社會建設才有可能實現。三十年來中共大陸及臺灣在人民生活水準有如是差距，應可做為註腳。

　　經濟學堪稱為治國平天下之學。以其在總體理論方面，言開放經濟，可以和諸國、創太平；言封閉體系，可以廣生產、平分配、穩物價等。晚近以來政治學融入了經濟分析方法以暢述公共政策的理論與實務，經濟學之經世致用乃普受政府當局重視。

　　經濟學也堪稱賺錢致富之學。以其在個體理論方面，論生產、論因素組合、論供求與定價等無一不是企業管理與行銷的理論基礎。此外家計方面，投資組合、風險趨避、消費選擇等亦能提供適切的指導原則。

　　邇來，經濟學分析的範圍日廣，大如外滙貿易，政府收入，貨幣供求；小如逃稅貪污，枉法犯罪，結婚生子等行為與現象都可用經濟分析方法加以研究，並提供解決問題的合理辦法。

　　綜上所述，經濟學是一門很實際、很實用而且很重要的社會科學。它走在社會科學的尖端，理論深入而細密，使一般人不易了解，甚至望而却步；因而使合理的經濟見解難以被決策官員或一般民眾所

了解、接納。其所以如此乃因經濟學知識迄未普及，觀念無法溝通所致，以至於糟塌了這個「人類智慧的結晶」❷。而今而後，吾人應重視經濟學知識的普及，莫讓全人類歷數百年智慧的結晶在我們的國度裡受到漠視與遺棄！

本文抱持普及經濟學知識的宗旨，擬對我國三十年來大學院校以上學術機構就經濟學教學、研究，及其對政府政策上之貢獻略加陳述；俾使人們了解經濟學術活動的內容與意義，進而希望提起人們對經濟學知識的學習興趣，以嘉惠社會並自求多福❸。由於文涉範圍甚廣而其資料散亂不全，掛一漏萬在所難免，如有缺失盼經濟學界同好勿要春秋責賢，務請惠予補正，以符宗旨。

本文第二節略述臺灣三十年來各大學經濟學系教學進步的情形。第三節略述經濟學術研究的成就。第四節略述經濟學術界對政府政策的實際貢獻。第五節則評述當前經濟學界的現況，就其發展方向的展望陳述之。

---

❷見蔣碩傑，「經濟學爲人類智慧結晶」，中央日報，72年7月15日。

❸經濟學知識是有其系統的。它與一般人所具有之經濟知識或常識應該有一個界限。一個未研讀經濟學的人亦可以組織企業從事生產營謀利潤，他雖然不懂何爲邊際成本(marginal cost)何爲邊際收益 (marginal revenue)，但是他從實際運作中知道如何訂價，如何促銷，其判斷與決策甚至於比經濟學者更果敢。此外，他雖然缺乏總體經濟的諸種概念，透過經驗也可以判斷景氣的高低而配合其經濟決策。政府官員亦同，即使不具政府財政的理論基礎也可以征稅使政府運作起來，或發行貨幣以充裕國庫……只不過沒有系統或理論基礎的經濟常識往往對經濟變數的來龍去脈及其經濟效果無法理解，使個人無能趨吉避凶，官員決策錯誤增加，社會成本因而提高。

表一、當前各大學經濟系暨研究所概況表

校名	系所別	設立年度	畢業人數	在學人數	博士	碩士	學士	總數	備　註	出版期刊	教育部評鑑摘要
臺灣大學	大學部	31	*4007	474	19	12	15(助教5人)	46	1.系所合一 2.博士班與中央研究院合辦	《經濟論文叢刊》《經濟研究》	1.師資陣容門應有2－3人專任以應各學生之需要
	碩士班	45	222	59							
	博士班	57	**15	13							
中興大學	大學部	38	*3100	489	8	16	24	48	1.系所分立 2.經濟研究所合辦	《經濟研究》	1.師資尚優良，深具發展潛力。
	碩士班	68	**14	14	6	1	2	9			
東吳大學	大學部	43	*1000	323	7	28	8	43	1.系所分立 2.合兼任及他系兼聘		1.應增加專任教師。2.應增聘轉編專任期刊。
	碩士班	59	68	28	1	1	9	9			
東海大學	大學部	46	826	239	1	14	4	19	1.合他系兼聘		1.師資年輕，教學研究深具潛心。2.應延聘資深教師。
輔仁大學	大學部	52	1458(370)	580(105)	4	34	20	58	含兼任教師31人		1.師資優良，教學經歷亦優。2.專任教師比率過高。
文化大學	大學部	53	1918(736)	983(370)	6	27	6	39	1.系所分立	《華岡經濟》	1.師資雖有限，設備使用管理良好。2.教師研究室至缺乏。3.應加強建教合作。
	碩士班	51	983(531)	110	6	8	0	13			
政治大學	大學部	55	*600	*200	7	26	15	48	1.系所分立 2.合兼任及他系兼聘		1.師資陣容堅強，但數量嫌不足。2.圖書資料豐富，數學發展潛力。
	碩士班	61	63	21	6	2	9	9			
	博士班	64	*5	34	5	8	13	2			
逢甲大學	大學部	59	1107	674	7	23	53	53	1.系所分立		1.研究所成立未久，圖書設備待加強。
總計	大學部	65	14016	3962	29	26	14		1.系所分立 2.含兼任教師		
	碩士班		506	192	7	6	2				
	博士班		20	47	5	5	2				

資料來源：教育部統計處年報表七十一年三月。

* 依年推移估計數。　　（）內表夜間部學生。

** 張清溪「中華民國經濟學博士教育的方法與重點」，民國七十三年三月九日，臺北。
科際整合研討會論文，
教育部評鑑複評報表七十一年三月。

二、經濟學科教學概況

在七十三學年度清華大學成立經濟學系以前，臺灣地區共有八個大學設有經濟學系❹。從表一之當前各大學經濟系暨研究所概況表，可知臺灣經濟學的發展是由臺灣大學展開序幕的。臺灣大學在臺灣光復前三年卽民國三十一年，卽開始經濟學的教學研究工作。光復後，下列各大學依次成立經濟學系：中興大學（民國三十八年），東吳大學（民國四十三年），東海大學（民國四十六年），輔仁大學（民國五十二年），文化大學（民國五十三年），政治大學（民國五十五年），逢甲大學（民國五十九年）。

自民國三十一年迄七十一年三月，各大學經濟系日夜間部畢業人數累計共約14,016人，若依敎育部七十一年評鑑資料，每年在學人數4,000人來推估，在民國七十三年七月底止，畢業人數應已超過一萬六千人。

就經濟研究所來看，成立碩士班的大學依次是臺灣大學（民國四十五年），文化大學（民國五十一年），東吳大學（民國五十九年），政治大學（民國六十一年），逢甲大學（民國六十五年）及中興大學（民國六十八年）等六校。至民國七十一年初，培育碩士共506人。由於近年碩士班學生膨脹迅速，估計到七十三年中，約可培育碩士千人以上。至於博士班，目前只有臺灣大學（民國五十七年成立）及文化

---

❹廣義的經濟學術界當然不止經濟學系，應包括國際貿易學系、銀行保險學系、財稅學系、地政學系、農業經濟學系，甚至是商學院各科系，但因涉及太廣，無法一一備述，所以僅就經濟學系及與經濟學有關之人與事論述之。

大學（民國六十四年成立）兩校設立之，截至七十一年初，共有十位博士畢業生，到七十三年則共有二十位研究生獲得國家博士學位。

　　不論是學士、碩士或博士畢業生，截至七十三年爲止，臺灣大學所佔比例較其他學校爲尤高。學士約佔四分之一强，碩士約佔三分之一强，博士比例更高。

　　臺灣大學之所以有如此的成績及貢獻，除了歷史悠久，圖書設備齊全外，最重要的是師資陣容自始卽執國內經濟學界的牛耳。加上制度上系所合一，使系所師資互相支援，課程內容乃能更加充實。由表一師資概況一欄，約略可知，臺灣大學以外各校的師資，包含有許多兼任教師或與他系合聘者，以輔仁大學爲例，教師總數爲58人，其中31人爲兼任教師，其餘27人中又包括與他系合聘之共同科教師，若此，其專業科目（以經濟學爲主科）之教師必然較少。

　　以下就有關經濟學科教學方面之教授學術水準之變化，課程內容之革新、學生學習的態度及畢業生的出路等四點略加陳述。

　　1. 經濟學科教授學術水準：在這三十年來，可以「突飛猛進」四字來形容。一方面是教學研究人才有顯著的增加，另一方面是教學研究的廣度與深度也有顯著的提昇。不過，教學研究人才中，仍以臺灣大學出身之學者爲主流。當然，其中也有許多其他大學之傑出畢業生來參予經濟學的陣容，例如，中興農經系暨研究所的前輩，像徐育珠教授、侯家駒教授、高希均先生，以及政治大學的歐陽勛教授、陸民仁教授等，都是經濟學界炙手可熱的人物之一。臺灣大學的先輩們師弟相傳，以臺灣大學經濟學系爲重心，把經濟學術的薪火波瀾壯濶地向其他各大學擴散、傳承。很多各大學的師資，除了少數早年來自大陸時期的學者外，大多數都曾經在這裡接受理論的薰陶。所以有人

稱道，臺大經濟系是臺灣經濟學界的「少林寺」❺。事實上，臺大經濟學系確實也擔負了發揚臺灣經濟學術的重任。其他各大學雖然貢獻也很大，但是，以臺灣大學的成就最爲醒目。

因此，從民國三十五年到現在（民國七十三年），近四十個年頭，臺灣大學師資陣容的變化、提昇，應可做爲臺灣經濟學科教學發展的註脚。筆者所知有限，所以粗略地將臺灣經濟學系敎授陣容分三個階段來說明。

第一個階段由民國三十五年到民國五十年，此期間臺灣經濟學術界的師長，如王師復敎授、林霖敎授、林葭藩敎授、翁之鏞敎授、周德偉敎授、張果爲敎授、楊樹人敎授、林一新敎授、全漢昇敎授、張漢裕敎授、錢公博敎授、邢慕寰敎授、施建生敎授以及趙鳳培敎授、趙蘭坪敎授、賀其燊敎授、趙經羲敎授、夏道平敎授、臧啓芳敎授等等，都努力地在爲臺灣經濟學術開創新局。這些師長們，除張漢裕敎授外，全都來自大陸之各大學，在光復後的文化沙漠裏播下經濟學術的種子，也培育了往後第二階段的傳薪主力。

第二階段由民國五十年到六十年間。此期間的師資有，黃金茂敎授、郭婉容敎授、梁國樹敎授、周宜魁敎授、侯金英敎授、孫震敎授、于宗先敎授、湯愼之敎授、劉克智敎授、陳正澄敎授、陳正順敎授、陳昭南敎授、以及劉泰英、林鐘雄、林振國、林大侯、成嘉玲、李庸三、洪敏謨、吳榮義、林昇平等師長。

其實，臺灣大學自民國四十五年成立研究所（初爲法律研究所經濟理論組，隨於次年獨立設所）以後，學術人才輩出，畢業生分赴各大學講授經濟學並協助其設立經濟學系及研究所，使早年播種者辛勤播

❺參見工商時報民國70年8月26日副刊。

下的種子均能開花結果，除了臺灣大學以外，其他各大學也各自發展
出他們的教學體系，不斷地培育出素質極高的學術人才。所以在臺灣
經濟學術的第三階段（民國六十年以後），教學研究成果愈加豐碩，
獲得高級學位者普遍增加。以臺灣大學為例，在民國六十年以前具有
博士學位之專任教授不超過 5 人，但在目前竟高達19人（包括與中央
研究院合聘者）。因為各有專長，乃使課程分殊化，內容也更深入。
其餘各大學具有高級學位的專任教學人才也有增加，其中以中興大學
及政治大學最顯著，逢甲及東吳次之。其他學校在師資的強化方面也
都有相當的進展。師資的來源除了臺灣大學以外，主要由於國外留學
生之學成歸國、獻身經濟學術者逐年增加之故。例如中興的吳森田，
政大的徐偉初、林柏生，逢甲的楊華勝，東吳的余德培等，都先後擔
任了各校的學術、行政主管，推動了經濟學術的教學研究工作。

　　2. **新課程內容方面**：隨著教學人才質量的提昇，課程內容也有
相當的改進。例如張果為教授早在民國四十年左右就主張經濟學系學
生必修微積分，把文字敍述的理論予以數學化、簡單化。此外，方法
論上，統計學、計量經濟學、數理經濟學，受到普遍的重視，取代了
傳統經濟史、思想史的地位。當然，經濟理論是最重要的一環。自劉
榮超教授在民國四十八年以中文寫了第一本經濟分析以後，大學部經
濟理論之教學乃往前跨了一大步。以後在課程上更分別開授個體經濟
學及總體經濟學，使學子們窺見堂奧，奠定經濟理論的良好基礎。

　　基本上，大一之普通經濟學課程已勾劃出經濟學的綱目及主要內
容。它包括消費論、生產論、分配論等。分別以貨幣銀行學討論物
價、貨幣供求；以財政學討論財政收支及公共財；以國際貿易學討論
開放體系之匯兌貿易及國際收支等。此外，還有工業經濟學、消費經
濟學、產業關聯論、所得分配論、經濟發展論、比較經濟制度、都市

經濟學、人口經濟學、福利經濟學等。要之，都是在以個體理論及總體理論為基礎，闡明各種社會經濟問題的理論背景及對策（請見附錄一）。

我國大學由於分系很早，學生對專業學科接觸也較多。可惜某些課程安排缺乏連貫性，而教授間缺乏縱的連繫，所以課程內容有時難免重複，或深淺不能銜接之感。此外，有些學校，由於師資不足，從不要求學生撰寫研究報告；同時，除了基本課程外，某些重要的課程竟付闕如，開不出課程給學生修習，也有些濫竽充數的教師講授與本課程風馬牛不相及的東西，使學生極為厭煩，這些都是極待改進之處。

3. **就學生學習的態度而言**：學習態度往往受到師資、課程內容、當前環境及社會潮流的影響。師資優良、課程內容充實的學校，學生的學習態度較為積極，因為講授內容極具啟發性、相反地，由於啟發性不足，或由於師生知識交流頻率不夠，或由於教授之內容欠妥，乃使學生對該教師失望，對課程不滿，因而學習態度較為消極，逃課的情形，因之成為態度消極的指標之一。學生總是對教授及課程抱有熱切的期望，其中若有缺陷，期望乃變成失望。失望的情緒具有感染性，使積極的學習態度受到破壞。有些學校往往以臨堂點名來剋制學習的消極態度，如東吳大學規定曠課超過幾小時後即予扣考，不得參加學期考試必須重修該課程。其實，臨堂點名是治標的方法，治本之道應求師資及授課內容的充實，同時讓知識單向的傳授變成雙向的溝通，一旦學習興趣濃厚，曠課的情事必當減至最低程度。在這方面，臺灣大學的學風值得各校效法。

影響學習態度的因素，除了師資及課程外，當前社會經濟環境及風尚潮流也大大地左右了學生學習的情緒。在五十年代前後工商業尚

未發展起來，學生所處環境相當單純，對理論課程較具學習的耐心。六十年代以後，由於工商業已很發達，其間接影響使學生較爲急功近利，對理論課程顯得不耐煩，對經濟理論的應用，諸如管理學科投以較大的關注，甚至在學期間卽已迫不及待地實際參予經營實務或擺地攤，謀能平地起高樓。此外，目前普遍重視現實而忽略學術的態度不只是學生如此，就是教授群中也是大有人在。由於學有專長，他們披上學術的外衣，頂著教授的頭銜，不但穿梭於工商界之間，而且鼓勵學生放棄學術研究的熱忱。教學旣不熱心，研究更是闕如，對學生的要求自然不可能嚴謹。師不嚴則道不尊，道不尊則學術流於空談。所幸各校經濟研究所相繼設立，足以補偏救弊，然而有些大學部經濟系淪爲職業學系，成爲商職的延伸，此與大學培育學術人才之宗旨相背馳，是相當令人難過的事。

4. 就學生的出路而言：可以分成兩個方向，一個方向是走進學術領域繼續修讀學位；另一個方向是走向就業市場，進入行政管理機構、稅務機構、公營企業、金融保險業或成爲工商從業人士，或自謀事業。整體說來，經濟學系畢業生是人文社會科學中最幸運的一群，因爲他們至少學會如何記帳、經濟分析、財務分析、統計分析及預測等知識，因此樂爲工商界及政府部門所羅致，並且隨著社會經濟之進步，由集中於銀行界的景象慢慢分殊化到各個行業去。

就繼續深造及出國留學的情形，可以分成三個階段來說明。民國四十五年臺灣大學成立碩士班以前爲第一階段；民國五十七年臺大再成立博士班以後爲第三階段。此期間則爲第二階段。在第一階段裏，有志繼續深造之學生只有出國留學一途，例如錢純先生、趙岡教授夫婦、蔡茂松教授、王業鍵教授、刁錦寰院士等。也有留在學校做助教，經長期努力而有輝煌的教學研究成果者，如郭婉容教授。臺灣大

學設立碩士班以後，要研修經濟理論乃多一個途徑，有很多經濟系畢業生先進入經濟研究所，再謀出國進修。這些先輩們有的回國擔任教職，成為先前所述的第二代傳薪者，有的留在國外，在國際經濟學術舞臺上佔一席之地，例如蕭聖鐵教授、柳復起教授、劉本傑教授、張惠雄、李誠、李五郎、趙乃偉、謝勇男、陳占平等。

　　在臺灣大學成立博士班前後，各校亦相繼設立碩士班，文化大學也成立博士班。使得經濟研究受到學術界及學子的重視。此期間復由於國內外學術交流較頻繁，劉大中、蔣碩傑、費景漢等院士也經常返國指導經濟學術方針，研究所的規模隨之擴大，出國進修的學生也較以往為多，因而培育了前文所述之第三代經濟學術教學的傳薪者。

　　當然，繼續深造的經濟系畢業生中也有改行者，他們或學企管或學電腦，其就業管道更多。要之，大學畢業後繼續研修經濟理論之畢業生，在就業方面也有很多差別，有的是從事教學研究工作，尤其是具有高級學位者更是如此；其餘大部份多為政府機構或工商界所聘用，而成為中高級之管理人才。

三、經濟學學術研究概況

　　三十多年來臺灣地區經濟學的學術研究，由於經費及人才與日俱增，所以不論是國內經濟問題的研究或國際學術活動，都逐漸活潑起來，為往後經濟學術在本土生根以及進入國際學術論壇奠立相當良好的基礎。就這個問題，分成研究機構與人員、研究內容及其成果兩方面略述之。

1. 研究機構與人員

　　研究機構與研究人員可分成兩個層次來說明。在民國五十年以

前，研究機構及人才大多為各大學經濟系教授，如臺灣大學、中興大學、東吳大學及東海大學等。尤以臺灣大學早於民國三十九年由王師復、林霖、林一新、張果為等教授，創辦財政經濟月刊，廣為鼓吹財政經濟改革觀念，並由張果為教授主持經濟統計研究室，從事物價、滙率、通貨供求、所得分配、及稅制改革等研究最著聲譽。其他機構，如農復會（JCRR）經業經濟組，就農業問題與經濟發展的研究也很出色，臺灣農業的投入產出分析、農業與工業間之資金流動等研究，即由謝森中及李登輝先生所完成。國際經濟合作發展委員會❻（簡稱經合會）綜合計劃單位，也曾就總體經濟模型做過深入的研究，而由劉榮超教授於民國四十八年設立我國第一個總體經濟模型，做為往後我國總供需估測的基礎。此外，臺灣銀行經濟研究室也曾在經濟研究方面有所貢獻，在周憲文先生主持下，譯述一系列的經濟學名著，出版經濟學百科全書，出版臺灣銀行季刊及臺灣經濟金融月刊等，一方面提供經濟金融之統計資訊，另一方面鼓勵經濟研究，使早期臺灣經濟學界在人手、經費、資料及獎勵（incentive）均有所不足之際，得能充分發揮有數的人力及有限設備的效率。

　　民國五十年以後，我國經濟學的專業研究機構陸續成立，首先中央銀行在臺復業，由李榦先生主持經濟研究處，就國內經濟、國際經濟、國際收支、金融及資金流通等從事統計、分析及研究。表二顯示目前該研究處在李庸三博士的主持下，共有研究人員三十五人，出版刊物有金融統計月報及中央銀行季刊等。其次，中央研究院經濟研究

---

❻經合會是現今經建會的前身。其最初名稱為美援運用委員會，其後改為經合會，民國六十二年改組為經濟設計委員會，後來又改成經濟建設委員會。這個機構恰似日本的經計企畫廳，職司經濟發展計劃工作以進行自由的指示性的經濟計劃。

所在邢慕寰院士的主持下，於民國五十一年設立籌備處，一方面網羅了一些專業研究人才，如劉克智、史濟增、劉錚錚、陳昭南、許日和、李庸三、傅越、江振南、何清益等人；一方面搜集研究文獻及圖書設備，其中以臺灣經濟結構的研究分析爲主。不數年，該處卽有豐富的成果，享譽國際，並支援臺灣大學合設博士班（民國五十七年）。民國五十九年，該所正式成立，立卽展開以臺灣經濟發展爲主題的研究工作。二十餘年來，該所累次擴充規模，至民國七十三年初，研究人員共分四組，專業研究人員有三十三人，兼任研究人員有五人，通訊研究人員有七人，共計四十五人之多。

表二　我國經濟研究機構概況表

名　稱	籌備年度	成立年度	現有員額	研　究　主　題	成果與出版期刊
中央銀行經濟研究處		50	35	國內外經濟、金融、貨幣及銀行之理論與實務研究	1.金融統計月報（中文、英文） 2.中央銀行季刊、年刊（中、英文）
中央研究院經濟研究所	51	59	45	1.經濟理論 2.臺灣經濟發展	1.經濟論文（中、英文） 2.臺灣經濟預測（中文）
經濟建設委員會經濟研究處		62	50	1.國內外經濟情勢之報導與分析 2.景氣指標的研究 3.大陸經濟研究	臺灣經濟情勢週報、月報、季報（中文）
中央研究院三民主義研究所經濟組	64	70	14	民生主義經理論與均富政策的研究	1.專題選刊（中文） 2.社會科學論文（英文） 3.專刊（中文、英文）
財團法人臺灣經濟研究所		65	20	產業經濟研究（接受委託研究）	1.臺灣經濟研究月刊(中文) 2.叢書、叢刊（中文）
財團法人中華經濟研究院	69	70	67	1.大陸經濟研究 2.國際經濟研究 3.國內經濟研究	1.專題研究報告（中文、英文） 2.經濟叢書（中、英文）
財團法人生活素質研究中心		69	14	生活素質與公共政策研究	1.專題研究報告（中文） 2.社會指標及生活素質專書（中文）

資料來源：各院、所、處、中心之概況及簡介

　　民國六十二年經合會改組成經設會時，在會內成立經濟研究處，由孫震敎授主持其事，從事國內外經濟情勢的分析與報導、景氣變動

的研究及大陸經濟情勢變遷的研究。一方面提供各公民營企業單位或全國國民有關國內外經濟指標，以指導經濟活動；另一方面將有關重大經濟事件之研究成果提供各級行政機構參考。此外，該處有少部份研究人員在參加學術性活動方面有具體的成果，如經濟處李高朝先生對投入產出分析的研究，綜合計劃處❼邱依忠先生對總體經濟模型的研究等，都是經濟學術界耳熟能詳的事。

民國六十四年，中央研究院又籌備成立三民主義研究所，由韓忠謨教授及陳昭南先生主持其事。由於現階段經濟建設以民生主義經濟思想為張本，因此，三民主義研究所側重民生主義經濟理論及均富政策的研究，圖以利他觀念取代資本主義的利己思想，而建立民生經濟理論的基礎。此外，所得分配的研究在該所佔有重要的地位。其他，如公營企業、貨幣理論、總體理論與公共政策等，都有極深入的研究。目前該所研究人員共十四人，其中如麥朝成、曹添旺、賴景昌、施俊吉等，都以研究成果享譽國內外。新的一批研究人員，如張慶輝、林忠正、朱雲鵬及高明瑞等也都銳氣十足，成果亦佳。

民國六十五年辜振甫先生創辦之財團法人臺灣經濟研究基金籌備設立臺灣經濟研究所，委聘蔣碩傑教授主持，從事國內外經濟動態之研究分析，結合經濟、科技及企業管理理論，以研究產業經濟為主要內容，以提供政府工商界及學術界之參考。目前在劉泰英教授主持下，共有專業研究人員二十人，從事產業經濟之研究。數年來因該所研究內容極為豐富踏實，聲譽鵲起，除了自行研究外，還接受許多來自我國政府、工商界，甚至國外研究機構或國外工商團體的委託，以

---

❼經建會經濟研究處設有出版經濟研究之期刊，但是綜合計劃處則出版《自由中國之工業》季刊，其論文多對經濟有關之問題作深刻的研究。

從事各種經濟活動的評估及研究。因此，該所出版的內容也極為豐富，除了臺灣經濟研究月刊外，尚出版叢書及叢刊供各界參考。此外，由於經濟研究訊息的需要，該所正在籌設日本東京分所，以加強國內外經濟問題的研究，以提供各界高品質的研究成果。

民國六十八年中美斷交，美中（共）正式締結邦交。斯時鑑於我們對國內外經濟情勢以及中國大陸經濟所知有限，極待加強研究了解。乃由經濟建設委員會輔導策劃，於民國六十九年成立財團法人中華經濟研究院（基金十億元，其中一億元由工商界認捐）。由蔣碩傑教授統籌其事，于宗先教授輔助之。該院分成三個所，為大陸經濟研究所（稱第一研究所）、國際經濟研究所（稱第二研究所）及國內經濟研究所（稱第三研究所）。分別就大陸經濟情勢、國際經濟情勢及國內經濟情勢做深入的研究以供政府參考。目前由於經費充裕，該院共有研究人員67人，研究輔佐人員12人，可謂機構龐大，此外，其圖書、設備、期刊等，堪稱國內一流。由於人才、設備、經費齊全，該院在短期內已執國內經濟活動的牛耳，尤其是邀請國外著名經濟學者來華講學一事，更給予國內經濟研究很大的激勵。該院成立初期，由於研究人員尚待養成，研究成果及出版都很有限，但是，由於經驗的累積及歸國年青經濟學者的參與，這一年來其討論與研究風氣甚佳，中英文研究報告也陸續刊行。截至民國七十三年八月為止，共計出版該院同仁經濟研究中文論文五十三篇，經濟叢書七册，英文論文二十一篇，院外刊物刊行該院同仁論著中英文共六十六篇。咸信在充裕的經費、良好的圖書設備、研究環境及眾多人才互相砥礪，互相激盪下，其研究成果必更豐碩。

在中華經濟研究院籌備成立的同時期，王永慶臺塑企業集團屬下的明德基金會，也籌備成立生活素質研究中心，由高希均教授主司其

事。其成立之宗旨在推動有關生活素質方面的各項專題研究，尤以社會福利、住宅環境、敎育人力、休閒活動、文化藝術等問題，採取科際整合方式，結合政府單位、學術界及工商界之知識，共同爲之。目前該中心共有研究人員十四人，異動率偏高，大大影響研究工作的進行。在人員及經費短絀的情況下，該中心努力推動各種學術活動及研究工作，三年來共完成二十一個專題研究，舉辦九次學術研討會，出版十七種專集，均具特色及貢獻，該中心因之頗著聲譽。

2. 研究內容及其成果

我國學人旅外講學及研究不予列計，而專就國內學者的經濟研究論之❽，則可分成兩個階段來觀察我國臺灣地區經濟研究的內容及成果。

---

❽華人經濟學者在國際上卓著聲譽者有已逝的劉大中院士精於計量經濟學及中共大陸經濟問題；現任中華經濟研究院院長之蔣碩傑院士，以貨幣理論與總體經濟的研究早負盛名；現任敎美國普林斯頓大學 (Princeton University) 之鄒至莊院士，以計量經濟及最適控制理論之研究聞名；現任敎耶魯大學 (Yale University) 之費景漢院士則以經濟發展理論之研究飲譽國際；此外，尚有任敎密西根州立大學 (Michigan State University)之顧應昌院士、任敎威斯康辛大學 (University of Wisconsin at Madison) 之刁錦寰院士、趙崗敎授、任敎史丹福大學 (Stanford University) 之劉遵義院士，以及任敎康奈爾大學 (Cornell university) 之萬又煊敎授等各以其經濟理論、統計理論、大陸經濟研究、經濟發展理論之研究享譽國際經濟學界。個中尤以劉遵義 (Lawrence Lau) 院士爲國際經濟學術界之新彗星、年紀不過四十歲卽以一般經濟理論、經濟發展理論、計量及數理經濟、管理經濟及農業經濟學之大量高水準的研究論文享譽學界，因而於民國七十一年當選我國中央研究院院士。其他留外之經濟學者甚多，亦各以其專門研究而負盛名。如吳元黎敎授、鄭竹園敎授、陳迺潤敎授、劉榮超敎授、唐宗明、王業鍵、蔡茂松、蕭聖鐵、柳復起、劉本傑、李誠、張惠雄、趙乃偉、謝勇男等。

　　第一個階段是自光復後起至民國六十年之間，由於經濟學者人數有限，研究經費不足，經濟觀念不太普及，經濟發展所需配合的健全制度尚未建立，國內經濟學家的研究及政策意見與行政官僚的願望差距頗大，因而未受到應有的重視。因此，在這個階段裏，經濟學界側重經濟觀念的澄清、制度的建立以及經濟發展理論與政策的研究。

　　光復初期臺灣百廢待舉，稅收不足抑注龐大的政府支出，通貨膨脹的情形非常嚴重，導致三十八年的幣制改革，並有限外發行政策的施行。但是，由於沒有良好的預算制度，財政收支極不健全，物價極不穩定，膨脹壓力繼續存在。其所以如此就是主持財經大計的政府官員缺乏正確的經濟觀念所致。因此，經濟學界的老前輩們乃透過理論分析闡明正確的經濟觀念，諸如林霖教授之「財政經濟與通貨」、「論外滙審核制度的得失」， 張果為之「從限外發行談到通貨數量與物價的相關」， 以及林一新教授之「臺灣經濟研究引論」等作品無不在努力澄清政府官員錯誤的看法，提醒他們注意臺灣經濟問題所在，使臺灣地區的經濟發展步入正軌❾。但是， 由於計量經濟及數理經濟之分析方法尚未普遍被接納應用，所以在民國四十年左右的經濟研究多係經濟理論的譯釋及經濟觀念的闡明。張果為教授的統計分析方法可謂是開經濟研究數量化與客觀化的先河。

　　參閱臺灣大學經濟研究所的碩士論文❿，略可看出民國六十年前後經濟研究的主題和內容有所差異。由於承光復初期的學風，經濟研究多以經濟理論的傳述或經濟觀念的闡明為主。在六十五篇論文裏，

---

❾請參閱財政經濟出版社，《財政經濟月刊》，第一卷。40年12月。

❿請參閱臺大經濟研究所，《經濟論文叢刊》，第六輯，頁二七五～二七九，64年11月出版。

有的是經濟史的研究，如「英國獨立自營農民的研究」；有的是方法論的陳述，如「論樣本抽查及其經濟研究上的應用」；有的是前人理論的整理，如「馬斯格瑞夫財政理論之研究」；有的對經濟發展觀念的建立具有貢獻，但是並未具體落實到政策的執行上去；有的對理論的來龍去脈有詳細的說明，但是，若論新理論的闡揚，則殊少建樹。民國五十七年臺灣大學成立博士班，在邢慕寰、華嚴、于宗先、孫震、梁國樹、李庸三等諸位教授領導下，終於突破傳統經濟理論傳述的研究方法，期求研究論文必須建立模型，言之成物，俾能落實到政府政策的執行上或工商業決策之用。自此之後，經濟的研究方法與內容乃有顯著的更新，諸如「關稅保護效果的研究—有效保護率的分析」，已經能粗略提出關稅興革的具體政策意見；「臺灣電子工業之研究」也略能提供電子工業界投資決策之參考。由於此一學風不落俗套，具體而踏實，其他各大學也隨著朝此方向邁進以配合經濟發展的需要，逐使我國在發展經濟學（development economics）研究方面卓著聲譽[11]。

在此同時，陳昭南教授具有創造力的理論研究也有相當的成果。自民國六十一年起，他在貨幣理論及國際金融方面有一系列的理論論著發表在國際著名的學術期刊裏，因而奠定臺灣經濟學術研究的新里程碑[12]。麥朝成、許松根、梁明義等人踵涉其後，都致力於經濟理論的

---

[11]請參閱李登輝、梁國樹與林華德，「臺灣戰後經濟發展主要文獻」，臺灣大學經濟學研究所《經濟論文叢刊》第二輯，p. 249-280. 60年11月出版。內中共搜到中英文有關臺灣經濟結構及經濟發展相關問題文獻六百多篇。可見戰後迄民國六十年間臺灣地區經濟學界對經濟發展問題研究的熱衷程度。

[12]請參閱陳昭南, *Essays on Currency Substitution, Flexible Exchange Rates, and the Balance of Payments.* 臺北市銀行經濟研究室經濟研究叢書第廿五種。71年。

闡揚且有了成果，其中麥教授在區域經濟理論、個體經濟理論及貨幣理論方面卓然有成，深值重視[13]。他們的研究內容與方法是另一種突破，其指導的研究論文不但不落俗套，而且言之有物，如「經濟成長與國際收支—理論及實證的探討」、「輸入通貨膨脹之研究」等。

因此，民國六十年以後研究主題，不但延續了前一階段經濟觀念的澄清，經濟發展政策的研究及新經濟理論的傳釋；而且，注入了純粹理論的闡揚，以與國際經濟學術創作爭一席之地，使經濟研究的領域更為開闊。目前，經濟研究的機構除了九個大學經濟系及六個大學設立研究所以外，尚有七個專業研究組織，可參與經濟研究的年青學者約三百餘人，經濟研究的範圍與內容日漸廣泛而深入，任何有關經濟問題均有學有專長之學者鑽研之，研究報告也年有增加之勢。年青一輩在研究上很有成就的，諸如臺灣大學教授邊裕淵在所得分配方面的研究，薛琦教授在外資與經濟發展及產業經濟的研究，張清溪、吳忠吉等教授在人力教育與勞工經濟問題的研究；陳師孟教授在貨幣理論與總體經濟方面的研究；劉鶯釧教授在統計理論及計量經濟的研究；中央研究院經濟研究所的李繼祥、施順意、許嘉棟、梁啓源、蔡青龍等研究人員分別在經濟理論、農業經濟、總體理論、能源經濟及人口經濟方面的研究也都卓然有成。此外，中華經濟研究院的吳惠林、孫克難、王弓、顏吉利、高長等人，也都嶄露頭角，各有所長。

---

[13]請參閱中央研究院三民主義研究所, Papers in Social Sciences. 陳教授、麥先生等人之作品大多在國際著名經濟學術期刊如 Oxford Economic Papers（牛津大學）、Quarterly Journal of Economics（哈佛大學出版）、Journal of Political Economy（芝加哥大學出版）以及 Southern Economic Journal, Journal of Monetary Economics, Journal of Money, Credit, and Banking, Journal of Regional Science 等。

其他各大學，如中興大學之梁發進、吳森田、王連常福；政治大學的游坤敏、王春源、林柏生等人也都有相當的研究成果。這一輩年輕學者幹勁十足，心胸開潤，其互相衝激，相得益彰，遂使研究成果更勝往前，這眞是經濟科學界可喜可賀的現象❹。

四、經濟學術界對社會與政府的實際貢獻

經濟學術活動不論在教學、討論或研究方面，在這三十多年急劇變遷的經濟社會中，可謂貢獻良多。經濟學隨時提供社會人士與政府官員以正確的經濟觀念、理論依據及政策意見。人們不知不覺或後知後覺中接納這些觀念理論或意見，以作爲行爲上作或不作（do or not to do）的準則。雖然人們常常譏笑經濟學者是事後預知或意見分岐，但是，正如凱因斯在他一般理論一書中的最後一段話所述「那些深信自己完全不受任何智者影響的人，在思想或行動上往往是過氣經濟學者的奴隸；握有權力的狂人，只要撫拾一點陳舊的學術塗鴉，就忽發奇想，狂熱行動。與理論觀念緩慢的侵蝕力相較，既得利益的權力被完全過度地誇張，因此，往往許多人並非被新理論所影響，而是被已存在二、三十年之政治經濟哲學觀念所左右。當代公務員、政客及政論家，他們將那些觀念、理論應用到眼前的事端時，並非是最新的理念了。所以，遲早一定是理論觀念而不是既得利益在左右成敗大局」

❹由於研究人員甚多，研究內容廣泛，已發表之論文也很多，本文不及一一備述。最近中國經濟學會耗用約二十餘人的精力及半年時間，將臺灣經濟有關之個人論著搜集分類，按年編排，約可得四萬餘篇，定於民國七十三年秋出版。本文因篇幅有限，不可能詳爲討論介紹，有興趣者請函或電中國經濟學會索閱，以窺全貌。

⑮。這一段話對那些既得利益的耀武揚威，或官僚政客的不學無術，是一記當頭棒喝；同時，對於長年孤寂埋首經濟研究的經濟學者也是暮鼓晨鐘。經濟學家必須不斷研究，不斷更新，否則，往日的研究成果必定落伍，對現實的經濟問題起不了良性作用，甚至遺害社會大眾。

三十多年來經濟學術界對社會的貢獻大矣！首先在教學成果方面，至少已有近兩萬個社會中堅分子是自經濟系畢業。他們分別進入政府各級機構，如行政院經濟部、財政部、內政部、交通部，省府各單位，國營或省營各銀行及生產事業，稅務機構，教育單位，甚至各縣市政府；也有進入工商界，或成為大企業的重要幹部，或成為中小企業的經營主管。總之，有些人成為各公私單位的決策者，有些人則成為執行者。他們散佈在社會各角落，存在於社會各階層，將其所學應用到實際的社會生活上去，對社會生產有很大的影響。

在經濟觀念的傳播方面，經濟學界也盡了最大的努力。早年經濟學者創辦臺灣經濟月刊、財政經濟月刊等，極力鼓吹正確的經濟觀念，以改變社會大眾不合時宜的思想。民國五十七年以經濟問題為主要報導內容之經濟日報問世，這一個經濟專業報紙溝通了政府、經濟學界及社會大眾對生產訊息、經濟政策及經濟觀念的傳播，可謂厥功至偉，經濟學人更利用這一個用「文」之地，努力貢獻其智慧給政府當局及社會大眾。

民國六十三年施建生教授及經濟學界先進組成中國經濟學會，一以鼓勵經濟研究促進國內外經濟學術交流，一以舉辦各種經濟問題有

---

⑮請參閱 J. M. Keynes, *The General Theory of Employment, Interest, and Money*, Harcourt, Brace and World, Inc. Dec. 1935. 頁三八三～三八四。

關之座談會，出版經濟文獻以鼓吹經濟觀念。在此同時，由於人們逐漸體會經濟生活是社會大眾生命中最重要的一環，許多人對經濟知識求知若渴，因此，工商時報出刊了，很多經濟性刊物也隨之發行，如環球經濟、臺灣經濟月刊、天下雜誌等。

在這些報章雜誌的推波助瀾下，經濟觀念更是波瀾壯濶地推展開來。社會大眾逐漸認清政府政策對他們的生活、經濟利害有極大的關係；而左右政府政策的理論觀念，則掌握在經濟學者手中。這種認識及了解，特別在民國七十年的王作榮、蔣碩傑金融政策大論戰中，更為普及，更為深刻（詳見附錄二）。

王、蔣論戰以前，很多經濟評論或在報紙上，或在雜誌上，或在電視上，都沒有受到應有的重視。王、蔣論戰在高潮時期，雙方代表性學者及工商鉅子、政府官員均列席參與辯論，電視轉播的結果使社會大眾深植印象，自是以後，經濟評論甚受歡迎，學者兼任之經濟評論家也就備受尊敬。經濟學術也因而受到社會大眾的重視，今年（七十三年）的大學聯考，經濟學系一躍而為熱門科系之一，足見社會大眾已經體認到經濟學術活動的意義與貢獻了。

至於經濟學術對政府政策形成的實際貢獻，就遠非其他學科所可比擬。臺灣經濟發展之所以有現在的成就，經濟學者智慧的投注，嘔心瀝血的埋首研究，在各個不同階段都可謂貢獻良多。在此，擬就光復初期的經濟措施；民國四十年左右之土地改革；五十年代之經濟發展政策、賦稅改革；六十年代的復興農村經濟措施、穩定經濟政策及七十年代的金融政策等問題略述之。

光復初期生產停頓，人口驟增，軍政經費極為龐大，政府官員因缺乏經濟知識，又不重視經濟學者的意見，未能整頓稅收，執行預算政策以抑制浮濫的支出，也未能發行公債挹注政府的財政赤字；而為

了便宜行事，當局濫發通貨，以貨幣融通方式來彌補財政赤字。即至大陸撤守，人口與資金不斷流入臺灣地區，使需求突然增加，終於釀成超級通貨膨脹（Superinflation），臺北市批發物價在兩年半間（民國三十五年底到三十八年中）上漲率高達 1,183 倍之多。林霖教授在「財政經濟與通貨」一文裡有下面一段記述：「近十數年來，有一個很大的錯誤觀念，深入國人腦海，牢不可破。這個錯誤觀念是什麼呢？是認通貨爲購買力本身。由於這個觀念在作祟，過去大陸上，尤其是在抗戰期間及勝利以後，主管財政的人員，不必講求如何整頓稅收改革稅務的要道，也不必講求如何發行債券，如何維持債券價值的技術，他們不愁財源的阻塞，不怕支出的激增，更不用遵守什麼預算決算的規章，他們只擔心印鈔機運轉的不夠快，油墨紙張數量的不夠多。由於通貨膨脹竟成國策，膨脹性由慢性，而眞性，而惡性，卒至幣信掃地，財政破產，經濟崩潰，大陸淪陷，由於這個錯誤觀念的作祟，一般人民也覺得不必繳納什麼租稅，不必購買什麼公債，他們不再認爲國民有納稅的義務，購債的責任。有些反而利用關係，官商勾結，大量借款，囤積居奇，實行「吃光主義」，大發其「通貨膨脹財」。於是稅收愈減，國家愈窮，對印鈔機的依賴也愈甚，結果釀成上文所說的經濟崩潰，大陸淪陷的慘劇」[16]。

　　三十多年來嚴守學術研究崗位，在統計學術，財政理論與實務，景氣預測方面的研究極有成就的經濟學耆宿張果爲教授，也曾有這樣一段評述：「政府遷臺初期，確實聽說某部長眞不懂供求法則，與之談經濟問題，我們認爲要放鬆管制，他則認爲非加強管制不足以解決

---

[16]林霖，「財政經濟與通貨」，財政經濟月刊創刊號，三十九年十二月。頁三～一六.

困難；某金融首長眞不懂購買力平價之說，我們主張放鬆外滙管制，以免妨碍輸出（因新臺幣估價不實之故），他們主張複式滙率」❼。

在這樣的背景下，經濟學界的前輩仍鍥而不捨地研究及建言，爲當時之臺灣省政府主席陳誠先生及財政廳長任顯群等人籌謀經濟對策，因而有了第二次幣制改革（民國三十八年六月十五日），將舊臺幣兌換成新臺幣，並輔以黃金儲蓄存款及優利存款政策，以抑制超級通貨膨脹，在財政收入方面則於三十八年制定了愛國公債條例，以籌募公債；徵收防衞捐；整頓煙酒公賣，以增加收入；處理公產；發行愛國獎券（民國三十九年四月）及催收欠稅等。在外滙貿易方面，由於通貨膨脹壓力仍大，無法在自由市場裡維持固定滙率，而採行外滙管制措施。先是採行結滙證制度，後則採複式滙率，以較高滙率適用於進口，藉作選性限制；以較低滙率適用於出口，以鼓勵之。這些政策、辦法實施的背後都有經濟學前輩的參與。劉大中與蔣碩傑兩先生，當時任國際貨幣基金研究員，並爲我國行政院顧問，自然對於我國金融、外滙制度之興革貢獻很多。國內學者如王師復、林霖、張果爲等教授，對這階段之財政經濟制度之建制也出力不少。尤其是在兵荒馬亂，超級通貨膨脹盛行之際，經濟學者提供正確的理論、觀念與政策，終能抑制膨脹壓力，穩定動盪不安的政治經濟情勢，可謂厥功至偉。

可是，這個階段經濟學術界也曾受到政府官員的猜忌。猜忌來自兩個因素，張果爲教授言之肯切，認爲除了政府官員不懂經濟知識外，還有「門戶之見，使學術界與政府主管不能通力合作，發揮團隊精神。政府主管或於不得已時接受一部份學術界之獻言，但學術界之研究殊難得政府主管之協助與鼓勵」。「有（主管財政經濟之）部長先

---

❼張果爲，《浮生的經歷與見證》，臺北傳記文學社，六十九年，頁一一六。

生，因爲討厭國內學人的議論，且恐國內有人興起，影響他的地位，故不惜發大錢請國外學人（做專題研究）以邀壓倒國內學人的私願」❽。此誠爲經濟學術界同好的損失，也是國家社會的大不幸，深值財經朝野痛加檢討，以勿負於國家經濟建設的重責大任。

民國三十八年二月，故副總統陳誠先生任臺灣省政府主席時，宣佈實施「三七五減租」政策，自是乃展開一連串土地改革措施以促進土地分配平均化，提高農民增產的意願，改善農村經濟生活。果然，這一改革政策的成功，邃奠立「以農業培養工業」之基礎。一方面農村繁榮，提供廣大市場支持工業生產，提供農業剩餘以充裕投資基金；另方面，農業生產力的提高，也促使剩餘勞力外流，而壓低工業部門的工資水準，加速工商界的資本累積等。此一改革之成功，一部份得力於大陸時期土地改革的經驗，而土地經濟學家如蕭錚敎授，農業經濟學家如徐慶鐘、楊懋春、崔永楫、謝森中、李慶鏖、李登輝等人的參與，也是功不可沒。

到了民國四十年代，不論是金融制度、財政經濟制度、外滙貿易制度、農業生產、工業生產等在經過一番整頓以後，都已經上了軌道。再加上美援的注入，臺灣經濟逐漸呈現活潑繁榮的景象，政府爲加強配合美援之運用，發展經濟建設，乃訂定臺灣經濟建設四年計劃，在行政院設立經濟安定委員會，（下設工業委員會主持四年經建計劃之工業生產）、美援運用委員會、外滙貿易審議委員會，以辦理一般進口貿易及外滙管理業務等。從此展開了人稱臺灣經濟領港人尹仲容先生的尹仲容時代（民國四十年到五十二年）。尹仲容先生在這十二年之中，曾擔任中央信託局局長，生產管理委員會副主任委員

---

❽同前註。

（陳誠先生主之），經濟部長，經濟安定委員會秘書長，美援會副主任委員（副總統陳誠主之），外滙貿易審委員會主任委員以及臺灣銀行董事長等職。在王作榮教授的輔佐下，「臺灣蓬勃興起了各種工商業，在東亞僅次於日本，民營事業追過了公營事業，使世界各國大為尊重」⑲。

在這個階段，經濟學術界如王作榮、施建生、劉榮超及張果為等教授們都參與經濟建設四年計劃的設計與執行，總體經濟模型的建立，所得分配的調查研究等工作。其他如外滙審議辦法，單一滙率制度的改革（民國四十七年），以及獎勵投資條例（民國四十九年）的草擬，則大部份由劉大中及蔣碩傑等院士的建言中，得以實現。

進入五十年代後，由於四十年代所奠立之良好基礎，工業發展快速進行，資本形成倍於往昔，臺灣經濟乃進入起飛的階段——農產品商品化，農業生產市場化；工業生產則由進口替代轉而大量出口；美援停止，經濟上自立更生；國際收支赤字逐漸由出口擴張來彌補；政府財政結構趨向健全，由以往的赤字變成盈餘。但是，賦稅制度則成為經濟發展更上層樓的絆腳石。因此，在這個階段，經濟學者如邢慕寰、于宗先、李登輝、梁國樹、陸民仁、孫震、侯家駒、陳文龍、張則堯等，除了在迎接經濟起飛的經濟政策上有所建言外，即在積極鼓吹第一次賦稅改革的進行。民國五十七年行政院組成賦稅改革委員會，由旅美經濟學家劉大中博士主其事，國內經濟學者如郭婉容、林振國、林華德、張則堯、陳聽安等都曾積極參與其事，籌劃以所得稅等直接稅為中心的租稅制度。可惜，由於稅務行政方面的主張未被官僚系統所接受，致使賦稅改革成敗各半，允為經濟學術界之憾事。

---

⑲高越天，〔直道與政風〕，徵信新聞報，五十二年一月三十日。

六十年代初期，由於農村勞力外流，農業有關之制度僵化，致使農村經濟凋敝，與工商經濟的快速成長形成極強烈的對比。農業經濟學者，如李登輝、賴文輝、王友釗、吳恪元、毛育剛、熊中果、史濟增、余玉賢、邱茂英、陳希煌等教授，無不積極主張對農業經濟發展的絆腳石，如肥料換谷制度，予以大力興革，以提高農民生產意願及所得水準，使農工兩部門得以平衡發展。適時，蔣經國先生揆守內閣，求治心切，接納學界建議，乃於民國六十一年秋實行新的農村經濟建設措施，遂使農村恢復繁榮，在石油危機發生，世界經濟不景氣時，農村遂變成社會安定的最大支柱，使我國歷次在國際經濟風暴中仍能屹立不搖。這次學術研究及推動改革的成功實具貢獻。推動此一興革的學者，以時任農復會農經組組長及臺大教授的李登輝先生最為著力。

民國六十二年，正當石油危機發生的同時，我國出口貿易飛躍成長，國際收支有了空前的盈餘，貨幣發行量跟著增加百分之四十以上，其結果造成極大的通貨膨脹壓力，經濟情況極不穩定，石油價格節節上升，物價蠢蠢欲動，股票價格面臨大跌勢的局面。對於物價管制究應一次吸收油價的上升或逐次調整，乃成為朝野困擾及社會大眾關切的問題。終於在行政院長蔣經國先生明智的抉擇下，採納了時任行政院研究發展考核委員會副主任委員及臺灣大學經濟系教授梁國樹先生的主張，果斷地實行「穩定當前經濟方案」，在民國六十三年初全面調整民生必需品物價，一次吸收先前油價上升的成本，使可怕的惡性通貨膨脹消失於無形。

此外，民國六十年代金融制度的改革，如利率自由化，外滙管理制度的改革，如浮動滙率的採行等，在在都顯示經濟學者一貫主張之市場機能及經濟自由觀念，已經逐漸為國人及政府當局所接納。這個經

濟自由化的過程，無疑地是中央研究院蔣碩傑、顧應昌、費景漢、邢慕寰等院士們及王作榮、于宗先、梁國樹等學術界人士的鼓動所致。

在此同時，銀行制度及國營企業都曾再度受到學術界同仁嚴厲的批評。鑑於特殊的政治環境及國家的需要，學術界在此方面的建議（在國建會或其他場合）都只成了空谷足音而已。不過，在這個階段裏，經濟學者確實受到政府當局的倚重。許多學有專精的經濟學者被羅致於政府機構，且有極優異的成就。例如李登輝教授出任行政院政務委員，郭婉容教授與孫震教授出任經濟設計委員會副主任委員，梁國樹教授出任行政院研究發展考核委員會副主任委員，李庸三教授出任中央銀行經濟研究處處長，邱正雄教授出任中央銀行業務局副局長，毛育剛教授、陳希煌教授等出任農復會農經組組長等。此外，還有王作榮、于宗先、陳正澄、吳功顯、黃大洲、侯家駒、吳榮義、陳聽安、陳昭南等教授被禮聘爲經濟建設委員會的諮詢委員，就其所學與研究集思廣益，隨時參與公共政策的制訂等。足見政府對經濟學術界之重視，與往昔之對學術研究的排斥與打擊的情形已不可同日而語。

到民國七十年，由於前兩年的通貨膨脹及世界性經濟不景氣，使得國內也處於停滯膨脹（stagflation）的經濟病象。究應採取緊縮政策，控制貨幣供給增加率於10%左右，提高利率吸收游資，以抑制通貨膨脹，使其不致釀成兩位數字（two digits）；或應採取寬鬆政策，增發通貨，壓低利率以刺激投資意願，促進經濟活動，乃成爲朝野爭論的主題，而釀成王蔣金融政策爭論。主張先穩定後成長的蔣碩傑先生；與主張先成長後穩定的王作榮先生是此次論戰的主將。其他如費景漢院士、陳昭南先生、許嘉棟先生、陳文龍先生、柯飛樂先生等人也都嚴守崗位，發表中肯的見解。正如前文所述，此一論戰引起社會

大衆的關注，開啓經濟知識普及化的新頁，也爲政府當局提供實施金融政策的理論基礎。

　　總之，由於經濟環境變化多端，經濟措施也必須隨時因應情勢而有所更張。因此，經濟研究必須能隨時適切地提供訊息，予以忠告或提出可行的政策意見。因之，經濟學者應本著無所爲而爲的心情，專致於經濟研究，一方面得能傳播學術文化，另方面對經濟難題的發生有所預備而不致爲患。政府當局和社會大衆如能了解此一意義，在精神上及物質上踴躍支持經濟學術活動，則其於個人及社會國家之貢獻將莫大焉。

五、結論與展望

　　本文首先就我國臺灣地區三十多年來經濟學教學情形的演進略爲敍述。由於社會經濟變遷，經濟學系因而陸續增加、壯大。目前每年培育一千多個經濟系畢業生。其中大部份投入社會生產的行列，一部份出國深造或在國內繼續研究經濟學理論。就吾人所了解者，由於師資仍然不足，尤其是私立大學，師生之間的關係並不十分密切。教授所傳授的知識也很有限，因而使經濟系畢業生難能暢述學理或撰寫研究報告，這一缺陷只得由研究所來彌補之，顯然浪費了社會資源。經濟學者努力促使政府或企業善用資源提高效率的同時，首應避免經濟學教學雙方浪費精力及生命。教授宜努力研究以充實課程內容，誘發學生的興趣以發揮學生的潛能。學生應有學習的敬業精神，渴望新知的吸取並自動自發。可惜，由於學制及學年學分制的缺點，使得教授授課緩慢，學生學業未能專精，混鐘點與混文憑相輔相成，使我們大學教育的效果遠遜於美日諸國。其中一個主要原因也在於教授待遇非

薄，不及美日的三分之一，韓國的二分之一❷。畢業學生出了社會不
出三兩年，其收入往往較諸教授為高。教授們奮鬥半生僅得溫飽，物
質生活寒寒酸酸，社會地位日漸下降，其能堅守崗位全部投入教學研
究工作者可謂為數不多。

　　其次，就我國經濟研究方面而言，經濟學術界三十多年來大體都
能配合國情、社會及政府的需要，進行各種經濟問題的研究。由於制
度的僵化，三十多年來的經濟問題可謂層出不窮，解決問題的理論與
對策也就一直在推陳出新。在這種環境下，經濟研究者當然承受很大
的壓力，所以，近年來經濟研究機構迅速增加，對研究人才也有迫切
的需要。目前國內經濟研究人才（包括教學工作者及政府的經濟學
家）在三百人以上。這個數目遠不及美國的三萬人以上。依照人口比
例，我們若要做好經濟研究以應付日漸需要經濟評估工作的工商界及
各級政府機構，則國內至少需要一千個經濟學家。尤其是政府機構應
大量增加經濟學家來參與各部門內的計劃及執行工作。若然，一方面
可以提高各單位的執行成效，另一方面也使政府單位與經濟學術界之
溝通更容易進行，以有利於政府及社會大眾。此外，政府更應重視為
研究而研究的經濟研究工作者，只有經濟理論研究的推進才有可能使
我國經濟學術水準在國際學術論壇中佔一席之地，以提高我國國際地
位。同時，經濟理論研究往往能對實務運作提出一條可行的指導方
針，如果缺乏經濟理論研究，則經濟學術獨立發展乃不可能。因此，
改善研究環境，增加研究設備，提供研究機會及資訊，並建立升遷制
度，給予合理的待遇等，都是目前迫切需要的措施。

---

❷以韓國這樣的後進國家來比，他們的經濟學者所受的待遇也是我國學者所不
　能望其項背的。我國學者所得約僅及韓國學者之半。學者待遇微薄不是經濟
　發展程度高低的問題，而是制度與陳腐觀念所致。

　　本文堅信經濟學術活動對社會及政府施政有絕對的、正面的貢獻。三十多年來政府經濟政策的策劃與施行，無一不是有賴於經濟學術界人士參與，大如經建計劃的草擬，小如公車票價的訂定，都需要經濟學知識來加以圓滿完成。三十餘年來，我們可以看到經濟學家參與了幣制改革，消除惡性通貨膨脹；土地改革；外滙貿易改革；制定獎勵投資條例；制定農村復興措施；制定穩定經濟方案等。經濟學家因其貢獻迭獲肯定而甚受政府當局及社會大眾的重視。

　　回顧經濟學界往日的發展並非沒有缺點，在敎學方面偏重短期效益忽視長期效益，所以對某些基本課程或適合國情發展的課程却被忽視，如經濟思想史、中國經濟史、比較經濟制度等❷。在研究方面，則都偏重經濟發展、國際貿易與金融、貨幣與總體經濟等，至若產業組織、公共財政等則不受重視。其所以如此，乃因早年經費不足，人才有限，未能兼顧之故。

　　展望未來經濟學界的發展，無疑地是令人樂觀的。因為：第一、經濟研究工作能發揮的效益極大而其投入的成本相對於理工學科為低。一旦政府當局有足夠的智慧體認這一事實，對經濟學術活動將會鼎力支持。中華經濟研究院的投入、設立與茁壯、成長即是一個明顯的例子。第二、經濟研究人才輩出，且各有專長，在競爭與互助兩相激盪的情形下，研究內容與品質的提昇是可以預期的。雖然，我們的經濟學術界尚未形成如美國的「沒有文章發表就滾蛋」(publish or perish)的壓力，但是，沒有研究發表就是落伍的觀念，却是深植在年青經濟學者心中。這一代年青經濟學者衡量經濟研究成就與否的指標，已經

---

❷詳見張清溪，「中華民國經濟學博士的敎育方法與重點」，1984年科際整合研討會論文，七十三年。

由研究的質與量來取代其他的一切，做秀成名，拾人牙慧，缺乏創見
的研究報告已不再受到重視。這種學風的轉變，極有利於經濟學術界
之健全發展。第三、經過三十多年的教學與闡釋，經濟知識已相當的
普及，尤其是經濟性雜誌與報紙雜陳並列，提供多向溝通的功能，使
政府、企業及學者建立相當良好的共識，深信以此共識為基礎，經濟
學術當能百尺竿頭，更進一步。有志之士，曷興乎來！

民國七十三年八月完稿

參 考 文 獻

沈雲龍，《尹仲容先生年譜初稿》，臺北傳記文學社，六十一年。

張果為，「浮生的經歷與見證」，《臺北傳記文學叢刊》，六十九年。

《最近十年的教學》，臺北中國文化大學，七十二年。

張清溪，「中華民國經濟學博士教育的方法與重點」，《1984年科際整合研討會論
文集》，臺北淡江大學，七十三年。

潘志奇，《光復初期臺灣通貨膨脹的分析》，臺北聯經出版事業公司，六十九年。

蕭峯雄，「中美日經濟學博士教育之比較」，《1984年科際整合研討會論文集》，臺
北淡江大學，七十三年。

附錄一　各大學相關學系經濟學科七十二學年度主要教科書

一、經濟學

施建生《經濟學原理》(七版)(大中國)〔臺大經濟系; 中興合經系〕。

歐陽勛《經濟學》(三民)〔臺大農經〕。

Baumol and Blinder　*Economics, Principle and Policy* (1982) (華泰)〔東吳經濟系〕。

Mansfield　*Economics* (1983) (雙葉)〔政大經濟系; 輔仁經濟系〕。

Miller　*Economics Today* (1982) (茂昌)〔臺大農經系〕。

Ruffin and Gregory　*Principles of Economics* (1983)〔輔仁經濟系〕。

Spencer　*Contemporary Economics* (5th ed). (雙葉)〔臺大經濟系〕。

二、個體經濟學

石齊平《當代個體經濟理論與應用》(六十九年)〔輔仁經濟系〕。

林大侯《個體經濟學》〔臺大經濟系〕。

郭婉容《個體經濟學》(七十二年)〔輔仁經濟系〕。

鄧東濱與林炳文《個體經濟理論》(七十一年)〔中興合經系〕。

Call & Holahan　*Microeconomics* (1983, 1981)〔臺大經濟系; 輔仁經濟系; 東吳經濟系〕。

Gould and Ferguson　*Microeconomics Theory*〔臺大經濟系〕。

Henderson and Quandt　*Microeconomic Theory* (1983)〔政大經濟系〕。

Hirshleifer　*Price Theory and Applications* (1980) (開發)〔臺大農經系〕(續第八版)。

Nicholson　*Intermediate Microeconomics & Its Application* (1983)〔臺大經濟系〕。

三、總體經濟學

Ackley *Macroeconomics: Theory and Policy* (1978)〔政大經濟系〕。

Branson *Macroeconomics Theory and Policy* (1981)〔東吳經濟系〕。

Dornbusch and Fischer *Macroeconomics* (1981)〔輔仁經濟系〕。

Dornbusch and Fischer(趙鳳培譯)《總體經濟學》(七十一年)〔中興合經系〕。

Hadjimichalakis *Modern Macroeconomics: An Intermediate Text*
(1982)〔臺大經濟系; 東吳經濟系〕(據陳師孟教授說: 此書對 $Keyne_s$
理論背景與其利率理論之缺點極有幫助, 但極難教。〕

Poindexter *Macroeconomics* (md ed.)〔輔仁經濟系〕。

四、統計學

王義儒《矩陣統計》(六十二年)〔輔仁經濟系〕。

張金裕《統計學》(七十年)〔中興合經系〕。

鄭堯枰《統計學概要》〔中興合經系〕。

Anderson, *Sweeney and Williams Introduction to Statistics*〔政大經濟
系〕。

Menderhall and Reinmuth *Statistics for Management and Economics*
(1982)〔東吳經濟系〕。

Pfaffenberger and Patterson *Statistical Methods* (revised) (天一)〔臺大
經濟系〕。

Spiegel (王義儒)《統計學》(六十二年)〔輔仁經濟系〕。

Wonnacott and Wonnacott *Introductory Statistics for Business and
Economics* (1982, 1977)〔輔仁經濟系; 臺大農經系〕。

五、貨幣銀行

林葭蕃《貨幣銀行學原理》〔臺大經濟系〕。

林鐘雄《貨幣銀行學》(七十一年)〔臺大經濟系; 臺大農經系; 輔仁經濟系〕。

林鐘雄《貨幣理論與政策》〔輔仁經濟系〕。

陳厚侗《貨幣銀行學》（六十八年）〔中興合經系〕。

Fisher　*Monetary Policy and Banking System* 〔臺大經濟系〕。

Goldfeld and Chandler　*The Economics of Money and Banking* (1981)
〔輔仁經濟系；東吳經濟系〕。

Mayer　*Money Banking in the Economy* (1981) 〔臺大經濟系〕。

六、財政學

李金桐《財政學》〔政大經濟系〕。

林華德《財政理論與政策》（七十一年）〔輔仁經濟系〕。

周玉津《財政學原理》（六十九年）〔輔仁經濟系〕。

劉永憲《財政學原理》（七十二年）〔中興合經系〕。

Broadway　*Public Sector Economics* 〔臺大經濟系〕。

Musgrave and Musgrave　*Public Finance in Theory and Practice* (1981)
〔臺大農經系；輔仁經濟系；東吳經濟系〕。

七、國際經濟學

周宜魁《國際貿易理論與政策》（1982）〔輔仁經濟系〕。

陳文龍《國際貿易與金融》〔中興合經系〕。

Caves and Jones　*World Trade and Payments* 〔政大經濟系〕。

Chacholiades　*International Trade Theory and Policy* 〔臺大經濟系〕。

Heller　*International Trade: Theory and Emperical Evidence* (1973) 〔輔
仁經濟系；東吳經濟系〕。

Laffer and Miles　*International Economics* 〔政大經濟系〕。

Sodersten　*International Economics* (1980) 〔輔仁經濟系〕。

Ulbrich　*International Trade and Finance* 〔東吳經濟系〕。

八、中國經濟史

加藤繁《中國經濟社會史概說》〔東吳經濟系〕。

李劍農《先秦兩漢、魏晉南北朝、隋唐、宋元明經濟史稿》〔東吳經濟系〕。

趙岡與陳鍾毅《中國土地制度史、中國棉業史》(聯經)〔臺大經濟系〕。

錢公博《中國經濟發展史》〔輔仁經濟系〕。

《經濟史論文選篇》〔輔仁經濟系〕。

講義〔政大經濟系〕。

九、西洋經濟史

張漢裕《西洋經濟發展史》〔臺大經濟系〕。

十、西洋經濟思想史

張漢裕《西洋經濟思想史概要》(六十二年)〔臺大經濟系; 輔仁經濟系〕。

R. L. 海爾布魯諾《改變歷史的經濟學家》(志文)〔臺大農經系〕。

Landreth *History of Economic Theory* (1976)〔政大經濟系; 輔仁經濟系; 東吳經濟系〕。

附錄二　王蔣金融政策大論戰

原載於工商時報七十年八月廿四～廿六日

　　經濟學大師凱因斯曾經警告當代的衆多社會人士說：「人們儘管可以批評學者無用、不務實際，但是經濟學家及政治哲學家的思想，不管是否正確，其力量之大，往往不是一般人所能了解的。」

　　這句話值得我們仔細想想：大明化纖企業集團積欠行庫債款十億，結果由政府出面重整，主持人仍然坐轎車住洋房。但是，如果你倒了該公司五萬元，則可能纏上官司，打個沒完。十億之於五萬，相差何止千里，但欠人十億的可以穩坐泰山，區區五萬的却不得安寧，同意重整大明公司的官員憑什麼可以這樣陰陽倒錯，反逆爲順呢？歸結起來，只因爲經濟學家說過一句話：「大企業是不能隨便倒的，一倒不但會引起失業，而且還要考慮到產業的關聯效果……」。如果不是有一個如此堅實的理論在後撐腰，究竟有那一個官員敢於如此「圖利他人」呢？表面上他們是權傾一時的大官，說穿了，也許只是某種思想的代理人而已。

　　那麼，製造思想的又是什麼機構呢？那就是「學人」，就經濟思想而言，那就是「經濟學人」。而這些沒有下過田、作過細工、賣過陽春麵的紳士們，爲什麼只憑著一些看似抽象的觀念和冷酷的數學公式，就能有恁大的力量呢？一個最簡單的理由，就是他們幫大官們填實腦袋，使他們舉措有致、中規中矩。

　　對一個政治家或達官顯要來說，最可怕的事莫過於當他們碰到社會問題（經濟問題也是社會問題的一部分）時，腦袋空空、手足無措，搞不出一個行動的方針來。這種慌亂的模樣，足以危害其所扮演的角色、影響其未來的前途，因此當經濟學家以各種理論來餵飽他們的腦袋，讓他們有了行動的準則與依據時，自然就居於主宰的地位了。我們基於「協助工業轉型」的理論，所以對艱苦工業進口機器的關稅准予延期繳納；我們基於「吸收非膨脹性資金來貸放廠商」的理論，所以提高利率；我們更因爲「以汽車工業帶動關鍵產業的集團發展」理論，而籌設廿萬輛汽車廠……如果沒有一個「理論」，這些措施還不知道存不存在哩！

學人的力量還不僅於此，往往，政府爲了應付國會議員綿密的質詢攻勢，在制定大政策時，更非得求助於學界拿出個啥理論，以將其政策「合理化」不可，這不但是對政策有效性的愼重，也是減輕行政責任壓力的「理性反應」。譬如國貿局開放蘋果進口，惹得梨山果農倒閉破產，到處陳情；於是國貿局立刻祭出學術招牌，將開放進口的利弊得失，委由臺灣經濟研究所研究，這一來「行政責任」就「四兩撥千斤」的轉到「學術理論」來了，豈不妙哉！

經濟學人的意見旣然如此受到主政者的重視，則深諳「擒賊擒王」之理的經濟評論家或其他經濟學人，在下筆爲言之時，便從批評政府政策的表面，升高爲批評政策後面的理論了，國內經濟學界理論爭辯的節節升高，便是由這種「歷史條件」發展而來。

不過，就歷史條件而言，爭辯的背景尙不僅此而已，從1973年第一次石油危機之後到現在，世界各國紛紛出現物價上漲、失業增加的「怪現象」，把以往經濟學家所玩的遊戲——菲力浦曲線（卽物價上漲率高則失業率低，反之亦然）搞亂，以往凱因斯學派的法寶，如用財政、貨幣政策來調整物價及景氣等，似乎都已不靈光，於是出現了很多對凱因斯學派持異議的經濟學者，他們彼此間的意見雖不一致，不過對幾近「當權派」的凱因斯學派經濟理論，却同樣具有「革命」的熱情。

蔣碩傑便是異議派中的佼佼者。

在貨幣理論中，蔣氏早在1956年便已對凱因斯學派採取「膨脹性融通」的投資策略爲文加以反對，並提出模型指正其欠妥之處。1979年，他又以臺灣經驗爲例證，再次強調類似的看法。因此，蔣碩傑自去年歸國主持中華經濟研究院之後，便對着他所見到的凱因斯學派的風車，發動唐吉訶德式的攻勢，因而觸發了一場金融政策大論戰。由此看來，我們若說這一場論戰是凱因斯學派與異議派論戰的歷史延伸，倒也有幾分道理。

今年三月五日，蔣碩傑將其在某一會議中所作的演講，以「穩定中求成長的經濟政策」爲題，交由中央日報發表，就金融政策理論，對國內「時下一些社論作家」提出許多的「指摘」，由此掀起了經濟理論爭辯的大高潮。

　　蔣氏在文中指出，如果想拿「增加貨幣供給」來融通各種融資，一定會引起強烈的物價上漲。同時，他又說通貨膨脹是連續不斷的物價上漲現象，「有些論者及短見人士」拿國際油價促使成本增加作爲通貨膨脹的理由，看法實在很不確實。某種成本增加一次，按理說只能使價格提高一次而已，根本不能算是通貨膨脹。他堅定的說，去年臺灣地區的通貨膨脹是「金融赤字」惹的禍，也就是銀行放款的年增率超過儲蓄性存款的年增率，但却由中央銀行以增加準備金的方式來彌補。他並且說，這項通貨膨脹的來源，普通人士往往不能了解，甚至有一知半解的人士，妄說對生產性投資的放款不會引起通貨膨脹，實在是言僞而辯的言論，希望財經首長不可率爾輕信。

　　接著，文章中認爲：欲求今年物價上漲率降至百分之十以內，則貨幣供給增加率也要降至百分之十以內才行。他知道這種主張會遭羣起反對，因爲大家必然就心放款投資計畫的資金減少。蔣先生說，這種反對看法實在很幼稚，誘導人民將儲蓄存入銀行，才是增加放款資金的唯一方法，而只有把存款利率提高到一般人民預期物價上漲率以上，才可避免儲蓄資金搶購物資，或投資房地產、黃金、外滙等，以保全資產價值。因此，利率應該自由化，完全由市場供需競爭來決定。

　　蔣碩傑這種攻向社論作家風車的豪邁作法，果然引起一些時論作家的反響，於是以聯經、時報兩大報系爲據點的經濟專家，紛紛表示了意見。

　　他們認爲，在應用某項理論解釋經濟現象時，除了客觀的觀察事實外，還應該作綜合判斷。在目前景氣長期低迷之際，如果照蔣氏所言堅持緊縮政策的話，則勢必要付出蕭條、失業的嚴重代價；而且若要以貨幣供給增加率來維持穩定的話，由於貨幣數量對物價的影響在國內通常有九個月至一年的時間落後，根本就緩不濟急。至於利率自由化，他們認爲理論上雖具有許多功效，但若缺乏金融自由化以及經濟自由化的條件，恐難發揮。蔣先生對於制度障礙，未免看得太過輕鬆了。

　　在上述這些社論、專欄紛紛見諸報端後，蔣碩傑在隨後的演講及接受訪問時，幾度重申舉證說明自己的論點，並對不同的看法加以駁斥。而大約在同一期間，

另有一批年輕學者及兩位在中華經濟研究院分別任職的年輕學者，也先後發表文章補充說明蔣氏的看法。他們先推論出通貨膨脹是因，利率上升的壓力是果，並認爲只有貨幣供給的持續增加，才是構成通貨膨脹的「充要條件」。而去年通貨膨脹的成因，要從需求面尋求。並引申強調貨幣市場自由化的範圍應由「價」進一步擴展到「量」與「質」。

表面上看，這次論戰應該就此告一段落。事實上，緊接而來的幾篇文章，濃縮到王作榮及蔣碩傑身上，才將論戰帶向高潮。

四月十七、十八兩天，名經濟評論家王作榮在中國時報發表了一篇專文，題目爲「經濟學說與經濟現實」，對前述幾個爭論的問題，就學理與事實表示了個人的看法。王作榮先強調經濟學說要活用、要針對現實而不可執著，繼則再舉例說明日本明治維新及戰後重建都是以「金融赤字」的方式達成，而我國卅八至四十年代，也是採用「金融赤字」支持電力、紡織等業的發展。

然後，王教授列出了貨幣數量說的基本公式指出：貨幣供給量可能是物價變動的原因，但也可能是結果。物價的變動，應該從貨幣面及商品生產面去共同考慮才對，影響物價的因素很多，影響過程也很複雜，只用貨幣供應量來解決，未免太過簡單了。接著，王作榮又以臺灣經濟發展的實證經驗說明利率與貨幣供給額並不是阻止經濟波動的最有效工具，並強調這些現象皆無法僅用貨幣數量說來解釋。

在這篇文章的結論中，他指出：控制貨幣供給量於適當的水準只是一付藥方的許多味藥之一，必須配合其他藥味才有效，單獨重用，必將使停滯通貨膨脹更爲嚴重。

王作榮這篇文章，就事論事，基本上不涉及情緒問題，算是舖陳自己觀點的佳作，並且間接答覆了蔣的意見。

此後月餘，除了幾位國內學者再對這些論辯的問題發表了意見外，大抵皆採較無爭論的看法，而各傳播媒體中，也一直未見有蔣碩傑的發言。

不過到了六月二日，蔣碩傑擬就了一篇新的專文，在中國時報刊出這篇文章長達九千字，指名對王作榮文章的論點逐一加以剖析，遂使論爭的戰火升高到爆

炸點。

蔣氏首先指王作榮對史實的了解並不很正確，日本經濟的自由化及工業的復興與發展，實源於依「道奇方案」編製的「超均衡」預算，有效的控制了戰後的通貨膨脹。

然後，蔣碩傑也拿出貨幣數量說的基本公式，強調物資的供給除非有巨大的天災人禍，否則不大可能一年減少20％，而流通速率的增加，通常只是被動及「推波助瀾」性的。所以，經濟學家多數都同意貨幣數量的增加是物價上漲的基本原因。同時，他以日本的研究爲證說，國內貨幣供給如果能有適當的控制，則國外原料價格的上升，就不至於引起等量的國內物價上漲。

此外，蔣碩傑並攻擊王作榮一貫主張的低利率政策，他認爲「利率效果無關重要，索性將它壓低」的論點，是二次大戰甫停之後數年間，凱因斯學派中盛行的看法，王作榮適於其時出國留學，乃成爲他先入爲主牢不可拔的成見。蔣碩傑並指出：我國卽曾大膽提高銀行利率，放棄凱因斯學說以遏止通貨膨脹的國家，事實經驗俱在，絕對不容視爲「偶合」。

在「最後的幾句忠言」裡，蔣氏並忠告徒有好文筆，不用腦筋將理論與事實搞清楚，是不可隨便動筆的。並以賈讓「治河議」爲例，諷言文章寫得愈動聽，流傳得愈廣愈久，爲害也愈大，希望爲報紙寫文章的人多所警惕。

蔣碩傑這篇文章不只說理滔滔雄辯，對王作榮的點名批判更是火力十足，面對這種指名叫陣，以王教授耿直的脾氣及一貫的作風，斷無坐視之理。果然，中國時報在次日立卽刊登王作榮「敬答蔣碩傑先生」一文，又是洋洋洒洒八千多字，反擊駁斥一點都不馬虎。

文章伊始，王教授卽表明了是表示收到蔣碩傑歷來的攻擊與侮辱。繼則，他引述了幾段文字，強調「道奇方案」被提出後，日本從一開始就沒認眞接受。

然後，王作榮重提對貨幣數量說的理解，提出日本去年物價穩定得力的因素，並說，唯貨幣學派的最大缺點就是將一切成功都歸於自己，將一切失敗都歸之於別人。他指出，蔣教授的那一套「經濟學」，根本不顧現代銀行體系及中央銀行存在的目的，也無法對許多現存狀況自圓其說，而對利率的性質與作用，以及臺

灣的實證經驗，王作榮則說蔣碩傑的說法簡直是神話，其想入非非的程度，只有一個「迂」字可以形容。

王作榮這篇文章頗動肝火，王、蔣如此一對上，使得經濟學界眞正成爲劍拔弩張的局面了。

王作榮現任臺大經濟系教授，工商時報及中國時報主筆，與蔣碩傑一度同事，對經濟發展政策偏向重工業集團發展。他的主要見解摘要於「我們如何創造經濟奇蹟」一書，其他則散見於「財經文存」等著作。

王、蔣兩人的背景都相當顯赫，根據資料，王作榮係湖北漢川人，民國八年出生，蔣碩傑則爲湖北應城人，民國七年出生，兩人籍貫、年齡均相當。

在學歷方面，王作榮係中央大學經濟系畢業，美國華盛頓州立大學及范登堡大學碩士，高考及格。蔣碩傑則爲倫敦大學政經學院哲學博士，並於民國六十四年獲經濟學博士，在美國康乃爾等大學任教授。

在經歷方面，王作榮曾任世界銀行經濟發展研究所研究員、工業委員會專門委員、美援會經濟研究中心主任、經合會處長、顧問；並曾參與四年經建計畫工作、草擬十九點財經改革措施。他與臺灣經建決策人員共事甚久，對經濟建設問題也有長期而不斷的接觸，經驗之豐富，恐怕目前除李國鼎外，無人能出其右。

而蔣碩傑的資歷也毫不遜色，民國三十四年曾就任當時東北行轅經安會處長，後來執教北大；三十八年任國際貨幣基金研究員，與劉大中同任行政院顧問，草擬外匯改革辦法，四十七年當選中研院院士，並於五十九年至六十年間任過賦改會委員；民國六十五年曾任臺灣經濟研究所所長，後因接掌中華經濟研究院而辭去上職。惟蔣氏曾於民國四十年代出國一段相當長的時間，到了民國六十年代離開賦改會後，又赴歐美遊學，雖然遊學給蔣帶來了學術上的聲譽，不過却使蔣氏在一般人的觀感中難以擺脫「遠來和尙」的形象。

比較二人的現有處境，王作榮因擔任新聞評論家的工作，得以揮灑自如，故在一般人眼中似乎聲勢浩大；但是實際上蔣碩傑接近權力核心，擁有的財力、人力及地位，則是王作榮所不能望其項背。兼以蔣碩傑在治學方面是一顆明星，不

但畢業論文獲得倫敦大學的首獎，並且在美國學術界地位頗爲崇高，1977年蔣氏以「現代國際收支理論貨幣派的理論基礎」獲得當代美國知名學者的喝采，在這些條件下，蔣碩傑已經成爲一些靑年派經濟學人的偶像。

所以咱們如果祇看到經濟學人在報紙上你來我往的酣鬥場面，則一定認爲王作榮的文風犀利，咄咄逼人，蔣碩傑則處於劣勢；然而一旦談及實質條件，則情況可能剛好倒反過來。

從另一個角度來看，蔣碩傑類似美國白宮經濟顧問委員會的首席顧問，而王作榮則幾近時代（TIME）雜誌的專欄作家。

以平常人的推理能力，當不難了解，專欄作家及政府顧問是社會平衡桿上的兩端，一頭沉下去，那頭升上來，這樣上下搖擺，正是平衡的作用力；從力學的觀點，兩個力方向相反，謂之拮抗作用，講句白話，咱們稱爲「衝突」。因爲這種關係，使得王、蔣雙方遲早要發生論戰。

如果咱們換個角度來透視蔣王之爭，那便是「當代的李斯特何在？」（林鐘雄語）的問題了，李斯特何許人也？十八世紀德國經濟學家，爲歷史學派經濟理論的大師，他的一句名言是：「歷史告訴我們，那些擁有資源、得以藉此取得財富及權力的國家，必須依照個別進步的程度，變換其制度。」

歷史學派的基本觀點，倘可借用1853年凱利斯（Knies）的話來表示，他說：「經濟學的歷史解釋是建立在下列的信仰上，那就是經濟理論是發展的結果，是由任何特定時空的整個社會有機體和它的環境交織而成的。」這個學派在一、二次大戰期間沉寂了一段時間，而讓數理經濟學家獨擅勝場，但是這個潮流並未就此消滅，隨著目前正統經濟學在抑制通貨膨脹及減少失業的失敗，歷史學派終於重現江湖，而且日益發展。國內經濟學者王師復曾觀察這一現象而下了一個斷語：「……現在似乎有讓歷史學派的方法獲得相對優勢的傾向了。」

回味過這個歷史之後，我們再來看看王作榮在「我們如何創造經濟奇蹟」一書的說法：

「過去三十年（臺灣經濟）的發展路線，就一個處境正常的國家如菲律賓、馬來西亞、印尼等國而言，是一個相當正確及切合現實的路線……但如從我們整

個國家對經濟發展的需要來看，便需要作不同的考慮與評斷，及作另一番抉擇了……。」這與李斯特的看法不是有異曲同工之妙嗎？

再由他的文章「經濟學說與經濟現實」中所述：「經濟學說的流行就像女人的裙子一樣，沒有準，今年是迷你，明年是迷地，後年也許又回到迷你了……沒有經濟現實支持的經濟學說都是空說，能解決現實問題的經濟學說就是好學說」。這不是又與凱利斯所言有著若合符節之處嗎？

蔣碩傑在當代經濟理論界的翹楚地位，也是毋庸置疑的。記得去年七月政府召開國建會，國內外學者卽已就金融政策發生激烈的辯論，當時辯論的主題就是高利率與低利率的問題，爭執到最後，身爲主席的蔣碩傑輕輕的說了一句話：「對於這個問題的意見，請看我在德國雜誌上發表的一篇文章。」

這篇文章就是「貨幣理論的時尙與誤解及其對金融政策的影響」，我們可以說目前蔣先生對我國金融政策的建議（提高利率，是的，而且幅度要大），和這篇文章脫離不了干係。他的看法，用通俗的講法，就是說，如果管制利率於低水準，則在物價波動（上漲）時，實質利率是負數，換句話說，你的錢放在銀行裡生錢，但所生的錢通通被物價吃光不算，還得蝕掉老本。

這時你還幹不幹這種傻事？你如不幹，錢就跑出銀行外，別人向銀行便借不到錢，這時中央銀行要嘛就多發行鈔票，或用記賬方式借錢給銀行，以應付客戶；要嘛就只有任令銀行在粥少僧多的狀況下進行「配給」，這一來不但銀行產生貪污腐敗，且配給不到的人祇有轉向迪化街去支票貼現了。如果這樣，銀行的功能喪失殆盡，影響經濟發展實莫此爲甚。

蔣碩傑用「可貸資金設備」來作圖形實驗（事實上就是將希克斯所謂「靜態經濟學」的基本原理——供需分析略加改良），以證明他的看法不是說說而已。他接著說：「假如你（指讀者）對上述結論有啥懷疑，讓我舉個臺灣的經驗給你瞧瞧。」蔣把臺灣的資料處理得很漂亮，由資料加以比較，由比較誘導結論（如果你不滿意的話，還有廻歸方程式哩！），令你不得不歎爲觀止。總之，蔣把當前經濟理論的工具（模型——實證）用得出神入化，任何研究者不知不覺爲他的說法所吸引，因此，在做學問的方法上蔣實在是經濟學界的主流派。王作榮的

歷史學派方法，則反而是反主流派了。

王、蔣之爭從問題而起，又從問題一路追追追，追到方法上的差異，抽絲剝繭，始明白王蔣之爭確實是爭得必然，爭得服氣。

王蔣之戰，起於環境使然，而費景漢的加入戰鬥，則完全是「頑童心理」。費景漢在經濟學界大大有名，是財經六戰士之一，也是中國海外經濟學人的代表人物之一，他自七月分回國，聽說國內有「王蔣」大戰，乃躍躍然想寫篇文章探討這兩個人的核心思想。七月底，這位身居中研院院士，臺灣經研所所長的學者，終於在工商協進會的午餐演講會中，以「臺灣通貨膨脹理論與政策之檢討」為題，針對王蔣之戰，發表了他對王蔣核心思想探討的結果。

這個檢討結果，具有下列幾點特色：

①引用了經濟學上流量，存量的觀念來分別代表蔣、王對貨幣的看法，結果這個比喻有點偏離主題並附會了該二人的立場。

②費是最喜歡講「體系」（System）的學者，因此他畫了一個經濟運行體系圖來說明經濟之運行；但該圖只是個觀念並沒有助於釐清王、蔣之爭。

③事實上費的重點是在於將古典學派及凱因斯學派的觀點作一番整理，以之分別代表古典蔣及凱因斯王，然後歸結說凱因斯王實為昨是今非。

綜觀這篇文章，咱們的大學者支持市場經濟，恢復自然利率的旗幟鮮明，遺憾的是對這些主張並沒有比過去古典學者更高明的說法。因此費的全篇大作，與其說是剖析王、蔣腦袋瓜裡的核心思想，毋寧說是一篇頗具遊戲性質的文章，由此可見學人的可愛之處——湊熱鬧。

費景漢介入王蔣之爭，而且一面倒向蔣碩傑的說法，不但遭致「沒有切中問題核心」之譏，而且還引起國內專欄作家的普遍不平。而他把王歸入凱因斯學派，然後用該學派的邏輯來「解釋」王作榮的立場，更引起王的反感（因為王作榮自認絕非任何理論派別，他是就事論事），惹得王在中國時報、工商時報連登兩個讀者投書，聲明「不以費為辯論對手」，可見費景漢插手於王、蔣大戰，實無助於平息雙邊的意氣之爭，而導之於純正的國家大事辯論。這齣一時興起的王蔣戲外戲，除了熱鬧一下之外，基本上不能在國內經濟政策辯論過程中有若何關

鍵性的影響。

王蔣論戰只是經濟學界各流派論爭的開始，雙方旣然代表不同的潮流，將來的遭遇戰只有益發激烈，不會輕易妥協，爲了了解這個問題，我們得仔細檢視一下，目前的經濟思想界究竟是誰家天下。

數數當前最有影響力的經濟學家，王作榮及蔣碩傑是名正言順，但除此二人之外，尚有甚多優秀的經濟學者值得大家注意，大體上，這些傑出的學者可分爲三種不同的角色，一爲「同中書門下」，一爲「外科大夫」，一爲「獨行俠」。

①屬於「同中書門下」型的，是擔任政府經濟幕僚的學者，包括央行副總裁郭婉容、經建會副主任委員孫震、央行經研處處長李庸三、外匯局副局長邱正雄，經建會經研處處長葉萬安等人士，他們的意見是「訂貨生產」，常常是研究上級交下的問題，並作成建議，效果往往極強。

②屬於外科大夫型的，包括不在政府機構任官（或官階不高的人士），而與大眾傳播界有密切關係的一批學者，如林鐘雄、柯飛樂、侯家駒、潘志奇、劉泰英、高希均等人，這些學者爲各界所知名，對時政建言甚多，有時也可以發揮上達民情的功能；但基本上他們是經濟政策的第三者，其意見就像超級市場上擺出的貨色，供政府官員自由採買，不必然發揮作用。

③另外尚有一些學者，頗類似民間的意見領袖，他們作研究、談理論，與朋友們交換意見，然後慢慢擴散他們的研究報告及口頭意見，終於被權力圈中的人士所認知，他們的意見旣不是直接向政府報告（第一種傳播孔道），也不是透過傳播媒體反應（第二種孔道），而是透過這種人與人接觸的「第三種傳播孔道」而發揮作用。陳昭南、施建生等人，就屬此類學者。

嚴格地說，此三種分法並不是互斥的，因爲同一位學者，可能同時具備三種身分，不過若以「顯著角色」來區分，上述的分法應該還相當合理。

如果我們再仔細一想，立刻會發覺經濟學界這個圈圈很小，不管上面三種學人的角色有何不同，彼此的關係倒是極爲密切——他們大多是同門之內的師兄弟！你甚至可以說，臺灣的經濟思想界百分之八十以上出於臺灣大學經濟系。比方說，孫震、林鐘雄、李庸三等人與王作榮不但是同事（臺大教授），而且是師生；

于宗先、潘志奇、郭婉容、陳昭南、施建生也是臺大的教授，這些人共同培植了新一代的經濟專家如石齊平、邱依忠、薛琦、許嘉棟、吳忠吉等人。因此經濟學界師祖、師父、師兄弟濟濟一堂，漪歟盛哉，知名學者中雖有少數如侯家駒係中興大學畢業等等，但是其中主流係臺大經濟系，則屬毋庸置疑。

由於這種關係，我們可以斷言，今後十年內，主宰臺灣經濟思想者，仍將是臺大經濟系所培植出來的這些專家，他們循三種方式，同樣對政府政策發揮強大的影響力。至於遠來唸經的和尚，或可對思想潮流作若干的衝擊（如國建會學人），但在政策的成形（Shaping）過程中，仍得靠這批「既有資產」！所以你可以這樣說，臺大經濟系對為數龐大的升斗小民經濟景況的變化，具有極具威力的「貢獻」！不管你喜歡不喜歡，你的未來，有相當程度就靠這批人能不能為咱們謀出一條康莊大道而決定！

在這樣的組織型態下，由於王作榮長期任教臺大經濟系，因此門下學生才俊備出，他們填充了上述三大孔道的前兩者——官方及評論界，自然使得王氏的言論頗具力量。不過話說回來，王氏沒有搞派系的個性，他的學生因職責所在也未必均奉王作榮的意見為圭臬，因此王作榮雖然位極尊崇，却祇是名義上的領袖，他發動學界「圍剿」「異己」的能力，坦白地說是不能，也是不為的。

那麼，蔣碩傑的進入臺灣經濟學界，對現狀的影響又是如何呢？

這位曾被倫敦大學列為論文第一名，牛津大學將其論文以顯著篇幅處理的學者，曾參與國內的賦稅改革（與劉大中先生合作），並對獎勵投資條例之創訂參贊甚多，62年又聯合五名院士提出財經改革意見，深獲決策階層器重，對形成臺灣經濟政策的力量甚鉅。目前的浮動滙率、利率自由化均與蔣氏建議頗有關聯。不過在以往，這些影響都是較局部性的，而且由於蔣碩傑數度離開臺灣，是「過客」而非「歸人」，故其根基不深，經濟政策的大勢還是多由國內這批經濟學家來引導。

現在蔣氏親自主持中華經濟研究院，一方面正是決策當局深深倚重的象徵，一方面也使其個人身分異於從前，他有力量從獻言階段跳出，而長期專注於政策的成形，力量自然有數倍的增幅，他的意見便也直接面對政策面的爭執。

看看中華經濟研究院的陣容，以于宗先為副院長，蔣碩傑與政府單位的上層

經濟專家自然不愁交流之便。海外學者如趙岡、侯繼明、費景漢、顧應昌等亦網羅於陣容之內，加上梁明義等具有良好理論素養的年輕學者擔任研究員，及一批臺大、政大經研所的年輕碩士、博士，在聲勢上也頗有一番壯麗的場面。這些有利條件加上經費充裕，制度百分之百彈性等優勢，使得中華經濟研究院成立伊始，便成為研究工作者的一個磁極，令甚多年輕學者心嚮往之。

中華經濟研究院的成立，雖然已經隱隱然使目前的國內師生關係受到相當的衝擊，但一時間還難以改變以臺大經濟系為主體的現狀。該院所募招的新生代中，不但以臺大經研所的研究生分量甚重，在兼任的研究員中亦然。而蔣碩傑目前也在臺大開課，再加上副院長于宗先亦為臺大經濟研究所多年的教授，其所選拔的優秀學生，自然是仍在這個體系之內。因此，震撼誠然是有，但却尚難改變經濟學界既存的現狀。

至於王、蔣之爭及中華經濟研究院的成立，對上述三種經濟意見形成孔道又有何種影響呢？制衡思潮的崛起，最後目的並不在於誰壓倒誰，而在於融合不同方法與思想的優點，對經濟政策的形成及執行，是有益無害的。

首先，任職政府的經濟專家，因為所受的訓練相當類似，觀點的溝通速度甚快。蔣碩傑的看法，當然會迅速的被吸收，另一方面經濟官員接觸實際問題，對王作榮所提出現實考量的「方法」，及對理論濫用之警告，也必然有所警惕。尤其「王老師」桃李滿天下，身為學生的官員們，在進行第三孔道的溝通時，仍然必須向素有經驗的老師請教，以免淪為斯庫湼夫所稱的窘境，那就是：

「在公共政策方面，許多提案都是由商人或官吏所提出的，這班人的基本訓練，如果有的話，那就是屬於法律、歷史、行政、工程以及其他經濟學以外的學識。事實已經不止一次地得到證明：他們只要學得一點經濟學初步知識，則其對經濟政策的擬定絕不比經濟專家差，甚或有過之而無不及。」

其次，蔣碩傑在理論上的實力，固能直指經濟政策的理論基礎，而王作榮所揭櫫的觀點，則可能激發學者對經濟行政機器運轉的效率作進一步的探討。如果沒有王、蔣之爭，這樣一種連鎖反應可能還不會很快發生，這兩件事兒，對咱們升斗小民都是有好處的。

　　對於走「外科大夫」路線的學者而言，在經過一段漫長的「承平時期」之後，常常使得寫稿成爲一種「制約反應」。這下子忽然有人將「時下的某些社論作家」稱爲「短見」、「妄說」，不管自己是否處於暴風圈中，總是平地一聲雷，正足以刺激咱們的紙上意見領袖突破以往格局，有競爭才有進步，有進步，貢獻大焉。

　　不過，由於評論家受到題材及時間的限制，要進行深入的研究頗不可能，故其進步的步伐必須與第三溝通孔道連在一起，卽人與人的接觸。

　　微妙的是，第三勢力——獨行俠極可能扮演兩種思潮陣營溝通的關鍵，咱們不難猜到，諸如張茲闓、陳昭南等人，旣不參加這項爭辯，平素又與蔣、王私交甚篤，學識地位也夠格，當然角色上的積極作用就大了；蔣碩傑辦臺灣經濟問題座談會，請張茲闓主持，請陳昭南提供意見，就是個明證。

　　不過這項發展，却又突出了一個問題，那就是學者對現實政策的參與問題。以中央研究院三民主義研究所籌備處主任陳昭南爲例，他很少參與大衆傳播界的時政評論，爲的是保持學者的超然性；事實上他手下的研究員也很勤勉地維持這種純學術研究的風格，成績相當理想。他一方面見識於蔣碩傑，一方面由於在國內學界一貫的「獨行俠」作風，因此甚受部分學者及官員的尊重，但因爲種種因素，陳昭南始終見外於經濟政策的決策圈。

　　但是這類學者却也因爲他們是少數，又缺少進入權力核心的「能力」，因此也許成爲最能「耳根清靜」作學術研究的一羣，在以往，他們是讓學界處於均衡時代的最後結論。然而，王、蔣理論之爭，加上中華院的重石投入了原本水波不興的經濟學界湖心，時移勢異，這類學者的角色便相當微妙。在潮流衝擊之下，欲維持思想上的中立甚難，而一旦捲入現實政策的爭辯，則又將引起整個學界在孔道與組織上的紛擾。目前他們在表面上似乎暫時維持沉默，不過在將來却極可能舉足輕重，成爲經濟學界的一個關切問題。

　　由此可見，經濟學界因王、蔣之爭，所呈現的一片刀光劍影目前雖暫告止息，不過在考察了爭論背後的原因及目前學界的狀況之後，誰也不敢說這個故事已經全部了結，好戲還在後頭，咱們走著瞧吧！

蔣碩傑・王作榮論戰觀點對照表

問題焦點	蔣論點	王論點
成長與穩定孰先	先穩定物價，再求成長。	在可容忍的穩定環境下，全速推動經濟發展，大敵當前，打的是成長，不是穩定。
去年通貨膨脹主因	赤字金融。	進口成本推動。
今年通貨膨脹對策	控制貨幣供給額及利率自由化。	沒那麼簡單。
戰後日本金融政策	採道奇方案，實行「超均衡」預算。	大量對工業融資，甚至採金融赤字。
貨幣數量說學派	貨幣數量的增加是物價上漲的基本原因。指王出國留學間中了凱因斯學派的成見。	產出量及物價也可影響貨幣數量。指蔣為「唯」貨幣學派
臺灣實證經驗	利率提高，物價卽迅速下跌。	利率提高及貨幣供給無法單純解釋過去的物價之漲跌。
利率性質與作用	是競爭價格，可吸收資金於有效用途。	是價格，也是成本，是無效率的政策工具。
利率自由化	可找到資金供求雙方的均衡點。	有央行及黑市在，自由化效果必受阻。
貨幣供給額增加率	今年應降至百分之十以內。	將有嚴重的衰退。

臺灣光復後中華民國法制發展的概述

內容大綱

一、緒論

二、本論

　　㈠、憲法及動員戡亂時期臨時條款

　　㈡、中央制度之法規

　　　　第一、國民大會

　　　　第二、中華民國總統府

　　　　第三、行政院

　　　　第四、立法院

　　　　第五、司法院

　　　　第六、考試院

　　　　第七、監察院

　　㈢、地方制度之法規

　　　　第一、憲法對於地方制度之規定

　　　　第二、現階段之臺灣地方自治

　　㈣、人民權利義務及基本國策之法規

　　　　第一、概　述

　　　　第二、民法及關係法規

　　　　第三、刑法及關係法規

　　　　第四、民事訴訟法及關係法規

　　　　第五、刑事訴訟法及關係法規

　　　　第六、行政法規

　　三、結論

臺灣光復後中華民國法制發展的概述

梁 宇 賢

一、緒 論

我國的法律制度，自古迄今約可分爲二個時期，即㈠爲清末以前之舊法制❶；㈡爲民國建立後之法制。關於民國建立後之法制，復可分爲三：即 1. 爲民國建立至民國十七年立法院成立以前過渡時期之法制；2. 爲民國十七年十二月五日立法院成立以後至民國三十八年十二月七日，大陸變色，神州淪陷；3. 爲民國三十八年中央政府播遷來臺迄今。

在清末以前，我國之法律（簡稱爲舊法制）是中華民族固有之產物，古時的農業經濟，以崇拜祖先之家族制度與宗法社會及儒家之禮教爲法律之基礎，其間雖有朝代之更易，但終不能脫禮主刑輔之巢臼，數千年來，自成一法系❷。此一法系，固有其崇高之歷史地位，但逮乎今日，則不足以應時代之需要。蓋儒家之思想，推崇人格的敎化，強調以德服人。孔子曾謂:「道之以政，齊之以刑，民免而無恥。

---

❶參閱陳銘堂著《中國現行法制之精神及發展》第一頁（民國七十一年十月出版）。

❷參閱陳銘堂前揭書第四三頁。

道之以德，齊之以禮，有恥且格。」又謂：「其人存則政舉，其人亡則政息。」孟子亦云：「徒善不足以爲政，徒法不能以自行。」此等先聖之言論，深植國人之腦海，因此一般人對於法律，非但無信心，甚至加以鄙視，而寧願信賴主觀獨斷之人治。禮教之下，講求倫常，卽所謂「君臣、父子、夫婦、兄弟及朋友」之關係。在家族中，親疏尊卑長幼之分異；在社會中，貴賤上下之不同，使得我國舊有之法制缺乏平等性。儒家講究尊君、上下之觀念，深得歷代帝王之喜好，有助鞏固王朝之安定。何況秦國最主法律，亡國最速，爲歷代帝王所戒，所以歷代君主，認爲法律之作用，在於助禮教之不足，而法律之內容，亦以禮教爲其依據。因此，我國舊有法制採禮刑合一，將基本之道德規範訂爲禮制，禮制中最基本之事項，附於刑律之罰則。凡有違反者，卽科以嚴刑峻罰❸。此種法律與道德合一之制度，人民易於遵守，自有其優點，但是禮教重於法律，法律爲手段，禮教爲目的之觀念，因而產生輕視法學、不重視法學之研究，進而重人治而輕法治之現象，認爲有賢明之君主，則可國泰民安。政治之動亂與社會之安定

---

❸　例如：(1)唐律中有專爲維護禮教規律而設之罪名，如：戶婚，居父母喪生子條：「諸居父母喪子者，徒一年」。(2)「律疏」解釋律文，常從禮經中取證。如：名例十惡條：「七曰『不孝』……聞祖父母父母喪，匿不舉哀」。疏：「依禮，聞親喪，以哭答使者，盡哀而問故。父母之喪，創鉅尤切……今乃匿不舉哀，或檢擇時日者並是」。(3)禮教規則，常充作條文加以應用，以補法律之不足，如職制，匿父母喪條，疏：「問居期喪作樂……，律條無文，合得何罪？答曰：律雖無文，不合無罪，從『不應爲』之坐」。(4)舊法制中有一個具有普遍性之條文，將一切不合道德的行爲作爲犯罪，此卽「不當得爲或不應得爲而爲之者處罰」的規定。漢律之「不當得爲」條及唐律雜律之「不應得爲」條，卽是律令無條，惟違背儒家經義之行爲或理不可爲者加以處罰之根據。

與否，常與帝王之德性有密切之關聯。

　　由於帝王專制時代，法律之制頒，出於帝王個人之意思，作爲鞏固王朝之御民工具，加以不肖胥吏，藉法律之繁雜龐大，上下其間，魚肉良民，因此一般市井庶民，深信「訟則凶」，視「上公堂」爲畏途，甚至連鴻儒顯宦，對於疏令典章、聽訟法制，亦抱「敬鬼神而遠之」之憎惡與逃避之情結❹。然則，民主時代之法治，其法律之產生，出於人民之公意，在於保障人民之權益，而政府之功能，在於實現法律爲目的。因此民主時代之法治，與帝王專制時代之「依法統治」截然不同❺。

　　清末政治腐敗，國是日非，雖然一度變法，力謀法制之改善，將當時之律例，參酌各國法制，悉心加以改訂，完成「十九信條憲法」、「大清新刑律」、「大清民律草案」、「大清商律草案」、「民事訴訟法草案」、「刑事訴訟法草案」等❻。惟國父　孫中山先生領導國民革命，以「建立民國」，實行「五權憲法」爲號召，終於推翻專制，締造中華民國。當時中華民國之法律尙未頒行，而各省暫行規約又不一致，因此國父於元年三月十日頒布命令：「現在民國法律未經議定頒布，所有從前施行之法律及新刑律，除與民國國體抵觸各條，應失效力外，餘均暫行援用，以資遵守。」又於同月廿四日咨請參議院審議適用民刑

----

❹參閱李鴻禧著《戰後臺海兩岸推展法治之比較》。

❺所謂「依法統治」即 Rule by Law，係指我國歷史傳統上典章法制，其法律之產生，非由人民所選出之代表開會決議而制定，因此這些法律，並非基於人民之公意而產生，故與排拒人治之「法治」(Rule of Law and not of Man) 有所不同，不可混合。

❻參閱秦尙志著《中國法制及法律思想史講話》第一七一頁（民國五十五年十一月初版、水牛出版社）；以及羅志淵論著《近代中國法制演變研究》第一九三頁至第二○四頁（民國六十五年六月臺初版）。

法律草案及民刑訴訟法等，經該院於同年四月三日議決：「所有前清規定之法院編制法、商律、違警律及宣統三年頒布之新刑律，刑事民事訴訟律草案，並先後頒布之禁煙條例、國籍條例等，除與民主國體抵觸之處，應行廢止外，其餘均准暫時適用。惟民律草案，前清時並未宣布，無從援用。嗣後凡關民事案件，應仍照前清現行律中規定各條辦理……。」所以民國初期之法典編纂及其適用，多沿用清末之舊制❼。

　　民國元年至民國十七年間政局混亂，法令滋多，制憲未成，法典多屬草案，時有「毀法」、「亂法」之事發生，所以民初之立法乏善可陳。當時國家雖然內憂外患，國民政府仍排除萬難邀請法界耆宿、學者專家，以清末民初移植歐美法制之雛型，對於歐美及日本近代法治，加以比較研究、分析並權衡我國當時的實際環境與傳統法制，於民國十七年十二月五日，國民政府成立立法院。在民國十八年五月廿三日國民政府公布民法總則篇，同年十月十日與同法之施行法同時施行。民國十九年十一月廿二日公布民法債篇、物權篇與同年五月五日同法之施行法同時施行。民國十九年十二月廿六日公布民法親屬篇、繼承篇，於廿年五月五日與同法之施行法同時施行，民法法典完全正式頒行；在民國十八年先後公布票據法、公司法、海商法、保險法、工會法並付諸施行。民國十九年頒行勞資爭議處理法及土地法、民國廿年施行工廠法及至民國廿六年制頒商業登記法，致使商事法規頗具規模。至於刑事訴訟法亦早於民國十七年制頒，而與民國廿四年施行刑法時一併付之實施。此外，民事訴訟法於民國十九年、廿年兩次公

❼參閱吳經熊著《我國新舊法制在哲學上的基礎》第二八頁至第二九頁，載於《國魂》第二五五期。

布實施。最重要的是國民政府於民國廿年五月五日於南京召開國民會議，同年六月一日公布「中華民國訓政時期約法」，樹立憲政初步基礎之後，中國國民黨為了結束訓政，隨即以 孫中山先生五權憲法為理論基礎，努力於五權憲法體制之草擬，並於民國廿五年制訂「五五憲草」❽。至此，現代法制國家所不可或缺的《六法全書》雛型，逐漸制頒施行，進入現代法制體系之門檻，也對日後我國實施民主法治之憲政體制，奠下良好基礎。

正當我國全國底定，努力建設之際，原定於民國廿六年十一月召開國民大會制定憲法，惟日本軍閥發動侵華戰爭，全國漫天烽火，制憲之呼聲，雖甚囂塵上，但事實上無法實行。迨民國三十四年九月，抗戰勝利，國土重光，當時戰火剛息，瘡痍滿目，共產黨乘國民政府戮力對外之際，擴充實力。政府為加強團結，重建國家，乃排除萬難，於民國卅五年十二月廿五日，國民大會在南京通過中華民國憲法。民國三十六年一月一日國民政府明令公布，同年十二月廿五日正式施行，結束軍政、訓政時期而進入憲政時期。

二、本　　論

(一)　憲法及動員戡亂時期臨時條款

中華民國憲法係中華民國國民大會受全體國民之付託，依據 孫中山先生創立中華民國之遺教，為鞏固國權、保障民權、奠定社會安寧，增進人民福利而制定。共分「總綱」、「人民之權利義務」、「國民

---

❽參閱展恒舉著《中國近代法制史》第一五七頁（民國六十二年七月初版）。

大會」、「總統」、「行政」、「立法」、「司法」、「考試」、「監察」、「中央
與地方之權限」、「地方制度」、「選舉、罷免、創制、複決」、「基本國
策」及「憲法之施行及修改」等十四章，共計一百七十五條，使中華
民國基於三民主義，爲民有、民治、民享之民主共和國。然而行憲不
久，中國共產黨旋即以武力叛變，佔據中國大陸，建立中共政權。

　民國三十八年大陸神州變色，國民政府倉促東渡來臺，民主憲政
之實施，只能局限於臺澎金馬一隅，而當時實施民主法治的憲政體
制，不甚理想。因爲臺灣地區在光復之前，清末中日戰爭失敗，締
結馬關條約時，將臺灣及澎湖割讓給日本，致臺灣地區淪爲日本殖民
地，受日本異族之統治達半世紀之久，在日本異族壓迫下過著奴隸的
生活。加以日本軍閥窮兵黷武戰禍連年。臺灣地區之同胞，欲求安定
之生活尚且不能，遑論體驗民主法治之經驗。光復之後，臺灣雖然返
回祖國之懷抱，但一般人民教育水準低，法治思想落後，經濟窮困。
因此，實施民主法治之憲政制度，仍相當之困難。何況國民政府面臨
大陸淪陷，堅守臺灣不易之嚴酷事實，雖仍欲貫徹實施民主憲政之本
旨，俾以在臺灣推展民主法治之憲政體制，爲日後三民主義統一中國
之經驗與殷鑑；然而首先必須謀求政治與社會秩序之安定，穩固山河
變色後臺灣緊急狀態下之民心士氣。因此政府首先宣布戒嚴，力謀政
治與社會秩序之穩定，同時制頒「動員戡亂時期臨時條款」，以期因
應推展民主法治之憲政體制時所面臨非常之緊急狀態，俾「戡亂」與
「行憲」能併行而不悖❾。

　「動員戡亂時期臨時條款」自民國三十七年五月十日國民政府公
布以來，爲了適應事實之需要，國民大會臨時會曾先後於民國四十三

---

❾參閱李鴻禧著《戰後臺海兩岸推展法治之比較》。

年、四十九年、五十五年、六十一年等召開會議修訂，並經由總統公布。玆將其規定述之於下：

1. 總統之緊急處分權：總統在動員戡亂時期，爲避免國家或人民遭遇緊急危難，或應付財政經濟上重大變故，得經行政院會議之決議，爲緊急處分，不受憲法第卅九條或第四十三條所規定程序之限制。

2. 緊急處分之變更或廢止：前述一、緊急處分，立法院得依憲法第五十七條第二款規定之程序變更或廢止之。

3. 總統、副總統連任限制之排除：動員戡亂時期總統、副總統得連選連任，不受憲法第四十七條連任一次之限制。

4. 動員戡亂機構之設置及職權：動員戡亂時期，本憲政體制授權總統得設置動員戡亂機構，決定動員戡亂有關大政方針，並處理戰地政務。

5. 中央政府行政機構與人事機構之調整：總統爲適應動員戡亂需要，得調整中央政府之行政機構、人事機構及其組織。關於人事機構及其組織之調整，如行政院人事行政局組織規程卽是。

6. 充實中央民意代表機構之方法：依該動員戡亂時期臨時條款六之規定，動員戡亂時期，總統得依下列規定，訂頒辦法充實中央民意機構，不受憲法第廿六條、第六十四條及九十一條之限制：

(1) 在自由地區增加中央民意代表名額，定期選舉，其須由僑居國外國民選出之立法委員及監察委員，事實上不能辦理選舉者，得由總統訂定辦法遴選之。

(2) 第一屆中央民意代表，係經全國人民選舉所產生，依法行使職權，其增選、補選者亦同。

大陸光復地區次第辦理中央民意代表之選舉。

(3) 增加名額選出之中央民意代表，與第一屆中央民意代表，依法行使職權。

增加名額選出之國民大會代表，每六年改選，立法委員每三年改選，監察委員每六年改選。

依據本項之規定，於民國六十九年六月十一日總統令公布實施「動員戡亂時期自由地區增加中央民意代表名額辦法」全文十四條，及「動員戡亂時期僑選增額立法及監察委員遴選辦法」全文十四條。

7. 創制權及複決權：依動員戡亂時期臨時條款第七條之規定：「動員戡亂時期，國民大會得制定辦法，創制中央法律原則與複決中央法律，不受憲法第廿七條第二項之限制。」依此規定，國民大會臨時會於民國五十五年二月八日制定「國民大會創制複決兩權行使辦法」並於民國五十五年八月八日總統公布實施。依此辦法，國民大會對於中央法律有創制權及複決權。又依動員戡亂時期臨時條款第八條規定：在戡亂時期，總統對於創制案或複決案認為有必要國民大會於閉會期間，設置研究機構，研討憲政有關問題。

8. 動員戡亂時期之終止：動員戡亂時期之終止，由總統宣告之。

9. 臨時條款之修訂或廢止：臨時條款之修訂或廢止，由國民大會決定之。

㈡　中央制度之法規

我國中央機關組織之法規，係根據中華民國憲法而來。在憲法第三章章名為「國民大會」、第四章章名為「總統」、第五章章名為「行政」、第六章章名為「立法」、第七章章名為「司法」、第八章章名為「考試」、第九章章名為「監察」等，各有專條規定其地位及權責。

依此而產生「國民大會組織法」、「中華民國總統府組織法」、「行政院組織法」、「考試院組織法」及「監察院組織法」。復依此等組織法爲母法，而產生各部會組織法及其他機關之組織法，因而構成中央機關的體系。茲舉其要者，簡述於下：

第一、國民大會

依中華民國憲法之規定，國民大會代表全國國民行使政權（憲法廿五）。在現行憲政體制之下，國民大會固應發揮其政權作用以選舉總統、副總統。然而自從大陸淪陷，部份之國民大會代表，不克來臺出席，亦有死亡、附逆等情事發生，均足以影響國民大會開會人數，致使政權行使，不無困難。爲因應事實需要，不得不依立法途徑，求其解決。因此對於國民大會代表出席遞補補充問題，則制定「第一屆國民大會代表出缺遞補補充條例」。其內容有喪失代表資格之規定，及候補人依次遞補與喪失候補資格之規定；又職業團體及婦女團體代表出缺時，除法律另有規定者外，由行政院規定補充缺額辦法之規定，以資補充。

依國民大會組織法第五條規定：「國民大會設主席團，由出席代表互選八十五人組織之，其職掌如左：

1. 關於議事程序事項。
2. 關於國民大會行政事項。
3. 本法規定其他事項。」

第六條規定：「國民大會每次開會由主席團互推一人爲主席。」第七條規定：「國民大會設代表資格審查委員會、紀律委員會，必要時得設特種委員會。各委員會之組織，由主席團提請大會決定之。」對於國民大會開會法定人數之問題，將原國民大會組織法第八條所規定：「國民大會，非有代表過半數之出席，不得開議。」於民國四十三

年一月六日修正爲：「國民大會非有代表三分之一以上人數之出席，不得開議。其議決，除憲法及法律另有規定外，以出席代表過半數之同意爲之。」因此在人數方面已大爲放寬，則較往日易於開議。此外，民國四十八年十二月八日又修正第十二條，於原條文：「國民大會設秘書處，置秘書長一人，副秘書長二人，其人選由主席團提請大會決定之，承主席團之命，處理全會事務。秘書處之組織及處務規程，由國民大會主席團訂定之。」後，增列一項，即規定：「秘書長副秘書長因故出缺，其繼任人選，未能依照前項程序產生時，得由總統派員暫行代理。」於民國四十八年十二月九日，總統公布施行迄今。

第二、中華民國總統府

民國卅七年五月一日國民政府公布「中華民國總統府組織法」，同年五月廿日施行，迄今未有變動。依該法第二條規定，總統府置資政若干人，由總統就勳高望重者遴聘之，對於國家大計，得向總統提供意見，並備諮詢。第廿四條規定，總統府置參議若干人，因總統府聘任之。第三條規定，總統府置秘書長一人，特任，承總統之命，綜理總統府一切事務，並指揮監督府內所屬職員。總統府置副秘書長一人，簡任，輔助秘書長處理事務。第四條規定，總統府置參軍長一人，特任，承總統之命，辦理有關軍務事項。

又同法第五條規定，總統府設左列各局室：1. 第一局：掌理法令文告之宣達、文書之撰擬保管、印信之典守、會議記錄等事項。2. 第二局：掌理機要文件之撰擬、機要案件之查簽及轉遞、調查材料之研究整理等事項。3. 第三局：掌理有關軍事命令之宣達、文件之呈轉及其他有關軍務事項。4. 第四局：掌理各項典禮、閱兵、出巡、受勳、國際禮儀、接待外賓等事項。5. 第五局：掌理印信關防官章之鑄造、勳章獎章獎旗紀念章之製發、本府所頒法規及公報之編印、

職員錄之刊行、公文用紙之劃一印製等事項。6. 第六局：掌理本府庶務出納、來賓登記、交際、交通、衛生、醫藥等事項。7. 機要室：掌理有關機要電務事項。8. 侍衞室：掌理有關侍衞事宜。

此外，總統府設有人事處、會計處、統計室，均由專人負責。又依總統府組織法之規定，國策顧問委員會及戰略顧問委員會，其組織均另以法律定之（總統府組織法二五）。因此民國卅七年十月廿九日制定「總統府國策顧問委員會組織條例」與「總統府戰略顧問委員會組織條例」，同年十一月十二日　總統公布「戰略顧問委員會組織條例」。隨後於民國卅八年一月十五日及五十七年五月九日二次修正。至於中央研究院、國史館、國父陵園管理委員會依總統府組織法之規定隸屬於總統府，而其組織均另以法律定之（總統府組織法二七）；以及總統府設稽勳委員會，其組織亦另以法律定之（總統府組織法二六）。「稽勳委員會組織條例」及「國父陵園管理委員會組織條例」，「隸屬於國民政府」等字樣，尚未修正外，其餘如「中央研究院組織法」已於民國四十三年十二月十七日修正，同年十二月廿八日總統公布。「國史館組織條例」於民國四十五年四月廿七日修正，同年五月十日，總統公布。並均明定，隸屬於總統府❿。又政府為研擬光復大陸之方案，特於民國四十四年五月十九日公布「光復大陸設計委員會組織條例」，設光復大陸設計研究委員會，隸屬總統府。該條例迭經民國四十五年及五十五年二次之修正。

---

❿參閱劉錫五編著《五十年來中國立法》第四七頁至第四八頁（民國五十二年十二月臺初版）；參閱中華民國現行法規彙編印指導委員會編《中華民國現行法規彙編》㈠第八九頁至第九四頁。

第三、行政院

依行政院組織法之規定，行政院直轄機關爲各部及各委員會。行憲初，設有十四部，爲：內政部、外交部、國防部、財政部、教育部、司法行政部、農林部、工商部、交通部、社會部、水利部、地政部、衞生部、糧食部。設有三委員會，卽：資源委員會、蒙藏委員會、僑務委員會。並設主計部一，新聞局一。

此外，行政院爲處理訴願案件，設訴願審議委員會，其委員由院長指派院內簡任人員兼任之。行政院爲處理特定事務，得於院內設各種委員會。

民國三十八年三月廿一日，修訂行政院組織法，改設八部兩會一處，卽：內政部、外交部、國防部、財政部、教育部、司法行政部、經濟部、交通部、蒙藏委員會、僑務委員會及主計處。原有各部、各委員會及其他直轄機構，則分別歸併改隸或裁撤。

迨至民國四十一年十一月廿日，修正行政院組織法第五條，將新聞局予以恢復，至於其他各部會處仍舊。

民國六十九年六月廿九日總統令修正公布第三條，將「司法行政部」易名爲「法務部」。上述各部會、局及處各有其組織法，以資遵循。

第四、立法院

立法院組織法於民國三十六年三月卅一日國民政府公布同日施行。民國四十一年十二月廿七日總統令修正公布，民國四十二年一月七日總統令修正第十九條及第廿條。該法第十九條規定：「立法院各委員會委員，由立法委員分任之，以九十人爲最高額，每一委員以參加一委員會爲限。」民國四十五年十一月十九日總統令修正第廿五條及第廿六條；民國四十七年七月廿六日修正第十八條而規定立法院設

委員會十二，卽 1. 內政委員會；2. 外交委員會；3. 國防委員會；
4. 經濟委員會；5. 財政委員會；6. 預算委員會；7. 敎育委員會；
8. 交通委員會；9. 邊政委員會；10. 僑政委員會；11. 司法委員會
12. 法制委員會以及立法院於必要時，得增設其他委員會或特種委員
會。同法第廿一條規定：「立法院各委員會之組織，另以法律定之。」
故有立法院各委員會組織法。民國六十年八月卅一日修正第廿條而規
定，立法院各委員會各置召集委員，其名額以各委員會參加人數爲比
例，十五人以下者一人，十六人至卅人者二人，卅一人以上者有三人
；其產生方法，由立法院定之。民國七十年五月二日總統令修正公布
第廿二條規定爲立法院院長、副院長之任期爲三年。立法院院長總理
內務。立法院院長因事故不能視事時，由副院長代理其職務。民國七
十一年一月廿日修正公布第五條而規定，立法院會議須有立法委員總
額七分之一出席，始得開會。民國七十五年一月十七日又重新修正第
二十條，規定立法院各委員會各置召集委員，其名額以各委員會參加
委員人數爲比例，十人以下者一人，十一人至二十人者二人，二十一
人以上者三人；其產生方法，由立法院定之。民國七十五年五月十四
日，修正公布第二十五條條文，將秘書處之編制中原司藥與護士之編
制與官等加以修正。

　　此外，民國五十九年八月卅一日公布施行「中央法規標準法」，
共分總則、法規之制定，法規之施行、法規之適用、法規之修正與廢
止及附則等六章，共計廿六條，明訂法律之制定，應經立法院通過，
總統公布。至於法律之名稱，得定名爲法律、條例或通則。至於各機
關發布之命令，得依其性質，稱規程、規則、細則、辦法、綱要、標
準或準則。凡中央法規之制定、施行、適用、修正及廢止，除憲法規
定外，應依「中央法規標準法」。

第五、司法院

司法院組織法於民國卅六年三月卅一日國民政府公布，同年十二月廿五日修正公布，民國三十七年六月廿四日施行。依該法第三條規定，司法院設大法官會議，以大法官十七人組織之，行使解釋憲法並統一解釋法律命令之職權。大法官會議，以司法院院長為主席。民國四十六年十二月十三日修正第四條及增訂第五條及第六條，原第五條以下依次遞改。此次之修正及增訂全係加強大法官會議組織，對大法官應具有資格方面，不但注重年資，而且重視學識能力。其同法第四條規定：「大法官應具有左列資格之一：

　　1. 曾任最高法院推事十年以上而成績卓著者。

　　2. 曾任立法委員九年以上而有特殊貢獻者。

　　3. 曾任大學法律主要科目教授十年以上而有專門著作者。

　　4. 曾任國際法庭法官或有公法學或比較法學之權威著作者。

　　5. 研究法學，富有政治經驗，聲譽卓著者。

具有前項任何一款資格之大法官，其人數不得超過總名額三分之一。」其在第五條規定：「大法官之任期每屆為九年」一項外，並訂明「大法官出缺時，其繼任人之任期，至原任期屆滿之日為止」一項，以示大法官任期整齊劃一。又在第六條規定「大法官解釋憲法」：「大法官解釋憲法，應有大法官總名額四分之三之出席，暨出席人數四分之三之同意，方得通過。大法官會議法，另定之。」此一限制，足使大法官解釋憲法，增加其嚴正性。尤其於民國四十七年七月十一日制定，同年七月廿一日總統公布司法院大法官會議法，使我國大法官會議之制度，從此確立，誠屬實行憲史上一盛事。

依司法院大法官會議法第三條之規定，大法官會議解釋憲法之事項如下：1. 關於適用憲法發生疑義之事項。2. 關於法律或命令，有

無牴觸憲法之事項。3.關於省自治法、縣自治法、省法規及縣規章
有無牴觸憲法之事項。前述解釋之事項，以憲法條文有規定者爲限。
又同法第四條規定：「有左列情形之一者，得聲請解釋憲法：1.中央
或地方機關，於其行使職權，適用憲法發生疑義，或因行使職權與其
他機關之職權，發生適用憲法之爭議，或適用法律與命令，發生有牴
觸憲法之疑義者。2.人民於其憲法上所保障之權利，遭受不法侵害，
經依法定程序提起訴訟，對於確定終局判決所適用之法律或命令，發
生有牴觸憲法之疑義者。聲請解釋憲法，不合前項規定者，大法官會
議應不受理。」及同法第七條規定：「中央或地方機關，就其職權上適
用法律或命令所持見解，與本機關或他機關適用同一法律或命令時，
所已表示之見解有異者，得聲請統一解釋。但該機關依法應受本機關
或他機關見解之拘束，或得變更其見解者，不在此限。」同法第八條
規定：「聲請解釋機關有上級機關者，其聲請應經由上級機關層轉，
上級機關對於不合規定者，不得爲之轉請，其應依職權予以解決者，
亦同。」

聲請解釋憲法，應以聲請書敍明下列事由，向司法院爲之（司法
院大法官會議法六）：1.解決疑義或爭議，必須解釋憲法之理由，及
其所引用之憲法條文。2.疑義或爭議之性質與經過，及其對本案所持
之立場與見解。3.有關機關處理本案之主要文件及其說明。4.聲請解
釋憲法之目的。

大法官會議接受聲請解釋案件，應先推定大法官三人審查，除不
合本法規定不予解釋者，應敍明理由，報會決定外，其應予解釋之案
件，應提會討論。前述解釋案件，於推定大法官審查時，得限定提會
時間（第九條）。前述提會討論之解釋案件，應先由會決定原則，推
大法官起草解釋文，會前印送全體大法官，再提會討論後表決之（第

十條）。大法官會議之表決，以舉手或點名爲之，必要時得經出席人過半數之同意，採用無記名投票（第十一條），大法官會議解釋案件，應參考制憲及立法資料，並得依請求，或逕行通知聲請人及其關係人到會說明（第十二條）。大法官會議解釋憲法，應有大法官總額四分之三之出席，暨出席人四分之三之同意，方得通過。大法官會議統一解釋法律及命令，應有大法官總額過半數之出席，暨出席人過半數之同意，方得通過，可否同數，取決於主席（第十三條）。大法官會議以司法院院長爲主席，院長不能主席時，以副院長爲主席（第十五條）。大法官遇解釋與其本身有利害關係之案件，應行迴避（第十六條）。大法官會議決議之解釋文，應附具解釋理由書，連同各大法官對該解釋之不同意見書，一併由司法院公布之，並通知本案聲請人及其關係人（第十七條）。

民國六十九年六月廿九日總統令修正司法院組織法。依該法第七條規定，司法院設各級法院、行政法院及公務員懲戒委員會；其組織均另以法律定之。該法第十一條規定，司法院下設四廳，即第一廳、第二廳、第三廳及第四廳，各掌理一定事項。此外又置秘書處、人事處、會計處、統計處及人事審議委員會等機構。由於司法院組織法之修正，因之法院組織法亦於同時修正公布。依現行法院組織法之規定，法院審判民事、刑事訴訟案件，並依法律所定管轄非訟事件（法院組織法第一條）。法院分爲地方法院、高等法院及最高法院三級（法院組織法第二條）。

最高法院檢察署置檢察官若干人，以一人爲檢察長；其他法院及分院檢察處各置檢察官若干人，以一人爲首席檢察官；其檢察官員額僅一人時，不置首席檢察官。各級檢察機關檢察官員額在六人以上者，得分組辦事，每組以一人爲主任檢察官，監督各該組事務（法院

組織法第廿六條）。檢察官之職權如左： 1. 實施偵查、提起公訴、實行公訴、協助自訴、擔當自訴及指揮刑事裁判之執行。2. 其他法令所定職務之執行（法院組織法第廿八條）。

各級法院行政之監督，依左列之規定（法院組織法第八十七條第一項）：

1. 司法院院長監督各級法院及其分院與所屬下級法院及其分院。

2. 最高法院院長監督該法院。

3. 高等法院院長監督該法院及其分院與所屬下級法院及其分院。

4. 高等法院分院院長監督該分院與所屬下級法院及其分院。

5. 地方法院院長監督該法院及其分院。

6. 地方法院分院院長監督該分院。

各級檢察機關行政之監督，依左列之規定（法院組織法第八十七條第二項）：

1. 法務部部長監督各級檢察機關。

2. 最高法院檢察署檢察長監督該檢察署，並監督全國檢察官。

3. 高等法院檢察處首席檢察官監督該檢察處及其分院檢察處與所屬下級法院及其分院檢察處。

4. 高等法院分院檢察處首席檢察官監督該檢察處與所屬下級法院及其分院檢察處。

5. 地方法院檢察處首席檢察官監督該檢察處及其分院檢察處。

6. 地方法院分院檢察處首席檢察官監督該檢察處。

此外，行政法院組織法於民國卅四年四月十六日國民政府公布施行全文十四條，卅四年十月十六日修正第十二條條文。卅七年三月十

三日修正第六條條文。六十四年十二月十二日總統令修正公布同日施行。依該法第一條規定，行政法院掌理全國行政訴訟審判事務。

第六、考試院：

考試院組織法於民國卅六年三月卅一日國民政府公布，同年十二月廿五日修正公布，民國卅七年六月廿日施行。復於民國四十九年十一月十一日立法院修正通過，同年十一月廿一日，總統公布。按此次修正，其重點有二，即一、加強考試院之組織。二、增訂考試委員之資格。在該法第四條規定，考試委員資格應具有左列各款資格之一：1. 曾任考試委員聲譽卓著者。2. 曾任典試委員長而富有貢獻者。3. 曾任大學教授十年以上，聲譽卓著有專門著作者。4. 高等考試及格廿年以上，曾任簡任職滿十年，並達最高級，成績卓著，而有專門著作者。5. 學識豐富，有特殊著作或發明；或富有政治經驗，聲譽卓著者。上述規定為舊考試院組織法中所無者。至於考試院會議之改定，在舊考試院組織法第四條規定：「考試院會議，以院長、副院長及考試委員組織之，統籌有關考試事項……。」及此次修正改列為第七條明定：「考試院設考試會議，以院長、副院長、考試委員及考選銓敍兩部部長組織之。決定憲法第八十三條所定職掌之政策，及其有關重大事項。前項會議，以院長為主席。」蓋於增加考選銓敍兩部部長為考試院會議之組成份子而外，並增訂「決定……政策及其他有關重大事項」之文字，範疇明朗，意義重大，使兩部部長職責加重，聲價提高，在考試權之行使上，裨益匪尠⓫。

民國五十六年六月十九日修正第十一條至第十三條。即於第十一條規定考試院置秘書室及其人數與職等；第十二條規定置參事之人數

⓫參閱劉錫五編著前揭書第五五頁。

及職等及權責；第十三條規定考試院置編纂、編譯、專門委員及專員等。

考試法原於民國十八年八月一日國民政府公布同日施行。民國卅七年七月廿一日總統令公布同日施行，後迭經民國四十一年、四十三年、五十一年、五十七年、六十一年及六十九年之修正，並頒有考試法施行細則以資辦理，但已被民國七十五年一月二十四日新制定之公務人員考試法與專門職業及技術人員考試法及其施行細則所取代而廢止。公務人員升等考試法於民國卅七年十二月十一日總統令公布同日施行，民國五十二年十二月廿日修正，同年十二月卅一日總統令公布施行。此外，又有典試法於民國廿四年七月卅日國民政府公布同日施行，迭經民國卅七年、五十年及民國五十七年之修正，實行迄今。

第七、監察院

依中華民國憲法第九十條規定，監察院為國家最高監察機關，行使同意、彈劾、糾舉及審計權，以及憲法第一〇六條規定，監察院之組織，以法律定之。因此，監察院組織法於民國卅六年三月卅一日國民政府公布同年十二月廿五日修正公布。民國卅七年四月三日總統令修正第九條條文同年六月五日施行。民國五十七年七月二日總統令修正第十條、第十二條條文。民國六十年四月十四日總統令修正公布。民國六十年十一月四日總統令修正第十二條條文。民國六十一年十二月六日總統令修正第四條條文。民國六十四年四月廿二日總統令修正第十一條至第十三條並刪除第十四條條文，原第十五條及第十六條遞改為第十四條及第十五條。

依監察院組織法第三條規定，監察院得分設委員會，其組織另以法律定之。因此監察院置有各委員會組織法，以資遵循。又監察院設審計部，其職掌如下：（監察院組織法第四條）：

1. 監督政府所屬全國各機關預算之執行。
2. 核定政府所屬全國各機關收入命令及支付命令。
3. 審核政府所屬全國各機關財務收支及審定決算。
4. 稽查政府所屬全國各機關財物及財政上不法或不忠於職務之行為。
5. 考核政府所屬全國各機關財務效能。
6. 核定各機關人員對於財務上之責任。
7. 其他依法律應行辦理之審計事項。

以及審計部之組織，另以法律定之。

其次，依監察院組織法之規定，監察院置有秘書長、參事、主任秘書……等職，以及設有秘書處、會計處、統計室及人事室之機關。

監察院為便利其職權之行使，於民國卅七年七月十七日總統公布同日施行，迭經民國卅八年、卅九年、四十二年及民國五十六年之修正，而實行迄今，並頒行監察法施行細則。至於審計法於民國二十七年五月三日國民政府公布，民國卅九年十月卅日總統令修正公布同日施行，民國六十一年五月一日總統令公布修正全文八十二條條文同日施行。又審計部組織法，於民國五十年五月五日，立法院修正通過。同年五月十九日　總統公布。按此次修正，係增訂第二條、第三條條文。旨在確定審計長應具有之資格，及其任期。在該法第二條規定：「審計長應具有左列資格之一：㈠曾任審計長成績卓著者。㈡曾任審計九年以上成績優越者。㈢曾任專科以上學校會計審計課程教授十年以上，聲譽卓著，或具有會計審計學科之權威著作者。㈣曾任高級簡任官以上職務，聲譽卓著，並富有會計審計學識經驗者。㈤曾任監察委員，富有會計審計學識經驗聲譽卓著者」。是審計長之資格，以專家擔任之，有助於審計工作之領導與進展，並加強審計部內部組織。

民國六十四年五月一日審計法又修正公布全文十八條。

㈢ 地方制度之法規

第一、憲法對於地方制度之規定

依中華民國憲法規定，省得召集省民代表大會，依據省縣自治通則，制定省自治法，但不得與憲法抵觸，省民代表大會之組織及選舉，以法律定之（憲一一二）。省自治法應包括左列各項：㈠省設省議會，省議會議員由省民選舉之。㈡省設省政府，置省長一人，省長由省民選舉之。㈢省與憲之關係。屬於省之立法權，由省議會行之（憲一一三）。因此，省之立法權由省議會行使，而省民代表大會僅係省之制憲機關，卽制定省自治法機關，而不是省之立法機關，亦非省之政權機關。其次，現行憲法只規定省民代表大會，依據省縣自治通則，制定省自治法，可見省縣自治通則及省自治法之重要。按理於省縣自治通則及省自治法公布後，各縣卽應依照省縣自治通則及省自治法，召集縣民代表大會，制定縣自治法，展開自治工作，憲法對於縣制之規定，計有七條，卽縣實行縣自治（憲一二一）。縣得召集縣民代表大會依據省縣自治通則，制定縣自治法，但不得與憲法及省自治法抵觸（憲一二二）。縣民關於縣自治事項，依法律行使創制、複決之權，對於縣長及其他縣自治人員，依法律行使選舉罷免之權（憲一二三）。縣設縣議會，縣議會議員由縣民選舉之。屬於縣之立法權，由縣議會行之（憲一二四）。縣單行規章，與國家法律或省法規牴觸者無效（憲一二五）。縣設縣政府，置縣長一人。縣長由縣民選舉之（憲一二六）。縣長辦理縣自治，並執行中央及省委辦事項（憲一二七）。市準用縣之規定（憲一二八）。

第二、現階段之臺灣地方自治

1. 縣市鄉鎮之自治　憲法公布不久，共匪全面叛亂，政府爲了剿匪與戡亂，以致起草省縣自治通則的工作，乃暫行延宕了下來。省縣自治通則雖然由於國家政治情勢的變化，未能及時的制定公布，但地方自治的推動與實施，並未因此而停擱，中央政府遷臺不久，卽積極著手規劃在臺灣省試行地方自治。首於民國三十八年八月十日，由臺灣省政府設置地方自治研究會，聘請連震東、薩孟武、林彬等學者專家及機關代表廿八人爲委員，並由曾任內政部長、行政院副秘書長之張厲生先生擔任主任委員，策劃縣市地方自治之實施，於同年十二月十九日結束，計完成「臺灣省調整行政區域」方案、「臺灣省各縣市實施地方自治綱要」、「臺灣省縣市議員選舉罷免規程」等三種草案，其中「臺灣省各縣市實施地方自治綱要」，乃臺灣省縣市實施地方自治之基本法規，在省縣自治通則及省縣自治法未制頒前，尤爲重要。其主要內容，包括縣、市、鄉、鎮之地位、縣、市、鄉、鎮之自治事項、縣以下之各級自治組織、自治財政、自治監督、以及行政機關與立法機關之職權及相互間之關係等。經提報臺灣省政府委員會一再討論修訂，送臺灣省參議會審議，於民國卅九年三月四日經臺灣省政府委員會正式通過，呈報行政院核示，行政院於同年四月五日院會修正通過，令行臺灣省政府，依分期分區原則，審愼試辦，並將原規程咨送立法院查照。臺灣省政府於民國卅九年四月廿四日正式公布施行。此外，有關地方自治的子法如臺灣省各縣市議會組織規程（民國卅九年四月廿五日府綜法字第三〇六六五號）、縣市長選舉罷免規程、縣市議員選舉罷免規程、鄉鎮民代表選舉罷免規程、臺灣省各縣鄉鎮、縣轄市民代表會組織規程（民國四十一年十一月五日府秘法字第一〇五七八一號）、鄉鎮縣轄市區長選舉罷免規程、村里長選舉罷免規程、臺灣省縣市選舉監察委員會組織規程、臺灣省妨害選舉取締辦法以及

臺灣省各縣市行政區域調整方案等⑫，亦均先後由臺灣省政府公布實施。其中「臺灣省各縣市議會組織規程」迭經臺灣省政府於民國四十一年、四十三年、四十八年、五十二年、五十六年、六十年、六十六年、七十年、七十四年等次之修正公布，而「臺灣省各鄉鎮縣轄市民代表會組織規程」亦經臺灣省政府於民國四十三年、四十八年、五十二年、五十六年、六十年、六十二年、六十六年、七十年、七十四年等次之修正公布。同時中央政府亦於民國六十九年五月十四日制定「動員戡亂時期公職人員選舉罷免法」，並於七十二年七月八日修正公布，為公職人員選舉罷免之依據。

2. 省議會

臺灣省各縣市實施地方自治綱要之公布，僅為縣市鄉鎮級之自治。中央為擴大地方自治的層面，乃決定在省縣自治通則未公布前，先行成立臨時省議會，並於民國四十年九月頒布「臺灣省臨時省議會組織規程」及「臺灣省臨時省議會議員選舉罷免規程」以為設立省議會之依據。

臺灣省第一屆臨時省議會議員，仍採間接選舉方式，由各縣市議會選出議員五十五人，於民國四十年十二月一日成立。第一屆臨時省議會，議員任期原定為二年，自第二屆起，改為三年，其產生方式，並由縣議會間接選舉改由人民直接選舉⑬。

民國四十八年六月，行政院以臺灣省臨時省議會議員，既由全省公民直接選舉，臨時省議會之職權，亦幾已具有一般議會應有之職

⑫參閱董翔飛著《地方自治與政府》第四五頁至第四六頁（中華民國七十一年一月初版）。

⑬參閱董翔飛著前揭書第四七頁；管歐著《地方自治概要》第三九四頁至三九五頁（民國七十二年五月初版）。

權，爲增加地方自治之色彩，提高地方自治之層次，促進民主政治之功能，乃於民國四十八年八月廿六日，行政院公布「臺灣省議會組織規程」，取消「臨時」二字，並將當時之第三屆臨時省議會，改爲第一省議會。民國五十二年起，行政院又修正「臺灣省議會組織規程」，將省議員之任期，由三年改爲四年，並規定連選得連任之（第五條）。該規程行政院復於民國五十六年，六十年、六十六年、六十八年、七十年及七十四年等次修正公布之。依現行該規程規定，臺灣省在省縣自治通則及省自治法未公布前，暫依本規程規定設省議會（臺灣省議會組織規程第一條）。省議會議員由縣市公民選舉之，其名額依左列規定（臺灣省議會組織規程第二條）：(1)各縣市應選出之省議員名額依第四屆省議會議員選舉時應選名額爲準，但其居民較第四屆選舉時增加達十五萬人以上者增選省議員一名。應選出之省議員名額由選舉監督於選舉投票五十日前公告之。(2)全省平地山胞及全省山地山胞分別各選出省議員二名，其選舉人、候選人分別以平地山胞、山地山胞爲限。應選出之省議會議員名額達四名以上者，至少應有婦女一名。省議會之職權如左（第三條）：(1)議決有關人民權利義務之省單行法規；(2)議決省預算及審議省決算之審核報告；(3)議決省財產之處分；(4)議決省屬事業機構組織規程；(5)議決省政府提議事項；(6)建議省政興革事項；(7)接受人民請願；(8)其他依法律賦予之職權。

　　省議會定期會每六個月開會一次，每次會期以不超過八十日爲限，包括例假或因故停會在內。如會期屆滿而議案尙未議畢或有其他必要時，得由議長或議員總數三分之一以上連署提經大會決議延長會期，但不得超過十日。其第一次大會並應於議員宣誓就職後賡續舉行之。省議會經省政府主席或議員總數三分之一以上之請求時，議長應卽召集臨時會議，其會期包括例假或因故停會在內不得逾廿日。省議

會之會議程序，除本規程及省議會議事規則規定者外，依會議規範之
規定（臺灣省議會組織規程第十九條）。省議會議長綜理會務，議長因
故不能執行職務時，由副議長代理（臺灣省議會組織規程第十八條）。

　　此外，臺灣省議會秘書處組織規程，亦於民國五十二年一月十六
日行政院公布，後於五十六年五月十九日修正公布。

　　3.　省政府

　　關於現行省政府組織方面之法令依據，有「省政府組織法」、「省
政府合署辦公暫行規程」、「臺灣省政府合署辦公施行細則」等為主體。
其中「省政府組織法」於民國十五年十一月十五日國民政府公布，迭
經十九年二月三日、廿年三月廿三日、卅三年四月廿八日國民政府修
正公布，屬於我國訓政時期所頒布之法。依該法規定，省設省政府綜
理全省行政事務，並監督地方自治（省政府組織法第一條）；省政府於
不牴觸中央法令範圍內，得依法發布命令（省政府組織法第二條）。省
政府置委員七人至十一人，簡任，由行政院會議議決提請國民政府任
命，組織省政府委員會，行使職權。省政府置主席一人，由行政院會
議議決，就省政府委員提請國民政府任命之（省政府組織法第四條）。

　　民國廿五年十月廿四日行政院公布「省政府合署辦公暫行規程」，
依該規程第二條規定，省政府下列各廳處，應一律併入省政府公署內
合署辦公：(1)秘書處。(2)民政廳。(3)財政廳。(4)教育廳。(5)建設廳。
(6)保安處。現在省公署辦公房屋，如尚不足以容納各廳處時，應於可
能範圍內儘量併入，至少須先併入民政廳及保安處，一面將公署改建
擴充，各廳陸續加入，但無論已未併入，其辦公程序，概依本規程辦
理。又同規程第十一條規定，各省政府得依據本規程訂定施行細則，
咨報內政部，轉呈行政院備案。以及該規程第十二條規定，於本規程
未規定事項，應依現行省政府組織法及其他有關係之法令辦理。

「省政府合署辦公暫行規程」，係行政院之行政命令，並未得到「省政府組織法」或其他法律之授權而制定，因此極易引起爭議。中央政府於臺灣省光復之初，爲適應當時之實際情勢，民國卅四年九月廿日公布「臺灣省行政長官公署組織條例」，於民國卅五年十月廿五日暫設臺灣省行政長官公署，隸屬行政院，爲本省地方最高行政機關，下設秘書、民政、教育、財政、農林、工礦、交通、警務、會計等九處，法制宣傳、設計考核之委員會，糧食、專賣、貿易、氣象等局，農業、林業、礦業、水產試驗所，及其他隸屬機構，直至卅六年五月十六日行政長官公署改組爲臺灣省政府。臺灣省政府原爲依據省政府組織法所設立，惟自中樞遷臺後，臺灣省成爲復國建國之基地，人口驟增，業務繁多，因而臺灣省政府之組織陸續擴大，與省政府組織法有所出入，且省政府之首長爲主席，由中央任命，而非省民選舉之省長，與憲法之規定有所不符。又民國六十一年七月六日臺灣省政府，依據「省政府合署辦公暫行規程」第十一條規定：「各省政府得依據本規程訂定施行細則，咨報內政部，轉呈行政院備案。」，因而公布「臺灣省政府合署辦公施行細則」。依該細則第二條規定，本府合署辦公廳處局如左：⑴秘書處⑵民政廳⑶財政廳⑷教育廳⑸建設廳⑹農林廳⑺社會處⑻警務處⑼交通處⑽衞生處⑾新聞處⑿糧食局⒀安全處⒁主計處⒂人事處等共計十五個廳處局。

按現行臺灣省政府組織，設置十七個廳處局，與前述「省政府組織法」相違背，復與「臺灣省政府合署辦公施行細則」所規定省政府組織設有十五個廳處局，亦有未合。

4. 直轄市

我國憲法規定，直轄市之自治，以法律定之（憲一一八）。可是中央政府遷臺以來，迄今亦未有「直轄市自治法」之制定。但是我國在

訓政時期，於民國十九年五月廿日國民政府公布「市組織法」，迭經民國卅二年五月十九日、卅六年七月廿四日修正公布。臺北市原為臺灣省轄市之一，由於工商業日趨發達，社會日益繁榮，且為中央政府現駐地，在政治、經濟、文化、社會等方面，均各具重要地位，而人口增加亦已達直轄市之標準，行政院為順應輿情，加強市政建設與發展，於民國五十五年底第一千次院會決議通過，將臺北市改制，升格為直轄市，並呈奉總統核定於五十六年六月一日正式實施。

改制之臺北市，依據行政院五十六年六月廿二日令頒之「臺北市各級組織及實施地方自治綱要」之規定，設置市議會，由市公民選舉議員組成之，為市之立法機關，行使市之立法權。市議會議員任期四年，連選得連任之。市之行政機關為市政府，置市長一人，受行政院之指揮監督，在直轄市之自治法未頒布前，暫由行政院依法任命，免職時亦同。市長之職權，綜理臺北市行政，並指揮監督所屬職員及基層自治事項。臺北市改制後，除由行政院頒訂「臺北市各級組織及實施地方自治綱要」以為自治之依據外，行政院並陸續訂頒「臺北市議會組織規程」、「臺北市公職人員選舉罷免規程」，及「臺北市公職人員選舉罷免監察委員會組織規程」等。

民國六十九年高雄市復奉准升格為直轄市，其自治之程序與法律依據之情形，均與臺北市同。即民國七十年五月廿五日由行政院臺內字第七〇二四號公布「高雄市各級組織及實施地方自治綱要」，首依據此綱要於民國七十年五月廿五日行政院臺七十內字第七〇二五號公布「高雄市議會組織規程」。

　5. 結語

綜上所述，目前臺灣地區實施地方自治之根據，不論是「臺灣省各縣市實施地方自治綱要」、「臺北市各級組織及實施地方自治綱要」、

「高雄市各級組織及實施地方自治綱要」、「臺灣省議會組織規程」、「臺北市議會組織規程」、「高雄市議會組織規程」、「省政府合署辦公暫行規程」及「臺灣省政府合署辦公施行細則」等均屬行政命令，而此行政命令，既非根據憲法及動員戡亂時期臨時條款而來，亦未基於其他堅強之法律的授權而來，是故在法制的地位上非常薄弱，但却行之多年，極易引起爭議。民國七十四年，曾引起第七屆省議會無黨籍議員集體辭職、第八屆省議會無黨籍議員就職典禮集體退席，以及臺北市、高雄市兩院轄市議會在民國七十四年底之議員就職典禮中之爭執、衝突，足以顯示臺灣地區地方自治法制化之問題，已經不容再拖延與忽視。

㈣ 人民權利義務及基本國策之法規

第一、概述

依中華民國憲法，對於人民權益保障規定，頗為詳盡，又對於平等權，則規定中華民國人民，無分男女、宗教、種族、階級、黨派，在法律上一律平等（憲七）。對於自由權，舉凡人身自由（憲八）、不受軍事審判之自由（憲九）、居住遷徙自由（憲十）、表現意見之自由（憲十一）、秘密通訊自由（憲十二）、信教自由（憲十三）、及集會結社自由（憲十四），均明文規定。至於受益權，諸如生存權、工作權及財產權（憲十五）；請願、訴願、訴訟權及受教育權均有規定。至於參政權，則人民有選舉、罷免、創制及複決之權（憲十七）。除上述外，凡人民之其他自由及權利，不妨害社會秩序公共利益者，均受憲法之保障（憲二三）。

前述人民自由權利，除為防止妨碍他人自由，避免緊急危難，維持社會秩序，或增進公共利益所必要者，不得以法律限制之（憲二三）。

又我國憲法規定人民有納稅及服兵役之義務（憲十九、二〇）以

及受國民教育之權利與義務（憲二一）。

行憲以來，政府本諸憲法規定，頒布有關保障人民之法律甚多，同時爲適應國家社會之需要，亦屢有修正。依民法及關係法規、刑法及關係法規、民事訴訟法及關係法規、刑事訴訟法及關係法規，行政法規等分述之。

又中華民國憲法第十三章爲「基本國策」三十三條，分「國防」、「外交」、「國民經濟」、「社會安全」、「教育文化」、「邊疆地區」六節。臺灣光復後，政府在臺依此基本國策，而制定或修正之法律甚多，本編列入行政法及關係法規之範疇內述之，其中尤以地政、及經濟發展，則略加詳細述之，其餘限於篇幅，僅擇其要者簡述之。

第二、民法及關係法規

　1. 民法

民法總則編自民國十八年五月廿三日國民政府公布，同年十月十日施行以來，已逾半世紀。這半世紀以來，我國在政治、經濟、社會、文化上各方面，均有相當的變化。同時中外法律思想與學術研究，亦有相當之進步。至於我國民法之理論與判例更不斷之發展。民國六十四年五月成立民法修正委員會，開始就民法總則及民法總則施行法，逐條審愼硏討，於民國六十五年十月間完成修正案初稿。復廣徵各方意見，反覆討論，始爲定案，而於民國六十八年十二月間由行政院函請立法院查照審議。立法院於民國七十年十二月廿二日通過民法總則及施行法修正案，總統於七十一年一月四日公布，並另定自民國七十二年元月一日起施行，爲我國民法史上劃時代之修正。此次民法修正要點如左[14]：

---

[14] 參閱施啓揚著《民法總則》第一四頁至第一七頁（民國七十三年六月校訂再版）。

(1)改進死亡宣告制度：有二卽 1.縮短死亡宣告之失蹤期間，並提高年老失蹤者之年齡（民Ⅰ、Ⅱ）。2.增設檢察官得聲請死亡宣告（民八Ⅰ）。

(2)增設檢察官得聲請宣告禁治產（民十四）。

(3)加強人格權的保護：對於人格權有受侵害之虞者，亦得請求防止（民十八）。

(4)表明住所的設定與廢止之標準，增訂「依一定事實」爲住所之設定與廢止之認定標準（民廿、廿四）。

(5)促進法人之健全：可分九點，卽①增設董事長執行業務的方法（民廿七Ⅰ），②對於董事代表權所加之限制，不列爲登記事項（民廿七、四十八Ⅰ8、六十一Ⅰ7），③增列得設監察人之規定（民廿七Ⅳ），④加強主管機關對於法人之監督權（民卅三），⑤增設法人董事不聲請破產應連帶負責之規定（民卅五Ⅱ），⑥增設選任清算人方法之規定（民卅八），⑦加強法院監督法人清算之職權（民四十二Ⅰ），⑧增設法人解散時應通知或報告法院之規定（民四十二Ⅱ、Ⅲ），⑨修正法人賸餘財產之歸屬方法（民四十四Ⅰ）。

(6)強化社團之組織：①增列章程應記載事項（民四十七Ⅲ），②增設社團總會召集最低次數之規定（民五十一Ⅰ），③增設社員代理表決及不得加入表決之限制（民五十二Ⅳ），④修正總會決議違法之效果（民五十六）。

(7)加強財團之維護：①規定法院得指定遺囑執行人聲請設立財團（民六十Ⅲ），②修正財團設立程序及管理方法（民六十一Ⅱ至六十三），③加強對於董事違反章程行爲之糾正方法（民六十四）。

(8)修正允許限制行爲能力人獨立營業之規定：明訂允許之撤銷或限制，不得對抗善意第三人（民八十五Ⅱ）。

⑼修正無權處分行爲之效果: 使原權利人或第三人之利益, 不因承認而受影響 (民一一八Ⅱ)。

⑽改進消滅時效制度: ① 修正時效中斷之原因 (民一二九、一三二至一三四), ② 澄清因强制執行而中斷時效之條文含義 (民一三六Ⅱ), ③ 延長經確定判決等所確定之請求權短期時效期間 (民一三七Ⅲ)。

⑾明定行使權利之原則: ① 充實行使權利之原則 (民一四八), ②修正聲請公力救助之規定 (民一五二Ⅰ)。

民法總則修正之後, 民法親屬篇之修正, 於民國七十四年六月三日總統令公布。至於民法繼承篇亦於民國七十四年六月三日總統令修正公布。目前政府正積極進行民法總則債篇及物權篇之修正, 其完成之日, 當指日可待。

2. 公司法

民國卅三年, 政府策畫復員建國偉業, 爲配合第一期經濟建設原則, 强化公司制度, 立法院乃採英美法制爲公司法之修訂, 增列有限公司, 並將登記及認許等程序納入公司法內, 而於民國卅五年四月十二日公布。

公司法自民國卅五年修正公布並施行以來, 由於社會情況之變遷與工商企業之發展, 急需外人及華僑之投資, 俾以發展經濟, 並促使公司股票上市, 以達股票證券化, 證券大衆化, 加速國民經濟之成長, 於是經濟部於民國四十八年七月成立修訂公司法研究小組, 至民國四十九年六月完成修正草案, 經行政院政務會議修正通過後, 於民國五十年送立法院審議, 迄五十五年七月五日修正通過, 同年七月十九日由總統公布施行, 共分九章廿節。其內容爲: 第一章總則; 第二章無限公司; 第三章有限公司; 第四章兩合公司; 第五章股份有限公

司；第六章股份兩合公司；第七章外國公司；第八章公司之登記與認許；第九章附則。共計四百四十九條；其後經民國五十七年三月廿五日，五十八年九月十一日，五十九年九月四日等次修正❺。

惟公司法自五十九年九月四日修正以還，因社會環境之變遷，工商業之高度成長，若干條文規定已不合時宜，亟待修正與補充。適值行政院為達成商業現代化目標，並期配合經濟之發展，乃責成經濟部成立公司法修正專案小組進行修正。該部自六十四年十月起，先洽詢有關機關團體之意見，復蒐集有關書籍及報刊資料，並根據實務上執行之需要，參照立法例、解釋與學說，草擬「公司法部份條文修正草案」，期能迅速完成程序，以利施行。該項草案，於民國六十九年四月十八日經立法院修正三讀通過，咨請總統於同年五月九日公布施行。該次修正，對「關係企業」之規定，並未納入，實有不周。同時對條文中，有關罰金及罰鍰之數額，皆保持原有標準未予變更，而其原有標準最高者，為四千元或一千元以下。數年來通貨貶值甚多，再以同樣之金額，作為財產刑處罰之標準，似嫌過低，已失其嚇阻作用，形同虛設。舊公司法條文共為四百四十九條，民國六十九年十二月政府對之修正一百廿一條，其中增列者六條，刪除者廿七條。此次修正重點在於⑴放寬轉投資；⑵促進企業公開；⑶健全公司財務處理；⑷規定期間發行股票；⑸改善公司組織結構；⑹改進董監事選舉制度；⑺倡導員工分紅入股制度；⑻推動轉換公司債制度；⑼簡化登記手續；⑽增訂主管機關職權，俾加強管理；⑾限制公司名稱之使用；⑿改進內部作業，便利股票事務之處理；⒀簡化公司種類，刪除股份兩合公司；⒁刪除規費之規定❻。

❺參閱拙著《公司法論》第二六頁（民國七十四年六月修訂初版）。
❻參閱拙著《公司法論》第二六頁至第三三頁（民國七十四年六月修訂初版）。

公司法自民國十八年公布施行以來，其間雖經數次修正，但罰則部分，少有變動。茲因近年來社會環境變遷，工商業發展，物價指數不斷提高及經濟犯罪頻生，罰則部份之條文已不合時宜，亟待修正與補充。又財政、經濟兩部組織法已修正，致證券管理委員會自民國七十年七月改隸財政部。因此公司法有關股票公開發行及募集公司債之主管機關之規定，亦須配合修正。行政院遂於七十年十二月❿及七十二年四月❽先後擬定公司法草案，送請立法院審議，同時立法委員達修林旺楚克、劉金約等卅三人，並聯名聲請修正公司法第二四八條及第二○七條❾，經併案討論，於七十二年十一月廿二日三讀修正通過，並於同年十二月七日由總統公布施行。其修正要點將罰金及罰則提高；並對於實際需要將有關條文作必要之修正，以資適應❹。

3. 票據法

票據法於民國十八年九月廿八日，經立法院第五十一次會議通過，並經國民政府於民國十八年十月卅日公佈施行，計五章，共一百卅九條。民國四十三年修正第一百廿三條，增列信用合作社為付款人，以配合合作社法之規定。民國四十九年三月廿二日，立法院會議修正票據法，增列條文凡六條，部份修正者二十多條，共一百四十五條，並於民國四十九年三月卅一日總統公布施行。此次，修正重點如左❹：

---

❿民國七十年十二月七日臺七十經字第一七六○八號行政院函。

❽民國七十二年三月二十八日臺七十二經字第五三五六號行政院函。

❾民國七十二年九月十三日（七十二）臺立經字第一六三號立法院司法經濟委員會函。

❹參閱拙著《公司法論》第三四頁至第三九頁（民國七十四年六月修訂初版）。

❹參閱拙著《票據法論》第十二頁至第十三頁（民國七十二年三月再版）。

(1) 本票執票人行使追索權時，得聲請法院裁定後強制執行，以增強本票之作用（票一二三）。

(2) 執票人於票載日期前提示付款時，應即付款（舊票一二八Ⅱ）。

(3) 空頭支票之發票人處一年以下有期徒刑、拘役或科或併科該支票面額以下之罰金（舊票一四二）。

(4) 排除刑法第五十六條連續犯之適用（票一四二）。

票據法自民國四十九年修正公布施行以來，由於社會情況變遷，經濟繁榮，工商貿易發達，票據流通普遍，原有之規定已不能適應社會之需要，為遏阻違反票據法行為之繼續增加，乃於民國六十二年五月十五日立法院通過修正票據法，同年五月廿八日　總統公布施行。此次修正將原票據法施行法大部分規定納入本法，而將施行法廢止，另由行政院頒布「票據法施行細則」十七條。茲將此次修正之重點，述之於左❷：

(1) 准許定日分期付款之滙票或本票（票六五Ⅱ、一二四）。

(2) 為加強支票之見票性，增訂「執票人於票載日期前提示付款時，應即付款。」（票一二八Ⅱ）。並自准許支票發票人，於票載發票日前撤銷其付款之委託，其撤銷不負票據法第一四一條之刑責。

(3) 舊票據法第一四一條，係就發票行為加以處罰，經修正後改為不能兌現之結果，予以處罰。同時自由刑之規定由一年增為二年，並規定在辯論終結前清償支票金額一部或全部者，減輕或免除其刑。

---

❷參閱拙著《票據法論》第十三頁（民國七十二年三月再版）。

　　自民國六十二年修正後,歷經四年,原期對空頭支票之氾濫,加以遏阻, 然卻因狡黠債務人利用辯論終結前清償支票金額之一部或全部者, 減輕或免除其刑,使票款之清償惡意拖延至二審, 致違反票據法案件, 大為增加。立法院不得不於民國六十六年通過修正票據法, 而於民國六十六年七月廿三日　總統令修正第四條、第一百廿七條、第一百卅九條及第一百四十一條, 同日施行, 此次修正之重點有二㉓:

(1) 將農會信用部支票納入票據法系統。卽明定支票之付款人, 包括經財政部核准辦理支票存款業務之農會在內 (票一二七)。

(2) 刪除辯論終結前清償得免除其刑之規定 (舊票一四一Ⅳ), 並將自由刑由二年增至三年之規定。

　　民國七十五年六月二十日立法院又修正通過票據法部分條文, 並經總統公布實施。其修正重點有二:

一、 將漁會納入票據法之支票系統。

二、 票據連續犯 (票四一)、空頭支票刑罰之規定 (票四二), 其施行期限至中華民國七十五年十二月三十一日屆滿。在施行期內之犯罪, 仍依行為時法律追訴處罰, 不適用刑法從新從輕之規定 (刑二)。但發票人於辯論終結前清償支票金額之一部或全部者, 減輕或免除其刑 (票一四四之一)。 此乃明文廢除支票刑責之規定。

　4. 海商法

　　我國海商法於民國十八年十二月卅日國民政府公布廿年一月一日施行全文一七四條, 其後並於民國十九年十二月四日公布船舶法 (民

_____

㉓參閱拙著《票據法論》第十三頁至第十四頁 (民國七十二年三月再版)。

國五十年一月卅日、民國六十三年十一月一日及民國七十二年十二月廿八日修正）及船舶登記法（三十五年八月二日、三十六年九月廿九日，六十四年六月五日修正）。上述二法，均於民國廿年七月一日開始施行。此外復頒布航路標示條例、造船獎勵條例、以及商港條例及引水法等。

我國航業在大陸時期，向以發展國內航運爲主要目的，營運對象不出內河與沿海範圍，間有開闢國外航線者，亦不出東南亞一帶，而時興時輟，在整個航運上尤微不足道。及至中央政府遷臺，連艫渡海，沿海長江航線盡失，初致力於近海航線，繼則開拓遠洋航線，適值韓戰事起，造成遠洋發展之有利情勢。

自民國四十年以後，我國逐漸加入世界航運，因而深感原有之海商法，歷時業有卅餘載，已不適合於時代之需要。況舊海商法制定之初，我國航運尙未達自主之境，抗戰期間，先後與各國訂立新約，深感昔日受不平等條約拘束，在國權上不能作充分維護者，亦亟有改訂之必要。且在此卅餘年中，科學發達，機械進步，航海事業隨之猛進，又適值世界海商法變動最劇之際，國際條約更訂或新訂者，接踵而至，我國更需迎頭趕上，俾能角逐於世界航運市場❷❹。因之行政院爰於民國四十七年一月十七日第五四八次院務會議，審議通過交通部所呈請修正之海商法條文，並於同年三月八日咨請立法院予以審議。立法院爲愼重計，歷時四載餘，由交通、司法、財務、經濟四委員會詳細審查，參酌國際現行有關海事法令規章，並邀請海商專家暨航業界人士多次會議，廣徵意見，迭經討論修改，始於民國五十一年七月十三日三讀通過，轉奉先總統　蔣公於民國五十一年七月廿五日令公布施

❷❹參閱劉承漢譯著《海商法論譯叢編》第四頁（民國六十年初版）。

行。觀其修正條文，舉凡海員僱傭契約、撫卹退休之標準、載貨證券之規定，及運送人責任等，皆有所增益。因此法條由昔日之一七四條增至一九四條，內容亦粲然大備，較前進步甚多。其後復修正船舶法、引水法等，並於民國六十九年頒布商港法、民國七十年公布航業法㉕。

5. 保險法

政府遷臺以來，對保險事業，歷年加以整頓，因之保險業大為發展。關於保險法之施行，需要迫切，爰根據保險理論與實務，參酌各國法例，就民國廿六年國民政府修正公布之保險法詳加研討，作成修正案，送請立法院審議，民國五十二年八月廿日修正通過，民國五十二年九月二日　總統明令公布施行。此次修正，將舊保險法、保險業法兩法，合為一法，以第三章財產保險及第四章人身保險為骨幹，增列第二章保險契約及第五章保險業，相互呼應，輔以總則及附則，使保險契約、保險業等，顯著表明，而有形成為一有關營業保險比較進步而完整之法律。因此我國保險事業之法律依據，可謂已具相當規模。茲將此次修正之要點及其理由，分述如次㉖：

(1) 營業保險與社會保險劃分：社會保險，乃以法律定之。同時，使現行之軍人、公務人員及勞工保險之法律，及未來社會保險立法的體制，與保險法截然有別。

(2) 保險法與保險業法合併。

(3) 保險法與海商法相互適用：海上保險之發展，先於其他保險，我國有規定海上保險之法律條文，以海商法先行完成立

㉕參閱拙著《海商法論》第十九頁至第二〇頁（民國七十三年十一月初版）。
㉖參閱張國鑑著《保險法》第三二頁至第三六頁（民國六十七年修訂六版）。

法程序，決定仍保留海商法海上保險章，該章首條規定：「關於海上保險，本章無規定者，適用保險法之規定。」經於保險法中亦同樣規定：「關於海上保險，適用海商法海上保險之規定。」以相配合。

(4) 保險分類採用二分法兼容五分法及三分法：其分類方法如下：①財產保險　分為火災保險、海上保險、航空保險、責任保險、其他財產保險等五小類。②人身保險　分為人壽保險、健康保險、傷害保險等三小類。

(5) 保險業資金管理與運用之規定：保險事業為社會性之金融事業，其資金之管理與運用，分別規定如下：㈠關於資金之管理者，如本法一三九條，第一四一條至第一四三條，第一四五條，及第一四七條至第一四九條之規定是。㈡關於資金之運用者，如本法第一四六條之規定是。

(6) 火險保險賠償金額採定值與不定值平行規定：①卽在火災保險之保險金額，保險人應於承保前，查明保險標的物之市價，不得超額承保（保七二）。②將保險標的，分別用定值與不定值兩種方法定約與賠償。保險標的，以約定價值為保險金額者，發生全部損失或部分損失時，均按約定價值為標準，計算賠償。其未經約定價值者，發生損失時，按保險事故發生時實際價值為標準，計算賠償，賠償金額，不得超過保險金額（保七三）。

(7) 相互保險制度採用保險合作社及分紅保單並用：以保險合作社，代替相互保險社與相互保險公司。但對近年分享盈餘，不負擔虧損的相互保險公司，尚未能兼顧，特規定保險公司得簽訂參加紅利分配之保險契約，保險合作社簽訂之保險契約，

以參加分配紅利者為限，以資補救（保一四〇條）。

　　迨六十三年十一月卅日，復將該法部分條文，加以修正公布，乃著重於保險業之組織，資金之運用，以及對保險業之監督管理有關者❷。

　6. 其他

　　為適應工商業及農業資金融通及動產用益之需要，並保障動產擔保交易之安全，政府於民國五十二年九月五日公布「動產擔保交易法」，並於民國五十五年六月十日施行。民國五十九年五月廿八日總統令修正公布第四條「機器、設備、工具、原料、半製品、成品、車輛、農林漁牧產品、牲畜及總噸位未滿廿噸之動力船舶或未滿五十噸之非動力船舶，均得為動產擔保交易之標的物。前項各類標的物之品名，由行政院視事實需要及交易性質以命令定之。」；民國六十五年一月廿八日總統令修正公布第四條之一、十六、三八、三九、四〇條條文。

　　依憲法第二十四條規定，公務員違法侵害人民之自由或權利者，除依法律受懲戒外，應負刑事及民事責任。被害人民就其所受損害，並得依法律向國家請求賠償。因此於民國六十九年六月立法院三讀通過「國家賠償法」，並於民國七〇年七月一日施行，全文共計十七條。其施行細則，由行政院於民國七十年六月十日訂定。

　　此外，為適用涉外民事事件，政府於民國四十二年六月六月總統令公布「涉外民事法律適用法」。

第三、刑法及關係法規

　1. 刑法：

　　現行刑法於二十四年一月一日公布，同年七月一日施行。計總則

---

❷參閱張國鑑前揭書第一二六頁。

十二章, 分則三十五章; 凡三百五十七條。迄今為止, 經過四次修正。茲述之於下:

(1)民國三十七年十一月七日修正第五條將原列七款, 增列「鴉片罪」一款, 成為現行之八款。

(2)民國四十三年七月二十一日修正第七十七條將舊法該條第二項規定:「前項執行期間遇有第四十六條情形者, 以所餘之刑期計算。」刪除。

(3)民國四十三年十月二十三日修正第一百六十條將原文「國旗國章」四字, 修正為「國徽國旗」。

(4)民國五十八年十二月二十六日修正第二百三十五條將原定一千元以下之惟一罰金刑, 修正為一年以下有期徒刑、拘役、或科或併科三千元以下罰金之複合刑, 並增設「必沒收」, 及「意圖散佈而持有」亦須處罰之規定。

2. 其他

為便利實施戒嚴, 於民國三十七年五月十九日修正國民政府在民國二十三年十一月二十九日公布施行之「戒嚴法」, 復於民國三十八年一月十四日總統令修正第八條條文。

為了懲治叛亂, 安定國家社會, 於民國三十八年六月二十一日公布施行「懲治叛亂條例」, 並迭經民國三十九年、四十七年修正後, 實行至今。為了檢肅匪諜, 於民國三十九年六月十三日公布施行「動員戡亂時期檢肅匪諜條例」, 並於民國四十三年十二月二十八日修正施行至今。為了防護國防上所設各種要塞堡壘, 於民國四十三年四月二十七日修正國民政府所公布施行之「要塞堡壘地帶法」。為懲嚴貪污, 澄清吏治, 於民國五十二年七月十五日總統令公布施行「動員戡亂時期貪污治罪條例」, 並於民國六十二年八月十七日修正施行迄

今。

　　依憲法規定國民有服兵役之義務，對於妨害兵役者，應繩之以法，故將民國二十九年六月二十九日國民政府公布之「妨害兵役治罪條例」，迭經於民國三十六年，三十八年、三十九年、四十四年、六十五年等次修正公布施行。爲維護國幣，保障金融，於民國六十二年九月四日修正國民政府時代所頒布施行之「妨害國幣懲治條例」。爲加強對農、礦、工、商各企業及物品之管理，行政院將民國二十七年十月六日國民政府修正公布同日施行之「非常時期農礦工商管理條例」，於民國六十二年令修正公布施行。爲加強對於穀、米、小麥、麵粉及其他經政府公告之雜糧的管理，於民國三十七年十一月十日總統令公布施行「違反糧食管理治罪條例」，並經民國四十一年、四十二年、四十七年及民國六十年之修正後，施行迄今。爲懲治私運政府管制物品或應稅物品進口、出口之案件，於民國三十七年三月十一日公布施行「懲治走私條例」，並經民國四十四年、五十八年、六十七年及七十四年等次之修正，實行迄今。民國三十九年及四十二年修正「妨害國家總動員懲罰暫行條例」，對於違反或妨害國家總動員之法令或業務者，加以懲罰。

　　爲肅清煙毒，防止共匪毒化，貫徹禁止煙毒，政府於民國四十四年六月三日總統令公布同日施行「戡亂時期肅清煙毒條例」，並於民國六十二年六月二十一日修正第四條及第九條條文。爲懲治殘害人群於民國四十二年五月二十二日公布施行「殘害人群治罪條例」。爲感化竊盜犯、贓物犯，施予感化教育或強制工作，於民國四十四年十二月三十日公布施行「動員戡亂時期竊盜犯贓物犯保安處分條例」，並於民國四十四年、五十六年、五十八年及民國六十二年等次修正施行。爲懲治盜匪，將民國三十三年公布施行之「懲治盜匪條例」，於

民國四十六年加以修正。

為防護戰時交通電業設備及器材之防護，民國三十三年十月三十一日國民政府公布施行「戰時交通電業設備及器材防護條例」，並於民國三十四年，四十五年、四十六年、四十九年等次修正公布施行。為管制槍礮、彈藥、刀械，維護社會秩序，保障人民生命財產安全，於民國七十二年六月二十七日公布施行「槍礮彈藥刀械管制條例」，並於民國七十四年一月十八日修正公布第七條，與增訂第十三條之一條條文。

第四、民事訴訟法及關係法規

1. 民事訴訟法：國民政府於民國十九年及二十年分兩次公布統一之民事訴訟法，並於民國二十一年五月二十日起施行。嗣復以該法頗有不合實用之處，遂於民國二十四年二月一日，另行修正全文公布民事訴訟法一種，於同年七月一日施行，至民國三十四年始略加修正。抗戰勝利後政府為適應復員時期之特殊情況，又曾於民國三十四年十二月十八日公布施行「復員後辦理民事訴訟補充條例」一種，與民事訴訟法相輔而行，嗣因施行期滿而失效。民國四十一年底立法院曾函請行政院將現行民事訴訟法全部檢討修正，行政院轉命司法行政部提出修正草案，經立法院十餘載之審查，於民國五十七年一月九日三讀通過，同年二月一日公布施行。至民國六十年十一月二日立法院又通過修正其中部分條文，同月十七日公布施行。民國七十二年十一月九日為配合民法總則之修正，增訂檢察官參與民事訴訟有關訴訟費用事項。民國七十三年司法院為提高上訴第三審法院所得受之利益等項，函請立法院修正第四六六條等規定，經於同年六月十八日總統公布施行。七十五年四月二十五日為配合民法親屬篇之修正，修訂婚姻事件特別審判籍，重婚無效之訴，當事人適格及判決效力，並增修否

認子女及認領子女之訴相關之規定❷。

2. 强制執行法：爲辦理强制執行事宜，政府於民國三十四年修正公布之「强制執行法」，並分別於民國三十七年十二月二十一日及民國六十四年四月二十二日修正公布施行。

3. 破產法：對於債務人不能清償債務時，爲進行和解或破產程序，清理債務，於民國二十四年七月十七日國民政府公布「破產法」，同年十一月一日施行。迨經民國二十六年五月一日修正，及於民國六十九年十二月五日修正公布第三條條文。

4. 公證法：爲便利人民辦理公證事宜，將民國三十三年一月一日施行之「公證法」，迨經民國六十三年及六十九年等次之修正。

5. 非訴事件法：爲處理民事及商事非訟事件，於民國五十三年五月二十八日公布施行「非訟事件法」，並迨經五十八年、六十一年、六十九年、七十二年、七十五年等次之修正施行至今。

6. 提存法：爲便利人民，依法令提存之金錢、有價證券或其他動產，以及訴訟擔保或擔保物，將民國二十六年一月七日公布之「提存法」，分別於民國六十二年及六十九年修正施行。

7. 鄉鎮調解條例、商務仲裁條例：爲謀澄清訟源。止息紛爭，減輕訟累，安定社會，於民國四十四年一月二十二日公布施行「鄉鎮市調解條例」，並迨經民國四十五年、五十三年及七十一年等次之修正施行至今。以及，於民國五十年一月二十日公布施行「商務仲裁條例」，並於民國七十一年六月十一日修正公布施行至今。

第五、刑事訴訟法及其關係法規

---

❷參閱王甲乙、楊建華、鄭健才合著《民事訴訟法新論》第八頁（民國七十五年七月出版）。

1. 刑事訴訟法： 我國刑事訴訟法於民國二十四年七月一日國民政府公布施行，迭經民國三十四年、五十六年、五十七年及七十一年等次之修正❷。依我國刑事訴訟法第一條規定之犯罪，非依本法或其他法律所定之訴訟程序，不得追訴、處罰。至於犯罪之追訴與處罰，分由檢察官與推事職掌，即採審檢分立原則。審判以訴之存在為前提，法院不得就未經起訴之犯罪加以審判（刑訴二六八），即採不告不理凖則。當事人在訴訟程序上，不論為原告或被告，其機會對等，地位亦對等，以保障當事人之權益，即採當事人對等原則。以及採審級制度，使當事人利用上訴之機會，有所爭辯，使當事人就其爭點，經裁判結果，而得以確定。

2. 冤獄賠償法： 為減少冤獄，保障人權，於民國四十八年六月十一日公布施行「冤獄賠償法」，並迭經民國五十五年、五十六年及七十二年等次之修正。該法之重點如下：

(1)為符合憲法第二十四條保障人權之精神起見，兼採無過失賠償主義，其賠償之範圍不僅限于冤獄，所有一切無辜而受羈押者，均包括於其中。

(2)本法範圍，限於司法。行政與軍法之冤獄，不包括在內。

(3)審議機關採二審制。初審為原處分或原判決無罪機關，遭受羈押未經移送法院之案件，由所屬地方法院為初審。不服初審決定者，賠償申請人及最高法院檢察署，均得聲請司法院冤獄賠償覆議委員會覆議。

(4)冤獄賠償程序，不徵收費用。

---

❷參閱黃東熊著《刑事訴訟法論》第二七頁（民國七十四年二月初版）。蔡墩銘著《刑事訴訟法》第十四頁（民國七十一年六月三版）。

(5)確定賠償金額之計算方法。

(6)賠償之方法，不僅限於金錢，且顧及被害人名譽之回復。

(7)因公務人員之故意或重大過失致生冤獄賠償事件時，政府對該公務人員有求償權❸。

　3. 赦免法：為建立赦免制度，於民國四十二年三月七日公布施行「赦免法」。

　4. 軍事審判法：為確立軍事審判制度，於民國四十五年七月七日公布「軍事審判法」，於同年十月一日施行，而其「軍事審判法施行法」亦於同年七月十九日公布，同年十月一日施行。本法計分總則，訴訟程序，附則三篇，凡七章，二百五十有二條。其第一條即規定：「現役軍人犯陸海空軍刑法，或其特別法之罪，依本法之規定追訴審判之。其在戰時，犯陸海空軍刑法，或其特別法以外之罪者，亦同。非現役軍人，不受軍事審判。但戒嚴法有特別規定者，從其規定。」此一適用範疇，劃分至為明確。所謂「非現役軍人不受軍事審判」，即憲法第九條：「人民除現役軍人外，不受軍事審判」之本旨。

　綜觀此法，其內容有十二重點：(1)本法之制定，使我國軍事審判程序法，獲得統一之適用。(2)明確劃分我國歷年來聚訟紛紜之軍法及司法管轄之界限。(3)我國軍法，確立三級二審制度，以期無枉無縱。(4)確定本法與刑事訴訟法之關係，刑事訴訟法之規定，與本法不相牴觸者準用。(5)在統帥權之下，以司法權方式行使軍事審判，以謀統帥權與司法權之調和。(6)確定審判獨立，與軍法官之保障，以期判決之公

---

❸參閱劉錫五編著《五十年來中國立法》第六二頁至第六三頁（民國五十二年十二月臺初版）。

平合理，免受外力干擾。(7)採用公開審判制度。(但有關國防機密及有關軍譽案件除外)。(8)實施選護制度，一切案件均得選任辯護人，無任何之限制。(9)建立覆判制度，以覆判爲第二審上訴機關。(10)增設抗告程序，以作裁定之救濟。(11)採用再審制度，以爲判決確定後發現新證據等之救濟。(12)明定非常審判，以統一法令解釋，對判決確定後更正違法之救濟。軍事審判法制定後，「司法」「軍法」之整個的司法獨立，於焉建樹，而人民權益之保障更爲鞏固**❸**。

　　5. 引渡法：爲謀引渡逃匿國外人犯之得以迅速歸案，於民國四十三年四月十七日公布施行「引渡法」，並於民國六十九年七月四日修正公布。

　　6. 其他：其他本諸憲法之規定，而制定保障人民權益之法規定甚多。特舉其重要者，述之於下：

　　(1)爲少年管訓處分及少年刑事案件之處理，於民國五十一年一月三十一日公布施行「少年事件處理法」，並迭經民國五十六年、六十年、六十五年及六十九年等次之修正。

　　(2)爲維護刑事被告之權利，於民國五十六年及六十九年修正「公設辯護人條例」。

　　(3)爲謀監獄制度之革新，則修正「羈押法」（民國三十五年公布施行，經民國四十三年、四十六年、六十五年、六十九年等次之修正）、「看守所組織條例」（民國三十五年公布施行，經民國四十三年、四十六年、五十七年、六十二年、六十九年等次之修正）、監獄行刑法（民國三十五年公布施行，經四十三年、四十六年、六十三年及六十九年等次之修正）、監獄組織條例（民國三十五年公布施行，

---

❸ 參閱劉錫五著前揭書第六〇頁至第六一頁。

迭經四十三年、四十六年、五十七年、六十二年、六十五年、六十八年及七十年等次之修正）、行刑累進處遇條例（民國三十五年公布施行，迭經民國四十六年、六十四年及六十九年等次之修正），以及公布「外役監條例」（民國五十一年公布施行，迭經六十三年、六十七年度及六十九年等次之修正）與「保安處分執行法」（民國五十二年公布施行，迭經五十六年、六十四年度及六十九年等次之修正）。

(4)為保護出獄人及依法應受保護之人，使其自立更生，適於社會生活，預防其再犯，以維社會安寧，於民國六十五年四月八日公布施行「更生保護法」，並於民國六十九年七月四日修正公布第四、十、十二及第十八條條文。

第六、行政法規

關於行政法規方面，茲分地政、經濟、財政、內政、教育、軍政、人事、專門職業及行政救濟等九部門述之。除地政及經濟，於本論文內，詳加細述外，其餘部門，因限於篇幅，則簡略述之。

1. 地政

民國三十四年八月，對日抗戰勝利，政府仍本既定政策，修正土地法。於三十五年三月提報院會討論通過。同年四月二十九日由前國民政府公布同日施行。此次修正之土地法，仍分五編，除第二編改稱「地籍」外，其餘四編仍舊，但各編所分章次及條文內容，多有增刪變更，計分二十五章，都二百四十七條，較舊土地法減少一百五十條。修正之土地施行法亦分五編，條文內容並有增刪，都六十一條，較舊土地法施行法少列三十條。

土地法全文修正後，其中除第十八條關於外國人在我國取得土地權利之規定，於民國四十四年三月十九日重加修正外，並於民國六十四年七月二十四日修正第十六條、第十八條、第二十一條、第三十

條、第三十七條、第三十九條、第五十一條、第五十八條、第七十二條、第七十三條、第一百零四條及第二百二十二條等條文十二條，同時另行增訂第三十條之一、第三十四條之一、第三十七條之一、第四十六條之一至第四十六條之三、第七十三條之一、第七十五條之一及第七十九條之一等條文九條，其餘條文及土地法施行法施行迄今，均未變易。此次修正之目的，在於：(1)因應當前國際外交情勢，加強國際經濟合作；(2)配合國內社會型態與經濟結構之變遷，貫徹農地農有；防止農地細分，適度改革農地繼承制度及改善共有土地之處分困擾；(3)適應地籍圖重測之急切需要，增訂重新實施地籍測量之要件及方法；(4)改進土地登記，加強革新便民。現行土地法分五編二十五章計二百五十六條。其各編主要內容，簡述如次❸：

第一編總則　分爲：法例、地權、地權限制、公有土地、地權調整等五章。其主要點在於：闡明土地所有權之本質，區分公有私有土地之界限，限制私人土地所有權及外國人土地權利，扶植自耕農及自行使用土地人，以建立平均地權土地制度，創造均富社會，遏制私人壟斷土地，操縱國計民生。

第二編地籍　分爲：通則、地籍測量、土地總登記、土地權利變更登記等四章，其主要點在於：規定地籍整理之方法及程序，以樹立土地管理制度，保持地籍資料之完整。

第三編土地使用　分爲：通則、使用限制、房屋及基地租用、耕地租用、荒地使用、土地重劃等六章。其主要點在於：規劃管制土地使用、促進土地開發改良，保障土地與房屋租用之公平，以期地盡其用，民廣其生。

❸參閱李鴻毅著《土地法論》第十六頁（民國七十三年十一月修訂九版）。

第四編土地稅　分爲：通則、地價及改良物價、地價稅、土地增值稅、土地改良物稅、土地稅之減免、欠稅等七章。其主要點在於：規定地價，照價徵稅，漲價歸公，以達地權平等，地利共享，消除土地投機，根絕不勞而獲。

第五編土地徵收　分爲：通則、徵收程序、徵收補償等三章。其主要點在於：規定國家因公共事業之需要及實施國家經濟政策，得以補償損失爲條件，强制收用私人土地，以謀發展公共建設，調劑土地分配，提高社會安全，維護大衆利益。

政府遷臺後，爲積極實施土地改革，執行民生主義之土地政策，鑒於土地法所列條款多屬原則性、大綱性之規定，內容尚欠詳備，而通盤整理修訂，曠費時日。爲求適應國家社會之急切需要，並表示政府之決心及提高法律之效力，乃探每舉一事，卽行單獨創制一單行法之原則，而先後另行增訂單行土地法律多種，付諸實施。論其性質，係屬土地法之特別法❸。茲述之於下❹：

(1)耕地三七五減租條例　此條例於民國四十年六月七日，總統公布施行。民國四十三年十一月三十日，立法院增訂第二十七條，同年十二月九日，總統公布。民國七十二年十二月二十三日再修正，卽現行條例共三十一條。該條例第二條規定：「耕地地租租額，不得超過主要作物正產品全年收獲總量千分之三百七十五，原約定地租超過千分之三百七十五者，減爲千分之三百七十五，不及千分之三百七十五者，不得增加。……」。觀之，此條例在減輕佃農負擔，改善農民生活而

---

❸參閱李鴻毅著前揭書第十七頁至第十八頁。

❹參閱李鴻毅著前揭書第十八頁至第二四頁；蘇志超著《土地法規新論》第十七頁至第十九頁（民國七十四年十月增修訂六版）。

制定。

(2)實施耕者有其田條例　　此條例於民國四十二年一月二十六日總統公布。同年一月二十九日行政院指定臺灣省為施行區域。四十三年四月六日、四月二十二日總統公布修正第十六條條文、十二月二十四日，總統公布修正第二十八條條文。本條例全文凡三十六條，分「總則」、「耕地徵收」「耕地放領及承領」、「限制及罰則」、及「附則」等五章。旨在使農民獲得其耕地，享有其收益，並積極輔導土地資金轉向工業，藉使國家經濟逐漸走上工業化之途徑。同時，為顧及地主之生活安定起見，採取緩進而溫和的移轉方式，准許地主保留適當面積之出租耕地，以期逐漸消滅租佃制度，達到全面耕者有其田之目的。其後為配合此一政策之執行，更制定「公營事業轉移民營條例」及「臺灣省實物土地債券條例」，以適應地主土地移轉後資金運用之需要。至於臺灣省實物土地債務條例，則於民國七十年一月十二日予以廢止。

　　按政府在臺灣實施農地改革，分三階段進行。第一階段為實行「三七五」減租，第二階段為實行公地放領，第三階段為實施「耕者有其田」[35]採溫和漸進之農地改革，於焉完成，是謂著名於世的中華民國的「臺灣農地改革」。

(3)平均地權條例　　民國四十三年八月二十六日，總統公布實施都市平均地權條例。全文凡四十七條。分八章: 1.「總則」，2.「規定地價」，3.「照價徵稅」，4.「照價收買」，5.「漲價歸公」，6.「土地使用」，7.「罰則」，8.「附則」。同年九月七日行政院命令指定臺灣省為施行區域。臺灣省政府經兩年之準備，於民國四十五年開始實施。

---

[35]參閱劉錫五著前揭書第六四頁至第六五頁。

嗣以實施過程中發生若干缺點與問題，成效未如理想，又經於民國四十七年七月二日、五十三年二月六日、五十七年二月十二日及六十一年十一月十一日將該條例先後爲四次之修正。「平均地權」，爲我國基本國策，依據憲法規定，其實施範圍，應由都市擴及至全面，以適應人口密集，物質建設，產業發展之需要，以及遏止土地壟斷、投機。於民國六十六年二月二日由總統令將「實施都市平均地權條例」修正爲「平均地權條例」公布施行；同年二月三日行政院指定臺灣省及臺北市爲施行區域。現行條例分爲：總則、規定地價、照價徵稅、照價收買、漲價歸公、土地使用、罰則、附則等八章，全文共八十七條。其第四十一條文經民國六十九年一月二十五日修正。其後又於民國七十五年六月二十九日修正。

又爲便利照價收買之執行，於民國四十五年六月十一日公布施行「臺灣省實施都市平均地權土地債券發行條例」。嗣於五十八年二月七日修正爲「臺灣地區實施都市平均地權土地債券發行條例」，民國六十七年一月二十三日再修正爲「臺灣地區平均地權土地債券發行條例」，全文共十三條。其第一條及第三條條文，並於民國七十年七月十三日重加修正。

(4)都市計劃法　　本法於民國二十八年六月八日經國民政府公布施行，民國五十三年九月一日由總統令修正，民國六十二年九月六日再修正。全文計分九章：總則、都市計劃之擬定變更發布及實施、土地使用分區管制、公共設施用地、新市區之建設、舊市區之更新、組織及經費、罰則、附則等，共八十七條。以改善居民生活環境，促進都市有計劃之發展爲目的。

(5)區域計劃法　　本法於民國六十三年一月三十一日公布施行。分爲總則、區域計劃之擬定、變更、核定與公布、區域土地使用管制、區

域開發建設之推動、罰則、附則等六章，共二十四條。本法乃爲促進土地及天然資源之保育利用，人口及產業活動之合理分布，以加速並健全經濟發展，改善生活環境，增進公共福利而制定。

(6)國民住宅條例　　本條例於民國六十四年七月十二日公布施行，並於民國七十一年七月三十日修正。全文計分：總則、政府直接興建、貸款人民自建、獎勵投資興建、附則等五章，共四十五條。其目的，在於統籌興建及管理國民住宅，以安定國民生活，增進社會福祉而制定。

(7)農地重劃條例　　本條例於民國六十九年十二月十九日公布施行。其目的在於調整農場結構型態，改善農業生產環境，以增進農地利用，促使農業現代化而制定。全文計分：總則、選定重劃區、農路水路用地及其費用負擔、重劃工程、土地分配與異議處理、權利清理及地籍整理、農路水路管理維護、罰則、附則等九章，共四十三條，本條例於民國七十年五月二十五日行政院令，指定臺灣省、臺北市及高雄市爲施行區域。同年六月二十九日令再指定金門爲施行區域。

　　除前述有關土地法之單行法外，對於特種土地之權利與利用關係，又另行獨立制定法律配合施行，相輔相行，以利事功者，諸如森林法、礦業法、水利法、獎勵投資條例、農業發展條例、山坡地保育利用條例、土地稅法、國有財產法及建築法等，亦分別制定或修正之，而成爲土地法之輔助法規。

　　2. 經濟

　　臺灣光復以來，迄今已有四十餘年，歷年來政府的施政方針，一直以發展經濟，改善民生爲重點目標，政府爲了達成此目標，制定各種經濟法規，採取各種經濟措施，所累積之經驗與內涵，舉世稱爲「臺灣模式」，被認爲第三世界發展之導向及楷模。關於此類之經濟法

規，玆舉其要者，述之於下：

(1)外國人投資條例

　　此條例於民國四十三年七月十四日總統令公布施行，迭經民國四十八年十二月十四日總統令修正公布、五十七年一月八日總統令修正公布、五十七年六月二十二日總統令修正公布、六十八年七月二十七日總統令修正公布二十四條、六十九年四月三日總統令修正公布第四條條文、六十九年五月九日總統令修正公布第十八條條文、七十二年五月十一日總統令修正公布第十六條、第十八條條文、七十五年五月十四日總統令修正公布第三、五、六、十三、十四、十七、十八條條文。現行全文共計二十四條。凡外國人在中華民國領域內投資之保障及處理，依本條例之規定（外國人投資條例第一條）。玆將其要點簡述於下：

　　① 出資種類　本條例所稱投資，其出資種類如下（外國人投資條例第三條）：

　　a. 滙入或携入外滙構成之現金。

　　b. 自備外滙輸入之自用機器、設備、原料或建廠及週轉需要之准許進口類出售物資。

　　c. 專門技術或專利權。

　　d. 經核准結付外滙之投資本金、資本利得、淨利、孳息或其他收益。

　　前項第四款所稱之資本利得，指投資人轉讓其投資之溢額所得及公司法第二百三十八條第一款至第四款規定之資本公積，依同法第二百四十一條撥充資本之無償受配之股份。但不包括因土地重估之增值與處分土地之溢價收入。

　　② 投資方式　本條例所稱投資，其方式如下（外國人投資條例第

四條)：

a. 單獨或聯合出資或與中華民國政府、國民或法人共同出資舉辦事業或增加資本擴展原有事業。

b. 對於原有事業之股份或公司債之購買，或為現金、機器設備或原料之借貸。

c. 以專門技術或專利權作為股本。專門技術或專利權不作為股本而合作者，另以法律定。

③ 投資範圍　本條例所稱投資，其範圍如下（外國人投資條例第五條）：

a. 國內所需之生產或製造事業。

b. 國內所需之服務事業。

c. 有外銷市場之事業。

d. 有助於重要工、礦、交通之事業。

e. 從事科學技術研究發展之事業。

f. 其他有助於國內經濟或社會發展之事業。

④ 享有結滙

a. 投資人依本條例享有結滙之權利不得轉讓。但投資人之合法繼承人或經核准受讓其投資之其他外國人或華僑，不在此限（第十二條）。

b. 投資人得以其投資每年所得之淨利或孳息，申請結滙。投資人自投資事業開始營業之日起，屆滿一年後，得以其經審定之投資額，全額一次申請結滙；其因投資所得之資本利得，亦同。

投資人申請結滙貸款投資本金及孳息時，從其核准之約定。投資證券及其結滙辦法，由行政院定之。（第十三條）

c. 投資人以淨利申請結滙時，應自投資事業發放淨利之日起六個

月內，檢同投資事業盈餘分配表、資產負債表、損益表等有關書表，送請外滙業務主管機關查核結滙，並應於稅捐稽徵機關核定投資事業稅額後一個月內，將核定證件，檢送外滙業務主管機關核備。投資人以投資本金及資本利得申請結滙時，應自經核准轉讓投資或投資事業減資或清算完結之日起六個月內，檢同有關文件，送請外滙業務主管機關查核結滙。投資人以貸款投資本金或其孳息申請結滙時，應按核准之約定中結付之日起，六個月內檢同有關文件，送請外滙業務主管機關查核結滙。前述所定期限，如有正當理由者，得於限期屆滿前，向外滙業務主管機關申請核准展期，其延展期限不得超過一年。

(第十四條)

⑤ 不受有關法規之限制

a. 投資事業依公司法組設公司者，投資人不受同法第九十八條第一項、第一百零八條第二項、第一百二十八條第一項、第二百零八條第五項及第二百十六條第一項關於國內住所、國籍及出資額之限制。投資人對於投資事業之投資，占該事業資本總額百分之四十五以上者，不適用公司法第一百五十六條第四項關於股票須公開發行及第二百六十七條關於投資人以現金增資原投資事業，應保留一定比例股份由公司員工承購之規定。前述規定，於投資人與依華僑回國投資條例投資之華僑共同投資，合計占該投資事業資本總額百分之四十五以上時，準用之（第十八條）。

b. 投資人或其所投資之事業經行政院專案核准後，不受左列限制（第十九條）：

(a)礦業法第五條第一項、第三項但書、第八條第一項關於中華

民國人民之規定及第四十三條第二款。

(b)土地法第十七條第七款。

(c)船舶法第二條第三款①②③④各目及第四款。但對於經營內
　　河及沿海航行之輪船事業，或不合於本條例第四條第一款共
　　同出資之方式者，仍受限制。

(d)民用航空法第十條第一項第三款①②③④⑤各目及第四十五
　　條第一次。

⑥ 結滙之處理　依本條例之規定申請結滙時，依下列辦法處理（第
　　十七條）：

a.以投資本金、資本利得、淨利、孳息申請結滙者，應以滙入或
　　携入投資時之貨幣爲準；以自用機器設備、原料、專門技術、
　　專利權或出售物資折算者，以原核准計值之貨幣爲準。

b.所用滙率，應以實際結滙日外滙指定銀行掛牌賣出滙率爲準。

⑦ 政府徵用或收購　投資人對所投資之事業，投資未達該事業資
　　本總額百分之四十五者，政府基於國防需要，對該事業徵用或
　　收購時，應給予合理之補償。前述補償所得之價款，准予隨時
　　向外滙業務主管機關申請結滙（第十五條）。

　　投資人對所投資事業之投資，占該事業資本總額百分之四十五以
上者，在開業二十年內，繼續保持其投資額在百分之四十五以上時，
不予徵用或收購。前述規定，於投資人與依華僑回國投資條例投資之
華僑共同投資，合計占該投資事業資本總額百分之四十五以上時，準
用之（第十六條）。

(2)華僑回國投資條例

　　此條例於民國四十四年十一月十九日總統令公布同日施行。迭經
四十九年三月二十六日總統令修正公布同日施行、五十七年一月八日

總統令公布修正第十七條條文、六十八年七月十八日總統令修正公布
全文二十五條、六十九年五月九日總統令修正第十八條條文、七十二
年五月十一日總統令修正公布第十五條、第十八條條文、七十五年六
月二日總統令修正公布第三條、第十二條、第十三條、第十七條及第
十八條條文。全文共二十五條，對於華僑回國投資之鼓勵、保障及處
理。關於其出資種類、投資方式、投資範圍、申請結滙及其結滙之處
理，均享有與前述「外國人投資條例」之規定同。投資人聲明放棄
結滙權利者，得申請投資經營前述投資範圍以外之其他事業（第十九
條）。投資人所投資之事業，除本條例所規定者外，與國內人民所經
營之同類事業，享有同等待遇（第二○條）。依本條例之規定，由行政
院另定華僑回國投資之輔導辦法及輔導機構組織規程（第廿二條）。

　　以上兩條例之制定，旨在屬行　國父民生主義之經濟政策，力求自
力更生，並善用友邦之援助，歡迎國際資本與技術之合作，鼓勵僑胞
投資，俾加速我國之工業建設，而求國計民生之均足。由於此二條例
之規定，投資人之權益獲得切實保障。同時，對外資、僑資給予莫大
之優惠，而國內經濟亦可藉以繁榮。其中，尤以「華僑回國投資條
例」，不僅具有優待僑資之作用，同時又兼具防止流弊之效果。

(3)獎勵投資條例

　　此條例於民國四十九年九月十日　總統令公布同日施行。迭經民
國五十四年一月四日　總統令修正公布同日施行、民國五十四年六月
十九日總統令修正第二十一條條文、民國五十六年三月二十一日總統
令修正第三條條文、民國五十九年十二月三十日總統令修正公布、民
國六十二年三月二十二日總統令修正公布、民國六十二年十二月三十
日總統令修正第十、十二、十五、十七條條文、民國六十六年七月二
十六日總統令修正公布、民國六十七年十二月三十日總統令增訂第十

七條之一、之二條文、民國六十八年七月二十日總統令修正公布第
三、十、十六、三十四條，並增訂第五條之一、第二十二條之二條
文、民國六十九年十二月三十日總統令修正公布全文共八十九條。民
國七十一年七月二十六日總統令修正公布第七、十五、四十一條，並
增訂第八條之一條文、民國七十三年十二月三十日總統令修正公布第
三、八、十、十五、二十三、二十四、二十九、三十九、四十一、五
十四、七十一、七十二、八十條；並增訂第十六之一、三十四之一、
五十八之一條條文。現行全文共分五章，即總則、稅捐減免、工業用
地之取得、公營事業之配合發展、附則等章，共計八十九條，並另頒
布獎勵投資條例施行細則以資遵循。本條例之制定，旨在加速經濟發
展，改善投資環境，獎勵生產事業，以適應軍事需要，減輕人口壓
力，並進而提高人民生活水準。茲將本條例重要之點，述之於下：

① 總則　述明立法意旨、適用法律順序、生產事業之意義、工業
　　及營利事業之意義、農漁會及合作社之適用規定。

② 稅捐減免　分八節即獎勵投資之稅捐減免、獎勵儲蓄及促進資
　　金市場發展之稅捐減免、獎勵外銷之稅捐減免、獎勵研究發展
　　之稅捐減免、促進企業經營合理化之稅捐減免、工業用地取得
　　之稅捐減免、其他稅捐減免、減免所得稅之條件。

③ 工業用地之取得　為適應經濟發展之需要，行政院應先就公有
　　土地編為工業用地，以供發展工業之用。前述公有土地不敷分
　　配時，得將私有土地變更使用，編為工業用地。（第五○條）

　　經選定為計劃開發工業區內之土地，在尚未完成編定工業用地程
序前，得先由經濟部劃定範圍，商請內政部同意，交當地直轄市或縣
（市）政府公告為一定期間之禁止建築；並得報請行政院核准後，禁
止土地所有權移轉及設定負擔。前述禁止期間不得逾一年。（第五一

條)

工業用地自編定公告後，除得繼續爲從來之使用外，不得供工業無關之使用，並禁止採取土石或變更地形。違反前述規定者，由當地直轄市或縣（市）政府取締之，並責令恢復原狀（第五二條）。

其他如工業區內住宅區之規劃、計劃開發工業用地之徵收程序、徵收土地之補償標準、未開發公設之優先投資、工業區內興建標準廠房之租售、開發費用之分擔、地價標準之審定與開發管理基金、工業用地內耕地租約之終止與補償、工業用地內放領耕地之徵收、工業區道路與公用設施之開發與配合、工業用地內公有土地之承購、委託開發工業用地之先租後售、設廠用地之使用限制、工業區之管理等，均詳加規定。

④ 公營事業之配合發展　爲配合經濟建設計劃，加速經濟成長，對於新事業之創辦，舊事業之改進，政府得以公營事業之土地、廠房、機器、設備、勞務、及其進口物資之關稅，配合投資或參加民營事業，共同經營。前述共同經營之事業，應先由主管機關分別提出計劃，依法定程序核定。（第八二條）

可移轉民營之公營事業，由主管機關提出計劃，依法定程序核定後，得以股票上市出售之方式移轉民營，不適用公營事業移轉民營條例第四條及第五條之規定。前述出售股票超過成本價格之收益，免予計入所得額課稅；其因改組清算而發生之所得稅、印花稅、契稅或其他各稅，一律免徵（第八三條）。此外，其他如開發基金之設置及運用、開發基金投資事業之經營及其人員之身分、開發債券之發行、開發債券之性質及獎勵等均詳加規定。

⑤ 附則　規定施行細則由行政院定之，以及本條例之施行期間。

自從「獎勵投資條例」實施以來，我國經濟之發展，一日千里，

生產事業發達，提高國民所得，使我國進入開發中國家之林，故本條例之制定，爲我國法制史上之特殊立法，亦爲我國經濟史上之盛事。

(4)技術合作條例

依外國人投資條例及華僑回國投資條例第四條第二項規定，於民國五十年八月八日總統令公布施行，民國五十三年五月廿九日修正公布。

(5)管理外滙條例

本條例於民國五十九年十二月二十四日總統令修正公布、民國六十七年十二月二十日修正公布第四、五、七、八、十三、十四、十七、二十條條文、七十五年五月十四日總統令修正公布第二、四、七、十一、十二、十四、二十至二十二、二十四條；增訂第六條之一並刪除第十、十九條條文。本條例共二十八條，旨在平衡國際收支，穩定金融，而實施外滙管理。

(6)證券交易法

政府遷臺後於民國三十八年八月發行愛國公債；民國四十二年一月爲配合實施耕者有其田政策，徵收地主土地，轉放自耕農承領，乃一方面發行土地實物債券，另方面並將臺泥、臺紙、工礦、農林四家股票搭配地主補償。此項土地實物債券及股票約計新臺幣二十二億元。由於地主多半將債券及股票脫手求現，證券交易開始活潑，證券行號應運而生。政府有鑑於民國十八年所公布施行之「交易所法」未能有效規範證券交易秩序，致當時投機操縱之事，蔚然成風，乃於民國四十三年一月公布，民國四十四年七月實施「臺灣省證券商管理辦法」，與「交易法」共同作爲規範證券交易之依據。民國五十年六月依國家總動員法公布「證券商管理辦法」，取代「臺灣省證券商管理

辦法」。㊱

　　政府爲發展國民經濟，並保障投資，乃積極籌建證券交易集中市場。於民國四十九年九月一日設立證管會，隸屬經濟部。臺灣證券交易所集中交易市場於民國五十一年二月建立。證管會及交易所相繼設置之後，證券交易法的草擬乃成爲當務之急。民國五十一年七月證管會的工作小組開始擬條文，歷時半年，於同年年底完成初稿。工作小組旋即於民國五十二年一月撤銷，另行正式成立證券交易法起草小組，負責草案的審查。審查工作於同年十二月完成。經濟部於民國五十三年四月將草案呈報行政院審查，行政院於民國五十四年四月十五日函請立法院審議。草案全文共八章，計二〇五條。在立法院審議期間，股票市場在一陣繁榮之後，民國五十四年春間，由於國際糖價暴跌，臺糖公司首當其衝，由臺糖股票帶動其他股票全面下跌，投資人損失不貲。行政院爲全面整頓證券市場，乃於民國五十四年六月命令證券市場休業十天，並改組經濟部證管會。同時，爲配合此一整頓措施，於同年六月二十六日及二十八日兩度正式函請立法院撤回證券交易法草案，以便重加研究修訂。第二次草案於民國五十五年八月十六日向立法院提出，最後於民國五十七年四月十六日完成三讀，同年四月三十日總統公布施行。全文共分八章、計一八三條。於民國五十一年七月開始草擬條文起算，到最後完成立法止，共歷時約六年。民國七十年七月經濟部證券管理委員會改隸財政部。爲配合此項改隸，證券交易法於民國七十年十一月十三日修正，將條文中使用「經濟部證券管理委員會」之用語，改爲「財政部證券管理委員會」（第三條），

㊱參閱賴英照著《證券交易法逐條釋義》第三頁至第四頁（民國七十三年十一月初版）。

將使用「經濟部」之用語一律改為「財政部」（第十七條第二項、第二八條第一項、第九五條第一項及第一五六條第二項）。本次修正內容亦僅於此，純粹是技術性的修正。民國七十二年五月十一日證券交易法第二次修正，僅增訂三條（第十八條之一、第十八條之二及第二十五條之一），修正二條（第三十七條及第一五七條），但意義却很重大。第十八條之一及第十八條之二的增訂是為配合證券投資信託事業的設立。第二十五條之一的增訂是為管理委託書取得法律依據。第三十七條的修正，使證管會對於會計師的簽證獲得廣泛的管理及懲戒之權，顯示證管會對會計師簽證管理的加強。第一五七條的修正，目的在於強化公司歸入權的行使，以期遏止公司內部人（insider）的短線交易；顯示證管會對公司內部人交易問題的重視。民國七十二年五月十一日證券交易法第三次修正，其幅度之大遠越前二次的修訂。修正的方向，一則加強主管機關的管理權限並擴大管理範圍，再則強化對內部人交易的管理。因證券交易法的制訂，基本上是以美、日的證券管理法為藍本，而日本的證券交易法則又以美國法為藍本，因此，證券交易法可說是承襲美國的證券管理法律而加以簡化而成[37]。

(7)商業會計法

　　為商業會計事務之處理，於民國三十七年一月七日國民政府公布「商業會計法」，自民國四十一年一月一日起在臺灣省公布施行，迭經民國五十三年七月三○日及五十七年一月八日之修正。全文共計八章，即總則、會計事項及憑證、會計科目帳簿及報表、入帳基礎、損益計算、決算及審核、罰則、附則。

(8)其他

[37]參閱賴英照前揭書第四頁至第七頁。

　　①　臺灣光復後制頒施行之法規：為促進商品正確標示，維護生產者信譽，保障消費者利益，建立良好商業規範，於民國七十一年一月二十二日總統令公布「商品標示法」，全文共十八條；為防止礦場災害，維護礦場安全，於民國六十二年十二月二十二日總統令公布「礦場安全法」；為鐵路之建築、管理、監督、運送及安全，於民國四十七年一月三日公布「鐵路法」、全文六十四條，復於民國四十八年一月二十一日公布修正第五十四條及第五十八條條文，民國六十七年七月二十六日公布修正全文七十六條；為加強公路規劃、修建、養護，健全公路營運制度，發展公路運輸事業，以增進公共福利與交通安全，於民國六十年二月一日公布「公路法」全文七十二條，復於民國七十三年一月二十三日修正公布全文八十一條；為電信事業之管理，於民國四十七年十月二十三日總統令公布「電信法」全文四十條，於民國六十六年一月二十五日公布修正之；為健全航業制度，促進航業發展，繁榮國家經濟，於民國七十年六月三日公布「航業法」，全文共七十條；為保障飛航安全、健全民航制度，符合國際民用航空標準法則，促進民用航空之發展，於民國四十二年五月三十日總統令公布「民用航空法」，迭經民國六十三年一月四日及七十三年十一月十九日等二次之修正；為加速農業發展，促進農業產銷，增加農民所得，提高農民生活水準，於六十二年九月三日公布「農業發展條例」，迭經六十九年一月三十日，七十二年八月一日及七十五年一月六日修正公布，全文共五十三條；為確立農產品運銷秩序，調節供需，促進公平交易，於七十年八月五日總統令公布「農產品市場交易法」全文四十三條，經七十二年十二月十二日修正公布第三條、第十三條、第十八條及第二十一條條文。

　　②　政府於臺灣光復前在大陸公布光復後修正之法規：光復後政

府在臺灣，爲達到施政之目的及應付環境之需要，先後數次修訂下列法規：商業登記法、專利法、標準法、商標法、商品檢驗法、森林法、礦業法、礦場法、狩獵法、水利法，漁業法、電業法、民營公用事業監督條例、郵政法等法。

　　3. 財政

　　㈠臺灣光復後制訂施行之法規：財政爲庶政之母，政府對於財政之法規，向來極爲重視，因此爲中華民國各級政府財政收支之劃分，調劑及分類，於民國四十年六月十三日總統令公布「財政收支劃分法」，迭經民國五十四年五月四日、五十四年六月十九日、五十七年六月二十八日、六十二年五月十日及七十年一月等次之修正公布；爲國有財產之取得、保管、使用、收益及處分，於民國五十八年一月二十七日公布「國有財產法」，迭經民國六十五年五月五日、六十四年一月十七日及七十年一月十二日等次之修正公布；爲辦理課徵遺產稅及贈與稅法於民國六十二年二月六日公布「遺產及贈與稅法」，迭經六十二年九月五日及七十年六月十九日二次之修正；爲課徵關稅，於民國五十六年八月六日總統令，並迭經民國五十七年、六十年、六十三年、六十五年、六十七年、六十八年、六十九年、七十二年及七十四等次之修正；爲辦理征地價稅、田賦及土地增值稅，於民國六十六年七月十四日公布「土地稅法」，並於民國六十八年七月二十五日修正公布第三十四條條文；爲處理各項財務法規科處之罰鍰及沒收、沒入之財物變價，於民國四十三年四月二十三日公布「財務罰鍰處理暫行條例」同日施行，並於民國七十年七月十三日公布修正第四條條文；爲稅捐之稽徵，於民國六十五年十月二十二日公布施行「稅捐稽徵法」，並於民國六十八年八月六日修正增訂第四十八條之一條文；爲辦理臺灣省內菸酒專賣，於民國四十二年七月七日公布「臺灣省內菸酒專賣

暫行條例」，並於民國四十四年一月二十二日修正公布全文四十六條。

　　㈢政府於臺灣光復前在大陸公布施行，臺灣光復後經修正之法規：
臺灣光復，中央政府播遷來臺後，經修正之法規如下：銀行法、所得
稅法、印花稅法、貨物稅條例、營業稅法、證券交易稅條例、房屋稅
條例、契稅條例、屠宰稅法、使用牌照稅法、娛樂稅法、工程受益費
徵收條例、海關緝私條例、會計法、預算法、決算法及公庫法等。

　　4. 內政

　　(1)臺灣光復後制頒施行之法規：爲建立警察勤務制度，於民國六
十一年八月二十八日公布「警察勤務條例」，並於民國七十五年十一
月十日修正公布全文二十九條；　爲加強道路交通管理，　維護交通秩
序，確保交通安全，於民國五十七年二月五日，公布「道路交通管理
處罰條例」，同年五月一日施行，復於五十八年、六十四年、七十年、
及七十五年等次之修正；爲管理食品衛生，維護國民健康，於民國六
十四年一月二十八日公布「食品衛生管理法」，並於七十二年十一月
十一日修正；爲防制空氣污染，維護國民健康，於民國六十四年五月
二十三日公布「空氣污染防制法」，復於民國七十一年五月七日修正
公布全文共二十七條；爲維護國民健康及生活環境安寧，於民國七十
二年五月十三日公布施行「噪音管制法」；　爲促進原子能科學與技術
之研究發展，資源之開發與和平使用，於民國五十七年五月九日公布
施行「原子能法」，　並於民國六十年十二月二十四日修正公布第三十
三條條文；爲保護農業生產，消除病蟲害，防止農業危害、加強農藥
管理，促進農藥工業發展，於民國六十一年總統令公布施行「農藥管
理法」，　並於民國七十二年十二月五日及七十五年五月五日修正；爲
藥物及藥商之管理，於民國五十九年八月十七日公布施行「藥物藥商
管理法」，並於民國六十八年四月四日修正。

為化粧品衞生管理，於民國六十一年十二月二十八日公布施行「化粧品衞生管理條例」，並於民國六十八年四月四日及七十四年五月二十七日等二次之修正。

為飲用水之管理，於民國六十一年十一月十日公布施行「飲用水管理條例」；為防治水污染，確保水資源之清潔，以維護生活環境，增進國民健康，於民國六十三年七月一日公布施行「水污染防治法」，並於民國七十二年五月二十七日修正公布；為有效清除處理廢棄物、改善環境衞生，維護國民健康，於民國六十三年七月二十六日公布施行「廢棄物清理法」；並於民國六十九年四月九日及七十四年十一月二十日修正之。

為管理與輔導電影事業，促進電影藝術發展，以弘揚中華文化、闡揚國策，發揮社教功能，倡導正當娛樂，於民國七十二年十一月十八日公布施行「電影法」全文五十八條；為管理與輔導廣播及電視事業，以闡揚國策，宣導政令，報導新聞，評論時事，推廣社會教育，發揚中華文化，提供高尚娛樂，增進公共福利，於民國六十五年一月八日公布施行「廣播電視法」，並於民國七十一年六月七日修正之。

為處理公務之文書及其程式，於民國四十一年十一月二十一日公布施行「公文程式條例」，並於民國六十一年、六十二年等二次之修正。

為促進都市計劃地區及指定地區下水道之建築與管理，以保護水域水質，於民國七十三年十二月二十一日公布施行「下水道法」，全文共三十五條；為市區道路之修築、改善、養護、使用、管理及經費籌措，於民國五十四年一月二十八日總統令公布施行「市區道路條例」。

為工業團體、以協調同業關係，增進共同利益並謀劃工業之改良

推廣，促進經濟發展，於民國六十三年二月二十八日公布施行「工業團體法」；爲商業團體，以推廣國內外貿易，促進經濟發展，協調同業關係，增進共同利益，於民國六十一年七月二十六日公布施行「商業團體法」，並於民國七十一年十二月十五日修正公布全文七十五條。

爲規定勞動條件最低標準，保障勞工權益，加強勞雇關係，促進社會與經濟發展，於民國七十三年七月三十日公布施行「勞動基準法」，全文共八十六條；爲保障勞工生活，促進社會安全，於民國四十七年七月二十一日公布「勞工保險條例」，民國四十七年二月二十四日行政院令臺灣省施行，經民國五十七年、六十二年、六十八年等次之修正；爲防止職業災害，保障勞工安全與健康，於民國六十五年四月十六日總統令公布施行「勞工安全衛生法」；爲實施職業訓練，以培養國家建設技術人力，提高工作技能，促進國民就業，於民國七十二年十二月五日總統令公布施行「職業訓練法」。

爲實施優生保健，提高人口素質保護母子健康與增進家庭幸福，於民國七十三年七月九日公布施行「優生保健法」；爲維護兒童身心健康，促進兒童正常發育，保障兒童福利，於民國六十二年二月八日總統令公布施行「兒童福利法」；爲宏揚敬老美德，安定老人生活，維護老人健康，增進老人福利，於民國六十九年一月二十六日公布施行「老人福利法」，全文二十一條；政府爲維護殘障者之生活，舉辦各項福利措施，並扶助其自力更生，於民國六十九年六月二日公布施行「殘障福利法」，全文二十六條；爲照顧生活困難之低收入者及遭受緊急危難或非常災害者之生活，並協助其自立，於民國六十九年六月十四日公布施行「社會救助法」，全文二十七條。

爲保存文化資產，充實國民精神生活，發揚中華文化，於民國七

十一年五月二十六日總統令公布施行「文化資產保存法」，全文共六十一條。

為動員戡亂時期公職人員選舉罷免，於民國六十九年五月十四日制定「動員戡亂時期公職人員選舉罷免法」，並經七十二年七月八日修正。

(2)政府於臺灣光復前已公布施行於光復後經修訂之法規：

臺灣光復前業已公布施行之法規，中央政府遷臺後加以修訂之法規如：戶籍法、警械使用條例、違警罰法、麻醉藥品管理條例、著作權法、出版法、都市計劃法、建築法、合作社法、農會法、漁會法、工會法等是。

5. 教育

教育關係國家之強弱、民族之盛衰，故我國憲法專列一節，以資遵循。惟教育之立法，於臺灣光復前，國民政府大體略備，不過中央政府遷臺以來，亦成就不少。茲分述如下：

(1)臺灣光復後制頒施行之法規：

為培養師資及其他教育專業人員，並研究教育學術，於民國六十八年十一月二十一日總統令公布施行「師範教育法」，全文共二十三條；為發展青年身心，並為研究高深學術及學習專門知能之預備為宗旨，而於民國六十八年五月二日公布施行「高級中學法」；以實施全民教育及終身教育為宗旨，而於民國四十二年九月二十四日公布施行「社會教育法」，並於民國四十八年三月二十八日及六十九年十月二十九日修正；為養成德、智、體、群、美五育均衡發展之健全國民為宗旨，而於民國六十八年五月二十三日公布施行「國民教育法」；為幼稚教育以促進兒童身心健全發展為宗旨，於民國七十年十一月六日總統令公布施行「幼稚教育法」，全文共二十五條；為使資賦優異及

身心障礙之國民，均有接受適合與能力之教育機會，充分發展身心潛能，培養健全人格，增進服務社會能力，而於民國七十三年十二月十七日總統令公布施行「特殊教育法」，全文二十五條；爲增加國民就業機會，獎助私人捐資興學，並謀私立學校之健全發展，而於民國六十三年十一月十六日總統令公布施行「私立學校法」，並於民國七十三年十一月十一日修正。

(2)政府於臺灣光復前，在大陸公布施行，光復後經修正之法規：

光復前業已公布施行之法規，中央政府遷臺後，加以修訂重要之法規如「大學法」、「專科教育法」、及「補習教育法」等是。

6. 軍政

㈠臺灣光復後制頒施行之法規：

爲優待軍人及其家屬，於民國四十九年十二月二十八日總統令公布施行「軍人及其家屬優待條例」；爲軍人傷亡撫卹、於民國五十六年五月一日總統令公布施行「軍人撫卹條例」；爲處理軍人保險於民國五十九年二月十二日總統令修正公布施行「軍人保險條例」；爲對戰時禁制品之種類及其禁運區域與禁運對象，而於民國四十四年六月三日總統令公布施行「戰時禁制品條例」。

㈡政府於臺灣光復前在大陸已公布施行，光復後經修正之法規：

臺灣光復後業已公布施行之法規，而中央政府遷臺後，加以修訂之重要法規如兵役法、陸海空軍懲罰法等是。

7. 人事

(1)臺灣光復後制頒施行之法規：

政府爲公務人員之保險，於民國四十七年一月二十九日總統令公布施行「公務人員保險法」，全文共二十五條，並於民國六十三年一月二十九日總統令修正之；爲公務人員眷屬疾病之保險，於民國七十

一年一月二十三日總統令公布施行「公務人員眷屬疾病保險條例」，全文共十三條；為學校教職員之撫邮，於民國六十一年四月一日總統令公布施行「學校教職員撫邮條例」，並於民國七十二年一月十二日修正之；政府為安定私立學校教、職員生活，促進私立學校健全發展，並增強社會福利措施，於民國六十九年八月八日總統令公布施行「私立學校教職員保險條例」，全文共十四條；政府為辦理公務職位分類，於民國四十七年十月三十日總統令公布施行「公務員職位分類法」，並分別於民國五十六年十二月十九日、五十八年八月二十五日及六十二年十一月六日等三次修正；為分類職位公務人員之任用，於民國五十六年六月八日總統令公布「分類職位公務人員任用法」，於五十七年一月十五日施行，並迭經五十七年、五十八年、六十一年及六十七年等次之修正；為分類職位公務人員之考績，於民國五十六年六月八日總統令公布「分類職位公務人員考績法」，於五十七年一月十五日施行，並迭經民國五十七年、五十八年及六十七年等次之修正；為分類職位公務人員之俸給，於民國五十六年六月八日總統令公布「分類職位公務人員俸給法」，於五十七年一月十五日施行，迭經民國五十七年、五十八年及六十七年等次之修；為應各機關業務需要，定期聘用人員，於民國五十八年四月二十八日總統令公布施行「聘用人員聘用條例」全文十條，並於民國六十一年二月三日總統令修正第六條條文；民國五十八年四月二十八日公布施行「派用人員派用條例」。

(2)政府於臺灣光復前已公布施行，光復後經修正法規：

臺灣光復前業已公布施行之法規，而於中央政府遷臺後，加以修訂之重要法規計有：公務人員任用法、公務人員俸給法、公務人員考績法、公務人員退休法、公務員懲戒法、公務人員撫邮法、學校教職員退休條例、公務人員交代條例等。

8. 專門職業

(1)臺灣光復後制頒施行之法規：

民國四十八年年一月六日總統公布施行「獸醫師法」全文三十八條，並於五十一年六月十二日修正；民國六十八年三月二十五日公布施行「藥師法」；民國七十三年五月九日公布施行「營養師法」；民國六十年十二月二十七日公布施行「建築師法」，並迭經六十四年十二月二十六日及七十三年十一月二十八日等次之修正。

(2)政府於臺灣光復前在大陸公布施行，臺灣光復後經修正之法規：

臺灣光復業已公布施行之法規，而中央政府遷臺後，加以修訂之重要法規如下：律師法、會計師法、醫師法、助產士法及技師法等是。

9. 行政救濟

依憲法第十六條規定，人民有請願及訴願之權利。因此於民國四十三年十二月八日總統令公布施行「請願法」，民國五十八年十二月十八日公布修正全文十二條條文同日施行。人民對國家政策或公共利害或其權益之維護，得向職權所屬之民意機關或主管行政機關請願（請願法第一條）。

民國十九年三月二十四日國民政府公布「訴願法」，全文十四條，二十四年十月四日，立法院修正全文二十七條，二十六年一月八日國民政府修正公布全文十三條，五十九年十二月二十三日總統令修正公布全文二十八條，六十八年十二月七日總統令修正公布第二十六條條文。

民國二十一年十一月十七日國民政府公布「行政訴訟法」全文二十七條於二十三年六月二十三日施行，民國二十四年十月四日國民政

府修正全文二十七條，二十五年十一月十八日修正全文二十九條，二十六年一月八日公布，三十一年七月二十七日修正公布全文三十條，民國五十八年十一月五日修正第二十四條條文；民國六十四年十二月十二日總統令修正公布全文三十四條同日施行。

　　為原子能和平用途所發生核子損害之賠償，於民國六十年七月二十六日總統令公布施行「核子損害賠償法」，於民國六十六年五月六日總統令六十六年五月六日總統令修正公布第二十七條條文。

三、結　　論

　　臺灣光復以來，迄今四十年，歷年來政府的施政方針，一直以維持治安、發展經濟、改善民生、研究科技、強化國防、奠定民主憲政為目標。政府為了達成這些目標，採取各種措施，並獲得相當之成效，尤以土地改革及經濟之成就，所累積之經驗與內涵，舉世稱為「臺灣模式」，被認為第三世界經濟發展之導向及楷模。然而中華民國是個民主法治的國家，政府一切政策與施政方針，並非一紙命令，即可付之實施，而為全國上下共同遵循。政府之政策及施政方針是抽象的，因此在付之實施前，必須經過立法院之立法程序，制定法律，而後經總統公布付之實施，此乃充分表現出民主法治國家之法律，其產生出於人民之公意，在於保障人民之權益，而政府之功能，在實現法律為目的，故與專制國家有所不同。至於法律的內涵與範圍，不論是政府之組織，抑是地政、經濟、財政、內政、社會、教育、軍事等法規，均在其內。因此，臺灣光復後中華民國法律的發展，可謂臺灣地區經濟、財政、內政、社會、教育、軍事等綜合之總體史。這個總體之法律，與政府之運作及國民之生活息息相關，而為政府及全民生活之準

繩。因此臺灣地區光復後的法律發展，是非常廣泛而複雜。總而言之，臺灣光復後之中華民國法制，已經逐漸脫離舊法制時代的「依法統治」型態，而步上歐美民主法制所稱之「法治」時代。至於法制之精神，以 孫中山先生之三民主義爲最高指導原則。然則，在地方制度方面，却以行政命令爲依據，而行政命令與中華民國憲法不合，又與現實環境格格不入，因此在法制之地位上非常薄弱，極易引起爭執。是故臺灣地區地方自治法制化之問題，亟待改進，以符三民主義之精神與我國憲法之規定。惟臺灣目前處於戡亂時期，因此對於臺灣地方自治法制化之問題，其解決之道，似應由國民大會修改「動員戡亂時期臨時條款」，凍結憲法有關制定省縣自治通則、召集省民代表大會制定省自治法、召集縣民代表大會制定縣自治法等規定，而另行制定「動員戡亂時期自治通則」及「動員戡亂時期省、直轄市政府組織法」，以資遵循。

臺灣光復之初，是落後、貧窮的農業社會，政府爲加速農業之發展，改善農民之生活，縮小貧富之差距，乃毅然的進行「土地改革」政策，而先後實施「耕地三七五減租條例」、「實施耕者有其田條例」、「平均地權條例」等，結果成效斐然，奠定了臺灣經濟發展之基礎。隨後，政府又制頒「外國人投資條例」、「華僑回國投資條例」、「獎勵投資條例」、「管理外滙條例」等，展開了臺灣五十年代至六十年代之高速經濟發展，使臺灣由農業社會邁進工商社會，而成爲開發中之國家。

臺灣經濟繁榮，工商進步，人民生活富足，加以實施九年義務教育，使國民的知識水準普遍提高，導致國民對公共事務與國家政事的參與意願提高。面對着臺灣地區的實施戒嚴長達三十六年之久，不但爲一般民主立憲國家所罕見，而且有損我國在國際上之形象，因此人

民對於「解嚴」、「組黨」、「解除報禁」的要求漸成風潮。政府有鑑於此，擬將解除戒嚴令，而制訂國家安全法適用之。同時，將開放黨禁，修訂「戡亂時期人民團體組織法」，作爲組黨的規範，俾達政黨政治的運作，奠定中華民國開明之政治及長治久安的基石。

臺灣由於工商業急速的發展，造成空氣污染、廢水問題處理、生態環境惡化、交通混亂、勞資糾紛、獨占與壟斷、失業及老人之問題等。因此展望未來，有關維護生態環境之法規、改善交通之法規、保護消費者之法規、防止獨佔壟斷之法規、社會福利之法規等，將隨着社會之需要，應運而生，使我國之法律燦然大備。

臺灣三十年來教育學研究的檢討

內容大綱

臺灣三十年來教育學研究的檢討

林玉體

一、前　言

在臺灣人文及社會科學的園地裡，「教育學」的地位是不太確定的；它不像心理學、社會學、政治學、人類學、或經濟學等受到學界公認爲一門「學」。有些學者不把教育的研究列爲一種「學術」研究，但也有不少學者認爲教育「學」之成立，已是不容否認的事實，教育學與其他人文社會科學一般，已夠稱爲「學」的資格。儘管這種爭論時有所聞❶，並且這種爭論也發生在海外的學術先進國家❷，但臺灣

---

❶臺灣研究教育的學者，曾爲此問題有過討論。見《臺灣師範大學教育研究所集刊》，第一二、一三輯。

不過該期的爲文者大都認爲教育「學」是能夠成立的。至於一向瞧不起教育「學術」研究的名學者，如傅斯年曾發表「教育崩潰之原因」一文，見鄧維楨選輯，獨立評論，第一冊，臺北長橋，民六十九年，頁六三～六九。唯傅文發表於民國二十一年。

❷美國哥倫比亞大學之接納「師範學院」(Teachers College)，也引起學界之爭論。當時反對把「教育」列爲大學的一個「學」院最力的教授，來自於哥大文學院的教授。見 John S. Brubacher, *A History of the Problems of Education*, 2d ed., N. Y. McGraw-Hill Book Company, 1966, pp. 489～492. 或林玉體譯《西洋教育史》，臺北教育文物，民六十九年，頁六一七～六二〇。

三十年來，至少有下述幾種事實，使得教育的研究，不管它是否已達到「學」的地步，總令人文及社會科學界注目：第一件事實是，大學設立「教育」的科系，除了臺灣師範大學的教育學系、教育學院，及政治大學的教育學系外，各在這兩大學設立「教育研究所」碩士班及博士班，開始培養「教育碩士」(M. Ed.) 及「教育博士」(Ed. D.)。如果教育本身不是「學」的話，則研究教育的學位論文，怎能授予學術性的學位？第二，除了原有的兩大學（卽師大及政大）設有教育的研究機構外，臺灣這三十年來又增設了高雄師範學院及彰化教育學院。這兩所新設的學院，也設有教育研究所、輔導研究所、教育學系、科學教育系、或特殊教育系等學系，進行教育的「學」術研究。第三，全臺灣的所有師範學校，也在這三十年內一律改制升格爲師範專科學校，師專課程名稱之號爲「教育」者，比比皆是。第四，三十年來，臺灣教育性的刊物雖不甚多，但教育論文之數量卻甚爲龐大，各種教育學報所刊載的教育論文，以及坊間出版的教育書籍，有汗牛充棟的現象。所以卽令中央研究院設有近代史研究所、經濟研究所、或民族學研究所，卻不設立「教育研究所」；中央研究院的民族學研究所包括人類學、社會學、及心理學，唯獨沒有教育學；但臺灣研究教育的學者，卻也默默耕耘，在學界蔑視下辛勤學習，三十年來的收穫，也相當可觀。本文旨在檢討這些成果，並對未來的教育研究，提出個人的看法，以使臺灣教育學的研究能躋入「學」林，並受到學界的重視。

　　一門學科之研究，必須具有系統的知識，方才可以稱之爲「學」；若是經驗談而已，或僅及技術層面，則不能扣「學」之門檻。吾人不能有「打字學」或「汽車駕駛學」等名稱，否則貶低「學」的尊嚴。「教育」活動在長久的歷史裡，都只是一種「教學技術」性的活動，

並且所謂的「教學技術」，也只不過是代代相傳的經驗談而已。因此，教育「學」之不能為學界公認，是有歷史因素的。其次，一種嚴謹的學科，必須含有客觀性的事實敘述；換句話說，它必須是一門「敘述學科」，如此才不會衆說紛紛，人云異於己云。教育研究，容或有許多內容屬於教育「事實」的發現，但「教育」一詞，却染有甚濃的「價值」色彩。依英哲休謨 (D. Hume, 1711-1776) 對「科學」與「哲學」的分野，認為「敘述學科」屬於「科學」，而「價值學科」屬於「哲學」❸；則「教育」因有强烈的「價值」味道，要入「科學」之林，恐怕並非易事。誠如田培林所言：「教育學的本質始終不能完全脫離『規範科學』的範圍而成為嚴格的『敘述科學』，……教育學的研究，儘管不斷的進步，但是還不能够成為嚴格的科學，是教育學的缺點，也正是教育學的特點。」❹田氏所言之「規範科學」，正是以「價值」為研究領域的學科。

從以上的敘述，說明了教育成為一門「學」的困難。這種困難是外因；依上面的解釋，外因有二，一是教育只是常識性的學科，無法與大學各「學科」並駕齊驅；二是教育研究的本身性質使它受束於主觀的價值判斷上，與科學精神不合。但這兩種外因並不能阻擋教育之成為一門「學」，因為一來教育只是一門「經驗談」，這是任何學科在進入科學研究的必經過程，試問其他嚴謹的科學不也如此嗎？人文社會科學自不必說了，即如自然科學如「化學」(Chemistry) 之前身，不就是「煉丹術」(alchemy)，「天文學」(astronomy) 之前身不就是

---

❸David Hume, *A Treatise of Human Nature*, ed. L. A. Selby. Bigge, Oxford, 1888, pp. 469~470.

❹田培林，《教育與文化》，賈馥茗編，臺北五南，民六十五年，頁九。

「占星術」(astrology)，都屬「技術層面」，也可以說是「經驗」累積而已。因此如有人說教育學也只不過是一種「前科學」(prescience)，那正是表示教育「學」之成立，是時日問題，卻非永遠不能有成為「學」的一天。其次，就如田氏所言，教育學是一門「規範學科」；但規範學科也是「科學」，它之成為「科學」，就如同「敍述學科」之成為科學一般。晚近由於各種學科研究，受到「科學」研究態度與方法之衝擊，各門學科都有採取科學態度與方法予以研究的趨勢。只要運用科學的方法與態度予以研究的學科，都可享有「學」之名，教育也不例外。作為「規範學科」大本營的「哲學」，都有「科學的哲學」之名了，難道不純為「規範學科」的教育研究，就不能享有「學」(即「科學」)之名嗎？(教育研究的另一部份，屬「敍述學科」領域)

教育研究的另一項「內因」，使得教育研究的「品質」無法令學界刮目相看，就是教育研究者本身的不爭氣。當年胡適等學者看輕教育研究作品，即因教育研究者為文大多是斷爛朝報，了無意義；既不深入，且識見太窄，教育文章形同垃圾，不但未發生「教育」讀者之作用，反而產生「反教育」效果。這是當前教育研究者應加警惕的。不幸，翻開三十年來的教育文章或「論著」，犯了此種毛病的，卻到處可見。「人必自侮，而後人侮之」，教育研究者本身應擴大視野，應勤加研究，且教育文章更應深入淺出以便發生「教育」作用，這是獻身於教育研究者應時加檢討之道。許多教育書籍，令讀者莫測高深，「常見有些書的作者，在用字遣詞時為了炫耀自己的文采與博學，不惜使用過多的、甚至不相干的專門術語，並附帶太多的外國文字；結果反而弄巧成拙，徒增讀者困擾，致使語言傳達思想的功效大為降低。」❺

---

❺張春興，《心理學》，臺北東華，民六十四年，頁一六五。

張春興此種批評，可能是針對教育「書」而說的，筆者深有同感，因此爲文總以「淺白易懂爲主，絕不出現艱澀難解的語彙或文字，也不以掉弄玄虛或空洞抽象的文字遊戲出現。作者總以行文必須言之有物，且言之有意義爲目標。如果寫書的人有意無意讓讀者看不懂，這已失去『教育』意義。」❻這種反省，尤其適用在「教育」性的書籍、雜誌、或刊物中，因爲教育帶有「知識普及」之功用。如果閱讀教育書刊的人發現閱讀教育作品，除了不知所云之外，又了無內容，則只好束書不觀，或棄之如敝屣了，如此那能贏得學界之尊重？又如何能讓學界公認其研究品質已臻「學」之境界？

自1779年，德國學者特拉普（Ernst Christian Trapp, 1745-1818）於號稱爲「第一所現代化的大學」（The First Modern University）——哈列大學（University of Halle）開教育學講座以來❼，又經世界各國教育學者的努力，教育著作已蔚爲大觀。不過，教育學的領域，是一種「科際整合」（interdisciplinary approach）的園地，它缺乏很明顯又截然與其他學科不同（clear and distinct）的研究範圍，它必須建立在心理學、哲學、社會科學、及史學基礎上。教育先進國家培養師資或鼓勵學者從事教育研究，也以「教育心理學」、「教育哲學」、「教育社會學」、及「教育史」作爲必修科或主修科❽。教育學的研究如要奠定穩固又深厚的根基，必須在這四大科目中戮力以赴。臺灣三十年來的教育學研究，在這四方面也卓然有成，但缺失仍多。本文如下的篇幅，擬針對這四大學科在臺灣三十年來的研究情形，作一番評介，並就正於高明。

---

❻林玉體，《西洋教育史》，臺北文景，1980，自序二。

❼同註❹，頁二一一，二三二。

❽陳奎憙，《教育社會學》，臺北三民，民六十九年，序言一。

二、教育心理學之研究

自德國教育哲學家赫爾巴特（J. F. Herbart, 1776-1841）倡議教育科學應植基於心理學及倫理學以來，心理學的發展影響於教育的，即功能大著。心理學在擺脫哲學的束縛後，它在社會科學的研究上，就異軍突起，有一日千里的發展趨勢。

三十年來，臺灣心理學及教育心理學的研究，在整個教育學的研究圈子裡，成效最顯，著作數量最多。臺灣教育心理學者之研究成績，可以說在全部教育學術中，名列第一。除了教育心理學本支之研究上，發表著作不少，且在教育心理學的分支探討上，問世之論文亦指不勝屈。如人格心理學、自我心理學、社會心理學之專書發表之外，單篇論著之出現於學報及雜誌上的，簡直不可勝數。他如特殊教育、輔導、諮商、測驗、統計、及其他有關心理學或教育心理學之報告，也頻頻在教育刊物上出現。

儘管心理學之研究，心理學者都自稱是「所有科學中……最有深度而且也最困難的一門科學。」❾這句話難免有自吹自擂、或戲臺裡喝采之意。但心理學之成為一門科學，乃因它自命是一門研究行為的科學。此種心理學之定義，國人是完封不動的襲取外國心理學界對心理學之界說而來。因之，三十年來雖然臺灣心理學界對心理學之探討，在人文及社會科學中堪稱最為熱門，但坦率而言，却絕大多數都是舶來品。除了譯書之外，署名為「著」的，也多半是外國資料，鮮有國人對心理學研究之「創見」。

---

❾同註❺，頁一三及一九。

　　但最近有一趨勢，卽「心理學中國化」的主張漸受重視，發起者是臺大心理系教授楊國樞。楊氏研究心理學素著績效，除了專門性的心理學著作之外，經常在報章雜誌上發表有關社會、政治、及教育的文章，他以心理學的角度來解釋各種人類活動的現象，但特別重視心理學的「中國化」❿。心理學既發源於國外，國外的心理學家之研究作品，每每領先國人對心理學之研究成果。外人領頭，國人後隨；不止如此，在介紹某種心理概念或實驗過程、對象、及性質時，也取用外國內容，甚至採取外國教科書作爲教本供上課教學討論之用。如此作法，漸使國人有不自在之感，或有民族自尊受損之「心理」作用發酵其間，因此心理學中國化的問題乃應時而生。其實，心理學既作爲科學的一種，且是一門嚴謹的科學，而科學又無國界，所以心理學中國化的提出，非但荒謬，且也是無稽。因爲吾人不知中國物理學及美國物理學究有什麼區別。同理，以爲中國心理學有別於美國心理學，則不知何所指了。但國人之心理活動產生在社會行爲者是否與外國人相同，則有賴心理學界深一層去探討。這種情況，尤其在社會心理學的研究上更顯重要。社會心理學的研究者已發現，「中國人與外國人對相同的社會刺激常有不同的反應。如美國心理學者 Madson 研究美

---

❿有關楊國樞心理學的中國化論文，如李本華、楊國樞，〔臺大學生對他族或他國人民的刻板印象〕，國立臺灣大學心理系研究報告第十二期，民五十九年，頁七～二三；李亦園、楊國樞合編，《中國人的性格》，南港中央研究院民族學研究所；楊國樞，〔工業化過程中中國人在性格及行爲上的矛盾現象〕，收於現代人與其工業環境研討會報告，臺中東海大學，民六十七年；楊國樞、李本華，〔五百五十七個中文人格特質形容詞之好惡度、意義度、及熟悉度〕，國立臺灣大學心理系研究報告第十三期，民六十年，頁三六～五七；及楊國樞、瞿海源，〔中國「人」的現代化；有關個人現代性的研究〕，高雄衆成，民六十三年。

國兒童的合作、競爭傾向與年齡的關係，發現美國兒童的競爭傾向隨着年齡的增加而加强，合作傾向則相對的減少。」然而李美枝於民國六十七年以臺灣、香港的國小級學童爲研究對象，却得到相反的結果，高年級的學生比中、低年級的學生更多合作的反應❶。

　　不過，却有更多的實驗證明研究對象雖有國籍之不同，心理現象却無大異。心理與教育測驗也發源於西方，測驗對象當然是外國人，當測驗內容改編爲中文並以中國人爲測驗對象時，所得的結果與外國比較，却是大同而小異❷。這是否印證了明代大儒陸象山於幼小時就體認的一句話：「東海有聖人出焉，此心同也，此理同也；西海有聖人出焉，此心同也，此理同也；南海、北海有聖人出焉，此心同也，此理同也；千百世之上，有聖人出焉，此心同也，此理同也；千百世之下有聖人出焉，此心同也，此理同也。」象山是說古今中外之「聖人」心理皆同，而國際性的心理學研究，大概也可以證明古今中外之「俗人」心理亦同吧！

　　心理學之中國化，有使國內心理學者在介紹心理學概念時有落實感及本土感，這種情緒性的滿足作用，是不可厚非的。但筆者建議三事：(1)不可因「心理學之中國化」而有「扶土滅洋」習氣；(2)如研究中外心理現象而發現有所不同，應提出造成所以不同的理由，且是足以服人的理由；(3)不可只是一味的把外國心理測驗或實驗轉移對象（不以外國人作對象而以中國人作對象）而已，更應該有所突破，否則只是檢拾他人牙慧，未見創新。心理學之中國化如只停止在換換外衣而已，則中國心理學之獨立化，將指日無期。

---

❶李美枝，《社會心理學》，臺北大洋，民七十一年，序頁一～二。
❷程法泌，《五十年來心理測驗在中國的發展》，中國教育學會主編，〔近五十年來之中國教育〕，臺灣復興書局，民六十六年，頁一三六～一八一。

　　至於教育心理學之發展，最近更有一項趨勢，即在擺脫心理學之附庸角色，而謀求成爲一種獨立學科研究的領域。心理學排除了哲學的羈絆而獨立成爲一門學科，現在教育心理學也擬步後塵，來一個「不認母親」運動而獨立謀生。教育心理學者張春興說，本世紀的前五十年，教育心理學的研究者，囿於「借用理論心理學的知識以解決教育問題」的觀念，致使教育心理學本身迄未建立獨立的方法與理論的體系。「所幸近十年來教育心理學者多已覺悟到此一問題的重要性。他們已揚棄了以往『借用』與『等待』的態度，改而從教學情境中，以學生行爲爲對象，以帶有價值觀之行爲改變的教學目標爲範圍，從而研究，以期了解、預測、控制學生的學習行爲，並分析有關影響學習效果的因素。此一轉變至爲重要。雖目前距建立系統教學理論之目標尙遠，但予教育心理學發展的前途已指出了正確的方向。」❸換句話說，教育心理學不只是心理學在教育上的應用，不只是以心理學作理論而以教育學作印證的一門學科。相反的，教育心理學卻應有自己獨有的研究範圍及對象，而形成一門嚴謹的「學」。

　　其實，純粹心理學的研究，與教育的關係太密切了。一本心理學的書與一本教育心理學的書，在內容、份量的比較上，二者重疊的部份，可說不勝枚舉，這是人盡皆知的事實。比如說，心理學探討「行爲的發展」，教育心理學則研究「身心發展與教育」；心理學的書中有「學習原理」一章，教育心理學的本子也有「學習原理與教學」一單元；心理學教科書列有「語言、思考、創造」部份，教育心理學的教本就有「語文與概念學習」及「思考與創造力的培育」兩章❹。可見

❸張春興、林清山，《教育心理學》，臺北東華，民七十年，初版序，頁七～八。
❹根據同註❺及同註❸兩書的比較。

教育心理學要完全拋棄心理學的影響，是不可能的。二者卽令想藕斷，但也會絲連。當初心理學遠離哲學而去，心理學在研究行爲時，可以不必有哲學素養，也不必要有哲學基礎，而自能在心理學界建立碉堡，並昂首於學界。但教育心理學如不與心理學發生和諧關係，或「借用」心理學的研究成果，則可能產生的一個弊端就是教育心理學者自以爲已經有了獨自的研究領域而不遑或不暇他顧，置心理學的研究於旁，則對教育心理學的發展，可能是禍而不是福。卽就社會心理學的研究而言，「刻板印象（stereotype）」對於班級導師之輪換問題，「認同（identification）」對教科書有關聖賢故事之選材問題，道德判斷對於道德教學問題（如 Kohlberg 之理論），傳播訊息與說服之研究對於思想或反共教育問題，社會權力之研究對於學生管教問題，「道德的錯覺」（illusion of morality）對於權威之使用問題，環境與人際行爲之研究對於教室課桌椅的安置排列問題等，都有啓人深思的價值❶。教育心理學者如不涉獵及此，將是嚴重的損失。

教育心理學者不擬再「借用」心理學的理論而可能產生二者之不相連繫，這種擔心，容或是筆者之過慮，教育心理學的研究者也知道一般心理學的研究提供給教育心理學的，貢獻不小。不過，下面卻有一個具體實例，倒是筆者所認爲的隱憂。這實例就是，同一作者的兩本著作——心理學與教育心理學，在心理學的著作中提到「抱負水準」時，作者說：「影響抱負水準高低變化因素的研究，也是心理學專家的興趣之一，特別在教育心理學上，對如何培養學生建立切合實際的抱負水準，一向被認爲是主要目標之一。」❶但在教育心理學的著

---

❶同註❶，頁六九，一一八，一五四，二二○～二二一，三四五，三四七～三四八，三五二，四四六，五二五～五二六，及五九五等。

❶同註❺，頁四二七。

作中有關於同一主題的討論，却只有九行，而却花許多篇幅在討論不屬於教育心理學的範圍（至少沒有直接關係），如教育目標之擬訂、教學過程設計，（屬課程與教學法，或教育哲學領域），並擴充教育心理學的研究功能在於「解決教學上的實際問題」[17]，「建立系統的教學理論」[18]。教育心理學如擬有私有的研究領域，倒不如先鞏固自己地盤（如抱負水準的研究）不遲，切忌攻佔或侵犯別學科的研究城池。當然，教育心理學的範圍也有與其他學科疊床架屋的情形，如師生關係之研究，與「教育社會學」的此一部份幾乎雷同。

教育心理學的研究，最能趕上時代；近三十年來，國外心理學或教育心理學的研究成果，都能在國內看到有譯介文字。如皮亞傑（I. Piaget）的認知發展論、柯柏格（L. Kohlberg）之道德發展期學說，都是國內研究教育心理學者耳熟能詳的觀念，這是三十年前所未曾聽聞的。

在一般性的教育心理學著作中，張春興與林清山合寫的「教育心理學」是可供參閱的一本。該書說明較為清楚，舉例也大部份較為恰當，並且內容實用，每以當前發生的實際問題作為討論資料。雖然書中對於「習慣」之解釋認為「熟能生巧」[19]；有關邏輯思考時所言：「邏輯思考必須根據事實」[20]；以及該書雖標為大學用書，但書內例子都有「兒童」字樣，似乎是以為閱讀該書的對象是國小師資訓練班的

[17] 同註[13]，頁二五三～二五四。

[18] 同註[13]，頁六，一五。

[19] 同註[13]，頁一○○, cf. J. Dewey, *Human Nature and Conduct, An Introduction to Social Psychology*, N. Y. The Modern Library, 1930, p. 72.

[20] 同註[13]，頁一五七～一五九，參見林玉體，《邏輯》，臺北三民，1982。

成員。不過這些都是疵掩不住瑜的。作者之努力，吾人也應予以一番敬意才對。當然，其他教育心理學的研究者，對臺灣三十年來教育心理學的建立，也是功不可沒的。不過，筆者期待的一點，國內心理學界及教育心理學同仁，不應只作外國心理學及教育心理學的接枝工作，更應該培本植苗；不應只是介紹外國的研究成果，或僅是將心理研究的對象轉移外國人爲本國人爲已足，却更應該創造心理學或教育心理學的新理論，開拓新境界，好使苗長枝壯，開花結果，並令外國心理學及教育心理學界刮目相看，這才是「心理學中國化」或「教育心理學中國化」的眞正意旨吧！

三、教育社會學的研究

教育心理學側重「個體」行爲之研究，對於學生個別差異的心理認識，貢獻甚大，對於敎學法之改善，建功最偉。但近百年來的教育發展，在數量上强調教育普及化，故個別教學已爲班級教學所取代；在質的提高上，又改變以前心理學所側重的「個性」發展而加强「群性」的陶冶。「班級化教學」及「群性」教育，就是「教育社會化」。教育心理學的研究使得「教育心理化」，教育社會學的研究則促使「教育社會化。」史密斯（W. R. Smith）所言：「師範畢業生只懂得心理學上求優良的教學法之秘訣，而不知社會學有效的教學法，是一樣的重要。」㉑教育社會學在臺灣教育學的領域內，是異軍突起，另樹一幟，也是臺灣學術研究及教學機構新加的一種科目。

㉑W. R. Smith, *Educational Sociology*, 1917, p. 669. 見謝徵孚，《社會學》（上下），臺北中國新聞出版社，民四十八年，頁九〇。

　　近世以來，教育活動都是大規模的社會羣衆活動。社會學既以整個社會爲研究對象，則教育之受社會學研究之影響，自不待言。從而其他人類社會活動之研究所形成的學科，如政治學、行政學、經濟學、人類學、及生物學等，也各自成爲教育政治學、教育行政學、教育經濟學、教育人類學、及教育生物學。一時，教育學的膨脹，有昔非今比之趨勢。三十年來在臺灣的教育學院及師範學府裡，也陸陸續續的開設上述科目，頓然有使人眼花撩亂之感。不過平實言之，上述科目，除了「教育社會學」之獨立成爲一門「學」還差強人意之外，其他的「學」，都離「學」的目標還有一段遙遠的距離。臺灣三十年來教育學圈子裡馬上擠進來這麼多「學」，除了開設那種科目的人勇氣可嘉之外，不論就著作的水準或是教學的內容而言，似乎都不夠資格稱爲「學」。

　　自孔德（August Comte, 1798-1857）倡言實證哲學，並以社會學爲實證哲學的最高層學科之後，社會學的研究卽一日千里，教育學之研究亦受社會學的研究所波及。「教育社會學」雖屬新興科目，它之研究，旨在 1. 利用教育社會學的知識作爲構成教育學理論體系的重要部份，2. 促使教育決策者重視影響教育的社會因素，3. 應用教育社會學的知識來幫助教育工作人員瞭解其角色任務㉒；但臺灣教育社會學的研究者也篳路藍縷、披荆斬棘，在教育社會學的園地裡，收穫頗多。就以《教育社會學》的書名出版的，就有朱滙森、尹蘊華、林清江、李緒武、郭爲藩、林義男及王文科，及陳奎憙諸人。其中尤以林清江對本科目的研究所發表的著作最多，除了譯有《教育社會學》一本之外，另有《教育社會學》及《教育社會學新論》各一册。

㉒同註❽，序言一～三。

此外，陳奎憙的教育社會學可供參考之處也不少。

現在的教育社會學之研究，也排除研究者主觀的臆測，而代以實徵性的客觀資料，不只強調社會學「思想」，且更注重社會學之「理論」㉓。但社會學既在探討社會「發展」，且「教育社會學也不諱言價值問題」㉔，則教育社會學要作到一門純科學的地步，恐怕不太容易。尤其教育社會學因以「教育」為主題，因此避免不了的一定會談到利用教育的社會化以帶動社會進步，透過教育活動以達成社會的民主化等問題。「民主」與「進步」等觀念，都是價值判斷的領域。教育社會學之討論這些事情，是順理成章且是義不容辭的職責。所以談到教育的政治功能時，應強調「民主式」的教育可以達成民主式的政治，培養政治上容忍的風度，及民主式的教育制度可以孕育民主式的信念等。不可只言「教育」可以達成民主式的政治、民主式的信念，及容忍異見的雅量。換句話說，應該在「教育」之前加上「民主的」這個形容詞。因為專制式的教育非但無法達成上述功效，且將造成獨裁式的社會。陳奎憙所著「教育社會學」如再強調此點，則較為醒目㉕。民主的重要意義就是讓人人有「參與感」(sense of participation)，陳奎憙在論及教育領導的民主化而比較中英兩國教師對教育領導的看法時說：「我國教師比較保守。他們不願積極參與學校事務，其中因素固多，而校長未能提供機會，有效鼓勵教師參與，可能為最重要之原因。」㉖這的確是正確之論。在談到教師專業地位時，強調教師的「獨

㉓郭為藩，《社會學理論大綱》，臺南開山，民五十八年，頁三一二；陳奎憙，《教育社會學》，同註❽，頁一九～二〇。
㉔陳奎憙，同註❽，頁三〇五。
㉕同前註，頁六八，七九～八一。
㉖同前註，頁二一六～二一七。

立自主性」， 而批評我國中小學教師在此方面擁有的權力極其有限，以及「純粹由教師組成的教育會，力量薄弱」，這種詞句更深獲我心。他如「尊重教師人格，給予較大的教學自由」，❷更是改善教師地位的不二法門。

教育社會學涉及教育活動所帶來的「社會變遷」。變遷是一種「事實」，但透過「教育」而產生的「變遷」，應是具備「價值」的變遷。如把專制社會轉變為民主社會，把奴役社會轉變為自由社會，如此的變遷才是「進步」； 否則光是變遷，並不代表進步。 教育社會學不僅是研究社會變遷的事實而已， 更應引導社會變遷的方向或目標。這就與進步的「標準」發生密切關係了。教育社會學若不討論這個問題，是不免美中不足的。不幸，在現有的中文教育社會學著作中，都難免有此缺憾❷， 倒不如純社會學的著作中有此項研究。謝徵孚所著的「社會學」提到社會發展時就提出三指標，即「自由、幸福、進步」。且也引用孔德所論社會進步的規準為：

(1) 秩序的增進。

(2) 社會分化與團結的增進。

(3) 理性勝於獸性的發展。

(4) 人類征服自然力的擴張。

(5) 人口增加時欲望滿足的增進。

(6) 抽象思考力及綜合能力的增進。

(7) 對於社會改良所必要的合作與努力的社會性的發展❷。

---

❷同前註，頁二八〇～二八一， 二九八。

❷同前註，頁一二六， 一三八， 一三九。

❷謝徵孚，同註❷下冊，頁二八四， 二九九。

由此可見，更需要研究社會進步的「教育社會學」，反落在純「社會學」著作之後了。

以教科書的題材標準來衡量林清江與陳奎憙分別所著的《教育社會學》，各有參閱價值。兩人在敍述上都相當流暢，惟陳奎憙的書中有關教育社會學的理論，說明得較爲簡略，文字稍嫌晦澀，不能具體的解說，有些則是一筆帶過，不能加以闡釋，易使讀者有茫然之感；且專有名詞過多，更增迷糊。作爲一本通俗性的著作，在出現某一概念或詞彙時，必須深入淺出的解說，千萬不要變成名詞的堆積。名詞不出現則已，一出現則應交代清楚；否則節外生枝，徒生困擾。或者作者以爲研讀教育社會學的讀者，必先具備有社會學的知識基礎，因此在教育社會學的著作中如出現社會學的名詞，則教育社會學的研究者，不必負責解釋。著者有此心意，也未嘗不可。不過，環顧國內研讀教育社會學的初學者，以及開設此種科目的研究及敎學機構，並未以「社會學」爲研讀「教育社會學」的先修科目。因此，「教育社會學」的著作者，應該說明每一個出現的社會學名詞或理論，倒是責無旁貸，不容推卸的。

教育行政及教育制度之研究，亦是教育社會學中的一種重要領域。臺灣三十年來在這方面的研究的後起之秀，有黃昆輝、林文達，及謝文全教授，但孫亢曾教授在「比較教育」上，却是愈研愈精；老來爲文，還是銳氣不減當年，且識見更爲精深與廣博。這是年輕一輩學者應該效法的。孫亢曾研究各國教育制度之比較，側重「內在因素」及「無形勢力」之研究，如此才不會有膚面、瑣碎、了無意義之憾。他感嘆比較教育最受忽視的一環，乃是「教育的宗旨和價值比較」❸，

❸孫亢曾，〔五十年來比較教育研究的發展趨勢〕，同註❷，頁一～二○。

這種說法，是很有洞見的。

孫亢曾的見解，恰好說明了臺灣三十年來教育行政及教育制度之比較研究，應該與以前的研究有所分別之點；尤其近幾年來的研究，更有趨向「核心問題」、「根本問題」的比較研究之趨勢，而不侷限於表面、枝節的資料搜集工作而已。這種趨勢，是受國際上的研究趨勢所指引。根據謝文全的研究，教育行政及制度之比較探討，分成三期，而皆受「組織理論」（organization theory）的影響。一是傳統之組織理論時期，1900—1930，二是行為科學組織理論時期，1930—1960，三是系統理論時期，1960—。第一期以偏重組織「靜態」面而忽略組織「心態」面的研究與應用，偏重正式組織而忽視非正式組織，強調法定職權而罔顧其他權力，偏於物質及生理而不計精神及心理之獎懲，喜愛專制而非民主式的領導作風，是封閉而非開放系統，偏重組織目標而忽略個人目標。第二期則在補救第一期之缺失，因此是偏重組織心態及動態層面而忽略靜態層面之研究與應用，重點放在非正式組織而不放在正式組織上，是開放而非封閉系統，強調專家權及參照權而較不注重法職權，因此是民主式而非專制式的作風，獎懲重點放在心理或精神上而非以物質或生理上的滿足為誘因，並且個人目標重於組織目標。至於現代時期則兼採二者之優而去除二者之劣❸。謝文全的著作，不但文理流暢，且資料豐富，分析力更強，對於每一種理論，皆詳加介紹其來龍去脈，對其得失的批判，是相當精闢的。臺灣介紹系統分析理論在教育行政及組織上的應用，卻約自民國六十五年才開始，首由黃昆輝發其端，葉學志、林文達，及謝文全等接其後，而以後二者作比較完整的評述。

---

❸謝文全，《教育行政》（下），華視文化事業出版社，民六十七年，頁三四～二四四。

不過，一般討論教育組織之特色，就形同教育活動之特色一般，與其說這種研究屬於教育行政範圍，不如說是一般性的教育學範圍。其次，教育行政組織之內容，乃是一般行政組織理論在教育上的應用，是否教育行政組織理論是一般行政組織理論的附庸。教育行政的研究者有無膽量向教育心理學者看齊，宣稱教育行政是一門獨立的「學」？第三，許多教育行政組織之觀點，多半徘徊於「管制」（集權）與「彈性」（分權）之間，本來這正是教育的基本性質。因此，教育行政理論有必要植基於教育性質之探索，如此才能使教育「學」的各種分門學科，變成完整的學科體系。這三種問題，是否可供教育行政及組織的研究者深思。

在臺灣，有關教育制度之研究論文，在品質上就沒有教育行政組織理論之研究那麼高明。雖然研究者也聲明各國教育制度之研究或比較研究，應該注意「背後因素」及「潛在因素」[32]，但多半都是資料的拼排，只講表面，不明究裡。只知其然，不知其所以然。讀來索然無味，有失「學術」作品之資格。這是教育行政、組織、制度的研究者，該引以為戒的。

四、教育史的研究

不容諱言的，臺灣三十年來在教育學的園地裡，教育史的研究是最荒蕪的，不只無人耕耘，也無人播種。作為教育學的根基歷史最悠久的教育史，竟然在臺灣教育學術中落到此種地步，的確是該徹底檢討的。

---

[32] 謝文全，〔教育行政制度比較研究〕，高雄復文，民七十年，頁一四，一九～二〇。

　　教育史的研究，就地區而分，可分爲臺灣教育史、中國教育史、及西洋教育史三部份。就臺灣教育史的探討而言，成書者只有一本汪知亭所作的「臺灣教育史」，其中分日據以前、日據時代、及光復後的臺灣各種教育設施之發展狀況，評論的地方也不少。如對荷蘭人創造了「新港文字」，是方言拉丁化的嚆矢，卽令荷蘭人離臺（1661）後145年，荷人所傳授的羅馬拼音字仍流傳於麻豆以南下淡水河一帶的土著之間；且提到荷蘭人據臺期間，土著已較少叛亂，可見殖民教育之成功；敍述日據時代的教育則譴責日人之高壓及歧視差等之教育政策；但日人在辦理教育事業時，一來有計劃，二來教育經費相當充裕，三來注重教師之獨立自主權，及教師之教育熱忱等，都是日本辦理臺灣教育成功之處；但日本人進入較高貴的學校，臺灣人入低劣的學校，以及各級學校之校長及教師，幾乎清一色是日本人，這是日本帝國主義殖民臺灣的特色，也是該攻擊之點。臺灣光復後，卽行全民普及教育，在量、質上都進步非凡❸❸。但該書太過簡略，且有好多地方語焉不詳，深度與廣度都嫌不足。這幾年來，年靑學者研究臺灣教育史較見成績的，有王啓宗與吳文星兩位，尤以後者發表的單篇論文較多，不但資料較翔實，且分析力也較强。假以數年，吳氏在這方面的成就，也是未可限量的❸❹。

　　中國教育史的成書作品中，以王鳳喈的著作最簡明扼要，也最具條理。余書麟的上中下三巨册，頁數最多，可見作者用功之勤；不過

---

❸❸汪知亭，〔臺灣教育史〕，臺北臺灣書局，民四十八年，頁五，三一，三三～三四，三八，四六，一五〇，一五一，一五六～一五七，一七五。

❸❹吳文星，〔日據時期臺灣的教育與社會領導階層之塑造〕，師大歷史學報第十期（民七十一年），頁三六七～四〇四，〔日據時期之臺灣師範教育—教學與訓育〕，師大歷史學報第八期，民六十九年，頁二五一～三一二。

有好多資料是與教育史無多大關係的；且在評述教育家的教育思想時，有不少牽强附會之筆，這應該動用「奧康剃刀」(Occam's Razor)大大剃除一番。陳靑之的作品雖成書於民國十九年，但臺版却是民國五十二年，且是懷疑精神頗强的一本份量不輕的書，該書共八一○頁，作者寫書態度是較具個性的，有獨自的見解。比如他說：「在商代以前，……當然沒有學校的形式，卽在西周時代，後儒所盛稱的教育如何發達，學校如何完備，我們也只當着一種傅會，決非信史」。且第二章標題竟然是「漢人臆造之上古教育制度」，第四章標題也是「後人傅會之西周教育制度」。以爲「臆造」是幾乎爲假，「傅會」則有部份是眞❸。這種說法眞够勇氣，與余書麟之書從原始人之教育說起之看法，有天壤之別。但該書之取材，也不無可議之處，如敍述孔子只佔7頁（48—54），與敍述張橫渠（249—256）、程明道（257—263）同，但却少於程伊川（263—273，共11頁），朱熹（291—307，共17頁），張南軒（307—314，共8頁），這是不應該的。至於陳東原之《中國教育史》及任時先之《中國教育思想史》，都發表在三十年前，故不在本文討論範圍之內。

最近有兩本有關中國教育史的書籍問世，一是胡美琦的《中國教育史》，一是鄭世興的《中國現代教育史》。胡書簡直是一本中國文化史而非中國教育史，且是錢穆（胡女士之夫）的《中國文化史》。因爲該書敍述太泛，內容太籠統，無明顯的「教育」史實貫穿其間，又無史識之評論，這種現象尤以論東漢兩大教育家時爲然❸。許多教育史實，只是列述資料，並未探討底細，如南北朝時北朝重經學研究，南

---

❸陳靑之，《中國教育史》，臺灣商務，民五十二年臺版，頁五，一四，二四。
❸胡美琦，《中國教育史》，臺灣三民，民六十七年，頁一九一～一九五。

朝重文學研讀，其故安在，不詳其因。且屢言時人「避談政治，以免惹禍；不談經濟，以免俗氣」，故多言文藝及老莊❸❼，但並無舉出政治迫害學術的史實以資佐證。第五篇第五章敍述印刷術的提倡，直如敍述印刷術的發明史，却對印刷術所帶來的教育影響，說明太少，比例上十不及一，形同喧賓奪主❸❽。對於教育史實更以有色眼光處理之，如詆譭留學生對國家建設之功，尤其是留美學者。「辛亥革命無留美學生之流血，五四運動無留美學生之犧牲。人家吃盡辛苦而留美學生要坐享其成。」❸❾這種話都有甚爲强烈的情緒語調，那裡是一本學術著作所應有的文筆呢！

　　研究中國教育史所遭遇的困難很多，其中之一卽是中國過去文字之難以領會。所以唸中國思想史非先研究文字學不可。而寫中國教育史書的人必須自己先能懂得教育史料之意義，以及中國經典之有關教育者之意含，然後才有資格寫書。不幸，要滿足此種只是「基本」的條件的人，簡直是鳳毛麟角。一般讀者之看古文，猶如一般中國學生之看學術性的英文，不詳加解釋，而只是原文照抄，原封不動的把古代資料呈現在讀者面前，何能讓讀者心領神會中國過去文化及教育的精髓？連帶使研究中國過去的文化與教育的興趣消失殆盡，這能够怪學生不喜歡研究中國的思想史、文化史、或教育史嗎？這能够指責新一代的學子沒有能力研究中國教育的過去發展史嗎？恐怕寫書的人要負泰半的責任吧！

　　鄭世興的書取名爲《中國現代教育史》，時間斷自清末設立新學校制度起。他把這將近一百二十年（清同治元年，卽1861年，到民國

---

❸❼同前註，頁二三五。

❸❽同前註，頁二九八～三〇一。

❸❾同前註，頁五一四～五一六。

六十九年, 卽1980年)的中國教育史稱爲教育的現代化期, 而又細分爲
軔始期 (同治元年到清亡)、盤施期 (民國元年到民國十五、十六年),
植基期 (民國十六年到二十五、二十六年)、 挫折期 (民國二十六年
到民國三十七、 三十八年)、 及確立期 (民國三十八年到民國六十九
年)。 不管此種分期之名稱是否足以代表該期教育發展的特色還有待
商榷, 但作者之此種分期, 倒是一項獨特的創見。 書中對中國教育之
現代化, 提出許多原因, 如政治的動亂、 經濟的劇變、 文化的輸入、
社會的變遷等, 都有過交代❹。 這幾個章節是全書當中比較可看的部
份。 不過, 全書對於清末以還教育制度之興革演變, 却像斷爛朝報一
般, 無甚意義。 對於中國「現代」以前之教育措施而與「現代」發生
關係者, 也略去不論, 使得「新」「舊」之間如同斷根的飄萍。 舉例
言之, 清末各省改設大學之「書院」, 以及入大學學生之爲「貢舉生」
者❹, 這兩種名詞, 都有很深遠的教育史實, 且支配中國過去的教育
活動至深且鉅。 因此該書雖「斷」自清末始, 但教育史是不可「斷」
的。 當前的教育活動, 乃係延續過去的教育活動而來; 因此敍述清末
以來的教育發展, 也應說明清末以前之教育活動而與現代有關者。 此
外, 該書在提及學風時, 只是談到學制架構而已, 却未有學校生活及
師生行爲之評述, 似乎不重視教育發展的血肉部份。 而在清末民初思
想及制度之巨大轉變時期中, 影響於中國現代教育發展的傑出學者如
嚴復及梁啓超之功勞, 所佔份量太少; 民初以後, 杜威及其他名聞遐
邇的國際學者來華講學的經過, 也很少在書中出現, 這是選材方面的
重大疏忽❹。 其次, 對各期教育思想之評介不够深入, 對大學區制之

---

❹鄭世興,《中國現代教育史》, 臺北三民, 民七十年, 頁九〜一六。
❹同前註, 頁五八, 六二。
❹同前註, 頁九一〜九二, 一一二。

批判亦然；尤對三民主義教育政策及思想教育之功過，只作單方面的
敍述，有失超然公正的爲學立場。不過，該書也有作者之「見」，如
對現代中國之教育，評爲政府之努力多而民間及私人之貢獻少，以及
有關教育獨立性的看法，都是應予讚美的。

　　臺灣師範大學教育研究所早期的碩士論文，大多以中國教育思想
家的教育思想之研究爲題目，他們之努力與精神甚可嘉許，但因受到
研究方法、時間、資料、與功力的限制，創見不多。

　　西洋教育史的論著，是成績較差的。早期的作品中有王克仁、劉
伯驥等的《西洋教育史》，楊亮功、吳康等人的西洋教育史翻譯。這
幾年來則有徐宗林、林玉體的作品。林玉體除了翻譯美國密西根大學
(University of Michigan) 教育史名家布魯巴克（J. S. Brubacher）
之 *A History of the Problems of Education* 而取中文書名爲《西
洋教育史》之外，另也將自己研究的所得出版一本《西洋教育史》。前
書之值得翻譯，一來書中內容甚具價值，二來敍述條理井然，且具深
度。不過最重要之點乃是該書是以「教育問題的歷史發展」爲章節來
作每一教育問題的歷史敍述，這種寫法，是匠心獨運的。不只在中文
教育史的著作中沒有類似作品，卽如在西文著作中，也不多見❸。這
是有必要一提的。楊亮功譯的西洋教育史，取自 E. P. Cubberley
所著的 *The History of Education*，譯筆相當流暢，Cubberley 之
書是美國三十年前的重要教育史參考書。但現在美國教育史的著作甚
多，且以歷史角度來敍述教育史，而不似 Cubberley 之只就教育而
言教育，故當前美國大學教育科系之研究教育史，已不把 Cubberley
之著作看成非看不可的參考用書。徐宗林譯的西洋教育史，是當代美

---

❸林玉體譯，《西洋教育史》，臺北教育文物，民六十七年，譯者序。

國名教育史家 R. F. Butts 的 *The Education of the West*, 1973年版。Butts 是 Columbia 大學的教育史權威，現已退休至 Stanford 大學的胡佛研究中心 (Hoover Institute) 當客座研究員。徐宗林另外譯有哈佛大學名教授 R. Ulich 之名著 *Three Thousand Years of Educational Wisdom* 一書，側重教育思想的介紹。

在西洋教育史的研究中，筆者認爲在選材方面，應注意四方面，1是教育思想家的教育理論，2是教育工作者的實際教育活動，3是教育運動的時代背景，4是教育理論與教育運動帶給當時及其後的影響[44]。一方面作客觀公正的報導教育「史實」，但也應提出作者對教育活動的「史識」。所以在敍述希臘的 Sophists 這批歷史上第一群專業化的教師時，不稱他們爲「詭辯家」；因爲「詭」是含有貶抑之意的，而稱他們爲「辯者」；在提及中世紀的 Scholasticism 時，不譯爲「士林哲學」，那是天主教的學者喜愛的譯名，也不譯爲「煩瑣學派」，那是攻擊此派主張的研究者樂意採用的譯名；而改譯爲「教父哲學」，因爲該批哲學家都是教會裡的神父。而中世紀大學是西洋中世紀留給後世最珍貴的文化及教育禮物；不幸，在一般的中西文教育史著作中，却未能給它以應有的地位，這是頗爲不公平的。在處理教育上的「名人」時，筆者認爲應該注意，1. 在教育理論上有突創的見解者，2. 實際從事教育工作而精神感人者。前者是立言的貢獻，後者則是立德的榜樣。在培養師資而開設教育史的材料中，尤以後者之份量應注重。具有教育奉獻精神的偉大教育家應該在教育史上留下一席地位，這是教育史的研究者應予重視的。在這方面，筆者以爲裴斯塔洛齊 (J. H. Pestalozzi, 1746-1827) 的教育愛是應大書特書的，筆者在《西

---

[44] 林玉體，《西洋教育史》，臺北文學，民六十九年，自序頁二。

洋教育史》一書中，提到裴氏時，敍述重點並不放在他的教育思想上，而却花了不少筆墨來歌頌他的教育熱忱，這是其他教育史著作中少有的，但却是其他教育史教科書中所犯的缺點，並且這種缺點是不可原諒的。

在教育「史識」的論述上，自應以追求自由、進步爲指標。所以對於教育史實上有關學術自由的提倡，及民主式教育作風，都應予以醒目的敍述；而對於壓抑學術自由，及進行專制式的教育措施，則予以不容情的指斥。所以對於蘇格拉底的爲眞理犧牲生命，亞里士多德的「吾愛吾師，吾更愛眞理」的說法，中世紀巴黎大學名敎授亞培拉（Peter Abelard, 1079-1142）的批判精神，哈列大學及柏林大學之注重「學術自由」（academic freedom），都應特別强調。至於專制獨夫之箝制敎學如希特勒及墨索里尼之流者，都給予苛評。而羅素提醒世人的學術迫害，更應特別予以發揮❹。

伍振鷟有《英國的公學》一書出版，對於影響英國敎育、文化、政治無遠弗屆的公學發展史，有一平實的報導，尤對於公學校風之特色，學生活動之多采多姿且富紳士風範之培育，描述很精采❹。但對於形成此一特殊學校的文藝復興精神及古文學研讀的特色，却鮮涉及，這是不無遺憾的。此外，李園會的《教育家裴斯塔洛齊》一小册，對這位國民教育之父之生平事蹟及各種教育遭遇，也有詳細的敍述。不過，對於這位教育實踐者的眞正教育情懷，却未能盡力宣揚，

❹林玉體，《教育價值論》，臺北文景，民六十九年，頁一一七～一一九。
❹伍振鷟，《英國的公學》，臺灣師大中等教育輔導委員會，民六十年，頁七四～八〇。

在介紹的深度上，遠不如田培林的文章❹。且李書取自日文，田書則直接採自德文。黃光雄的《蘭開斯特與導生學校運動》一書，是一篇教育博士論文，對於英國十九世紀初期蘭開斯特（J. Lancaster, 1778-1838）之倡導導生制（monitorial system）而有功於普及教育，有翔實的報導。該書取自一手資料，內容也算豐富，的確是給當前臺灣研究教育史（尤其是西洋教育史）的不景氣打下了一針強心劑。對於形成導生學校運動的英國社會背景敘述甚詳，且以統計數字及百分比說明英國在十七、八世紀之交，貴族與平民收入之懸殊❹。這種寫作方式，殊為可貴。該書如能採取比較研究的觀點，可能效果更佳，且更見深度與廣度。1. 應該與同時期之貝爾（A. Bell, 1753-1832）所倡導的同樣制度作一番對比，但該書只在第94頁有少許此類資料而已，更應與裴斯塔洛齊的教學方法及教學精神作一番比較，可是該書提到裴氏的地方太少。其實，導生制之影響力小，時間也短之主因，就是由於這種制度與裴氏方法與精神相較，是不堪一擊的。且書中充斥着蘭氏旅行演說之日期、地點、聽眾數目，形同流水賬，而對於蘭氏本人性格缺點致使他所創辦的學校不得不關閉的這種致命傷，却未見深入探討。有些資料及文字且重複❹。而蘭氏影響力更大的美國地區之教育活動狀況，敘述比例未見合乎恰當的份量。導生制之部份，也說明太過簡要，這種制度所盛行的「競爭」法，應與「耶穌社」（Jesuits）之教學方法作一個比較，才能在教育史實上取得聯繫感。

---

❹李園會，〔教育家裴斯塔洛齊〕，臺中師專，民五十七年。田培林，《裴斯塔洛齊的歷史哲學》，〔裴斯塔洛齊教育學說〕，收於田培林著，《教育與文化》（下）賈馥茗編，臺北五南，民六十五，頁六一九～六七七。

❹黃光雄，《蘭開斯特與導生學校運動》，高雄復文，民七十一年，頁九～一〇。

❹同前註，頁九七，一一八～一一九。

當然，書中對於同時主張導生制之蘭開斯特及貝爾兩人及兩學派之紛爭，提出的理由還屬正確。該書文字敍述還算生動，且又有不少插圖，對於研讀該書也有「提神解勞」之功。

研究西洋教育史所面臨的阻礙，不下於研究中國教育史。二者之探討，都需要有哲學史的素養及歷史的根基。西洋教育史之研究，在文字理解上的困難，就如同研究中國教育史一般。西洋先進國家很多，最少有英、美、法、德等國，如要從一手資料當中去研讀，則必須先具備有英、法、德文之基礎。雖然研究者可以透過權威學者的英文翻譯，但這是退而求其次的，不該以此作爲藉口而只選用英文資料而已。其次，西洋教育的發展歷史相當悠長，教育理論家及實行家又輩出，每一種教育事件及每一本教育著作都研究過才有資格寫教育史，這種要求雖很高但却也相當合理，這種困難就如同研究哲學史一般，羅素老早提過❺⓿。第三，研究中國哲學史而有成就的學者，大部份皆有西洋哲學的根底，他們借用西學方法來整理國故，因此成績斐然。但現有之中國教育史的研究者，每與西洋教育史之研究發生疏離作用，吾人很少看出在中國教育史的著作中，出現與西洋教育史實或史識上的比較與評判，而這在中國哲學史書中，却屢見不鮮。並且在大學教育科系裡，是先修西洋教育史而後修中國教育史；因此如果在學生有了西洋教育史觀念之後，在研讀中國教育史的資料中，也能看出二者之比較，則對研讀者概念之清晰，會有不少幫助。第四，研究教育史者，應勤讀原著，不應抄襲，寫書如沒有己見，不如不寫。最近國立編譯館已編寫師專用教育史的教科書，編撰者除了少數例外，向皆以過去已有的教育史中文書作爲取材對象，由這一點也可看出臺灣

❺⓿Bertrand Russell, *A History of Western Philosophy*, Simon and Schuster, 1945, Preface, x.

三十年來研究教育史成績之低落❺❶。此種積病不除，則研究成果將每下愈況，除了厚顏自稱爲「研究者」之外，將引起其他學術界人士之羞與爲伍。

五、教育哲學的研究

　　教育史的研究必須要有史學作基礎，教育哲學的探討則必須要有哲學爲其底子；教育史的研究已經乏人問津，教育哲學的攻讀更是後繼無人。臺灣三十年來在教育哲學的研究領域中，可說是成績最不能令人滿意的。最具價值的一本教育哲學著作，應是吳俊升的《教育哲學大綱》，該書於民國二十三年完稿，雖不在本文討論的時間範圍之內，不過因該書影響力甚大，現在臺灣有關教育哲學的書籍，價值無出其右者，且作者又於民國六十二年增訂，補上了兩章有關當代的顯學，卽存在主義的教育學說及邏輯實證論的教育觀念，因此也有必要把它劃歸本文的討論時間範圍之內。著者的著書態度是「在學派的傳述上，凡是他（指作者，筆者註）所提及的觀念，都是他自己所了解的；在學派的批判上，凡是他所發表的見解，都是他自己所確信的；這一點『知識的眞誠』，可請讀者放心。」❺❷這種作風，筆者眞是心有戚戚焉！北大校長蔣夢麟評本書爲「思想的清楚，文字的暢達，傳述的忠實，實爲近年來出版界不可多得之書。」❺❸誠非虛言。書中分哲學與教育之關係，並以心靈論與教育——心靈實體說，心理狀態說，唯物主義的心靈論，試驗主義的心靈論；知識論與教育——理性主義，

---

❺❶國立編譯館，教育史，民七十一年。

❺❷吳俊升，《教育哲學大綱》，臺灣商務，民五十一年，自序頁三。

❺❸同前註，蔣序，頁三。

經驗主義，試驗主義，社會學派的知識論；道德哲學與教育——快樂主義，康德的道德學說，杜威的道德哲學；社會哲學與教育——個人主義，社會主義等為教育哲學的根本問題。這些資料是作者在北京大學教書的講義，却是幾十年來中文教育哲學界最具權威的作品。筆者在大學受教期間及參加各種考試及留美考試，有關教育哲學的知識，多半從該書之閱讀中得來，這是筆者應該向作者表示敬意與謝意的；其實，受本書嘉惠的學子，當不只限於筆者本人而已。

在討論教育哲學時，吳氏也一併釐清與「教育哲學」相類似的名稱彼此之間意義上的異同。因為有些書取名為《教育學》，有些則書名為《教育理論》，有些則又稱為《教育原理》；這些似乎也是「教育哲學」的作品。教育哲學的開山祖，德國十九世紀學者 Rosenkranz 的書名為《教育學的體系》(*Die Paedagogik als System*)，美國學者 Brackett 譯為《教育哲學》(*The Philosophy of Education*)。吳俊升曾辨明這些名詞之差異，他首先指出教育原理與教育哲學之不同：「若是不先從淺顯處把教育的哲學基礎指示清楚，然後再回到教育本身的問題，恐怕結果不是只講了『教育』，根本未接觸到『哲學』而成為『教育原理』的重複品」[54]。這是說，「教育哲學」必須涉及的「哲學」較濃，而「教育原理」則以「教育」為主體。但吳氏又說，有些教育哲學的著作稱為「普通教育原理」，而「教育哲學」與「普通教育原理」二者又可併存[55]。至於「教育學」與「教育哲學」二者之關係，他說：「教育學乃是根據基本原則而制定的關於實施的原理。教育哲學乃是教育學所根據的基本原則的探討與批判。教育學所研究

---

[54] 同前註，自序頁一。

[55] 同前註，頁三二。

的僅限於教育歷程的本身，教育哲學則研究到影響教育歷程的社會歷程、和人生歷程。我們可以說教育哲學，乃是更深刻、更普泛的教育學。」❺❻其實如此費詞說明名詞之異同，是否有必要，有待商榷。筆者以為凡是教育根本問題的討論與批判的，都屬「教育哲學」，而任何「根本問題之討論與批判」，都會與「哲學」發生親密關係，尤其是「價值判斷」。

吳俊升的《教育哲學大綱》的確是一本帶有強烈批判味道的書。他在每一種教育哲學學說之後，都對該種學說的優劣予以褒貶，且引經據典，分條縷析，其論證甚具說服力。由於吳氏服膺杜威學說，因此他的批判，大多以杜威的學說為準繩；雖然吳氏自承他也為文批判杜威學說❺❼，但在《教育哲學大綱》中也只稍微指出杜威「做中學」(learning by doing) 之不妥而已❺❽，但該種小評是與杜威的原意不合的。作者以為教育哲學問題的紛爭，如「要規定哲學與教育的正當關係，還得採用杜威的著作。」「試驗主義的心靈論對於教育的影響都是無可批評的。」而杜威的學說就是試驗主義，是「比較健全、比較穩當和比較富有意義的學說。」❺❾吳氏以杜威為教育哲學界的泰斗，自然就以杜威觀點來批判他種教育學說；這種作法，與杜威在他的教育哲學代表作《民本主義與教育》(*Democracy and Education*) 一書中的作風，如出一轍。

但吳氏之書也難免有如下缺失，一是該書取材，幾乎清一色都是西方教育哲學著作，除了在第 168 頁引用一句董仲舒的話「正其誼不謀

---

❺❻同前註，頁三四。

❺❼吳俊升，〔近五十年來西方教育思想之介紹〕，同註❶❷，頁四二～四三。

❺❽同註❺❷，頁一四一～一四二。

❺❾同註❺❷，頁三〇，九五，九八。

其利，明其道不計其功」來符應康德的動機說之外，全書無隻言片語引用中國「教育哲學家」的智慧之言。難道中國沒有「教育哲學家」或教育哲學作品嗎？作者還在渝版自序頁 3 — 4 中提到該書的著作，能「對中國教育的何去何從提出見解」，但如果全書都是洋人的見解，則給國人有全是舶來品之感，那能對中國教育哲學的建立產生什麼幫助？其次，該書批判味頗明顯，但批判的標準如何，却又未清楚指出。雖在第 36 頁中說明教育哲學形同教育價值論，是進行價值批判的，但價值批判也有價值批判的標準，否則變成「個人為萬物衡量的尺度」了，不是變成主觀，莫衷一是的歧見爭論嗎？令人驚異的是作者又堅信價值判斷「是永久不會一致的」，「而哲學問題的解決，在哲學家之間永無一致認可的結論」❻。果真如此，則作者在該書的所有批評，也不能成為定論了；且大學開設哲學課，學生選讀教育哲學，也無任何客觀價值了。因為既然公說婆說都「永久不會一致」，人云己云也「永無一致認可的結論」，則那有「意見溝通」的必要？那有「民主式討論」之舉？又那有「互為主觀」（intersubjectivity）之形成？

　　包含有中西教育哲學材料的一本《教育哲學》，為黃建中所著。該書可讀性頗高，書中尤其對於中國人性問題與教育之間的關係，討論頗詳。這是可以補救吳俊升的書只採西洋學說而不提及中國思想之缺點的。在價值批判的標準上，歐陽敎的《教育哲學導論》，提出價值規準有七，一是普效性，二是程序原則，三是恕道原則，四是吾—汝原則，五是公平原則，六是自由原則，七是自律原則。且討論道德判斷的普效性時說：「開誠佈公，互尊互諒，作個理智的討論，問問

---

❻同註❺，頁四三。

眞正的道德理由，找出大家較能接受的理由」❻。如此則價值判斷就不會「永無定論」了。林玉體的「教育價值論」也對此有樂觀的看法，他說「只要能言之成理，則各人的主觀性也有趨於相同的時候。各人的主觀會變成『互爲主觀』，互爲主觀就形同客觀。客觀的結論一得，人人也就能認同。」對於教育哲學所進行的價值判斷，他提出兩種標準。一是能幫助人類來控制、支配、及利用自然的變化，乃屬教育「進步」的變化。二是能從進人際關係使之更趨和諧者的改變，也是「進步」的改變。而「進步」就是教育所追求的「價值。」❻

　　哲學如定義爲「根本之學」，則教育哲學就是「教育的根本之學」。教育的問題層出不窮，且多如牛毛；但如能抓住它的根，則比較能解決教育問題，否則只是作修枝剪葉工作，無補實際，應該大刀闊斧；切忌揚湯止沸，却應釜底抽薪。因此教育哲學的著作，在材料範圍上，不應只談各學派的教育學說而已，更應討論教育工作的核心人物——教師。因爲教育的良窳，繫於師資之優劣。所以教育哲學如欠缺教師的討論，是不足的。歐陽教的《教育哲學導論》，闢有「教師哲學」專章，這是獨具慧眼的。他說：「一本不涉及教師論的教育哲學，定非完美之作❻。」該書又對教師權威的正用與誤用，有相當精彩的解說，實在是爲人師表者非讀不可的部份。並且對學生自由權之運用，更言人之所不敢言❻。其實，臧廣恩的《教育理論》在第五章「教育工作

---

❻歐陽教，《教育哲學導論》，臺北文景，民六十二年，頁二六～二七，六三～六四。

❻林玉體，《教育價值論》，臺北文景，民六十九年，頁二七～二八，三〇～三一。

❻同註❻，頁九一。

❻同註❻，第四章〔教師哲學〕，頁九一～一三七。

者論」中談到「教育愛」時，已有詳盡的解說教師奉獻精神之可貴。臧氏說：「彼此都具有熱烈的對於文化的思慕的師生雙方共同的感情，他們站在具有叫做對於文化的思慕的超個人的客觀的地盤之上，然後由愛來做媒介才能彼此結合，才能成立一個具體的教育活動，學生對於文化的渴慕之念，恰如『如果不把他抱在曖和的教師懷裡則只有凍死』一樣，有了愛的活動，然後教育才能實現❻。」對於教師享有傳統的體罰權，臧氏予以嚴厲的酷評。他說：「我們的心情，往往會由於悲痛而發生硬化現象，同此一理，由於懲罰所受到的恥辱、嘲笑、卑視，也會蹂躪了人性內面的根本衝動。」有人以為體罰使學生痛苦，因而可以使學生心生感恩之情，但「婦女也有由於對於生產的苦痛而喪失了對於子女的愛情的情形。」而「冷酷無情的學校制裁所引起的恐懼心情，充分可以誘導學生們去做偽善。」且「每當責罰學生子女的一剎那之間，父母對於子女，教師對於學生，都有一種憎惡的感情❻。」這種說法，直如給「藤條萬歲」者當頭棒喝。臺灣三十年來對於體罰問題，仍爭論不休，教育哲學應提出可行的解決方案。喜愛體罰者應警惕：1. 受罰者以後變成主罰者，代代相傳，且可能變本加厲。如同媳婦熬成婆一般，她明知婆婆虐待媳婦之不該，但一當自己成了婆，則照樣虐待媳婦；2. 師生形同虐待狂與被虐待狂者，這是變態的；3. 以為體罰時教師是基於「愛之深」的心情者，多牛是藉口，在行罰時是無此想法的。因為「愛之深」所以「責之切」，多牛是事後才為了掩飾自己「罪行」的理由化說詞而已。林玉體也在「教育價值論」中劃出專章（第三章）發揮教者與受教者應予珍惜的價值。他

---

❻臧廣恩，《教育理論》，香港亞洲出版社，民四十八年，頁七六。

❻同註❻，頁七六，八六，八七～八九，林玉體，〔藤條萬歲嗎？〕見《教育與人類進步》，臺北問學，民六十七年。

對於「教育愛」的解析，認爲「有了教育愛，則教育園地裡是充滿生氣、活潑、祥和、歡樂、引人入勝的所在；缺乏教育愛，則學校變成冷酷、呆板、殺氣騰騰、怨氣沖天的場地。教育愛使師生相處樂融融，學生如沐春風，如淋化雨，教師安於其位，敬於其業❻❼。」教育愛的對象，應是學行低劣、家境清寒、流浪街頭、無家可歸、孤苦零丁、貧苦無依、甚至是身心殘廢的學生；這些學生「價值」低，但經過一番教育愛的「滋潤」後，却能提升價值層次，這是教育工作者體認教育神聖意義的最佳時刻，也是學生感懷師恩的最好時辰。換句話說，沒有教育愛的教師一定不是良師。

討論「民主與教育」以及「學術自由與教育」這種教育核心的哲學問題，在臺灣教育界的作品裡是甚爲少見的。這個敏感地帶也很少人敢觸及。其實，「學術研究不得自由，則學者就被束縛了手脚，他只能就認可的知識範圍內去進行敎學，旣不敢探討眞知，更無膽批判旣有的知識。」限制學術自由的三大阻力，一是政治權力，二是經濟因素，三是宗敎力量。對於這三方面的如何妨礙學術自由，在《敎育價值論》中都有敎育史實上的說明。而對於學生學習、硏究、及討論上的自由，更有甚多的討論❻❽。一般而言，民主式的敎育，臺灣最爲不足。因爲敎育行政人員及敎師皆未能充分體認民主敎育的眞正意義以及實施民主式敎育必然會產生的敎育現象──如師生參與校政，校長由老師互推、敎師有權選敎科書、及學生選課自由等。一個號稱爲民主式的社會，如不進行上述民主式的敎育活動，則民主社會也只是一句美麗的口號而已，甚至可說是在進行掛羊頭賣狗肉的勾當。

---

❻❼同註❻❷，頁六二。

❻❽同註❻❷，頁九一，一〇三～一一三，一一九～一二〇，一四三～一四六。

　　田培林的幾篇文章，是相當够水準的教育哲學著作，也是教育史的作品。如《論教育與文化》、《教育與文化》、《民族與教育》、《論人格教育和文化教育》、《自由與平等》、《西方近代教育思想的派別》等，都屬上乘。田氏認爲文化教育與人格教育都在調和教育觀念上的二極衝突，如興趣與努力，兒童與課程，個人與社會。但人格教育有玄學色彩，有二元論調，把「個性」與「人格」看成兩「端」，而文化教育則無。文化教育是「主觀精神」(個體)作用於「客觀文化」(社會傳統)的表現，也是「客觀文化」影響於「主觀精神」的結果❻❾。因此文化教育的觀念，形同杜威的試驗主義教育學說，後者也是在調和各種教育哲學上的歧見的。田氏受學於德國文化學派大師斯普朗格(E. Spranger, 1882-1963)的門下，自以宣揚其師觀念爲本份職責。他之師承斯普朗格，就如同吳俊升之發揮杜威學說一般。但田氏仍相當注重自由的教育價值，他說:「教育的終結是在予人的自由，卽是解脫自然給人的束縛。」「缺乏獨立與自由這兩種特徵，就不是人格教育，就不是有效的教育。」「人類的特徵，就是追求自由」。所以當提到英國辦理成人教育的特色時，卽强調社會中的個人，都能「尊重眞理」，「一切爲公」，「對人容忍」，「頭冷心熱」。也就是說，英人進行民主自由式的教育。田氏論及社會教育的原則時，就說切忌政府包辦，不能由上而下探命令式的措施。提到美軍的教育方式，是合乎教育的「自發自動」精神。「在美國的軍事訓練中，把自動的合作，看的比被動的歸屬還要重要一點。要把士兵看作一個獨立的個人，然後才能把他訓練的成爲一個自動的合作者。」而所謂的「自動的合作者」，必須具有獨立思想和行動的能力。每次說及德國大學教育的突

---

❻❾同註❹，頁八六，九〇。

出功能，即言大學的講學自由，學生的選課自由。這在田氏文章裡是
到處可見，俯拾即是的⑩。田氏並期望教育能領導社會進步，克服時
代挑戰，不要怕有問題，而是怕逃避問題。他說教育思想不僅是一種
教育理論或教育學說而已，而是一種「教育智慧」。在這教育智慧裡，
「一般學者或先知先覺者，在教育範圍以外，從文化體系的另一角度
來看已有的教育理論或實際，從而提出有關教育的建議或意見，也可
以說是時代精神的有形反映。」因此「教育智慧」代表一種真知灼見，
是「教育哲學」而非只是「教育科學」⑪。這些話對於研究教育哲學
者，都有暮鼓晨鐘的警醒作用。

　　不幸，臺灣這幾十年來，有志於「教育智慧」者却寥若晨星，而
自稱為教育哲學研究者在這方面的努力還有待加強。數年前師大教育
系為國中教師進修教育科目而編撰的「教育哲學」一書，內容除了歐
陽教執筆的部份較為新穎之外，不是抄自黃建中的書，就是錄自吳俊
升的著作。近年來「教育哲學」的文章也相當沈寂；後人實在愧對先
賢。

六、 結　語

　　教育學的領域很廣，又無明確的研究界限，它是需要科際整合的
一門學科。為教育學奠立學科基礎的殆為心理學、社會學、史學、及
哲學；而教育學的基柱，也就是教育心理學、教育社會學、教育史、
及教育哲學。本文討論臺灣三十年來教育學的發展，也就把材料限定

---

⑩同註④，頁二二，四四，八六，一二八，一四三～一四七，一五二，一八七
　～一八八，二六七，五六六。

⑪同註④，頁四二○～四二一。

在這四種學科的研究上。

就數量而言，教育心理學的成績最佳，但却在教育心理學之本土化上有待努力；就新興科目的研究風氣上，參與教育社會學的研究者有日漸增多的趨勢。而作為歷史最悠久的兩門教育學科——教育史及教育哲學，却呈頹勢，且敗象叢出，實在是教育研究上的隱憂，且後繼乏人，更該挽救。現在臺灣的教育學位論文，以教育史及教育哲學為主題的越來越少，有之，也品質甚差。雖然教育哲學的部份還算有不少人發生興趣，但不是文字晦澀，不知所云，就是功力有問題。在先天不足而後天又失調的教育環境裡，如何振衰起弊，的確是教育學術機關應該反省檢討的問題。

綜觀三十年來臺灣教育學的研究，筆者提出下列幾點建議：

(1) 教育研究及教學機關應該精簡科目，不該把教育學割裂成枝節的科目，使學生只見樹而不及林。傅斯年曾說與其讓學生吃小菜，不如供應他大餐。教育學上的大餐，應以上述四種科目為主。否則學生唸了好多的「教育××學」，好似走馬看花，且科目之間重疊太多，又無多大的「學術性」，徒費時間，也讓其他學術人士瞧不起教育科目的價值，以及作為一門「學」科的資格。

(2) 教育作品的文筆應嚴加講究，許多教育文章，尤其涉及「理論」、「思想」、「哲學」之文章，都是莫測高深，且謹守傳統哲學之「形上學」、「本體論」、「知識論」等來討論教育。未看似乎還對「教育××學」有點概念，可是「開卷」以後，非但「無益」，且味同嚼蠟。

(3) 研究者應有分析及批判能力，不要人云亦云。教育論文已夠多，不必增加垃圾。凡是無己見無新說者，皆不應為文發表。對於各種資料，千萬不要只是「照單全收」，却應探討底細，且指明作者對

該資料之「見解」, 如此才有意義, 也才能滿足笛卡爾勸戒為學者所提之 clear and distinct 之要求。

(4) 教育學者應擴大視野,不要只侷限在教育學的園地裡耕耘,有時借用他學術園地的土壤來播種教育幼苗,更能開出芬芳撲鼻的花朵, 或結出碩大無比的果實。教育學應與社會學、政治學、經濟學、心理學、史學、哲學、甚至自然科學合作。教育社會學的研究者如無社會學的根底, 而純就教育社會學本身領域中去研究問題, 可能就是教育社會學的窮途末路。尤必要探討邏輯及一般方法學的科目, 使得在研究過程中避免推論上的謬誤。

(5) 教育研究當應有接受批評的雅量。有關教育作品,三十年來在臺灣未見一篇批判性較強的書評,却多半是歌功頌德, 狼狽為奸之作。 筆者是膽敢作批判思考的, 雖然筆者不敢說自己之批判是「定論」, 筆者也是希望行家予以批判的; 但批判風氣之培養, 本身就是民主教育的最佳方式。本文之作在拋磚引玉,不但希望國內研究教育者因批判而蔚成風氣,也期待因批判而提升教育學研究的品質。

我國政治學的現況與展望

內容大綱

一、我國政治學的歷史

二、我國政治研究的現況

三、我國政治學界的現況

四、我國政治學的展望

我國政治學的現況與展望

呂 亞 力

　　本文主要目的在介紹我國政治學的概況，它是一篇描述性文章，筆者將盡可能把個人的價值判斷僅在最後一節中呈現。全文共分四節：㈠我國政治學的歷史，㈡我國政治研究的現況，㈢我國政治學界的現況，㈣我國政治學的展望。

一、我國政治學的歷史

　　中國古代文明，甚富人文與人本主義的精神，人與社會的關係，素為古代知識份子所重視，先秦諸子心血的結晶，無不以「治國」「平天下」為其關懷的核心，他們的皇皇鉅著，遂構成我國對人類政治思維寶貴的貢獻。我國政治學傳統一脈即為先秦諸子的政治思想。現在大學政治學系課程中，一項主課即為中國政治思想史，其內容則以探討先秦諸子的政治思想為主。

　　中國傳統政治思想的理想主義，並未體現於現實的政治生活之中，滿清推翻前的二千餘年，中國的政治制度，基本上遵循「君主專制」的固定型式，改朝換代之餘，枝節縱有改變，結構則始終如一，除少數士人，大多數民眾並無政治參與的機會，也乏政治自覺，而士人的所謂政治參與，也不過是入朝為官，談不上實現個人政治理想或

發展個人政策立場。由於政治生活的貧乏與政治自覺的衰弱，中國並未發展成自己的政治科學。當前我國政治學的另一脈——也爲主要的一脈——則來自西洋。

西洋政治學的進入中國，是晚清的事，也爲中國現代化的諸多結果之一。嚴復（1853—1921）也許可當作中國第一位政治學者❶，他除了譯述穆勒、孟德斯鳩等人的著作外，並且著有《政治講義》一書，此書頗富科學精神，爲我國第一部政治科學著作❷。

中國大學設立政治學系始於 1930 年代初期，北京大學、淸華大學、中央大學等校的政治學系在第二次世界大戰以前，已具規模，擔任教職者大多爲英美日等國學成返國的年靑學者，著名者如王世杰、錢端升、蕭公權、周鯁生、浦薛鳳、杭立武、薩孟武等人，在近代中國的學術或政治界，都曾扮演過重要的角色。

早期的中國政治學研究，主題限於政治思想史、制度史、憲法、國際關係、國際法等，由於研究人數不多，其成就在量方面並不突出，但在質方面則相當卓越。若干著作卽使今日仍爲士林所重。可惜的是我國政治學此一良好的肇始，並未能持續發展，原因有二：其一爲中國近代戰亂頻仍，尤其日本侵華，使我國學術產生嚴重的斷層現象；其二爲政治學者受我國「學而優則仕」傳統影響甚大，不少優秀學者於中年後卽放棄學術進入仕途，其對我國行政或有貢獻，但對學術則構成損失。

抗戰期間，我國政治學研究幾乎停頓，除少數大學如西南聯大的

---

❶參見蕭公權：《中國政治思想史》（臺北、聯經、民國七十一年）頁八五八至八六一。

❷見前，頁八七〇至八七二。

政治學系仍在作育人才以外，其時我國談不上任何政治研究。」抗日戰爭勝利後情形也未改善，民國三十四年至三十八年間，國民政府與中共間內戰方殷，國內人心惶惶，而且物價高漲，人民生活極為艱困，知識份子也終日為稻梁謀，自顧不暇，談不上有價值的研究工作。

　　民國三十八年，大陸陷共，政府播遷來臺，由於中共不重視政治學，而且在1970年代中葉以前，廢置「資產階級」的政治學課程 ❸，中國政治學發展，遂侷限於臺灣地區。

　　臺灣地區政治學的發展大約可分為兩個階段：自1950年代初期至70年代初期為第一階段。此一階段的政治研究，幾乎完全為政治思想史與制度的靜態研究。此時期我國政治學的情況，相當黯淡。於民國四十三年國立政治大學在臺復校前，僅國立臺灣大學設有一規模不大的政治學系，該系師資主要為大陸來臺人士，其中如薩孟武等人在國內已負盛名，但這類學人為數甚少。臺大其時在政治學研究方面，條件並不良好：一方面日據時代，臺籍人士研究政治學者，鳳毛麟角，而且殖民地政府，並不鼓勵政治研究，因而參考書籍與其他設備均嫌不足，大陸來臺學人，初期心情並不穩定，其中少數來臺後又遷往他處，如蕭公權教授三十八年在臺大任教一學期後即前往美國。民國四十年以後，臺灣情勢漸告安定，政治學遂得在粗安的大環境中漸漸發展。政大復校對臺灣地區政治學發展具有積極的重要貢獻，政大復校是以恢復研究所的設置為先。自1950年代初期後政大政治研究所成為培植政治學界新秀的搖籃，其畢業校友對國內政治學的貢獻是有口皆碑的，而政大研究所的成立，也鼓勵臺大成立研究所。目前臺大與政

─────────────

❸中共於一九七五年恢復政治學課程，並成立政治學會，由張友漁出任會長。

大的政治研究所遂成爲國內政治學界培養學術人才的重鎭❹。

　　1950年代中葉以後，臺灣地區大學數目日增。設有政治學系的學校也見增加，如今除國立臺灣大學、政治大學設有政治學系與政治研究所外，私立東海大學、東吳大學與文化大學均設有政治學系，此外，若干學府也都設置性質類似的學系與研究所❺。

　　1970年代初葉以後，我國政治學發展進入第二階段。這一階段的主要發展有兩項：第一、由於大批年青學人從海外學成歸國，使各校政治學系與政治研究所的陣營增加不少生力軍，各校的課程擴增甚多，而且，課程內容形成多元的態勢。除了傳統的探討政治制度與思想史的課目外，增加了有關政治行爲、政治發展、公共政策……的課程，這當然反映新任敎員的不同專長；第二、政治研究趨於蓬勃而多元：自1970年代初葉開始，臺灣地區政治學的研究，比較具有生氣。一方面從事研究的人數增加，不復以往少數人孤軍奮鬥的落寞景象，而且集體研究也出現了。另方面實證研究漸漸形成氣候：於1970年代以前，國人的政治研究，大多爲傳統的典籍研究，甚少使用問卷調查或訪談等技術，典籍研究着重陳年往事或前朝政治制度的描述與分析，不論這類研究學術價值如何，其曾被指責爲與時代脫節❻，自

---

❹政大政研所已培養政治學博士五十人，臺大已培養三人，參見王浩博「中華民國政治學博士論文內容的評析」文載科際整合研討會論文集（一九八四）（太平洋文化基金會、淡江大學、博研聯誼會主辦人文社會科學博士敎育之探討研討會，民國七十三年）。

❺如政大的外交學系、外交研究所、公共行政學系與研究所、各校的三民主義研究所、中興大學公共政策研究所。此外軍事學校如政治作戰學校等也設有政治學研究所。

❻見中央日報，民國六十二年十一月十九日，第四版。此種指責，當然不甚公允，但政治研究如完全集中於這類，則亦非國家社會之福。

1970年代開始，典籍研究已不再獨霸政治研究的領域。政治研究的漸趨發達與多元，主要原因有二：第一是學術人才的增加，這是海外回國學人與國內研究所畢業學人的人數增加的結果；第二是研究環境的改善；首先是研究經費的獲得不似以往般困難。尤其是國家科學發展委員會成立後，政治學者都可向該會申請研究經費補助；其次是國內各大學都漸漸安置電腦，在圖書與文件方面也漸趨豐富，這些對資料的蒐集與處理，頗有助益；第三為各大學與研究所學生人數增加，研究助理人員的甄選，比較容易，這對較大規模的實證研究，是一項不容忽視的助力。

二、我國政治研究的現況

近年來，我國政治研究，大約可分為下列數類：(1)政治行為實證研究：主要有政治文化與社會化研究，如袁頌西的景美研究，胡佛的內湖區選民政治態度的研究與大學生民主態度之研究；選舉行為研究，諸如江炳倫、陳文俊、陳義彥、胡佛、林嘉誠、陳陽德、蔡啓清、華力進等都屬從事選舉行為研究。人民對政治體系認同感之研究，如彭懷恩、陳義彥、朱雲漢等都曾作這類研究；(2)實證理論的探討，如江炳倫關於政治發展理論，魏鏞關於政治參與理論，呂亞力、朱堅章、郭仁孚等關於民主理論之探討皆為其例；(3)公共政策研究，如朱志宏、曹俊漢、莊錦農、林水波、陳德禹、彭文賢、張世賢等人皆從事政策研究；(4)國際政治與中美關係的探討與研究，如黃祝貴、蔡政文、關中、馮啓人、李本京、陳明、邵玉銘、周煦、林碧炤、李登科等皆從事這類研究；(5)大陸政情的研究，如曹伯一、郭華倫、張鎮邦等皆從事大陸研究；(6)政治心理分析與探討，如馬起華、楊國樞等的研

究；(7)我國古代政制與政治思想的研究，如楊樹藩、孫廣德、賀凌虛、傅宗懋、周道濟、繆全吉等的研究；(8)比較政治的研究，如江炳倫、蕭富美、謝復生、李國雄等人研究東南亞，魏守嶽、蘇起等研究蘇聯，張麟徵、金神保等研究非洲，蔡政文、盧修一等研究西歐，許介麟、黃爾璇等研究日本等；(9)行政學與行政法的研究，如張劍寒、古登美等人的研究；(10)方法論與研究技術的探討，如易君博、郭秋永等人從事這方面探討；(11)西洋政治思潮的探討，從事者有連戰、孟德聲、吳庚等人；(12)一般性憲法與政治制度的研究，如雷飛龍研究政黨，荊知仁研究美國憲法，郎裕憲研究選舉制度，薄慶玖研究地方政制等❼。

我國政治學者發表研究成果的方式，約有四類：其一為專書，專書的出版者主要為三民書局、五南出版公司、黎明、幼獅、東華、正中、商務、中華書局等，此類書局出版書籍必須考慮銷路與成本，因此其出版者大多為教科書或略具通俗性的學術論著，對純學術論著興趣不濃，而國內缺乏規模龐大、聲譽卓著的大學出版社，此對學者的專著的發表，形成重大不利因素；其二、一般論文，由中國政治學會發行的《政治學報》發表者頗多，政治學報已出刊十一期，其刊登的論文水準尚佳，而且內容頗能週遍涵蓋整個學門，唯目前審稿工作仍乏委員會的組織，皆由編輯擔任，有時稿源不足，編輯就無法維持其自信應具的水準，由於這一缺憾，《政治學報》的水準雖然大體尚佳，仍無法建立令人信服的權威性。除《政治學報》外，政治學者發表論文的期刊，尚已括各大學或學院之學報（諸如國內政治大學學報、

---

❼以上列舉人士，僅指筆者識見所及，並非研究者僅此數十人而已，或這些人士的研究成果必然超過未列舉者。

國內臺灣大學法學院《社會科學論叢》《東海大學學報》《華岡學報》……等)，中央研究院的某些期刊物 (如美國文化研究所之《美國研究》，三民主義研究所、民族學研究所、經濟研究所、近代史研究所之所刊)，民間團體或學社之刊物，如國民黨文化工作會的《中華學報》、思與言社的《思與言》等，一般而言，發表論文的機會尚稱充份。其三、學位論文，除各校圖書館與政治研究所辦公室儲存外，政大社會科學資料中心也儲存臺灣地區各大學政治學學位論文。其四、各大學學院教員自國科會獲得補助完成的論文，除自行出版者外，也有在該會刊物科學月刊中發表者，但爲數甚少，不過，所有論文的大綱皆由該會結集按年出版。

在研究方法與技術方面，在1970年代以前，國內政治研究使用的方法與技術，大多爲傳統的文件法，目前則屬多元的，卽各種行爲科學的研究法與技術，如問卷、訪談……等都有人使用，而文件法仍佔重要地位，在分析資料方面，統計與電腦技術也日益受到重視，這一研究方法多元化趨勢當然是值得欣慰的，但也呈現一個問題：卽若干方法與技術爲研究者仿效國外研究而使用，並未經過對國內環境的調適過程，例如有些問卷文辭用語具西化中文之色彩，若干種統計技術不甚適合於分析國內之資料，不過這種情勢，正在改進之中。

近年來國內政治研究頗豐碩的成就之一爲對我國當前的政治之實徵研究，不僅數量增多，而且素質日益改進。在以往我國政治學者之研究，甚少觸及當時國內政治，一般態度不是認爲其不值得研究，就是把它當作「敏感」問題，避之唯恐不及，結果其研究者大多爲外國政治或我國古代政治，這類研究對國家政治的改進，裨益不大。

三、我國政治學界的現況

我國政治學界最重要的組織爲中國政治學會。該會於1930年代，由杭立武、王世杰、浦薛鳳等人在中國大陸成立，一度曾相當活躍，政府遷臺後，該會停止活動，於1960年代末葉，在已故杜光塤等人的促成下，恢復活動。自1970年代至80年代，該會活動限於每年舉行年會及編印政治學報年刊，自1980年代後，在杭立武、關中等人的主持下，該會改制，成立政治思想、政治行爲、國際關係、政治制度、公共政策等委員會，支援研究，並每年舉辦學術討論會，此外，並加強與外國的學術交流。包括邀請著名國外學者來訪及派員出席國際會議等。

政治學會現有會員約二百五十餘人，大致可分爲三類：第一類爲高年德劭者與擔任政府公職之會員，此類約佔三分之一弱，這類委員對會務的推展、扮演指導、策劃與支持的角色；第二類爲各大學與研究機構從事政治學敎學與研究的人員，約佔會員之三分之一強，此類人士爲研究的主力；第三類爲學生會員，爲各大學政治學及相關學課（如外交、公行、三民主義……等）之研究生，這類會員爲政治學會未來的主力。

政治學會的功能近年來雖大爲增強，但仍不足以扮演提昇研究水準，促進研究風氣……等角色，目前國內政治研究，幾乎完全集中於少數大學的政治系所，這些系所的敎員與研究生實爲研究的主力。近年來，若干大學政治系所的師資人數頗多，其專長等皆呈多元發展趨勢，這對國內政治研究的前景，頗爲有利。爲說明國內政治研究人力的情況，玆以國立臺灣大學政治學系、國立政治大學政治學系與私立

東海大學政治學系的專任師資爲例，加以分析：

臺大政治學系（所）現有專任教員卅五人，以學歷論，在國內完成教育者共計十三人，曾留學外國者共計廿二人。其中留美者十六人，留日者二人，留法者一人，留比者一人，留菲者一人，留奧者一人。獲得博士學位者共計十八人，碩士學位者共計十一人，學士學位者共計六人。

政大政治學系（所）現有專任教員廿六人，以學歷論，在國內完成教育者共計廿一人，曾留學外國者共計五人，其中留美者四人，留法者一人。獲得博士學位者共計十四人，碩士學位者十人，學士學位者二人。

東海大學政治學系現有專任教員十三人，以學歷論，在國內完成教育者共計二人，曾留學外國者共計十一人，其中留美者九人，留英者一人，留日者一人。曾獲博士學位者共計六人，碩士學位者六人，學士學位者一人❽。

四、我國政治學的展望

近十餘年，我國政治學進步相當快速。以政治學界現有的人力、研究經費等條件來估量，未來的發展應該相當樂觀。目前政府的政策，似乎也顯示對政治學相當重視，不久前行政院決定社會科學人才培育的方案，每年選派年青政治學者出國深造，可爲明證。中國政治學會近年來的活動，也相當積極而有效。政治學界本身頗能合作與互相激勵，在學術討論中，都能認眞硏討，避免門戶之見與人身攻擊，

---

❽關於政大與東海的資料，由劉義周、孟德聲兩位先生提供，謹此致謝。

凡此種種，都保證政治學良好的發展。

　　然而，對於政治研究不利的環境因素，也相當多。首先，若干社會人士與政府官署對政治研究，仍持某些「不當」的態度：譬如若干機關往往把一些甚爲普通的資料視爲「機密」，拒不提供研究者。而若干研究課題，被許多人視爲「禁忌」，任何從事這些課題的研究者，都不能獲得協助或任何合作。其次，研究結果的發表與出版，仍然有相當困難，尤其學術書籍的出版，頗爲不易；第三，期刊等缺乏健全的審查制度，因此論文在某一期刊發表，並不能引起足够的重視，學術成就的認定，缺乏客觀標準；第四、政治學者專業精神仍嫌不足，許多有成就者都被羅致擔任行政職位，「學而優則仕」的觀念，牢不可破流風所及，對行政界可能有些助益，但對政治學的教學與研究都有不良影響；第五、大學政治學系學生以第一志願錄取者比例不大，研習政治的青年，素質優良者雖然不少，但與若干「熱門」學系相比，仍嫌不足，而政治學系與研究所學習風氣仍待改進。

　　除非我們能逐漸劃除不利因素，我國政治學的發展比之以往，雖然大體有較好的前景，但恐不易達到先進水準。

滄海叢刊已刊行書目 (八)

書　名	作　者	類　別	
文學欣賞的靈魂	劉述先	西洋文學	
西洋兒童文學史	葉詠琍	西洋文學	
現代藝術哲學	孫旗譯	藝術	
音樂人生	黃友棣	音樂	
音樂與我	趙琴	音樂	
音樂伴我遊	趙琴	音樂	
爐邊閒話	李抱忱	音樂	
琴臺碎語	黃友棣	音樂	
音樂隨筆	趙琴	音樂	
樂林蓽露	黃友棣	音樂	
樂谷鳴泉	黃友棣	音樂	
樂韻飄香	黃友棣	音樂	
樂圃長春	黃友棣	音樂	
色彩基礎	何耀宗	美術	
水彩技巧與創作	劉其偉	美術	
繪畫隨筆	陳景容	美術	
素描的技法	陳景容	美術	
人體工學與安全	劉其偉	美術	
立體造形基本設計	張長傑	美術	
工藝材料	李鈞棫	美術	
石膏工藝	李鈞棫	美術	
裝飾工藝	張長傑	美術	
都市計劃概論	王紀鯤	建築	
建築設計方法	陳政雄	建築	
建築基本畫	陳榮美　楊麗黛	建築	
建築鋼屋架結構設計	王萬雄	建築	
中國的建築藝術	張紹載	建築	
室內環境設計	李琬琬	建築	
現代工藝概論	張長傑	雕刻	
藤竹工	張長傑	雕刻	
戲劇藝術之發展及其原理	趙如琳譯	戲劇	
戲劇編寫法	方寸	戲劇	
時代的經驗	汪琪　彭家發	新聞	
大眾傳播的挑戰	石永貴	新聞	
書法與心理	高尚仁	心理	

滄海叢刊已刊行書目 (七)

書　　　名	作　　者	類　　　　別		
印度文學歷代名著選(上)(下)	糜文開編譯	文		學
寒　山　子　研　究	陳　慧　劍	文		學
魯　迅　這　個　人	劉　心　皇	文		學
孟　學　的　現　代　意　義	王　支　洪	文		學
比　　較　　詩　　學	葉　維　廉	比　較　文	學
結構主義與中國文學	周　英　雄	比　較　文	學
主題學研究論文集	陳鵬翔主編	比　較　文	學
中國小說比較研究	侯　　健	比　較　文	學
現象學與文學批評	鄭　樹　森編	比　較　文	學
記　　號　　詩　　學	古　添　洪	比　較　文	學
中　美　文　學　因　緣	鄭　樹　森編	比　較　文	學
文　　學　　因　　緣	鄭　樹　森	比　較　文	學
比較文學理論與實踐	張　漢　良	比　較　文	學
韓　非　子　析　論	謝　雲　飛	中　國　文	學
陶　淵　明　評　論	李　辰　冬	中　國　文	學
中　國　文　學　論　叢	錢　　穆	中　國　文	學
文　　學　　新　　論	李　辰　冬	中　國　文	學
離騷九歌九章淺釋	繆　天　華	中　國　文	學
苕華詞與人間詞話述評	王　宗　樂	中　國　文	學
杜　甫　作　品　繫　年	李　辰　冬	中　國　文	學
元　曲　六　大　家	應　裕　康 王　忠　林	中　國　文	學
詩　經　研　讀　指　導	裴　普　賢	中　國　文	學
迦　陵　談　詩　二　集	葉　嘉　瑩	中　國　文	學
莊　子　及　其　文　學	黃　錦　鋐	中　國　文	學
歐陽修詩本義研究	裴　普　賢	中　國　文	學
清　真　詞　研　究	王　支　洪	中　國　文	學
宋　儒　風　範	董　金　裕	中　國　文	學
紅樓夢的文學價值	羅　　盤	中　國　文	學
四　　說　　論　　叢	羅　　盤	中　國　文	學
中國文學鑑賞舉隅	黃慶萱 許家鸞	中　國　文	學
牛李黨爭與唐代文學	傅　錫　壬	中　國　文	學
增　訂　江　皋　集	吳　俊　升	中　國　文	學
浮　士　德　研　究	李辰冬譯	西　洋　文	學
蘇　忍　尼　辛　選　集	劉安雲譯	西　洋　文	學

滄海叢刊已刊行書目 (六)

書　　名	作　者	類	別
卡薩爾斯之琴	葉石濤	文	學
青囊夜燈	許振江	文	學
我永遠年輕	唐文標	文	學
分析文學	陳啓佑	文	學
思想起	陌上塵	文	學
心酸記	李喬	文	學
離訣	林蒼鬱	文	學
孤獨園	林蒼鬱	文	學
托塔少年	林文欽編	文	學
北美情逅	卜貴美	文	學
女兵自傳	謝冰瑩	文	學
抗戰日記	謝冰瑩	文	學
我在日本	謝冰瑩	文	學
給青年朋友的信（上）（下）	謝冰瑩	文	學
冰瑩書柬	謝冰瑩	文	學
孤寂中的廻響	洛夫	文	學
火天使	趙衞民	文	學
無塵的鏡子	張默	文	學
大漢心聲	張起鈞	文	學
回首叫雲飛起	羊令野	文	學
康莊有待	向陽	文	學
情愛與文學	周伯乃	文	學
湍流偶拾	繆天華	文	學
文學之旅	蕭傳文	文	學
鼓瑟集	幼柏	文	學
種子落地	葉海煙	文	學
文學邊緣	周玉山	文	學
大陸文藝新探	周玉山	文	學
累廬聲氣集	姜超嶽	文	學
實用文纂	姜超嶽	文	學
林下生涯	姜超嶽	文	學
材與不材之間	王邦雄	文	學
人生小語（一）（二）	何秀煌	文	學
兒童文學	葉詠琍	文	學

書　　　　名	作　　　者	類	別
中西文學關係研究	王　潤　華	文	學
文　開　隨　筆	糜　文　開	文	學
知　識　之　劍	陳　鼎　環	文	學
野　　草　　詞	韋　瀚　章	文	學
李　韶　歌　詞　集	李　　韶	文	學
石　頭　的　研　究	戴　　天	文	學
留不住的航渡	葉　維　廉	文	學
三　十　年　詩	葉　維　廉	文	學
現代散文欣賞	鄭　明　娳	文	學
現代文學評論	亞　　菁	文	學
三十年代作家論	姜　　穆	文	學
當代臺灣作家論	何　　欣	文	學
藍　天　白　雲　集	梁　容　若	文	學
見　　賢　　集	鄭　彦　棻	文	學
思　齊　　集	鄭　彦　棻	文	學
寫　作　是　藝　術	張　秀　亞	文	學
孟武自選文集	薩　孟　武	文	學
小　說　創　作　論	羅　　盤	文	學
細讀現代小說	張　素　貞	文	學
往　日　旋　律	幼　　柏	文	學
城　市　筆　記	巴　　斯	文	學
歐羅巴的蘆笛	葉　維　廉	文	學
一個中國的海	葉　維　廉	文	學
山　外　有　山	李　英　豪	文	學
現　實　的　探　索	陳銘磻編	文	學
金　　排　　附	鍾　延　豪	文	學
放　　　鷹	吳　錦　發	文	學
黃巢殺人八百萬	宋　澤　萊	文	學
燈　　下　　燈	蕭　　蕭	文	學
陽　關　千　唱	陳　　煌	文	學
種　　　籽	向　　陽	文	學
泥　土　的　香　味	彭　瑞　金	文	學
無　　緣　　廟	陳　艷　秋	文	學
鄉　　　事	林　清　玄	文	學
余忠雄的春天	鍾　鐵　民	文	學
吳煦斌小說集	吳　煦　斌	文	學

滄海叢刊已刊行書目 (三)

書　　　名	作　　者	類	別
不　疑　不　懼	王　洪　鈞	教	育
文　化　與　教　育	錢　　穆	教	育
教　育　叢　談	上官業佑	教	育
印　度　文　化　十　八　篇	糜　文　開	社	會
中　華　文　化　十　二　講	錢　　穆	社	會
清　代　科　舉	劉　兆　璸	社	會
世界局勢與中國文化	錢　　穆	社	會
國　　　家　　　論	薩孟武譯	社	會
紅樓夢與中國舊家庭	薩　孟　武	社	會
社　會　學　與　中　國　研　究	蔡　文　輝	社	會
我國社會的變遷與發展	朱岑樓主編	社	會
開　放　的　多　元　社　會	楊　國　樞	社	會
社會、文化和知識份子	葉　啓　政	社	會
臺灣與美國社會問題	蔡文輝 蕭新煌　主編	社	會
日　本　社　會　的　結　構	福武直　著 王世雄　譯	社	會
三十年來我國人文及社會 科學之回顧與展望		社	會
財　　經　　文　　存	王　作　榮	經	濟
財　　經　　時　　論	楊　道　淮	經	濟
中　國　歷　代　政　治　得　失	錢　　穆	政	治
周　禮　的　政　治　思　想	周世輔 周文湘	政	治
儒　家　政　論　衍　義	薩　孟　武	政	治
先　秦　政　治　思　想　史	梁啓超原著 賈馥茗標點	政	治
當　代　中　國　與　民　主	周　陽　山	政	治
中　國　現　代　軍　事　史	劉馥　著 梅寅生　譯	軍	事
憲　　法　　論　　集	林　紀　東	法	律
憲　　法　　論　　叢	鄭　彥　棻	法	律
師　　友　　風　　義	鄭　彥　棻	歷	史
黃　　　　帝	錢　　穆	歷	史
歷　史　與　人　物	吳　相　湘	歷	史
歷　史　與　文　化　論　叢	錢　　穆	歷	史

滄海叢刊已刊行書目 (二)

書　　名	作　者	類　　　別
語　言　哲　學	劉　福　增	哲　　　　　學
邏　輯　與　設　基　法	劉　福　增	哲　　　　　學
知識・邏輯・科學哲學	林　正　弘	哲　　　　　學
中　國　管　理　哲　學	曾　仕　強	中　國　哲　學
老　子　的　哲　學	王　邦　雄	中　國　哲　學
孔　　學　　漫　　談	余　家　菊	中　國　哲　學
中　庸　誠　的　哲　學	吳　　　怡	中　國　哲　學
哲　學　演　講　錄	吳　　　怡	中　國　哲　學
墨　家　的　哲　學　方　法	鐘　友　聯	中　國　哲　學
韓　非　子　的　哲　學	王　邦　雄	中　國　哲　學
墨　　家　　哲　　學	蔡　仁　厚	中　國　哲　學
知　識、理　性　與　生　命	孫　寶　琛	中　國　哲　學
逍　遙　的　莊　子	吳　　　怡	中　國　哲　學
中國哲學的生命和方法	吳　　　怡	中　國　哲　學
儒　家　與　現　代　中　國	章　政　通	中　國　哲　學
希　臘　哲　學　趣　談	鄔　昆　如	西　洋　哲　學
中　世　哲　學　趣　談	鄔　昆　如	西　洋　哲　學
近　代　哲　學　趣　談	鄔　昆　如	西　洋　哲　學
現　代　哲　學　趣　談	鄔　昆　如	西　洋　哲　學
現　代　哲　學　述　評（一）	傅　佩　榮譯	西　洋　哲　學
懷　海　德　哲　學	楊　士　毅	西　洋　哲　學
思　想　的　貧　困	章　政　通	思　　想
不　以　規　矩　不　能　成　方　圓	劉　君　燦	思　　想
佛　　學　　研　　究	周　中　一	佛　　學
佛　　學　　論　　著	周　中　一	佛　　學
現　代　佛　學　原　理	鄭　金　德	佛　　學
禪　　話	周　中　一	佛　　學
天　人　之　際	李　杏　邨	佛　　學
公　案　禪　語	吳　　　怡	佛　　學
佛　教　思　想　新　論	楊　惠　南	佛　　學
禪　　學　　講　　話	芝峯法師譯	佛　　學
圓　滿　生　命　的　實　現 （布　施　波　羅　蜜）	陳　柏　達	佛　　學
絶　對　與　圓　融	霍　韜　晦	佛　　學
佛　學　研　究　指　南	關　世　謙譯	佛　　學
當　代　學　人　談　佛　教	楊　惠　南編	佛　　學

滄海叢刊已刊行書目 (一)

書　　　　名	作　　者	類　　　別
國父道德言論類輯	陳　立　夫	國　父　遺　教
中國學術思想史論叢 (一)(二)(三)(四)(五)(六)(七)(八)	錢　　穆	國　　　學
現 代 中 國 學 術 論 衡	錢　　穆	國　　　學
兩 漢 經 學 今 古 文 平 議	錢　　穆	國　　　學
朱 子 學 提 綱	錢　　穆	國　　　學
先 秦 諸 子 繫 年	錢　　穆	國　　　學
先 秦 諸 子 論 叢	唐　端　正	國　　　學
先 秦 諸 子 論 叢（續篇）	唐　端　正	國　　　學
儒 學 傳 統 與 文 化 創 新	黃　俊　傑	國　　　學
宋 代 理 學 三 書 隨 劄	錢　　穆	國　　　學
莊 子 纂 箋	錢　　穆	國　　　學
湖 上 閒 思 錄	錢　　穆	哲　　　學
人 生 十 論	錢　　穆	哲　　　學
晚 學 盲 言	錢　　穆	哲　　　學
中 國 百 位 哲 學 家	黎　建　球	哲　　　學
西 洋 百 位 哲 學 家	鄔　昆　如	哲　　　學
現 代 存 在 思 想 家	項　退　結	哲　　　學
比 較 哲 學 與 文 化 (一)(二)	吳　　森	哲　　　學
文 化 哲 學 講 錄 (一)(二)(三)(四)	鄔　昆　如	哲　　　學
哲 學 淺 論	張　　康譯	哲　　　學
哲 學 十 大 問 題	鄔　昆　如	哲　　　學
哲 學 智 慧 的 尋 求	何　秀　煌	哲　　　學
哲 學 的 智 慧 與 歷 史 的 聰 明	何　秀　煌	哲　　　學
內 心 悅 樂 之 源 泉	吳　經　熊	哲　　　學
從 西 方 哲 學 到 禪 佛 教 ——「哲學與宗教」一集——	傅　偉　勳	哲　　　學
批 判 的 繼 承 與 創 造 的 發 展 ——「哲學與宗教」二集——	傅　偉　勳	哲　　　學
愛 的 哲 學	蘇　昌　美	哲　　　學
是 與 非	張身華譯	哲　　　學